李宗侗（一八九五—一九七四）

字文伯，河北省高陽縣人。自幼聰明過人。十七歲時到法國留學，畢業於法國巴黎大學。一九二四年返國，受聘於國立北京大學，兼法文系主任，曾出任故宮博物院秘書長等職。一九四八年，受聘為國立臺灣大學歷史系教授。後歷兼國史館史料審查委員、編譯館編審委員、臺灣省文獻委員會顧問、中華文化復興運動推行委員會委員等職。對中國古代史頗有研究，在學術上時有獨特見解。

夏德儀（一九〇一—一九九八）

號卓如，為臺灣大學歷史系文史淵博精深知名教授。一九〇一年出生於江蘇，北大歷史系畢業，一九四六年來臺任教，先後開授中國通史、中國近代史、中國外交史等課程。教學之餘並擔任中學歷史教科書編委，以及參與臺灣文獻叢刊的史料編纂工作。一九九四年完成《百吉老人自訂年譜》一書。退休後定居美國，一九九八年去世於美國。

國立編譯館中華叢書編審委員會 主編

資治通鑑今註

第七冊

宋紀 齊紀

李宗侗 夏德儀等 校註

臺灣商務印書館

目次【第七冊】

卷一百一十九　宋紀一

司馬光 編集
林瑞翰 註

起上章涒灘，盡昭陽大淵獻，凡四年。（庚申至癸亥，西元四二〇年至四二三年）

高祖武皇帝

諱裕，字德輿，小字寄奴，姓劉氏，彭城縣綏德里人，漢楚元王交二十一世孫也㊀。彭城，楚都，故苗裔家焉，晉氏東遷，劉氏移居晉陵丹徒之京口里。

永初元年㊁（西元四二〇年）

㈠春，正月己亥（十四日），魏主㊂還宮。

㈡秦王熾磐立其子暮末為太子，仍領撫軍大將軍，都督中外諸軍事，大赦，改元建弘。

㈢宋王欲受禪，而難於發言，乃集朝臣㊃宴飲，從容言曰：「桓玄篡位，鼎命已移，我首唱大義，興復帝室，南征北伐，平定四海㊄，功成業著，遂荷九錫。今年將衰暮，崇極如此，物忌盛滿㊅，非可久安，今欲奉還爵位，歸老京師。」羣臣惟盛稱功德，莫諭其意。日晚，坐散，中書令傅亮還外，乃悟，而宮門已閉。亮叩扉請見，王即開門見之。亮入，但曰：「臣暫宜還都。」王解其意，無復他言。直云：「須幾人自送？」亮曰：「數十人可也。」即時奉辭。亮出，已夜，見長星竟天，拊髀歎曰：「我常不信天文，今始驗矣㊆。」

亮至建康，夏，四月，徵王入輔。王留子義康為都督豫、司、雍、并四州諸軍事，豫州刺史，鎮壽陽㊇。義康尚幼，以相國參軍南陽劉湛為長史，決府州㊈事。湛自弱年，即有宰物㊉之情，常自比管葛㊁，博涉書史，不為文章，不喜談議，王甚重之。

㈣五月乙酉（初二日），魏更謚宣武帝曰道武帝㊂。

㈤魏淮南公司馬國璠、池陽子司馬道賜謀外叛㊂，司馬文思告之。庚戌（二十七日），魏主殺國璠、道賜，賜文思爵鬱林公。國璠等連引平城豪桀坐族誅者數十人，章安侯封懿之子玄之當坐，魏主以玄之燕朝舊族㊃欲宥其一子。玄之曰：「弟子磨奴早孤，乞全其命。」乃殺玄之四子，而宥磨奴。

㈥六月壬戌（初九日），王至建康，傳亮諷晉恭帝禪位於宋，具詔草呈帝，使書之，帝欣然操筆，謂左右曰：「桓玄之時，晉氏已無天下，重為劉公所延，將二十載[15]，今日之事，本所甘心。」遂書赤紙為詔。甲子（十一日），帝遜于琅邪第[16]，百官拜辭，祕書監徐廣流涕哀慟。丁卯（十四日），王為壇於南郊，即皇帝位，禮畢，自石頭備灋駕入建康宮，徐廣又悲感流涕。侍中謝晦謂之曰：「徐公得無小過？」廣曰：「君為宋朝佐命，身是晉室遺老，悲歡之事，固不可同。」廣，邈之弟也[17]。

帝臨太極殿，大赦，改元[18]。其犯鄉論清議，一皆蕩滌[19]，與之更始。

裴子野論曰：「昔重華受終，四凶流放[20]；武王克殷，頑民遷洛[21]。天下之惡一也。鄉論清議，除之過矣！」

奉晉恭帝為零陵王，優崇之禮，皆倣晉初故事，即宮于故秣陵縣[22]，使冠軍將軍[23]劉遵考將兵防衛，降褚后為王妃。追尊皇考為孝穆皇帝，皇妣趙氏[24]為孝穆皇后，尊王太后蕭氏[25]為皇太后，上事蕭太后素謹，及即位，春秋已高，每旦入朝太后，未嘗失時刻。

詔晉氏封爵當隨運改，獨置始興、廬陵、始安、長沙、康樂五公，降爵為縣公及縣侯㊁㊅。以奉王導、謝安、溫嶠、陶侃、謝玄之祀，其宣力義熙，豫同艱難者，一仍本秩。庚午（十七日），以司空道憐為太尉，封長沙王。追封司徒道規為臨川王，以道憐子義慶襲其爵。其餘功臣徐羨之等，增位進爵各有差。追封劉穆之為南康郡公，王鎮惡為龍陽縣侯。上每歎念穆之曰：「穆之不死，當助我治天下，可謂人之云亡，邦國殄瘁㊁㊆。」又曰：「穆之死，人輕易我。」立皇子桂陽公義真為廬陵王，彭城公義隆為宜都王，義康為彭城王。己卯（二十六日），改泰始曆為永初曆。

(七)魏主如翳犢山，遂至濁滷池㊁㊇。聞上受禪，驛召崔浩，告之曰：「卿往年之言驗矣㊁㊈，朕於今日始信天道！」

(八)秋，七月丁酉（十五日），魏主如五原。

(九)甲辰（二十二日），詔以涼公歆為都督高昌等七郡諸軍事，征西大將軍，酒泉公。秦王熾磐為安西大將軍。

㈩交州刺史杜慧度擊林邑，大破之⑳，所殺過半，林邑乞降，前後為所鈔掠者皆遣還。慧度在交州，為政纖密，一如治家，吏民畏而愛之，城門夜開，道不拾遺。

(十一)己未（七月癸未朔，是月無己未），魏主如雲中㉑。

(十二)河西王蒙遜欲伐涼，先引兵攻秦浩亹㉒，既至，潛師還屯川巖。涼公歆欲乘虛襲張掖，宋繇、張體順切諫，不聽。太后尹氏謂歆曰：「汝新造之國，地狹民希，自守猶懼不足，何暇伐人？先王臨終㉓殷勤戒汝，深慎用兵，保境寧民，以俟天時，言猶在耳，柰何棄之？蒙遜善用兵，非汝之敵。數年以來，常有兼并之志，汝國雖小，足為善政，脩德養民，靜以待之。彼若昏暴，民將歸汝，若其休明㉔，汝將事之，豈得輕為舉動，僥冀非望？以吾觀之，非但喪師，殆將亡國。」亦不聽。宋繇歎曰：「今茲大事去矣！」歆將步騎三萬東出，蒙遜聞之曰：「歆已入吾術中，然聞吾旋師，必不敢前。」乃露布㉕西境云：「已克浩亹，將進攻黃谷。」歆聞之喜，進入都瀆澗㊱，蒙遜引兵擊之，戰於懷城㊲，歆大敗，或勸歆還保酒泉，歆曰：「吾違老母之言，以取敗，不殺此胡，何面目復見我母？」遂勒兵戰於蓼泉，為蒙遜所殺。歆弟酒泉太守翻、新城太守預、領羽林右監密、左將軍眺、右將軍亮西奔敦煌㊳。蒙遜入酒泉㊴，禁侵掠，士民安堵㊵。以宋繇為吏部郎中，委之選舉，涼之舊臣有才望者，咸禮而用之。以其子牧犍為酒泉太守㊶。敦煌太守李恂㊷，翻之弟也，與翻等棄敦煌，奔北山㊸。蒙遜以索嗣之子元緒行敦煌太守㊹。

蒙遜還姑臧，見涼太后尹氏而勞之。尹氏曰：「李氏為胡所滅㊺，知復何言！」或謂尹氏曰：「今母子之命，在人掌握，柰何傲之！且國亡子死，曾無憂色，何也？」尹氏曰：「存亡死生，皆有天命，柰何更如凡人，為兒女子悲乎！吾老婦人，國亡家破，豈可復惜餘生，為人臣妾乎？惟速死為幸耳！」蒙遜嘉而赦之，娶其女為牧犍婦。

(十三)八月辛未（十九日），追謚妃臧氏為敬皇后，癸酉，立王太子義符為皇太子。

（十四）閏月壬午（三十日），詔晉帝諸陵悉置守衛。

（十五）九月，秦振武將軍王基等襲河西王蒙遜胡園戍，俘二千餘人而還。

（十六）李恂在敦煌，有惠政，索元緒麤險好殺，大失人和，郡人宋承、張弘、密信招恂。冬，恂帥數十騎入敦煌㊻，元緒東奔涼興㊼，宋承等推恂為冠軍將軍，涼州刺史，改元永建。河西王蒙遜遣世子政德攻敦煌，恂閉城不戰。

（十七）十二月丁亥（初七日），杏城羌酋狄溫子帥三千餘家降魏。

（十八）是歲，魏姚夫人卒㊽，追謚昭哀皇后。

【今註】㈠漢楚元王交二十一世孫也：王鳴盛曰：「南史云：『漢楚元王交之二十一世孫也。彭城，楚都，故苗裔家焉！晉氏東遷，劉氏移居晉陵丹徒之京口里。皇祖靖，晉東安太守，皇考翹，字顯宗，郡功曹。』宋書則云：『交生紅懿侯富，富生宗正辟彊，辟彊生陽城繆侯德，德生陽城節侯安民，安民生陽城釐侯慶忌，慶忌生陽城肅侯岑，岑生宗正平，平生東武城令某，某生東萊太守景，景生明經洽，洽生博士宏，宏生瑯琊都尉悝，悝生魏定襄太守某，某生邪城令亮，亮生晉北平太守膺，膺生相國掾熙，熙生開封令旭孫，旭孫生混，始過江居晉陵郡丹徒縣之京口里，官至武原令。混生東安太守靖，靖生郡功曹翹，是為皇考。』如此則當為交二十二世孫，今云二十一世者，傳寫誤。武帝世貧賤，崩後猶藏微時耕具以示子孫，宋書歷敍先世名位，皆未必可信，南史既已信用之，乃但及其祖而於曾祖之始渡江居京口者反削其名不書，又獨於皇考為添一字，皆非也。」㊁永初元年：是年六月，宋受晉禪，始改元永初，時尚為晉恭帝元熙二年，當北魏明元帝泰常五年。㊂魏主：明元帝。㊃朝臣：宋之朝臣。㊄南征北伐，平定四海：裕南平盧循，西破桓玄，伐南燕、譙蜀、後秦，皆滅之。㊅物忌盛滿：言滿則招損也。㊆見長星竟天，拊髀歎曰，我常不信天文，今始驗矣：長星，彗星之屬，其本類星，其末類彗，小者數寸，長或竟天，俗云見則兵起，主埽除，除舊布新之象也，故亦曰埽星。㊇王留子義康為都督豫、司、雍、并四州諸軍事，豫州刺史，鎮壽陽：《宋書・州郡志》曰：「豫州刺史，後漢治譙，魏治汝南安成，晉平吳後，治陳國。江左胡寇強盛，豫部殲覆，元帝永昌元年，刺史祖約始自譙城退還壽春，成帝咸和四年，僑立豫州，或治蕪湖、邾城、武昌、牛渚、壽春、歷陽、馬頭、姑孰，不常厥居。安帝之末，帝欲開拓河南，綏定豫土，義熙九年，割揚州大江以西，大靁以北悉屬豫州，豫州基址因此而立，十三年，刺史劉義慶鎮壽陽。司州，漢之司隸校尉也，江左以來，淪沒戎寇，帝既北平關洛，河南底定，置司州刺史，治虎牢，領河南、滎陽、弘農實土之郡，河內、東京兆二僑郡。雍州刺史，晉江左立，胡亡氐亂，雍秦流民多南出樊沔，晉孝武帝始於襄陽僑立雍州，宋興，仍之。」胡三省曰：「秦并州刺史鎮蒲阪，毛德祖既自蒲阪退屯虎牢，則并州當寄治虎牢也。」⑨府州：胡三省曰：「府州，都督府及豫州也。」⑩宰物：宰，治也，宰物猶曰治世。⑪管葛：謂管仲及諸葛亮。⑫魏更謚宣武帝曰道武帝：魏明元帝永興二年，謚父珪曰宣武皇帝，廟號太祖。⑬魏淮南公司馬國璠、池陽子司馬道賜謀外叛：國璠等降魏，見上卷晉安帝義熙十三年。⑭魏主以玄之燕朝舊族：封氏仕燕，世為顯族。《魏書・封懿傳》，懿，勃海蓚縣人，曾祖釋，晉東夷校尉；父放，慕容暐吏部尚書；兄孚，慕容超太尉。而封奕佐慕容廆，建立王業，任居樞要，見《晉書》載記。按元和姓纂，奕，釋之孫也，於懿為父執，於玄之為祖。⑮桓玄之時，晉氏已無天下，重為劉公所延，將二十載：晉安帝元興二年，桓玄廢安帝自立，三年，裕起兵討玄，玄敗死，晉室賴以復興。自元興三年至是凡十七年。⑯帝遜於琅琊第：晉武帝以泰始元年受魏禪，至建興四年愍帝蒙塵，凡立國五十二年；次年，元帝繼統於江東，改元建武，至是禪于劉宋，凡歷一百三年，合兩晉共享國一百五十七年而亡。⑰廣，邈之弟也：《晉書・徐廣傳》云：「廣字野民，東莞姑幕人，為學精純，百家術數，無不研覽。」邈仕晉至驍騎將軍，為晉孝武所親重。⑱改元：改元永初。⑲其犯鄉論清議，一皆蕩滌：胡三省曰：「犯鄉論清議，蓋得罪於名教者。」蕩滌，謂洗除其舊惡。凡昔犯有贓汙淫盜諸邪行不為鄉論清議所容者，一概赦除之。⑳昔重華受終，四凶流放：書舜典云，堯使舜嗣位，正月上日，受終于文祖，流共工於幽州，放驩兜於崇山，竄三苗於三危，殛鯀於羽山，四罪而天下咸服。受終者，言堯終帝位之事而舜受之。孔安國曰：「文祖者，堯文德之祖廟。」重華，帝舜名，《史記正義》曰：「舜目重瞳子，故曰重華。」㉑武王克殷，頑民遷洛：《書

・畢命》云：「毖殷頑民，遷於洛邑。」㉒即宮於故秣陵縣：《宋書・州郡志》曰：「建康縣，本秣陵縣，漢獻帝建安十六年置，孫權改秣陵為建業，晉武帝平吳，還為秣陵，太康三年，分秣陵之水北為建業，愍帝即位，避帝諱，改為建康。」又曰：「秣陵縣，本治去京邑六十里，今故治邨是也。晉安帝義熙九年，移治京邑在鬪場，恭帝元熙元年，省揚州府禁防參軍，縣移治其處。」按秣陵在秦淮水之南，建康在秦淮之北，蓋分水而治也。《御覽》引《建康圖經》晉武分秦淮之北為建業在太康元年。㉓冠軍將軍：《宋書・百官志》曰：「冠軍將軍，楚懷王以宋義為卿子冠軍，冠軍之名自此始。魏正始中，以文欽為冠軍將軍。」㉔皇妣趙氏：《宋書・后妃傳》云：「孝穆趙皇后，諱安，下邳僮人也。后以晉穆帝升平四年嬪孝皇，晉哀帝興寧元年四月二日生高祖，其日，后以產疾殂。」㉕王太后蕭氏：《宋書・后妃傳》云：「孝懿蕭皇后，諱文壽，蘭陵人也。孝穆后殂，孝皇帝娉后為繼室。」㉖詔晉氏封爵隨運改，獨置始興、廬陵、始安、長沙、康樂五公，降爵為縣公及縣侯：《宋書・武帝紀》詔曰：「晉氏封爵，咸隨運改，至於德參微管，勳濟蒼生，愛人懷樹，猶或勿翦，雖在異代，義無泯絕，降殺之儀，一依前典。可降始興公封始興縣公，廬陵公封柴桑縣公，各千戶；始安公封荔浦縣侯，長沙公封醴陵縣侯，康樂公可即封縣侯，各五百戶。」按五公獨康樂為縣公，餘皆郡公，今或降封縣公或縣侯也。按南史，降始興郡公為華容縣公，餘同。㉗人之云亡，邦國殄瘁：此《詩・大雅・瞻卬》之辭，喻賢輔之亡，國之憂也。㉘魏主如翳犢山，遂至渴鹵池：胡三省曰：「據北史，翳犢山在平城之西，五原之東。渴鹵池即五原鹽池，唐屬鹽州界。」㉙卿往年之言驗矣：先是有彗星見，北魏崔浩謂明元帝曰：「是為僭晉將滅，劉裕簒之之應也。」見上卷晉安帝義熙十四年。㉚交州刺史杜慧度擊林邑，大破之：胡三省曰：「林邑屢為寇，故慧度擊之。」㉛己未，魏主如雲中：按是年七月癸未朔，無己未，魏書明元帝紀在丁未，丁未二十五日。㉜浩亹：讀音如告門，縣名，以浩亹水而得名，故城在今甘肅省碾伯縣東。㉝先王臨終：先王謂涼武昭王李暠。暠卒見上卷晉安帝義熙十三年。㉞休明：休美清明。㉟露布：封演《聞見記》曰：「露布，捷書之別名也；諸軍破賊則以帛書建諸竿，上兵部，謂之露布，亦謂之露板。魏武奏事云：『有警急輒露板插羽』是也。」胡三省曰：「此露布非必建之漆竿如魏晉告捷之制，但露檄布言其事耳！」㊱都瀆澗：《十六國疆域志》曰：「永平縣有都瀆澗。」永平，漢為觻得縣，晉改曰永平，即今甘肅省張掖縣。㊲懷城：《晉書・李士業傳》，《魏書・李暠傳》俱作懷城，《晉書・蒙遜載記》作壞城。《十六國疆域志》曰：「福祿縣有壞城。」福祿縣，漢曰祿福縣，晉更稱，即今甘肅省酒泉縣。㊳韻弟酒泉太守翻、新城太守預、領羽林右監密、左將軍眺、右將軍亮西奔敦煌：《十六國春秋・西涼錄》作韻弟驍騎將軍翻、擊虜將軍豫。《北史》序傳預作豫，密作宏。此據《晉書・李士業傳》。《十六國疆域志》曰：「新城郡，蓋李氏所置。」㊴蒙遜入酒泉：晉安帝隆安四年，李暠據敦煌自王，凡歷二主，二十一年而亡。㊵安堵：猶云安居。㊶以其子牧犍為酒泉太守：《魏書・沮渠蒙遜傳》作牧犍，《晉書・沮渠蒙遜載記》作茂虔，《十六國春秋》作茂乾。㊷敦煌太守李恂：《十六國春秋・西涼錄》曰：「恂，暠之第六子。」《北史》序傳作暠之第五子，與〈西涼錄〉異。㊸北山：《十六國疆域志》曰：「龍勒有北山。」吳士鑑《晉書斠注》曰：「按寰宇記壽昌縣有北塞山。河西舊事云：『漢武遣貳師將軍伐大宛，至敦煌北塞山下。』今考壽昌，漢龍勒縣地，北山疑即北塞山也。」㊹蒙遜以索嗣之子元緒行敦煌太守：《晉書・沮渠蒙遜載記》曰：「元緒麤險好殺。」索嗣死事見卷一百十一晉安帝隆安四年。㊺李氏為胡所滅：沮渠蒙遜，臨松盧水胡人，故尹氏稱之為胡。㊻恂率數十騎入敦煌：《十六國春秋・西涼錄》數十作數千，與《晉書・李士業傳》異。㊼涼興：胡三省曰：「涼興郡在唐瓜州常樂縣界。」唐常樂縣在今甘肅省安西縣西。㊽是歲，魏姚夫人卒：姚夫人，姚興之女。姚夫人歸魏見卷一百十七晉安帝義熙十一年。

二年（西元四二一年）

㈠春，正月，辛酉（十二日），上祀南郊，大赦。

裴子野論曰：「夫郊祀天地，脩歲事也，赦彼有罪，夫何為哉！」

㈡以揚州刺史廬陵王義真為司徒，尚書僕射徐羨之為尚書令，揚州刺史中書令傅亮為尚書僕射。

㈢辛未（二十二日），魏主嗣㊀行如公陽。

㈣河西王蒙遜帥眾二萬攻李恂于敦煌。

㈤秦王熾磐遣征北將軍木弈干、輔國將軍元基攻上邽，遇霖雨而還。

㈥三月甲子（十六日），魏陽平王熙卒。

㈦魏主發代都六千人築苑，東包白登，周三十餘里㊁。

㈧河西王蒙遜築隄壅水以灌敦煌，李恂乞降，不許㊂。恂將宋承等舉城降，恂自殺。蒙遜屠其城，獲恂弟子寶，囚于姑臧㊃，於是西域諸國皆詣蒙遜稱臣朝貢。

㈨夏，四月己卯朔，詔所在淫祠自蔣子文㊄以下皆除之，其先賢及以勳德立祠者，不在此例。

㈩吐谷渾王阿柴遣使降秦，秦王熾磐以阿柴為征西大將軍，開府儀同三司，安州牧，白蘭王㊅。

㈪六月乙酉（初八日），魏主北巡至蟠羊山㊆。秋，七月，西巡至河。

㈫河西王蒙遜遣右衞將軍沮渠鄯善、建節將軍沮渠苟生帥眾七千伐秦，秦王熾磐遣征北將軍木弈干等帥步騎五千拒之，敗鄯善等于五澗(八)，虜荀生，斬首二千而還。

(十三)初，帝以毒酒一罌(九)授前琅邪郎中令張偉，使酖零陵王。偉歎曰：「酖君以求生，不如死。」乃於道自飲而卒。偉，邵之兄也(一〇)。太常褚秀之、侍中褚淡之，皆王之妃兄也。王每生男，帝輒令秀之兄弟方便(一一)殺之。王自遜位，深慮禍及，與褚妃共處一室，自煮食於牀前，飲食所資，皆出褚妃，故宋人莫得伺其隙。九月，帝令淡之與兄右衛將軍叔度往視妃，妃出就別室相見，兵人踰垣而入，進藥於王，王不肯飲，曰：「佛教自殺者，不復得人身。」兵人以被掩殺之(一二)。【考異】宋本紀：「九月己丑，零陵王薨。」晉本紀：「九月丁丑。」據長曆，九月丙午朔，無己丑、丁丑，今不書日。帝帥百官，臨於朝堂三日。

(十四)庚戌，魏主還宮。

(十五)冬，十月己亥（二十四日），詔以西王蒙遜為鎮軍大將軍，開府儀同三司，涼州刺史。

(十六)己亥(一三)，魏主如代。

(十七)十一月辛亥（初七日），葬晉恭帝于沖陵，帝帥百官瞻送。

(十八)十二月丙申（二十二日），魏主西巡至雲中。

(十九)秦王熾磐遣征西將軍孔子等帥騎二萬擊契汗禿真於羅川㉔。

(二十)河西王蒙遜所署晉昌太守唐契據郡叛，蒙遜遣世子政德討之。契，瑤之子也㉕。

(廿一)上之為宋公也，謝瞻為宋臺㉖中書侍郎，其弟晦為右衞將軍。時晦權遇已重，自彭城還都迎家，賓客輻湊，門巷填咽㉗。瞻在家，驚駭謂晦曰：「汝名位未多而人歸趣乃爾，吾家素以恬退為業，不願干豫時事，交遊不過親朋，而汝遂勢傾朝野，此豈門戶之福邪！」乃以籬隔門庭曰：「吾不忍見此。」及還彭城，言於宋公曰：「臣本素士，父祖位不過二千石㉘，弟年始三十，志用凡近㉙，榮冠臺府，位任顯密，福過災生，其應無遠。特乞降黜以保衰門。」前後屢陳之。晦或以朝廷密事語瞻，瞻故向親舊陳說，用為戲笑，以絕其言。及上即位，晦以佐命功，位任益重，瞻愈憂懼。是歲，瞻為豫章太守，遇病，不療。臨終，遺晦書曰：「吾得啟體幸全㉚，亦何所恨！弟思自勉勵，為國為家。」

【今註】㈠魏主嗣：嗣，魏明元帝諱。㈡魏主發代都六千人築苑，東包白登，周三十餘里：《魏書・明元帝紀》云：「發京師六千人築苑，起自舊苑，東包白登，周圍四十餘里。」㈢河西王蒙遜築隄壅水以灌敦煌，李恂乞降，不許：敦煌石室本《沙州圖經》云：「蒙遜率眾二萬攻敦煌，遺恂書，論以興亡之運，恂不答。二月，三面起隄以水灌城，恂使壯士千人連板為橋，潛欲決隄，悉為蒙遜所擒。將佐等勸恂曰：『今水彌盛，東軍來者相繼，雖有熊武之士，決戰無所，宜遣使降，因以擊之。』恂遣使請降，遜不許。」㈣獲恂弟子寶，囚于姑臧：《魏書・李寶傳》云：「寶字懷素，涼王暠之孫，父飜。」飜與翻同。《晉書・李士業傳》云：「蒙遜徙翻子寶等於姑臧，歲餘，北奔伊吾，後歸於魏。」《十六國春秋・西涼錄》曰：「後二十餘年，至魏太平三年，寶至伊吾，率流人及虜騎南襲敦煌，據之，遣使降魏，魏以寶為使持節侍中、都督西垂諸軍事、鎮西大將軍、開府儀同三司，領西護戎校尉、沙州牧、敦煌公，承制玉門以西。寶寬雅有度量，甚著威惠於西土，在敦煌三年，徙并州刺史。」㈤蔣子文：《御覽》卷四十一引《金陵圖》曰：「後漢末，蔣子文為秣陵尉，逐盜鍾山北，為賊傷額而死，嘗自謂青骨，死當為神。至吳大帝下都，子文乘白馬，慘搔頭，執白羽，見形，故令史白吳王為立廟，不爾，當百姓大疫，大帝猶未信，又翊日，見於路，當令飛蟲入人耳，後如其言。帝乃立廟鍾山，封子文為蔣侯，改鍾山為蔣山。」㈥秦王熾磐以阿柴為征西大將軍，開府儀同三司，安州牧，白蘭王：胡三省曰：「秦蓋以吐谷渾之地為安州。」白蘭，羌之別種，以其地有白蘭山而得名。山本為白蘭羌所居，東晉以南，淪於吐谷渾，其酋吐延嘗云白蘭地極險遠，吾死之後，速保白蘭是也。《晉書・吐谷渾傳》云：「子孫據有西零已西甘松之界，極乎白蘭數千里。」《宋書・吐谷渾傳》曰：「自枹罕以東千餘里暨甘松，西至河南，南界昴城龍涸，自洮水西南極白蘭數千里。」《晉書・四夷傳》地理考證曰：「白蘭山在青海南，今柴達木地。」⑦蟠羊山：《魏書・太祖紀》云：「天賜四年，北巡，自參合陂東過蟠羊山。」，則蟠羊山蓋在參合陂之東。今山西省陽高縣東有蟠羊山，相傳即魏主北巡所至。另一說即今察哈爾省豐鎮縣北境之伊瑪圖山。丁謙曰：「豐鎮縣北境曰奇爾泊者，與參合陂地相符。據晉書燕載記及十六國春秋，慕容寶伐魏，軍還，營於參合陂東蟠羊山南水上，為魏人所襲，全軍俱覆。蒙古語稱蟠羊曰伊瑪，圖者有也，今伊瑪圖山正在奇爾泊北，是參合陂即奇爾泊無疑。」⑧五澗：《水經注》曰：「清水澗，俗謂之五澗水，出姑臧城東，西北流，注馬城河。」顧祖禹曰：「五澗在涼州衞東。」《十六國春秋》禿髮傉檀弘昌五年姚興以涼州授傉檀，傉檀進次五澗，遂入姑臧是也。姑臧，涼州治，清為涼州衞，今甘肅省武威縣。⑨甖：盛酒瓦器。⑩偉，邵之兄也：邵字茂宗，帝領揚州，辟為主簿。⑪方便：胡三省曰：「方便者，隨宜處分，不令其事彰露也。」⑫兵人以被掩殺之：《宋書・武帝紀》曰：「九月己丑，零陵王薨，東駕三朝率百僚舉哀於朝堂，一依魏明帝服山陽公故事，太尉持節監護，葬以晉禮。」《通鑑》據《南史》。趙翼曰：「宋武之弒零陵王，悖逆凶毒，自古所未有，而宋書書零陵王之薨，一若零陵之壽考令終，宋武之恩禮兼備者。蓋宋書多徐爰舊本，爰作宋書於宋朝，自不得不諱，沈約急於成書，遂全抄舊文而不暇訂正耳！南史於零陵王殂，則書曰宋志也，較為得實矣！」王鳴盛曰：「前代禪位之君無遇弒者，劉裕首行大逆，既弒安帝，又立恭帝以應讖，而於禪後又弒之，其惡大矣！」胡三省曰：「自是之後，禪讓之君，罕得全矣！」㊂己亥：按上文已有己亥，此己亥為衍文。㊃羅川：今甘肅省正寧縣北有隋羅川故城遺址，後魏之陽周縣，此羅川或指此。㊄契，瑤之子也：唐瑤見卷一百十一晉安帝隆安四年。㊅宋臺：帝為宋公，建臺於彭城。㊆門巷填咽：咽音噎，塞也，填咽，狀人物之擁擠。《梁書．陶弘景傳》：「及發，公卿祖之於征虜亭，供帳甚盛，車馬填咽。」《抱朴子．疾謬篇》：「車騎填噎於閭巷。」左思〈吳都賦〉：「冠蓋雲蔭，閭閻填噎。」噎與咽同。㊇臣本素士，父祖位不過二千石：《宋書．謝晦傳》云：「祖朗，東陽太守，父重，會稽王道子驃騎長史。」胡三省曰：「瞻、晦，晉太常謝裒之玄孫，於謝安為從孫，是其高曾與謝安同其所出，但名位不及耳！」㊈志用凡近：言其志向不遠而才用庸凡也。㊉吾得啟，體幸全：《論語》孔子曰：「身體髮膚，受之父母，不敢毀傷。」又曾子有疾，召門弟子曰：「啟予足，啟予手。」疏曰：「啟，開也。曾子以為受身體於父母，不敢毀傷，故有疾恐死，召其門弟子使開衾而視之，以明無毀傷也。」意謂父母全而生之，當全而歸之，瞻言蓋用是意。

三年（西元四二二年）

㈠春，正月，甲辰朔，魏主自雲中西巡至屋竇城㊀。

㈡癸丑（初十日），以徐羨之為司空，錄尚書事，刺史如故；江州刺史王弘為衞將軍，開府儀同三司；中領軍謝晦為領軍將軍，兼散騎常侍，入直殿省，摠統宿衞㈡。

徐羨之起自布衣㈢，又無術學㈣，直以志力局度一旦居廊廟，朝野推服，咸謂有宰臣之望，沈密寡言，不以憂喜見色㈤，頗工奕棊，觀戲常若未解㈥，當世倍以此推之。傅亮、蔡廓常言徐公曉萬事，安異同。嘗與傅亮、謝晦宴聚，亮、晦才學辯博，羨之風度詳整㈦，時然後言，鄭鮮之歎曰：「觀徐、傅言論，不復以學問為長。」

㈢秦征西將軍孔子等大破契汗秃真，獲男女二萬口，牛羊五十餘萬頭。秃真帥騎數千西走，其別部樹奚帥戶五千降秦。

㈣二月丁丑（初四日），詔分豫州淮以東為南豫州，治歷陽㈧，以彭城王義康為刺史；又分荊州十郡，置湘洲，治臨湘㈨，以左衞將軍張邵為刺史。

㈤丙戌（十三日），魏主還宮。

㈥三月，上不豫，太尉長沙王道憐、司空徐羨之、尚書僕射傅亮、領軍將軍謝晦、護軍將軍檀道濟並入侍醫藥，羣臣請祈禱神祇，上不許，唯使侍中謝方明以疾告宗廟而已。上性不信奇怪，微時多符瑞，及貴，史官審以所聞，上拒而不答㈩。

檀道濟出為鎮北將軍，南兗州刺史，鎮廣陵㈡，悉監淮南諸軍㈢。皇太子多狎羣小，謝晦言於上曰：「陛下春秋既高，宜思存萬世，神器至重，不可使負荷非才㈢。」上曰：「廬陵何如？」晦曰：「臣請觀焉。」出造廬陵王義真，義真盛欲與談，晦不甚答，還曰：「德輕於才，非人主也。」丁未（初五日），出義真為都督南豫、豫、雍、司、秦、幷六州諸軍事，車騎將軍，開府儀同三司，南豫州刺史。是後大州率加都督，多者或至五十州，不可復詳載矣㈣。

㈦帝疾瘳，己未（十七日），大赦。

㈧秦、雍流民南入梁州，庚申（十八日），遣使送絹萬匹，且漕荊、雍之穀以賑之㈤。

(九)刁逵之誅也[16]，其子彌亡命。辛酉（十九日），彌帥數十人入京口，太尉留府[17]司馬陸仲元擊斬之。

(十)乙丑（二十三日），魏河南王曜卒

(十一)夏，四月甲戌（初二日），魏立皇子燾為太平王，拜相國，加大將軍；丕為樂平王，彌為安定王，範為樂安王，健為永昌王，崇為建寧王，俊為新興王。

(十二)乙亥（初三日），詔封仇池公楊盛為武都王。

(十三)秦王熾磐以折衝軍乞伏是辰為西胡校尉，築列渾城於汁羅[18]以鎮之。

(十四)五月，帝疾甚，召太子誡之曰：「檀道濟雖有幹略而無遠志，非如兄韶有難御之氣也。徐羨之、傅亮當無異圖，謝晦數從征伐，頗識機變，若有同異，必此人也。」又為手詔曰：「後世若有幼主，朝事一委宰相，母后不煩臨朝。」司空徐羨之、中書令傅亮、領軍將軍謝晦、鎮北將軍檀道濟同被顧命。癸亥（二十一日），帝殂於西殿[19]。帝清簡寡欲，嚴整有灋度，被服居處，儉於布素[20]，遊宴甚稀，嬪御至少，嘗得後秦高祖㉑從女，有盛寵，頗以廢事，謝晦微諫，即時遣出。財帛皆在外府，內無私藏，（藏，徂浪翻）嶺南嘗獻入筒細布㉒一端八丈，帝惡其精麗勞人，即付有司，彈㉓太守，以布還之，并制嶺南禁作此布。公主出適，遣送不過二十萬，無錦繡之物，內外奉禁，莫敢為侈靡。

太子即皇帝位，年十七，大赦。尊皇太后曰太皇太后，立妃司馬氏為皇后。后，晉恭帝女海鹽公主也。

(十五)魏主服寒食散，頻年藥發，災異屢見，頗以自憂。遣中使密問白馬公崔浩曰：「屬者㉔日食趙代之分㉕，朕疾彌年不愈，恐一旦不諱，諸子並少，將若之何？其為我思身後之計。」浩曰：「陛下春秋富盛，行就平愈，必不得已，請陳讜言㉖。自聖代龍興，不崇儲貳，是以永興之始，社稷幾危㉗。今宜早建東宮，選賢公卿以為師傅，左右信臣以為賓友，入揔萬機，出撫戎政，如此則陛下可以優遊無為㉘，頤神養壽㉙，萬歲之後，國有成主，民有所歸，姦宄息望，禍無自生矣！皇子燾年將周星㉚明叡溫和。立子以長，禮之大經，若必待成人然後擇之，倒錯天倫㉑，則召亂之道也！」

魏主復以問南平公長孫嵩，對曰：「立長則順，置賢則人服。燾，長且賢，天所命也。」帝從之。

立太平王燾為皇太子，使之居正殿，臨朝，為國副主。以長孫嵩及山陽公奚斤㉒北新公安同為左輔，坐東廂，西面；崔浩與太尉穆觀、散騎常侍代人丘堆㉓為右弼，坐西廂，東面；百官揔己以聽焉㉔。帝避居西宮，時隱而窺之㉕，聽其決斷，大悅，謂侍臣曰：「嵩，宿德舊臣，歷事四世㉖，功存社稷；斤，辯捷智謀，名聞遐邇；同，曉解俗情，明練於事；觀，達於政要，識吾旨趣；浩，博聞彊識，精察天人；堆雖無大用，然在公專謹，以此六人輔相太子，吾與汝曹巡行四境，伐叛柔服㉗足以得志於天下矣！」嵩實姓拔拔㉘，斤姓達奚，觀姓丘穆陵，堆姓丘敦。是時魏之羣臣出於代北者姓多重複，及高祖遷洛，始皆改之，舊史惡其煩雜難知，故皆從後姓以就簡易，今從之。

魏主又以典東西部劉潔㉙，門下奏事代人古弼㉚，直郎徒河盧魯元[四一]忠謹恭勤，使之給侍東宮，分典機要，宣納辭令。太子聰明，有大度，羣臣時奏所疑，帝曰：「此非我所知，當決之汝曹國主也。」

(十六)六月壬申（朔），以尚書僕射傅亮為中書監、尚書令，以領軍將軍謝晦領中書令，侍中謝方明為丹楊尹[四二]。方明善治郡，所至有能名，承代前人，不易其政，必宜改者，則以漸移變，使無迹可尋。

(十七)戊子（十七日），長沙景王道憐卒。

(十八)魏建義將軍刁雍寇青州，州兵擊破之，雍收散卒走保大郷山[四三]。

(十九)秋，七月己酉（初八日），葬武皇帝於初寧陵[四四]，廟號高祖。

(二十)河西王蒙遜遣前將軍沮渠成都帥眾一萬，耀兵嶺南，遂屯五澗[四五]。九月，秦王熾磐遣征北將軍出連虔等帥騎六千擊之。

(二十一)初，魏主聞高祖克長安[四六]，大懼，遣使請和，自是每歲交聘不絕。及高祖殂，殿中將軍[四七]沈範等奉使在魏，還及河，魏主遣人追執之，議發兵取洛陽、虎牢、滑臺[四八]。崔浩諫曰：「陛下不以劉裕欻起，納其使貢，裕亦敬事陛下，不幸今死，遽乘喪伐之，雖得之，不足為美。且國家今日亦未能一舉取江南也，而徒有伐喪之名[49]，竊為陛下不取。臣謂宜遣人弔祭，存其孤弱，恤其凶災，使義聲布於天下，則江南不攻自服矣！況裕新死，黨與未離，兵臨其境，必相帥拒戰，功不可必，不如緩之，待其彊臣爭權，變難必起，然後命將出師，可以兵不疲勞，坐收淮北也。」魏主曰：「劉裕乘姚興之死而滅之[50]，今我乘裕喪而伐之，何為不可？」浩曰：「不然，姚興死，諸子交爭，故裕乘釁[51]伐之，今江南無釁，不可比也。」魏主不從[52]。假司空奚斤節，加晉兵大將軍，行揚州刺史，使督宋兵將軍交州刺史周幾，吳兵將軍廣州刺史公孫表同入寇[53]。

(廿一)乙巳（初五日），魏主如灅南宮[54]，遂如廣寧[55]。

(廿二)辛亥（十一日），魏人築平城外郭，周圍三十二里。

(廿三)魏主如喬山[56]。遂東如幽州。冬，十月甲戌（初五日），還宮。

(廿四)魏軍將發，公卿集議於監國之前，監丁御翻以先攻城與先略地。奚斤欲先攻城，崔浩曰：「南人長於守城，昔苻氏攻襄陽，經年不拔(五七)。今以大兵坐攻小城，若不時克，挫傷軍勢，敵得徐嚴而來，我怠彼銳，此危道也，不如分軍略地，至淮為限，列置守宰，收斂租穀，則洛陽、滑臺、虎牢更在軍北，絕望南救，必沿河東走；不則為囿中之物，何憂其不獲也！」公孫表固請攻城。魏主從之。於是奚斤等帥步騎二萬，濟河，營於滑臺之東。

時司州刺史毛德祖戍虎牢，東郡太守王景度告急於德祖(五八)，德祖遣司馬翟廣等將步騎三千救之。

先是司馬楚之聚眾在陳留之境，聞魏兵濟河，遣使迎降，魏以楚之為征南將軍、荊州刺史，使侵擾北境。德祖遣長社令王灋政將五百人戍邵陵(五九)，將軍劉憐將二百騎戍雍丘以備之。楚之引兵襲憐，不克，會臺送軍資，憐出迎之，酸棗(六〇)民王玉馳以告魏，丁酉（二十八日），魏尚書滑稽引兵襲倉垣(六一)，兵吏悉踰城走，陳留太守馮翊嚴稜詣斤降。魏以王玉為陳留太守，給兵守倉垣。

奚斤等攻滑臺不拔，求益兵，魏主怒，切責之。壬辰（二十三日），自將諸國兵五萬餘人，南出天關，踰恒嶺(六二)，為斤等聲援。

(廿六)秦出連虔與河西沮渠成都戰，禽之[六三]。

(廿七)十一月，魏太子燾將兵出屯塞上[六四]。使安定王彌與安同居守。庚戌（十一日），奚斤等急攻滑臺，拔之，王景度出走。景度司馬陽瓚為魏所執，不降而死。魏主以成皐侯苟兒[六五]為兗州刺史，鎮滑臺。斤等進擊翟廣等於土樓[六六]，破之，乘勝進逼虎牢。毛德祖與戰，屢破之，魏主別遣黑矟將軍于栗磾將三千人屯河陽，謀取金墉，德祖遣振威將軍竇晃等緣河拒之。

十二月丙辰（是月己巳朔，無丙辰），魏主至冀州，遣楚兵將軍徐州刺史叔孫建[六七]將兵自平原濟河，徇青、兗，豫州刺史[六八]劉粹遣治中高道瑾將步騎五百據項城，徐州刺史[六九]王仲德將兵屯湖陸[七〇]。于栗磾濟河，與奚斤幷力攻竇晃等，破之。魏主遣中領軍代人娥清、期思侯柔然閭大肥將兵七千人會周幾、叔孫建南渡河，軍於碻磝[七一]。癸未（十五日），兗州刺史徐琰棄尹卯[七二]，南走，於是泰山、高平、金鄉[七三]等郡皆沒於魏。叔孫建等東入青州，司馬愛之、季之先聚眾於濟東，皆降於魏[七四]。戊子（二十日），魏兵逼虎牢，青州刺史東莞竺夔鎮東陽城⑮，遣使告急。己丑（二十一日），詔南兗州刺史檀道濟監征討諸軍事，與王仲德共救之；廬陵王義真遣龍驤將軍沈叔狸將三千人就劉粹，量宜赴援⑯。

（十七）秦王熾磐徵秦州牧曇達為左丞相征東大將軍。

【今註】㊀屋竇城：《魏書・明元帝紀》云：「泰常四年十二月，西巡至雲中，踰白道，北獵野馬於辱孤山，至於黃河，從君子津西渡，大狩於薛林山。五年正月，自薛林東還，至於屋竇城。」則屋竇城在薛林山之東，雲中之西北，其地當在今綏遠省鄂爾多斯境。㊁中領軍謝晦為領軍將軍，兼散騎常侍，入直殿省，總統宿衞：南朝之制，領軍、護軍俱為軍衞要職，並典禁兵。宋制，護軍掌外軍，而領軍掌內軍，位任尤重。㊂徐羨之起自布衣：胡三省曰：「徐羨之為桓修撫軍中兵參軍，與帝同府，深相親結。及起義兵，益見親任。」㊃術學：術數才學。㊄不以憂喜見色：憂喜不形於色。㊅觀戲常若未解：觀人對奕，常若不解其道者。㊆詳整：詳者從容不迫，整者有威嚴。㊇詔分豫州淮以東為南豫州，治歷陽：按沈約《宋書・州郡志》，晉安帝義熙二年，宋武欲開拓河南，綏定豫土，九年，割揚州大江以西，大靁以北悉屬豫州，至是分淮以東為南豫州，治歷陽，淮以西為豫州，治壽陽。自永初至於大明，兩豫雖乍有離合而分立居多，而南豫州治亦遷徙無常居，永初治歷陽，大明五年，徙治姑孰，泰始二年，還治歷陽，五年，徙治宣城，其後淮西沒寇，復於淮東分立兩豫，然非永初舊觀矣！沈約志南豫州領歷陽、南譙、廬江、南汝陰、南梁、晉熙、弋陽、安豐、汝南、新蔡、東郡、南潁、潁州、西汝陰、汝陽、陳留、南陳左郡、邊城左郡凡十九郡。胡三省曰：「按徐志，乃永初郡國志止領十三郡，蓋沈志有景平以後續置郡在其間也。」按沈約志，立南豫州在永初二年，《通鑑》從帝紀在三年。沈約志曰：「文帝元嘉七年，又分。五年，割揚州之淮南、宣城又屬焉，徙治姑孰。」錢大昕曰：「此條當有脫文，以本紀及南平王鑠傳考之，文帝元嘉七年，罷南豫州，幷豫州，十六年，復分豫州之淮南為南豫州，二十二年，復南豫州，併壽陽，孝武大明三年，分淮南北復置二豫州，五年，移南豫州治淮南于湖縣，于湖即姑孰也。」則五年者，蓋大明五年。又沈約志曰：「泰始四年，以揚州之淮南、宣城為南豫州，治宣城。」錢大昕曰：「按帝紀，泰始五年，分豫州、揚州立南豫州。蓋分豫州之歷陽、揚州之淮南、宣城也。事見廬江王禕傳，志失書歷陽郡，又誤以為四年事。」據此，南豫州徙治宣城在泰始五年，非四年也。㊈又分荊州十郡，置湘州，治臨湘：沈約〈州郡志〉晉安帝義熙十二年省湘州，至是又立，按《晉書·地理志》，省湘州在義熙十三年。沈約志，湘州領長沙國、衡陽國、桂陽郡、零陵國、營陽郡、湘東郡、邵陵郡、廣興郡、臨慶國、始建國，凡十郡。⑩上性不信奇怪，微時多符瑞，及貴，史官審以所聞，上拒而不答：王鳴盛曰：「南史最喜言符瑞，詭誕不經，疑神見鬼，層見疊出。宋武帝紀歷述其微時竹林寺僧見其臥有五色龍章，孔恭占其墓曰非常地，行止見二小龍附翼，伐荻新洲，射大蛇，見青衣童子擣藥，下邳會一沙門，贈以黃藥傅創。沈約亦好言符瑞者，故此諸事雖不采入紀而別作符瑞志述之，射蛇事則符瑞志亦無，却見於任昉述異記上卷，但述異記未必出任昉，恐後人假託。予直疑是李延壽附會漢高祖斬蛇事而後人反勦以入述異記也。」⑪檀道濟出為鎮北將軍，南兗州刺史，鎮廣陵：胡三省曰：「晉成帝立南兗州，治京口，自此治廣陵。」按沈約〈州郡志〉，宋文帝元嘉八年，始割江淮間為境，治廣陵，則永初尚寄治京口，道濟蓋以鎮北將軍鎮廣陵。按沈約志，南兗州領廣陵、海陵、山陽、盱眙、秦郡、南沛等郡，泰始以後，復僑立新平、北淮陽、北濟陰、北下邳、東莞等郡。⑫悉監淮南諸軍：《宋書・檀道濟傳》云：「出監南徐、兗之江北淮南諸郡軍事。」⑬陛下春秋既高，宜思存萬世，神器至重，不可使負荷非才：胡三省曰：「晦發此言，已有廢昏立明之意。」宜思存萬世者，謂宜思所以傳帝業於萬世之道。《文選・張衡東京賦》：「巨猾閒舋，竊弄神器。」綜注：「神器，帝位也。」《老子》：「將欲取天下而為之，吾見其不得已，天下神器，不可為也。」王弼曰：「神，無形無方也，器，合成也，無形以合，故謂之神器也。」以神器喻帝位本此。⑭是後大州率加都督，多者或至五十州，不可復詳載矣：胡三省曰：「迄宋之季，境內惟二十二州，至梁武時沿述分置諸州，始有五十州。」⑮秦、雍流民南入梁州，漕荊、雍之穀以賑之：胡三省曰：「秦雍之雍，古雍州也，關中之地；荊雍之雍，晉末所置南雍州也，治襄陽。」王鳴盛曰：「南朝州郡僑治雖多，大約總以南豫州為最要，南雍州次之，南豫宋治歷陽，齊、梁治壽春，南雍則宋、齊、梁皆治襄陽也，惟陳無此二州，此隋取陳所以易也。大約立國於東南者西必據襄樊，北必控淮汝，進有窺取關洛之意，然後退而足以自守，守江則危矣！若以進取而論，關公攻樊，曹議徙許都，雍似不在豫下，但南朝既建都建康，則豫尤近。魏車騎大將軍源懷於南齊東昏末上書請南伐云：『壽春之去建康纔七百里，山川水陸，皆彼所諳，彼若乘舟藉水，倏忽而至。』源懷言南之易往則可知北亦易來，若襄陽相距有二三千里矣！故曰南豫為要，南雍次之。此州不加南字，以豫有二，雍惟一故。然襄陽而被雍名，非南而何？所領有京兆、扶風、馮翊等，蓋除襄陽外，其餘諸郡多空稱也。」㈥刁逵之誅也：事見卷一百十三晉安帝元興三年。㈦太尉留府：胡三省曰：「時長沙王道憐以太尉鎮京口，入侍醫藥，故有留府。」㈧汁羅：胡三省曰：「汁羅，蓋即羅川之地。」㈨帝殂於西殿：年六十七。㈩布素：布衣素士。⑪後秦高祖：後秦王姚興，廟號高祖。⑫筒細布：揚雄〈蜀都賦〉曰：「布則蜘蛛作絲，不可見風，筒中黃潤，一端數金。」喻其纖美也。⑬彈：彈糾。⑭屬者：近日以來。⑮日食趙代之分：趙、代，北魏之分野。日者，人君之象，故古人以日食為人君之咎。⑯謇言：自謙之辭，謂所言不中道，若無目之人。⑰是以永興之始，社稷幾危：永興元年，有清河王之亂，事見卷一百十五晉安帝義熙五年。⑱優遊無為：優遊歲月，純任自然，無所置慮也。⑲頤神養壽：頤亦養也。《易・彖》曰：「觀頤，觀其所養也，自求口實，觀其自養也。」《晉書・王羲之傳》：「頤養閑暇，衣食之餘，欲與親知時共懽讌。」⑳周星：歲星十二年一周天，故亦謂十二年曰周星。㉑倒錯天倫：廢長立少，則天倫乖錯。㉒山陽公奚斤：魏收〈官氏志〉曰：「魏獻帝弟為達奚氏，孝文改為奚氏。」㉓丘堆：按魏收〈官氏志〉，魏獻帝以第三弟為丘敦氏，孝文改為丘氏。㉔左輔坐東廂，西面；右弼坐西廂，東面，百官總己以聽焉：胡三省曰：「坐東廂者西面，坐西廂者東面，皆朝拱皇太子。」面，向也。㉟時隱而窺之：時自隱蔽其身而窺之也。㊱嵩，宿德舊臣，歷事四世：宿德猶曰累德。嵩歷事昭成帝、道武帝、明元帝及太子燾，凡四世，累其勳德於魏朝，故曰宿德舊臣。㊲伐叛柔服：叛者伐之，服者懷柔之。㊳嵩實姓拔拔：按魏收官氏志，魏獻帝以三兄為拓拔氏，孝文改為長孫氏，此作拔拔誤。㊴典東西部劉潔：按《魏書・劉潔傳》作典東部事劉潔。㊵古弼：魏收〈官氏志〉神元皇帝時諸姓內入者有吐奚氏，孝文改為古氏。㊶直郎徒河盧魯元：《魏書・盧魯元傳》作通直郎。官氏志內入諸姓有吐伏盧氏，孝文改為盧氏。徒河縣，魏屬昌黎郡，故城在今遼寧省錦縣西北。胡三省曰：「拓拔與慕容、段氏同出鮮卑，其後強盛，謂東種為徒河。」則徒河蓋種落名。㊷丹楊尹：按《宋書・州郡志》當作丹陽。〈州郡志〉曰：「丹陽尹，秦彰郡，漢初屬吳國，吳王濞反，敗，屬江都國，武帝元封二年為丹陽郡，治今宣城之宛陵縣，晉武帝太康二年，移治建業，元帝太興元年，改為尹。」王鳴盛曰：「太守而改為尹者，欲以比漢京兆尹也。晉人稱為揚郡，以此。宋因晉稱尹、齊、梁、陳則復為丹陽郡矣！」㊸大鄉山：胡三省曰：「魏收地形志濟陰郡乘氏縣有大鄉城。」㊹初寧陵：按《宋書・武帝紀》，陵在丹陽建康縣蔣山。㊺河西王蒙遜遣前將軍沮渠成都帥眾一萬耀兵嶺南，遂屯五澗：胡三省曰：「蓋耀兵於洪池嶺南而還屯五澗也。」五澗註見永初二年註㈧。㊻初，魏主聞高祖克長安：宋武帝滅後秦事見上卷晉安帝義熙十三年。㊼殿中將軍：《宋書・百官志》殿中將軍，晉武帝置，與殿中司馬督並司宿衛之職，直侍殿中，分隸左右二衛，宋因之。㊽滑臺：《元和郡縣志》曰：「慕容德自鄴南徙滑臺，僭號南燕，都於胙城。」滑臺城，今河南省滑縣，與虎牢自古為中原重鎮。《水經注》曰：「河水又東，右逕滑臺城北。城有三重，中小城謂之滑臺城，舊傳滑臺人自修築此城，因以名焉！」(49)而徒有伐喪之名：禮不伐喪，乘人之喪而伐之，是不義也。(50)劉裕乘姚興之死而伐之：事見卷一百十七晉安帝義熙十二年及上卷義熙十三年。(51)亹：胡三省曰：「亹與釁同。」釁，嫌隙也。(52)魏主不從：《魏書・崔浩傳》云：「太宗大怒，不從浩言。」(53)假司空奚斤節，加晉兵大將軍，行揚州刺史，使督宋兵將軍交州刺史周幾，吳兵將軍廣州刺史公孫表同入寇：《魏書・明元帝紀》，奚斤傳俱曰：「假斤節，都督前鋒諸軍事。」周幾，代之舊族。《魏書・官氏志》獻帝以次兄為普氏，孝文改為周氏。胡三省曰：「晉兵、宋兵、吳兵、鄭兵、楚兵等將軍，皆魏所置。」按昔漢武帝期克貳師城，乃置貳師將軍之號，魏置晉兵、宋兵諸將軍號，亦此類也。(54)漯南宮：胡三省曰：「晉愍帝建興元年，猗盧築新平城於漯北，其後築宮於漯南，即此宮也。」(55)廣甯：晉置廣甯郡，蓋漢之廣寧縣，故城在今察哈爾省宣化縣西北。(56)喬山：《魏書・帝紀》作橋山。胡三省曰：「五代志喬山在涿郡懷戎縣。」劉昫曰：「唐嬀州懷戎縣，後漢上谷之潘縣也。」唐懷戎故城在今察哈爾省涿鹿縣西南七十里，今涿鹿縣東南有橋山。(57)昔苻氏攻襄陽，經年不拔：事見卷一百四晉孝武帝太元三年、四年。(58)東郡太守王景度告急於德祖：《宋書・索虜傳》，時王景度以寧遠將軍東郡太守戍滑臺。(59)邵陵：邵陵縣，漢屬汝南郡，晉以後屬潁川郡，故城在今河南省偃城縣東。杜佑曰：「蔡州郾陵縣，有古召陵城。」邵陵，漢作召陵，唐郾陵即今偃城縣。(60)酸棗：酸棗縣，自漢以來皆屬陳留郡，春秋鄭之廩延邑，故城在今河南省延津縣北。(六一)倉垣：魏收〈地形志〉陳留郡治浚儀縣有倉垣城。《水經注》曰：「汳水東逕倉垣城南，即大梁縣之倉垣亭也。」故城在今河南省開封縣西北，晉永嘉三年，詔將軍王堪等討石勒，勒至黎陽，堪退保倉垣，即此。(六二)自將諸國兵五萬餘人，南出天關，踰恒嶺，為斤等聲援：《魏書・明元帝紀》云：「出天門關，踰恒嶺，四方蕃附大人各率所部從者五萬餘人。」胡三省曰：「此即晉孝武太元二十一年燕主垂襲魏平城之路。魏主珪既平中山，自望都鐵關鑿恒嶺至代五百餘里。」恒嶺即恒山，五嶽之北嶽，其主峯在今山西省渾源縣境，盤亙於山西舊大同府之東，天門關在今山西省陽曲縣西北。(六三)秦出連虔與河西沮渠成都戰，禽之：沮渠成都時屯於五澗。(六四)魏太子燾將兵出屯塞上：胡三省曰：「魏主南援攻河南之兵，故太子屯塞上以備柔然。」(六五)荀兒：《魏書・官氏志》內入諸姓有若干氏，孝文改為荀氏。(六六)土樓：胡三省曰：「土樓在虎牢東。九域志澶州臨河縣有土樓鎮。」(六七)叔孫建：《魏書・官氏志》獻帝以叔父之胤為乙旃氏，孝文改為叔孫氏。(六八)豫州刺史：《宋書・州郡志》，宋豫州領汝南、新蔡、譙、梁、陳、南潁、潁川、汝陽、汝陰、陳留等郡。(六九)徐州刺史：《宋書・州郡志》，宋徐州領彭城、沛郡、下邳、蘭陵、東海、東莞、東安、瑯琊、淮陽、陽平、濟陰、北濟、鍾離、馬頭等郡。(七〇)湖陸：蓋前漢之湖陵縣，後漢章帝以封東平王蒼子為侯國，改曰湖陸，故城在今山東省魚臺縣東南，宋省，另置湖陸縣，屬南高平郡，此湖陸蓋南高平之湖陸也，其地今闕，當在江蘇省淮水之南。(七一)碻磝：碻磝城河津，昔姚襄屯碻磝津，即此，故城在今山東省茌平縣西南，為宋、魏兵爭要衝。泰常八年，魏置濟州濟北郡於此，州治即碻磝城也。《水經注》曰：「河水經碻磝城西，有碻磝津，其城臨水，西南圮於河，後魏更城之，立濟州治此，其西南隅又圮於河，即故在平縣也。」(七二)尹卯：《水經》曰：「濟水北過須昌縣西，又北過穀城縣西。」注云：「濟水側岸有尹卯壘，南去魚山四十餘里，是穀城縣界，故春秋之小穀城也。」則尹卯當在今山東省東阿縣境濟水之側。(七三)金鄉：胡三省曰：「金鄉縣，漢屬山陽，晉屬高平，蓋晉末分置郡也。」故縣即今山東省金鄉縣，縣西北境有山曰金鄉山，縣蓋以山得名。金鄉既沒於魏，宋復僑置金鄉縣，屬南高平，其地今闕，當在江蘇省淮水之南，然非此之金鄉也。(七四)司馬愛之，季之先聚眾於濟東，皆降於魏：胡三省曰：「濟水之東，則青州界。」(七五)青州刺史東莞竺夔鎮東陽城：胡三省曰：「青州自曹嶷以來治廣固，武帝克慕容超，夷其城，青州遷治東陽城，在廣縣西南。」《晉書・地理志》曰：「慕容超為劉裕所滅，留長史羊穆之為青州刺史，築東陽城而居之。」《水經注》曰：「以在陽水之陽，即謂之東陽城，世以濁水為西陽水故也。」東陽，本漢廣縣地，即今山東省益都縣。《宋書・州郡志》，宋孝武帝孝建二年，移青州治於歷城。領齊郡、濟南、高密、樂安、平昌、北海、東萊、太原、長廣等郡。東莞郡，漢為東莞侯國，晉武帝太康初分琅邪立，即今山東沂水縣。(七六)詔盧陵王義真遣龍驤將軍沈叔狸將三千人就劉粹，量宜赴援：胡三省曰：「義真時鎮壽陽，劉粹時鎮懸瓠。」余按《宋書・劉粹傳》：「永初三年，以征虜將軍督豫、司、雍、登四州、南豫州之梁郡、弋陽馬頭三郡諸軍事，豫州刺史，領梁郡太守，鎮壽陽。」又〈武三王傳〉：「永初三年，封義真盧陵王，移鎮東城，明年，遷司徒。高祖不豫，以為使持節、侍中、都督南豫、豫、雍、司、秦、並六州諸軍事，車騎將軍，開府儀同三司，南豫州刺史，出鎮歷陽，未之任而高祖崩。」則是時劉粹蓋鎮壽陽，義真則鎮東城也。

營陽王㊀【考異】宋本紀高氏小史皆作滎陽，臧后謝晦、蔡廓傳作營陽。營陽，南方郡名也，今從之。

景平元年（西元四二三年）

㈠春，正月，己亥朔，大赦，改元㊁。

㈡辛丑（初三日），帝祀南郊。

㈢魏于栗磾攻金墉，癸卯（初五日），河南太守王涓之棄城走。

魏主以栗磾為豫州刺史，鎮洛陽。

㈣魏主南巡恒嶽，丙辰（十八日），至鄴㊂。

己未（二十一日），詔徵豫章太守蔡廓為吏部尚書㊃。廓謂傅亮曰：「選事若悉以見付，不論㊄，不然，不能拜也。」亮以語錄事尚書徐羨之㊅，羨之曰：「黃散㊆以下，悉以委蔡，吾徒不復措懷。自此以上，故宜共參同異。」廓曰：「我不能為徐干木署紙尾。」遂不拜。干木，羨之小字也。選案黃紙，錄尚書與吏部尚書連名(八)，故廓云然。

沈約論曰：「蔡廓固辭銓衡，恥為志屈，豈不知選、錄同體，義無偏斷乎(九)？良以主闇時難，不欲居通塞之任(一〇)，遠矣哉(一一)！」

(五)庚甲（二十二日），檀道濟軍於彭城。魏叔孫建入臨淄，所向城邑皆潰。【考異】索虜傳云：「虜又遣楚兵將軍徐州刺史平安公涉歸幡能健、越兵將軍青州刺史臨淄侯薛道千、陳兵將軍淮州刺史壽張子張模，所向城邑皆奔走。」本紀亦云：「安平公涉歸寇青州。」按後魏書無涉歸等姓名，蓋皆胡中舊名，即叔孫建等也。竺夔聚民保東陽城，其不入城者，使各依據山險，芟夷禾稼，魏軍至，無所得食。濟南太守垣苗(一二)，帥眾依夔。

刁雍見魏主於鄴，魏主曰：「叔孫建等入青州，民皆藏避，攻城不下，彼素服卿威信(一三)，今遣卿助之。」乃以雍為青州刺史，給雍騎，使行募兵以取青州。魏兵濟河向青州者，凡六萬騎，刁雍募兵得五千人，撫慰士民，皆送租供軍。

(六)柔然寇魏邊，二月戊辰（朔），魏築長城自赤城西至五原，延袤二千餘里，備置戍卒以備柔然。

(七)丁丑（初十日），太皇太后蕭氏殂。

(八)河西王蒙遜及吐谷渾王阿柴皆遣使入貢。庚辰(十三日),詔以蒙遜為都督涼、秦、河、沙四州諸軍事,驃騎大將軍,涼州牧,河西王;以阿柴為督塞表諸軍事㈣,安西將軍,沙州刺史,澆河公。

(九)三月壬子(十五日,是月戊戌朔,壬子十五日,當系乙巳之後),葬孝懿皇后於興寧陵㈤。

(十)魏奚斤、公孫表等共攻虎牢,魏主自鄴遣兵助之,毛德祖於城內穴地入七丈,分為六道,出魏圍外,募敢死之士四百人,使參軍苑道基等帥之,從穴中出,掩襲其後,魏軍驚擾,斬首數百級,焚其攻具而還。魏兵雖退散,隨復更合,攻之益急。奚斤自虎牢將步騎三千攻潁川太守李元德等於許昌,元德等敗走,魏以潁川人庾龍為潁川太守,戍許昌。

毛德祖出兵與公孫表大戰,從朝至晡,殺魏兵數百。會奚斤自許昌還,合擊德祖,大破之,亡甲士千餘人,復嬰城自守。魏主又遣萬餘人從白沙度河,屯濮陽南㈥。

朝議以項城去魏不遠，非輕軍所抗，使劉粹召高道瑾還壽陽，若沈叔狸已進，亦宜且追㈦。粹奏虜攻虎牢，未復南向，若遽攝軍㈧捨項城，則淮西諸郡，無所憑依，沈叔狸已頓肥口㈨，又不宜遽退；時李元德帥散卒二百至項，劉粹使助高道瑾戍守，請宥其奔敗之罪。朝議並許之。

乙巳（初八日），魏主畋於韓陵山㈩，遂如汲郡，至枋頭㈡。

初，毛德祖在北㈢，與公孫表有舊。表有權略，德祖患之，乃與交通音問，密遣人說奚斤，云表與之連謀，每答表書，多所治定㈢，表以書示斤，斤疑之，以告魏主。先是表與太史令王亮少同營署，好輕侮亮，亮奏表置軍虎牢東，不得便地，故令賊不時滅。魏主素好術數，以為然，積前後忿，使人夜就帳中縊殺之。

乙卯（十八日），魏主濟自靈昌津㈣，遂如東郡陳留。

叔孫建將三萬騎逼東陽城，城中文武纔一千五百人，竺夔、垣苗悉力固守，時出奇兵擊魏，破之。魏步騎繞城，列陳十餘里，大治攻具。夔作四重塹，魏人填其三重，為橦車㈤以攻城。夔遣人從地道中出，以大麻絙㉖挽之，令折。魏人復作長圍，進攻逾急，歷時浸久，城轉墮壞，戰士多死傷，餘眾困乏，旦暮且陷。檀道濟至彭城，以司、青二州並急，而所領兵少，不足分赴，青州道近，竺夔兵弱，乃與王仲德兼行先救之。甲子（二十七日），劉粹遣李元德襲許昌，斬庾龍，元德因留綏撫，幷上租糧㉗。

魏主至盟津，于栗磾造浮橋於冶阪津㉘，乙丑（二十八日），魏主引兵北濟，西如河內。

娥清、周幾、閭大肥徇地至湖陸，高平民屯聚而射之，清等盡攻破高平諸縣，滅數千家，虜掠萬餘口㉙，兗州刺史鄭順之戍湖陸，以兵少，不敢出。

魏主又遣幷州刺史伊樓拔㉚助奚斤攻虎牢，毛德祖隨方㉛抗拒，頗殺魏兵，而將士稍零落。

夏，四月丁卯（朔），魏主如成皋，絕虎牢汲河之路㉜，停三日，自督眾攻城，竟不能下，遂如洛陽，觀石經㉝，遣使祀嵩高㉞。

叔孫建攻東陽，墮其北城三十許步，刁雍請速入，建不許，遂不克。及聞檀道濟等將至，雍又謂建曰：「賊畏官軍突騎㉟，以鎖連車為函陳㊱。大峴㊲已南，處處狹隘，車不得方軌㊳，雍請將所募兵五千，據險以邀之，破之必矣！」時天暑，魏軍多疫。建曰：「兵人疫過半，若相持不休，兵自死盡，何須復戰？今全軍而返，計之上也。」己巳（初三日），道濟軍於臨朐。【考異】裴子野宋略作乙巳，按長曆是月丁卯朔，無乙巳，必己巳也。壬申（初六日），建等燒營及器械而遁。道濟至東陽，糧盡不能追，竺夔以東陽城壞，不可守，移鎮不其城㊴。

叔孫建自東陽趨滑臺，趨七喻翻道濟分遣王仲德向尹卯，道濟停軍湖陸。仲德未至尹卯，聞魏兵已遠，還就道濟。刁雍遂留鎮尹卯，招集譙、梁、彭、沛民五千餘家，置二十七營以領之。

(十一)蠻王梅安帥渠帥數十人入貢於魏。

初，諸蠻本居江淮之間，其後種落滋蔓，布於數州，東連壽春，西通巴蜀，北接汝、潁，往往有之，在魏世不甚為患，及晉，稍益繁昌，漸為寇暴，及劉、石亂中原，諸蠻無所忌憚，漸復北徙伊闕(四〇)以南，蒲於山谷矣。

(十二)河西世子政德攻晉昌，克之，唐契及弟和甥李寶同奔伊吾(四一)。招集遺民，歸附者至二千餘家，臣於柔然，柔然以契為伊吾王。

(十三)秦王熾磐謂其羣臣曰：「今宋雖奄有江南，夏人雄據關中，皆不足與也，獨魏主弈世英武，賢能為用，且讖云：『恒代之北，當有真人。』吾將舉國而事之。」乃遣尚書郎莫者阿胡等入見於魏，貢黃金二百斤，幷陳伐夏方略。

(十四)閏月丁未（十一日）(四二)，魏主如河內，登太行，至高都(四三)。叔孫建自滑臺西就奚斤，共攻虎牢。虎牢被圍二百日，無日不戰，勁兵戰死殆盡，而魏增兵轉多。魏人毀其外城，毛德祖於其內更築三重城以拒之，魏人又毀其二重，德祖唯保一城，晝夜相拒。將士眼皆生創(四四)，德祖撫之以恩，終無離心。時檀道濟軍湖陸，劉粹軍項城，沈叔狸軍高橋，皆畏魏兵彊，不敢進。

丁巳（二十一日），魏人作地道，以洩虎牢城中井。井深四十丈，山勢峻峭，不可得防㊺。城中人馬渴乏，被創者不復出血，重以飢疫，魏仍急攻之。己未（二十三日），城陷。將士欲扶德祖出走，德祖曰：「我誓與此城俱斃，義不使城亡而身存也。」魏主命將士得德祖者必生致之，將軍代人豆代田㊻執德祖以獻，將佐在城中者皆為魏所虜，唯參軍范道基將二百人突圍南還，魏士卒疫死者亦什二三。奚斤等悉定司、兗、豫諸郡縣，置守宰以撫之㊼。魏主命周幾鎮河南，河南人安之。

徐羨之、傅亮、謝晦、以亡失境土，上表自劾，詔勿問。

(十五)徐羨之兄子吳郡太守珮之，頗豫政事，與侍中王韶之、程道惠、中書舍人邢安、秦潘盛結為黨友，時謝晦久病，不堪見客，珮之等疑其詐疾，有異圖，乃稱羨之意以告傅亮，欲令亮作詔誅之㊽。亮曰：「我等三人同受顧命，豈可自相誅戮？諸君果行此事，亮當角巾出掖門耳㊾！」珮之等乃止。

(十六)五月，魏主還平城㊿。【考異】後魏帝紀五月庚寅，還次鴈門，庚寅車駕至自南巡。必一誤，會皆不取。

(十七)六月，己亥（初四日），魏宜都文成王穆觀卒。

(十八)丙辰（二十日），魏主北巡至參合陂。

(十九)秋，七月，尊帝母張夫人為皇太后。

(廿)魏主如三會(五一)屋侯泉，八月辛丑（初七日），如馬邑，觀㶟源。

(廿一)柔然寇河西，河西王蒙遜命世子政德擊之。政德輕騎進戰，騎寄寄翻為柔然所殺，蒙遜立次子興為世子。

(廿二)九月，乙亥（十一日），魏主還宮。召奚斤還平城，留兵守虎牢，使娥清、周幾鎮枋頭，以司馬楚之所將戶口置汝南、南陽、南頓、新蔡四郡(五二)，以益豫州。

(廿三)冬，十月，癸卯（初十日），魏人廣西宮(五三)外垣周二十里。

(廿四)禿髮傉檀之死也(五四)，河西王蒙遜遣人誘其故太子虎臺，許以番禾、西安二郡處之，且借之兵，使伐秦，報其父讎，復取故地。虎臺陰許之，事泄而止。秦王熾磐之后，虎臺之妹也，熾磐待之如初。后密與虎臺謀曰：「秦本我之仇讎，雖以婚姻待之，蓋時宜耳！先王之薨，又非天命，遺令不治者，欲全濟子孫故也(五五)。為人子者，豈可臣妾於仇讎而不報復乎？」乃與武衛將軍越質洛城謀弒熾磐。后妹為熾磐左夫人，知其謀而告之，熾磐殺后及虎臺等十餘人。

(廿五)十一月，魏周幾寇許昌，許昌潰，潁川太守李元德奔項。戊辰（初五日），魏人圍汝陽[五六]，汝陽太守[五七]王公度亦奔項。劉粹遣其將姚聳夫等將兵助守項城。魏人夷許昌城，毀鐘城以立封疆而還[五八]。

(廿六)己巳（初六日），魏太宗殂[五九]。壬申（初九日），世祖即位[六〇]。大赦。十二月，庚子（初八日），魏葬明元帝于金陵[六一]，廟號太宗。魏主追尊其母杜貴嬪為密皇后[六二]，自司徒長孫嵩以下，普增爵位[六三]。以襄城公盧魯元為中書監，會稽公劉絜為尚書令，司衛監[六四]尉眷、散騎侍郎劉庫仁[六五]等八人，分典四部[六六]。眷，古真之弟子也[六七]。以河內鎮將代人羅結[六八]為侍中，外都大官，捴三十六曹事。結時年一百七，精爽[六九]不衰，魏主以其忠慤，親任之，使兼長秋卿，監典後宮，出入臥內，年一百一十，乃聽歸老，朝廷每有大事，遣騎訪焉，又十年，乃卒。左光祿大夫崔浩(七〇)研精經術(七一)，練習制度，凡朝廷禮儀，軍國書詔，無不關掌。浩不好老莊之書，曰：「此矯誣之說(七二)，不近人情。老聃習禮，仲尼所師(七三)，豈肯為敗灋之書，以亂先王之治乎？」尤不信佛灋，曰：「何為事此胡神？」及世祖即位，左右多毀之，帝不得已，命浩以公歸第，然素知其賢，每有疑議，輒召問之。浩纖妍(七四)潔白如美婦人，常自謂才比張良(七五)，而稽古過之。既歸第，因脩服食養性之術。初，嵩山道士寇謙之，讚之弟也，修張道陵之術(七六)，自言嘗遇老子降，命謙之繼道陵為天師，授以辟穀輕身之術及科戒二十卷(七七)，使之清整道教；又遇神人李譜文，云老子之玄孫也，授以圖籙真經六十餘卷，使之輔佐北方太平真君，出天宮靜輪之灋，其中數篇，李君之手筆也。謙之奉其書，獻於魏主，朝野多未之信，崔浩獨師事之，從受其術，且上書贊明其事曰：「臣聞聖王受命，必有天應。河圖洛書(七八)，皆寄言於蟲獸之文，未若今日人神接對，手筆粲然。辭旨深妙，自古無比，豈可以世俗常慮而忽上靈之命？臣竊懼之！」

帝欣然使謁者奉玉帛牲牢祭嵩嶽，迎致謙之弟子在山中者以崇奉天師，顯揚新法，宣佈天下。起天師道場於平城之東南，重壇五層㈨，給道士百二十人衣食，每月設廚會數千人。

臣光曰：「老莊之書，大指欲同死生，輕去就，而為神僊者，服餌修鍊以求輕舉，鍊草石為金銀㈩，其為術正相戾矣！是以劉歆七略敍道家為諸子，神仙為方技⑪，其後復有符水、禁呪之術⑫，至謙之遂合而為一，至今循之，其訛甚矣！崔浩不喜佛老之書而信謙之之言，其故何哉？昔臧文仲祀爰居，孔子以為不智⑬，如謙之者其為爰居亦大矣。詩三百，一言以蔽之。曰：『思無邪。』君子之於擇術，可不慎哉！」

【今註】㈠營陽王：王諱義符，小字車兵，武帝長子，在位二年，為徐羨之所廢。㈡改元：帝即位於去年五月，至是始改元景平。㈢魏主南巡恒嶽，丙辰，至鄴：胡三省曰：「去年十二月，已書魏主至冀州，今又書南巡恒嶽，必有一誤。」㈣吏部尚書：吏部尚書主選舉祠祀事。胡三省曰：「自晉以來，謂吏部尚書為大尚書，以其在諸曹之右，且其權任重要也。」㈤選事若悉以見付，不論：胡三省曰：「不論者，不復置議論於辭受之際也。」廓蓋欲專選事，不欲執肘於羨之，故云然。㈥錄事尚書徐羨之：按羨之時為錄尚書事，此作錄事尚書似誤。《晉書・職官志》曰：「錄尚書，案漢武時左右曹諸吏分平尚書奏事，知樞要者始領尚書事。張安世以車騎將軍、霍光以大將軍、王鳳以大司馬、師丹以左將軍並領尚書事，後漢章帝以太傅趙憙，太尉牟融並錄尚書事，尚書有錄名，蓋自憙、融始，亦西京領尚書之任，猶唐虞大麓之職也。和帝時，太尉鄧彪為太傅錄尚書事，位上公，在三公上，漢制遂以為常，每少帝立，則置太傅錄尚書事，猶古冢宰總己之義，薨輒罷之。自魏晉以後，亦公卿權重者為之。」王鳴盛曰：「相國、三師、三公、大將軍、特進、開府儀同三司及一切將軍之下，方次以九卿，九卿之下，方次以尚書、次侍中、次中書、祕書、御史、謁者、次領、護、二衞及六軍等，此宋齊志所同也，而齊志於尚書中又特標錄尚書一目，前未有如此特標一目者。夫公、師等在漢，皆宰相也，其職要重無比，況三公中之太尉本掌禁軍，大將軍亦掌武，故每連大司馬，可見總統文武，其後權移於尚書、侍中、中書而一切尊官顯號皆為空名矣，馴至南朝，惟錄尚書權最重，此志所以特標之，又其時兵權盡歸領、護，恐一切將軍又成空名矣！」按錄尚書特標一目，非自齊志始，《晉志》已有之，但晉時錄尚書事皆與本官同拜，而未有單拜錄尚書者耳！若單拜錄尚書，則自齊褚淵始。王鳴盛曰：「錄尚書權最重，有錄而令權又分矣！」㊆黃散：胡三省曰：「黃散，謂黃門侍郎及散騎常侍、侍郎也。」《齊職儀》曰：「晉置黃門侍郎，與侍中俱管門下眾事，與散騎常侍並清華代，謂之黃散焉！」㊇選桉黃紙，錄尚書與吏部尚書連名：錄尚書即錄尚書事，連名猶今曰連署，廓云不能為徐干木署紙尾，是連署時，錄尚書上書，吏部尚書下書也。洪邁曰：「葉石林言制敕用黃紙始高宗時，非也。晉恭帝時，王韶之遷黃門侍郎，凡諸詔黃皆其辭也，則東晉時已用黃紙寫詔矣！又宋明帝時，吏部尚書褚淵就赭圻行選，是役也，皆先戰授位，版檄不供，由是有黃紙札，則宋世就軍補官賞功，又多用黃紙矣！又徐羨之召蔡廓為吏部尚書，廓曰：『我不能為徐干木署紙尾。』則是宋世以黃紙為案矣！至齊世，立左右丞書案之制曰白案，則右丞書名在上，左丞次書，黃案則左丞上書，右丞上書，雖世遠，莫知何者之為黃案，何者之為白案，所可知者，其紙已分黃白二色決矣！至東昏時，閹人以紙包裹魚肉還家，並是五省黃案，然則文書之用黃紙，其由來已久。高宗時凡謄寫詔制以下州縣，始皆用黃紙耳！槩言詔書用黃紙始於高宗，不審也。」胡三省曰：「選桉，選曹文桉也。」⑨豈不知選、錄同體，義無偏斷乎：謂吏部雖主選事，而錄尚書則兼錄諸曹，吏部於選舉固不得偏斷也。⑩良以主闇時難，不欲居通塞之任：謂景平之世，主闇時艱，廓雅不欲居選曹之任，托詞以固辭也。吏部典選，得其人則賢路通，不得其人則賢路塞，故曰通塞之任。⑪遠矣哉：美廓之謀慮深遠。⑫濟南太守垣苗：苗時為龍驤將軍、濟南太守，鎮歷城。⑬彼素服卿威信：彼謂宋人。《魏書・刁雍傳》，雍先聚兵河濟之間，侵擾青州，後為宋兵所敗。⑭以阿柴為督塞表諸軍事：胡三省曰：「吐谷渾據塞外沙漒之地，故令督塞表諸軍事。」⑮三月壬子，葬孝懿皇后于興寧陵：《宋書・少帝紀》在三月壬寅，三月戊戌朔，壬寅月之初五日。興寧陵，孝穆趙皇后陵也，孝懿葬此，別壙而合墳，陵在晉陵郡丹徒縣東鄉練壁里雩山，見《宋書・后妃傳》。⑯從白沙度河，屯濮陽南：胡三省曰：「濮陽對岸，則頓丘之境，白沙當在今澶州之界。」澶州，今河北省濮陽縣。

(一七)若沈叔狸已進，亦宜且追：言詔勅到日，若沈叔狸已進軍，亦宜且遣使追還也。(一八)攝軍：撤軍。(一九)肥口：胡三省曰：「肥口，肥水入淮口。」(二〇)韓陵山：按《魏書・明元帝紀》，韓陵山在鄴城之南。(二一)枋頭：在今河南省濬縣西南八十里，即今之淇門渡，古淇水口也。《水經注》曰：「漢建安九年，魏武王於水口下大枋木以成堰，遏其水東入白溝以通漕運，故時人號其處為枋頭。」東晉桓溫北伐，為燕將慕容垂敗於枋頭，即此。(二二)初，毛德祖在北：德祖本滎陽陽武人，其父祖並沒於虜中，晉末，德祖自北來歸，佐宋武帝取關洛。(二三)每答表書，多所治定：胡三省曰：「此曹操間韓、馬之智也。」韓馬，謂韓遂、馬超。治定，謂塗改而後成書也。(二四)靈昌津：延津之別名，在今河南省延津縣北。《水經注》曰：「河水又東北過，謂之延津，石勒襲劉曜出此，以河冰泮為神靈之助，因號靈昌津。」(二五)橦車：橦音衝，艟或字，陷陣之車。(二六)大麻絙：大索曰絙。大麻絙，以麻編為大索。(二七)上租糧：收許昌租糧上軍前為軍食。(二八)治阪津：《魏土地記》云：「治阪城，舊名漢祖渡，城險固，南臨孟津，在洛陽西北四十二里。」按治阪津在今河南省孟縣西南，孟津之西，為黃河要渡。(二九)清等盡攻破高平諸縣，滅數千家，虜掠萬餘口：《宋書・索虜傳》云：「破高平郡所統高平、方與、任城、金鄉、亢父等五縣，殺略二千餘家，殺其男子，驅虜女弱。」(三〇)伊樓拔：伊樓，虜複姓，拔名，樓與婁同。《魏書・官氏志》獻帝以次第為伊婁氏，孝文改為伊氏，此書伊樓而不從後姓，蓋因《宋書・索虜傳》之舊文。(三一)隨方：隨機應變。(三二)魏主如成皋，絕虎牢汲河之路：《魏書・明元帝紀》云：「帝幸成皋城，觀虎牢，而城內乏水，懸綆汲河，帝令連艦，上施轒轀，絕其汲路。」轒輼，攻城之具。杜牧注《孫子》云：「轒輼，四輪車，排大木為之，上蒙以生牛皮，下可容十人，往來運木填塹，木石所不能傷，今所謂木驢是也。」㉝石經：後漢熹平間所立者，注詳卷五十七漢靈帝熹平四年。㉞嵩高：即嵩嶽，為五嶽之中嶽，在今河南省登封縣北。㉟突騎：顏師古曰：「突騎，言能衝突軍陣。」㊱函陳：胡三省曰：「函陳，方陳也。」㊲大硯：山名，在今山東省臨朐縣東南一百五十里。《晉書・慕容超載記》超將公孫五樓說超曰：「吳兵輕果，所利在戰，初鋒勇銳，不可爭也，宜據大硯，使不得入。」《元和郡縣志》引伍緝之《從征紀》曰：「大硯去城八十里，直度山二十五里，崕阪峭曲，石徑幽危，四嶽三塗，不是過也。」齊乘云：「大峴山即穆陵關也，為齊南天險。」㊳方軌：謂兩車並行。《史記》蘇秦曰：「車不得方軌，騎不得比行。」班固〈東都賦〉云：「方軌並跡，紛綸后辟。」㊴不其城：不其縣，前漢屬琅琊郡，後漢屬東萊郡，晉屬長廣郡，故城在今山東省即墨縣西南。㊵伊闕：在今河南省洛陽縣南。《水經注》曰：「昔大禹疏以通水，兩山相對，望之如闕，伊水歷其間北流，故謂之伊闕。」宋祁曰：「伊闕，洛陽南面之險也，自汝潁北出，必道伊闕，其間山谷相連，阻扼可恃。」漢靈帝置八關都尉以備黃巾，伊闕居其一。㊶河西世子政德攻晉昌，克之，唐契及弟和甥李寶同奔伊吾：唐契以晉昌叛河西，見武帝永初二年。伊吾，晉置，後魏廢，故治今甘肅省安西縣北。㊷閏月丁未：《魏書・明元帝紀》作閏月己未。是月丁酉朔，丁未十一日，己未二十三日。㊸高都：高都縣，漢以來屬上黨郡，故城在今山西省晉城縣東北，魏於此置高都郡。㊹將士眼皆生創：胡三省曰：「人夜不得睡，則眼眊燥，以手揩之則生創。」創與瘡同。㊺魏人作地道，以洩虎牢城中井，井深四十丈，山勢峻峭，不可得防：《水經注》曰：「河水南對玉門，門東對臨河側，岸有土穴，魏攻北司州刺史毛德祖於虎牢，戰經二百日，不克。城惟一井，井深四十丈，潛作地道取井。」《元和郡縣志》曰：「宋武帝北平關洛，置司州刺史，理虎牢。魏使奚斤攻宋司州刺史毛德祖，經二百日，不克，城中傷者無血。知其乏水，潛作地道，其穴猶存。」㊻豆代田：胡三省曰：「豆，姓也。漢書有校尉代如意。」㊼奚斤等悉定司、兗、豫諸郡縣，置守宰以撫之：胡三省曰：「是時司州之地，盡入於魏，兗州之地，自湖陸以南，豫州之地，自項城以南，皆為宋守，魏未能悉定諸郡縣也。」按是時檀道濟軍湖陸，劉粹軍項城，故知湖陸，項城以南尚為宋守也。㊽欲令亮作詔誅之：時亮為中書監，尚書令。中書掌詔命，尚書掌機衡。㊾亮當角巾步出掖門耳：言將反政歸隱也。角巾，巾之有角者，古隱居者所服，《晉書・羊祜傳》云：「既定邊事，當角巾東路歸故里。」顏師古注《漢書》曰：「掖門，非正門而在兩旁，若人之臂掖也。」胡三省曰：「宮門正南門曰端門，左右二門謂之左掖門、右掖門。」㊿【考異】後魏帝紀五月庚寅，還次鴈門，庚寅，車駕至自南巡，必一誤，今皆不取：按武英殿本《魏書・明元帝紀》，五月丙寅，還次鴈門，庚寅，車駕至自北巡。五月丙寅朔，庚寅二十五日，紀未誤也。(51)三會：縣名，後魏置，尋廢。《魏書・地形志》曰：「秀容郡肆盧縣，治新會城，真君七年，併三會城屬焉！」故城在今山西省忻縣西北。(52)以司馬楚之所將戶口置汝南、南陽、南頓、新蔡四郡：胡三省曰：「晉惠帝分汝陰新蔡郡，分汝南立南頓郡，魏未能有四郡之地，僑置之耳！」(53)西宮：胡三省曰：「平城西宮也，魏主珪天賜元年所築。」㊄禿髮傉檀之死也：事見卷一百十六晉安帝義熙十年。㊅先王之薨，又非天命，遺令不治者，欲全子孫故也：先王謂傉檀，傉檀為熾磐所鴆，故曰薨非天命，左右或勸其解藥，傉檀曰：「吾病豈宜療邪？」不治而死。事見卷一百十六晉安帝義熙十年。(五六)汝陽：漢舊縣，屬汝南郡，宋屬汝陽郡，故城在今河南省商水縣西北。(五七)汝陽太守：沈約曰：「晉太康地志，王隱地道無此郡，應是江左分汝南立。晉成帝咸康三年省併汝南，後又立。」按晉元康中封汝南王亮子熙為汝陽公，光熙初進爵為王，則汝陽置郡當始自惠帝光熙時也。(五八)魏人夷許昌城，毀鍾城以立封疆而還：鍾城在今山東省禹城縣東南百餘里。胡三省曰：「鍾城在泰山界，夷許昌以立豫州封疆，毀鍾城以立兗州封疆也。」(五九)魏太宗殂：時年三十二。(六〇)世祖即位：世祖諱燾，明元皇帝之長子。《宋書・索虜傳》云：「燾字佛狸。」(六一)魏葬明元帝于金陵：《魏書・明元帝紀》云：「葬于雲中金陵。」魏雲中郡，屬雲州。胡三省曰：「據北史道武帝葬盛樂金陵。蓋魏諸陵皆曰金陵。」杜佑曰：「後魏盛樂縣，在雲中郡。」按魏收《地形志》，雲州有盛樂郡，孝武永熙中析置。(六二)魏主追尊其母杜貴嬪為密皇后：密，謚也。(六三)自司徒長孫嵩以下，普增爵位：《魏書・太武帝紀》云：「進司徒長孫嵩爵為北平王，司空奚斤為宜城王，藍田公長孫翰為平陽王，其餘普增爵位各有差。」(六四)司衞監：胡三省曰：「司衞監，蓋魏所置，以掌宿衞。」(六五)散騎常侍劉庫仁：胡三省曰：「此又一劉庫仁，非什翼犍所用之劉庫仁也。」(六六)四部：胡三省曰：「四部，東西南北四部也。」(六七)眷，古真之弟子也：古真見卷一百六晉孝武太元十年。(六八)羅結：《魏書・官氏志》內入諸姓有叱羅氏，其後改為羅氏。(六九)精爽：猶曰神明。《左傳》曰：「用物精多則魂魄強，是以有精爽至於神明。」疏云：「精亦神也，爽亦明也，精是神之未著，爽是神之未昭。」(七〇)左光祿大夫崔浩：《魏書．崔浩傳》，明元帝南征滑臺，拜浩相州刺史，加左光祿大夫，隨軍為謀主。《晉書．職官志》，左、右光祿大夫，假金章紫綬，位在光祿大夫上。蓋魏晉以來，相沿為定制，亦號金紫光祿大夫。(七一)研精經術：胡三省曰：「研精者，窮其精力。」餘按研精者，猶曰精研，謂浩於儒家經典，研習甚精也。(七二)此矯誣之說：胡三省曰：「託聖賢以伸其說謂之矯，聖賢無是事，寓言而加詆謂之誣。」此言老莊之書，本非老莊所著，乃後人矯託前賢以自伸其說，遂使前賢蒙其誣詆耳！(七三)老聃習禮，仲尼所師：《史記》及〈大戴禮〉俱云仲尼問禮於老聃。(七四)纖妍：嬌小美好。(七五)常自謂才比張良：《魏書．崔浩傳》云：「浩性敏達，長於計謀，常自比張良。」(七六)修張道陵之術：張道陵，後漢沛人，學道於蜀中鵠鳴山，從學者出米五斗，時號五斗米道，俗呼之為張天師，亦曰天師道。(七七)科戒二十卷：胡三省曰：「今道家科戒，蓋始於此。」(七八)河圖洛書：《易．繫辭》曰：「河出圖，洛出書，聖人則之。」孔安國曰：「河圖則八卦，洛書則九疇也。」胡三省曰：「河出圖，伏羲象以畫八卦，洛出書，禹得之以敍九疇。故曰龍圖授羲，龜書畀姒也。」《書．洪範》曰：「天乃錫禹洪範九疇，彝倫似敍。」孔穎達曰：「疇是輩類之名，言其每事自相為類者九，九者各有一章，故漢書謂之為九章。」按河圖洛書之說本屬無稽，漢儒受五行陰陽學說之影響，遂認為古聖人受命之符瑞，其說亦紛紜不一。(七九)起天師道場於平城之東南，重壇五層：《水經注》曰：「漯水南逕平城縣故城東，水左有大道壇廟，始光二年，少室道士寇謙之所議建也。壇之東北，舊有靜輪宮，魏神嚻四年造，抑亦柏梁之流也，臺榭高廣，超出雲間，欲令上延霄客，下絕囂浮。」（六〇）而為神僊者，服餌修鍊以求輕舉，鍊草石為金銀：胡三省曰：「谷永說漢成帝曰：『言諸世有神仙，服食不終之藥，遙興輕舉，登遐倒景，覽觀縣圃，浮游蓬萊，黃冶變化，皆姦人惑眾，挾左道，懷詐偽，以欺罔世主。』服餌修鍊，以求輕舉，即谷永所謂服食不終之藥，遙興輕舉者也；鍊草石以為金銀，即谷永所謂黃冶變化者也。」（六一）是以劉歆《七略》敍道家諸子，神仙為方技：七略始纂於劉向而成於其子歆。歆總羣書而歸其類為七，即〈輯略〉、〈六藝略〉、〈諸子略〉、〈詩賦略〉、〈兵書略〉、〈術數略〉、〈方技略〉，以道家為諸子，以神仙為方技，正言神仙之術與道家之旨相戾，故不得合為一略也。（六二）其後復有符水禁咒之術：張道陵行五斗米道，以符水禁咒之術為人治病。（六三）昔臧文仲祀爰居，孔子以為不智：海鳥曰爰居止於魯東門之外三日，臧文仲使國人祀之，孔子以為不智，以臧文仲不知政要也。溫公此語，蓋以爰居喻謙之，以臧文仲比崔浩。

卷一百二十　宋紀二

起閼逢困敦，盡彊圉單閼，凡四年。（甲子至丁卯，西元四二四年至四二七年）

司馬光編集
林瑞翰註

太祖文皇帝㊀上之上

元嘉元年㊁（西元四二四年）

㈠春，正月，【考異】宋本紀，正月癸巳朔，日有食之，宋紀二月己巳，宋略二月癸巳，李延壽南史二月己卯朔，皆誤也。按長曆，是年正月丁巳，二月丁亥朔，後魏書，紀、志、是年無日食，今從之。魏改元始光。

㈡丙寅（初十日），魏安定殤王彌卒。

㈢營陽王居喪無禮，好與左右狎暱，遊戲無度，特進致仕范泰上封事㊂曰：「伏聞陛下時在後園，頗習武備，鼓鞞㊃在宮，聲聞于外。黷武掖庭之內，諠譁省闥之間，非徒不足以威四夷，秖生遠近之怪。陛下踐祚，委政宰臣，實同高宗諒闇之美㊄，而更親狎小人，懼非社稷至計，經世之道也。」不聽。泰，甯之子也㊅。

南豫州刺史廬陵王義真，警悟愛文義，而性輕易，與太子左衛率謝靈運、員外常侍㊆顏延之、慧琳道人情好款密，嘗云得志之日，以靈運、延之為宰相，慧琳為西豫州都督㊇。靈運，玄之孫也㊈，性褊傲，不遵法度，朝廷但以文義處之，不以為有實用。靈運自謂才能宜參權要，常懷憤邑。延之，含之曾孫也㊉，嗜酒放縱。

徐羨之等惡義真與靈運等遊，義真故吏范晏，從容戒之。義真曰：「靈運空疎，延之隘薄，魏文帝所謂古今文人，類不護細行者也，但性情所得，未能忘言於悟賞㊀耳！」於是羨之等以為靈運、延之構扇㊁異同，非毀執政，出靈運為永嘉太守，延之為始安太守。義真至歷陽，多所求索，執政每裁量㊂不盡與，義真深怨之，數有不平之言；又表求還都，諮議參軍廬江何尚之屢諫，不聽。時羨之等已密謀廢帝，而次立者應在義真，乃因義真與帝有隙，先奏列其罪惡，廢為庶人，徙新安郡。

前吉陽令堂巴張約之㊃上疏曰：「廬陵王少蒙先皇優慈之遇，長受陛下睦愛之恩，故在心必言，所懷必亮㊄，容犯臣子之道，致招驕恣之愆㈥，至天姿夙成㈦，實有卓然㈧之美，宜在容養㈨，錄善掩瑕，訓盡義方㈩，進退以漸。今猥加剝辱，幽徙遠郡㈡，上傷陛下常棣㈢之篤，下令遠近恇然失圖㈢。臣伏思大宋開基造次㈣，根條未繁，宜廣樹藩戚，敦睦以道。人誰無過？貴能自新。以武皇之愛子，陛下之懿弟，豈可以其一眚㈤，長致淪棄哉！」書奏，以約之為梁州府參軍，尋殺之。

㈣夏，四月，甲辰（十四日），魏主東巡大寧。

㈤秦王熾磐遣鎮南將軍吉毗等帥步騎一萬南伐白苟、車孚、崔提、旁為四國㈥，皆降之。

㈥徐羨之等以南兗州㈦刺史檀道濟，先朝舊將，威服殿省，且有兵眾，乃召道濟及江州刺史王弘入朝。五月，皆至建康，以廢立之謀告之。甲申（二十四日），謝晦以領軍府屋敗，悉令家人出外，聚將士於府內，又使中書舍人邢安泰、潘盛為內應，夜邀檀道濟同宿，晦悚動不得眠，道濟就寢便熟，晦以此服之㈧。時帝於華林園㈨為列肆，親自沽賣，又與左右引船為樂，夕遊天淵池㈩，即龍舟而寢。乙酉（二十五日），詰旦，道濟引兵居前，羨之等繼其後，入自雲龍門，安泰等先誡宿衞，莫有禦者。帝未興，軍士進殺二侍者，傷帝指，扶出東閤，收璽綬，羣臣拜辭，衞送故太子宮。侍中程道惠勸羨之等立皇弟南豫州刺史義恭，羨之等以宜都王義隆素有令望，又多符瑞[三一]，乃稱皇太后令，數帝過惡，廢為營陽王，以宜都王纂承大統，赦死罪以下；又稱皇太后令，奉還璽紱，幷廢皇后為營陽王妃，遷營陽王於吳，使檀道濟入守朝堂。王至吳，止金昌亭[三二]。六月，癸丑（二十四日），羨之等使邢安泰就弒之。王多力，突走出昌門[三三]，追者以門關踣而弒之。

裴子野論曰：「古者人君養子，能言而師授之辭，能行而傅相之禮，宋之教誨，雅異於斯，居中則任僕妾，處外則近趨走[三四]，太子、皇子，有帥有侍[三五]，是二職者，皆臺皁[三六]也。制其行止，授其灋則，導達臧否，罔弗由之。言不及於禮義，識不達於今古，謹敕者能勸之以吝嗇，狂愚者或誘之以凶慝，雖有師傅[三七]，多以耆艾[三八]大夫為之，雖有友及文學[三九]，多以膏粱[四〇]年少為之，具位而已，亦弗與遊。幼王臨州，長史行事㊶，宣傳教命㊷，又有典籤，往往專恣，竊弄威權㊸。是以本根雖茂，而端良甚寡，嗣君沖幼，世繼姦回，雖惡物醜類，天然自出，然習則生常，其流遠矣！降及太宗，舉天下而棄之，亦昵比㊹之為也！嗚呼，有國有家，其鑑之矣㊺！」

㈦傅亮帥行臺百官奉灋駕迎宜都王於江陵，祠部尚書㊻蔡廓至尋陽，遇疾，不堪前，亮與之別，廓曰：「營陽在吳，宜厚加供奉，一旦不幸，卿諸人有弒主之名。欲立於世，將可得邪？」時亮已與羨之議害營陽王，乃馳信止之，不及。羨之大怒曰：「與人共計議，如何旋背㊼即賣惡於人邪？」羨之等又遣使者殺前廬陵王義真於新安。【考異】宋、南史本紀，二月，廢義真，徙新安之下，即云：「執政使使者誅義真於新安。」宋義真傳：「六月癸未，羨之等遣使殺義真於徙所。」羨之傳亦云：「廢帝後殺義真於新安、殺帝於吳縣。」按長曆，六月庚寅朔，無癸未，蓋癸丑也。

羨之以荊州地重，恐宜都王至，或別用人，乃亟以錄命除領軍將軍謝晦行都督荊湘等七州諸軍事、荊州刺史㊽，欲令居外為援，精兵舊將，悉以配之。

秋，七月，行臺至江陵，立行門於城南，題曰：「大司馬門。」傳亮帥百僚詣門上表，進璽紱、儀物甚盛。宜都王時年十八，下教曰：「猥以不德，謬降大命，顧已兢悸，何以克堪？輒當暫歸朝廷，展哀陵寢，幷與賢彥申寫所懷，望體其心，勿為辭費。」府州佐史並稱臣，請題牓諸門，一依宮省，王皆不許。教州、府、國綱紀㊾宥所統內見刑，原逋責㊿。

諸將佐聞營陽、廬陵王死，皆以為疑，勸王不可東下。司馬王華曰：「先帝有大功於天下，四海所服，雖嗣主不綱㊿，人望未改。徐羨之，中才寒士，傅亮，布衣諸生㊿，非有晉宣帝、王大將㊿軍之心明矣！受寄崇重，未容遽敢背德。畏廬陵嚴斷，將來必不自容，以殿下寬叡慈仁，遠近所知，且越次奉迎，冀以見德㊿。悠悠之論㊿殆必不然。又羨之等五人㊿，同功並位，孰肯相讓？就懷不軌，勢必不行，廢主若存，慮其將來受禍，致此殺害，蓋由貪生過深，寧敢一朝頓懷逆志？不過欲握權自固，以少主仰待耳！殿下但當長驅六轡，以副天人之心。」王曰：「卿復欲為宋昌邪㊿？」

長史王曇首、南蠻校尉到彥之㊄皆勸王行，曇首仍陳天人符應，王乃曰：「諸公受遺，不容背義㊅，且勞臣舊將，內外充滿，今兵力又足以制物，夫何所疑㊆？」乃命王華摠後任，留鎮荊州。王欲使到彥之將兵前驅，彥之曰：「了彼不反㊇便應朝服順流，若使有虞，此師既不足恃，更開嫌隙之端，非所以副遠邇之望也，」會雍州刺史褚叔度卒，乃遣彥之權鎮襄陽。

甲戌（十五日），王發江陵，引見傅亮，號泣哀動左右，既而問義真及少帝薨廢本末，悲哭嗚咽，侍側者莫能仰視，亮流汗沾背，不能對，乃布腹心於到彥之、王華等，深自結納。王以府州文武嚴兵自衞，臺所遣百官眾力不得近部伍，中兵參軍朱容子抱刀處王所乘舟戶外，不解帶者累旬。

㈧魏主還宮。

㈨秦王熾磐遣太子暮末帥征北將軍木弈干等步騎三萬出貂渠谷，攻河西、白草嶺㊈、臨松郡㊉，皆破之，徙民二萬餘口而還。

㈩八月，丙申（初八日），宜都王至建康，羣臣迎拜於新亭。

徐羨之問傅亮曰：「王可方誰？」亮曰：「晉文、景以上人。」羨之曰：「必能明我赤心。」亮曰：「不然[64]。」

丁酉（初九月），王謁初寧陵，還止中堂[65]，百官奉璽綬，王辭讓數四，乃受之。即皇帝位於中堂，備灋駕入宮，御太極前殿，大赦，改元[66]，文武賜位二等。

戊戌（初十日），謁太廟，詔復廬陵王先封，迎其柩及孫脩華謝妃還建康[67]。

庚子（十二日），以行荊州刺史謝晦為真。晦將行，與蔡廓別，屏人問曰：（屏必郢翻）「吾其免乎？」廓曰：「卿受先帝顧命，任以社稷，廢昏立明，義無不可。但殺人二兄，而以之北面；挾震主之威，據上流之重，以古推今，自免為難[68]。」晦始懼不得去，既發，顧望石頭城，喜曰：「今得脫矣！」

癸卯（十五日），徐羨之進位司徒[69]，王弘進位司空，傅亮加開府儀同三司，謝晦進號衛將軍，檀道濟進號征北將軍[70]。

有司奏車駕依故事，臨華林園聽訟。詔曰：「政刑多所未悉，可如先者二公㈦推訊。」帝以王曇首、王華為侍中，曇首領右衛將軍，華領驍騎將軍，朱容子為右軍將軍㈦。

㈩甲辰（十六日），追尊帝母胡婕妤曰章皇后㈦，封皇弟義恭為江夏王，義宣為竟陵王，義季為衡陽王；仍以義宣為左將軍，鎮石頭。

徐羡之等欲即以到彥之為雍州，帝不許，徵彥之為中領軍，委以戎政㈦。彥之自襄陽南下，謝晦已至鎮，慮彥之不過己。彥之至楊口，步往江陵，深布誠款，晦亦厚自結納。彥之留馬及利劒名刀以與晦，晦由此大安。

㈩柔然紇升蓋可汗聞魏太宗殂，將六萬騎入雲中，殺掠吏民，攻拔盛樂宮㈦，魏世祖自將輕騎討之，三日二夜至雲中。紇升蓋引騎圍魏主五十餘重，騎逼馬首相次如堵。將士大懼，魏主顏色自若，眾情乃安。紇升蓋以弟子於陟斤為大將，魏人射殺之，紇升蓋懼，遁去。【考異】後魏本紀云：「赭陽子尉普文率輕騎討之，虜乃退走。」李延壽北史紀云：「帝帥輕騎討之，虜乃退走。」今據蠕蠕傳，從北史。

尚書令劉絜言於魏主曰：「大檀㈦自恃其眾，必將復來，請俟收田畢，大發兵為二道，東西並進以討之。」魏主然之。

(十三)九月，丙子（十八日），立妃袁氏為皇后，耽之曾孫也(七七)。

(十四)冬，十月，吐谷渾威王阿柴卒。阿柴有子二十人，疾病，召諸子弟謂之曰：「先公車騎以大業之故，捨其子拾虔而授孤(七八)，孤敢私於緯代而忘先君之志乎？我死，汝曹當奉慕璝為主。」緯代者，阿柴之長子；慕璝者，阿柴之母弟，叔父烏紇提之子也(七九)。阿柴又命諸子各獻一箭，取一箭授其弟慕利延，使折之，慕利延折之，又取十九箭，使折之，慕利延不能折。阿柴乃諭之曰：「汝曹知之乎？孤則易折，眾則難摧。汝曹當戮力一心，然後可以保國寧家。」言終而卒。慕璝亦有才略，撫秦、涼失業之民及氐、羌雜種至五六百落，部眾轉盛。

(十五)十二月，魏主命安集將軍長孫翰、安北將軍尉眷北擊柔然，魏主自將，屯柞山(八〇)。柔然北遁，諸軍追之，大獲而還。翰，肥之子也(八一)。

(十六)詔拜營陽王母張氏為營陽太妃。

(十七)林邑王范陽邁寇日南、九德㉒諸郡。

(十八)宕昌王梁彌忽遣子彌黃入見於魏。宕昌，羌之別種也㉓。羌地東接中國，西通西域，長數千里，各有酋帥，部落分地，不相統攝，而宕昌最彊，有民二萬餘落，諸種畏之。

(十九)夏主將廢太子璝而立少子酒泉公倫，璝聞之，將兵七萬北伐倫㉔，倫將騎三萬拒之，戰于高平，倫敗死。倫兄太原公昌將騎一萬襲璝，殺之，并其眾八萬五千，歸於統萬，夏主大悅，立昌為太子。

夏主好自矜大，名其四門東曰招魏，南曰朝宋，西曰服涼，北曰平朔。

【今註】㊀太祖文皇帝：帝諱義隆，小字車兒，武帝第三子。㊁元嘉元年：魏太武帝始光元年。是年八月，始改元元嘉，此猶是景平二年。㊂封事：《正字通》曰：「漢制，臣下奏事，皁囊封板，以防宣洩，謂之封事。」㊃鼓鞞：鞞與鼙同。《字林》曰：「鼙，小鼓也。」鼓鼙，俱軍中樂器，辨其音以為進退。㊄實同高宗諒闇之美：《尚書・大傳》曰：「書曰：『高宗梁闇，三年不言。』」《論語》作諒陰，《禮》喪服作諒闇，鄭玄曰：「諒陰，謂凶廬也。」何晏曰：「諒，信也，陰猶默也。」㈥泰，南之子也：范寧，范汪之子，以儒學為晉孝武所親。㈦員外常侍：胡三省曰：「即員外散騎常侍。」《晉書・職官志》曰：「員外散騎常侍，魏末置，無員。」㈧西豫州都督：胡三省曰：「西豫州，即豫州也。宋南豫州治歷陽，豫州治壽陽，壽陽在歷陽西，故亦謂豫州為西豫州。」㈨靈運，玄之孫也：玄生瑍，靈運，瑍之子也。《宋書・謝靈運傳》云：「靈運少好學，博覽羣書，文章之美，江左莫逮。」㈩延之，含之曾孫也：顏含見卷九十六晉成帝咸康四年。⑪悟賞：胡三省曰：「悟，聞覺也；賞，褒嘉也。」⑫構扇，謂構結煽動也，構亦作搆。⑬裁量：量度其所需而裁節之。⑭前吉陽令堂邑張約之：胡三省曰：「吉陽縣，屬廬陵郡。今吉州有吉水縣，蓋吳立縣於吉水之陽，因以為名也。」故城在今江西省吉水縣東北。按宋時有二吉陽，另吉陽縣屬新興郡，蓋東晉元帝所立，以處巴漢流民，屬晉昌郡，宋末省晉昌郡，立新興郡，以吉陽、東關二縣屬之，故城在今湖北省竹溪縣西。胡氏以約之上疏理廬陵王，故以此吉陽為廬陵之吉陽也。⑮所懷必亮：胡三省曰：「亮，信也，明也，導也。言義真凡有所懷，自信以為是，必明而導之，無所回避也。」余按所懷必亮與在心必言實同義異文，但云凡有所懷，必亮之於外，無所隱諱也。胡注甚迂。⑯容犯臣子之道，致招驕恣之衍：言其平素，容有犯臣遣之事，以致招驕恣之罪。容，或也，《後漢書・楊厚傳》上言：「諸王子在京，容有非常，亟宜發遣，各還本國。」亦作或解。⑰天姿夙成：天姿猶天賦，《魏志・明帝紀》注引孫盛曰：「明帝天姿秀出，立髮垂地。」夙成，早成也，言其資秉茂異，得之於先天，非後學之所能及。⑱卓然：卓，高遠也。卓然，謂超越羣倫，非尋常可及。⑲容養：寬容而養育之。⑳義方：《左傳》石碏曰：「臣聞愛子，教之以義方，弗納於邪。」義者，事之宜；方者，矩度。義方者，義之矩度。㉑今猥加剝辱，幽徙遠郡：剝辱，謂奪爵為庶人；幽徙遠郡，謂廢徙之於新安郡也。㉒常棣：《詩・小雅》篇名。周公燕兄弟，閔管蔡之失道而作此詩。㉓恇然失圖：恇然，恐懼貌。失圖，不知所措。㉔造次：鄭玄注《論語》曰：「造次，倉卒也。」㉕眚：《左傳》曰：「且吾不以一眚掩大德。」杜注曰：「眚，過也。」眚之本義為目翳，目之有疾，猶人之有過。㉖白苟、車孚、崔提、旁為四國：胡三省曰：「白狗國，至唐猶存，蓋生羌也，其地與東會州接。車孚、崔提、旁為無所考。」㉗南兗州：沈約曰：「中原亂，北州流民多南渡，晉成帝立南兗州，寄治京口，文帝元嘉八年，始割江淮間為境，治廣陵。」《宋書・州郡志》，南兗州領廣陵、海陵、山陽、盱眙、秦郡、南沛、新平、北淮、北濟陰、北下邳、東莞等郡。㉘晦悚動不得眠，道濟就寢便熟，晦以此服之：胡三省曰：「服其處大事，而不變其常度也。」㉙華林園：魏明帝青龍三年，起陂池於東漢之芳林園，齊王芳即位，以犯諱改曰華林。晉室南渡，仿其制即吳舊苑而葺之，仍曰華林，故址在今江蘇省江寧縣臺城內。《世說》晉簡文帝遊華林，謂左右曰：「會心處不必在遠，翳然林木，便自有濠濮間想。」《南史・宋紀》永初二年，帝聽訟於華林園，即此，是為建康之華林。㉚天淵池：魏文帝黃初五年，穿天淵池於洛中，亦曰天泉池。建康天淵池在今江蘇省江寧縣北，當係晉人南渡仿魏制所鑿者。㉛羨之等以宜都王義隆素有令望，又多符瑞：景平初，有黑龍見西方，五色雲隨之；二年，江陵城上有紫雲，時帝為荊州刺史鎮江陵，望氣者皆以為帝王之符，當在西方。又江陵西至上明及江津，其間有九十九洲，楚諺云：「洲滿百，當出王者。」時忽有一洲自生，汀流迴薄而成。事具《南史・宋紀》及《宋書・符瑞志》。㉜金昌亭：在吳縣昌門內，以位在西而與昌門近，故曰金昌。㉝昌門：《吳志・孫權紀》裴松之注曰：「昌門，吳西郭門，夫差所作。」㉞趨走：胡三省曰：「趨走，執役者也。」㉟臺皁：賤役之稱。《左傳》申無宇曰：「士臣皁，僕臣臺。」㊱太子皇子，有帥有侍：《宋書・百官志》，太子有左衞率、右衞率，職如二衞，各領一軍，又有校尉、將軍、旅賁中郎將等，各領營兵；又有中庶子，職如侍中，中舍，職如黃門侍郎。諸王國有軍將軍及左右常侍，亦帥、侍之職。㊲雖有師傅：《宋書・百官志》太子太傅、少傅各一人，掌輔導太子，王國亦置太傅，掌輔導。㊳耆艾：《禮・曲禮》曰：「五十曰艾，八十曰耆。」孔穎達曰：「艾者，年至五十，氣力已衰，髮蒼白如艾也，」賀瑒曰：「耆，至也，至老之境也。」《荀子・致士篇》云：「耆艾而信，可以為師。」㊴雖有友及文學：《宋書・百官志》，諸王置師友、文學各一人，晉制也，宋仍之。㊵膏粱：謂富貴之家。《唐書・柳冲傳》云：「三世有三公曰膏粱。」按膏，肥肉；粱，美穀。《漢書》鼂錯曰：「衣必文采，食必粱肉。」㊶長史行事：胡三省曰：「行事，行府州事也。」㊷教命：諸侯之命曰教命，見蔡邕獨斷。㊸典籤往往專恣，竊弄威權：《南史・呂文顯傳》云：「故事，府州部內，論事皆籤，前直敍所論之事，後云謹籤，日月下又云某官某籤，置典籤以典之。」是典籤本掌文書之吏也。胡三省曰：「典籤本五品吏，宋初改為士職。宋末多以幼少皇子為藩鎮，時主以左右親近領典籤，其權任遂重。」㊹昵比：《左傳》曰：「醜類惡物，頑嚚不友，是與比周。」杜預曰：「比，近也；周，密也。」昵，暱也；昵比，亦比周之義。㊺有國有家，其鑑之矣：胡三省曰：「裴子野究言宋氏亡國之禍，通鑑載之於此，欲使有國有家，謹於其初也。」㊻祠部尚書：《宋書・百官志》：尚書令、左僕射、吏部、祠部、度支、左民、五兵尚書，謂之八座。《晉書・百官志》曰：「晉氏渡江，始有祠部尚書，常與右僕射通職，不恆置，以右僕射攝之，若右僕射闕，則以祠部尚書攝知右事。」㊼旋背：胡三省曰：「旋背，猶今人言轉背也。」余按旋背義猶旋踵，言為時之暫也。㊽以錄命除領軍將軍謝晦行都督荊、湘等州諸軍事，荊州刺史：《宋書・謝晦傳》云：「以晦行都督荊、湘、雍、益、寧、南、北秦七州諸軍事，領南蠻校尉，荊州刺史。」胡三省曰：「錄命，錄尚書自出命也。」㊾州、府、國綱紀：州謂荊州，府謂都督府，國謂宜都王國，綱紀謂長史、別駕、治中之屬。㊿逋責：逋，欠也；責與債同。(51)不綱：不能整飭朝綱。(52)徐羨之中才寒士，傅亮布衣諸生：〈徐羨之傳〉：「羨之起自布衣，又無學術。」故王華目之為中才。〈傅亮傳〉：「亮博涉經史，尤善文詞。」謂為布衣諸生者，以亮非門閥之胤。(53)王大將軍：晉大將軍王敦。(54)冀以見德：胡三省曰：「冀以定策為德也。」(55)悠悠之論：謂疑謬無根之論也。《晉書・王導傳》云：「悠悠之談，宜絕智者之口。」(56)羨之等五人：謂徐羨之、傅亮、謝晦、檀道濟、王弘五人，此五人共謀廢營陽王而立文帝。(57)卿復欲為宋昌邪：宋昌事見卷十三漢高后八年。漢文帝以代王入繼漢統，代羣臣皆以為疑，獨宋昌勸之，故帝以宋昌比王華。(58)到彥之：到姓，彥之名。胡三省曰：「後漢有東平太守到質。」(59)諸公受遺，不容背義：諸公，謂徐羨之、謝晦、檀道濟、王弘等，受高祖遺詔輔政，不容有背義之事也。〔六〇〕今兵力又足以制物，夫何所疑：謂晦等兵力，足以制服物情，其勢不由己有疑惑猶豫之心也。〔六一〕了彼不反：胡三省曰：「了，決知也。」言明知彼之不反。〔六二〕白草嶺：《水經注》西平鮮谷塞東南有白草嶺，在今甘肅省大通縣北。〔六三〕臨松郡：《隋書・地理志》張掖有臨松山。《寰宇記》曰：「臨松山一名青松山，一名馬蹄山，又名丹嶺山。」臨松郡，前涼置，以臨松山得名，故城在今甘肅省張掖縣南。〔六四〕不然：言羨之不能見諒於文帝。〔六五〕中堂：胡三省曰：「晉孝武以太學在秦淮南，去臺城懸遠，權以中堂為太學，親釋奠於先聖，則中堂亦在秦淮北，但在臺城之外耳！」《太平御覽》引《建康圖經》云：「晉太康元年，平吳，分地為二邑，自淮水南為秣陵，淮水北為建業。」《宋書・州郡志》晉分秦淮以北為建業在太康三年，後避愍帝諱收為建康，宋都建康，故臺城在秦淮之北。〔六六〕改元：改景平二年為元嘉元年。〔六七〕迎其柩及孫脩華、謝妃還建康：孫脩華，義真之母，謝妃，義真之妃也。沈約曰：「晉武帝採漢魏之制，置貴嬪、夫人、貴人，是為三夫人，位視三公；淑妃、淑媛、淑儀、脩華、脩容、脩儀、婕好、容華、克華，是為九嬪，位視九卿，其餘有美人、才人，才人爵視千石以下。高祖受命，省二才人，其餘仍用晉制。貴嬪，魏文帝所制，夫人，魏武帝初建國所制，貴人，漢光武所制，淑妃，魏明帝所制，淑媛，魏文帝所制，淑儀，脩華，晉武帝所制，脩容，魏文帝所制，脩儀，魏明帝所制，婕好、容華，前漢舊號，克華，晉武帝所制，美人，漢光武所制。」〔六八〕但殺人二兄，而以之北面；挾震主之威，據上流之重，以古推今，自免為難：二兄，謂文帝兄廬陵王及少帝也。晦、檀廢立，是挾震主之威，都督七州，虎踞荊襄，是據上流之重，自古以來，人臣之權重於人主，鮮有能自免者。胡三省曰：「蔡廓父子以亮直名於宋朝，觀其抗言無所避就，若不足以保身，而卒能以身名終，何也？蓋其素行已孚乎人，而言事無所依違，又所以遂其直。彼其問者方怵於利害，就以求決，則聽之也，固合於心，而焉敢以為諱乎！」(六九)徐羨之進位司徒：羨之自司空，錄尚書事。揚州刺史進位司徒。按元嘉二年，徐羨之、傅亮上表歸政而帝始親萬機，按司徒位雖尊而無實職，是羨之雖進位司徒，其錄尚書事如故也。(七〇)謝晦進號衞將軍，檀道濟進號征北將軍：胡三省曰：「謝晦自領軍將軍進號，檀道濟自鎮北將軍進號。」按晦時已進號撫軍將軍，出鎮荊州，非自領軍進號也。(七一)二公：胡三省曰：「二公，謂徐羨之、王弘。」(七二)曇首領右衞將軍，華領驍騎將軍，朱容子為右軍將軍：按《晉書・職官志》，魏文帝置中衞將軍，晉武帝分為左、右衞，魏明帝置左軍將軍，晉因之，武帝又置前軍、右軍、後軍，是為四軍。驍騎將軍、遊擊將軍，並漢雜號將軍也，魏置為中軍。及晉，以領軍、護軍、左衞、右衞、驍騎、遊擊為六軍，俱典禁軍。錢大昕曰：「按晉書哀帝紀，興寧二年二月，改左軍將軍為遊擊將軍，是興寧以前，曾廢遊擊將軍，至是始以左軍改置也。」(七三)章皇后：章，謚也。(七四)徵彥之為中領軍，委以戎政：《晉書・職官志》曰：「資重者為領軍、護軍，資輕者為中領軍、中護軍。」(七五)盛樂宮：晉建興元年，魏之先猗盧城盛樂以為北都，咸康六年，什翼犍始都雲中之盛樂宮。按《魏書・帝紀》什翼犍三年，移都雲中之盛樂，明年，築盛樂城於故城南八里。盛樂前漢作成樂，為定襄郡治，後漢移定襄郡治於善無，而以盛樂屬雲中，則此盛樂蓋後漢之故城，非前漢之故城也。魏之盛樂在今綏遠省和林格爾縣之南。(十六)大檀：紇升蓋可汗之名。(十七)立妃袁氏為皇后，耽之曾孫也：袁耽見卷九十五成帝咸康元年。(十八)先公車騎以大業之故，捨其子拾虔而授孤：先公，謂樹洛干，樹洛干立，自號車騎將軍。樹洛干死，捨其子不立而以國授其弟阿柴。見卷一百十八晉安帝義熙十三年。(十九)慕璝者，阿柴之母弟，叔父烏紇提之子也：視羆死，子樹洛干等並幼，弟烏紇提立而妻樹洛干母，生二子，慕璝，慕利延。故慕璝於阿柴為母弟。(二十)柞山：《魏書・明元帝紀》泰常六年六月，北巡至蟠羊山，七月，西巡，獵於柞山，遂至於河。則柞山當在平城之西北，大河之東。(二一)翰，肥之子也：長孫肥事魏道武帝，為魏名將。(二二)九德：郡名。《宋書・州郡志》曰：「九德郡，故屬九真，吳分立。」(二三)宕昌，羌之別種也：《魏書・宕昌傳》云：「宕昌羌者，其先蓋三苗之胤。」杜佑曰：「宕昌之界，自仇池以西，東西千里，帶水以南，南北八百里，地多山阜。」帶水即今甘肅省伏羌縣南之藉水，是其國盛時，奄有今岷縣，臨潭縣南部至天水西界，武都北界之地。北周以其地為宕昌郡，唐曰宕州。(二四)璝聞之，將兵七萬北伐倫：夏建南臺於長安，以太子璝錄南臺，自長安伐統萬為北伐。

二年（西元四二五年）

㈠春，正月，徐羨之、傅亮上表歸政。表三上，帝乃許之。丙寅（初十日），始親萬機。羨之仍遜位，還第，徐佩之、程道惠及吳興太守王韶之等並謂非宜，敦勸甚苦，乃復奉詔視事。

㈡辛未（十五日），帝祀南郊，大赦。

㈢己卯（二十三日），魏主還平城。

㈣二月，燕有女子化為男，燕主以問羣臣，尚書左丞傅權對曰：「西漢之末，雌雞化為雄，猶有王莽之禍㊀，況今女化為男，臣將為君之兆也！」

㈤三月，丙寅（十一日），魏主尊保母竇氏為保太后。密后㊁之殂也，世祖尚幼，太宗以竇氏慈良，有操行，使保養之，竇氏撫視有恩，訓導有禮，世祖德之，故加以尊號，奉養不異所生。

㈥丁巳（二日，三月丙辰朔，丁巳在丙寅前），魏以長孫嵩為太尉，長孫翰為司徒，奚斤為司空。

㈦夏，四月，秦王熾磐遣平遠將軍叱盧犍等襲河西鎮南將軍沮渠白蹄於臨松，擒之，徙其民五千餘戶於枹罕。

㈧魏主遣龍驤將軍步堆㊂等來聘，始復通好。

(八)六月，武都惠文王楊盛卒。初，盛聞晉亡，不改義熙年號，謂世子玄曰：「吾老矣，當終為晉臣，汝善事宋帝。」及盛卒，玄自稱都督隴右諸軍事，征西大將軍，開府儀同三司，秦州刺史，武都王。遣使來告喪，始用元嘉年號。

(九)秋，七月，秦王熾磐遣鎮南將軍吉毗等南擊黑水羌④酋丘擔，大破之。

(十)八月，夏武烈帝殂⑤，葬嘉平陵⑥廟號世祖。太子昌即皇帝位⑦，大赦，改元承光⑧。

(十一)王弘自以始不預定策，不受司空，表讓彌年，乃許之⑨。乙酉（初二日），以弘為車騎大將軍，開府儀同三司。

(十二)冬，十月，丘擔以其眾降秦。秦以擔為歸善將軍，拜折衝將軍乞伏信帝為平光校尉以鎮之。

(十三)癸卯（二十日），魏主大伐柔然，五道並進。長孫翰等從東道出黑漠，【考異】翰傳云：「與娥清出長川⑩。」今從蠕蠕傳。廷尉卿長孫道生等出白、黑二漠之間⑪，魏主從中道，東平公娥清出栗園⑫，【考異】清傳云：「與長孫翰出長川。」今從蠕蠕傳。奚斤等從西道出爾寒山。諸軍至漠南，舍輜重，輕騎齎十五日糧，度漠擊之。柔然部落大驚，絕迹北走。

㈩十一月，以武都世子玄為北秦州㊂刺史，武都王。【考異】宋本紀癸酉，南史庚午。按十一月壬午朔，無癸酉及庚午，今不書日。

㈩初，會稽孔寧子為帝鎮西諮議參軍，及即位，以寧子為步兵校尉，與侍中王華並有富貴之願，疾徐羨之、傅亮專權，日夜構之於帝。會謝晦二女當適彭城王義康、新野侯義賓，遣其妻曹氏及長子世休送女至建康。帝欲誅羨之、亮，并發兵討晦，聲言當伐魏，又言拜京陵㊃，治行裝艦。亮與晦書曰：「薄伐河朔，事猶未已，朝野之慮，憂懼者多。」又言：「朝士多諫北征，上當遣外監㊄萬幼宗往相諮訪。」時朝廷處分異常㊅，其謀頗泄。

【今註】㈠西漢之末，雌雞化為雄，猶有王莽之禍：《漢書．五行志》曰：「元帝初元，丞相府史家雌雞伏子，漸化為雄，冠距鳴將，其後王后羣弟世權，以至於莽，遂篡天下。」㈡密后：魏主太武帝追謚其母杜貴嬪曰密皇后。㈢步堆：《魏書．官氏志》西方步鹿根氏後改為布氏。㈣黑水羌：胡三省曰：「黑水羌在鄧至西北。《水經注》曰：『白水出臨洮縣西南西傾山，東南流與黑水合。黑水出羌中，西南逕黑水城西，又西南，入於白水。』」鄧至城在今甘肅省文縣西徼外，即四川松潘縣東境，有鄧至山，下有鄧至城。《元和郡縣志》曰：「鄧至城，鄧艾所至，故名，羌居其地，遂號鄧至羌，國於宕昌之南，入貢於後魏。」按白水即今四川省松潘縣之白水河，入甘肅省文縣為東川水。黑水城在文縣西徼外松潘縣境。㊄夏武烈帝殂：夏主赫連勃勃也，卒謚武烈。㊅葬嘉平陵：《十六國春秋・夏錄》曰：「葬勃勃於城西十五里，起行宮，模寫統萬宮殿，飾以金銀珠璣，葬紇焚之。」《寰宇記》曰：「赫連勃勃墓在趙城縣東三十五里霍山最高峯上。」《元和郡縣志》曰：「夏州朔方縣下曰故白城，一名契吾城，在縣北一百二十五里契吾山，赫連中，因山所築。勃勃嘗所歎美，故其子昌因立此城，以立勃勃之廟，勃勃墓在縣西二十五里。」《十六國春秋》曰：「赫連勃勃北遊契吾，歎曰：『美哉！臨廣澤而帶清流，吾行地多矣，自馬嶺以北，大河以南，未之有也。』」契吾山，在今陝西橫山縣北。㊆太子昌即皇帝位：《魏書・劉虎傳》曰：「昌字還國，一名折。屈孑之第三子也。」屈孑，勃勃字。㊇改元承光：承光《魏書・劉虎傳》作永光。㊈王弘自以始不預定策，不受司空，表讓彌年，乃許之：胡三省曰：「弘以此得免徐、傅之禍。」㊀長川：長川城在今察哈爾省興和縣境。《魏書・帝紀》云：「始祖率所部北居長川。」即此。胡三省曰：「長川在禦夷鎮西北，大漠之東垂也。」垂與陲同。㊁廷尉卿長孫道生等出白、黑二漠之間：胡三省曰：「長川有白、黑二漠，黑在東，白在西。」㊂栗園：胡三省曰：「栗園在中道之西，西道之東。」㊂北秦州：北秦州即秦州，治武都，時立南秦州於漢中，故秦州亦稱北秦州。㊃京陵：胡三省曰：「京陵，興寧陵也。」㈤外監：南史南朝有制局監、外監，領器仗兵役，多以嬖倖為之。㈥處置異常：言處置部署，異於常時也。

三年（西元四二六年）

㈠春，正月，謝晦弟黃門侍郎皭馳使告晦，晦猶謂不然，以傅亮書示諮議參軍何承天曰：「計幼宗一二日必至，傅公慮我好事㈠，故先遣此書。」承天曰：「外間所聞，咸謂西討已定，幼宗豈有上理？」晦尚謂虛妄，使承天豫立答詔啟草，言伐虜宜須明年。江夏內史程道惠得尋陽人書，言朝廷將有大處分，其事已審，使其輔國府中兵參軍樂冏封以示晦㈡。晦問承天曰：「若果爾，卿令我云何？」對曰：「蒙將軍殊顧，常思報德。事變至矣，何敢隱情。然明日戒嚴，動用軍法，區區所懷，懼不得盡。」晦懼曰：「卿豈欲我自裁邪？」承天白：「尚未至此。以王者之重，舉天下以攻一州，大小既殊，逆順又異，境外求全，上計也；其次以腹心將兵屯義陽，將軍自帥大眾戰於夏口，若敗即趨義陽，以出北境，其次也。」晦良久曰：「荊州用武之地，兵糧易給，聊且決戰，走復何晚？」乃使承天造立表檄，又與衛軍諮議參軍琅邪顏邵謀舉兵㊂，邵飲藥而死。晦立幡戒嚴，謂司馬庾登之曰：「今當自下，欲屈卿以三千人守城，備禦劉粹㊃。」登之曰：「下官親老在都，又素無部眾，情計㊄二三，不敢受此旨。」晦仍問諸將佐：「戰士三千，足守城否？」南蠻司馬周超㊅對曰：「非徒守城而已，若有外寇，可以立功。」登之因曰：「超必能辨，下官請解司馬、南郡以授之㊆。」晦即於坐命超為司馬，領南義陽太守㊇。轉登之為長史，南郡如故。登之，蘊之孫也㊈。

帝以王弘、檀道濟始不預廢弒之謀，弘弟曇首又為帝所親委，事將發，密使報弘，且召道濟，欲使討晦，王華等皆以為不可。帝曰：「道濟止於脅從，本非創謀，殺害之事，又所不關。吾撫而使之，必將無慮。」乙丑（十五日），道濟至建康。丙寅（十六日），下詔暴羨之、亮、晦殺營陽、廬陵王之罪，命有司誅之，且曰：「晦據有上流，或不即罪㊉，朕當親帥六師，為其遏防。可遣中領軍到彥之即日電發，征北將軍檀道濟駱驛繼路，符衛軍府、州以時收翦(一一)，已命雍州刺史劉粹等斷其走伏(一二)，罪止元兇，餘無所問。」

是日，詔召羨之、亮，羨之行至西明門(一三)外，謝嚼正直(一四)，遣報亮云：「殿內有異處分。」亮辭以嫂病，暫還，遣使報羨之，羨之還西州(一五)，乘內人問訊車出郭，步走至新林(一六)，入陶竈中自經死。亮乘車出郭門，乘馬奔兄迪墓，屯騎校尉郭泓收之，至廣莫門(一七)，上遣中書舍人以詔書示亮，並謂曰：「以公江陵之誠(一八)，當使諸子無恙。」亮讀詔書訖，曰：「亮受先帝布衣之眷，遂蒙顧託，黜昏立明，社稷之計也。欲加之罪，其無辭乎(一九)？」於是誅亮而徙其妻子於建安，誅羨之二子而宥其兄子珮之，又誅晦子世休，收繫謝嚼。

帝將討謝晦，問策於檀道濟。對曰：「臣昔與晦同從北征(二〇)，入關十策，晦有其九，才略明練，殆為少敵；然未嘗孤軍決勝，戎事恐非其長(二一)。臣悉晦智，晦悉臣勇。今奉王命以討之，可未陳而擒也。」

丁卯（十七日），徵王弘為侍中，司徒，錄尚書事，揚州刺史；以彭城王義康為都督荊、湘等八州諸軍事、荊州刺史㉒。樂冏復遣使告謝晦以徐、傅及曜等已誅，晦先舉羨之、亮哀，次發子弟凶問，既而自出射堂㉓勒兵。晦從高祖征討，指麾處分，莫不曲盡其宜。數日間，四遠㉔投集，得精兵三萬人，乃奉表稱羨之、亮等忠貞，橫被冤酷，且言：「臣等若志欲執權，不專為國，初廢營陽，陛下在遠㉕，武皇之子，尚有童幼，擁以號令，誰敢非之？豈得泝流三千里㉖，虛館七旬㉗，仰望鸞旗者哉！故廬陵王於營陽之世，積怨犯上，自貽非命。不有所廢，將何以興㉘？耿弃不以賊遺君父㉙，臣亦何負於宋室邪？此皆王弘、王曇首、王華險躁猜忌㉚，讒構成禍，今當舉兵以除君側之惡。」

㈡秦王熾磐復遣使如魏，請用師於夏㉛。

㈢初，袁皇后生皇子劭㉜，后自詳視，使馳白帝，曰：「此兒形貌異常，必破國亡家，不可舉。」即欲殺之，帝狼狽至后殿戶外，手撥幔，禁之，乃止。以尚在諒闇，故祕之。閏月，丙戌（初六日），始言劭生。

㈣帝下詔戒嚴，大赦諸軍相次進路以討謝晦。晦以弟遯為竟陵內史，將萬人總留任，帥眾二萬發江陵，列舟艦自江津至於破冢㉓，旌旗蔽日，歎曰：「恨不得以此為勤王之師。」

晦欲遣兵襲湘州刺史張邵，何承天以邵兄益州刺史茂度與晦善，曰：「邵意趣未可知，不宜遽擊之。」晦以書招邵，邵不從。

㈤二月，戊午（初九日），以金紫光祿大夫㉔王敬弘為尚書左僕射，建安太守鄭鮮之為右僕射。敬弘，廙之曾孫也㉕。

庚申（十一日），上發建康，命王弘與彭城王義康居守，入居中書下省㉖，侍中殷景仁參掌留任，帝姊會稽長公主留止臺內㉗，總攝六宮。

謝晦自江陵東下，何承天留府不從。晦至江口㉘，到彥之已至彭城洲㉙。庾登之據巴陵，畏懦不敢進。會霖雨連日，參軍劉和之曰：「彼此共有雨耳，檀征北尋至，東軍方彊，唯宜速戰。」登之恇怯，使小將陳祐作大囊，貯茅懸於帆檣，云可以焚艦，用火宜須晴，以緩戰期。晦然之，停軍十五日，乃使中兵參軍孔延秀攻將軍蕭欣於彭城洲，破之；又攻州口柵，陷之。諸將咸欲退還夏口，到彥之不可，乃保隱圻[四〇]。

晦又上表自訟，且自矜其捷曰：「陛下若梟四凶於廟庭，懸三監於絳闕[四一]，臣便勒眾旋旗，還保所任。」

初，晦與徐羨之、傅亮為自全之計，以為晦據上流，而檀道濟鎮廣陵，各有彊兵，足以制朝廷；羨之、亮居中秉權，可得持久。及聞道濟帥眾來上[四二]，惶懼無計。

道濟既至，與到彥之軍合，牽艦緣岸。晦始見艦數不多，輕之，不即出戰，至晚，因風帆上[四三]，前後連咽[四四]，西人離沮，無復鬭心。戊辰（十九日），臺軍至忌置洲尾[四五]，列艦過江，晦軍一時皆潰。晦夜出投巴陵，得小船，還江陵。

先是帝遣雍州刺史劉粹自陸道帥步騎襲江陵，至沙橋[四六]，周超帥萬餘人逆戰，大破之，士卒傷死者過半，俄而晦敗問至。

初，晦與粹善，以粹子曠之為參軍，帝疑之。王弘曰：「粹無私，必無憂也。」及受命南討，一無所顧，帝以此嘉之。晦亦不殺曠之，遣還粹所。

丙子（二十七日），帝自蕪湖東還。

晦至江陵，無他處分，唯愧謝周超而已。其夜，超捨軍單舸詣到彥之降。晦眾散略盡，乃攜其弟遯等七騎北走。遯肥壯，不能乘馬，晦每待之，行不得速。己卯（三十日），至安陸延頭(四七)，為戍主光順之(四八)所執，檻送建康。到彥之至馬頭，何承天自歸，彥之因監荊州府事，以周超為參軍，劉粹以沙橋之敗告，乃執之。於是誅誨、皭、遯及其兄弟之子(四九)，幷同黨孔延秀、周超等。晦女，彭城王妃，被髮徒跣，與晦訣曰：「大丈夫當橫尸戰場，柰何狼藉都市。」庾登之以無任，免官禁錮，何承天及南蠻行參軍新興王玄謨(五〇)等皆見原。

晦之走也，左右皆棄之，唯延陵蓋(五一)追隨不捨，帝以蓋為鎮軍功曹督護(五二)。

晦之起兵，引魏南蠻校尉王慧龍為援㊂，慧龍帥眾一萬，拔思陵戍㊃，進圍項城，聞晦敗，乃退。

益州刺史張茂度受詔襲江陵，晦敗，茂度軍始至白帝，議者疑茂度有貳心㊄，帝以茂度弟邵有誠節，赦不問，代還㊅。

三月，辛巳（初二日），帝還建康，徵謝靈運為祕書監，顏延之為中書侍郎，賞遇甚厚。帝以惠琳道人善談論，因與議朝廷大事，遂參權要，賓客輻湊，門車㊆常有數十兩，四方贈賂相係，方筵七八，座上恒滿。琳著高屐，披貂裘，置通呈書佐㊇。會稽孔覬嘗詣之，遇賓客填咽，暄涼㊈而已，覬慨然曰：「遂有黑衣宰相，可謂冠屨失所矣。」

夏，五月，乙未（十七日），以檀道濟為征南大將軍，開府儀同三司，江州刺史，到彥之為南豫州刺史。

遣散騎常侍袁渝等十六人分行諸州、郡、縣，觀察吏政，訪求民隱；又使郡、縣各言損益。

丙午（二十八日），上臨延賢堂㊉聽訟，自是每歲三訊㊁。

左僕射王敬弘，性恬淡，有重名，關署文按初不省讀。嘗預聽訟，上問以疑獄，敬弘不對。上變色，問左右何故不以訊牒副僕射㊁？敬弘曰：「臣乃得訊牒，讀之正自不解。」上甚不悅，雖加禮敬，不復以時務及之。

六月，以右衞將軍王華為中護軍㊂侍中如故。華以王弘輔政，王曇首為上所親任，與己相埒，自謂力用不盡，每歎息曰：「宰相頓有數人，天下何由得治？」是時宰相無常官，唯人主所與議論政事，委以機密者，皆宰相也，故華有是言。亦有任侍中而不為宰相者，然尚書、令、僕、中書監、令、侍中、侍郎、給事中，皆當時要官也。華與劉湛、王曇首、殷景仁俱為侍中㊃，風力局幹㊄，冠冕一時。上嘗與四人於合殿㊅宴飲，甚悅，既罷出，上目送良久，歎曰：「此四賢，一時之秀，同管喉脣㊆，恐後世難繼也。」

黃門侍郎謝弘微與華等皆上所重，當時號曰五臣。弘微，琰之從孫也㊇，精神端審，時然後言，婢僕之前，不妄語笑，由是尊卑大小，敬之若神，從叔混特重之，常曰：「微子異不傷物，同不害正，吾無間然㊉。」上欲封王曇首、王華等，拊御牀曰：「此坐非卿兄弟，無復今日㊆。」因出封詔以示之。曇首固辭曰：「近日之事，賴陛下英明，罪人斯得，臣等豈可因國之災以為身幸？」上乃止。

㈥魏主詔問公卿：「今當用兵赫連、蠕蠕㊆二國，何先？」長孫嵩、長孫翰、奚斤皆曰：「赫連土著，未能為患，不如先伐蠕蠕。若追而及之，可以大獲；不及，則獵於陰山，取其禽獸皮角以充軍實。」太常崔浩㊆曰：「蠕蠕鳥集獸逃㊆，舉大眾追之則不能及，輕兵追之又不足以制敵。赫連氏土地不過千里，政刑殘虐，人神所棄，宜先伐之。」尚書劉絜、武京侯安原請先伐燕㊆，於是魏主自雲中西巡至五原，因畋於陰山，東至和兜山㊆。秋，八月，還平城。

㈦詔殿中將軍吉恒聘于魏。

㈧燕太子永卒，立次子翼為太子。

㈨秦王熾磐伐河西，至廉川，遣太子暮末等步騎三萬攻西安，不克；又攻番禾，河西王蒙遜發兵禦之，且遣使說夏主，使乘虛襲枹罕，夏主遣征南大將軍呼盧古將騎二萬攻苑川(七六)，車騎大將軍韋伐將騎三萬攻南安，熾磐聞之引歸。九月，徙其境內老弱畜產於澆河(七七)，及莫河仍寒川，留左丞相曇達守枹罕。韋伐攻拔南安，獲秦秦州刺史翟爽、南安太守李亮。

(十)吐谷渾握逵等帥部眾二萬落叛秦，奔昂川附於吐谷渾王慕璝。

(十一)大旱，蝗。左光祿大夫范泰上表曰：「婦人有三從之義(七八)，無自專之道。謝晦婦女猶在尚方(七九)，唯陛下留意。」有詔原之(八〇)。

(十二)魏主聞夏世祖殂，諸子相圖(八一)，國人不安，欲伐之。長孫嵩等皆曰：「彼若城守，以逸待勞，大檀聞之，乘虛入冠，此危道也。」崔浩曰：「往年以來，熒惑再守羽林，鉤巳而行，其占秦亡(八二)，今年五星并出東方，利以西伐，天人相應，不可失也。」嵩固爭之，帝大怒，責嵩在官貪污，命武士頓辱之(八三)。於是遣司空奚斤帥四萬五千人襲蒲阪，宋兵將軍周幾帥萬人襲陝城，以河東太守薛謹為鄉導。謹，辯之子也(八四)。

魏主欲以中書博士平棘㊇㊄李順摠前驅之兵，訪於崔浩。浩曰：「順誠有籌略，然臣與之婚姻㊇㊅，深知其為人果於去就，不可專委。」帝乃止，浩與順由是有隙。冬，十月，丁巳（十一日），魏主發平城。

㊂秦左丞相曇達與夏呼盧古戰於嵻㟴山㊇㊆，曇達兵敗。十一月，呼盧古、韋伐進攻枹罕，秦王熾磐遷保定連，呼盧古入南城㊇㊇，鎮京將軍趙壽生率死士三百人力戰，却之。呼盧古、韋伐又攻沙州刺史出連虔于湟河㊇㊈，虔遣後將軍乞伏萬年擊敗之。又攻西平㊈〇，執安西將軍庫洛干，阬戰士五千餘人，掠民二萬餘戶而去。

㊃仇池氐楊興平求內附，梁南秦二州刺史吉翰㊈㊀遣始平太守龐諮據武興㊈㊁，氐王楊玄遣其弟難當將兵拒諮，諮擊走之。

㊄魏主行至君子津，會天暴寒，冰合。戊寅（初三日），帥輕騎二萬濟河襲統萬。壬午（初七日），冬至，夏主方燕羣臣，魏師奄至，上下驚擾。魏主軍於黑水，去城三十餘里，夏主出戰而敗，退走入城門，未及閉，內三郎㊈㊂豆代田帥眾乘勝入西宮，焚其

西門。宮門閉，代田踰宮垣而出，魏主拜代田勇武將軍(九四)。魏軍夜宿城北，癸未（初八日），分兵四掠，殺獲數萬，得牛馬十餘萬。魏主謂諸將曰：「統萬未可得也，它年當與卿等取之。」乃徙其民萬餘家而還。

夏弘農太守曹達聞周幾將至，不戰而走，魏師乘勝長驅。遂入三輔。會幾卒于軍中，蒲阪守將東平公乙斗聞奚斤將至，遣使詣統萬告急，使者至統萬，魏軍已圍其城，還告乙斗曰：「統萬已敗矣！」乙斗懼，棄城西奔長安，斤遂克蒲阪。夏主之弟助興先守長安，乙斗至，與助興棄長安西犇安定。【考異】奚斤傳作乙升，今從帝紀。十二月，斤入長安，秦雍氐羌皆詣斤降。河西王蒙遜及氐王楊玄聞之，皆遣使附魏。

㈥前吳郡太守徐珮之聚黨百餘人，謀以明年正會(九五)於殿中作亂，事覺，壬戌（十七日），收斬之。

㈦營陽太妃張氏卒。

(十八)秦征南將軍吉毗鎮南漒(九六)，隴西人辛澹帥戶三千據城逐毗，毗走還枹罕，澹南奔仇池(九七)。

(十九)魏初得中原，民多逃隱(九八)，天興中，詔采諸漏戶令輸繒帛，於是自占為細繭羅縠戶者甚眾，不隸郡縣，賦役不均。是歲，始詔一切罷之，以屬郡縣。

【今註】㊀傅公慮我好事：胡三省曰：「好事，猶言好生事，微省其辭，若隱語然。」余按好事，謂好預朝政也，如帝欲北伐而晦欲諫止之類。時帝揚言北伐，謝晦以為信然，自謂傅亮慮己之欲諫阻，故先遺書示之也。㊁使其輔國府中兵參軍樂冏封以示晦：時道惠蓋帶輔國將軍，故立輔國將軍府。㊂又與衞軍諮議參軍琅琊顏邵謀舉兵：時晦以衞將軍，都督七州軍事，荊州刺史鎮江陵，衞軍諮議參軍，即衞將軍府諮議參軍。㊃備禦劉粹：時粹為雍州刺史鎮襄陽。㊄情計：謂以私情計度之也。㊅南蠻司馬張超：晦以荊州刺史帶南蠻校尉，超蓋南蠻校尉府司馬。㊆下官請解司馬、南郡太守以授之：下官，登之自稱，《晉書》庾敳謂東海王越曰：「下官家有二千萬，隨公所取。」蓋魏晉以來官僚間之謙稱。《宋書．庾登之傳》登之時為衞將軍長史，南郡太守，按〈謝晦傳〉，登之時為司馬，解職後轉為長史。㊇南義陽太守：《宋書．州郡志》曰：「南義陽郡，晉末以義陽流民僑立，屬荊州，領厥西、平氏二縣。」㊈登之，蘊之孫也：庾蘊死於海西之廢。㊉即罪：即，就也。⑪符衞軍府，州以時收翦：以符令下衞將軍府及荊州官屬，使收晦而誅之。⑫斷其走伏：斷絕其逃走伏匿之路。⑬西明門：洛陽城西面有廣陽、西明、閶闔三門，建康仿之。⑭謝嚼正直：嚼時為黃門侍郎，正入直殿省也。⑮西州：胡三省曰：「揚州刺史治臺城西，故曰西州。」《江南通志》曰：「西州城在上元縣治，晉揚州刺史治所。」張敦頤《六朝事迹》曰：「有曰臺城，蓋宮省之所寓也，有曰東府，蓋宰相所居也，有曰西州，蓋諸王之所宅也，皆不出都城之內。」《元和郡縣志》曰：「江南道東府城在上元縣東七里，其地西則簡文帝為會稽王時邸第，東則丞相王道子府。謝安薨，道子代領揚州，仍先府舍，故稱為東府，而謂揚州廨為西州。」王鳴盛曰：「晉書謝安傳：『安出鎮廣陵，還都，輿入西州門。』上文，安本領揚州刺史，其時雖位至太保、封公，仍領刺史也。下文：『羊曇者，太山知名士，安薨，行不由西州路，嘗因石頭大醉，扶路唱樂，不覺至州門，左右白此西州門，曇以馬策扣扉，悲感不已。』可見安未薨，已名西州。」胡三省云：「揚州刺史治臺城西，故曰西州，當以此為確，未可盡云由會稽王道子得名也。」⑯新林：新林浦在今江蘇省江寧縣西南，齊永明五年，起苑於此曰新林苑，梁侯景之叛，韋粲、柳仲禮赴援，軍於新林，即此。〈建康志〉曰：「新林浦在縣西南三十里，源出牛頭山，西流七里入于大江。」⑰廣莫門：洛陽城北面有大夏、廣莫二門，建康仿之。⑱以公江陵之誠：胡三省曰：「謂亮迎帝於江陵也。」⑲欲加之罪，其無辭乎：《左傳》晉大夫里克之言。⑳臣昔與晦同從北征：道濟與晦同從武帝北征，事見卷一百十八晉安帝義熙十三年。㉑然未嘗孤軍決勝，戎事恐非其長：言晦雖長於運籌帷幄，至若臨陣決勝，則非其所長也。㉒以彭城王義康為都督荊、湘等八州諸軍事，荊州刺史：《宋書．義康傳》云：「元嘉三年，改授都督荊、湘、雍、梁、益、南、北秦八州諸軍事。」按傳僅得七州。〈謝晦傳〉，晦都督荊、湘、雍、益、寧、南、北秦七州諸軍事，荊州刺史。文帝蓋以義康代晦，其所督諸州當有寧州在內，則為八州也。㉓射堂：《禮記》曰：「古者天子之制，諸侯歲獻貢士於天子，天子試之於射宮。」李善注《文選》曰：「射宮，謂辟雍也。」疑射堂亦猶射宮之制，於天子為射宮，於諸侯為射堂，取射策之義，蓋試士之所。㉔四遠：猶曰四方。㉕初廢營陽，陛下在遠：營陽王時，文帝以宜都王荊州刺史鎮江陵，於建康為遠。㉖泝流三千里：自建康至江陵，泝流而上，凡三千里。㉗虛館七旬：景平二年五月乙酉廢少帝，至八月丙申文帝入建康，歷時凡七旬。㉘不有所廢，將何以興：此亦晉大夫里克之言。晦引此謂不廢廬陵，則論長幼之序，當捨帝而立廬陵也。㉙耿弇不以賊遺君父：《後漢書．耿弇傳》，弇為張步所攻，光武自將往救之，陳俊說弇宜且閉營休士以須上來，弇曰：「乘輿且到，臣子當擊牛釃酒以待百官，反欲以賊虜遺君父邪？」晦引此言以為此，自謂殺廬陵，所以除君上之偪，不以累帝也。㉚此皆王弘、王曇首、王華險躁猜忌：《宋書．謝晦傳》晦表曰：「王弘兄弟輕躁昧進，王華猜忌忍害，規弄威權。」王弘兄弟，謂弘及其弟曇首。㉛秦王熾磐復遣使如魏，請用師于夏：秦入貢於魏以請伐夏，始見上卷營陽王景平元年。㉜初，袁皇后生皇子劭：《宋書．二凶傳》云：「劭字休遠，文帝長子也。」㉝破冢：今湖北省江陵縣東南三十里濱大江東岸有破冢戍舊址。㉞金紫光祿大夫：晉制置左右光祿大夫，金章紫綬，位在光祿大夫上。宋制，光祿大夫銀章青綬，其重者加金章紫綬，則謂之金紫光祿大夫，蓋晉左右光祿大夫之職。㉟敬弘，廙之曾孫也：王廙見卷八十九晉愍帝建興三年。㊱中書下省：胡三省曰：「中書有上省、下省。」㊲臺內：臺內即禁中，即宮內。六朝之制，名宮城曰臺城。㊳江口：胡三省曰：「大江之西口也。」㊴彭城洲：《水經注》曰：「江水過長沙下雋縣北，又東逕彭城口，水東有彭城磯。」在今湖南省嶽陽縣東北五里。㊵隱圻：《水經注》曰：「江水自彭城磯東逕如山北，北對隱磯。」按地望，隱磯即《宋書・謝晦傳》之隱圻，《宋書・文帝紀》作隱磯，在今湖南省臨湘縣東北。㊶陛下若梟四凶於廟庭，懸三監於絳闕：胡三省曰：「以王弘、王曇首、王華比虞之共工、驩兜、苗、鯀，周之管叔、蔡叔、霍叔也。」虞謂虞舜，苗謂三苗。絳闕者，帝闕也，猶宮陛之曰丹墀，寢殿之曰紫宸。㊷來上：溯江而來。㊸因風帆上：因風舉帆，溯江而上。㊹前後連咽：謂戰艦前後連接，塞江填咽。㊺忌置洲尾：《水經注》曰：「江水東過長沙下雋縣北，湘水從南來注之，又東，左得二夏浦，俗謂之西江口。又東逕忌置山南，山東即隱口浦矣，又東逕彭城口，水東有彭城磯。」是忌置洲蓋在隱磯之西，今湖南省嶽陽縣之北，附近有忌置山。道濟軍蓋自隱磯溯江西上，至忌置洲尾，遂克晦軍。㊻沙橋：胡三省曰：「沙橋在江陵北。」㊼延頭：即延頭戍，在今湖北省黃陂縣西，舊為安陸界。《水經注》曰：「武口水上通安陸之延頭。」杜佑曰：「即武湖戍卒執晦處也。」武口即武湖，蓋此湖有水上接延頭，一名黃漢湖。武湖在今湖北省黃陂縣東南，黃祖閱武習戰之所。㊽戍主光順之：胡三省曰：「戍主、戍副，宋齊以下至隋咸有其官。光，姓也；晉書有光逸。」㊾於是誅晦、晦、遯及其兄弟之子：《宋書．謝晦傳》，兄子世基、世猷並伏誅。世基，絢之子也，有才氣，臨死，為連句詩曰：「偉哉橫海鱗，壯矣垂天翼，一旦失風水，翻為螻蟻食。」晦續之曰：「功遂侔昔人，退保無智力，既涉太行險，斯路信難陟。」(五〇)南蠻行參軍新興王玄謨：《宋書．王玄謨傳》云：「謨字彥德，太原祁人也。八世祖宏以從叔司徒允之難，棄官北居新興。」胡三省曰：「玄謨蓋本新興人而居太原之祁縣界也。」(五一)延陵蓋：複姓延陵，名蓋。(五二)帝以蓋為鎮軍功曹督護：胡三省曰：「為鎮軍府功曹，又兼督護之官也。晉氏渡江，有參軍、督護、功曹，參軍兼督護，即參軍督護之任也。」洪適曰：「參軍督護，江左置，皆有部曲，宋則無矣！」(五三)晦之起兵，引魏南蠻校尉王慧龍為援：魏以王慧龍為南蠻校尉，侵擾汝潁之間。(五四)思陵戍：今河南省淮陽縣南有故思陵戍。(五五)議者疑茂度有貳心：《宋書．謝茂度傳》，茂度與晦素善，故議者謂其出軍遲留也。(五六)代還：言帝以人代茂度為益州刺史而徵茂度還京師。(五七)門車：胡三省曰：「門車，謂門前候見之車。」(五八)通呈書佐：胡三省曰：「通呈，典謁之職，書佐，掌書翰。」(五九)暄涼而已：言但敍寒溫，而不及他語。(六〇)延賢堂：胡三省曰：「延賢堂在建康華林園。」(六一)每歲三訊：訊，鞫問也，言三訊而後定讞。《周禮》曰：「以三刺斷庶民獄訟之中，一曰訊羣臣，二曰訊羣吏，三曰訊萬民。」註云：「刺，殺也，三訊罪定則殺之。」謂舉獄訟之事，訊於三者而後定讞也。(六二)不以訊牒副僕射：胡三省曰：「謂不以訊牒副本納呈敬弘也。」副，動詞，謂以副本呈上。(六三)中護軍：護軍之任，其資輕者曰中護軍，猶領軍之資輕者為中領軍。江左以還，領、護俱掌禁兵。(六四)華與劉湛、王曇首、殷景仁俱為侍中：《宋書・百官志》曰：「侍中四人，掌奏事，直侍左右，應對獻替，法駕出則正直一人負璽陪乘，殿內、門下眾事皆掌之。」(六五)風力局幹：風力，謂風采毅力，局幹，謂器局才幹也。(六六)合殿：胡三省曰：「合殿在齋閣之後。」李延壽曰：「晉世諸帝多處內房，朝宴所臨，東、西二堂而已，孝武末年，清暑方構，永初受命，無所改作，所居惟稱西殿，不製嘉名，文帝因之，亦有合殿之稱。」清暑，殿名，孝武帝太元二十一年所建。(六七)同管喉脣：胡三省曰：「喉脣，言出納王命也。」(六八)弘微，琰之從孫也：謝琰，謝安之子。(六九)吾無間然：呂大臨曰：「謂我無間隙可言其失。」謝顯道曰：「猶言我無得而議之也。」(七〇)此坐非卿兄弟，無復今日：以誅徐羨之，傅亮及平謝晦等為曇首、華之功。王華，王曇首之從祖兄弟也。(七一)蠕蠕：《魏書》有〈蠕蠕傳〉，蠕蠕，即柔然，魏太武以其無知，狀類於蟲，故改其號為蠕蠕。(七二)太常崔浩：《魏書・崔浩傳》云：「始光中，進爵東郡公，拜太常卿。」(七三)鳥集獸逃：言其來也如鳥之集，其去也如獸之逃，飄忽無定，不易追襲也。(七四)燕：馮跋之北燕。(七五)和兜山：胡三省曰：「和兜山蓋在陰山之東，長川之南。」(七六)苑川：《水經注》曰：「苑川水出勇士縣之子城南山，有東西二苑城，相去七十里，即乞佛所都也。」按《方輿紀要》，苑川城在今甘肅省靖遠縣西南，乞伏國仁於此置苑川郡。(七七)澆河：《水經注》曰：「河水又東逕澆河故城北，有二城，東西角倚。」大澆河，古西羌所居，東晉時呂光於此置澆河郡。尋為禿髮烏孤所取，後入吐谷渾，宋少帝拜吐谷渾阿柴為澆河公。杜佑曰：「澆河城在廓州達化縣西一百二十里。」達化縣，今甘肅省貴德縣。(七八)婦女有三從之義，無自專之道：《儀禮》曰：「婦人有三從之義，無專用之道，故未嫁從父，既嫁從夫，夫死從子。」(七九)謝晦婦女猶在尚方：《宋書·范泰傳》泰上表曰：「謝晦婦女猶在尚方，始貴後賤，物情之所甚苦。」尚方，少府屬官，掌製作。(八〇)有詔原之：《宋書》范泰表云：「周書父子兄弟罪不相及，女人被宥，由來上矣！」乃詔原謝晦婦女。(八一)魏主聞夏世祖殂，諸子相圖：夏世祖，謂赫連勃勃。諸子相圖，謂夏故太子璝、酒泉公倫及夏主昌之相攻殺也。(八二)往年以來，熒惑再守羽林，鉤巳而行，其占秦亡：羽林，星座名，在虛危之南。事見卷一百十七晉安帝義熙十一年。(八三)帝大怒，責嵩在官貪污，命武士頓辱之：胡三省曰：「嵩歷事四朝，魏之元臣也。頓辱，捽其首使頓地以辱之。」(八四)謹，辯之子也：薛辯見卷一百十八晉安帝義熙十三年。(八五)平棘：縣名，二漢屬常山郡，晉、魏屬趙郡，故城在今河北省趙縣南，附近有平棘山。(八六)然臣與之婚姻：《魏書·李順傳》云：「浩弟娶順妹，又以弟子娶順女。」(八七)嵻峎山：《元和郡縣志》曰：「康狼山亦名熱薄汗山，在五泉縣南一百四十里，西秦乞伏乾歸太子熾磐招集諸部二萬七千築城于康狼山以據之，即此山也。」《晉書》載記作嵻峎，《十六國春秋·西秦錄》作嵻琅。《寰宇記》曰：「嵻峎山亦名可狼山，在五泉縣南一百四十里。」顧祖禹曰：「嵻峎山在蘭州百七十里。」五泉縣，隋改金城縣置，即今甘肅省皋蘭縣。(八八)南城：胡三省曰：「枹罕南城。」(八九)湟河：湟河郡，前涼置，故治在今甘肅省碾伯縣東南。(九〇)西平：西平郡，漢末置，治西都，即今青海省西寧縣。(九一)梁、南秦二州刺史吉翰：胡三省曰：「晉泰始之初，立梁州於漢中，至安帝之世，秦州又治漢中，自是鎮漢中者帶梁、南秦二州刺史。」按《宋書·州郡志》，魏元帝景平四年平蜀，復立梁州，治漢中南鄭，非立於泰始之初也。秦州，晉孝武時寄治襄陽，安帝世寄治漢中南鄭，與梁州同治所，故亦稱南秦州。《宋書・州郡志》梁州領漢中、魏興、新興、新城、上庸、晉壽、華陽、新巴、北巴西、北陰平、南陰平、巴渠、懷安、宋熙、白水、南上洛、北上洛、安康、南岩渠、懷漢等郡，秦州領武都、略陽、安固、西京兆、南太原、南安、馮翊、隴西、始平、金城、安定、天水、西扶風、北扶風等郡，其中多屬僑置。㊈武興：胡三省曰：「武興，漢武都郡之沮縣也，蜀以其地當衝要，置武興督以守之，宋立東益州，梁立武興蕃王國，西魏改東為興州，因武興郡為名。」故址在今陝西省略陽縣。漢沮縣故城在其東百里，非南北朝時武興故地也。㊉內三郎：《魏書・官氏志》曰：「幢將員六人，主三郎衞士直宿禁中者。」胡三省曰：「內三郎，魏宿衞之官也。」㊉勇武將軍：胡三省曰：「勇武將軍之號，魏始置。」㊉正會：正月朔旦朝會也。㊉南漒：《晉書・乞伏國仁載記》國仁置武城等十二郡，有漒川。胡三省曰：「南漒，當在漒川之南。」㊉澹南奔仇池：澹懼秦伐之，故奔仇池。㊉魏初得中原，民多逃隱：胡三省曰：「魏皇始二年，克中山，始得中原，晉安帝之隆安元年也。明年，改元天興。」

四年（西元四二七年）

㈠春，正月，辛巳（初七日），帝祀南郊。

(二)乙酉(十一日)，魏主還平城。統萬徙民在道多死，能至平城者什纔六七。己亥(二十五日)，魏主如幽州。夏主遣平原公定帥眾二萬向長安，魏主聞之，伐木陰山，大造攻具，再謀伐夏。

(三)山羌㊀叛秦，二月，秦王熾磐遣左丞相曇達招慰武始諸羌，征南將軍吉毗招慰洮陽諸羌㊁，羌人執曇達送夏。吉毗為羌所擊，犇還，士馬死傷者什八九。

(四)魏主還平城。

(五)乙卯(十一日)，帝如丹徒，己巳(二十五日)，謁京陵。初，高祖既貴，命藏微時耕具，以示子孫。帝至故宮㊂，見之有慙色。近侍或進曰：「大舜躬耕歷山，伯禹親事水土㊃，陛下不覩遺物，安知先帝之至德，稼穡之艱難乎？」

(六)三月，丙子(初五日)，魏主遣高涼王禮鎮長安。禮，斤之孫也㊄。又詔執金吾桓貸造橋於君子津。

(七)丁丑(初四日)，魏廣平王連卒。

㈧丁亥（十四日），帝還建康。

㈨戊子（十五日），尚書右僕射鄭鮮之卒。

㈩秦王熾磐以輔國將軍段暉為涼州刺史，鎮樂都，平西將軍麴景為沙州刺史，鎮西平，寧朔將軍出連輔政為梁州刺史，鎮赤水㈥。

(十一)夏，四月，丁未（初四日），魏員外散騎常侍步堆等來聘。

(十二)庚戌（初七日），以廷尉王徽之為交州刺史。徵前刺史杜弘文。弘文有疾，自輿就路。或勸之待病愈，弘文曰：「吾杖節三世㈦，常欲投軀帝庭，況被徵乎？」遂行，卒於廣州。弘文，慧度之子也。

(十三)魏奚斤與夏平原公定相持於長安，魏主欲乘虛伐統萬，簡兵練士，部分諸將，命司徒長孫翰等將三萬騎為前驅，常山王素等將步兵三萬為後繼，南陽王伏真等將步三萬部送攻具，將軍賀多羅將精騎三千為前候㈧。素，遵之子也㈨。

五月，魏主發平城，命龍驤將軍代人陸俟⑩督諸軍鎮大磧以備柔然。辛巳（初九日），濟君子津⑪。

㈣壬午（初十日），中護軍王華卒。

㈤魏主至拔鄰山㈢，築城，捨輜重，以輕騎三萬倍道先行。羣臣咸諫曰：「統萬城堅，非朝夕可拔。今輕軍討之，進不可克，退無所資。不若與步兵、攻具一時俱往。」帝曰：「用兵之術，攻城最下㈢，必不得已然後用之。今以步兵、攻具皆進，彼必懼而堅守，若攻不時拔，食盡兵疲，外無所掠，進退無地。不如以輕騎直抵其城，彼見步兵未至，意必寬弛。吾羸形以誘之，彼或出戰，則成擒矣！所以然者，吾之軍士去家二千餘里，又隔大河，所謂置之死地而後生者也㈣。故以之攻城則不足，決戰則有餘矣。」遂行。

㈥六月癸卯朔，日有食之。

㈦魏主至統萬，分軍伏於深谷，以少眾至城下㈤。夏將狄子玉降魏，言夏主聞有魏師，遣使召平原公定，定曰：「統萬堅峻，未易攻拔，待我擒奚斤，然後徐往，內外擊之，蔑不濟矣。」故夏主堅守以待之。魏主患之㈥，乃退軍以示弱，遣娥清及永昌王健帥騎五千，西掠居民。

魏軍士有得罪亡犇夏者，言魏軍糧盡，士卒食菜，輜重在後，步兵未至，宜急擊之，夏主從之。甲辰（初二日），將步騎三萬出城。長孫翰等皆言夏步兵陳難陷，宜避其鋒。魏主曰：「吾遠來求賊，惟恐不出，今既出矣，乃避而不擊，彼奮我弱，非計也！」遂收眾偽遁，引而疲之。夏兵為兩翼，鼓譟追之，行五六里，會有風雨從東南來，揚沙晦冥。宦者趙倪頗曉方術，言於魏主曰：「今風雨從賊上來，我向之，彼背之，天不助人，且將士飢渴，願陛下攝騎避之。更待後日。」崔浩叱之曰：「是何言也！吾千里制勝，一日之中，豈得變易㈦？賊貪進不止，後軍已絕，宜隱軍分出，掩擊不意，風道在人，豈有常也㈧？」魏主曰：「善。」乃分騎為左右隊以掎之。魏主馬蹶而墜，幾為夏兵所獲，拓跋齊以身捍蔽，決死力戰，夏兵乃退。魏主騰馬得上，刺夏尚書斛黎文殺之，又殺騎兵十餘人，身中流矢，奮擊不輟，夏眾大潰。齊，翳槐之玄孫也㈨。

魏人乘勝逐夏主至城北，殺夏主之弟河南公滿及兄子蒙遜，死者萬餘人。夏主不及入城，遂犇上邽。魏主微服逐犇者，入其城，拓跋齊固諫，不聽，夏人覺之，諸門悉閉，魏主因與齊等入其宮中，得婦人裙，繫之槊上，魏主乘之而上，僅乃得免。會日暮，夏尚書僕射問至[20]奉夏主之母走，長孫翰將八千騎追夏主，至高平，不及而還。

乙巳（初三日），魏主入城，獲夏王公卿將校及諸母、后妃、姊妹、宮人以萬數，馬三十餘萬匹，牛羊數千萬頭，府庫珍寶、車旗器物不可勝計，頒賜將士有差。初，夏世祖性豪侈，築統萬城[21]，高十仞，基厚三十步，上廣十步，宮牆高五仞，其堅可以厲刀斧，臺榭壯大，皆雕鏤圖畫，被以綺繡，窮極文采[22]。魏主顧謂左右曰：「蕞爾國而用民如此，欲不亡，得乎？」得夏太史令張淵、徐辯，復以為太史令。得故晉將毛修之、秦將軍庫洛干[23]，歸庫洛干於秦，以毛修之善烹調，用為太官令。魏主見夏著作郎天水趙逸所為文，譽夏主太過，怒曰：「此豎無道，何敢如是？誰所為邪？當速推之㉔。」崔浩曰：「文士褒貶多過其實，蓋非得已，不足罪也。」乃止。魏主納夏世祖三女為貴人。

奚斤與夏平原公定猶相拒於長安，魏主命宗正娥清、太僕丘推帥騎五千，略地關右。定聞統萬已破，遂奔上邽。斤追至雍，不及而還。清、堆攻夏貳城㉕，拔之。

魏主詔斤等班師，斤上言：「赫連昌亡保上邽，鳩合餘燼，未有蟠據之資，今因其危，滅之為易，請益鎧馬平昌而還。」魏主不許，斤固請，乃許之，給斤兵萬人，遣將軍劉拔送馬三千匹幷留娥清、丘堆使共擊夏。

辛酉（十九日），魏主自統萬東還，以常山王素為征南大將軍，假節，與執金吾桓貸㉖莫雲留鎮統萬，雲，題之弟也㉗。

(十八)秦王熾磐還枹罕㉘。

(十九)秋，七月，己卯（初七日），魏主至柞嶺㉙。柔然寇雲中，聞魏已克統萬，乃遁去。

(廿)秦王熾磐謂羣臣曰：「孤知赫連氏必無成，冒險歸魏㉚，今果如孤言。」八月，遣其叔父平遠將軍渥頭等入貢于魏。

(廿一)壬子（十一日），魏主還至平城，以所獲頒賜留臺百官有差。魏主為人壯健，鷙勇，臨城對陳，親犯矢石，左右死傷相繼，神色自若，由是將士畏服，咸盡死力。性儉率㉑，服御飲膳，取給而已。羣臣請增峻京城修宮室，曰：「易云：『王公設險以守其國㉒，』又蕭何云：『天子以四海為家，不壯不麗，無以重威㉓。』」帝曰：「古人有言，在德不在險㉔。屈丐蒸土築城，而朕滅之，豈在城也？今天下未平，方須民力，土功之事，朕所未為，蕭何之對，非雅言㉕也！」每以為財者，軍國之本，不可輕費，至於賞賜，皆死事勳績之家，親戚貴寵，未嘗橫有所及；命將出師，指授節度，違之者多致負敗；明於知人，或拔士於卒伍之中，唯其才用所長，不論本末。聽察精敏，下無遁情；賞不違賤，罰不避貴，雖所甚愛之人，終無寬假。常曰：「灋者，朕與天下共之，何敢輕也？」然性殘忍，果於殺戮，往往已殺而復悔之。

(廿二)九月，丁酉（二十五日），安定民舉城降魏㉖。

(二三)氐王楊玄遣將軍苻白作圍秦、梁州刺史出連輔政于赤水，城中糧盡，民執輔政至駱谷，逃還。冬，十月，秦以驍騎將軍吳漢為平西將軍、梁州刺史，鎮南漒。

(二四)十一月，魏主遣軍司馬公孫軌兼大鴻臚，持節，策拜楊玄為都督荊、梁等四州諸軍事，梁州刺史，南秦王㉗。及境，玄不出迎，軌責讓之，欲奉策以還，玄懼而郊迎，魏主善之，以軌為尚書。軌，表之子也㉘。

(二五)十二月，秦梁州刺史吳漢為羣羌所攻，帥戶二千還於枹罕。

(二六)魏主行如中山。癸卯（初四日），還平城。

【今註】㊀山羌：胡三省曰：「羌分居武始、洮陽南山者曰山羌。」㊁秦王遣左丞相曇達招慰武始諸羌，征南將軍吉毗招慰洮陽諸羌：晉置狄道郡，張駿改曰武始郡，故治今甘肅省狄道縣。洮陽縣亦晉置，屬狄道郡。東漢時，羌攻臨洮，馬防救之，諸羌退聚洮陽，即此城也。晉立為縣，旋為諸羌所據，其城東、西、北三面並枕洮水故曰洮陽。㊂帝至故宮：胡三省曰：「晉之東遷也，劉氏自彭城移居晉陵郡丹徒縣之京口里，陵墓及故宮在焉！」㊃大舜躬耕歷山，伯禹親事水土：舜耕歷山，朞年而歷山之人皆讓畔，伯禹治水，勞身焦思，手足胼胝。㊄禮，斤之孫也：拓跋斤見一卷一百四晉孝武帝太元元年。㈥赤水：《十六國疆域志》曰：「水經注，赤水城亦曰臨洮東城。按魏書地形志臨洮縣有赤水，不注置立，疑西秦時即有此縣。」故城在今甘肅省岷縣東北。㈦吾杖節三世：弘文父慧度，慧度父瑗，三世為交州刺史。㈧前候：居軍前為候騎。㈨索，適之子也：拓跋適見卷一百八晉孝武帝太元二十年。㈩代人陸俟：《魏書．官氏志》，內入諸姓有步六孤氏，孝文改為陸氏。⑪君子津：津在今綏遠省清水河縣西北黃河上，古定襄、桐過二縣西。《水經注》曰：「定襄、桐過二縣之間，有君子濟。皇魏桓帝十一年，西幸榆中，東行代地，洛陽大賈齎金貨隨帝後行，夜迷失道，往投津長曰：『子封送之。』渡河，賈人卒死，津長埋之，其子尋求父喪，發冢舉屍，資囊一無所損，其子悉以金與之，津長不受。事聞於帝，帝曰：『君子也。』即名其津曰君子濟，濟在雲中城西南二百餘里。」濟即津也。⑫拔鄰山：胡三省曰：「拔鄰山在黑水東北。」蓋近君子津。⑬用兵之術，攻城最下：《蜀志》注引《襄陽記》馬謖謂諸葛亮曰：「夫用兵之道，攻心為上，攻城為下；心戰為上，兵戰為下。」⑭所謂置之死地而後生：《史記》韓信曰：「兵法云，陷之死地而後生，置之亡地而後存。」胡三省曰：「去國遠鬥，人皆致死，故其鋒不可當。」⑮分軍伏於深谷，以少眾至城下：匿其大眾於深谷，以少眾至城下，蓋欲示敵以弱，寬其警戒之心而誘之使出戰也。⑯魏主患之：患其堅守不出戰。⑰吾千里制勝，一日之中，豈得變易：言先定必勝之計，故行師千里以取敵，豈得以風雨之故而變易成算於一日之間。⑱宜隱軍分出，掩擊不意，風道在人，豈有常也：言宜乘敵之不意分兵出其後順風而掩擊之，用風之道，在於人謀，其勢豈有常哉？⑲齊，翳槐之玄孫也：翳槐，什翼犍之兄，晉成帝咸和四年立，諡烈帝。⑳問至：問姓，至名。㉑築統萬城：事見卷一百十六安帝義熙九年。㉒臺榭壯大，皆雕鏤圖畫，被以綺繡，窮極文采：《御覽》引〈郡國志〉曰：「夏州朔方郡，赫連勃勃僭號，築土起珍珠樓、冲天臺。」《十六國春秋・夏錄》曰：「起冲天臺於南山，欲登之望長安。」《晉書》載記夏秘書監胡義周赫連勃勃功德碑：「遂營起都城，開建京邑，背名山而面洪流，左河津而右重塞，高隅隱日，崇墉際雲。溫宮膠葛，涼殿崢嶸，絡以隨珠，綷以金鏡。崇臺霄峙，秀闕雲亭，千榭連隅，萬閣接屏。離宮既作，別宇云施，楹彫虬獸，節鏤龍螭，瑩以寶璞，飾以珍奇。」㉓得故晉將毛修之，秦將軍庫洛干：毛修之為夏所擒，見卷一百十八晉安帝義熙十四年，庫洛干被擒見上年。㉔當速推之：言欲推案其罪也。㉕貳城：《十六國・疆域志》曰：「貳城，舊屬平涼郡。」胡三省曰：「即貳縣城也，在杏城西北，平涼東南。」㉖桓貸：《魏書・官氏志》，內入諸姓有烏丸氏，孝文改為桓氏。㉗雲，題之弟也：莫題見卷一百十四晉安帝義熙四年。㉘秦王熾磐還枹罕：胡三省曰：「夏既破，故熾磐還。」㉙柞嶺：胡三省曰：「柞嶺，即柞山之嶺。」㉚孤知赫連氏必無成，冒險歸魏：事見上卷營陽王景平元年。㉛性儉率：性儉樸而簡易。㉜王公設險以守其國：此易坎卦彖辭。㉝蕭何云，天子以四海為家，不壯不麗，無以重威：事見卷十一漢高帝七年。㉞古人有言，在德不在險：《史記》吳起對魏武侯之言。㉟雅言：正言。㊱安定民舉城降魏：安定時為夏有，夏都既破，安定亦降。㊲魏主遣軍司馬兼大鴻臚，持節策拜楊玄為都督荊梁等四州諸軍事，梁州刺史，南秦王：胡三省曰：「封玄為南秦王，以別乞伏熾磐。」四州，謂荊、梁、益、寧，見《魏書・太武帝紀》。㊇軌，表之子也：公孫表仕魏明元帝，將兵攻虎牢，為明元帝所殺，見上卷營陽王景平元年。

卷一百二十一　宋紀三

起著雍執徐，盡上章敦牂，凡三年。（戊辰至庚午，西元四二八年至四三〇年）

司馬光編集
林瑞翰註

太祖文皇帝上之中

元嘉五年㊀（西元四二八年）

㈠春，正月，辛未（初二日），魏京兆王黎卒。

㈡荊州刺史彭城王義康，性聰察，在州職事脩治。左光祿大夫范泰謂司徒王弘曰：「天下事重，權要難居，卿兄弟盛滿，當深存降挹㊁。彭城王，帝之次弟，宜徵還入朝，共參朝政。」弘納其言，時大旱，疾疫，弘上表引咎遜位，帝不許。

㈢秦商州刺史領澆河太守姚濬㊂叛降河西，秦王熾磐以尚書焦嵩代濬，帥騎三千討之。二月，嵩為吐谷渾元緒所執。

㈣魏改元神䴥㊃。

㈤魏平北將軍尉眷攻夏主於上邽，夏主退屯平涼。奚斤進軍安定，與丘堆、娥清軍合。斤馬多疫死，士卒乏糧，乃深壘自固，遣丘堆督租於民間，士卒暴掠，不設儆備，夏主襲之，堆兵敗，以數百騎還城。夏主乘勝日來城下鈔掠，不得芻牧，諸將患之。監軍侍御史安頡曰：「受詔滅賊，今更為賊所困，退守窮城。若不為賊殺，當坐灋誅，進退皆無生理，而諸王公㊂晏然曾不為計乎？」斤曰：「今軍士無馬，以步擊騎，必無勝理，當須京師救騎至合擊之。」頡曰：「今猛寇遊逸於外，吾兵疲食盡，不一決戰，則死在旦夕，救騎何可待乎？等於就死，死戰，不亦可乎？」斤又以馬少為辭，頡曰：「今斂諸將所乘馬，可得二百匹，頡請募敢死之士，出擊之，就不能破敵，亦可以折其銳。且赫連昌狷㊅而無謀，好勇而輕，每自出挑戰，眾皆識之，若伏兵掩擊，昌可擒也。」斤猶難之，頡乃陰與尉眷等謀選騎待之。既而夏主來攻城，頡出應之，夏主自出陳前搏戰，軍士識其貌，爭赴之。會天大風，揚塵晝昏，夏主敗走。頡追之，夏主馬蹶而墜，遂擒之。

【考異】十六國春秋鈔云：「承光三年五月，戰于黑渠，為魏所敗。昌與數千騎奔還，魏追騎亦至，昌河內公費連烏提守高平，徙諸城民七萬戶于安定以都之。四年二月，魏軍至安定，三城潰，昌犇秦州，魏東平公娥清追擒之，送于魏。」與後魏紀、傳不同，今從後魏書。頡，同之子也㈦。

夏大將軍領司徒平原王定收其餘眾數萬犇還平涼，即皇帝位㈧，大赦，改元勝光。

三月，辛巳（十三日），赫連昌至平城，魏主館之於西宮門內，器用皆給乘輿之副，又以妹始平公主妻之，假常忠將軍，賜爵會稽公。以安頡為建節將軍，賜爵西平公，尉眷為寧北將軍，進爵漁陽公。

魏主常使赫連昌侍從左石，與之單騎共逐鹿，深入山澗。昌素有勇名，諸將咸以為不可。魏主曰：「天命有在，亦何所懼？」親遇如初。

奚斤自以為元帥而昌為偏裨所擒，深恥之，乃捨輜重，齎三日糧，追夏主於平涼。娥清欲循水而往㈨，斤不從，自北道邀其走路，至馬髦嶺㈩。夏軍將遁，會魏小將有罪亡歸於夏，告以魏軍食少無水，夏主乃分兵邀斤，前後夾擊之，魏兵大潰，斤及娥清、劉拔皆為夏所擒(十一)，士卒死者六七千人。【考異】宋索虜傳：「元嘉五年，使大將吐伐斤西伐長安，生擒赫連昌于安定，封昌為公，以妹妻之。昌弟定在隴上，吐伐斤乘勝以騎三萬討之，定設伏於隴山彈箏谷，破之，斬吐伐斤，盡坑其眾。定率眾東還，復克長安，燾又自攻，不克，乃分軍戍大城而還。」今從後魏書。

丘堆守輜重在安定，聞斤敗，棄輜重奔長安，與高涼王禮偕奔蒲阪，夏人復取長安。魏主大怒，命安頡斬丘堆，代將其眾鎮蒲阪以拒之。

㈥夏，四月，夏主遣使請和於魏，魏主以詔諭之使降。

㈦壬子（十五日），魏主西巡，戊午（二十一日），畋於河西⑫。

㈧五月，秦文昭王熾磐卒⑬，太子暮末即位，大赦，改元永弘⑭。

㈨平陸⑮令河南成粲，復勸王弘遜位，弘從之，累表陳請，帝不得已，六月，庚戌（十四日），以弘為衞將軍，開府儀同三司。

㈩甲寅（十八日），魏主如長川⑯。

㈪葬秦文昭王于武平陵，廟號太祖。

秦王暮末以右丞相元基為侍中，相國，都督中外諸軍，錄尚書事；以鎮軍大將軍河州⑰牧謙屯為驃騎大將軍；徵安北將軍涼州刺史段暉為輔國大將軍，御史大夫；叔父右禁將軍千年為鎮北將軍，涼州牧，鎮湟河；以征北將軍木弈干為尚書令，車騎大將軍；以征南將軍吉毗為尚書僕射，衞大將軍。

河西王蒙遜因秦喪，伐秦西平，西平太守麴承謂之曰：「殿下若先取樂都，則西平必為殿下之有，苟望風請服，亦明主之所疾也。」蒙遜乃釋西平，攻樂都。相國元基帥騎三千救樂都〔八〕，甫入城而河西兵至，攻其外城，克之，絕其水道，城中飢渴，死者大半。東羌乞提從元基救樂都，陰與河西通謀，下繩引內其兵，登城者百餘人，鼓譟燒門，元基帥左右奮擊，河西兵乃退。

初，文昭王疾病，謂暮末曰：「吾死之後，汝能保境則善矣！沮渠成都為蒙遜所親重，汝宜歸之〔九〕。」至是暮末遣使詣蒙遜，許歸成都以求和。蒙遜引兵還，遣使入秦弔祭，暮末厚資送成都，遣將軍王伐送之。蒙遜猶疑之，使恢武將軍沮渠奇珍伏兵於捫天嶺〔二〇〕，執伐幷其騎士三百人以歸，既而遣尚書郎王杼送伐還秦，並遺暮末馬千匹及錦罽〔二一〕銀繒。秋，七月，暮末遣記室郎中馬艾如河西報聘。

(十二)魏主還宮。

(十三)八月，復如廣寧觀溫泉㉒。柔然紇升蓋可汗遣其子將萬餘騎寇魏邊，魏主自廣寧還，追之不及。九月，還宮。

(十四)冬，十月，甲辰（初十日），魏主北巡。壬子（十八日），畋于牛川。

(十五)秦涼州牧乞伏千年嗜酒殘虐，不恤政事，秦王暮末遣使讓之，千年懼，犇河西㉓。暮末以叔父光祿大夫沃陵為涼州牧，鎮湟河。

(十六)徐州刺史王仲德遣步騎二千伐魏濟陽、陳留㉔。【考異】後魏紀云：「淮北鎮將。」按南史，仲德時為安北將軍，徐州刺史，宋書仲德傳闕。又宋書、南史本紀、北史本紀及宋魏諸臣列傳。魏劉裕傳、宋索虜傳皆無是年王仲德等伐魏事，唯後魏本紀有之，今從之。

(十七)魏主還宮。

(十八)魏定州丁零鮮于臺陽等二千餘家叛入西山㉕，州郡不能討。閏月，魏主遣鎮南將軍叔孫建討之。

(十九)十一月乙未朔，日有食之。

(二十)魏主如西河㉖校獵，十二月，甲申（二十一日），還宮。

(二十一)河西王蒙遜伐秦至磐夷，秦相國元基等將騎萬五千拒之。蒙遜還攻西平，征虜將軍出連輔政等將騎二千救之。

(廿二)祕書監謝靈運自以名輩才能應參時政，上唯接以文義，每侍宴談賞而已。王曇首、王華、殷景仁名位素出靈運下，並見任遇，靈運意甚不平，多稱疾不朝直㉗，或出郭遊行且二百里，經旬不歸。既無表聞，又不請急。上不欲傷大臣意，諷令自解，靈運乃上表陳疾。上賜假，令還會稽，而靈運遊飲自若，為灋司所糾㉘，坐免官。

(廿三)是歲，師子王殺利摩訶及天竺迦毗黎王月愛皆遣使奉表入貢㉙，表辭皆如浮屠之言。

(廿四)魏鎮遠將軍平舒侯燕鳳卒㉚。

【今註】㈠元嘉五年：是年二月，魏太武帝改元神䴥。㈡卿兄弟盛滿，當深存降挹：謂弘及弟曇首皆居權要，滿極招損，當深存降挹之念，挹與抑通。㈢秦商州刺史領澆河太守姚濬：《晉書・地理志》，東晉時張祚以敦煌郡為商州。胡三省曰：「時敦煌屬河西，熾磐蓋以濬遙領商州而守澆河也。」㈣魏改元神䴥：《魏書・靈徵志》時定州獲白䴥，又見于樂陵，故改元神䴥。䴥，麚或字，牡鹿也。㈤諸王公：謂奚斤、丘堆、娥青等。斤封宜城王，堆封臨淮公，清封東平公。㈥狷：性偏急也。

㈦頡，同之子也：安同，泰常時佐太子燾為左輔。㈧夏大將軍領司徒平原王定收其餘眾數萬犇還平涼，即皇帝位：定，小字直獖，勃勃之第五子。見《魏書・劉虎傳》。㈨娥清欲循水而往：胡三省曰：「清蓋欲循涇水而進。」⑩馬髦嶺：胡三省曰：「馬髦山之嶺也。」在今甘肅省固原縣西南。⑪斤及娥清、劉拔皆為夏所擒：去歲魏主遣劉拔送馬三千匹赴斤使共擊夏。⑫畋於河西：胡三省曰：「此君子津之西也。」⑬秦文昭王熾磐卒：《十六國春秋・西秦錄》曰：「建宏九年，盤寢疾，顧命太子慕末，乃薨于外寢。六月，葬武平陵，謚文昭王，廟號太祖。」⑭太子暮末即位，大赦，改元水弘：《十六國春秋・西秦錄》曰：「慕末字安石，僭即秦王位，改年為承宏。」《魏書・乞伏國仁傳》作改年永洪。宏、洪、弘同，永，承形似易譌，未知孰誤。⑮平陸：平陸縣，自漢以來屬東平郡，漢曰東平陸，宋去東字曰平陸，故城在今山東省汶上縣北。⑯魏主如長川：胡三省曰：「魏書帝紀，泰常八年，築長城於長川之南。」按《魏書・帝紀》，始祖力微率所部北居長川，則必有故宮在焉！故城在今察哈爾省興和縣地。⑰河州：河州前涼張駿所置，治枹罕，乞伏氏所都。⑱相國元基帥騎三千救樂都：秦都枹罕，元基蓋自枹罕救樂都。樂都郡，後涼置，其後魏置鄯州於此，即今甘肅省樂都縣。⑲沮渠成都為蒙遜所親重，汝宜歸之：秦擒沮渠成都事見卷一百十九武帝永初三年。⑳捫天嶺：胡三省曰：「捫天嶺在允吾東南。」《水經注》，允吾在大河之北，湟水之南，今甘肅省皋蘭縣西北。㉑罽：音計。顏師古曰：「罽，織毛，若今氀及氍毹之類也。」㉒如康寧觀溫泉：廣寧郡，東晉置，後魏因之，故治在今察哈爾省涿鹿縣西。《水經注》曰：「下洛縣故城，魏燕州廣寧縣，廣寧郡治。」又引《魏土地記》曰：「下洛縣東南四十里有橋山，山下有溫泉，泉上有祭堂，彫簷華宇，被於浦上，石池吐泉，陽陽其下。炎涼代序，是水灼焉無改，能治百疾，赴者若流。」㉓犇河西：犇依河西王蒙遜。㉔徐州刺史王仲德遣步騎二千伐魏濟陽、陳留：濟陽縣，漢以來屬陳留郡，故城在今河南省蘭封縣東北。陳留郡，漢治陳留，今河南省陳留縣，晉為國，治小黃，在今陳留縣東北，宋徙治倉垣城，在今河南開封縣西北。魏亦置陳留郡，治浚儀，此陳留，魏之陳留也。浚儀故城在今開封縣西北。㉕魏定州丁零鮮于臺陽等二千餘家叛入西山：《魏書・地形志》魏道武帝皇始二年置安州於中山，天興三年，改曰定州。州治盧叔縣，本中山郡治，今河北省定縣。鮮于複姓，臺陽名。胡三省曰：「西山，即曲陽之西山也。」曲陽，漢、晉屬趙國，曰下曲陽，魏屬定州鉅鹿郡。㉖西河：胡三省曰：「河水逕漢雲中楨陵縣西南，平城在其東北，故謂之西河。」漢楨陵縣，今綏遠省托克托縣地，平城適在其東。按黃河自托克托折而南流，至永濟縣南復折而東流，為晉、陝二省之界，此即禹貢所謂雍州之西河。㉗不朝直：謂不入朝，亦不入直侍宴。㉘為瀘司所糾：《宋書・謝靈運傳》云：「為御史中丞傅隆所奏，坐以免官。」瀘司謂御史丞也。《宋書・百官志》，御史大夫有二丞，其一曰御史丞，其二曰御史中丞，掌奏劾不法。御史中丞外督部刺史，內領侍御史，受公卿奏事，舉劾按章。㉙是歲，師子王剎利摩訶及天竺迦毗黎王月愛皆遣使奉表入貢：《南史・夷蠻傳》，師子國，天竺旁國也，其地和適，無冬夏之異，五穀隨人種，不須時節。天竺有迦毗黎、蘇摩黎、斤陀利、婆黎等國，皆事佛道。㉚魏鎮遠將軍平舒侯燕鳳卒：燕鳳字子章，代人也。歷事昭成、道武、明元、太武凡四世。

六年（西元四二九年）

㈠春，正月，王弘上表乞解州錄㈠以授彭城王義康，帝優詔不許。癸丑（二十日），以義康為侍中，都督揚、南徐、兗三州諸軍事，司徒，錄尚書事，領南徐州刺史㈡。弘與義康二府並置佐領兵，共輔朝政。弘既多疾，且欲委遠大權，每事推讓義康，由是義康專總內外之務。又以撫軍將軍江夏王義恭為都督荊、湘等八州諸軍事㈣，荊州刺史，以侍中劉湛為南蠻校尉，行府、州事㈤。帝與義恭書，誡之曰：「天下艱難，國家事重，雖曰守成，實亦未易，隆替安危，在吾曹耳㈥。豈可不感尋王業，大懼負荷㈦？汝性褊急，志之所滯㈧，其欲必行，意所不存，從物回改，此最弊事，宜念裁抑㈨。衞青遇士大夫以禮，與小人有恩；西門安于，矯性齊美㈩，關羽、張飛，任偏同弊⑪，行已舉事，深宜鑒此。若事異今日，嗣子幼蒙⑫，司徒當周公之事，汝不可不盡祗順之理，爾時天下安危，決汝二人耳(一三)！汝一月自用，錢不可過三十萬，若能省此，益美。西楚府舍，略所諳究(一四)，計當不須改作，日求新異。凡訊獄，多決當時，難可逆慮，此實為難，至訊日，虛懷博盡(一五)，慎無以喜怒加人，能擇善者而從之，美自歸已，不可專意自決，以矜獨斷之明也。名器深宜慎惜，不可妄以假人，昵近爵賜，尤應裁量。吾於左右，雖為少恩，如聞外論，不以為非也。以貴凌物，物不服；以威加人，人不厭，此易達事耳！聲樂嬉遊，不宜令過，蒱酒漁獵，一切勿為(一六)，供用奉身，皆有節度，奇服異器，不宜興長。又宜數引見佐史(一七)，相見不數，則彼我不親，不親，無因得盡人情，人情不盡，復何由知眾事也。」

㈡夏酒泉公雋自平涼犇魏。

㈢丁零鮮于臺陽等請降於魏，魏主赦之(一八)。

㈣秦出連輔政等未至西平，河西王蒙遜拔西平，執太守麴承(一九)。

㈤二月，秦王暮末立妃梁氏為皇后，子萬載為太子。

㈥三月，丁巳（二十五日），立皇子劭為太子。戊午（二十六日），大赦。

㈦辛酉（二十九日），以左衛將軍殷景仁為中領軍。

帝以章太后早亡⑳，奉太后所生蘇氏㉑甚謹，蘇氏卒，帝往臨哭，欲追加封爵，使羣臣議之，景仁以為古典無之，乃止。

㈧初，秦尚書隴西辛進從文昭王遊陵霄觀，彈飛鳥，誤中秦王暮末之母，傷其面，及暮末即位，問母面傷之由，母以狀告，暮末怒，殺進幷其五族二十七人。

㈨夏，四月，癸亥（初二日），以尚書左僕射王敬弘為尚書令，臨川王義慶為左僕射，吏部尚書濟陽江夷為右僕射。

㈩初，魏太祖命尚書鄧淵撰國記十餘卷，未成而止，世祖更命崔浩與中書侍郎鄧穎等續成之，為國書三十卷。穎，淵之子也。

(十一)魏主將擊柔然，治兵於南郊，先祭天，然後部勒行陳，內外羣臣皆不欲行，保太后固止之，獨崔浩勸之。尚書令劉絜等共推太史令張淵、徐辯使言於魏主曰：「今茲己巳，三陰之歲㉒，歲星襲月，太白在西方，不可舉兵，北伐必敗，雖克，不利於上。」

羣臣因共贊之，曰：「淵等少時嘗諫苻堅南伐，堅不從而敗，所言無不中，不可違也。」魏主意不快，詔浩與淵等論難於前。浩詰淵、辯曰：「陽為德，陰為刑，故日食脩德，月食脩刑。夫王者用刑，小則肆諸市朝，大則陳諸原野㉓。今出兵以討有罪，乃所以脩刑也。臣竊觀天文，比年以來，月行掩昴，至今猶然。其占三年天子大破旄頭之國㉔。蠕蠕、高車，旄頭之眾也。願陛下勿疑。」淵、辯復曰：「蠕蠕，荒外無用之物，得其地不可耕而食，得其民不可臣而使，輕疾無常，難得而制，有何汲汲而勞士馬以伐之？」浩曰：「淵、辯言天道，猶是其職，至於人事形勢，尤非其所知。此乃漢世常談㉕，施之於今，殊不合事宜。何則？蠕蠕本國家北邊之臣，中間叛去㉖，今誅其元惡，收其良民，令復舊役，非無用也。世人皆謂淵、辯通解數術，明決成敗，臣請試問之。屬者統萬未亡之前，有無敗徵？若其不知，是無術也；知而不言，是不忠也。」時赫連昌在坐，淵等自以未嘗有言，慙不能對。魏主大悅。既罷，公卿或尤浩曰：「今南寇方伺國隙，而捨之北伐，若蠕蠕遠遁，前無所獲，後有彊寇，將何以待之？」浩曰：「不然，今不先破蠕蠕，則無以待南寇。南人聞國家克統萬以來，內懷恐懼，故揚聲動眾以衞淮北㉗，比吾破蠕蠕，往還之間，南寇必不動也。且彼步我騎，彼能北來，我亦南往，在彼甚困，於我未勞，況南北殊俗，水陸異宜，設使國家與之河南，彼亦不能守也㉘。何以言之？以劉裕之雄傑，吞併關中，留其愛子，輔以良將，精兵數萬，猶不能守，全軍覆沒㉙，號哭之聲，至今未已，況義隆今日君臣，非裕時之比，主上英武，士馬精彊，彼若果來，譬如以駒犢㉚鬭虎狼也，何懼之有？蠕蠕恃其絕遠，謂國家力不能制，自寬日久，故夏則散眾放畜，秋肥乃聚，背寒向溫，南來寇鈔。今掩其不備，必望塵駭散，牡馬護牝，牝馬戀駒，驅馳難制，不得水草，不過數日，必聚而困弊，可一舉而滅也。暫㉛勞永逸，時不可失，患在上無此意，今上意已決，奈何止之？」寇謙之謂浩曰：「蠕蠕果可克乎？」浩曰：「必克，但恐諸將瑣瑣，前後顧慮，不能乘勝深入，使不全舉耳㉜！」

先是帝因魏使者還，告魏主曰：「汝趣歸我河南地，不然，將盡我將士之力。」魏主方議伐柔然，聞之，大笑謂公卿曰：「龜鼈小豎㉓，自救不暇，夫何能為？就使能來，若不先滅蠕蠕，乃是坐待寇至，腹背受敵，非良策也，吾行決矣！」庚寅（二十九日），魏主發平城，使北平王長孫嵩，廣陵公樓伏連㉔居守。魏主自東道向黑山㉕，使平陽王長孫翰自西道向大娥山，同會柔然之庭。

⑪五月壬辰朔，日有食之。

⑫王敬弘固讓尚書令，表求還東。癸巳（初二日），更以敬弘為侍中，特進，左光祿大夫，聽其東歸㉖。

⑬丁未（十六日），魏主至漠南，捨輜重，帥輕騎，兼馬㉗襲擊柔然，至栗水㉘，柔然紇升蓋可汗先不設備，民畜滿野，驚怖散去，莫相收攝。紇升蓋燒廬舍，絕迹西走，莫知所之。其弟匹黎先主東部，聞有魏寇，帥眾欲就其兄，遇長孫翰，翰邀擊，大破之，殺其大人數百。

(三五)夏主欲復取統萬，引兵東至侯尼城㊴，不敢進而還。

(三六)河西王蒙遜伐秦，秦王暮末留相國元基守枹罕，遷保定連。南安太守翟承伯等據罕幵谷㊵以應河西，暮末擊破之，進至治城㊶，西安太守莫者幼眷據汧川以㊷叛，暮末討之，為幼眷所敗，還于定連。

蒙遜至枹罕，遣世子興國進攻定連。六月，暮末逆擊興國於治城，擒之，追擊蒙遜至譚郊。吐谷渾王慕璝遣其弟沒利延㊸將騎五千會蒙遜伐秦，暮末遣輔國大將軍段暉等邀擊，大破之。

(三七)柔然紇升蓋可汗既走，部落四散，竄伏山谷，雜畜布野，無人收視。魏主循栗水西行至菟園水㊹，分軍搜討，東西五千里，南北三千里，俘斬甚眾。高車諸部乘魏兵勢，鈔涼柔然，柔然種類前後降魏者三十餘萬落，獲戎馬百餘萬匹，畜產車廬，彌漫山澤，亡慮數百萬。魏主循弱水西行至涿邪山，諸將慮深入有伏兵，勸魏主留止。寇謙之以崔浩之言告魏主㊺，魏主不從。秋，七月，引兵東還至黑山，以所獲班賜將士有差，既而得降人言可汗先被病，聞魏兵至，不知所為，乃焚穹廬，以車自載，將數百人入南山㊻，民畜窘聚，無人統領，相去百八十里，追兵不至，乃徐西遁，唯此得免；後聞涼州賈胡言，若復前行二日，則盡滅之矣。魏主深悔之。

紇升蓋可汗憤悒而卒，子吳提立，號敕連可汗㊼。

㈥武都孝昭王楊玄疾病，欲以國授其弟難當，難當固辭，請立玄子保宗而輔之，玄許之。玄卒，保宗立，難當妻姚氏勸難當自立，難當乃廢保宗，自稱都督雍、涼、秦三州諸軍事，征西大將軍，開府儀同三司，秦州刺史，武都王。

㈦河西王蒙遜遣使送穀三十萬斛以贖世子興國于秦，秦王暮末不許，蒙遜乃立興國母弟菩提為世子㊽。暮末以興國為散騎常侍，以其妹平昌公主妻之。

㈧八月，魏主至漠南，聞高車東部屯巳尼陂㊾，人畜甚眾，去魏軍千餘里，遣左僕射安原等將萬騎擊之，高車諸部迎降者數十萬落，獲馬牛羊百餘萬。

冬，十月，魏主還平城。徙柔然、高車降附之民於漠南，東至濡源，西暨五原，陰山三千里中，使之耕牧，而收其貢賦，命長孫翰、劉絜、安原及侍中代人古弼同鎮撫之。自是魏之民間，馬、牛、羊及氈皮為之價賤。

魏主加崔浩侍中，特進，撫軍大將軍，以賞其謀畫之功。浩善占天文，常置銅鋌於酢㊿器中，夜有所見，即以鋌畫紙作字以記其異。魏主每如浩家，問以災異，或倉猝不及束帶，奉進疏食㊷，不暇精美，魏主必為之舉筯，或立嘗而還。魏主嘗引浩出入臥內，從容謂浩曰：「卿才智淵博，事朕祖、考，著忠三世㊸，故朕引卿以自近，卿宜盡忠規諫，勿有所隱。朕雖或時忿恚，不從卿言，然終久深思卿言也！」嘗指浩以示新降高車渠帥曰：「汝曹視此人，尫纖㊹懦弱，不能彎弓持矛，然其胸中所懷，乃過於兵甲。朕雖有征伐之志，而不能自決，前後有功，皆此人所教也！」又敕尚書曰：「凡軍國大計，汝曹所不能決者，皆當咨浩，然後施行。」

(廿一)秦王暮末之弟軻殊羅，烝[五四]於文昭王左夫人禿髮氏，暮末知而禁之。軻殊羅懼，與叔父什寅謀殺暮末，奉沮渠興國以犇河西，使禿髮氏盜門鑰，鑰誤，門者以告暮末，暮末悉收其黨殺之而赦軻殊羅，執什寅鞭之，什寅曰：「我負汝死，不負汝鞭[五五]。」暮末怒，刳其腹，投尸于河。

(廿二)夏主少兇暴無賴，不為世祖所知。是月，畋于陰槃，登苛藍山[五六]，望統萬城，泣曰：「先帝若以朕承大業者，豈有今日之事乎[五七]？」

(廿三)十一月己丑朔，日有食之，不盡如鉤。星晝見，至晡方沒，河北地闇。

(廿四)魏主西巡至柞山。

(廿五)十二月，河西王蒙遜、吐谷渾王慕璝皆遣使入貢。

(廿六)是歲，魏內都大官中山文懿公李先[五八]、青、冀二州刺史安同皆卒。先年九十五。

(廿七)秦地震，野草皆自反。

【今註】㊀州錄：揚州刺史及錄尚書事。㊁以義康為侍中，都督揚、南徐、兗三州諸軍事，司徒，錄尚書事，領南徐州刺史：蓋以義康代王弘為司徒，與弘分錄尚書事也，弘則解司徒，揚州刺史、錄尚書如故。南徐州者，晉成帝以中原淪沒，淮北流民過淮者眾，乃僑立徐州，安帝義熙七年，始分淮北為北徐，而淮南仍曰徐州。宋武帝永初二年，加徐州曰南徐，而更北徐曰徐州。文帝元嘉八年，更以江北為南兗州，江南為南徐州，治京口，割揚州之晉陵、兗州之九郡僑在江南者為南徐屬焉！故南徐州備有徐、兗、幽、冀、青、幷、揚諸州郡邑，蓋晉義熙之世，嘗以幽、冀二州僑郡合徐州，而以青、幷二州僑郡合兗州也。《宋書．州郡志》：南徐州領南東海、南瑯琊、晉陵、義興、南蘭陵、南東莞、臨淮、淮陵、南彭城、南清河、南高平、南平昌、南濟陰、南濮陽、南太山、濟陽、南魯郡等郡。㊂佐：胡三省曰：「佐，參佐也，所謂佐吏。」㊃都督荊、湘八州軍事：《宋書．江夏文獻王義恭傳》，都督荊、湘、雍、益、梁、寧、南、北秦八州諸軍事。㊄以侍中劉湛為南蠻校尉，行府州事：按《宋書．劉湛傳》，湛蓋以撫軍長史攝行府州事，此略撫軍長史。府謂都督府，州謂荊州。㊅隆替安危，在吾曹耳：謂國家之興隆衰替，或安或危，恒視吾曹之努力與否而定耳！㊆豈可不感尋王業，大懼負荷：胡三省曰：「言豈可不感念致王業之艱難而尋繹為治之理也。」《左傳》子產之言曰：「其父析薪，其子弗克負荷。」喻先業之不易繼承也。大懼負荷，謂深恐弗克繼承先業而時存儆懼之心。㊇志之所滯：滯，淤也，積也，蓄也。猶曰志之所在。㊈宜念裁抑：宜以裁抑意志為念。㊉西門、安于，矯性齊美：《韓非子》曰：「西門豹性急，常佩韋以自緩，董安于性緩，常佩弦以自急。」謂此二子，皆能善自矯抑，齊為世所稱美。⑪關羽、張飛，任偏同弊：羽善待卒伍而驕於士大夫，飛敬愛君子而不恤小人，是任偏也，卒同罹禍。事見卷六十九魏文帝黃初二年。⑫若事異今日，嗣子幼蒙：帝自謂若己不幸早卒，幼子在位時也，主少國疑，與今之安隆事勢不同，故曰事異今日。陸德明曰：「蒙，稚也。」⑬爾時天下安危，決汝二人耳：二人謂義恭及義康，若二人同心共濟，盡瘁國事則天下安，否則天下危。⑭西楚府舍，略所諳究：胡三省曰：「江左謂荊州為西楚。」帝嘗出鎮荊州，故諳究其府舍制作。⑮博盡：博採人言，盡納其善宜者而從之。⑯聲樂嬉遊，不宜令過，蒲酒漁獵，一切勿為：無令玩物喪志也。蒲，樗蒲，博戲之具。⑰佐史：當作佐吏，晉宋之間，率謂參佐為佐吏。⑱丁零鮮于臺陽等請降於魏，魏主赦之：赦其去年叛魏之罪。⑲河西王蒙遜拔西平，執太守麴承：蒙遜攻西平見上年。⑳帝以章太后早亡：后胡氏，武帝婕妤，諱道女，文帝之母也，晉義熙五年，被譴賜死，帝即位，謚曰章。㉑太后所生蘇氏：蘇氏，太后母，太后所自出。㉒今茲己巳，三陰之歲：胡三省曰：「干以甲、丙、戊、庚、壬為陽，乙、丁、巳、辛、癸為陰，支以子、寅、辰、午、申、戌為陽，丑、卯、巳、未、酉、亥為陰，己巳皆陰，而干支合於己巳，是為三陰之歲。」㉓夫王者用刑，小則肆諸市朝，大則陳諸原野：此《漢書・刑法志》之言。陳諸原野，謂用甲兵也。㉔比年以來，月行掩昴，至今猶然，其占三年天子大破旄頭之國：《史記・天官書》云：「昴為旄頭，胡星也。」月行掩昴，用兵胡虜討罪修刑之象。㉕此乃漢世常談：張淵等謂蠕蠕荒外之國，得其地不可耕而食，得其民不可臣而使，輕疾無常，難得而制，漢時諸儒如韓安國、主父偃至於嚴尤之論匈奴皆如此，故浩謂為漢世常談。㉖蠕蠕本國家北邊之臣，中間叛去：事見卷一百八晉孝武帝太元十九年。㉗故揚聲動眾以衞淮北：謂宋懼魏南侵，故揚言北伐，其實但欲集軍以衞淮北耳。㉘彼步我騎，彼能北來，我亦南往，在彼甚困，於我未勞，況南北殊俗，水陸異宜，設使國家與之河南，彼亦不能守也：南方多水而利舟楫，北方多陸而便騎乘，是殊俗而異宜也。胡三省曰：「崔浩之料宋人審矣，帝後屢出兵爭河南，卒以自弊。吳呂蒙不肯取魏徐州，正慮此耳！」㉙以劉裕之雄傑，吞併關中，留其愛子，輔以夏將，精兵數萬，猶不能守，全軍覆沒：裕既滅後秦，留其子義真守關中，以沈田子、王鎮惡諸將輔之，卒為赫連勃勃所乘，得而復失。事見卷一百十八晉安帝義熙十四年。㉚駒犢：馬子曰駒，牛子曰犢。㉛蹔：同暫。㉜但恐諸將瑣瑣，前後顧慮，不能乘勝深入，使不全舉耳：胡三省曰：「瑣瑣，細小也，言志趣細小，不能一舉而全取之也。」㉝龜鼈小豎：東南多沼澤河川，故詆之為龜鼈小豎。㉞樓伏連：《魏書·官氏志》內入諸姓有賀樓氏，後改為樓氏。㉟黑山：胡三省曰：「黑山，在振武北塞外，即殺虎山。」唐置振武軍，治今綏遠省和林格爾縣，山蓋在綏遠境。㊱聽其東歸：胡三省曰：「自建康歸會稽為東歸。」㊲兼馬：一騎兼備兩馬，蓋臨陣始乘新羈馬，令蹄有餘力也。㊳栗水：胡三省曰：「栗水在漠北，近稽落山，有漢將軍竇憲故壘在焉！」王幼學曰：「稽落山在燕然山南。」按古栗水、稽落山皆在今綏遠省境內。㊴侯尼城：胡三省曰：「侯尼城在平涼東。」㊵罕幵谷：《水經注》曰：「漓水又東北，左合白石川之枝津，水上承白石川，東逕白石城北，又東，絕罕幵溪，又東逕枹罕城南，又東入漓水。」罕幵溪在白石之東，枹罕之西，罕幵谷，罕幵溪之谷也，當在其處。㊶治城：魏收〈地形志〉涼州建昌郡有治城縣，其地今闕，當在舊涼州府境。㊷汧川：胡三省曰：「此汧川非扶風之汧，當亦在枹罕左右。」㊸吐谷渾王慕璝遣其弟沒利延：沒利延即慕利延，沒、慕音相近，慕璝之母弟也。㊹菟園水：《魏書・蠕蠕傳》云：兔園水南去平城三千七百里，燕然山在其北。則菟園水蓋在栗水之西，燕然山之南。㊺寇謙之以崔浩之言告魏主：浩謂謙之曰：「但恐諳將瑣瑣，前後顧慮，不能乘勝深入，使不全舉耳！」謙之以此語告魏主，欲勸其窮追也。㊻將數百人入南山：此語當從《魏書・崔浩傳》作將數百人入山南走。㊼子吳提立，號敕連可汗：魂收曰：「敕連，魏言神聖也。」㊽蒙遜乃立興國母弟菩提為世子：胡三省曰：「蒙遜取佛書以名其子，梵言菩提，華言王道也。」㊾巳尼陂：《魏書・烏洛侯傳》云：「其國西北有完水，又西北二十日行，有于巳尼大水，所謂北海也。」烏洛侯即唐時之烏羅渾，其地當在今遼寧省境內洮兒河南岸地，巳尼陂則在其西北。㊿酢：醋本字。《說文》曰：「酢，醶也。」段玉裁曰：「酢本截漿之名，今俗皆用醋，以此為酬酢字。」又：「諸經多以酢為醋，惟禮經尚仍其舊，後人醋、酢互易。」蓋酢、醋二字，其義互易，相沿已久，不可復正矣！(51)疏食：食之不精美者。(52)事朕祖、考，著忠三世：浩事道武、明元及帝，凡歷三世。(53)尪纖：羸弱曰尪，細小曰纖，尪音汪。(54)烝：下淫上曰烝，上淫下曰報。烝報之俗，胡人多有之。(55)我負汝死，不負汝鞭：什寅自叛國之罪，有死而已，故不受鞭撻。(56)畋於陰槃，登苛藍山：魏書劉虎傳，昌稱尊號於平涼，登陰槃山望其本國而泣，《元和郡縣志》引《十六國春秋》曰：「赫連定據平涼，登苛藍山，望統萬城。」則可藍山蓋即陰槃山也。陰槃縣，漢屬安定郡，後漢曰陰盤，故城在今陝西省長武縣西北，靈帝末，寄治新豐，此城遂廢。《晉志》作陰般，徙治今陝西省臨潼縣東，後魏省，另置陰槃縣，屬涇州平原郡，故治在今甘肅省平涼縣東，非漢、晉之陰槃故城也。苛藍山在今甘肅省平涼縣西南，蓋北魏陰槃縣地界也，故《魏書》亦稱陰槃山。《御覽》引《涼州記》曰：「可藍山一名都盧山，皆涇水源，與笄頭山連亙。赫連定勝光二年，畋於涼州，登可藍山望統萬城而泣，在平涼縣，接百泉界。」(五七)豈有今日之事乎：言不至有亡國之事。(五八)魏內都大官中山文懿公李先：李先自燕降魏見卷一百八晉孝武帝太元二十一年。

七年（西元四三〇年）

㈠春，正月，癸巳（初六日），以吐谷渾王慕璝為征西將軍，沙州刺史，隴西公。

㈡庚子（十三日），魏主還宮。壬寅（十五日），大赦。癸卯（十六日），復如廣寧，臨溫泉。

㈢二月，丁卯（初十日），魏陽平威王長孫翰卒。

㈣戊辰（十一日），魏主還宮。

(五)帝自踐位以來，有恢復河南之志，三月，戊子（初二日），詔簡甲卒五萬，給右將軍到彥之，統安北將軍王仲德、兗州刺史竺靈秀舟師入河，又使驍騎將軍段宏將精騎八千，直指虎牢，豫州刺史劉德武將兵一萬繼進，後將軍長沙王義欣將兵三萬，監征討諸軍事。義欣，道憐之子也㊀。先遣殿中將軍田奇使於魏，告魏主曰：「河南舊是宋土，中為彼所侵㊁，今當脩復舊境，不關河北。」魏主大怒曰：「我生髮未燥，已聞河南是我地，此豈可得？必若進軍，今當權斂戍相避，須冬寒地淨，河冰堅合，自更取之。」甲午（初八日），以前南廣平㊂太守尹冲為司州刺史。長沙王義欣，出鎮彭城，為眾軍聲援，以游擊將軍胡藩戍廣陵，行府州事。

(六)壬寅（十六日），魏封赫連昌為秦王。

(七)魏有新徙敕勒千餘家，苦於將吏侵漁，出怨言，期以草生馬肥亡歸漠北。尚書令劉絜、左僕射安原奏請及河冰未解，徙之河西，向春冰解，使不得北遁。魏主曰：「此曹習俗放散日久，譬如囿中之鹿，急則犇突，緩之自定。吾區處自有道，不煩徙也。」絜等固請不已，乃聽分徙三萬餘落于河西，西至白鹽池㈣，敕勒皆驚駭，曰：「圈我於河西，欲殺我也。」謀西犇涼州。劉絜屯五原河北㈤，安原屯悅拔城㈥以備之。

癸卯（十七日），敕勒數千騎叛，北走，絜追討之，走者無食，相枕而死。

㈧魏南邊諸將表稱宋人大嚴，將入寇，請兵三萬，先其未發逆擊之，足以挫其銳氣，使不敢深入。因請悉誅河北流民在境上者，以絕其鄉導。魏主使公卿議之，皆以為當然。崔浩曰：「不可，南方下濕㈦，入夏之後，水潦方降，草木蒙密㈧，地氣鬱蒸㈨，易生疾癘，不可行師。且彼既嚴備，則城守必固。留屯久攻，則糧運不繼，分軍四掠，則眾力單寡，無以應敵；以今擊之，未見其利。彼若果能北來，宜待宜勞倦，秋涼馬肥，因敵取食，徐往擊之，此萬全之計也。朝廷羣臣及西北守將，從陛下征伐，西平赫連⑩，北破蠕蠕㈡，多獲美女、珍寶，牛馬成羣，南邊諸將，聞而慕之，亦欲南鈔以取資財，皆營私計，為國生事，不可從也。」魏主乃止。諸將復表南寇已至，所部兵少，乞簡幽州以南勁兵助己戍守，及就漳水造船，嚴備以拒之㊂，公卿皆以為宜如所請，并署司馬楚之，魯軌、韓延之等為將帥，使招誘南人。浩曰：「非長策也！楚之等皆彼所畏忌，今聞國家悉發幽州以南精兵，大造舟艦，隨以輕騎，謂國家欲存立司馬氏，誅除劉宗，必舉國震駭，懼於滅亡，當悉發精銳，并心竭力，以死爭之，則我南邊諸將，無以禦之。今公卿欲以威力却敵，乃所以速之也。張虛聲而召實害，此之謂矣！故楚之之徒往則彼來，止則彼息，其勢然也。且楚之等皆纖利小才，止能招合輕薄無賴而不能成大功，徒使國家兵連禍結而已。昔魯軌說姚興以取荊州，至則敗散㊂，為蠻人掠賣為奴，終於禍及姚泓，此已然之效也。」魏主未以為然，浩乃復陳天時，以為南方舉兵，必不利，曰：「今茲害氣在揚州，一也；庚午自刑，先發者傷，二也㊃；日食晝晦，宿值斗牛，三也；熒惑伏於翼軫，主亂及喪，四也；太白未出，進兵者敗，五也㊄。夫興國之君，先脩人事，次進地利，後觀天時，故萬舉萬全。今劉義隆新造之國，人事未洽；災變屢見，天時不協；舟行水涸，地利不盡；三者無一可而義隆行之，必敗無疑。」魏主不能違眾言，乃詔冀、定、相三州造船三千艘㈥，簡幽州以南戍兵集河上以備之。

㈨秦乞伏什寅母弟前將軍白養、鎮衞將軍去列以什寅之死，有怨言，秦王暮末皆殺之。

㈩夏，四月，甲子（初八日），魏主如雲中。

㈪敕勒萬餘落復叛走，魏主使尚書封鐵追討，滅之。

㈫六月，己卯（二十四日），以氐王楊難當為冠軍將軍，秦州刺史，武都王。

㈬魏主使平南大將軍丹楊王大毗屯河上，以司馬楚之為安南大將軍，封琅邪王，屯潁川，以備宋。

㈭吐谷渾王慕璝將其眾萬八千襲秦定連，秦輔國大將軍段暉等擊走之。

㈮到彥之自淮入泗，水滲㈦，日行纔十里，自四月至秋七月，始至須昌㈥，乃泝河西上。魏主以河南四鎮兵少，命諸軍悉收眾北渡㈨。戊子（初四日），魏碻磝戍兵棄城去，戊戌（十四日），滑臺戍兵亦去。庚子（十六日），魏主以大鴻臚陽平公杜超為都督冀、定、相三州諸軍事，太宰，進爵陽平王，鎮鄴為諸軍節度。超，密太后之兄也。庚戌（二十六日），魏洛陽、虎牢戍兵皆棄城去。

到彥之留朱脩之守滑臺，尹沖守虎牢，建武將軍杜驥守金墉。驥，預之玄孫也㈩。

諸軍進屯靈昌津，列守南岸，至于潼關。於是司、兗既平，諸軍皆喜，王仲德獨有憂色，曰：「諸賢不諳北土情偽，必墮其計。胡虜雖仁義不足，而凶狡有餘。今斂戍北歸，必幷力完聚㈡，若河水既合，將復南來，豈可不以為憂乎？」

㈥甲寅（三十日），林邑王范陽邁遣使入貢，自陳與交州不睦，乞蒙恕宥㈢。

㈦八月，魏主遣冠軍安頡督護諸軍擊到彥之。丙寅（十二日），彥之遣裨將吳興、姚聳夫渡河攻治阪，與頡戰。聳夫兵敗，死者甚眾。戊寅（二十四日），魏主遣征西大將軍長孫道生會丹楊王大毗屯河上以禦彥之。

㈥燕太祖寢疾，召中書監申秀、侍中陽哲於內殿，屬以後事。九月，病甚，輦而臨軒，命太子翼攝國事，勒兵聽政，以備非常。宋夫人欲立其子受，惡翼聽政，謂翼曰：「上疾將瘳，柰何遽欲代父臨天下乎？」翼性仁弱，遂還東宮，日三往省疾。宋夫人矯詔絕內外，遣閽寺㉓傳問而已，翼及諸子大臣並不得見，唯中給事胡福獨得出入，專掌禁衛。福慮宋夫人遂成其謀，乃言於司徒錄尚書事中山公弘，弘與壯士數十人被甲入禁中，宿衛皆不戰而散。宋夫人命閉東閤，弘家僮庫斗頭勁捷有勇力，踰閤而入，至于皇堂，射殺女御㉔一人，太祖驚懼而殂。弘遂即天王位㉕，遣人巡城，告曰：「天降凶禍，大行崩背，太子不侍疾，羣公不奔喪，疑有逆謀。社稷將危，吾備介弟之親㉖，遂攝大位，以寧國家。百官扣門入者，進陛㉗二等，」太子翼帥東宮兵出戰而敗，兵皆潰去，弘遣使賜翼死。太祖有子百餘人，弘皆殺之。謚太祖曰文成皇帝，葬長谷陵。

㈨己丑（初六日），夏主遣其弟謂以代伐魏鄜城㉘，魏平西將軍始平公隗歸等擊之，殺萬餘人，謂以代遁去。夏主自將數萬人邀擊隗歸於鄜城東，留其弟上谷公社干、廣陽公度洛孤守平涼，遣使來求和，約合兵滅魏，遙分河北，自恒山以東屬宋，以西屬夏。魏主聞之，治兵將伐夏。羣臣咸曰：「劉義隆兵猶在河中㉙，捨之西行，前寇未必可克，而義隆乘虛濟河，則失山東矣㉚。」魏主以問崔浩，對曰：「義隆與赫連定遙相招引，以虛聲唱和，共窺大國。義隆望定進，定待義隆前，皆莫敢先入，譬如連雞，不得俱飛，無能為害也！臣始謂義隆軍來，當屯止河中，兩道北上，東道向冀州，西道衝鄴，如此則陛下當自討之，不得徐行。今則不然，東西列兵徑二千里，一處不過數千，形分勢弱，以此觀之，儜兒㉛情見。此不過欲固河自守，無北度意也。赫連定殘根易摧㉜，擬之必仆。克定之後，東出潼關，席卷而前，則威震南極，江淮以北，無立草矣！聖策獨發，非愚近所及，願陛下勿疑。」

甲辰（二十一日），魏主如統萬，遂襲平涼，以衛兵將軍王斤鎮蒲阪。斤，建之子也[三三]。

（卅）秦自正月不雨，於于九月，民流叛者甚眾。

（卅一）冬，十月，以竟陵王義宣為南徐州刺史，猶戍石頭[三四]。

（卅二）戊午（初五日），立錢署，鑄四銖錢。

（卅三）到彥之、王仲德沿河置守，還保東平[三五]。乙亥（二十二日），魏安頡自委粟津濟河攻金墉，金墉不治既久，又無糧食，杜驥欲棄城走，恐獲罪。初，高祖滅秦，遷其鍾虡於江南，有大鍾沒於洛水，帝使姚聳夫將千五百人往取之，驥紿之曰：「金墉城已修完，糧食亦足，所乏者人耳。今虜騎南渡，當相與併力禦之，大功既立，牽鍾未晚。」聳夫從之，既至，見城不可守，乃引去，驥遂南遁。丙子（二十三日），安頡拔洛陽，殺將士五千餘人。杜驥歸，言於帝曰：「本欲以死固守，姚聳夫及城遽走，人情沮敗，不可復禁。」上大怒，誅聳夫於壽陽。聳夫勇健，諸偏裨莫及也。

魏河北諸軍會於七女津㊱，到彥之恐其南渡，遣裨將王龍蟠泝流奪其船，杜超等擊斬之。安頡與龍驤將軍陸俟進攻虎牢㊲，辛巳（二十八日），拔之。尹沖及滎陽太守清河崔模降魏。【考異】宋書云：「模抗節不降，投塹死。」按後魏書模仕魏為武城男，宋書誤也。

㈦秦王暮末為河西所逼，遣其臣王愷烏訥闐請迎於魏，魏人許以平涼、安定封之，暮末乃焚城邑，毀寶器，帥戶萬五千東如上邽。【考異】後魏乞伏國仁傳云：「為赫連定所逼，遣烏訥等求迎。」宋氏胡傳云：「茂蔓聞赫連定敗，將家戶及興國東征，欲移居上邽。」今從十六國春秋。至高田谷㊳，給事黃門侍郎郭恒謀劫沮渠興國以叛，事覺，暮末殺之。夏主聞暮末將至，發兵拒之，暮末留保南安，其故地皆入於吐谷渾㊴。

十一月，乙酉（初三日），魏主至平涼。夏上谷公社干等嬰城固守，魏主使赫連昌招之，不下，乃使安西將軍古弼等將兵趣安定。夏主自鄜城還安定，將步騎二萬北救平涼，與弼遇。弼偽退以誘之，夏主追之，魏主使高車馳擊之，夏兵大敗，斬首數千級。

夏主還走登鶉觚原㊵，為方陳以自固，魏兵就圍之。

(卌)壬辰（初十日），加征南大將軍檀道濟都督征討諸軍事，帥眾伐魏。

甲午（十二日），魏壽光侯叔孫建、汝陰公長孫道生濟河而南。到彥之聞洛陽、虎牢不守，諸軍相繼奔敗，欲引兵還，殿中將軍垣護之以書諫之，以為宜使竺靈秀助朱脩之守滑臺，自帥大軍進擬河北，且曰：「昔人有連年攻戰，失眾乏糧，猶張膽爭前，莫肯輕退，況今青州豐穰，濟漕流通，士馬飽逸，威力無損。若空棄滑臺，坐喪成業，豈朝廷受任之旨邪？」彥之不從。護之，苗之子也㊶。

彥之欲焚舟步走，王仲德曰：「洛陽既陷，虎牢不守，自然之勢也。今虜去我猶千里，滑臺尚有彊兵，若遽捨舟南走，士卒必散。當引舟入濟，至馬耳谷口㊷，更詳所宜。」彥之先有目疾，至是大動，且將士疾疫，乃引兵自清入濟㊸，南至歷城，焚舟棄甲，步趨彭城。

竺靈秀棄須昌，南奔湖陸，青、兗大擾。長沙王義欣在彭城，將佐恐魏兵大至，勸義欣委鎮還都，義欣不從。

魏兵攻濟南㊹，濟南太守武進㊺蕭承之㊻帥數百人拒之，魏眾大集。承之使偃兵開城門，眾曰：「賊眾我寡，柰何輕敵之甚？」承之曰：「今懸守窮城，事已危急，若復示弱，必為所屠，唯當見彊以待之耳！」魏人疑有伏兵，遂引去。

㊼魏軍圍夏主數日，斷其水草，人馬飢渴。丁酉（十五日），夏主引眾下鶉觚原，魏武衛將軍丘眷擊之，夏眾大潰，死者萬餘人。夏主中重創，單騎走，收其餘眾，驅民五萬西保上邽。魏人獲夏主之弟丹楊公烏視拔，武陵公禿骨及公侯以下百餘人。是日，魏兵乘勝進攻安定，夏東平公乙斗棄城犇長安，驅略數千家，西犇上邽。

㊽戊戌（十六日），魏叔孫建攻竺靈秀於湖陸，靈秀大敗，死者五千餘人，建還屯范城㊾。

㊿己亥（十七日），魏主如安定。庚子（十八日），還臨平涼，

掘塹圍之，安慰初附，赦秦雍之民賜復七年〔四八〕。

夏隴西守將降魏。

(廿八)辛丑（十九日），魏安頡督諸軍攻滑臺。

(廿九)河西王蒙遜遣尚書郎宗舒等入貢于魏，魏主與之宴，執崔浩之手以示舒等，曰：「汝所聞崔公，此則是也，才略之美，於今無比。朕動止咨之，豫陳成敗，若合符契，未嘗失也。」

(卅)魏以叔孫建都督冀、青等四州諸軍事〔四九〕。

(卅一)魏尚書庫結〔五〇〕帥騎五千迎秦王暮末，秦衞將軍吉毗以為不宜內徙，暮末從之。庫結引還南安，諸羌萬餘人叛秦，推安南將軍督八郡諸軍事廣寧太守〔五一〕焦遺為主，遺不從，乃劫遺族子長城護軍〔五二〕亮為主，帥眾攻南安。暮末請救於氐王楊難當，難當遣將軍苻獻帥騎三千救之。暮末與之合擊諸羌，諸羌潰，亮奔還廣寧。暮末進軍攻之，以手令與焦遺使取亮。

十二月，遺斬亮首，出降。暮末進遺號鎮國將軍。秦略陽太守〔五三〕弘農楊顯以郡降夏。

(四二)辛酉（初九日），以長沙王義欣為豫州刺史，鎮壽陽。壽陽土荒民散，城郭頹敗，盜賊公行，義欣隨宜經理，境內安業，道不拾遺，城府完實，遂為盛藩。芍陂久廢，義欣修治隄防，引河水入陂，溉田萬餘頃(五四)無復旱災。

(四三)丁卯（十五日），夏上谷公社干、廣陽公度洛孤出降，魏克平涼。關中侯豆代田得奚斤、娥清等，獻於魏主。魏主以夏主之后賜代田，命斤膝行執酒以奉代田，謂斤曰：「全汝生者，代田也。」賜代田爵井陘侯(五五)，加散騎常侍，右衞將軍，領內都幢將(五六)。夏，長安、臨晉、武功守將皆走，關中悉入於魏。魏主留巴東公延普鎮安定，以鎮西將軍王斤鎮長安。

壬申（二十日），魏主東還，以奚斤為宰士使負酒食以從(五七)。王斤驕矜不瀍，信用左右，調役百姓，民不堪命，南奔漢川者數千家，魏主案治得實，斬斤以徇。

(四四)右將軍到彥之，安此將軍王仲德皆下獄免官，兗州刺史竺靈秀坐棄軍伏誅。上見垣護之書而善之，以為北高平太守(五八)。

彥之之北伐也，甲兵資實甚盛，及敗還，委棄盪盡，府藏武庫，為之空虛。它日，上與羣臣宴，有荒外(五九)降人在坐，上問尚書庫部郎(六〇)顧琛：「庫中仗猶有幾許？」琛詭對有十萬人仗，上既問而悔之，得琛對，甚喜。琛，和之曾孫也(六一)。

(卅五)彭城王義康與王弘並錄尚書，義康意猶怏怏，欲得揚州，形於辭旨，以弘弟曇首居中為上所親委，愈不悅。弘以老病屢乞骸骨，曇首自求吳郡，上皆不許(六二)。義康謂人曰：「王公久病不起，神州詎宜臥治？」曇首勸弘減府中文武之半以授義康，上聽割二千人，義康乃悅。

【今註】㈠義欣，道憐之子也：道憐，武帝之弟，於文帝為叔父。㈡河南舊是宋土，中為彼所侵：言河南之地原為宋有，後為魏所侵奪。魏取河南見卷一百十九營陽王景平元年。㈢南廣平：江左僑立廣平郡於襄陽，故曰南廣平，宋於朝陽縣境立廣平縣屬之以為實土，餘縣皆僑置。㈣白鹽池：《水經注》曰：「河水又東南逕朔方縣故城東北，詩所謂城彼朔方也。漢元朔二年，大將軍衞青取河南地為朔方郡，使校尉蘇建築朔方城，即此城也，其南有青鹽澤。」又引《魏土地記》曰：「朔方縣有大鹽池，其鹽大而青白，名曰青鹽，又名戎鹽。池去平城宮千二百里，在新秦之中。」服虔曰：「新秦，地名，在北方千里。」如淳曰：「長安以北，朔方以南也。」朔方城，在今綏遠南境鄂爾多斯右翼後旗界內，白鹽池在故朔方城之南，今寧夏省鹽池縣之東北，與綏遠接界處。④五原河北：《水經》曰：「河水自朔方屈南過五原縣西。」五原，今綏遠省五原縣，在五加河之南，大河之北。⑥悅拔城：顧祖禹曰：「代來城在今榆林鎮北，亦謂之悅來城。」東晉苻堅以劉衞辰為西單于，督攝河西諸部，屯代來城，即此，故城當在今綏遠省鄂爾多斯左翼界內。⑦南方下濕：南方之地，卑濕而沮洳。⑧蒙密：草木茂盛貌。⑨鬱蒸：鬱，盛也；蒸，熱也。素問曰：「其令鬱蒸。」⑩朝廷羣臣及西北守將，從陛下征伐，西平赫連：事見上卷元嘉四年。⑪北破蠕蠕：事見上年。⑫就漳水造船，嚴備以拒之：請就漳水建造戰艦，分佈河津以備宋。⑬昔魯軌說姚興以取荊州，至則敗散：事見卷一百十七晉安帝義熙十二年。浩引此為言，蓋欲為南侵之戒。⑭今茲害氣在揚州，一也；庚午自刑，先發者傷，二也：胡三省曰：「揚州於辰在丑，而是歲在午，丑為金庫，午為火旺，以火害金，故害氣在揚州；歲在庚午，庚，金也，午，火也，以火剋金，故為自刑。」⑮日食晝晦，宿值斗牛，三也；熒惑伏於翼軫，主亂及喪，四也；太白未出，進兵者敗，五也：胡三省曰：「去年十一月朔，日食於星紀之分，宿值斗牛；熒惑，罰星也，所居之宿，國受殃，為死喪寇亂，翼軫，楚之分野，屬荊州；太白未出，不利進兵，太白，兵象也。」⑯乃詔冀、定、相三州造船三千艘：冀州，後漢治鄗，故城今河北省柏鄉縣北，袁紹為冀州牧，治鄴，今河南省臨漳縣西南，魏、晉治信都，即今河北省冀縣治，晉世邵續治厭次，今山東省陽信縣東，後燕慕容垂復治信都。魏道武帝皇始二年，平信都，仍置冀州。定州，春秋時鮮虞國，戰國時為中山國，漢以後為中山郡，後燕都中山，道武帝滅之，皇始二年，於中山置安州，天興三年，改曰定州，治盧奴，今河北省定縣。相州，春秋時晉東陽之地，戰國時魏之鄴邑，晉時，後趙石虎自襄國徙都於此。魏道武帝滅後燕，於天興四年，立為相州，東魏靜帝天平元年，遷都於此，改曰司州。〔七〕滲：《說文》曰：「水下漉也。」〔八〕須昌：須昌縣，前漢屬東郡，後漢、晉改屬東平郡，蓋春秋時之須句國，故城在今山東省東平縣西北。〔九〕魏主以河南四鎮兵少，命諸軍悉收眾北渡：四鎮謂碻磝、滑臺、洛陽、虎牢，魏於此置戍兵以備宋。〔一〇〕驥，預之玄孫也：杜預為晉初佐命功臣，有平吳之功。〔一一〕完聚：完城郭，聚甲兵。《左傳》曰：「太叔完聚。」〔一二〕林邑王范陽邁遣使入貢，自陳與交州不睦，乞蒙恕宥：林邑自范奴文以來，世與交州交兵，侵擾諸郡。〔一三〕閹寺：鄭康成曰：「閹人，司晨昏以啟閉者，寺之言侍也。」〔一四〕女御：女官名。鄭康成曰：「女御，所謂御妻，御猶進也，侍也。」〔一五〕弘遂即天王位：《十六國春秋・北燕錄》曰：「馮弘字文通，跋之季弟。」〔一六〕吾備介弟之親：胡三省曰：「介，大也。」《十六國春秋・北燕錄》作太弟。〔一七〕進陛：猶曰進階。〔一八〕鄜城：春秋時白翟地，戰國魏之雕陰邑，秦置雕陰縣，屬上郡，魏於此置敷城郡，故治在今陝西省洛川縣，隋改曰鄜城，徙治今陝西省鄜縣。〔一九〕劉義隆兵猶在河中：胡三省曰：「河中，言在河之中流。」〔二〇〕義隆乘虛濟河，則失山東矣：胡三省曰：「此山東，謂太行、恒山以東，即河北之地。」「山東之地，魏所謂東州也。《魏書・崔浩傳》：「義隆乘虛，則失東州矣！」〔二一〕儜兒：儜，困也，弱也。崔浩謂宋軍形分勢弱，故斥文帝為儜兒。〔二二〕赫連定殘根易摧：

定亡國之餘，本根不固，易於摧廢也。㉝斤，建之子也：王建佐魏道武帝取中原。㉞以竟陵王義宣為南徐州刺史，猶戍石頭：義宣於元嘉元年封竟陵王，以右將軍鎮石頭，而南徐州鎮京口，今令帶南徐州刺史而猶戍石頭也。㉟到彥之、王仲德沿河置守，還保東平：東平郡，晉治須昌縣，宋還治無鹽縣。胡三省曰：「東平郡時治須昌。」㊱七女津：胡三省曰：「七女津當在東平西北岸。」㊲安頡與龍驤將軍陸侯進攻虎牢：《魏書・陸俟傳》：「與西平公安頡督諸軍攻虎牢，剋之。」俟、侯形似易譌。《通鑑》胡注曰：「按北史，陸侯當作陸俟。」是胡梅磵所見本已譌俟作侯矣。㊳高田谷：胡三省曰：「高田谷當在南安郡，未及至上邽也。」㊴暮末留保南安，其故地皆入於吐谷渾：胡三省曰：「自苑川至西平、枹罕皆乞伏氏故地，晉孝武帝太元八年，歲在癸未，乞伏國仁據隴西，南安亦其地也。」㊵鶉觚原：漢北地郡有鶉孤縣，後漢改曰鶉觚，改屬安定郡，晉因之，故城在今甘肅省靈臺縣東北，後魏改屬涇州隨平郡，移治今甘肅省靈臺縣。鶉觚原，鶉觚之原也。㊶護之，苗之子也：垣苗初仕慕容超為京兆太守，武帝圍廣固，苗出降。《水經注》曰：「濟水又北逕平陰城西，又東北逕垣苗城西，故洛當城也，伏韜北征記曰：『濟水又與清河合流，至洛當』。者也宋武帝西征長安，令垣苗鎮此，故俗又謂之垣苗城。」㊷當引舟入濟，至馬耳谷口：胡三省曰：「馬耳谷口，即馬耳關。」《水經注》曰：「巨合水南出雞山西北，北合關盧水。水導源馬耳山，北與武原水合，又北逕巨合城東，注巨合水。巨合水又北，聽水注之，亂流又北入於濟。」疑馬耳谷口蓋即馬耳山之谷口也。㊸乃引兵自清入濟：濟水，古四瀆之一，源出河南省濟源縣西王屋山，其故道過黃河而南，東流入山東省境，折而東北，過壽張縣西，清河注之，故其下游亦曰清河。《水經》曰：「濟水東北過壽張縣西界，安民亭南，汶水從東北來注之。」注曰：「濟水又北，汶水注之，戴延之所謂清口也。郭緣生述征記曰：『清河首受洪水，北注濟。』或謂清即濟也，禹貢濟東北會於汶，今枯，渠注鉅澤，鉅澤北則清口，清水與汶會也。京相璠曰：『今濟北東阿東北四十里，有故清亭，即春秋所謂清者也。』是下濟水，通得清水之目焉，亦水色清深，用兼厥稱，是故燕王曰：『吾聞齊有清濟濁河以為固。』即此水也。」㊹魏兵攻濟南：濟南郡，兩漢治東平陵，在今山東省歷城縣東，晉永嘉後，移治歷城，即今山東省歷城縣，宋僑置冀州於此，魏改曰齊州。㊺武進：晉武帝太康二年，分丹徒、曲阿立武進縣，屬毗陵郡，南渡南屬南東海郡，故城在今江蘇省武進縣西北。㊻蕭承之：承之，道成之父。㊼范城：胡三省曰：「即東平郡之范縣也。」杜佑曰：「濮州范縣，晉大夫士會之邑。」士會，即范武子，故城在今山東省范縣東南。㊽賜復七年：除其賦役曰復。㊾魏以叔孫建都督冀、青等四州諸軍事：《魏書・叔孫建傳》，建加征南大將軍，都督冀、青、徐、濟四州諸軍事。胡三省曰：「魏未得青州也，使建督諸軍，經略之耳！」宋青州時治東陽，徐州治彭城，尚為宋有。濟州則魏明元帝泰常八年置，設州治於碻磝城，在今山東省茌平縣西南。《水經注》曰：「河水經碻磝城西，有碻磝津，其城臨水，西南圮於河，後魏更城之，立濟州治於此。」㊿魏尚書庫結：《魏書・官氏志》北方諸姓有庫褥官氏，後改為庫氏。(51)廣寧太守：《魏書・地形志》謂州廣寧郡治彰縣，故城在今甘肅省漳縣西南。彰縣，後漢曰鄣縣，屬隴西郡，晉廢，後魏改曰彰縣，隋曰障縣，唐復曰鄣縣。(五三)長城護軍：《魏書・地形志》有長城郡，屬原州，郡治黃石縣。西魏改黃石曰長城，隋廢郡，改縣曰百泉，故治在今甘肅省平涼縣北。(五四)秦略陽太守：漢置略陽道，屬漢陽郡，後漢改為縣，三國魏置廣魏郡，治略陽縣，晉改曰略陽郡，故治在今甘肅省秦安縣東南，西魏徙治今甘肅省秦安縣東北。(五五)芍陂久廢，義欣修治隄防，引河水入陂，溉田萬餘頃：芍陂在今安徽省壽縣南。《水經注》曰：「芍陂上承澗水，東北流經白芍亭，積而為湖，謂之芍陂，楚相孫叔敖所造。」又《後漢書・王景傳》云：「景遷廬江太守，郡界有楚相孫叔敖所起芍陂稻田，景率吏民修起蕪廢，由是墾闢倍多，境內豐給。」引河水入陂，引肥河之水入芍陂也。(五六)賜代田爵井陘侯：胡三省曰：「曹魏置關中侯，有爵未有邑，猶秦漢之關內侯，爵級在列侯下。拓跋賞豆代田自關中侯進爵井陘侯，則有邑矣，而亦非君有實土也。」(五七)內都幢將：《魏書・官氏志》道武帝登國元年置幢將六人，主三郎衞士直宿禁中者，自侍中已下、中散已上皆統之。《魏書・蠕蠕傳》，柔然軍法，千人為軍，軍有將，百人為幢，幢有帥。內都幢將者，則幢將皆屬之。(五八)以奚斤為宰士，使負酒食以從：胡三省曰：「宰士，掌飲膳，以斤敗軍失身，辱之也。時魏有宰官尚書，宰士蓋其屬也。」(五九)北高平太守：高平郡，漢為山陽郡，晉武帝泰始元年更名高平郡，屬兗州。晉成帝立南兗州，有南高平郡，故以高平故郡曰北高平。晉治昌邑，在今山東省金鄉縣西北，宋移治高平，在今山東鄒縣西南。(六〇)荒外：胡三省曰：「自南北分治，各以其封略之外為荒外。」(六〇)尚書庫部郎：《宋書・百官志》曹魏置尚書二十三部，庫部郎其一也。胡三省曰：「庫部掌戎器、鹵簿、儀仗。」杜佑曰：「晉裴秀以尚書三十六曹統事准列不明，宜使諸郎任職，未及奏而薨。」晉置三十六曹，置郎二十三人更相統攝，故裴秀以為統事准列不明也。《宋書·顧琛傳》，琛為尚書庫部郎，文帝問琛庫中仗猶幾許，又云舊武庫仗祕，不言多少，則庫部郎蓋典武庫戎器也。㈥琛，和之曾孫也：顧和見卷九十晉元帝大興元年。㈦曇首自求吳郡，上皆不許：《宋書·王曇首傳》，曇首固乞吳郡，文帝曰：「豈有欲建大廈而遺其棟梁者哉？賢兄比屢稱疾，固辭州任，將來若相中許者，此處非卿而誰？亦何吳郡之有？」文帝蓋欲以曇首留代王弘之任也。

卷一百二十二 宋紀四

起重光協洽，盡旃蒙大淵獻，凡五年。（辛未至乙亥，西元四三一年至四三五年）

司馬光編集
林瑞翰 註

太祖文皇帝上之下

元嘉八年（西元四三一年）

㈠春，正月，壬午朔，燕大赦，改元大興。

㈡丙申（十五日），檀道濟等自清水救滑臺，魏叔孫建長孫道生拒之。丁酉（十六日），道濟至壽張，遇魏安平公乙旃眷㈠，道濟帥寧朔將軍王仲德、驍騎將軍段宏奮擊，大破之，轉戰至高梁亭，斬魏濟州刺史㈡悉頰庫結。

㈢夏主擊秦將姚獻，敗之，遂遣其叔父北平公韋代帥眾一萬攻南安㈢。城中大飢，人相食。秦侍中征虜將軍出連輔政、侍中右衞將軍乞伏延祚、吏部尚書乞伏跋跋踰城犇夏。秦王暮末窮蹙，輿櫬出降㈣，幷沮渠興國，送於上邽㈤。

秦太子司直焦楷㊅犇廣寧，泣謂其父遺曰：「大人荷國寵靈，居藩鎮重任，今本朝顛覆，豈得不率見眾，唱大義以殄寇讎？」遺曰：「今主上已陷賊庭，吾非愛死而忘義，顧以大兵追之，是趣絕其命也。不如擇王族之賢者，奉以為主而伐之，庶有濟也！」楷乃築壇誓眾，二旬之間，赴者萬餘人。會遺病卒，楷不能獨舉事，亡犇河西。

㊃二月，戊午（初七日），以尚書右僕射江夷為湘州刺史。

㊄檀道濟等進至濟上，二十餘日間，前後與魏三十餘戰，道濟多捷。軍至歷城㊆，叔孫建等縱輕騎邀其前後，焚燒草穀，道濟軍乏食，不能進，由是安頡、司馬楚之等得專力攻滑臺，魏主復使楚兵將軍王慧龍助之。朱脩之堅守數月，糧盡，與士卒熏鼠食之。辛酉（初十日），魏克滑臺，執脩之及東郡太守申謨㊇，虜獲萬餘人。謨，鍾之曾孫也㊈。

㊅癸酉（二十二日），魏主還平城，大饗，告廟，將帥及百官皆受賞，戰士賜復十年㊉。

於是㈡魏南鄙大水，民多餓死。尚書令劉絜言於魏主曰：「自頃邊寇內侵，戎車屢駕，天贊聖明，所在克殄。方難既平㈢，皆蒙優錫，而郡國之民，雖不征討，服勤農桑，以供軍國，實經世之大本，府庫之所資。今自山以東，偏遭水害，應加哀矜，以弘覆育㈢。」魏主從之，復境內一歲租賦。

㈦檀道濟等食盡，自歷城引還，軍士有亡降魏者，具告之，魏人追之，眾恟懼將潰，道濟夜唱籌量沙，以所餘少米覆其上。及旦，魏軍見之，謂道濟資糧有餘，以降者為妄，而斬之。時道濟兵少，魏兵甚盛，騎士四合，道濟命軍士皆被甲，己白服乘輿，引兵徐出，魏人以為有伏兵，不敢逼，稍稍引退，道濟全軍而返。

青州刺史蕭思話，聞道濟南歸，欲委鎮保險㈣，濟南太守蕭承之固諫不從。丁丑（二十六日），思話棄鎮，犇平昌㈤。參軍劉振之戍下邳，聞之，亦委城走，魏軍竟不至，而東陽積聚㈥，已為百姓所焚，思話坐徵繫尚方。

(八)燕王立夫人慕容氏為王后。

(九)庚戌（三月辛巳朔，庚戌三十日），魏安頡等還平城(一七)。

魏主嘉朱脩之守節，妻以宗女。

初，帝之遣到彥之也，戒之曰：「若北國兵動，先其未至，徑前入河；若其不動，留彭城勿進。」及安頡得宋俘，魏主始聞其言，謂公卿曰：「卿輩前謂我用崔浩計為謬，驚怖固諫(一八)，常勝之家，始皆自謂踰人，至於歸終(一九)，乃不能及。」

司馬楚之上疏，以為諸方已平，請大舉伐宋。魏主以兵久勞，不許，徵楚之為散騎常侍，以王慧龍為滎陽太守(二〇)。

慧龍在郡十年，農戰並脩，大著聲績，歸附者萬餘家。帝縱反間於魏，云慧龍自以功高位下，欲引宋人入寇，因執司馬楚之以叛(二一)。魏主聞之，賜慧龍璽書曰：「劉義隆畏將軍如虎，欲相中害，朕自知之。風塵之言，想不足介意。」帝復遣刺客呂玄伯刺之，曰：「得慧龍首，封二百戶男，賞絹千匹。」玄伯詐為降人，求屏人有所論，慧龍疑之，使人探其懷，得尺刀。玄伯叩頭請死，慧龍曰：「各為其主耳！」釋之。左右諫曰：「宋人為謀未已，不殺玄伯，無以制將來。」慧龍曰：「死生有命，彼亦安能害我？我以仁義為扞蔽，又何憂乎？」遂捨之。

㈩夏，五月，庚寅（十一日），魏主如雲中。

㈩一六月，乙丑（十六日），大赦。

㈩二夏主殺乞伏暮末及其宗族五百人。

㈩三夏主畏魏人之逼，擁秦民㊂十餘萬口，自治城濟河，欲擊河西王蒙遜而奪其地。吐谷渾王慕璝，遣益州刺史慕利延、寧州刺史拾虔【考異】十六國春秋作沒利延拾虎今從宋書帥騎三萬，乘其半濟，邀擊之，執夏主定以歸㊂。沮渠興國被創而死。拾虔，樹洛干之子也㊃。

㈩四魏之邊吏，獲柔然邏者二十餘人，魏主賜衣服而遣之，柔然感悅。閏月，乙未（十六日），柔然敕連可汗遣使詣魏，魏主厚禮之。

㈩五魏主遣散騎侍郎周紹來聘，且求昏，帝依違答之。

㈩六荊州刺史江夏王義恭年寖長，欲專政事，長史劉湛每裁抑之，遂與湛有隙㉕。帝心重湛，使人詰讓義恭，且和解之。

是時王華、王曇首皆卒，領軍將軍殷景仁素與湛善，白帝以時賢零落，徵湛為太子詹事，加給事中，共參政事。以雍州刺史張邵代湛為撫軍長史，南蠻校尉。頃之，邵坐在雍州營私畜聚㉖，贓滿二百四十五萬，下廷尉，當死，左衛將軍謝述上表，陳邵先朝舊勳㉗，宜蒙優貸。帝手詔酬納，免邵官削爵土㉘，述謂其子綜曰：「主上矜邵夙誠，特加曲恕，吾所言謬會㉙，故特見酬納耳！若此迹宣佈，則為侵奪主恩，不可之大者也。」使綜對前焚之㉚。帝後謂邵曰：「卿之獲免，謝述有力焉。」

㈩秋，七月，己酉（朔），魏主如河西。

㈩八月，乙酉（初七日），河西王蒙遜遣子安周入侍于魏。

㈩吐谷渾王慕璝遣侍郎謝太寧奉表于魏，請送赫連定。己丑（十一日），魏以慕璝為大將軍，西秦王。

㈩左僕射臨川王義慶固求解職，甲辰（二十六日），以義慶為中書令，丹楊尹如故。

㉛九月，癸丑（初六日），魏主還宮。庚申（十三日），加太尉長孫嵩柱國大將軍㉜。以左光祿大夫崔浩為司徒，征西大將軍長孫道生為司空。

道生性清儉，一熊皮鄣泥㉝，數十年不易。魏主使歌工歷頌羣臣曰：「智如崔浩，廉若道生。」

㉛魏主欲選使者詣河西，崔浩薦尚書李順，乃以順為太常，拜河西王蒙遜為侍中，都督涼州、西域、羌戎諸軍事，太傅，行征西大將軍，涼州牧，涼王。王武威、張掖、敦煌、酒泉、西海、金城、西平七郡。冊曰：「盛衰存亡，與魏升降㉞。北盡窮髮，南極庸峪，西被崐嶺，東至河曲㉟，王實征之，以夾輔皇室。置將相羣卿百官，承制假授，建天子旌旗，出入警蹕，如漢初諸侯王故事。」

㉜壬申（二十五日），魏主詔曰：「今二寇摧殄㉟，將偃武脩文，理廢職，舉逸民。范陽盧玄、博陵崔綽、趙郡李靈、河間邢潁、勃海高允、廣平游雅、太原張偉等，皆賢儁之胄，冠冕周邦㊱。易曰：『我有好爵，吾與爾縻之㊲。』如玄之比者，盡敕州郡，以禮

發遣。」遂徵玄等及州郡所遣至者數百人，差次敍用。崔綽以母老，固辭，玄等皆拜中書博士。玄，諶之曾孫㊳。靈，順之從父兄也。

玄舅崔浩，每與玄言，輒歎曰：「對子真，使我懷古之情更深㊴。」浩欲大整流品，明辨姓族，玄止之曰：「夫創制立事，各有其時，樂為此者，詎有幾人？宜加三思。」浩不從，由是得罪於衆。

(二四)初，魏昭成帝㊵始制灋令，反逆者族，其餘當死者聽入金馬贖罪，殺人者聽與死家牛馬、葬具以平之，盜官物一備五㊶，私物一備十；四部大人，共坐王庭，決辭訟，無繫訊連逮之苦，境內安之。太祖入中原，患前代律令峻密，命三公郎王德刪定，務崇簡易㊷，季年被疾，刑罰濫酷㊸，太宗㊹承之，吏文亦深。冬，十月，戊寅（朔），世祖命崔浩更定律令，除五歲、四歲刑，增一年刑，巫蠱者負羖羊㊺抱犬沈諸淵，初令官階九品者得以官爵除刑㊻，婦人當刑而孕，產後百日乃決。闕左懸登聞鼓以達冤人㊼。

(二五)魏主如漠南。

十一月，丙辰（初十日），北部敕勒莫弗㊽庫若干【考異】後魏書北史本紀皆作敕勒，鄧淵傳皆作高車。按高車即敕勒別名也。帥所部數萬騎，驅鹿數百萬頭，詣魏主行在。魏主大獵，以賜從官。

十二月，丁丑（朔），還宮。

(七六)是歲，涼王改元義和。

(七七)林邑王范陽邁寇九德㊾，交州兵擊却之。

【今註】㈠乙旃眷：《魏書‧官氏志》獻帝命叔父之裔為乙旃氏。㈡魏濟州刺史：魏濟州治碻磝城，參見上卷上年註㊴。㈢夏主擊秦將姚獻，敗之，遂遣其叔父北平公韋代帥眾一萬攻南安：去年暮末軍敗於鶉觚原，走保南安，至是夏軍攻之。㈣秦王暮末窮蹙，輿櫬出降：初，乞伏國仁以晉孝武帝太元十年僭位，至暮末，歷四主，凡四十七年而滅。㈤幷沮渠興國，送於上邽：沮渠興國本河西王蒙遜世子，為秦所擒，見上卷元嘉六年。㈥秦太子司直焦楷：胡三省曰：「太子司直，掌糾劾宮僚及率府兵，晉志無是官，當是二趙、燕、秦所置。」㈦軍至歷城：歷城縣，漢置，漢、晉以來俱屬濟南郡，宋僑置冀州於此，故城即今山東省歷城縣。㈧魏克滑臺，執修之及東郡太守申謨：胡三省曰：「東郡自漢、魏以來治白馬，白馬，滑臺之地也。」白馬故城在今河南省滑縣東二十里，後魏置兗州於滑臺，白馬亦徙治今滑縣，即古滑臺城也。隋置滑州於此，改為兗州，尋廢，唐復置，改曰靈昌郡，尋復曰滑州。《元和郡縣志》曰：「滑州治白馬城，即古滑臺城也。」㊈諠，鍾之曾孫也：申鍾見卷九十五晉成帝咸和九年。㊉魏主還平城，大饗，告廟，將帥及百官皆受賞，戰士賜復十年：以北伐柔然，西伐夏，南禦宋，所向皆有功也。〔一一〕於是：是與時同。〔一二〕方難既平：方、邦古通，方難猶曰國難。〔一三〕以弘覆育：以弘大天子覆育萬民之恩。《禮・樂記》曰：「天地訢合，陰陽相得，煦嫗覆育萬物。」〔一四〕青州刺史蕭思話，聞道濟南歸，欲委鎮保險：宋青州刺史治東陽城，思話懼為虜所偪，欲棄東陽走保險阻也。〔一五〕平昌：漢置平昌縣，屬瑯琊，後漢改屬北海國，魏初改屬城陽郡，文帝復分城陽立平昌郡，後省，晉惠帝復立平昌郡，治安丘，在今山東省安丘縣南，後魏移治昌安，即今安丘縣治。〔一六〕積聚：謂所聚之物，如兵甲糧秣之屬。〔一七〕庚戌，魏安頡等還平城：《魏書・太武帝紀》在三月庚戌。二月壬子朔，無庚戌，三月辛巳朔，庚戌三十日，《通鑑》脫三月二字。〔一八〕卿輩前謂我用崔浩計為謬，驚怖固諫：魏太武將伐柔然，羣臣恐宋人伺隙，浩從容論破柔然往還之間，宋人必不敢動，事見上卷元嘉六年。〔一九〕至於歸終：胡三省曰：「歸終，謂事勢究極處。」〔二〇〕以王慧龍為滎陽太守：胡三省曰：「魏雖置滎陽太守，實以虎牢為重鎮。按魏書官氏志，高宗太安元年，始以諸部護軍各為太守，蓋是時惟以滎陽太守命王慧龍，至太安三年，遂悉改之也。」〔二一〕帝縱反間於魏，云慧龍自以功高位下，欲引宋人入寇，因執司馬楚之以叛：《魏書・司馬楚之傳》，楚之時鎮潁州，按《魏書・地形志》，潁州，魏孝明帝孝昌四年置，時未有潁州也。胡三省曰：「楚之時屯潁川。」〔二二〕秦民：夏滅秦所得乞伏氏之民。〔二三〕吐谷渾王慕璝遣益州刺史慕利延、寧州刺史拾虔帥騎三萬，乘其半濟，邀擊之，執夏主以歸：赫連勃勃以義熙二年僭立，國號大夏，歷三主，凡二十六年而亡。㉔拾虔，樹洛干之子也：樹洛干卒於晉安帝義熙十三年。㉕荊洲刺史江夏王義恭年寖長，欲專政事，長史劉湛每裁抑之，遂與湛有隙：胡三省曰：「宋制，幼王臨州，率以長史行府州事，事皆決於行事，義恭欲專之，遂有隙。」湛時蓋以撫軍長史行都督府及荊州事。㉖邵坐在雍州營私畜聚：元嘉五年，邵刺雍州。㉗左衞將軍謝述上表陳邵先朝舊勳：桓玄之亂，武帝討玄，邵白父敞表獻誠款，劉毅為相，附勢之士，莫不輻輳，邵獨不往，由是為武帝所親重。㉘免邵官，削爵土：武帝受命，邵以佐命功封臨沮伯。臨沮故城今湖北省當陽縣西北。㉙吾所言謬會：述謂所言，謬與帝意合。㉚使綜對前焚之：使綜對其前焚其表章也。㉛加大尉長孫嵩柱國大將軍：胡三省曰：「柱國大將軍始此。」㉜鄣泥：馬韉也，以其下垂兩旁，以鄣泥土也，騎乘時所用。《晉書．王濟傳》云：「濟善解馬性，嘗乘一馬，著連乾鄣泥，前有水，終不肯渡。濟云：『此必是惜鄣泥。』使人解去，便渡。」又《西京雜記》：「武帝時得貳師天馬，以綠地五色錦為蔽泥。」蔽泥即鄣泥。㉝盛衰存亡，與魏升降：言涼國盛衰存亡，與魏相始終。㉞北盡窮髮，南極庸崏，西被崐嶺，東至河曲：窮髮，謂北極無毛之地也。毛，草也，諸葛孔明〈出師表〉云：「深入不毛。」《莊子．逍遙遊》云：「窮髮之北有冥海。」成立英曰：「地以草木為毛髮，北方寒沍之地，草木不生，故名窮髮，所謂不毛之地。」庸崏，謂魏興、上庸及岷山之地，崐嶺，謂崐崘山，河曲，今綏遠省南境大河屈曲處，踰河曲而東為魏境，故謂東至河曲。㉟今二寇摧殄：二寇謂秦、夏。㊱周邦：周邦二字當依《魏書．

帝紀》作州邦。㊲我有好爵，吾與爾縻之：易中孚九二爻辭。㊳玄，諶之曾孫也，盧諶，晉司空劉琨從事中郎，琨既敗，諶展轉於石氏之間，而卒於冉閔之敗。㊴對子真，使我懷古之情更深：子真，盧玄字。以玄儒雅而博於稽古也。㊵魏昭成帝：什翼犍諡昭成帝。㊶盜官物一備五：謂民之盜官物者，則以五倍責償之。胡三省曰：「備，陪償者，今人多云陪償。」㊷太祖入中原，患前代律令峻密，命三公郎王德刪定，務崇簡易：魏道武帝廟號太祖。王德刪定律令事見卷一百十晉安帝隆安二年。㊸季年被疾，刑罰濫酷：道武帝服寒食散，晚年藥數動發，喜怒乖常，刑罰濫酷，事見卷一百十一晉安帝隆安四年。㊹太宗：魏明元帝廟號太宗。㊺羖羊：夏羊壯曰羖，見《說文》。《通訓定聲》曰：「夏羊，黑羊也。」㊻初令官階九品者，得以官爵除刑：漢官以石秩為差，魏、晉始以品階為爵秩之次。㊼闕左懸登聞鼓以達冤人：胡三省曰：「禹令有獄訟者搖鞀，周禮左嘉石以平罷民，皆所以達幽枉也。登聞鼓，令負冤者得詣闕撾鼓登時上聞也。」闕，朝堂也。登聞鼓之制首見《晉書・武帝紀》：「泰始五年六月，西平人麴路伐登聞鼓。」嗣後歷代多有此制，唐於東西兩都並置登聞鼓，趙宋時有登聞鼓院，簡稱鼓院，掌收臣民章奏。㊽莫弗：胡三省曰：「高車酋長謂之莫弗。」

㊾九德：九德郡，三國吳置，並置九德縣為郡治，在今安南北境。《晉書・地理志》曰：「九德郡，周時越裳氏地也。」《御覽》引《方輿志》曰：「古越裳氏所通者也，秦屬象郡，二漢屬九真郡，吳分置九德郡，晉、宋、齊因之。」《水經注》曰：「九德，九夷所極，故以名郡。」隋唐於此置驩州。

九年㈠（西元四三二年）

㈠春，正月，丙午（朔），魏主尊保太后竇氏為皇太后㈡，立貴人赫連氏為皇后，子晃為皇太子。大赦，改元延和。

㈡燕王立慕容后之子王仁為太子。

㈢三月，庚戌（初六日），衞將軍王弘進位太保，加中書監。丁巳（十三日），征南大將軍檀道濟進位司空，還鎮尋陽㈢。

㈣壬申（二十八日），吐谷渾王慕璝送赫連定于魏，魏人殺之。慕璝上表曰：「臣俘擒僭逆，獻捷王府，爵秩雖崇，而土不增廓㈣；車旗既飾，而財不周賞，願垂鑒察。」魏主下其議，公卿以為慕璝所致，唯定而已，塞外之民，皆為己有，而貪求無厭，不可許也。魏主乃詔曰：「西秦王所得金城、枹罕、隴西之地，朕即與之，乃是裂土，何須復廓？西秦疑至綿絹，隨使疏數，臨時增益㈤，非一賜而止也。」自是慕璝使至魏者稍簡。

㈤魏方士祁纖奏改代為萬年，代尹為萬年尹，以代令為萬年令。

崔浩曰：「昔太祖應天受命，兼稱代魏，以法殷商㊅。國家積德，當享年萬億，不待假名以為益也。纖之所聞，皆非正義，宜復舊號。」魏主從之。

㈥夏，五月，壬申（十九日），華容文昭公王弘卒。弘明敏有思致，而輕率少威儀，性褊隘，好折辱人，人以此少之。雖貴顯不營財利，及卒，家無餘粟，帝聞之，特賜錢百萬米千斛。

㈦魏主治兵於南郊，謀伐燕。

㈧帝遣使者趙道生聘于魏。

㈨六月，戊寅（初五日），司徒南徐州刺史彭城王義康改領揚州刺史㊆。

㈩詔分青州置冀州㊇，治歷城。

⑪吐谷渾王慕璝遣其司馬趙敘入貢，且來告捷㊈。

⑫庚寅（十七日），魏主伐燕，命太子晃錄尚書事，時晃纔五歲。又遣左僕射安原、建寧王崇等屯漠南，以備柔然。

㈢辛卯（十八日），魏主遣散騎常侍鄧穎來聘。

㈣乙未（二十二日），以吐谷渾王慕璝為都督西秦、河、沙三州諸軍事，征西大將軍，西秦、河二州刺史，進爵隴西王，且命慕璝悉歸南方將士先沒於夏者㈩，得百五十餘人，又加北秦州刺史楊難當征西將軍。難當以兄子保宗為鎮南將軍，鎮宕昌㈡，以其子順為秦州刺史，守上邽。保宗謀襲難當，事泄，難當囚之。

㈤壬寅（二十九日），以江夏王義恭為都督南兗等六州諸軍事，開府儀同三司，南兗州刺史；臨川王義慶為都督荊、雍等七州諸軍事，荊州刺史㈢；竟陵王義宣為中書監，衡陽王義季為南徐州刺史。

初，高祖以荊州居上流之重，土地廣遠，資實兵甲，居朝廷之半，故遺詔令諸子居之。上以義慶宗室令美，且烈武王有大功於社稷，故特用之㈢。

㈥秋，七月，己未（十七日），魏主至濡水㈣。

庚申（十八日），遣安東將軍奚斤發幽州民及密雲㈤丁零萬餘人，運攻具，出南道，會和龍。魏主至遼西，燕王遣其侍御史崔聘奉牛酒犒師，己巳（二十七日），魏主至和龍。

㈦庚午（二十八日），以領軍將軍殷景仁為尚書僕射，太子詹事劉湛為領軍將軍。

㈧益州刺史劉道濟，粹之弟也，信任長史費謙、別駕張熙等，聚斂興利，傷政害民，立官冶，禁民鼓鑄，而貴賣鐵器，商賈失業，吁嗟滿路。流民許穆之變姓名，稱司馬飛龍，自云晉室近親，往依氐王楊難當。難當因民之怨，資飛龍以兵，使侵擾益州。飛龍招合蜀人，得千餘人，攻殺巴興令㈥，逐陰平太守㈦，道濟遣軍擊斬之。道濟欲以五城人帛氐奴㈧梁顯為參軍督護，費謙固執不與，氐奴等與鄉人趙廣構扇縣人，詐言司馬殿下猶在陽泉山中，聚眾得數千人，引向廣漢㈨。道濟參軍程展會治中李抗之將五百人擊之，皆敗死，巴西人唐頻聚眾應之。趙廣等進攻涪城，陷之，於是涪陵、江陽、遂寧㊁諸郡守皆棄城走，蜀土僑舊俱反。

㈩燕石城太守㊂李崇等十郡降于魏，魏主發其民三萬，穿圍塹，以守和龍㊃。崇，績之子也㊄。

八月，燕王使數萬人出戰，魏昌黎公丘等擊破之，死者萬餘人。燕尚書高紹帥萬餘家保羌胡固，辛巳（初九日），魏主攻紹，斬之。平東將軍賀多羅攻帶方，撫軍太將軍永昌王健攻建德，驃騎大將軍樂王平丕攻冀陽，皆拔之。九月，乙卯（十四日），魏主引兵西還，徙營丘、成周、遼東、樂浪、帶方、玄菟六郡民三萬家於幽州㊅。

燕尚書郭淵勸燕王送款獻女於魏，乞為附庸。燕王曰：「負釁在前，結忿已深，降附取死，不如守志更圖也。」

魏主之圍和龍也，宿衛之士，多在戰陳，行宮人少，雲中鎮將朱脩之謀與南人襲殺魏主，因入和龍，浮海南歸，以告冠軍將軍毛脩之，毛脩之不從，乃止。既而事泄，朱脩之逃奔燕。魏人數伐燕，燕主遣脩之南歸求救，脩之汎海至東萊，遂還建康，拜黃門侍郎。

㈩趙廣等進攻成都，劉道濟嬰城自守，賊衆屯聚日久，不見司馬飛龍，欲散去，廣懼，將三千人及羽儀㉕詣陽泉寺，詐云迎飛龍，至則謂道人枹罕程道養曰：「汝但自言是飛龍，則坐享富貴，不則斷頭。」道養惶怖許諾，廣乃推道養為蜀王，車騎大將軍，益、梁二州牧，改元泰始，備置百官。以道養弟道助為驃騎將軍，長沙王，鎮涪城；趙廣、帛氏奴、梁顯及其黨張尋、嚴遐皆為將軍。奉道養還成都，衆至十餘萬，四面圍城，使人謂道濟曰：「但送費謙、張熙來，我輩自解去。」道濟遣中兵參軍裴方明、任浪之各將千餘人出戰，皆敗還。

㈩冬，十一月，乙巳（初四日），魏主還平城。

㈩壬子（十一日），以少府中山甄灋崇為益州刺史㉖。

㈩初，燕王嫡妃王氏生長樂公崇，崇於兄弟為最長。及即位，立慕容氏為王后，王氏不得立，又黜崇，使鎮肥如㉗。崇母弟廣平公朗、樂陵公邈相謂曰：「今國家將亡，人無愚智，皆知之，王復受慕容后之譖，吾兄弟死無日矣！」乃相與亡奔遼西，說崇使降魏，崇從之。會魏主使給事郎王德㉘招崇，十二月，己丑（十九日），崇使邈如魏，請舉郡降，燕王聞之，使其將封羽圍崇於遼西。

㉔魏主徵諸名士之未仕者，州郡多逼遣之。魏主聞之，下詔令守宰以禮申諭，任其進退，毋得逼遣。

㉕初，帝以少子紹為廬陵孝獻王㉙嗣，以江夏王義恭子朗為營陽王嗣，庚寅（二十日），封紹為廬陵王，朗為南豐縣王。

㉖裴方明等復出擊程道養營，破之，焚其積聚。賊黨江陽楊孟子將千餘人屯城南，參軍梁儁之、統南樓投書說諭孟子，邀使入城見劉道濟，道濟板為主簿㉚，克期討賊。趙廣知其謀，孟子懼，將所領奔晉原，晉原太守文仲興與之同拒守，趙廣遣帛氏奴攻晉原㉛，破之，仲興、孟子皆死。

裴方明復出擊賊，屢戰，破之，賊遂大潰。程道養收眾得七千人還廣漢，趙廣別將五千餘人還涪城。先是張熙說道濟糶倉穀，故自九月末圍城，至十二月，糧儲俱盡。方明將二千人出城求食，為賊所敗，單馬獨還，賊眾復大集。方明夜縋而上，道濟為設食，涕泣不能食。道濟曰：「卿非大丈夫，小敗何苦？賊勢既衰，臺兵垂至，但令卿還，何憂於賊？」即減左右以配之。賊於城外揚言，云方明已死，城中大恐。道濟夜列炬火，出方明以示眾，眾乃安。

道濟悉出財物於北射堂，令方明募人。時城中或傳道濟已死，莫有應者。梁攜之〔三〕說道濟遣左右給使三十餘人出外，且告之曰：「吾病小損，各聽歸家休息。」給使既出，城中乃安，應募者日有千餘人。

(罘)初，晉謝混尚晉陵公主〔三〕，混死〔四〕，詔公主與謝氏絕婚。公主悉以混家事委混從子弘微，混仍世宰，輔僮僕千人，唯有二女，年數歲，弘微為之紀理生業，一錢尺帛有文簿。九年而高祖即位〔五〕，公主降號東鄉君，聽還謝氏。入門，室宇倉廩不異平日，田疇墾闢，有加於舊。東鄉君歎曰：「僕射平生重此子，可謂知人〔六〕，僕射為不亡矣！」親舊見者，為之流涕。

是歲，東鄉君卒，公私咸謂貲財宜歸二女，田宅僮僕應屬弘微。弘微一無所取，自以私祿葬東鄉君。混女夫殷叡好樗蒲，聞弘微不取財物，乃奪其妻妹及伯母、兩姑之分以還戲責㊲，內人皆化弘微之讓，一無所爭。或譏之曰：「謝氏累世財產，充殷君一朝戲責，理之不允，莫此為大，卿視而不言，譬棄物江海以為廉耳！設使立清名而令家內不足，亦吾所不取也。」弘微曰：「親戚爭財，為鄙之甚，今內人尚能無言，豈可導之使爭乎？分多共少，不至有乏，身死之後，豈復見關也？」

㈦禿髮保周自涼犇魏㊳，魏封保周為張掖公。

㈧魏李順復奉使至涼，涼王蒙遜遣中兵校郎陽定歸謂順曰：「年衰多疾，腰髀不隨，不堪拜伏。比三五日㊴，清息小差，當相見。」順曰：「王之老疾，朝廷所知，豈得自安不見詔使？」明日，蒙遜延順入至庭中，蒙遜箕坐隱几㊵無動起之狀。順正色大言曰：「不謂此叟無禮乃至於此，今不時憂覆亡，而敢陵侮天地，魂魄逝矣，何用見之？」握節將出，涼王使定歸追止之，曰：「太常既雅恕衰疾，傳聞朝廷有不拜之詔，是以敢自安耳！」順曰：「齊桓公九合諸侯，一匡天下，周天子賜胙，命無下拜，桓公猶不敢失臣禮，下拜登受㊶。今王雖功高，未如齊桓；朝廷雖相崇重，未有不拜之詔，而遽自偃蹇㊷，此豈社稷之福邪？」蒙遜乃起拜受詔。

使還，魏主問以涼事，順曰：「蒙遜控制河右，踰三十年㊸，經涉艱難，粗識機變，綏集荒裔，羣下畏服，雖不能貽厥孫謀㊹，猶足以終其一世。然禮者，德之輿；敬者，身之基也。蒙遜無禮不敬，以臣觀之，不復年矣㊺！」魏主曰：「易世之後，何時當滅？」順曰：「蒙遜諸子，臣略見之，皆庸才也。如聞敦煌太守牧犍，器性粗立，繼蒙遜者，必此人也。然比之於父，皆雲不及，此殆天之所以資聖明也！」【考異】後魏書，順初奉冊拜沮渠蒙遜為涼州牧，即有蒙遜不拜及順使還論牧犍事；南史，順冊拜蒙遜，還拜都督四州，長安鎮都大將，徵為四部尚書，加常侍，廷和初，使涼，始有不拜等事。今據順云：「不復周矣。」明年，蒙遜死，帝曰：「卿言蒙遜死，驗矣！」故從南史。魏主曰：「朕方有事東方㊻，未暇西略，如卿所言，不過數年之外，不為晚也。」

初，罽賓沙門曇無讖自云能使鬼治病，且有祕術㊼，涼王蒙遜甚重之，謂之聖人，諸女及子婦皆往受術。魏主聞之，使李順往徵之，蒙遜留不遣，仍殺之，魏主由是怒涼。蒙遜荒淫猜虐，羣下苦之。

【今註】㊀元嘉九年：是年正月，魏改元延和。㊁魏主尊保太后竇氏為皇太后：保太后，魏太武帝之保母。㊂征南大將軍檀道濟進位司空，還鎮尋陽：道濟自歷城還師，以功進位司空，復令還鎮尋陽。㊃爵秩雖崇而土不增廓：爾雅曰：「廓，大也。」言爵秩雖崇於前而國土視前未嘗增廣也。去年，魏以慕璝為大將軍西秦王，故慕璝以為言。㊄隨使疏數，臨時增益：視貢使之或疎或密，臨時增益其爵土，疏與疎同。㊅昔太祖應天受命，兼稱代魏，以法殷商：謂太祖開拓洪業，以始封代土而後稱魏，故代魏兼用，蓋取法殷商並稱之義。成湯既滅夏，以商為國號，傳至盤庚，遷都於殷，改稱曰殷。㊆司徒南徐州刺史彭城王義康改領揚州刺史：王弘在時，義康屢欲得揚州而帝不許，弘卒，義康始領揚州。㊇詔分青州置冀州：《宋書・州郡志》冀州領廣川、平原、清河、樂陵、魏舒、河間、頓丘、高陽、勃海九郡，皆僑立於河濟之間。㊈吐谷渾王慕璝遣其司馬趙敍入貢，且來告捷：告捷者，告擒赫連定之捷。㊉命慕璝悉歸南方將士先沒於夏者：劉義真關中之敗，南方將士之沒於夏者，命慕璝悉遣歸之。⑪宕昌：宕昌羌所居，地在今甘肅省岷縣南，北周於此置宕昌郡，並置宕州，隋廢，唐復置。⑫以江夏王義恭為都督南兗等六州諸軍事，開府儀同三司，南兗州刺史，臨川王義慶為都督荊、雍等七州諸軍事，荊州刺史：《宋書・武三王傳》，以義恭為都督南兗、徐、兗、青、冀、幽六州，豫州之梁郡諸軍事，征北將軍，開府儀同三司，南兗州刺史；宗室傳，以義慶為使持節，都督荊、雍、益、寧、梁、南、北秦七州諸軍事，平西將軍，荊州刺史，蓋以代義恭也。㊂上以義慶宗室令美，且烈武王有大功於社稷，故特用之：烈武王，謂臨川王道規也，道規，高祖少弟，薨謚烈武。義慶，高祖中弟長沙景王道憐之次子，臨川烈武王無子，高祖命義慶紹焉！㊃濡水：《水經》曰：「濡水從塞外來，東南過遼西令支縣北，又東南過海陽縣西，南入於海。」濡音灤，今灤河也。㊄密雲：《魏書・地形志》，密雲郡屬安州，道武帝皇始二年置，治提攜城，故治在今河北省密雲縣東北。㊅巴興令：《宋書・州郡志》巴興縣屬遂寧郡。沈約曰：「巴興令，徐志不註置立，疑是李氏所立。」徐志，徐爰《州郡志》；李氏謂成漢。宋白曰：「晉永和十一年，置巴興縣，西魏改曰長江縣。」故治在今四川省蓬溪縣西。㊆陰平太守：《宋書・州郡志》，梁州、益州各有南陰平郡、北陰平郡，凡四陰平，皆僑置。若漢代陰平故城則在今甘肅省文縣西北。宋白曰：「文州，古陰平也，戰國氐羌所據，漢為陰平道，魏晉為陰平郡陰平縣。永嘉末，太守王鑒以郡降李雄，晉人於是悉流移於蜀漢，其氐羌並屬楊茂搜，此郡不復預受正朔，故南史諸志無所錄。其晉人流寓於蜀者，仍於益州立南北二陰平，寓於漢中者，亦於梁州立南北二陰平。今劍州陰平縣，益州之北陰平也。」按北陰平有二，宋氏所謂劍州陰平故治在今四川省梓潼西北，其一今闕，南陰平亦有二，《宋書・州郡志》，益州之南陰平，永嘉流寓來屬，寄治萇陽，萇陽故城在今四川省德陽縣西北，梁州之南陰平，蓋宋所置，其地今闕。胡三省曰：「此南陰平也。」按司馬飛龍攻殺巴興令，遂逐陰平太守，巴興屬遂寧郡，遂寧屬益州，胡三省以此陰平為南陰平，是即益州之南陰平。⑱帛氏奴：帛，姓也，神仙傳吳有帛和。⑲廣漢：廣漢郡，漢治梓潼縣，後漢徙治雒縣，晉徙治廣漢縣，尋還後漢舊治，宋因之，故治在今四川省廣漢縣。⑳遂寧：沈約曰：「遂寧郡，永初郡國有，何無，徐云舊立。」何謂何承天州郡志也。胡三省曰：「疑晉宋分廣漢所立。唐為遂州。」今四川省遂寧縣地。㉑燕石城太守：石城，戰國趙地，漢置石城縣，屬右北平，後漢省，燕蓋置石城郡於此。《魏書・地形志》魏真君八年，置建德郡，治白狼城，以石城縣屬焉。《一統志》故城在口外大寧故衞界。大寧衞當今熱河省平泉、赤峯、朝陽等縣界。㉒穿圍塹以守和龍：穿長塹圍困而守之。防其逸突也。《宋書・夷貊傳》，馮跋號燕王，都黃龍城，黃龍城即龍城，亦曰和龍，《晉書・馮跋載記》云都於昌黎。顧炎武曰：「昌黎有五，馮跋之世有尹黎尹，當去龍城不遠。」《魏書・地形志》營州有昌黎郡，治龍城。魏收曰：「真君八年，併柳城、昌黎、棘城以屬龍城。」㉓崇，績之子也：李績見卷一百晉穆帝升平四年。㉔魏主引兵西還，徙營丘、成周、遼東、樂浪、帶方、玄菟六郡民三萬家於幽州：胡三省曰：「五代志曰：『後魏置營州於龍城，領建德、冀陽、遼東樂浪、營丘等郡，龍城、大興、永樂、帶方、定荒、石城、廣都、陽武、襄平、新昌、平剛、柳城、富平等縣。』蓋燕國自慕容以來，分置郡縣於遼西，其後或省或併，為郡為縣，皆不可考。如玄菟郡，亦當置於遼西也。」《魏書・地形志》樂浪作樂良，魏收曰：「晉曰樂浪，後改曰樂良。」㉕羽儀：胡三省曰：「以羽為儀，故曰羽儀，氅毦之屬也。」按儀，儀仗，鹵簿旄旌之屬，而以羽為飾也。㉖以少府中山甄灋崇為益州刺史：代劉道濟也。㉗肥如：胡三省曰：「燕以幽州刺史鎮肥如，遼西之地也。」《水經注》曰：「玄水出肥如縣東北玄溪，西南流逕其縣東，東屈南轉，西迴逕肥如縣故城南，俗又謂之肥如水。故城，肥子國也，應劭曰：『晉滅肥，肥子奔燕，燕封於此，故曰肥如也。』玄水西南流，右會盧水，又西南逕孤竹城北，西入濡水。」《一統志》，玄水，今白溝河，源出陽山之陰，繞盧龍城東北，西入青龍河。陳澧曰：「今灤平縣以西之灤河，東南流至縣東境，合熱河，即玄水也。」肥如，漢晉皆屬遼西郡，晉置平州，治肥如，故城在今河北省盧龍縣北。㉘給事郎王德：給事郎《魏書・馮跋傳》作給事中。㉙盧陵孝獻王：盧陵王義真諡曰孝獻。㉚道濟板為主簿：板謂承制板授。㉛晉原：李雄分蜀郡為漢原郡，晉穆帝更名晉原郡，治江原縣，故治在今四川省崇慶縣東。宋白曰：「以縣界晉原山為名也。」南齊訛郡為晉康，北周慶郡，改縣曰晉原，隋徙縣治於今崇慶縣，唐屬蜀州。㉜梁攜之：按《宋書・劉粹傳》，蓋即梁儁之，攜字誤。㉝初，晉謝混尚晉陵公主：晉陵公主，晉孝武帝之女。㉞混死：見卷一百十六晉安帝義熙八年。㉟九年而高祖即位：自義熙八年至元熙二年六月宋武帝即位，前後凡九年。㊱僕射平生重此子，可謂知人：謂謝混重弘微，可謂知人也。混仕晉為尚書左僕射。㊲戲責：博戲所負之債。責、債古通。㊳禿髮保周自涼犇魏：保周奔涼見卷一百十六晉安帝義熙十年。㊴比三五曰：比，及也，意謂稍俟三五日之後。㊵箕坐隱几：謂憑几而箕坐。顏師古曰：「箕坐，謂伸兩腳而坐，其形如箕。」㊶齊桓公九合諸侯，一匡天下，周天子賜胙，命無下拜，桓公猶不敢失臣禮，下拜登受：《左傳》齊桓公會諸侯於蔡丘，王使宰孔賜胙，齊侯將下拜，宰孔曰：「天子以伯舅耊老，加勞賜一級，無下拜。」桓公對曰：「天威不違顏咫尺，小白余敢貪天子之命？無下拜恐隕越於下，以為天子羞，敢不下拜？」下拜登受。㊸偃蹇：倨傲貌。㊹蒙遜控制河右，踰三十年：晉安帝隆安五年，蒙遜殺段業而篡有其國，至是凡三十一年。㊺雖不能貽厥孫謀：〈大雅・文王有聲〉之詩曰：「詒厥子孫，以燕翼子。」詒與貽同。言蒙遜雖不能傳其基業於子孫後世。㊻不復年矣：言其死在旦夕。㊼朕方有事東方：謂方圖燕也。燕於魏為東。㊽初，罽賓沙門曇無讖自云能使鬼治病，且有祕術：《魏書・沮渠蒙遜傳》云：「曇無讖自云能使鬼治病。令婦人多子。以男女交接之術教授婦人，蒙遜諸女、子婦皆往受法。」

十年（西元四三三年）

㈠春，正月，乙卯（十五日），魏主遣永昌王健督諸軍救遼西㊀。

㈡己未（十九日），大赦。

㈢丙寅（二十六日），魏以樂安王範為都督秦、雍等五州諸軍事㊁，衛大將軍，開府儀同三司，長安鎮都大將㊂。魏主以範年少，更選舊德平西將軍崔徽、征北大將軍鴈門張黎為之副，共鎮長安。徽，宏之弟也㊃。範謙恭寬惠，徽務敦大體，黎清約公平，政刑簡易，輕傜薄賦，關中遂安。

㈣二月，庚午（朔），魏主以馮崇為都督幽、平、東夷諸軍事，車騎大將軍，幽、平二州牧，封遼西王，錄其國尚書事，食遼西十郡，承制假授尚書、刺史、征虜已下官㊄。

㈤魏平涼休屠征西將軍金崖、羌涇州刺史㊅狄子玉與安定鎮將延普爭權，崖、子玉舉兵攻普，不克，退保胡空谷㊆。魏主以虎牢鎮大將陸俟為安定鎮大將，擊崖等，皆擒之。

魏主徵陸俟為散騎常侍，出為懷荒鎮大將㊇，未朞歲，高車諸莫弗訟俟嚴急無恩，復請前鎮將郎孤。魏主徵俟還，以孤代之。俟既至，言於帝曰：「不過期年，郎孤必敗，高車必叛。」帝怒，切責之，使以建業公歸第。明年，諸莫弗果殺郎孤而叛。帝大驚，立召俟問之，曰：「卿何以知其然也？」俟曰：「高車不知上下之禮，故臣臨之以威，制之以濃，欲以漸訓導，使知分限，而諸莫弗惡臣所為，訟臣無恩，稱孤之美。臣以罪去，孤獲還鎮，悅其稱譽，益收名聲，專用寬恕待之，無禮之人，易生驕慢，不過暮年，無復上下，孤所不堪，必將以瀴裁之，如此，則眾心怨懟，必生禍亂矣！」帝笑曰：「卿身雖短，思慮何長也！」即日復以為散騎常侍。

㈥壬午（十三日），魏主如河西，遣兼散騎常侍宋宣來聘，且為太子晃求婚。帝依違答之。

㈦劉道濟卒。梁儁之、裴方明等密埋其尸於齋後，詐為道濟教命以答籤疏，雖其母、妻，亦不知也。程道養於毀金橋登壇郊天，方明將三千人出擊之，道養等大敗，退保廣漢。荊州刺史臨川王義慶以巴東太守周籍之督巴西等五郡諸軍事，將二千人救成都。

㈧三月，亡人司馬天助降於魏，自稱晉會稽世子元顯之子，魏人以為青、徐二州刺史，東海公。

㈨壬子（十三日）魏主還宮。

㈩趙廣等自廣漢至郫㊈，連營百數，周籍之與裴方明等合兵攻郫，克之，進擊廣等於廣漢，廣等走還涪及五城。夏，四月，戊寅（初十日），始發劉道濟喪。

⑪帝聞梁、南秦二州刺史甄濬護刑政不治，失氐羌之和，乃自徒中起蕭思話為梁、南秦二州刺史。【考異】思話傳云：「楊難當寇漢中，乃用思話。」按本紀及氐胡傳，難當寇漢中，皆在十一月。濬護，濬崇之兄也。

⑫涼王蒙遜病甚，國人共議以世子菩提幼弱，立菩提之兄敦煌太守牧犍為世子，加中外都督大將軍，錄尚書事。【考異】宋書、十六國春秋作茂虔，後魏書紀、傳作牧犍，今從之。蒙遜卒，謚曰武宣王，廟號太祖。牧犍即河西王位，大赦，改元永和。立子封壇為世子，加撫軍大將軍，錄尚書事，遣使請命于魏。

牧犍聰穎好學，和雅有度量，故國人立之。

先是魏主遣李順迎武宣王女為夫人，會卒，牧犍稱先王遺意，遣左丞宋繇送其妹興平公主于魏，拜右昭儀⑩。魏主謂李順曰：「卿言蒙遜死，今則驗矣；又言牧犍立，何其妙哉！朕克涼州，亦當不遠。」於是賜絹千匹，廐馬一乘，進號安西將軍，寵待彌厚，政事無巨細，皆與之參議。遣順拜牧犍都督涼、沙、河三州、西域、羌戎諸軍事，車騎將軍，開府儀同三司，涼州刺史，河西王。以宋繇為河西王右相。牧犍以無功受賞，留順上表乞安、平一號㈡，優詔不許。牧犍尊敦煌劉昞為國師，親拜之，命官屬以下皆北面受業。

㈢五月，己亥（朔），魏主如山北㈢。

㈣林邑王范陽邁遣使入貢，求領交州，詔答以道遠，不許。

㈤裴方明進軍向涪城，破張尋、唐頻，擒程道助，斬嚴遐，於是趙廣等皆奔散。

㈥六月，魏永昌王健、左僕射安原督諸軍擊和龍，將軍樓勃㈢別將五千騎圍凡城㈣，燕守將封羽以凡城降，收其三千餘家而還。

㈦辛巳（十四日），魏人發秦、雍兵一萬築小城於長安城內。

㈧秋，八月，馮崇上表請說降其父，魏主不聽。

㈨九月，益州刺史甄灋崇至成都，收費謙誅之。程道養、張尋將二千餘家逃入郪山㈤，餘黨各擁眾藏竄山谷，時出為寇不絕。

㈩戊午（二十二日），魏主遣兼大鴻臚崔賾持節拜氐王楊難當為征南大將軍，開府儀同三司，秦、梁二州牧，南秦王。頵，逞之子也㉖。

(廿一)楊難當因蕭思話未至，甄瀇護將下，舉兵襲梁州，破白馬，獲晉昌太守張範㉗，敗瀇護參軍魯安期等，又攻葭萌，獲晉壽太守范延朗㉘。冬，十一月，丁未（十二日），瀇護棄城犇洋川之西城㉙，難當遂有漢中之地，以其司馬趙溫為梁、秦二州刺史。

(廿二)甲寅（十九日），魏主還宮。

(廿三)十二月，己巳（初五日），魏大赦。

(廿四)辛未（初七日），魏主如陰山之北。

(廿五)魏寧朔將軍盧玄來聘。

(廿六)前祕書監謝靈運，好為山澤之遊㉚，窮幽極險，從者數百人，伐木開徑，百姓驚擾，以為山賊㉛。會稽太守孟顗與靈運有隙㉜，表其有異志，發兵自防。靈運詣闕自陳，上以為臨川內史。靈運遊放自若，廢棄郡事，為有司所糾。是歲，司徒遣使隨州從事鄭望生收靈運㉝，靈運執望生，興兵逃逸，作詩曰：「韓亡子房奮，秦帝魯連恥㉔。」追討，擒之。廷尉奏靈運率眾反叛，論正斬刑，上愛其才，欲免官而已，彭城王義康堅執，謂不宜恕，乃降死一等，徙廣州；久之，或告靈運令人買兵器，結健兒，欲於三江口篡取之，不果㉕。詔於廣州棄市。靈運恃才放逸，多所陵忽，故及於禍。

(十七)魏立徐州於外黃，以刁雍為刺史。

【今註】㈠魏主遣永昌王健督諸軍救遼西：救馮崇於肥如。㈡魏以樂安王範為都督秦雍等五州諸軍事：《魏書・帝紀》範都督秦、雍、涇、梁、益五州諸軍事。㈢鎮都大將：胡三省曰：「都大將，又在鎮大將之上。」《魏書・官氏志》曰：「舊制緣邊皆置鎮都大將，統兵備禦，與刺史同，城隍倉庫，皆鎮將主之。」㈣徽，宏之弟也：崔宏，崔浩之父。㈤承制假授尚書、刺史、征虜已下官：自尚書、刺史及征虜以下雜號將軍皆得承制假授。㈥涇州刺史：魏置涇州，治安定郡臨涇城，故治在今甘肅省鎮原縣南。㈦胡空谷：胡三省曰：「即胡空堡之地。」㈧出為懷荒鎮大將：懷荒鎮，魏六鎮之一，故址在今綏遠省豐鎮縣北。魏太武破蠕蠕，列置降人於漠南，東至濡源，西暨五原陰山，竟三千里，分為六鎮，曰懷朔，武川、撫冥、懷荒、柔立、禦夷而懷荒居中。㈨郫：郫縣自漢以來屬蜀郡，故城在今四川省郫縣北。㈩右昭儀：《魏書・皇后傳》云：「高祖改定內官，左、右昭儀位視大司馬。」⑫上表乞安平一號：謂上表乞加安西將軍或平西將軍號也。⑬魏主如山北：胡三省曰：「武周山之北也。」武周山即武州山，在今山西省大同縣西，東西數百里，南北五十里，山之南面，壁立千仞，後魏曇耀鑿山開窟鐫建佛像於此，稱武州山石窟。⑬樓勃：《魏書・官氏志》內入諸姓有賀樓氏，後改為樓氏。⑭凡城：《水經注》曰：「盧龍東越青陘至凡城二百許里，自凡城東北出趣平岡故城可百八十里，向黃龍則五百里。」故城在今熱河省平泉縣境。《三國魏志》太祖自征蹋頓，袁尚與蹋頓將眾迎戰於凡城，即此。⑮郪山：胡三省曰：「郪山，廣漢縣之山也。」郪縣故城在今四川省三臺縣南，境內崇山疊嶂。⑯蹟，逞之子也：崔逞自燕歸魏，以侮慢為魏道武帝所殺。⑰破白馬，獲晉昌太守張範：白馬戍在沔水北，今陝西省沔縣西北，即漢之陽平關，南北朝謂之白馬城。《水經注》曰：「白馬城西帶濜水，南面沔川，城側二水之交，亦曰濜口城。」其城蓋沔、濜二水會流處。《晉書・地理志》桓溫平蜀之後，以巴漢流人立晉昌郡，宋末廢晉昌而立新興郡，故治在今湖北省竹溪縣西。⑱又攻葭萌，獲晉壽太守范延朗：《晉書・地理志》晉孝武帝分梓潼北界立晉壽郡，《宋書・州郡志》引《晉地記》云：「晉壽郡，孝武太元十五年梁州刺史周馥表立。」按晉壽即漢葭萌之地，三國蜀漢改曰晉壽，晉改曰晉壽，晉孝武時置郡，故治在今四川省昭化縣東南。⑲瀘護棄城犇洋川之西城：胡三省曰：「後魏方立洋川郡於漢中之西鄉縣。此蓋因其地有洋水，故謂之洋川。」《水經注》曰：「洋水導源巴山，東北流逕平陽城，又東北流入漢，謂之城陽水口。」按《魏書・地形志》無洋川郡，洋川郡蓋唐時始置，治西鄉縣，今陝西省西鄉縣即其故治。西城縣，漢屬漢中郡，漢末所置西城郡，建安二十四年，劉備以申儀為西城太守，儀據郡降魏，魏文帝改為魏興郡治，故城在今陝西省安康縣西北。《水經注》曰：「洋水東北流入漢，漢水又東逕魚脯谷口，舊西城、廣城二縣，指此谷而分界也。漢水又東逕西城縣故城南，又東合旬水。」隋改西城曰金川，唐復曰西城。⑳前秘書監謝靈運好為山澤之遊：《宋書・謝靈運傳》云：「靈運既東還，與族弟惠連、東海何長瑜、潁川荀雍、太山羊璿之以文章賞會，共為山澤之遊，時人謂之四友。」靈運以元嘉五年免官東歸，故曰前。㉑窮幽極險，從者數百人，伐木開徑，百姓驚擾，以為山賊：《宋書・謝靈運傳》云：「靈運因父祖之資，生業甚厚，奴僮既眾，義故門生數百，鑿山浚湖，功役無已。尋山陟嶺，必造幽峻，巖障千里，莫不備盡。嘗自始寧南山伐木開逕，直至臨海，從者數百人。臨海太守王琇驚駭，謂為山賊，徐知是靈運，乃安。」㉒會稽太守孟顗與靈運有隙：《宋書・謝靈運傳》云：「會稽太守孟顗事佛精懇而為靈運所輕，嘗謂顗曰：『得道應須慧業文人，生天當在靈運前，成佛必在靈運後。』顗深恨此言，與顗遂構讎隙。」㉓司徒遣使隨州從事鄭望生收靈運：胡三省曰：「蓋為江州從事。」靈運為臨川內史，臨川屬江州。漢晉以來之制，刺史有部從事史每郡各一人，主察非法。㉔韓亡子房奮，秦帝魯連恥：張良字子房，其先五世相韓，秦滅韓，長竭家財求客為韓報仇，得力士，椎擊始皇於博浪沙，誤中副車。魯連即魯仲連，齊之奇士，義不帝秦。靈運自以世為晉臣，故賦是詩以見志。㉕或告靈運令人買兵器，結健兒，欲於三江口篡取之，未果：謂靈運令人結部黨於三江口以要己而未果也。粵江有三源，鬱水為西江、浪水為東江、湞水為北江，西北二江至今廣東省三水縣境合流至番禺縣東南，與東江會，謂之三江口。

十一年（西元四三四年）

㈠春，正月，戊戌（初四日），燕王遣使請和於魏，魏主不許。

㈡楊難當以克漢中，告捷於魏，送雍州流民七千家於長安。蕭思話至襄陽，遣橫野司馬蕭承之為前驅㈠。承之緣道收兵，得千人，進據磝頭㈡。楊難當焚掠漢中，引眾西還，留趙溫守梁州，又遣其魏興太守薛健據黃金山㈢。思話遣陰平太守蕭坦攻鐵城戍㈣，拔之。

㈢二月，趙溫、薛健與其馮翊太守蒲甲子合攻坦營，坦擊破之，溫等退保西水㈤。臨川王義慶遣龍驤將軍裴方明將三千人助承之，拔黃金戍而據之。溫棄州城，健、甲子退保下桃城㈤。思話繼至，與承之共擊趙溫等，屢破之。行參軍王靈濟別將出洋川，攻南城㈥，拔之，擒其守將趙英。南城空所資，靈濟引兵還，與承之合。

㈣魏主以西海公主妻柔然敕連可汗，又納其妹為夫人，遣潁川王提往逆之。丁卯（初四日），勅連遣其異母兄禿鹿傀送妹，幷獻馬二千匹。魏主以其妹為左昭儀，提，曜之子也。

㈤辛卯（二十八日），魏主還宮。三月，甲寅（二十一日），復如河西。

㈥楊難當遣其子和將兵與蒲甲子等共擊蕭承之，相拒四十餘日，圍承之數十重，短兵接，弓矢無所復施。氐悉衣犀甲㊆，戈矛所不能入，承之斷矟長數尺，以大斧椎之，一矟輒貫數人，氐不能當，燒營走，據大桃。閏月，承之等追擊之，至南城，氐敗走，斬獲甚眾，悉收漢中故地，置戍於葭萌水㊇。

初，桓希既敗㊈，氐王楊盛據漢中，梁州刺史范元之、傅歆皆治魏興，唯得魏興、上庸、新城三郡，及索邈為刺史⑩，乃治南城，至是南城為氐所焚，不可復固，蕭思話徙鎮南鄭㊁。

㈦甲戌（十一日），赫連昌叛魏西走，丙子（十三日），河西候將㊂格殺之，魏人幷其羣弟誅之。

㈧己卯（十六日），魏主還宮。

(九)辛巳（十八日），燕王遣尚書高顒上表稱藩，請罪於魏，乞以季女充掖庭，魏主乃許之，徵其太子王仁入朝。燕王送魏使者于什門還平城，什門在燕二十一年〔一三〕，不屈節，【考異】後魏書節義傳云：「什門在燕歷二十四年。」按後魏本紀，神瑞元年八月遣于什門招諭馮跋，至此年二十一年矣！若二十四年，乃在太延三年，而太延二年，馮氏亡矣！魏主下詔褒稱，以比蘇武，拜治書御史，賜羊千口，帛千匹，策告宗廟，頒示天下。

(十)戊子（二十五日），休屠金當川圍魏陰密〔一四〕。夏，四月，乙未（初三日），魏征西大將軍常山王素擊之。丁未（十五日），魏主行如河西。壬戌（三十日），獲當川，斬之。

(十一)甄濩護坐委鎮，賜死於獄。楊難當遣使奉表謝罪，帝下詔赦之。

(十二)河西王牧犍遣使上表告嗣位。戊寅〔一五〕（五月十六日），詔以牧犍為都督涼秦等四州諸軍事，征西大將軍，涼州刺史，河西王〔一六〕。

(十三)六月，甲辰（十三日），魏主還宮。

(十四)燕王不遣太子質魏，散騎常侍劉滋諫曰：「昔劉禪有重山之險，孫皓有長江之阻，皆為晉擒〔一七〕。何則？彊弱之勢異也。今吾弱於吳蜀，而魏彊於晉，不從其欲，將有危亡之禍。願亟遣太子而修政事，撫百姓，收離散，賑飢窮，勸農桑，省賦役，社稷猶庶幾可保。」燕王怒殺之。辛亥（二十日），魏主遣撫軍大將軍永昌王健等伐燕，收其禾稼，徙民而還。

⒂秋，七月，壬午（二十一日），魏主如美稷，遂至隰城⑱。命陽平王它督諸軍擊山胡⑲白龍於西河。它，熙之子也⑳。魏主輕山胡，日引數十騎，登山臨視之，白龍伏壯士十餘處掩擊之，魏主墜馬，幾為所擒，內入行長代人陳建㉑以身扞之，大呼奮擊，殺胡數人，身被十餘創，魏主乃免。九月，戊子（二十八日），大破胡眾，斬白龍，屠其城。冬，十月，甲午（初五日），魏人破白龍餘黨於五原，誅數千人，以其妻子賜將士。十一月，魏主還宮。十二月，甲辰（十六日），復如雲中。

【今註】㊀蕭思話至襄陽，遣橫野司馬蕭承之為前驅：《宋書・蕭思話傳》，思話時以橫野將軍督梁、南秦二州諸軍事，梁、南秦二州刺史，以承之為司馬。㊁磝頭：《水經注》曰：「漢水東逕小大黃金南，又東合遽蓧溪口，又東會洋水，又東歷敖頭、魏興、安康縣治，敖頭，舊立倉儲之所，傍山通道，水陸險湊。」㊂楊難當遣其魏興太守薛健據黃金山，思話遣陰平太守蕭坦攻鐵城戍：《水經注》曰：「漢水東逕小成固南，又東逕石門灘，又東逕猴徑灘，又東逕小大黃金南，山有黃金峭，水北對黃金谷，有黃金戍，傍山依峭，險折七里，氐掠漢中，阻此為戍，與鐵城相對，一城在山上，容百餘人，一城在山下，可置百許人，言其險峻，故以金鐵制名矣！昔楊難當令魏興太守薛健據黃金，姜寶據鐵城，宋遣秦州刺史蕭思話西討，思話令陰平太守蕭坦攻拔之，賊退西水矣！」黃金戍在今陝西省洋縣東北，鐵城戍與之相對。㊃西水：《水經注》作酉水，西字誤。《水經注》酉水北出秦嶺酉谷，南注漢水，謂之酉口。㊄下桃城：在今陝西省南鄭縣東。㊅南城：《宋書・州郡志》曰：「魏元帝景元四年，平蜀，復立梁州，治漢中南鄭而益州治成都，李氏據梁、益，江左於襄陽僑立梁州。李氏滅，復舊。譙縱時又治漢中，刺史治魏興，縱滅，刺史還治漢中之苞中縣，所謂南城也。」胡三省曰：「余考前史，漢中郡無苞城縣，意即褒中縣，蓋因語近而字遂訛也。褒中縣在南鄭西南，故謂之南城。」㊆犀甲：晉灼曰：「犀，堅也。」犀甲即堅甲。㊇置戍於葭萌水：葭萌水即白水江，有津關曰白水關，在今四川省昭化縣西北故白水縣界。《水經注》曰：「白水出臨洮縣西南西傾山，東南流至葭萌縣北，因謂之葭萌水，水有津關，即所謂白水關也。」㊈初，桓希既敗：希敗見卷一百十三晉安帝元興三年。㊉及索邈為刺史：邈刺梁州見卷一百十六晉安帝義熙九年。⑪至是南城為氐所焚，不可復固，蕭思話徙鎮南鄭：胡三省曰：「自此梁州治南鄭。」⑫河西候將：胡三省曰：「此河南五原河西也。候將，斥候將也。」⑬什門在燕二十一年：于什門使燕見卷一百十六晉安帝義熙十年。時魏明元帝神瑞元年也，至是前後凡二十一年。（一四）陰密：陰密縣，漢、晉俱屬安定郡，蓋後漢中廢而曹魏復置也。《魏書・地形志》屬平涼郡，故城在今甘肅省靈臺縣西。（一五）戊寅：《宋書・文帝紀》在五月。四月癸巳朔，無戊寅，五月癸亥朔，戊寅十六日。此脫五月二字。（一六）詔以牧犍為都督涼、秦等四州諸軍事，征西大將軍，涼州刺史，河西王：《宋書・氐胡傳》宋以牧犍為持節，散騎常侍，都督涼、秦、河、沙四州諸軍事，征西大將軍，領護匈奴中郎將，西夷校尉，涼州刺史，河西王。（一七）晉劉禪有重山之險，孫皓有長江之阻，皆為晉擒：蜀阻劍閣、棧道以為固，吳阻長江之險以立國，卒皆為晉所滅。事見卷七十八魏元帝景元四年及卷七十九晉武帝太康元年。（一八）魏主如美稷，遂至隰城：美稷縣，漢屬西河郡，故城在今綏遠境內蒙古鄂爾多斯左翼前旗，後漢光武帝徙南單于居西河美稷，即此。漢靈帝中平中，徙治於茲氏界，尋廢，在今山西省汾陽縣西北。隰城縣，漢屬西河郡，故城在今山西省離石縣西，後漢省，晉復置隰城縣於茲氏縣界，仍屬河西，與後漢中平徙治茲氏界之美稷為鄰矣。唐改隰城縣曰西河縣，而以美稷故縣併屬之，其故治即今山西省汾陽縣。（一九）山胡：胡三省曰：「山胡即稽胡，一曰步落稽，蓋匈奴別種，劉元海五部之苗裔也。或云山戎，赤狄之後。自離石以西，安定以東，方七八百里，居山谷間，種落繁熾。」（二〇）它，熙之子也：陽平王熙見卷一百十九武帝永初二年。（二一）內入行長代人陳建：胡三省曰：「內入行長，魏官也，蓋選勇力之士入直禁中，行長則其部帥也。」《魏書・官氏志》南方諸部有侯莫陳氏，後改為陳氏。

十二年㊀(西元四三五年)

㈠春,正月,己未朔,日有食之。

㈡辛酉(初三日),大赦。

㈢辛未(十三日),上祀南郊。

㈣燕王數為魏所攻,遣使詣建康稱藩奉貢,癸酉(十五日),詔封為燕王,江南謂之黃龍國㊁。

㈤甲申(二十六日),魏大赦,改元太延。

㈥有老父投書於敦煌東門,求之,不獲。書曰:「涼王三十年若七年。」河西王牧犍以問奉常張慎,對曰:「昔虢之將亡,神降于莘㊂。願陛下崇德脩政,以享三十年之祚;若盤于遊田,荒于酒色,臣恐七年,將有大變。」牧犍不悅。

㈦二月,丁未(二十日),魏主還宮。

㈧三月,癸亥(初六日),燕王遣大將湯燭入貢於魏,辭以太子王仁有疾,故未之遣。

(九)領軍將軍劉湛與僕射殷景仁素善，湛之入也，景仁實引之㊃。湛既至，以景仁位遇本不踰己，而一旦居前，意甚憤憤。俱被時遇，以景仁專管內任，謂為間己，猜隙漸生。知帝信仗景仁，不可移奪，時司徒義康專秉朝權，湛嘗為義康上佐㊄，遂委心自結，欲因宰相之力以回上意，傾黜景仁，獨當時務。

夏，四月，己巳（四月丁亥朔，無己巳），帝加景仁中書令，中護軍㊅，即家為府；湛加太子詹事。湛愈憤怒，使義康毀景仁於帝，帝遇之益隆。

景仁對親舊歎曰：「引之令入，入便噬人。」乃稱疾解職，表疏累上，帝不許，使停家養病。湛議遣人若劫盜者於外殺之，以為帝雖知，當有以解之，不能傷義康至親之愛。帝微聞之，遷護軍府於西掖門外，使近宮禁，故湛謀不行。

義康僚屬及諸附麗湛者，潛相約勒，無敢歷殷氏之門。彭城王主簿沛郡劉敬文父成未悟其機，詣景仁求郡，敬文遽往謝湛曰：「老父悖耄，遂就殷鐵㊆干祿，由敬文闇淺，上負生成㊇，闔門慙懼，無地自處。」唯後將軍司馬庾炳之，遊二人之間㊈，皆得其歡心，而密輸忠於朝廷。景仁臥家，不朝謁，帝常使炳之御命往來，湛不疑也。炳之，登之之弟也㊉。

㈩燕王遣右衞將軍孫德來乞師。

㈪五月，庚申（初四日），魏主進宜都公穆壽爵為王，汝陰公長孫道生為上黨王，宜城公奚斤為恒農王㊁，廣陵公樓伏連為廣陵王。加壽征東大將軍，壽辭曰：「臣祖父崇，所以得効功前朝，流福於後者，由梁眷之忠也㊂。今眷元勳未錄，而臣獨奕世㊃受賞，心實愧之。」魏主悅，求眷後，得其孫，賜爵郡公。壽，觀之子也㊃。

㈫龜茲、疏勒、烏孫、悅般、渴槃陀、鄯善、焉耆、車師、粟特九國入貢于魏㊄。【考異】後魏書皆作烏耆，云漢時舊國也，按漢書作焉耆，今從之。魏主以漢世雖通西域，有求則卑辭而求，無來則驕慢不服，蓋自知去中國絕遠，大兵不能至故也，今報使往來，徒為勞費，終無所益，欲不遣使，有司固請，以為九國不憚險遠，慕義入貢，不宜拒絕，以抑將來，乃遣使者王恩生等二十輩使西域。恩生等始度流沙，為柔然所執，恩生見敕連可汗，持魏節不屈。魏主聞之，切責敕連，敕連乃遣恩生等還，竟不能達西域。

㈢甲戌（十八日），魏主如雲中。

㈣六月，甲午（初八日），魏主以時和年豐，嘉瑞沓臻㈠六，詔大酺五日，徧祭百神，用答天貺㈠七。

㈤丙午（二十日），高句麗王璉遣使入貢于魏，且請國諱。魏主使錄帝系及諱以與之，拜璉都督遼海諸軍事，征東將軍，遼東郡公，高句麗王。璉，釗之曾孫也㈠八。戊申（二十二日），魏主命驃騎大將軍樂平王丕、鎮東大將軍徒河屈垣㈠九等帥騎四萬伐燕。

㈥揚州諸郡大水。己酉（二十三日），運徐、豫、南兗穀以賑之。揚州西曹主簿㈡〇沈亮建議，以為酒糜穀，而不足療饑，請權禁止，詔從之。亮，林子之子也㈡一。

㈦秋，七月，魏主畋于棝陽㈡二。

㈧己卯（十五日），魏樂平王丕等至和龍，燕王以牛酒犒軍，獻甲三千。屈垣責其不送侍子，掠男女六千口而還。

(十九)八月丙戌（朔），魏主如河西，九月甲戌（二十日），還宮。

(廿)魏左僕射河間公安原恃寵驕恣，或告原謀為逆，冬，十月癸卯（十九日），原坐族誅。

(廿一)甲辰（二十日），魏主如定州，十一月乙丑（十二日），如冀州，己巳（十六日），畋于廣川，丙子（二十三日），如鄴。

(廿二)魏人數伐燕，燕日危蹙，上下憂懼。太常楊嶠復勸燕王速遣太子入侍，燕王曰：「吾未忍為此。若事急，且東依高麗，以圖後舉。」嶠曰：「魏舉天下以擊一隅，理無不克。高麗無信，始雖相親，終恐為變。」燕王不聽。密遣尚書陽伊請迎於高麗。

(廿三)丹楊尹蕭摹之上言：「佛化被于中國，已歷四代㊂。形像塔寺，所在千數。自頃以來，情敬浮末，不以精誠為至。更以奢競為重，材竹銅綵，糜損無極，無關神祇，有累人事，不為之防，流遁未息。請自今欲鑄銅像及造塔寺者，皆當列言，須報，乃得為之。」詔從之。摹之，思話從叔也。

(二四)魏秦州刺史薛謹擊吐沒骨，滅之。

(二五)楊難當釋楊保宗之囚㉔，使鎮童亭㉕。【考異】後魏書作薰亭，宋書作童，今從之。

【今註】㊀元嘉十二年：是年正月，魏改元太延。㊁江南謂之黃龍國：以馮燕都於黃龍城也。㊂昔虢之將亡，神降於莘：《左傳》莊公三十二年，有神降于莘，虢公使祝應、宗區、史嚚享焉，神賜之土田。史嚚曰：「虢其亡乎！吾聞之，國將興，聽於民，將亡，聽於神。神，聰明正直而壹者也，依人而行，虢多涼德，其何土之能得？」後七年，晉遂滅虢。㊃湛之入也，景仁實引之：事具元嘉八年。㊄湛嘗為義康上佐：義康以冠軍將軍帶豫州刺史鎮壽陽，以湛為長史，見卷一百十九武帝永初元年。㊅夏四月己巳，帝加景仁中書令，中護軍：《宋書・文帝紀》在四月乙酉，按四月丁亥朔，無己巳及乙酉日。㊆殷鐵：鐵，景仁小字也。㊇上負生成：生成猶言培育，言負湛培育之恩。㊈遊二人之間：二人指殷景仁及劉湛。㊉炳之，登之之弟也：庾登之見卷一百二十元嘉三年。⑪宜城公奚斤為恒農王：魏太武帝即位，奚斤進爵宜城王，其後為赫連定所擒，太武帝克平涼，降爵為公。魏獻文帝諱弘，乃改弘農為恒農，史以後來郡名書之。⑫臣祖父崇，所以得效功前朝，流福於後者，由梁眷之忠也：穆壽祖崇，仕魏平文帝，劉顯之謀逆也，平文帝外孫梁眷知之，密遣崇告平文帝，事見卷一百六晉孝武帝太元十年。⑬奕世：累代也。《後漢書・袁術傳》云：「奕世克昌。」李賢注曰：「奕猶重也。」⑭壽，觀之子也：穆觀見卷一百十九武帝永初二年。⑮龜玆、疏勒、烏孫、悅般、渴槃陁、鄯善、焉耆、車師、粟特九國入貢于魏：龜茲、疏勒、烏孫、鄯善、焉耆、車師，漢時舊國也。《魏書·西域傳》，悅般國在烏孫西北，去代一萬九千三十里，其先匈奴北單于之部落也，為漢車騎將軍竇憲所逐，北單于度金微山西走康居，其羸弱不能去者住龜茲北為悅般國，地方數千里，眾可二十萬，涼州人猶謂之單于王；渴槃陁國在蔥嶺東，朱駒波西，有高山，夏積霜雪；粟特國在蔥嶺之西，古之奄蔡，居於大澤，在康居西北，去代一萬六千里。㈥沓臻：重至也。㈦天眖：《爾雅》曰：「眖，賜也。」眖音況。㈧璉，釗之曾孫也：高句麗王釗為燕所破，見卷八十七晉成帝咸康八年。㈨屈垣：《魏書·官氏志》內入諸姓有屈突氏，後改為屈氏。㈩揚州西曹主簿：胡三省曰：「自晉以來，公府分東、西曹，各有掾、屬、主簿。」⑪亮，林子之子也：沈林子，宋武帝開國功臣，隨武帝征伐有功。⑫稒陽：稒陽塞，戰國魏之固陽邑，《史記·魏世家》惠王築長城塞固陽，即此。漢置稒陽縣，屬九原郡。胡三省曰：「稒陽北出，即光祿塞，漢五原之北邊也。」約在今綏遠省五原縣東北。⑬佛化被於中國，已歷四代：胡三省曰：「四代，漢、魏、晉、宋也。」⑭楊難當釋楊保宗之囚：難當囚保宗事見元嘉九年。⑮童亭：《水經注》曰：「涇谷水出涇谷之山，東北歷董亭下，楊難當使兄子保宗鎮董亭，即是亭也。」《宋書》作童亭，《魏書》作薰亭，皆誤。董亭在今甘肅省天水縣東南。三國蜀漢延熹十六年，姜維率眾出祁山，聞鄧艾有備，乃出石營，徑董事以圍南安，即此。

卷一百二十三　宋紀五

起柔兆困敦，盡重光大荒落，凡六年。（丙子至辛巳，西元四三六年至四四一年）

司馬光編集
林瑞翰註

太祖文皇帝中之上

元嘉十三年（西元四三六年）

㈠春，正月，癸丑朔，上有疾，不朝會。

㈡甲寅（初二日），魏主還宮。

㈢二月，戊子（初六日），燕王遣使入貢于魏，請送侍子，魏主不許㊀。將舉兵討之。壬辰（初十日），遣使者十餘輩詣東方高麗等諸國告諭之㊁。

㈣司空江州刺史永脩公檀道濟㊂立功前朝，威名甚重，左右腹心，竝經百戰，諸子又有才氣，朝廷疑畏之。帝久疾不愈，劉湛說司徒義康以為宮車一日晏駕，道濟不復可制。會帝疾篤，養康言於帝，召道濟入朝。其妻向氏㊃謂道濟曰：「同世之勳，自古所忌。今無事相召，禍其至矣！」既至，留之累月。帝稍間，將遣還，已下渚㈤，未發，會帝疾動，義康矯詔召道濟入祖道，因執之。三月己未（初八日），下詔稱道濟潛散金貨，招誘剽猾㈥，因朕寢疾，規肆禍心，收付廷尉，幷其子給事黃門侍郎植等十一人誅之，唯宥其孫孺㈦。又殺司空參軍薛彤、高進之，二人，皆道濟腹心，有勇力，時人比之關張㈧。道濟見收，憤怒，目光如炬，脫幘投地曰：「乃壞汝萬里長城㈨。」魏人聞之，喜曰：「道濟死，吳子輩不足復憚！」

庚申（初九日），大赦，以中軍將軍南譙王義宣為江州刺史。

㈤辛未（二十日），魏平東將軍娥清、安西將軍古弼將精騎一萬伐燕，平州刺史拓跋嬰帥遼西諸軍會之。

㈥氏王楊難當自稱大秦王，改元建義，立妻為王后，世子為太子，置百官皆如天子之制，然猶貢奉宋魏不絕。

㈦夏，四月，魏娥清、古弼攻燕白狼城，克之。

高麗遣其將葛盧、孟光將眾數萬隨陽伊至和龍迎燕王㈩。高麗屯于臨川㈡，燕尚書令郭生因民之憚遷，開城門納魏兵。【考異】後魏古弼傳作大臣古泥，今從十六國春秋鈔。魏人疑之，不入，生遂勒兵攻燕王，王引高麗兵入自東門，與生戰于闕下，生中流矢死。葛盧、孟光入城，命軍士脫弊褐，取燕武庫精仗以給之，大掠城中。五月乙卯（初五日），燕王帥龍城見戶東徙，焚宮殿，火一旬不滅㈢。令婦人被甲居中，陽伊等勒精兵居外，葛盧、孟光帥騎殿後，方軌㈢而進，前後八十餘里。古弼部將高苟子帥騎欲追之，弼醉，拔刀止之，故燕王得逃去。魏主聞之，怒，檻車徵弼及娥清至平城，皆黜為門卒。戊午（初八日），魏主遣散騎常侍封撥使高麗，令送燕王。

㈧丁卯，魏主如河西。

㈨六月，詔寧朔將軍蕭汪之將兵討程道養。軍至郪口㈣，帛氏奴請降，道養兵敗，還入郪山。

㈩赫連定之西遷也㈤，楊難當遂據上邽。秋，七月，魏主遣驃騎大將軍樂平王丕、尚書令劉絜督河西、高平諸軍以討之，先遣平東將軍崔賾齎詔書諭難當。

㈩魏散騎侍郎游雅㈥來聘。
㈪己未（初十日），零陵王太妃褚氏卒，追謚曰晉恭思皇后，葬以晉禮。
㈫八月，魏主畋于河西。
㈬魏主遣廣平公張黎發定州兵一萬二千通莎泉道㈦。
㈭九月，庚戌（初二日），魏樂平王丕等至略陽，楊難當懼，請奉詔攝上邽守兵還仇池。諸將議以為不誅其豪帥，軍還之後，必相聚為亂；又大眾遠出，不有所掠，無以充軍實，賞將士。丕將從之，中書侍郎高允參丕軍事，諫曰：「如諸將之謀，是傷其向化之心。大軍既還，為亂必速。」丕乃止。撫慰初附，秋毫不犯，秦隴遂安。

難當以其子順為雍州刺史，鎮下辨。
㈮高麗不送燕王於魏，遣使奉表，稱當與馮弘俱奉王化。魏主以高麗違詔，議擊之。將發隴右騎卒。劉絜曰：「秦、隴新民㈧，且當優復㈨，俟其饒實，然後用之。」樂平王丕曰：「和龍新定，宜廣脩農桑，以豐軍實，然後進取，則高麗一舉可滅也。」魏主乃止。

(十七)癸丑（初五日），封皇子濬為始興王，駿為武陵王。

(十八)冬，十一月，己酉（朔），魏主如稒陽，驅野馬於雲中，置野馬苑。閏月，壬子⑳（初五日），還宮。

(十九)初，高祖克長安㉑，得古銅渾儀。儀狀雖舉，不綴七曜㉒，是歲，詔太史令錢樂之更鑄渾儀，徑六尺八分，以水轉之，昏明中星與天相應㉓。

(二十)柔然與魏絕和親，犯魏邊㉔。

(二十一)吐谷渾惠王慕璝卒，弟慕利延立。

【今註】㊀燕王遣使入貢于魏，請送侍子，魏主不許：胡三省曰：「燕王屢請送侍子而不至，魏主知其詐，故不許。」余按魏時方謀伐燕，故不許其請也。㊁遣使者十餘輩詣東方高麗等諸國告諭之：諭以魏將伐燕，使不得與燕通好。㊂永脩公檀道濟：永脩縣，漢靈帝中平中立，屬豫章郡，蓋為修水所經，故城在今江西省永修縣西南。㊃道濟妻向氏：氏族略，向，姓也，古向國，子孫以國為氏；又宋桓公之後，公子肹，字向父，子孫以字為氏。㊄已下渚：胡三省曰：「道濟將還江州，船已下秦淮渚。」渚，水中小洲。㈥剽猾：剽悍猾黠之徒。㈦唯宥其孫孺：「唯宥諸孫之在童孺者。」按《宋書・檀道濟傳》：「收道濟子夷、邕、演，邕子孺乃被宥。」則孺蓋邕子之名，胡注非。㈧關張：關羽、張飛。㈨白狼城：漢置白狼縣，屬右北平郡，後漢省，晉以來稱為白狼城，燕以此城為重鎮，置并州刺史鎮於此，後魏真君八年，併入建德郡廣都縣，郡治白狼城，故城在今熱河省清源縣南。顏師古曰：「縣境有白狼山，故以名縣。」《水經注》曰：「白狼水出右北平白狼縣東南，北流，西北屈逕廣成縣故城南，俗謂之廣都城，又西北合石城川水。石城川水出南石城山，東流逕石城縣故城南，北屈逕白鹿山西，即白狼山也，又東北入廣成縣，注白狼水。白狼水又北逕白狼縣故城東，又東合方城川水，又東北逕昌黎縣故城西，復東北出塞，注于遼水。」㈩高麗遣其將葛盧、孟光將眾數萬隨陽伊至和龍迎燕王：以去年燕遣陽伊請迎於高麗，至是高麗遣葛盧等將眾迎之。⑪高麗屯於臨川：胡三省曰：「臨川在和龍城東。」⑫燕王帥龍城見戶東徙，焚宮殿，火一旬不滅：馮跋以晉安帝義熙五年僭號，至弘，歷二主，凡二十八年而滅。⑬方軌：兩車並行也。《史記・蘇秦傳》云：「車不得方軌，騎不得比行。」⑭郪口：郪江源出於今四川省中江縣之銅官山，東南流逕三臺縣南，又至遂寧，蓬溪二縣界而合於涪水，謂之郪口。⑮赫連定之西遷也：事見上卷元嘉八年。⑯遊雅：姓譜鄭公子偃字子游，後遂以字為氏，後魏時為廣平望姓。⑰莎泉道：《魏書・地形志》恒州北靈丘郡有莎泉縣，故城在今山西省靈丘縣西，隋廢靈丘為縣，併莎泉入焉！⑱新民：新附之民。⑲優復：優復其賦役。⑳閏月壬子：是年閏十二月，戊申朔，壬子初五日。㉑初，高祖克長安：事見卷一百十八晉安帝義熙十三年。㈢七曜：日、月及金、木、水、火、土五星謂之七曜。㈢昏明中星與天相應：胡三省曰：「孟春之月，昏參中，旦尾中；仲春之月，昏弧中，旦建星中；季春之月，昏七星中，旦牽牛中；孟夏之月，昏翼中，旦婺中；仲夏之月，昏亢中，旦危中；季夏之月，昏火中，旦奎中；孟秋之月，昏建星中，旦畢中；仲秋之月，昏牽牛中，旦觜觿中；季秋之月，昏虛中，旦柳中；孟冬之月，昏危中，旦七星中；仲冬之月，昏東壁中，旦軫中；季冬之月，昏婁中，旦氐中。」星在中天，謂之中星，凡星體通過子午線圈時，其高度最高，謂之中天。㈣柔然與魏絕和親，犯魏邊：柔然與魏和見上卷元嘉八年。

十四年（西元四三七年）

㈠春，正月，戊子（十二日），魏北平宣王長孫嵩卒。

㈡辛卯（十五日），大赦。

㈢二月乙卯（初九日），魏主如幽州。三月丁丑（初二日），魏主以南平王渾為鎮東大將軍，儀同三司，鎮和龍。己卯（初四日），還宮。

㈣帝遣散騎常侍劉熙伯如魏議納幣，會帝女亡而止㈠。

㈤夏，四月，趙廣、張尋、梁顯等各帥眾降，別將王道恩斬程道養送首，餘黨悉平㈡。丁未（初二日），以輔國將軍周籍之為益州刺史。

㈥魏主以民官㈢多貪，夏，五月己丑（二十五日），詔吏民得舉告守令不如灋者。於是姦猾專求牧宰之失，迫脇在位，橫於閭里，而長吏㈣咸降心待之，貪縱如故。

㈦丙申（二十二日），魏主如雲中。

㈧秋，七月戊子（十五日），魏永昌王健等討山胡白龍餘黨於西河，滅之。

㈨八月甲辰（朔），魏主如河西，九月甲申（十二日），還宮。

㈩丁酉（十三日），魏主遣使者拜吐谷渾王慕利延為鎮西大將軍，儀同三司，改封西平王。

㈩㈠冬，十月癸卯（朔），魏主如雲中。十一月壬申（朔），還宮。

㈩㈡魏主復遣散騎侍郎董琬、高明等多齎金帛使西域，招撫九國㈤。琬等至烏孫，其王甚喜，曰：「破落那、者舌二國㈥，皆欲稱臣致貢於魏，但無路自致耳！今使君宜過撫之。」乃遣導譯送琬詣破落那，明詣者舌。旁國聞之，爭遣使者隨琬等入貢，凡十六國，自是每歲朝貢不絕。

㈢魏主以其妹武威公主妻河西王牧犍，河西王遣宋繇奉表，詣平城謝，且問公主所宜稱。魏主使羣臣議之，皆曰：「母以子貴，妻從夫爵㈦。牧犍母宜稱河西國太后，公主於其國稱王后，於京師則稱公主。」魏主從之。

初，牧犍娶涼武昭王㈧之女，及魏公主至，李氏與其母尹氏遷居酒泉。頃之，李氏卒，尹氏撫之不哭，曰：「汝國破家亡，今死晚矣！」牧犍之弟無諱，鎮酒泉，謂尹氏曰：「后諸孫在伊吾㈨，后欲就之乎？」尹氏未測其意，給之曰：「吾子孫漂蕩，託身異域，餘生無幾，當死此，不復為氈裘之鬼也。」未幾，潛犇伊吾。無諱騎追及之，尹氏謂追騎曰：「沮渠酒泉㈩，許吾歸北，何為復追？汝取吾首以往，吾不復還矣！」追騎不敢逼，引還，尹氏卒於伊吾。

牧犍遣將軍沮渠旁周入貢于魏，魏主遣侍中古弼，尚書李順賜其侍臣衣服，幷徵世子封壇入侍。是歲，牧犍遣封壇如魏，亦遣使詣建康，獻雜書及敦煌趙敺㊁所撰甲寅元曆，幷求雜書數十種，帝皆與之。

李順自河西還，魏主問之曰：「卿往年言取涼州之策，朕以東方有事，未遑也。今和龍已平，吾欲即以此年西征，可乎？」對曰：「臣疇昔所言㊂，以今觀之，私謂不謬；然國家戎車屢動，士馬疲勞，西征之議，請俟他年。」魏主乃止。

【今註】㊀帝遣散騎常侍劉熙伯如魏議納幣，會帝女亡而止：魏主為其太子晃請婚見上卷十年。㊁夏，四月，趙廣、張尋、梁顯等各帥眾降，別將王道恩斬程養送首，餘黨悉平：廣等以元嘉九年反，至是乃平。㊂民官：郡守、縣令皆親民之官，故下云得舉告守、令不如法者。㊃長吏：謂郡縣上佐丞尉長史主簿之屬。《漢書・百官公卿表》云：「縣令、長皆有丞、尉，秩四百石至二百石，是為長吏；百石以下有斗食、佐史之秩，是為少吏。」㊄魏主復遣散騎侍郎董琬、高明等多齎金帛使西域，招撫九國：九國謂龜茲、疏勒、烏孫、悅般、渴槃陁、鄯善、焉耆、車師、粟特，註見上卷元嘉十六年註㊄。㊅破落那、者舌二國：《魏書・帝紀》作破落那，〈西域傳〉作洛那，又作破洛那。

《魏書・西域傳》洛那國，故大宛國也，在疏勒西北，去代一萬四千四百五十里；者舌國，故康居國，在破洛那西北，去代一萬五千四百五十里。㈦母以子貴，妻從夫爵：母以子貴，春秋之義；婦人無爵，從夫之爵；《禮記》之言。㈧涼武昭王：涼王李暠謚武昭。㈨后諸孫在伊吾：李寶奔伊吾見一百十九卷營陽王景平元年。寶，翻之子，翻，暠之子也。㈩沮渠酒泉：謂牧犍弟無諱，無諱鎮酒泉，故以稱之。㈡趙敺：胡三省曰：「敺讀為斐。」魏書作敺。㈢臣嚋昔所言：李順言蒙遜死，魏必克涼州，事見上卷元嘉九年。

十五年（西元四三八年）

㈠春，二月丁未（初七日），以吐谷渾王慕利延為都督西秦、河、沙三州諸軍事，鎮西大將軍，西秦、河二州刺史，隴西王。

㈡三月癸未（十三日），魏主詔罷沙門年五十以下者㈠。

㈢初，燕王弘至遼東，高麗王璉遣使勞之，曰：「龍城王馮君，爰適野次，士馬勞乎？」弘慚怒，稱制讓之。高麗處之平郭，尋徙北豐。弘素侮高麗，政刑賞罰，猶如其國，高麗乃奪其侍人，取其太子王仁為質。弘怨高麗，遣使上表求迎。上遣使者王白駒等迎之，幷令高麗資遣。高麗王不欲使弘南來，遣將孫漱、高仇等殺弘于北豐，幷其子孫十餘人，謚弘曰昭成皇帝。白駒等帥所領七千餘人掩討漱、仇，殺仇，生擒漱。高麗王以白駒等專殺，遣使執送之，上以遠國，不欲違其意，下白駒等獄，已而原之。

㈣夏，四月，納故黃門侍郎殷淳女為太子劭妃。

㈤五月戊寅（初九日），魏大赦。

㈥丙甲（二十七日），魏主如五原。秋，七月，自五原北伐柔然。命樂平王丕督十五將出東道，永昌王健督十五將出西道，魏主自出中道，至浚稽山，復分中道為二，陳留王崇從大澤向涿邪山，魏主從浚稽北向天山，西登白阜㈡，不見柔然而還。時漠北大旱，無水草，人馬多死。

㈦冬，十一月，丁卯朔，日有食之。

㈧十二月，丁巳（二十二日），魏主至平城。

㈨豫章雷次宗，好學，隱居廬山㈢，嘗徵為散騎侍郎，不就。是歲，以處士徵至建康，為開館於雞籠山㈣，使聚徒教授。帝雅好藝文，使丹楊尹廬江何尚之立玄學，太子率更令㈤何承天立史學，司徒參軍謝元立文學，幷次宗儒學為四學。元，靈運之從祖弟也。帝數幸次宗學館，令次宗以巾褠㈥侍講，資給甚厚，又除給事中，不就，久之，還廬山。臣光曰：「易曰：『君子多識前言往行以畜其德㈦。』孔子曰：『辭達而已矣㈧。』然則史者，儒之一端；文者，儒之餘事；至於老莊虛無，固非所以為教也。夫學者所以求道，天下無二道，安有四學哉？」

㈩帝性仁厚恭儉，勤於為政，守瀍而不峻，容物而不弛，百官皆久於其職，守宰以六朞為斷。吏不苟免，民有所係，三十年間，四境之內，晏安無事，戶口蕃息。出租供傜，止於歲賦㈨，晨出暮歸，自事而已㈩。閭閻之間，講誦相聞，士敦操尚，鄉恥輕薄，江左風俗，於斯為美，後之言政治者，皆稱元嘉焉。

【今註】㈠魏主詔罷沙門年五十以下者：胡三省曰：「以其疆壯，罷使為民以從征役。」㈡魏主從浚稽北向天山，西登白阜：胡三省曰：「天山在漠北，即唐鐵勒思結多濫葛所保之地，非伊吾之折羅漫山也。白阜疑即靈山。」折羅漫山，今新疆省天山之別名，古曰白山，又名雪山。按浚稽山在今外蒙古喀爾喀境，漢太初二年，趙破奴擊匈奴，出朔方北二千餘里至浚稽山而還，魏主從浚稽北向天山，故胡氏謂在漠北，非今新疆之天山也。胡氏所謂靈山即今新疆之天山，匈奴呼天為祁連，所謂祁連，漢書稱為北山者也。㊂盧山：盧山在今江西省九江縣南。相傳周時有匡俗結廬此山，定王徵之不見，使使者訪之，則空廬存焉，故名廬山，一名匡山，又名盧阜，總名匡廬，朱子以為即禹貢之敷淺原。《輿圖廣記》曰：「廬山三面阻水，西臨大陸，為羣山所奔輳。山無主峯，蜿蜒蟬聯，指列條數，各自為勝。」㊃雞籠山：胡三省曰：「雞籠山在臺城北郊。」㊄太子率更令：《晉書・職官志》曰：「太子率更令，主宮殿門戶及賞罰事，職如光祿勳、衞尉。」《御覽》引《晉起居注》武帝太康八年詔曰：「太子率更令、僕，東宮之達官也，其進品第五，秩與中庶子、左、右衞率同，職擬光祿勳也。」㊅巾褠：巾，巾幘也；褠，單衣也。胡三省曰：「巾褠，江南人士交際以為盛服，蓋次於朝服。毛修之不肯以巾褠到殷景仁之門是也。」㊆君子多識前言往行以畜其德：《易・大畜》象辭。㊇辭達而已矣：《論語》記孔子之言。㊈出租供傜，止於歲賦：歲賦，常賦也。言於常賦之外，不另取民。㊉自事而已：胡三省曰：「自適己事而已。」言不滋事為非。

十六年（西元四三九年）

㈠春，正月，庚寅（二十五日），司徒義康進位大將軍，領司徒㈠。南兗州刺史江夏王義恭進位司空。

㈡魏主如定州。

㈢初，高祖遺詔令諸子次第居荊州。臨川王義慶在荊州八年，欲為之選代，其次應在南譙王義宣。帝以義宣人才凡鄙，置不用。二月己亥（初五日），以衡陽王義季為都督荊湘等八州諸軍事，荊州刺史㈡。義季嘗春月出畋，有老父被苫㈢而耕，左右斥之，老父曰：「盤于遊畋，古人所戒㈣。今陽和布氣，一日不耕，民失其時，柰何以從禽之樂，而驅斥老農也？」義季止馬，曰：「賢者也。」命賜之食。辭曰：「大王不奪農時，則境內之民皆飽。大王之食，老夫何敢獨受大王之賜乎？」義季問其名，不告而退。

㈣三月，魏雍州刺史葛那寇上洛㈤，上洛太守鐔長生棄郡走。

㈤辛未（初七日），魏主還宮。

㈥楊保宗與兄保顯自童亭犇魏㈥，庚寅（二十六日），魏主以保宗為都督隴西諸軍事，征西大將軍，開府儀同三司，秦州牧，武都王，鎮上邽，妻以公主；保顯為鎮西將軍，晉壽公。

㈦河西王牧犍通於其嫂李氏，兄弟三人傳孌之㊆。李氏與牧犍之姊共毒魏公主㊇，魏主遣解毒醫乘傳救之，得愈。魏主徵李氏，牧犍不遣，厚資給，使居酒泉。

魏每遣使者詣西域，常詔牧犍發導護送出流沙，使者自西域還，至武威，牧犍左右有告魏使者曰：「我君承蠕蠕可汗妄言云：『去歲魏天子自來伐我，士馬疫死，大敗而還，我擒其長弟樂平王丕。』我君大喜，宣言於國。又聞可汗遣使告西域諸國，稱魏已削弱，今天下唯我為彊，若更有魏使，勿復供奉。西域諸國，頗有貳心㊈。」使還，具以狀聞。

魏主遣尚書賀多羅使涼州，觀虛實。多羅還，亦言牧犍雖外脩臣禮，內實乖悖。魏主欲討之，以問崔浩。對曰：「牧犍逆心已露，不可不誅，官軍往年北伐，雖不克獲，實無所損。戰馬三十萬匹，計在道死傷不滿八千；常歲羸死，亦不減萬匹。而遠方乘虛，遂謂衰耗，不能復振，今出其不意，大軍猝至，彼必駭擾，不知所為，擒之必矣！」魏主曰：「善。吾意亦以為然。」於是大集公卿，議於西堂㊉。弘農王奚斤等三十餘人皆曰：「牧犍西垂下國，雖心不純臣，然繼父位以來，職貢不乏，朝廷待以藩臣，妻以公主，今其罪惡未彰，宜加恕宥。國家新征蠕蠕，士馬疲弊，未可大舉。且聞其土地鹵瘠㊁，難得水草，大軍既至，彼必嬰城固守，攻之不拔，野無所掠，此危道也。」

初，崔浩惡尚書李順㊂，順使涼州，凡十二返，魏主以為能。涼武宣王㊂數與順遊宴，對其羣下，時為驕慢之語，恐順泄之，隨以金寶納於順懷，順亦為之隱。浩知之，密以白魏主，魏主未之信。及議伐涼州，順與尚書古弼皆曰：「自溫圉水以西至姑臧㊃，地皆枯石，絕無水草。彼人㊄言姑臧城南天梯山上，冬有積雪，深至丈餘，春夏消釋，下流成川，居民引以溉灌。彼聞軍至，決此渠口，水必乏絕，環城百里之內，地不生草，人馬饑渴，難以久留，斤等之議是也！」

魏主乃命浩與斤等相詰難，眾無復他言，但云：「彼無水草。」浩曰：「漢書地理志稱涼州之畜，為天下饒㊅，若無水草，畜何以蓄？又漢人終不於無水草之地築城郭，建郡縣也。且雪之消釋，僅能斂塵，何得通渠溉灌乎？此言大為欺誣⑰矣！」李順曰：「耳聞不如目見，吾嘗目見，何可共辯？」浩曰：「汝受人金錢，欲為之遊說，謂我目不見，便可欺邪？」帝隱聽⑱，聞之，乃出見斤等，辭色嚴厲，羣臣不敢復言，唯唯而已。羣臣既出，振威將軍代人伊馛言於帝曰：「涼州若果無水草，彼何以為國？眾議皆不可用，宜從浩言。」帝善之。

夏，五月，丁丑（十四日），魏主治兵於西郊。六月，甲辰（十一日），發平城。使侍中宜都王穆壽輔太子晃監國，決留臺事，內外聽焉。又使大將軍長樂王稽敬⑲，輔國大將軍建寧王崇將二萬人屯漠南，以備柔然，命公卿為書，以讓河西王牧犍，數其十二罪，且曰：「若親帥羣臣，委贄⑳遠迎，謁拜馬首，上策也；六軍既臨，面縛輿櫬，其次也；若守迷窮城，不時悛悟㉑，身死族滅，為世大戮。宜思厥中，自求多福。」

㈧己酉（十六日），改封隴西王吐谷渾慕利延為河南王。

㈨魏主自雲中濟河。秋，七月己巳（初七日），至上郡屬國城㊂。壬午（二十日），留輜重，部分諸軍。使撫軍大將軍永昌王健、尚書令劉絜與常山王素為前鋒，兩道竝進；驃騎大將軍樂平王丕、太宰陽平王杜超為後繼；以平西將軍源賀為鄉導。

魏主問賀以取涼州方略，對曰：「姑臧城旁有四部鮮卑，皆臣祖父舊民㊂，臣願處軍前，宣國威信，示以禍福，必相帥歸命。外援既服，然後取其孤城，如反掌耳！」魏主曰：「善」。

八月，甲午（初二日），永昌王健獲河西畜產二十餘萬。河西王牧犍聞有魏師，驚曰：「何為乃爾？」用左丞姚定國計，不肯出迎，求救於柔然，遣其弟征南大將軍董來將兵萬餘人出戰於城南，望風奔潰。劉絜用卜者言，以為日辰不利，歛兵不追，董來遂得入城，魏主由是怒之。

丙申（初四日），魏主至姑臧，遣使諭牧犍，令出降。牧犍聞柔然欲入魏邊為寇，冀幸魏主東還，遂嬰城固守。其兄子祖踰城出降，魏主具知其情，乃分軍圍之。

源賀引兵招慰諸部，下三萬餘落，故魏主得專攻姑臧，無復外慮。魏主見姑臧城外水草豐饒，由是恨李順，謂崔浩曰：「卿之昔言，今果驗矣㉔！」對曰：「臣之言，不敢不實，類皆如此。」魏主之將伐涼州也，太子晃亦以為疑，至是魏主賜太子詔曰：「姑臧城西門外，湧泉合於城北，其大如河，自餘溝渠流入漠中，其間乃無燥地，故有此敕，以釋汝疑。」

⑽庚子（初八日），立皇子鑠為南平王。

⑾九月，丙戌（二十五日），河西王牧犍兄子萬年帥所領降魏。【考異】宋書氐胡傳曰：茂虔兄子萬年為虜內應，茂虔見執。」今從後魏書。姑臧城潰，牧犍帥其文武五千人面縛請降。魏主釋其縛而禮之，收其城內戶口二十餘萬，倉庫珍寶，不可勝計。使張掖王禿髮保周㉕，龍驤將軍穆羆、安遠將軍源賀分徇諸郡雜胡，降者又數十萬。

初，牧犍以其弟無諱為沙州刺史，都督建康以西諸軍事，領酒泉太守；宜得為秦州刺史，都督丹嶺㉖以西諸軍事，領張掖太守；安周為樂都太守㉗，【考異】宋書宜得作儀德，安周作從子豐周，今從後魏書。從弟唐兒為敦煌太守。

及姑臧破，魏主遣鎮南將軍代人奚眷擊張掖，鎮北將軍封沓擊樂都。宜得燒倉庫西犇酒泉，安周南犇吐谷渾。封沓掠數千戶而還。奚眷進攻酒泉，無諱、宜得收遺民犇晉昌，遂就唐兒於敦煌。魏主使弋陽公元絜守酒泉，及武威、張掖，皆置將守之。

魏主置酒姑臧，謂羣臣曰：「崔公智有餘，吾不復以為奇。伊馛弓馬之士，而所見乃與崔公同，深可奇也。」馛善射，能曳牛却行，走及犇馬，而性忠謹，故魏主特愛之。

魏主之西伐也，穆壽送至河上㉘，魏主敕之曰：「吳提㉙與牧犍相結素深，聞朕討牧犍，吳提必犯塞，朕故留壯兵肥馬使卿輔佐太子，收田既畢，即發兵詣漠南，分伏要害以待虜至，引使深入，然後擊之，無不克矣！涼州路遠，朕不得救，卿勿違朕言！」壽頓首受命。壽雅信中書博士公孫質，以為謀主，壽、質皆信卜筮，以為柔然必不來，不為之備。質，軌之弟也㉚。

柔然敕連可汗聞魏主向姑臧，乘虛入寇，留其兄乞列歸與嵇敬、建寧王崇相拒於北鎮㉛，自帥精騎深入，至善無七介山。平城大駭，民爭走中城。穆壽不知所為，欲塞西郭門，請太子避保南山，竇太后㈢不聽而止。遣司空長孫道生、征北大將軍張黎拒之於吐頹山㈢，會嵇敬、建寧王崇擊破乞列歸於陰山之北，擒之，幷其伯父他吾無鹿胡及將帥五百人，斬首萬餘級，敕連聞之，遁去，追至漠南而還。

冬，十月辛酉（朔），魏主東還，留樂平王丕及征西將軍賀多羅鎮涼州，徙沮渠牧犍宗族及吏民三萬戶于平城。【考異】十六國春秋鈔云：「十萬戶。」今從後魏書。

㈡癸亥（初三日），禿髮保周帥諸部鮮卑據張掖叛魏。

㈢十二月乙亥（十六日），太子劭加元服，大赦。劭美鬚眉，好讀書，便弓馬，喜延賓客，意之所欲，上必從之。東宮置兵，與羽林㈣等。

㈣壬午（二十九日），魏主至平城。以柔然入寇，無大失亡，故穆壽等得不誅。魏主猶以妹婿待沮渠牧犍，征西大將軍、河西王如故。牧犍母卒，葬以太妃之禮，武宣王置守冢三十家㈤。

涼州自張氏以來，號為多士㊱。沮渠牧犍尤喜文學，以敦煌闞駰為姑臧太守，張湛為兵部尚書㊲，劉昞、索敞、陰興為國師助教，金城宋欽為世子洗馬，趙柔為金部郎㊳，廣平程駿、駿從弟弘為世子侍講。魏主克涼州，皆禮而用之，以闞駰、劉昞為樂王丕從事中郎。

安定胡叟，少有俊才，往從牧犍，牧犍不甚重之。叟謂程弘曰：「貴主居僻陋之國而淫名僭禮㊴，以小事大而心不純壹，外慕仁義而實無道德，其亡可翹足待也！吾將擇木㊵，先集于魏，與子暫違，非久闊也。」遂適魏，歲餘而牧犍敗。魏主以叟為先識，拜虎威將軍，賜爵始復男㊶。

河內常爽世寓涼州，不受禮命，魏主以為宣威將軍。

河西右相宋繇，從魏主至平城而卒。

魏主以索敞為中書博士。時魏朝方尚武功，貴遊子弟㊷，不以講學為意，敞為博士十餘年，勤於誘導，肅而有禮，貴遊皆嚴憚之，多所成立，前後顯達至尚書、牧守者數十人。

常爽置館於溫水之右[43]，教授七百餘人。爽立賞罰之科，弟子事之，如嚴君，由是魏之儒風始振。高允每稱爽訓厲有方，曰：「文翁柔勝，先生剛克[44]。立教雖殊，成人一也。」陳留江強寓居涼州，獻經、史、諸子千餘卷及書法，亦拜中書博士[45]。

魏主命崔浩監祕書事，綜理史職，以中書侍郎[46]高允、散騎侍郎張偉參典著作。浩啟稱陰仲逵、段承根，涼土美才，請同脩國史，皆除著作郎。仲逵，武威人；承根，暉之子也[47]。

浩集諸曆家考校漢元[48]以來日月薄食，五星行度，幷譏前史之失，別為魏曆，以示高允。允曰：「漢元年十月，五星聚東井[49]，此乃曆術之淺事，今譏漢史而不覺此謬，恐後人之譏今，猶今之譏古也。」浩曰：「所謬云何？」允曰：「案星傳，太白辰星常附日而行，十月日在尾、箕[50]，昏沒於申南，而東井方出於寅北，二星何得背日而行？是史官欲神其事，不復推之於理也。」浩曰：「天文欲為變者，何所不可邪？」允曰：「此不可以空言爭，宜更審之。」一坐者咸怪允之言，唯東宮少傅㈤游雅曰：「高君精於曆數，當不虛也。」後歲餘，浩謂允曰：「先所論者，本不經心，及更考究，果如君言。五星乃以前三月聚東井，非十月也。」眾乃歎服。

允雖明曆，初不推步及為人論說，唯游雅知之，雅數以災異問允，允曰：「陰陽災異，知之甚難，既已知之，復恐漏泄，不如不知也。天下妙理至多，何以問此？」雅乃止。魏主問允：「為政何先？」時魏多封禁良田，允曰：「臣少賤㈢，唯知農事。若國家廣田積穀，公私有備，則饑饉不足憂矣！」帝乃命悉除田禁以賦百姓。

㈤吐谷渾王慕利延聞魏克涼州，大懼，帥眾西遁，踰沙漠。魏主以其兄慕璝有擒赫連定之功㈢，遣使撫諭之，慕利延乃還故地。

㈥氐王楊難當將兵數萬寇魏上邽，秦州人多應之。東平呂羅漢說鎮將拓跋意頭曰：「難當眾盛，今不出戰，示之以弱，眾情離沮，不可守也。」意頭遣羅漢將精騎千餘出衝難當陳，所向披靡，殺其左右騎八人，難當大驚。會魏主以璽書責讓難當，難當引還仇池。

㈦南豐太妃司馬氏卒，故營陽王之后也㉔。

㈧趙廣、張尋等復謀反，伏誅㉕。

【今註】㈠司徒義康進位大將軍，領司徒：胡三省曰：「自漢以來，大將軍位三公上，司徒，丞相職也。義康既進位，猶領司徒職。」按《晉書・職官志》：「大將軍，漢武帝置，冠以大司馬名，為崇重之職。及漢東京，大將軍不常置，為之者皆擅朝權。至景帝為大將軍，亦受非常之任，後以叔孚為太尉，奏改大將軍在太尉下。及晉受命，猶依其制位次三司下，後復在三司上。太康元年，瑯琊王伷遷大將軍，復制在三司下，伷薨後，如舊。」又魏明帝青龍三年，晉宣帝自大將軍為太尉，是魏世大將軍位亦在三司下也。蓋自漢以來，大將軍位或在三司下，或在三司上無常制，因所任之人而上下其位耳！此義康自司徒進位大將軍，則大將軍又位在三司上矣！㈡以衡陽王義季為都督荊、湘等八州諸軍事，荊州刺史：《宋書・武三王傳》，義季以使持節都督南徐州諸軍事，右將軍，南徐州刺史轉為都督荊、湘、雍、益、梁、寧、南、北秦八州諸軍事，安西將軍，持節如故以代義慶。㈢苫：《說文》曰：「苫，蓋也。」按謂編茅以蓋屋。章炳麟曰：「凡張蓋皆得釋苫，非止編茅覆屋而已，今人華蓋，雨蓋皆謂之苫。」㈣盤于遊畋，古人所戒：胡三省曰：「夏太康以遊畋失國，周公以文王戒成王。」盤，耽樂也。⑤魏雍州刺史葛那寇上洛：魏雍州刺史治長安。上洛，春秋時晉邑，漢置上雒縣，屬弘農郡，後漢改屬京兆尹，晉太康分京兆立上洛郡，屬司隸，故治在今陝西省商縣治。宋復僑置上洛郡於魏興，曰南上洛，而以故郡為北上洛。胡三省曰：「此北上洛也。」《魏書‧官氏志》內入諸姓有賀葛氏，後改為葛氏。⑥楊保宗與兄保顯自童亭犇魏：保宗鎮童亭見上卷元嘉十二年。童亭《水經注》作董亭，見上卷元嘉十二年註㉕。⑦兄弟三人傳嬖之：傳，遞也，言牧犍兄弟三人俱嬖其嫂李氏。嬖，愛幸也。⑧李氏與牧犍共毒魏公主：公主，魏主之妹。⑨西域諸國，頗有貳心：事人不專一曰貳。西域諸國既貢奉魏，又信柔然之言，是有貳心。⑩於是大集公卿，議於西堂：《水經注》魏平城大極殿有東、西堂。⑪聞其土地鹵瘠：地鹹而塉薄曰鹵瘠。《說文》曰：「鹵，西方鹹地也。東方謂之斥，西方謂之鹵。」⑫初，崔浩惡尚書李順：胡三省曰：「伐夏之役，浩、順有隙，順以使涼為魏主所寵待，浩愈惡之。」⑬涼武宣王：沮渠蒙遜謚武宣王。⑭自溫圉水以西至姑臧：北史作溫圍水，此據《魏書‧崔浩傳》。⑮彼人：謂涼人、猶曰彼邦之人。⑯《漢書‧地理志》稱涼州之富為天下饒：漢書地理志曰：「涼州地廣民稀，水草宜畜牧，故涼州之畜為天下饒。」⑰欺誣：言不由衷曰欺，以無為有曰誣。⑱隱聽：胡三曰：「隱聽者，隱身於屏而聽也。」⑲大將軍長樂王稽敬：稽當從《魏書‧官氏志》作嵇。《魏書‧官氏志》北方諸部有紇奚氏，後改為嵇氏。⑳委贄：胡三省曰：「古者執贄以見，拜贄首則委之於地，起則取而進之，此之謂委贄。」㉑若守迷窮城，不時悛悟：謂執迷於窮城之可恃而不及時悔悟也。外援斷絕，是為窮城。㉒上郡屬國城：漢於邊郡置屬國都尉以處降胡。《漢書・地理志》漢置龜茲縣於上郡以處龜茲降胡，為上郡屬國都尉治。此屬國城，漢舊城也。故城在今陝西榆林縣。㉓姑臧城旁有四部鮮卑，皆臣祖父舊民：四部鮮卑，禿髮傉檀舊部也。傉檀據姑臧，為乞伏熾磐所滅，既而姑臧沮渠氏所取，四部鮮卑留居城外。源，傉檀之子，傉檀之敗，賀奔魏，魏太武賜姓源氏。㉔卿之昔言，今果驗矣：謂涼州多水草而李順受人之賄，皆如崔浩所言。㉕張掖王禿髮保周：保周，源賀之兄也。保周奔魏，封張掖公，至是進爵為王。㉖丹嶺：胡三省曰：「丹嶺在姑臧西，即删丹嶺。」按删丹嶺即焉支山，一作燕支山，在今甘肅省山丹縣東，南接永昌縣界，水草茂美，宜於畜牧。西河舊事載匈奴失祁連、焉支二山，乃歌曰：「亡我祁連山，使我六畜不蕃息，失我焉支山，使我婦女無顏色。」蓋其山產胭脂而得名。㉗安周為樂郡太守：樂郡本屬乞伏氏所有，乞伏衰滅，其地遂入於沮渠。㉘魏主之西伐也，穆壽送至河上：自平城送魏主西至河。㉙吳提：柔然敕連可汗名。㉚質，軌之弟也：公孫軌見卷一百二十元嘉四年。㉛北鎮：胡三省曰：「北鎮，即魏主破降高車所置六鎮也，以在平城之北，故曰北鎮。或曰，北鎮，直代都北，即懷朔鎮。」參見上卷元嘉十年註⑧。㉜竇太后：即保太后竇氏。㉝吐頹山：在今山西省平魯縣西北，今名大水口，有堡存焉！㉞羽林：顏師古曰：「羽林，宿衛之官，言其如羽之疾，如林之多也。」㉟武宣王置守冢三十家：為沮渠蒙遜置守冢。㊱涼州自張氏以來，號為多士：胡三省曰：「永嘉之亂，中州人士避地河西，張氏禮而用之，子孫相承，衣冠不墜，故涼州號為多士。」㊲張湛為兵部尚書：胡三省曰：「曹魏置五兵尚書，據此，則兵部之號，起於河西。」

㊳趙柔為金部郎：曹魏置尚書二十三郎，金部郎其一也。㊴淫名僭禮：牧犍居諸侯之國而竊天子之號，是為淫名，用天子之儀，是為僭禮。㊵吾將擇木：《左傳》衞孔文子將攻太叔疾，訪於仲尼，仲尼曰：「甲兵之事，未之學也。」退命駕而行，曰：「鳥則擇木，木豈能擇鳥？」服虔曰：「鳥喻己，木以喻所之之國。」言人臣當擇賢主而事也。㊶賜爵始復男：胡三省曰：「按地名無始復，漢書地理志越巂郡有姑復縣，或者始字其姑字之誤乎！」余謂此亦虛爵，陰寓相與更始之義，不必有實邑也。㊷貴遊子弟：鄭玄曰：「貴遊子弟，王公之子弟，遊無官司者。」㊸常爽置館於溫水之右：《水經注》引《魏土地記》曰：「代城北九十里，有桑乾城，城西渡桑乾水，去城十里有溫湯，療疾有驗。」胡三省以為溫水指此。㊹文翁柔勝，先去剛克：《漢書・循吏傳》文翁廬江舒縣人，景帝末為蜀郡守，仁愛好教化，見蜀地辟陋，有蠻夷風，文翁欲誘進之，乃選郡縣小吏開敏有材者親自飭厲，遣詣京師受業博士，又修起學官於成都市中，招下縣子弟以為學官弟子，為除更繇，由是大化，蜀地學於京師者比齊魯焉！至今巴蜀好文雅，文翁之化也。克亦勝也，言文翁以柔勝而常爽以剛勝。㊺陳留江強寓居涼州，獻經、史、諸子千餘卷及書法，亦拜中書博士：胡三省曰：「中書自曹魏置監、令以來，未嘗置博士，蓋拓拔氏初置是官也。」《魏書・江式傳》強孫式，字法安，魏延昌三年上表曰：「皇魏承百王之季，紹五運之緒，世易風移，文字改變，篆形謬錯，隸體失真，俗學鄙習，復加虛巧，談辯之士，復以意說炫惑於時，難以釐改，凡所關古，莫不惆悵焉！臣六世祖瓊，家世陳留，往晉之初，與從父兄應元俱受學於衞覬，古篆之法，倉雅方言，說文之誼，當時並收善譽。而祖

官至太馬洗馬，出為馮翊郡，值洛陽之亂，避地河西，數世傳習斯業，所以不墜也。世祖太延中，皇威西被，牧犍內附，臣亡祖文威杖策歸國，奉獻五世傳掌之書，古篆八體之法，時蒙褒錄，敍列於儒林，官班文省，家號世業。既臣闇短，識學庸薄，漸漬家風，有忝無顯。但逢時來，恩出願外，每承澤雲津，廁霑漏潤，驅馳文閣，參預史官，題篆宮禁，猥同上哲。既竭愚短，欲罷不能，是以敢藉六世之資，奉遵祖考之訓，竊慕古人之軌，企踐儒門之轍，輒求撰集古來文字，以許慎說文為主，爰採孔氏尚書、五經音注、籀篇、爾雅、三倉、凡將、方言、通俗、文祖、文宗、埤倉、廣雅，古今字詁、三字石經、字林、韻集、諸賦文字有六書之義考，以類編聯，文無復重，糾為一部。其古籀奇惑俗隸諸體，咸使班於篆下，各有區別；詁訓假借之誼，僉隨文而解；音讀楚夏之聲，並逐字而注；其所不知者則闕如也。冀省百氏之觀，而同文字之域。」詔如所請。式於是撰集字書，號曰古今文字，凡四十卷，大體依說文為本，上篆下隸，未竟而卒。㊻中書侍郎：《晉書・職官志》曰：「魏黃初初，中書既置監令，又置通事郎，晉改曰中書侍郎。」《初學記》引《齊職儀》曰：「魏世，中書始置通事一人，掌呈奏，魏明帝有通事劉泰是也。高貴鄉公時改為通事侍郎。」杜佑《通典》曰：「中書侍郎職副掌王言，更入直省五日。從駕則正直從，次直守。」㊼承根，暉之子也：段暉事乞伏熾磐、暮末父子。㊽漢元：漢初也。㊾漢元年十月，五星聚東井：參見卷九漢高帝元年考異。㊿太白辰星常附日而行，十月日在尾、箕：胡三省曰：「孟冬之月日在尾，言在尾、箕者，竟一月言之也。」(51)東宮少傅：即太子少傅，太子號東宮。(52)臣少賤：允自謂其少也微賤。《魏書・高允傳》

允父韜，早卒，允少孤，故自謂少賤。㊂魏主以其兄慕璝有擒赫連定之功：事見上卷元嘉八年。㊃南豐太妃司馬氏卒，故營陽王之后也：元嘉九年，帝以江夏王義恭子朗為南豐王，奉營陽王祀，而以后為南豐太妃。㊄趙廣、張尋等復謀反，伏誅：元嘉十四年，廣、尋等降，至建康，復謀反。

十七年㈠（西元四四〇年）

㈠春，正月，己酉（二十日），沮渠無諱寇魏酒泉，元絜輕之，出城與語。壬子（二十三日），無諱執絜以圍酒泉。

㈡二月，魏假通直常侍邢潁來聘㈡。

㈢三月，沮渠無諱拔酒泉。

㈣夏，四月，戊午朔，日有食之。

㈤庚辰（二十三日），沮渠無諱寇魏張掖，禿髮保周屯刪丹㈢。丙戌（二十九日），魏主遣撫軍大將軍永昌王健督諸將討之。

㈥司徒義康專總朝權。上羸疾積年，心勞輒發，屢至危殆，義康盡心營奉藥石，非口所親嘗不進，或連夕不寐，內外眾事，皆專決施行，性好吏職，糾剔文案，莫不精盡，上由是多委以事，凡所陳奏，入無不可，方伯以下，並令義康選用，生殺大事，或以錄命斷之㊃。勢傾遠近，朝野輻湊。每旦府門常有車數百乘，義康傾身引接，未嘗懈倦。復能強記，耳目所經，終身不忘，好於稠人廣席標題所憶，以示聰明，士之幹練者，多被意遇。嘗謂劉湛曰：「王敬弘、王球之屬，竟何所堪？坐取富貴，復那可解㊄？」然素無學術，不識大體，朝士有才用者，皆引入己府，府僚無施及忤旨者，乃斥為臺官㊅。自謂兄弟至親，不復存君臣形迹，率心而行，曾無猜防。私置僮六千餘人，不以言臺。四方獻饋，皆以上品薦義康，而以次者供御。上嘗冬月噉甘㊆，歎其形味並劣，義康曰：「今年甘殊有佳者。」遣人還東府㊇取甘，大供御者三寸。

領軍劉湛與僕射殷景仁有隙㊈，湛欲倚義康以傾之，義康權勢已盛，湛愈推崇之，無復人臣之禮，上浸不能平。湛初入朝，上恩禮甚厚。湛善論治道，諳前代故事，敍致銓理㊉，聽者忘疲。每入雲龍門，御者即解駕，左右及羽儀隨意分散，不夕不出，以此為常。及晚節，驅煽㊁義康，上意雖內離而接遇不改，嘗謂所親曰：

「劉班⑫方自西還宮，與語，常視日早晚，慮其將去，比入，吾亦視日早晚，苦其不去。」殷景仁密言於上曰：「相王⑬權重，非社稷計，宜少加裁抑。」上陰然之。司徒左長史劉斌，湛之宗也，大將軍從事中郎王履，謐之孫也⑭，及主簿劉敬文、祭酒魯郡孔胤秀，皆以傾諂，有寵於義康。見上多疾，皆謂宮車一日晏駕，宜立長君。上嘗疾篤，使義康具顧命詔，義康還省，流涕以告湛及景仁。湛曰：「天下艱難，詎是幼主所御？」義康、景仁並不答，【考異】南史以為義康有此言，湛、景仁並不答。按義康雖不識大體，豈敢自為此言，湛常欲推崇義康，豈肯聞而不答？今從宋書及宋略。而胤秀等輒就尚書議曹索晉咸康末立康帝舊事⑮，義康不知也。及上疾瘳，微聞之，而斌等密謀欲使大業終歸義康，遂邀結朋黨，伺察禁省，何相吏翻有不與己同者，必百方構陷之；又採拾景仁短長，或虛造異同以告湛。自是主相之勢分矣！義康欲以劉斌為丹楊尹，言次啟上，陳其家貧，言未卒，上曰：「以為吳郡。」後會稽太守羊玄保求還，義康又欲以斌代之，啟上曰：「羊玄保求還，不審以誰為會稽？」上時未有所擬，倉猝曰：「我已用王鴻。」自去年秋，上不復往東府⑯。五月，癸巳（初六日），劉湛遭母憂去職。湛自知罪釁已彰，無復全地，謂所親曰：「今年必敗。常日正賴口舌爭之，故得推遷耳！今既窮毒⑰，無復此望，禍至其能久乎！」

【考異】南史云：「湛伏甲於室以俟上臨弔，謀又泄，竟弗之幸。」宋書無此事。按湛若謀泄，當即伏誅，豈得尚延半歲？今從宋書。

(七)乙巳（十八日），沮渠無諱復圍張掖，不克，退保臨松⑱。魏主不復加討，但以詔諭之。

(八)六月丁丑（二十一日），魏皇孫濬生，大赦，改元太平真君，取寇謙之神書云：「輔佐北方太平真君」故也⑲。

(九)太子劭詣京口，拜京陵，司徒義康、竟陵王誕等並從，南兗州刺史江夏王義恭自江都會之。

(十)秋，七月己丑（初三日），魏永昌王健擊破禿髮保周于番禾⑳，保周走，遣安南將軍尉眷追之。

(十一)丙申（初十日），魏太后竇氏殂。

(十二)壬子（二十六日），皇后袁氏殂。

(十三)癸丑（二十七日），禿髮保周窮迫自殺。

八月甲申（二十九日），沮渠無諱使其中尉梁偉詣魏永昌王健請降，歸酒泉郡及所虜將士元絜等，魏主使尉眷留鎮涼州。

㈣九月，壬子（二十七日）葬元皇后。

㈤上以司徒彭城王義康嫌隙已著，將成禍亂，冬，十月戊申（十月丙辰朔，無戊申）㊁，收劉湛付廷尉，下詔暴其罪惡，就獄誅之，幷誅其子黯、亮、儼及其黨劉斌、劉敬文、孔胤秀等八人，徙尚書庫部郎㊂何默子等五人於廣州，因大赦。是日，敕義康入宿，留止中書省。其夕，分收湛等。青州刺史杜驥勒兵殿內以備非常，遣人宣旨告義康以湛等罪狀。義康上表遜位，詔以義康為江州刺史，侍中，大將軍如故，出鎮豫章。

初，殷景仁臥疾五年㊂，雖不見上，而密函去來，日以十數，朝政大小，必以咨之，影迹周密，莫有窺其際者。收湛之日，景仁使拂拭衣冠，左右皆不曉其意。其夜，上出華林園延賢堂，召景仁，景仁猶稱腳疾，以小牀輿就坐，誅討處分，一以委之。

初，檀道濟薦吳興沈慶之忠謹，曉兵，上使領隊防東掖門。劉湛為領軍，嘗謂之曰：「卿在省歲久，比當相論㉔。」慶之正色曰：「下官在省十年，自應得轉，不復以此仰累。」收湛之夕，上開門召慶之，慶之戎服縛袴而入。上曰：「卿何意，乃爾急裝？」慶之曰：「夜半喚隊主㉕，不容緩服。」上遣慶之收劉斌，殺之。

驍騎將軍徐湛之，逵之之子也㉖，與義康尤親厚，上深銜之。義康敗，湛之被收，罪當死。其母會稽公主，於兄弟為長嫡㉗，素為上所禮，家事大小，必咨而後行。高祖微時，嘗自於新洲伐荻，有納布衫襖㉘，臧皇后手所作也，既貴，以付公主，曰：「後世有驕奢不節，可以此衣示之。」至是公主入宮見上，號哭，不復施臣妾之禮，以錦囊盛納衣擲地，曰：「汝家本貧賤，此是我母為汝父所作，今日得一飽餐，遽欲殺我兒邪？」上乃赦之。

吏部尚書王球，履之叔父也，以簡淡有美名，為上所重。履性進利㉙，深結義康及湛，球屢戒之，不從。誅湛之夕，履徒跣告球，球命左右為取履，先溫酒與之，謂曰：「常日語汝，云何？」

履怖懼，不得答。球徐曰：「阿父㉚在，汝亦何憂？」上以球故，履得免死，廢於家㉛。

義康方用事，人爭求親暱，唯司徒主簿江湛早能自踈，求出為武陵內史；檀道濟嘗為其子求婚於湛，湛固辭，道濟因義康以請之，湛拒之愈堅，故不染於二公之難。上聞而嘉之。湛，夷之子也㉜。

彭城王義康停省十餘日，見上奉辭，便下渚，上惟對之慟哭，餘無所言。上遣沙門慧琳視之，義康曰：「弟子有還理不？」慧琳曰：「恨公不讀數百卷書㉝。」

初，吳興太守謝述，裕之弟也。累佐義康，數有規益㉞，早卒。義康將南㉟，曰：「昔謝述惟勸吾退，劉班惟勸吾進。今班存而述死，其敗也宜哉！」上亦曰：「謝述若存，義康必不至此。」以征虜司馬蕭斌為義康諮議參軍，領豫章太守，事無大小，皆以委之。斌，摹之之子也㊱。使龍驤將軍蕭承之將兵防守。義康左右愛念者，並聽隨從，資奉優厚，信賜相係，朝廷大事皆報示之。

久之，上就會稽公主宴集，甚懽。主起，再拜叩頭，悲不自勝。上不曉其意，自起扶之。主曰：「車子㊂㊆歲暮，必不為陛下所容，今特請其命。」因慟哭，上亦流涕，指蔣山曰：「必無此慮，若違今誓，便是負初寧陵㊂㊇。」即封所飲酒賜義康，幷書曰：「會稽姊飲宴憶弟，所餘酒今封送。」故終主之身，義康得無恙。

臣光曰：「文帝之於義康，友愛之情，其始非不隆也。終於失兄弟之歡，虧君臣之義，迹其亂階，正由劉湛權利之心，無有厭已。詩云：『貪人敗類㊂㊈。』其是之謂乎！」

㈥徵南兗州刺史江夏王義恭為司徒，錄尚書事。戊寅（二十三日），以臨川王義慶為南兗州刺史；殷景仁為揚州刺史，僕射、吏部尚書如故。

義恭懲彭城㊃⓪之敗，雖為總錄，奉行文書而已，上乃安之。上年給相府錢二千萬，他物稱此㊃㊀，而義恭性奢，用常不足，上又別給錢年至千萬。

㈦十一月丁亥（初三日），魏主如山北。

㈦殷景仁既拜揚州，羸疾遂篤，上為之敕西州㊷道上，不得有車聲。癸丑（二十九日），卒。

十二月，癸亥（初九日），以光祿大夫王球為僕射。戊辰（十四日），以始興王濬為揚州刺史。時濬尚幼，州事悉委後軍長史范曄、主簿沈璞，曄，泰之子；璞，林子之子也㊸。曄尋遷左衞將軍，以吏部郎沈演之為右衞將軍，對掌禁旅。又以庾炳之為吏部郎，俱參機密。演之，勁之曾孫也㊹。

曄有雋才㊺而薄情淺行，數犯名教，為士流所鄙。性躁競，自謂才用不盡，常怏怏不得志。吏部尚書何尚之言於帝曰：「范曄志趨異常，請出為廣州刺史。若在內，釁成，不得不加鈇鉞，鈇鉞亟行，非國家之美也。」帝曰：「始誅劉湛，復遷范曄，人將謂卿等不能容才。朕信受讒言，但共知其如此，無能為害也。」

㈧是歲，魏寧南將軍王慧龍卒。呂玄伯留守其墓，終身不去㊻。

㈨魏主欲以伊馛為尚書，封郡公，馛辭曰：「尚書務殷，公爵至重，非臣年少愚近所宜膺受。」帝問其所欲，對曰：「中祕二省㊼多諸文士，若恩矜不已，請參其次。」帝善之，以為中護軍將軍，祕書監。

㈩大秦王楊難當復稱武都王㊽。

【今註】㊀元嘉元年：是年六月，魏改元太平真君。㊁魏假通直常侍邢潁來聘：通直常侍即通直散騎常侍，《魏書・職官志》，散騎常侍，秦官，曹魏末增置員外散騎常侍，晉武帝泰始十年，使員外二人與散騎常侍通直，故謂之通直散騎常侍。潁蓋假此職以出使，非正官也。㊂刪丹：刪丹縣，漢屬張掖郡，後魏曰山丹，唐又曰刪丹。《括地志》曰：「焉支山一名刪丹山，在縣東五十里，縣以此名。」故治即今甘肅省山丹縣。㊃生殺大事，或以錄命斷之：胡三省曰：「義康錄尚書，故謂其命為錄命。」㊄王敬弘、王球之屬，竟何所堪？坐取富貴，復那可解：義康謂敬弘、球等才不堪重任而竟坐取富貴也。敬弘性恬淡有重名，球簡貴虛靜，俱以門望位歷八坐，不以文案關心，故義康云然。㊅臺官：晉宋以來，謂朝廷，禁省為臺，宮城為臺城，臺官即朝官也。㊆甘：今通作柑，似橘而巨，味甘於橘，產於江南。㊇東府：王鳴盛曰：「晉書趙王倫傳倫自為相國，一依宣文輔魏故事，起東宮三門四角華櫓，使牙門趙奉詐為宣帝神語，命倫早入西宮。案東宮者，相府也；早入西宮者，為天子也。上文言司馬雅給事東宮，又言孫秀知太子若還東宮，將與賢人圖政。彼東宮皆太子所居，與此東宮為相府不同。大約自魏及晉，洛京宮室天子居西而相府在東，故段灼傳武帝即位灼陳時宜云：『陛下受禪，從東府入西宮，兵刃耀天，旌旗翳日。』而齊王冏傳亦云：『冏起兵討趙王倫，惠帝反正，拜大司馬，加九錫、備物、典策如宣、景、文、武輔魏故事。冏輔政，大築第館，北取五穀市，南開諸署，毀壞廬舍以百數，使大匠營制與西宮等。』是也。南史宋武帝紀：『帝在晉末，既為大將軍，揚州牧，給班劍二十人，改太尉、中書監，進太傅，加羽葆鼓吹。及誅劉毅之後，剋期至都，於是輕舟密至，已還東府。』其下又云：『息人簡役，築東府城。』其下又言：『帝戒嚴，北討姚泓，以世子為中軍將軍，監太尉留府事，尚書右僕射，劉穆之為左僕射，領監軍、中軍二府軍司，入居東府。』齊高帝紀：『元徽五年七月戊子，弒蒼梧王。甲午，帝移鎮東府。丙申，加侍中、司空、錄尚書事。』又：『前湘州刺史王蘊還至東府，前期見高帝。』可知南朝建康，凡宰相之府亦稱東府，猶沿晉制也。宰相居此，非尋常宰相，乃秉權最重者，宋武齊高之居東府可證，餘例如宋書文九王傳：『建平王宏之子景素舉兵，冠軍將軍齊王世子鎮東府城。』齊王者，齊高帝；世子者，齊武帝也。南齊書豫章王嶷傳：『沈攸之之難，太祖入朝堂，嶷出鎮東府。』此皆秉權最重者。南史宋彭城王義康傳，為侍中、司徒、錄尚書事，領揚州刺史，四方獻饋，以上品薦義康，次者供御，上冬月噉柑，嘆其味劣，義康曰：『今年柑殊有佳者。』遣還東府取柑，大供御者三寸。又宋文帝子江夏文獻王義恭傳：『授大將軍，南徐州刺史，還鎮東府。』宋書始安王休仁傳：『前廢帝死，休仁推崇太宗，便執臣禮。明旦，休仁出住東府。』南史宋建安王休仁傳：『宋明帝疾暴甚，內外皆屬意休仁，主書以下，皆往東府詣休仁所親信，豫自結納。』又王融傳：『魏軍動，竟陵王子良於東府募人。』

凡此皆親王也，而即為宰輔，是以皆居東府耳！」⑨領軍劉湛與僕射殷景仁有隙：事見上卷元嘉十二年。⑩紋致銓理：胡三省曰：「致，極致也，理，文理也。言紋其極致，又銓次其文理也。」⑪驅煽：策馬使走曰驅，鼓火使熾曰煽。凡以言辭動人，使有所作為，猶策馬之使走，煽火之使熾，故亦曰驅煽。⑫劉班：《宋書・劉湛傳》云：「湛小字班虎，故云班也。」⑬相王：謂義康。義康以親王為宰輔，故曰相王。⑭大將軍從事中郎王履，謐之孫也：王謐識武帝於微時，晉宋之際，位任通顯。⑮胤秀等輒就尚書議曹索晉咸帝末立康帝舊事：胡三省曰：「議曹，南史作儀曹，當從之，曹魏置二十三郎，儀曹其一也。」晉康帝，成帝之弟，其立事見卷九十七。義康亦文帝弟也，索晉咸康末立康帝舊事者，欲援其例以立義康耳！⑯自去年秋，上不復往東府：不復往東府者，疏義康也。時嫌隙已構，主相勢分，故帝忌而疏之。⑰今既窮毒：胡三省曰：「謂母子相訣則人理窮而罹荼毒也。」⑱臨松：臨松郡，前涼張天錫所置，見《晉書・地理志》。《十六國疆域志》曰：「臨松領縣一，臨松。」故城在今甘肅省張掖縣南。⑲改元太平真君，取寇謙之神書云輔佐北方太平真君故也：寇謙之神書見卷一百十九營陽王景平元年。⑳番禾：漢置番和縣，屬張掖郡，晉曰番禾。後涼置番禾郡，後魏復曰番和郡，屬涼州。北周廢郡為鎮，隋復置番和縣，唐復曰番禾。故城在今甘肅省永昌縣西。番音盤。㉑冬十月戊申：十月丙辰朔，無戊申，《宋書・文帝紀》作十月戊午，戊午初三日。㉒尚書庫部郎：《晉書・職官志》曹魏置尚書二十三郎，庫部郎其一也。㉓初，殷景仁臥疾五年：景仁臥疾始上卷元嘉十二年。㉔卿在省歲久，比當相論：胡三省曰：「省謂領軍省，謂當為之論敍也。」余按省者，禁省也。《宋書・沈慶之傳》云：「上使領隊防東掖門，稍得引接，出入禁省。」故湛謂其在省歲久。㉕隊主：胡三省曰：「江南軍制，呼長帥為隊主、軍主。隊主者，主一隊之稱；軍主者，主一軍之稱。」沈慶之領隊防戍禁中，為一隊之主，故自稱隊主。㉖驍騎將軍徐湛之，逵之之子也：徐逵之，武帝之壻，死於司馬楚之、魯宗之之難。㉗其母會稽公主，於兄弟為長嫡：會稽公主興，武帝長女，文帝之姊，與文帝俱為武敬臧皇后所出，於兄弟為長嫡。㉘納布衫襖：胡三省曰：「納與衲同。」衲，補也。㉙履性進利：胡三省曰：「言履務進而好利也。」㉚阿父：胡三省曰：「江南人士，呼叔父、伯父為阿父，亦為伯父、叔父者以自呼。」按伯父、叔父稱父，本為古義，阿則為發語辭，以阿冠於物稱之上，漢已有之，魏晉以後，其風尤盛，叔父、伯父及父俱可稱阿父，非但以呼叔父、伯父也。㉛上以球故，履得免死，廢於家：胡三省曰：「據南史，帝初為宜都王，以球為友，簡淡見重，蓋素知之也。」㉜湛，夷之子也：夷歷事宋武、宋文二朝，元嘉初，官至湘州刺史。㉝恨公不讀數百卷書：惜義康不明義理，自罹禍端。㉞吳興太守謝述，裕之弟也，累佐義康，數有規益：元嘉初，義康鎮江陵，述為驃騎長史領南郡太守，義康入輔，述為司徒左長史，於義康數有規諫也。謝裕見卷一百十五晉安帝義熙五年。㉟義康將南：自建康南之豫章。沈約志江州或治豫章，或治尋陽，下云義康至豫章，辭刺史，則是時似治豫章也。㊱斌，摹之之子也：蕭摹之見上卷元嘉十二年。㊲車子：義康小字。㊳指蔣山曰，必無此慮，若違今誓，便是負初寧陵：高祖陵曰初寧陵，陵在蔣山，指陵以為誓也。㊴貪人敗類：《詩・大雅・桑柔》之辭。言貪人惡行，人或效之，足以敗壞同類也。㊵彭城：彭城王義康。㊶他物稱此：謂歲賜他物所值亦二十萬。㊷西州：揚州刺史治所也，在建康臺城之西，故曰西州。參見卷一百二十元嘉三年註㉕。㊸曄，泰之子；璞，林子之子也：范泰為武帝所賞識，沈林子為武帝將，數從征伐，有功。㊹演之，勁之曾孫也：沈勁，充之子，仕晉為冠軍長史，戍金墉，為鮮卑慕容恪所陷，不屈而死。㊺曄有雋才：《宋書・范曄傳》云：「曄字蔚宗，少好學，博涉經史，善為文章，能隸書，曉音律。元嘉元年，自尚書吏部郎左遷宣城太守，不得志，乃刪眾家後漢書為一家之作。」㊻魏寧南將軍王慧龍卒，呂玄伯留守其墓，終身不去：慧龍不殺玄伯見上卷元嘉八年。玄伯感其恩，故守墓不去。㊼中、秘二省：謂中書省及秘書省。㊽大秦王楊難當復稱武都王：難當自稱大秦王見元嘉十三年。

十八年（西元四四一年）

㈠春，正月癸卯（二十日），魏以沮渠無諱為征西大將軍，涼州牧，酒泉王。

㈡彭城王義康至豫章，辭刺史㊀，甲辰（二十一日），以義康都督江、交、廣三州諸軍事。

前龍驤參軍巴東扶令育㊁詣闕上表，稱：「昔袁盎諫漢文帝曰：

『淮南王若道路遇霜露死，陛下有殺弟之名。』文帝不用，追悔無及㊂。彭城王義康，先朝之愛子，陛下之次弟，若有迷謬之愆，正可數之以善惡，導之以義方，柰何信疑似之嫌，一旦黜削，遠送南垂？草萊黔首，皆為陛下痛之。廬陵往事，足為龜鑑㊃，恐義康年窮命盡，奄忽于南，臣雖微賤，竊為陛下羞之。陛下徒知惡枝之宜伐，豈知伐枝之傷樹？伏願亟召義康，返于京甸，兄弟協和，君臣輯睦，則四海之望塞，多言之路絕矣，何必司徒公、揚州牧然後可以置彭城王哉？若臣所言，於國為非，請伏重誅以謝陛下。」表奏，即收付建康獄，賜死。

裴子野論曰：「夫在上為善，若雲行雨施，萬物受其賜，及其惡也，若天裂地震，萬物所驚駭，其誰弗知？其誰弗見？豈戮一人之身，鉗一夫之口所能攘逃，所能弭滅哉？是皆不勝其忿怒，而有增於疢疹也！以太祖之含弘，尚掩耳於彭城之戮㊄，自斯以後，誰易由言㊅？有宋累葉，罕聞直諒㊆，豈骨鯁之氣俗愧前古？抑時王刑政使之然乎？張約隕於權臣㊇，扶育斃於哲后，宋之鼎鑊，吁，可畏哉！」

㈢魏新興王俊荒淫不灋，三月庚戌（二十八日），降爵為公。俊母先得罪死，俊積怨望，有逆謀，事覺，賜死。

㈣辛亥（二十九日），魏賜郁久閭乞列歸爵為朔方王，沮渠萬年為張掖王㈨。

㈤夏，四月，沮渠唐兒叛沮渠無諱，無諱留從弟天周守酒泉，與弟宜得引兵擊唐兒，唐兒敗死。魏以無諱終為邊患，庚辰（二十八日），遣鎮南將軍奚眷擊酒泉。

㈥秋，八月辛亥（朔），魏遣散騎侍郎張偉來聘。

㈦九月戊戌（十九日），魏永昌王健卒。

㈧冬，十一月戊子（初十日），王球卒。己亥（二十一日），以丹楊尹孟顗為尚書僕射。

㈨酒泉城中食盡，萬餘口皆餓死，沮渠天周殺妻以食戰士。庚子（二十二日），魏奚眷拔酒泉，獲天周，送平城殺之。

沮渠無諱乏食，且畏魏兵之盛，乃謀西度流沙，遣其弟安周西擊鄯善，鄯善王欲降，會魏使者至，勸令拒守，安周不能克，退保東城㈩。

㈩氐王楊難當傾國入寇，謀據蜀土，遣其建忠將軍苻冲出東洛㈡以禦梁州兵，梁、秦二州刺史劉真道擊冲，斬之。真道，懷敬之子也㈢。

難當攻拔葭萌，獲晉壽太守申坦，遂圍涪城。巴西、梓潼二郡太守劉道錫嬰城固守，難當攻之，十餘日不克，乃還。道錫，道產之弟也。

十二月，癸亥（十五日），詔龍驤將軍裴方明等帥甲士三千人又發荊、雍二州兵以討難當㈢，皆受劉真道節度。

㈩晉寧太守㈣爨松子反，寧州刺史徐循討平之。

㈩天門蠻田向求等反，破漊中㈤，荊州刺史衡陽王義季遣行參軍曹孫念討破之。

㈩魏寇謙之言於魏主曰：「今陛下以真君御世，建靜輪天宮之灋，開古以來，未之有也。應登受符書，以彰聖德。」帝從之。

【今註】㊀彭城王義康至豫章，辭刺史：辭江州刺史。㊁扶令育：扶姓，令育名。㊂昔袁盎諫漢文帝曰，淮南王若道路遇霜露死，陛下有殺弟之名，文帝不用，追悔無及：事見卷十四漢文帝六年。㊃盧陵往事，足為龜鑑：盧陵王義真徙新安，尋殺之，事見卷一百二十元嘉元年。㊄以太祖之含弘，尚掩耳於彭城之戮：能容物而有度量，謂之含弘；掩耳，謂自欺也。《呂氏春秋》曰：「范氏之亡也，百姓有得鍾者，欲負而走，則鍾大不可負，以椎毀之，鍾況然有音，恐人聞之而奪己也，遽掩其耳。惡人聞之，可也，惡己自聞之，悖矣！」㊅誰易由言：鄭玄曰：「由，用也。」言無復有人敢以言規諫其上者。㊆有宋累葉，罕聞直諒：累葉猶曰累世；直諒，正直信諒之言。㊇張約隕於權臣：事見卷一百二十元嘉元年。㊈魏賜郁久閭乞列歸爵為朔方王，沮渠萬年為張掖王：魏擒乞列歸及沮渠萬年以姑臧降魏俱見元嘉十六年。㊉退保東城：胡三省曰：「鄯善國之東城也。」⑪東洛：東洛城在今四川省昭化縣西北，宋置戍於此。西魏置東洛郡於此，後周省，併入義城郡景谷縣。⑫真道，懷敬之子也：劉懷敬見卷一百十一晉安帝隆安三年。⑬詔龍驤將軍裴方明等帥甲士三千人，又發荊、雍二州兵以討難當：胡三省曰：「裴方明，益州之良將也，程道養、趙廣之亂，屢有戰功，故用之。」⑭晉寧太守：晉書地理志晉惠帝永安二年分建寧西七縣為益州郡，至懷帝，更名晉寧郡。⑮漊中：沈約曰：「漊中縣，二漢無，晉太康地志有，疑是吳立。」漊中縣，晉，宋俱屬天門郡，梁以後省，《水經》澧水注作婁中，蓋故漊中蠻地也。故城在今湖南省臨澧縣西北。

卷一百二十四　宋紀六

起玄默敦牂，盡柔兆閹茂，凡五年。（壬午至丙戌，西元四四二年至四四六年）

司馬光編集
林瑞翰註

太祖文皇帝中之中

元嘉十九年（西元四四二年）

㈠春，正月，甲申（初七日），魏主備灋駕，詣道壇受符籙，旗幟盡青㊀。自是每帝即位，皆受籙。謙之又奏作靜輪宮㊁，必令其高，不聞雞犬，欲以上接天神。崔浩勸帝為之，功費萬計，經年不成。太子晃諫曰：「天人道殊，卑高定分，不可相接，理在必然。今虛耗府庫，疲弊百姓，為無益之事，將安用之？必如謙之所言，請因東山㊂萬仞之高，為功差易。」帝不從。

㈡夏，四月，沮渠無諱將萬餘家棄敦煌，西就沮渠安周，未至，鄯善王比龍畏之，將其眾奔且末㊃，其世子降於安周，無諱遂據鄯善。其士卒經流沙，渴死者太半。李寶自伊吾帥眾二千入據敦煌，繕脩城府，安集故民。沮渠牧犍之亡也㈤，涼州人闞爽據高昌，自稱太守。唐契為柔然所逼，擁眾西趨高昌，欲奪其地㈥，柔然遣其將阿若追擊之，契敗死，契弟和收餘眾犇車師前部王伊洛。時沮渠安周屯橫截城，和攻拔之，又拔高寧、白力二城㈦，遣使請降於魏。

㈢甲戌（二十八日），上以疾愈，大赦。

㈣五月，裴方明等至漢中，與劉真道等分兵攻武興、下辯、白水，皆取之㈧。楊難當遣建節軍符弘祖守蘭皐㈨，使其子撫軍大將軍和將重兵為後繼。方明與弘祖戰于濁水㈩，大破之，斬弘祖。和退走，追至赤亭⑪，又破之。難當犇上邽，獲難當兄子建節將軍保熾。難當以其子虎為益州刺史，守陰平，聞難當走，引兵還，至下辨，方明使其子肅之邀擊之，擒虎，送建康斬之，仇池平。以輔國司馬胡崇之為北秦州刺史，鎮其地，立楊保熾為楊玄後，使守仇池⑫。魏人遣中山王辰迎楊難當詣平城。

秋，七月，以劉真道為雍州刺史，裴方明為梁、南秦二州刺史。

方明辭不拜。【考異】真道傳此事在胡崇之沒後，氐胡傳崇之沒在明年二月，即真道傳誤。丙寅（二十二日），魏主使安西將軍古弼，【考異】宋索虜傳作吐奚愛弼，氐胡傳作吐奚弼，蓋其舊姓，今從後魏書。督隴右諸軍及殿中虎賁，與武都王楊保宗自祁山南入㊂，征西將軍漁陽皮豹子與琅邪王司馬楚之督關中諸軍，自散關西入，俱會仇池。又使譙王司馬文思督洛、豫諸軍，南趨襄陽㊃，征南將軍刁雍東趨廣陵，移書徐州，稱為楊難當報仇。

㈤甲戌晦，日有食之。

㈥唐契之攻闞爽也，【考異】宋氐胡傳作闞爽，今從後魏書。爽遣使詐降於沮渠無諱，欲與之共擊契。八月，無諱將其眾趨高昌，比至，契已死，爽閉門拒之。九月，無諱將衛興奴夜襲高昌，屠其城，【考異】宋書衛興奴作衛寮，今從後魏書。爽犇柔然。無諱據高昌，遣其常侍氾雋奉表詣建康，詔以無諱都督涼、河、沙三州諸軍事，征西大將軍，涼州刺史，河西王【考異】宋紀封爵在六月，傳在九月末，今從傳。

㈦冬，十月，己卯（初六日），魏立皇子伏羅為晉王，翰為秦王，譚為燕王，建為楚王，余為吳王。

㈧甲申（十一日），柔然遣使詣建康。

㈨十二月，辛巳（初九日），魏襄城孝王盧魯元卒。

㈩丙申（二十四日），詔魯郡修孔子廟及學舍，蠲墓側五戶課役以供灑掃。

⑴李寶遣其弟懷達、子承奉表詣平城，魏人以寶為都督西垂諸軍事㊄，鎮西大將軍，開府儀同三司，沙州牧，敦煌公。四品以下，聽承制假授。

⑵雍州刺史晉安襄侯劉道產卒。道產善為政，民安其業，小大豐贍，由是民間有襄陽樂歌，山蠻前後不可制者，皆出，緣沔為村落，戶口殷盛。及卒，蠻追送至沔口。未幾羣蠻大動㊅，征西司馬朱脩之討之，不利。詔建威將軍沈慶之代之，殺虜萬餘人。

⑶魏主使尚書李順差次羣臣，賜以爵位。順受賄，品第不平。是歲，涼州人徐桀告之，魏主怒，且以順保庇沮渠氏，面欺誤國，賜順死㊆。

【今註】㊀魏主備灋駕，詣道壇受符籙，旗幟盡青：籙，道家秘文也。胡三省曰：「此所受者今道士所謂法籙也。」《隋書・經籍志》曰：「道經受道之法，初受五千文籙，次受三洞籙，次受洞玄籙，次受上清籙，皆素書，紀諸天曹宮屬佐吏之名，又有諸符，錯在其間，文章詭怪，世所不識。」《水經注》曰：「灅水南逕平城縣故城東，水左有大道壇廟，始光二年，少室道士寇謙之所議建也。其廟制如明堂，而專室四戶，室內有神坐，坐右列玉磬。皇輿親降，受籙靈壇，號曰天師，宣揚道式，暫重當時。」㊁靜輪宮：《水經注》曰：「道壇之東北，舊有靜輪宮，魏神䴥四年造，抑亦柏梁之流也。臺榭高廣，超出雲間，欲令上延霄客，下絕囂浮。」㊂東山：胡三省曰：「謂平城之東山也。」㊃且末：《魏書・西域傳》云：「且末國都且末城，在鄯善西，去代八千三百二十里。」且音沮，漢時故國也。㊄沮渠牧犍之亡也：事見上卷元嘉十六年。㊅唐契為柔然所逼，擁眾西趨高昌，欲奪其地：契與李寶同奔伊吾，見卷一百十九營陽王景平元年，契蓋自伊吾率眾趨高昌。㊆高寧、白力二城：按《北史》，高昌國四十六鎮有高寧、白刃，白力蓋白刄之誤。㊇與劉真道分兵攻武興、下辯、白水，皆取之：《晉書・地理志》晉惠帝永寧中，張軌為涼州刺史，鎮武威，上表請合秦、雍流移人於姑臧西北置武興郡，治武興縣，故治即今陝西省略陽縣，後魏武興郡屬東益州，隋改郡，縣俱曰順政。下辯，二漢志作下辨，屬武都郡，《晉志》作下辯，故城在今甘肅省成縣西。白水縣，二漢屬廣漢郡，晉移屬梓潼郡，蓋蜀漢分廣漢為梓潼郡而以白水等縣屬之也。宋析置白水郡，後魏曰南白水郡，隋廢郡，改縣曰平興，又改名景谷，故城在今四川省昭化縣西北。㊈楊難當遣建節將軍符弘祖守蘭皋：胡三省曰：「符恐當作苻，楊氏、苻氏，皆氐種也。」蕭子顯曰：「武興西北有蘭皋戍，去仇池二百里。」⑩濁水：濁水城在今甘肅省成縣西南，亦曰濁水戍。《水經注》曰：「濁水出濁城北，東流逕武街城南，又東南與河池水合。」濁城即濁水城，武街城，漢之下辨縣也。⑪赤亭：赤亭在今甘肅省成縣西南。⑫立楊保熾為楊玄後，使守仇池：楊難當廢玄子保宗而自立，見卷一百二十二元嘉六年。⑬魏主使安西將軍古弼督隴右諸軍及殿中虎賁與武都王楊保宗自祁山南入：保宗奔魏見上卷元嘉十六年。祁山在今甘肅省和縣西北，蜀漢時諸葛亮屢出祁山伐魏，此蓋欲取道祁山南入漢川也。《水經注》曰：「漢水北連山秀舉，羅峯競峙，是為祁山。山上有城，極為嚴固，昔諸葛亮攻祁山，即斯城也。」⑭又使譙王司馬文思督洛、豫諸軍，南趨襄陽：《魏書·太武帝紀》司馬文思以鬱林公為征南大將軍，進爵譙王。營陽王景平二年，魏取宋河南，置洛州於金墉，豫州於虎牢。⑮魏人以寶為都督西垂諸軍事：垂與陲同，遠邊曰垂，以李寶都督魏西鄙以西諸軍事也。⑯未幾，羣蠻大動：謂道產卒未幾而諸蠻復作亂也。胡三省曰：「以後之人不能容養之也。」⑰魏主怒，且以順保庇沮渠氏，面欺誤國，賜順死：胡三省曰：「李順以言涼事見寵而亦以為涼隱受誅也。」順保庇沮渠氏事見上卷元嘉十六年。

二十年（西元四四三年）

㈠春，正月，魏皮豹子進擊樂鄉，將軍王奐之等敗沒。魏軍進至下辯，將軍強玄明等敗死。

二月，胡崇之與魏戰于濁水，崇之為魏所擒，餘眾走還漢中，將軍姜道祖兵敗降魏，魏遂取仇池，楊保熾走。

㈡丙午（二月壬申朔，無丙午），魏主如恒山之陽㈠。三月，庚申（二十日），還宮。

㈢壬戌（二十二日），烏洛侯國遣使如魏㈡。

初，魏之居北荒也，鑿石為廟，在烏洛侯西北，以祀其先，高七十尺，深九十步㈢。及烏洛侯使者至魏，言石廟具在。魏主遣中書侍郎李敞詣石廟致祭，刻祝文於壁而還，去平城四千餘里。

㈣魏河間公齊與武都王楊保宗對鎮雒谷㈣，保宗弟文德說保宗令閉險自固㈤以叛魏，或以告齊。夏，四月，齊誘執保宗，送平城，殺之。前鎮東司苻達、征西從事中郎任朏等㈥。遂舉兵立楊文德為主，據白崖㈦。【考異】宋氏胡傳云：「拓跋齊聞兵起，遁走，達追擊，斬齊。因據白崖。」按後魏河間公齊傳云：「又德求援於宋，宋遣房亮之，苻昭，啖龍等帥眾助文德斬龍，禽亮之，氏遂平，以功拜內都大官，卒。」然則宋書誤也。分兵取諸戍，進圍仇池，自號征西將軍，秦、河、梁三州牧，仇池公。【考異】曰宋書在三月，魏書在四月，今從之。

㈤甲午（二十四日），立皇子誕為廣陵王。

㈥丁酉（二十七日），魏大赦。

㈦己亥（二十九日），魏主如陰山。

㈧五月，魏古弼發上邽、高平、汧城⑧諸軍擊楊文德，文德退走。皮豹子督關中諸軍至下辯，聞仇池解圍，欲還，弼遣人謂豹子曰：「宋人恥敗，必將復來，軍還之後，再舉為難，不如練兵蓄力以待之，不出秋冬，宋師必至，以逸待勞，無不克矣！」豹子從之。魏以豹子為仇池鎮將。

楊文德遣使來求援。秋，七月癸丑（十四日），詔以文德為都督北秦、雍二州諸軍事，征西大將軍，北秦州刺史，武都王。文德屯葭蘆城⑨，以任朏為左司馬，武都、陰平氐多歸之。

㈨甲子（二十五日），前雍州刺史劉真道、梁、南秦二州刺史裴方明坐破仇池，減匿金寶及善馬，下獄死。

㈩九月，辛巳（九月，己亥朔，無辛巳），魏主如漠南⑩。甲辰

（初六日），捨輜重，以輕騎襲柔然。分軍為四道，樂安王範、建寧王崇各統十五將出東道，樂平王丕督十五將出西道，魏主出中道，中山王辰督十五將為後繼。魏主至鹿渾谷㈠，遇敕連可汗。太子晃言於魏主曰：「賊不意大軍猝至，宜掩其不備，速進擊之。」尚書令劉絜固諫，以為賊營中塵盛，其眾必多，出至平地，恐為所圍，不如須諸軍大集，然後擊之。晃曰：「塵之盛者，由軍士驚怖擾亂故也，何得營上而有此塵乎？」魏主疑之，不急擊，柔然遁去，追至石水㈢，不及而還。既而獲柔然候騎，曰：「柔然不覺魏軍至，上下惶駭，引眾北走，經六七日，知無追者，乃始徐行。」魏主深恨之。自是軍國大事，皆與太子謀之。

司馬楚之別將兵督軍糧，鎮北將軍封沓亡降柔然，說柔然令擊楚之以絕軍食。俄而軍中有告失驢耳者，諸將莫曉其故，楚之曰：「此必賊遣姦人入營覘伺，割驢耳以為信耳！賊至不久，宜急為之備。」乃伐柳為城，以水灌之，令凍。城立而柔然至，冰堅滑，不可攻，乃散走。

(十一)十一月，將軍姜道盛與楊文德合眾二萬攻魏濁水戍，魏皮豹子、河間公齊救之，道盛敗死。

(十二)甲子（二十七日），魏主還至朔方，下詔令皇太子副理萬機，總統百揆。【考異】宋索虜傳：「晃與大臣崔氏、寇氏不睦，崔寇譖之。玄高道人有道術，晃使祈福七日七夜。佛狸夢其祖、父並怒，手刃向之曰：『汝何故信讒，欲害太子？』佛狸驚覺，下偽詔曰：『王者大業，纂承為重，儲官嗣紹，百王舊例。自今以往，事無巨細，必經太子，然後上聞。』」事節小異，今從後魏書。且曰：「諸功臣勤勞日久，皆當以爵歸第，隨時朝請，饗宴朕前，論道陳謨而已，不宜復煩以劇職，更舉賢俊以備百官。」

十二月，丁卯（朔），魏主還平城㈢。

【今註】㈠丙午，魏主如恒山之陽：二月壬申朔，無丙午，《魏書‧太武帝紀》在丙子，丙子初五日。㈡烏洛侯國遣使如魏：《魏書‧烏洛侯國傳》云：「烏洛侯國在地豆干之北，去代都四千五百餘里，其土下濕，多霧氣而寒，民冬則穿地為室，夏則隨原阜畜牧，多豕，有穀麥，無大君長，部落莫弗，皆世為之。其俗繩髮皮服，以珠為飾。民尚勇，不為姦竊，故慢藏野積而無寇盜。」胡三省曰：「地豆干在室韋西千餘里，室韋當勿吉之北，勿吉在高麗之北，則烏洛侯，東夷也。」㈢深九十步：深，謂鑿橫入之深度。㈣雒谷：雒當作駱，《魏書‧河間公齊傳》作駱谷，在今陝西省盩厔縣西南。《寰宇記》曰：「駱谷道，南通蜀漢，近代廢塞，唐復開，東北自鄠縣界，西南逕盩厔縣，又西南入駱谷，出谷入洋州興勢縣界。」蓋儻駱穀之北口也，為川陝交通要道。㈤閉險自固：以兵守險以自固。㈥前鎮東司苻達，征西從事中郎任朏等：胡三省曰：「司上當有軍字，否則司下當有馬字。苻達等皆楊氏官屬也。」朏音肥。㈦白崖：胡三省曰：「今大安軍東北八十裏有白崖。」大安軍，古葭萌地也。㈧汧城：胡三省曰：「岍當作汧。」汧縣，漢置，屬右扶風，其西有汧山，汧水出焉，故城在今陝西省隴縣南，後魏改名汧陰縣，西魏曰杜陽，北周復曰汧陰，移治於今之隴縣，隋曰汧源。㈨葭蘆城：《水經注》曰：「羌水出隴西羌道，東南流經宕昌城東，又東逕葭蘆城西。」故城在今甘肅省武都縣東南。㈩鹿渾谷：胡三省曰：「鹿渾谷，即鹿渾海之谷也，本高車袁紇部所居，其地直平城西北，其東即弱洛水。」㈡石水：胡三省曰：「石水在頞根河北。」㈢魏主還平城：自伐柔然還也。

二十一年（西元四四四年）

㈠春，正月己亥（初三日）帝耕藉田，大赦。【考異】宋略：「辛酉藉田，大赦。」下有戊午，又有辛酉，誤也，今從宋書。

㈡壬寅（初六日），魏太子始總百揆。命侍中、中書監穆壽、司徒崔浩、侍中張黎、古弼輔太子決庶政，上書者皆稱臣，儀與表同。

古弼為人忠慎質直，嘗以上谷苑囿太廣，乞減太半以賜貧民㈠，入見魏主，欲奏其事，帝方與給事中劉樹圍碁，志不在弼。弼侍坐良久，不獲陳聞，忽起捽樹頭，掣下牀，搏其耳，毆其背，曰：「朝廷不治，實爾之罪。」帝失容，捨碁曰：「不聽奏事，朕之過也，樹何罪？置之！」弼具以狀聞，帝皆可其奏。弼曰：「為人臣，無禮至此，其罪大矣！」出詣公車，免冠徒跣請罪。帝召入，謂曰：「吾聞築社之役，蹇𨅊㈡而築之，端冕而事之，神降之福。然則卿有何罪？其冠履就職。苟可以利社稷，便百姓者，竭力為之，勿顧慮也。」

太子課民稼穡，使無牛者借人牛以耕種，而為之芸田㈢以償之，凡耕種二十二畝而芸七畝，大略以是為率，使民各標姓名於田首，以知其勤惰，禁飲酒遊戲者，於是墾田大增。

㈢戊申（十二日），魏主詔王公以下至庶人有私養沙門、巫、覡㈣於家者，皆遣詣官曹，過二月十五日，不出，沙門、巫、覡死，主人門誅㈤。庚戌（十五日），又詔王公卿大夫之子皆詣太學，其百工商賈之子當各習父兄之業，毋得私立學校，違者師死，主人門誅。

㈣二月，辛未（初六日），魏中山王辰、內都坐大官㈥薛辨、尚書奚眷等八將，坐擊柔然後期，斬於都南。

初，魏尚書令劉絜久典機要㈦，恃寵自專，魏主心惡之。及將襲柔然，絜諫曰：「蠕蠕遷徙無常，則者出師勞而無功㈧，不如廣農積穀以待其來。」崔浩固勸魏主行，魏主從之。絜恥其言不用，欲敗魏師。魏主與諸將期會鹿渾谷，絜矯詔易其期，帝至鹿渾谷六日，諸將不至，柔然遂遠遁，追之不及。軍還，經漠中，糧盡，士卒多死，絜陰使人驚魏軍，勸帝委軍輕還，帝不從。絜以軍出無功，請治崔浩之罪，帝曰：「諸將失期，遇賊不擊，浩何罪也？」浩以絜矯詔事白帝，帝至五原，收絜囚之。

帝之北行也，絜私謂所親曰：「若車駕不返吾當立樂平王。」絜聞尚書右丞張嵩家有圖讖，問曰：「劉氏應王，繼國家後，吾有姓名否？」嵩曰：「有姓無名。」帝聞之，命有司窮治，索嵩家，得讖書，事連南康公狄鄰，絜、嵩、鄰皆夷三族，死者百餘人。絜在勢要㈨，好作威福，諸將破敵，所得財物，皆與絜分之。既死，籍其家財巨萬，帝每言之則切齒。

癸酉（初八日），樂平戾王丕以憂卒。初，魏主築白臺，高二百餘尺⑩，丕夢登其上，四顧不見人。命術士董道秀筮之，道秀曰：「大吉。」丕默有喜色。及丕卒，道秀亦坐棄市。高允聞之，曰：「夫筮者皆當依附爻象，勸以忠孝㈡。王之問道秀也，道秀宜曰：『窮高為亢。易曰亢龍有悔，又曰高而無民㈢，皆不祥也，王不可以不戒。』如此，則王安於上，身全於下矣！道秀反之，宜其死也。」

㈤庚辰（十五日），魏主幸廬㈢。

㈥己丑（二十四日），江夏王義恭進位太尉，領司徒。

㈦庚寅（二十五日），以侍中領右衛將軍沈演之為中領軍，左衛將軍范曄為太子詹事。

(八)辛卯（二十六日），立皇子宏為建平王。
(九)三月，甲辰（初九日），魏主還宮。
(十)癸丑（十八日），魏主遣司空長孫道生鎮統萬。
(土)夏，四月乙亥（十一日），魏侍中太宰陽平王杜超為帳下所殺。
(土)六月，魏北部民殺立義將軍衡陽公莫孤，帥五千餘落北走。遣兵追擊之，至漠南，殺其渠帥，餘徙冀、相、定三州為營戶㈣。
(圭)吐谷渾王慕利延兄子緯世㈤與魏使者謀降魏，慕利延殺之。是月，緯世弟叱力延等八人犇魏，魏以叱力延為歸義王。
(古)沮渠無諱卒，弟安周代立。
(去)魏入中國以來，雖頗用古禮祀天地、宗廟、百神，而猶循其舊俗，所祀胡神甚眾。崔浩請存合於祀典者五十七所，其餘複重及小神悉罷之，魏主從之。
(夫)秋，七月，癸卯（初十日），魏東雍州刺史沮渠秉謀反㈥，伏誅。
(七)八月乙丑（初三日），魏主畋于河西，尚書令古弼留守㈦。詔以肥馬給獵騎，弼悉以弱者給之。帝大怒，曰：「筆頭奴敢裁量朕，朕還臺，先斬此奴。」弼頭銳，故帝常以筆目之。弼官屬惶怖，恐幷坐誅，弼曰：「吾為人臣，不使人主盤于遊畋，其罪小；不備不虞，乏軍國之用，其罪大。今蠕蠕方彊，南寇未滅，吾以肥馬供軍，弱馬供獵，為國遠慮，雖死何傷？且吾自為之，非諸君之憂也！」帝聞之，歎曰：「有臣如此，國之寶也。」賜衣一襲⑱，馬二匹，鹿十頭。他日，魏主復畋於山北⑲，獲麋鹿數千頭，詔尚書發車五百乘以運之⑳。詔使已去，魏主謂左右曰：「筆公必不與我，汝輩不如以馬運之。」遂還。行百餘里，得弼表曰：「今秋穀懸黃，麻菽布野，豬鹿竊食，鳥鴈侵費，風雨所耗，朝夕三倍㉑，乞賜矜緩，使得收載。」帝曰：「果如吾言，筆公可謂社稷之臣矣！」

(十八)魏主使員外散騎常侍高濟來聘。

(十九)戊辰（初六日），以荊州刺史衡陽王義季為征北大將軍，開府儀同三司，南兗州刺史；以南譙王義宣為荊州刺史。

初，帝以義宣不才，故不用，會稽公主屢以為言，帝不得已用之㉑。先賜中詔㉒，敕之曰：「師護㉓以在西久，比表求還㉔，今欲聽許，以汝代之。師護雖無殊績，潔己節用，通懷期物，不恣羣下㉕，聲著西土，為士庶所安論者，乃未議遷之。今之回換，更為汝與師護年時一輩㉖，欲各試其能。汝往，脫有一事減之者，既於西夏㉗交有巨礙，遷代之譏，必歸責於吾矣㉘。此事亦易勉耳，無為使人復生評論也！」義宣至鎮，勤自課厲，事亦脩理。

庚辰（十八日），會稽長公主卒。

㈩吐谷渾叱力延等請師於魏以討吐谷渾王慕利延，魏主使晉王伏羅督諸軍擊之。

㈩九月，甲辰（十一日），以沮渠安周為都督涼、河、沙三州諸軍事，涼州刺史，河西王。

㈩丁未（十四日），魏主如漠南，將襲柔然，柔然敕連可汗遠遁，乃止。敕連尋卒，子吐賀真立，號處羅可汗㉚。

㈩魏晉王伏羅至樂都，引兵從間道襲吐谷渾，至大母橋，吐谷渾王慕利延大驚，逃犇白蘭，慕利延兄子拾寅犇河西。魏軍斬首五千餘級，慕利延從弟伏念等帥萬三千落降於魏。

(二四)冬，十月，己卯（十七日），以左軍將軍徐瓊為兗州刺史，大將軍參軍申恬為冀州刺史。徙兗州鎮須昌㉑，冀州鎮下㉒。恬，謨之弟也。

(二五)十二月，魏主還平城。

(二六)是歲，沙州牧李寶入朝于魏，魏人留之，以為外都大官。

(二七)太子率更令何承天撰元嘉新曆表上之，以月食之衝，知日所在㉓；又以中星檢之，知堯時冬至日在須女十度㉔，今在斗十七度；又測景校二至差三日有餘㉕，知今之南至日應在斗十三四度。於是更立新灋，冬至徙上三日五時，日之所在，移舊四度；又月有遲疾，前曆合朔，月食不在朔望㉖，今皆以贏縮定其小餘，以正朔望之日㉗。詔付外詳之。太史令錢樂之等奏，皆如承天所上，唯月有頻三大，頻二小，比舊灋殊為乖異，謂宜仍舊。詔可。

【今註】㊀嘗以上谷苑囿太廣，乞減大半以賜貧民：胡三民曰：「據北史古弼傳，時上谷人上書言苑囿過度，人無田業，宜減大半以賜貧民。蓋上谷距代都甚遠，魏未嘗置苑囿於其地，而道武帝起鹿苑於南臺陰，北距長城，東苞白登，屬之西山，廣輪數十里，大興六年，幸南平城，規度灅南夏屋山背黃瓜堆以建新邑，至天賜三年，遂築灅南宮闕，引溝穿池，廣苑囿。所謂太廣者，此也，不在上谷，當以北史為正。」㊁蹇躄：跛蹇而顛躄也，困頓之狀。㊂芸田：除田中草也。㊃巫覡：人之能事無形以舞降神者，男曰覡，女曰巫。覡音檄。㊄門誅：闔門盡誅之。㊅內都坐大官：胡三省曰：「魏置中都大官，外都大官、都坐大官，皆掌折獄，謂之三都。」按漢司隸校尉屬官有都官從事，掌察中都官不法事，曹魏始置尚書都官郎，兩晉諸曹尚書有都官曹，典刑獄，殆為北魏三都大官所本。㊆初魏尚書令劉絜久典機要：魏明元帝寢疾，以太武帝監國，劉絜與古弼等俱選侍東宮，分綰機要，敷奏百揆，至是二十餘年矣！㊇蠕蠕遷徙無常，前者出師，勞而無功：胡三省曰：「絜之言，蓋指太延四年魏主伐柔然至白阜時也。」㊈勢要：權勢機要之任。㊉初，魏主築白臺，高二百餘尺：《魏書．明元帝紀》泰常二年秋七月，作白臺於平城之南，高二十丈。㊁夫筮者皆當依附爻象，勸以忠孝：胡三省曰：「漢嚴君平卜筮於成都，市人有邪惡非正之問，則依蓍龜為言利害，與人子言依於孝，與人弟言依於順，與人臣言依於忠，各因勢道之以善。高允之言，祖君平之術也。」㊂易曰亢龍有悔，又曰高而無民：此《易．乾》上九及文言之辭。㊂魏主幸盧：《魏書．太武帝紀》是月庚辰，行幸盧，下有闕文，通鑑不知有闕文而直書曰幸盧，非也。胡三省曰：「自南北國分治，人主所至，例不書幸，此必誤也。」㊃營戶：杜佑曰：「魏道武天興中，詔採漏戶令輸綸綿，自後諸逃戶占為紬繭羅縠者甚眾，於是雜營戶率徧於天下，不隸守宰，賦役不同，景穆皇帝一切罷之，以屬郡縣。」按雜營戶即部曲兵家也，註詳後。⑮吐谷渾王慕利延兄子緯世：按《魏書・吐谷渾傳》，緯世即緯代也。阿柴有子二十人，緯代居長。《北史》避唐太宗諱改世為代，《通鑑》因之。⑯魏東雍州刺史沮渠秉謀反：《隋書・地理志》絳郡，後魏之東雍州也，後周改曰絳州。《魏書・地形志》東雍州，世祖置。按後魏置東雍州及南太平郡，治柏壁城，故治在今山西省新絳縣西南，尋改郡曰征平，又廢州，改郡曰正平，東魏天平間復置東雍州。⑰魏主畋于河西，尚書令古弼留守：劉絜既誅，以古弼代絜為尚書令。⑱賜衣一襲：衣一稱曰一襲。顏師古注漢書曰：「襲，上下皆具也。」⑲魏主復畋於山北：胡三省曰：「山北，平城北山之北。」⑳詔尚書發車五百乘以運之：觀下載弼表為賜矜緩，則詔所發者蓋民車也。㉑今秋穀懸黃，麻菽布野，豬鹿竊食，鳥鷹侵費，風雨所耗，朝夕三倍：胡三省曰：「言夕之所收，較於朝之所收，得失三倍，收穫不可以不速，載、麋鹿猶可緩也。」懸黃者，謂穗懸而黃，收穫之時也。㉒初，帝以義宣不才，故不用，會稽長公主屢以為言，帝不得已用之：會稽長公主，高祖之嫡長女，帝深加禮敬，故家事大小，必以咨之。㉓中詔：胡三省曰：「詔自中出，不經門下者，謂之中詔，今之手詔是也。」㉔師護：義季小字。㉕比表求還：比，頻也，言頻上表章求東還也。㉖通懷期物，不恣羣下：言與人推誠，共其功業，而不恣情於其下也。㉗汝與師護年時一輩：謂義宣與義季年齡相若，輩分亦同。㉘西夏：六朝謂荊楚為西夏，以其在建康之西也。㉙遷代之譏，必歸責於吾矣：謂義季著聲於西土，今帝遽以義宣代之，若其政績減於義季，是於遷代之際不審，必罷任用非人之譏也。㉚吐賀真立，號處羅可汗：魏收曰：「處羅，魏言唯也。」㉛徙兗州鎮須昌：《宋書・州郡志》曰：「兗州刺史，後漢治山陽、昌邑，魏、晉治廩丘。武帝平河南，治滑臺，文帝元嘉十三年，治鄒山，又寄治彭城。」此蓋又自彭城徙治須昌也。㉜冀州鎮歷下：歷下即歷城。㉝以月食之衝，知日所在：胡三省曰：「日與月相衝，光相揜而知之。」㉞又以中星檢之，知堯時冬至日在須女十度：胡三省曰：「此以堯典日短星昴推之。」㉟又測景校二至差三日有餘：此亦用周禮測日至之景之法也。㊱月食不在朔望：日蝕在朔，月蝕在望，月食上當有日字。㊲今皆以贏縮定其小餘，以正朔望之日：胡三省曰：「贏或作盈。曆法有大餘小餘。《史記・曆書》曰：『大餘者，日也；小餘者，月也。』周天三百六十五度四分度之一日，日行一度，十二月而一周天，歲十二月，凡三百五十四日，以六除之，五六三百日，餘五十四日為大餘；周天三百六十五度，以六甲除之，六六三百六十，餘五為大餘，小餘即四分之一，未滿日之分數也。其分每滿三十二則成一日，蓋奇日為大餘，奇分為小餘，積而成閏也。」

二十二年（西元四四五年）

㈠春，正月，辛卯朔，始行新曆㈠。初，漢京房以十二律，中呂，上生黃鍾，不滿九寸，更演為六十律，錢樂之復演為三百六十律，日當一管，何承天立議以為上下相生，三分損益，其一蓋古人簡易之灋，猶如古曆周天三百六十五度四分度之一也，而京房不悟，謬為六十。乃更設新律林鍾，長六寸一釐，則從中呂，還得黃鍾十二旋宮，聲韻無失。

㈡壬辰（初二日），以武陵王駿為雍州刺史。帝欲經略關河，故以駿鎮襄陽。

㈢魏主使散騎常侍宋愔來聘。

㈣二月，魏主如上黨，西至吐京㊂，討徙叛胡，出配郡縣。

㈤甲戌（十四日），立皇子禕為東海王，昶為義陽王。

㈥三月，庚申，魏主還宮㊃。

㈦魏詔諸疑獄皆付中書，以經義量決。

㈧夏，四月，庚戌，魏主遣征西大將軍高涼王那等擊吐谷渾王慕利延於白蘭㊄，秦州刺史代人封敕文、安遠將軍乙烏頭擊慕利延兄子什歸於枹罕。

㈨河西之亡也，鄯善人以其地與魏鄰，大懼，曰：「通其使人，知我國虛實，取亡必速。」乃閉斷魏道㊅，使者往來，輒鈔刼之。由是西域不通者數年，魏主使散騎常侍萬度歸發涼州以西兵擊鄯善。

㈩六月，壬辰（初五日），魏主北巡。

㈩㈠帝謀伐魏，罷南豫州入豫州，以南豫州刺史南平王鑠為豫州刺史㊆。

㈩㈡秋，七月，己未（初二日），以尚書僕射孟顗為左僕射，中護軍何尚之為右僕射。

㈩㈢武陵王駿將之鎮時，緣沔諸蠻猶為寇，水陸梗礙。駿分軍遣撫軍中兵參軍沈慶之掩擊，大破之。駿至鎮，蠻斷驛道，欲攻隨郡，隨郡太守河東柳元景募得六七百人邀擊，大破之。遂平諸蠻，獲七萬餘口。涓山蠻㊇最彊，沈慶之討平之，獲三萬餘口，徙萬餘口建康。

㈩㈣吐谷渾什歸聞魏軍將至，棄城夜遁。八月丁亥（朔），封敕文入枹罕，分徙其民千家還上邽，留乙烏頭守枹罕。

㈩㈤萬度歸至敦煌，留輜重，以輕騎五千度流沙襲鄯善。壬辰（初六日），鄯善王真達面縛出降。度歸留軍屯守，與真達詣平城，西域復通。

【考異】本紀作真達興，今從西域傳。

㈥魏主如陰山之北，發諸州兵三分之一，各於其州戒嚴，以須後命。徙諸種雜民五千餘家於北邊，令就北畜牧，以餌柔然⑨。

㈦壬寅（十六日），魏高涼王那軍至寧頭城⑩，吐谷渾王慕利延擁其部落西度流沙，吐谷渾慕璝王之子被囊逆戰，那擊破之，被囊遁走。中山公杜豐帥精騎追之，度三危，至雪山⑪，生擒被囊及吐谷渾什歸、乞伏熾盤之子成龍，皆送平城⑫。慕利延遂西入于闐，殺其王，據其地，死者數萬人。

㈧九月，癸酉（十七日），上餞衡陽王義季于武帳岡⑬。上將行，敕諸子且勿食，至會所，設饌，日旰不至⑭，有飢色。上乃謂曰：「汝曹少長豐佚，不見百姓艱難，今使汝曹識有飢苦，知以節儉御物耳！」

裴子野論曰：「善乎太祖之訓也！夫侈興於有餘，儉生於不足，欲其隱約，莫若貧賤，習其險艱，利以任使，達其情偽，易以躬臨。太祖若能率此訓也，難其志操，卑其禮秩，教成德立，然後授以政事，則無怠無荒，可播之於九服㊄矣。高祖思固本枝，崇樹襁褓㊅，後世遵守，迭據方岳㊆，及乎泰始之初，升明之季，絕咽於衾衽者動數十人㊇，國之存亡，既不是繫㊈，早肆民上，非善誨也。」

㈩魏民間訛言：「滅魏者吳。」盧水胡蓋吳㊉聚眾反於杏城㊀，諸眾胡爭應之。有眾十餘萬，遣其黨趙綰來上表自歸。冬，十月，戊子（初三日），長安鎮副將拓跋紇帥眾討吳，紇敗死。吳眾愈盛，民皆渡渭犇南山㊁。魏主發高平敕勒騎赴長安，命將軍叔孫拔領攝幷、秦、雍三州兵，屯渭北。

㈩十一月，魏發冀州民造浮橋於碻磝津。

㈩蓋吳遣別部帥白廣平西掠新平、安定，諸胡皆聚眾應之。又分兵東掠臨晉、巴東，將軍章直擊破之，溺死於河者三萬餘人。吳又遣兵西掠至長安，將軍叔孫拔與戰於渭北，大破之，斬首三萬餘級。河東蜀㊂薛永宗聚眾以應吳，襲擊聞喜㊃，聞喜縣無兵仗，令憂惶無計，縣人裴駿帥厲鄉豪擊之，永宗引去。魏主命薛謹之子拔糾合宗鄉㉕，壁於河際，以斷二寇往來之路㉖。庚午（十五日），魏主使殿中尚書㉗拓跋處直等將二萬騎討薛永宗，殿中尚書乙拔㉘將三萬騎討蓋吳，西平公寇提㉙將萬騎討白廣平。吳自號天臺王，署置百官。

(廿二)辛未（十六日），魏主還宮㉚。

(廿三)魏選六州驍騎二萬㉛，使永昌王仁、高涼王那分將之，為二道，掠淮、泗以北，徙青、徐之民以實河北。

(廿四)癸未（二十八日），魏主西巡。

(廿五)初，魯國孔熙先，博學文史，兼通數術，有縱横才志，為員外散騎侍郎，不為時所知，憤憤不得志。父默之，為廣州刺史，以贓獲罪，大將軍彭城王義康為救解，得免。及義康遷豫章㉜，熙先密懷報効，且以為天文圖讖，帝必以非道晏駕，由骨肉相殘，江州應出天子。以范曄志意不滿，欲引與同謀，而熙先素不為曄所重，太子中舍人㉝謝綜，曄之甥也，熙先傾身事之。綜引熙先與曄相識，熙先家饒於財，數與曄博，故為拙行㉞，以物輸之。曄既利其財，又愛其文藝，由是情好款洽，熙先乃從容說曄曰：「大將軍英斷聰敏㉟，人神攸屬，失職南垂㊱，天下憤怨。小人受先君遺命，以死報大將軍之德。頃人情騷動，天文舛錯，此所謂時運之至，不可推移者也。若順天人之心，結英豪之士，表裏相應，發於肘腋㊲，然後誅除異我，崇奉明聖，號令天下，誰敢不從？小人請以七尺之軀，三寸之舌，立功立事，而歸諸君子，丈人㊳以為何如？」曄甚愕然。熙先曰：「昔毛玠竭節於魏武，張溫畢議於孫權，彼二人者，皆國之俊乂，豈言行玷缺，然後至禍辱哉？皆以廉直勁正，不得久容㊴。丈人之於本朝，不深於二主，人間雅譽，過於兩臣㊵，讒夫側目，為日久矣！比肩競逐，庸可遂乎㊶？近者殷鐵一言而劉班碎首㊷，彼豈父兄之讎，百世之怨乎？所爭不過榮名勢利先後之間耳！及其末也，唯恐陷之不深，發之不早，戮及百口，猶曰未厭，是可為寒心悼懼，豈書籍遠事也哉？今建大動，奉賢哲，圖難於易㊸，以安易危，享厚利，收鴻名，一旦苞舉而有之，豈可棄置而不取哉？」曄猶疑未決，熙先曰：「又有過於此者，愚則未敢道耳！」曄曰：「何謂也？」熙先曰：「丈人奕葉清通㊹，而不得連姻帝室，人以犬豕相遇，而丈人曾不恥之？欲為之死，不亦惑乎？」曄門無內行，故熙先以此激之。曄默然不應，反意乃決。

曄與沈演之竝為帝所知，曄先至，必待演之俱入，演之先至，嘗獨被引㊺，曄以此為怨。

曄累經義康府佐，中間獲罪於義康㊻，謝綜及父述皆為義康所厚，綜弟約娶義康女，綜為義康記室參軍，自豫章還，申義康意於曄，求解晚隙，復敦往好。大將軍府史仲承祖，有寵於義康，聞熙先有謀，密相結納；舟楊尹徐湛之，素為義康所愛，承祖因此結事湛之，告以密計；道人灋略、尼灋靜，皆感義康舊恩㊼，並與熙先往來。灋靜妹夫許曜，領隊在臺㊽，許為內應。灋靜之豫章，熙先付以牋書，陳說圖讖，於是密相署置，及素所不善者，並入死目㊾。熙先又使弟休先作檄文，稱：「賊臣趙伯符，肆兵犯蹕，禍流儲宰㊿，湛之、曄等投命奮戈，即日斬伯符首及其黨與，今遣護軍將軍臧質奉璽綬迎彭城王，正位辰極㊿一。」熙先以為舉大事，宜須以義康之旨諭眾，曄又詐作義康與湛之書，令誅君側之惡，宣示同黨。

帝之燕武帳岡也，曄等謀以其日作亂，許曜侍帝，扣刀㊿二目曄，曄不敢仰視。俄而座散，徐湛之恐事不濟，密以其謀白帝，帝使湛之具探取本末，得其檄書、選署姓名，上之，帝乃命有司收掩窮治。其夜，呼曄置客省㊿三，先於外收綜及熙先兄弟，皆款服。帝遣使詰問曄，曄猶隱拒，熙先聞之，笑曰：「凡處分、符檄、書疏，皆范所造，云何於今方作如此抵蹋㊿四邪？」帝以曄墨迹示之，乃具陳本末。明日，仗士㊿五送付廷尉。熙先望風吐款辭氣不橈，上奇其才，遣人慰勉之曰：「以卿之才，而滯於集書省㊿六，理應有異志，此乃我負卿也！」又責前吏部尚書何尚之曰：「使孔熙先年將三十，作散騎郎，那不作賊？」

熙先於獄中上書謝恩，且陳圖讖，深戒上以骨肉之禍，曰：「願勿遺棄，存之中書，若囚死之後，或可追錄，庶九泉之下，少塞亹責。」

曄在獄為詩曰：「雖無嵇生琴，庶同夏侯色(57)。」曄本意謂入獄即死，而上窮治其獄，遂經二旬。曄更有生望，獄吏戲之曰：「外傳詹事或當長繫。」曄聞之，驚喜。綜、熙先笑之曰：「詹事(58)疇昔攘袂瞋目，躍馬顧盼，自以為一世之雄，今擾攘紛紜，畏死乃爾！設令賜以性命，人臣圖主，何顏可以生存？」

十二月，乙未（十一日），曄、綜、熙先及其子弟黨與皆伏誅(59)。曄母至市，涕泣責曄，以手擊曄頸，曄顏色不怍(60)。妹及妓妾來別，曄悲涕流漣(61)。綜曰：「舅殊不及夏侯色。」曄收淚而止。

謝約不預逆謀，見兄綜與熙先遊，常諫之曰：「此人輕事好奇，不近於道，果銳無檢(62)，未可與狎。」綜不從而敗。綜母以子弟自蹈逆亂，獨不出視。曄語綜曰：「姊今不來，勝人多矣！」

收籍曄家，樂器服玩，並皆珍麗，妓妾不勝珠翠㊸，母居止單陋，唯有一廚盛樵薪，弟子冬無被，叔父單布衣。

裴子野論曰：「夫有逸羣之才，必思冲天之據㊹。蓋俗之量，則憤常均之下㊺，其能守之以道，將之以禮，殆為鮮乎！劉弘仁、范蔚宗㊻皆忸志㊼而貪權，矜才以徇逆，累葉風素，一朝而隕，嚮之所謂智能，翻為亡身之具矣！」

㈦徐湛之所陳多不盡，為曄等辭所連引，上赦不問。臧質，熹之子也㊽。先為徐、兗二州刺史，與曄厚善。曄敗，以為義興太守。

有司奏削彭城王義康爵，收付廷尉治罪。丁酉（十三日），詔免義康及其男女皆為庶人，絕屬籍，徙付安成郡，以寧朔將軍沈邵為安成相，領兵防守。邵，璞之兄也。

義康在安成，讀書見淮南厲王長事，廢書歎曰：「自古有此，我乃不知，得罪為宜也。」

庚戌（二十六日），以前豫州刺史趙伯符為護軍將軍。伯符，孝穆皇后之弟子也㊅㊈。

(七七)初，江左二郊無樂，宗廟雖有登歌，亦無二舞㊆〇。是歲，南郊始設登歌。

(七八)魏安南、平南府移書兗州㊆㊀，以南國僑置諸州多濫北境名號，又欲遊獵具區㊆㊁。兗州答移曰：「必若因土立州，則彼立徐、揚，豈有其地？復知欲遊獵具區，觀化南國，開館飾邸，則有司存呼韓入漢，厥儀未泯；饋餼㊆㊂之秩，每存豐厚。」

【今註】㊀春正月辛卯朔，始行新曆：新曆，謂元嘉曆也。時北魏仍用景初曆，置閏與元嘉曆不同，如是年景初曆閏正月而元嘉曆閏五月，故宋之二月當北魏之閏正月，順推至宋五月當魏四月，宋閏五月當魏之四月也。自此至隋開皇十年，凡置閏之年，則南北月令參差不同。㊁初，漢京房以十二律，中呂上生黃鍾，不滿九寸，更演為六十律，錢樂之復演為三百六十律，日當一管，何承天立議以為上下相生，三分損益，其一蓋古人簡易之法，猶如古曆周天三百六十五度四分度之一也，而京房不悟，謬為六十，乃更設新律林鍾，長六寸一釐，則從中呂，還得黃鍾十二旋宮，聲韻無失：《漢書・律曆志》曰：「律有十二，陽六為律，陰六為呂。律以統氣類物，一曰黃鍾，二曰太族，三曰姑洗，四曰蕤賓，五曰夷則，六曰亡射；呂以旅陽宣氣，一曰林鍾，二曰南呂，三曰應鍾，四曰大呂，五曰夾鍾，六曰中呂。」又曰：「五聲之本，生於黃鍾之律，九寸為宮。三分黃鍾損一，下生林鍾六寸，三分林鍾益一，上生太族，三分太族損一，下生南呂，三分南呂益一，上生姑洗，三分姑洗損一，下生應鍾，三分應鍾益一，上生蕤賓，三分蕤賓損一，下生大呂，三分大呂益一，上生夷則，三分夷則損一，下生夾鍾，三分夾鍾益一，上生亡射，三分亡射損一，下生中呂，陰陽相生，自黃鍾始而左旋，八八為伍。」孟康曰：「從子數辰至未得八，下生林鍾，數未至寅得八，上生太族律，上下相生，皆以此為率。伍，耦也，八八為耦。」王先謙曰：「官本考證云，晉志引此文，作八八為位，傳寫之訛也；樂書云，諸儒之論律呂，謂陰陽相生，自黃鍾始，而左旋八八為伍，管以九寸為法者，班氏之說也；下生倍賓，上生四賓，皆三其法，而管又不專以九寸為法者，司馬遷之說也；持隔九相生之說，以中呂上生黃鍾，不滿九寸，謂之執始，下生去滅，上下相生，終於南事，十二律之外，更增六八為六十律者，京房之說也；建蕤賓重上生之議，至於大呂、夾鍾、仲呂之律，所生分等，又皆信焉者，鄭康成之說也；隔七為上生，隔八為下生，至於仲呂，則孤而不偶，蕤賓則踰次無準者，劉向之說也；演京房南事之餘而伸之，為三百六十律，日當一管，各以次生者，宋錢樂之之說也；斥京房之說而以新舊法分度參之者，何承天，沈約之說也；校定黃鍾，每律減三分而以七寸為法者，隋劉焯之論也；析毫釐之強弱為算者，梁武帝之法也。諸儒之論，角立蠭起，要之最為精密者，班志而已。」九寸為宮者，言黃鍾之律九寸而宮音調也。㊂二月，魏王如上黨，西至吐京：《魏書・帝紀》在二月，實當宋之三月也。《水經注》曰：「河水自中陽來，南過土軍縣西。吐京郡治，即土軍縣之故城也。

胡漢譯言，音為訛變，其城圓長而不方。」按土軍縣，漢屬西河郡，後漢省，北魏置吐京郡於此，隋廢郡，改縣曰石樓，即今山西省石樓縣。㈣三月庚申，魏主遠宮：按元嘉曆，三月庚寅朔，無庚申，庚申，四月之朔日也。時魏仍用景初曆，魏之三月，實元嘉曆之四月也，參見註㈠。㈤夏四月庚戌，魏主遣征西大將軍高涼王那等擊吐谷渾王慕利延於白蘭：魏四月己丑朔，庚戌二十二日，於宋為五月二十二日。宋四月庚申朔，無庚戌。㈥乃閉斷魏道：閉斷魏通西域之道也。㈦帝謀伐魏，罷南豫州入豫州，以南豫州刺史南平王鑠為豫州刺史：宋武帝永初二年，分淮東之地為南豫州，治歷陽，淮西為豫州，治壽陽，文帝元嘉七年，罷南豫州，十六年，復分豫州之淮南為南豫州，至是復罷南豫州入豫州也。豫州及南豫州沿革參見卷一百十九宋武帝永初三年註㈧。㈧溳山蠻：溳山亦稱大洪山，溳水所出，在今湖北省隨縣西南，諸蠻之居於此者曰溳山蠻。《水經注》曰：「溳水出蔡陰縣東南大洪山，山在隨郡之西南，竟陵之東北，磐基所跨，廣圓百餘里，峯曰懸鉤，處平原眾阜之中，為諸嶺之秀。溳水出於其陰，時人以溳水所導，故亦謂之溳山。」溳音云。㈨徙諸種雜民五千餘家於北邊，令就北畜牧，以餌柔然：餌，誘之以食也。徙諸種落雜民於北鄙以誘柔然使攻略之。㈩寧頭城：胡三省曰：「寧頭城當在白蘭東北。」⑪度三危，至雪山：書舜典：「竄三苗于三危。」三危之地，諸說不同，其古說之著者有二，其一謂在今甘肅省敦煌縣東南。《左傳》曰：「允姓之姦居於瓜州。」杜預曰：「允姓之祖，與三苗俱放於三危。瓜州，今敦煌也。」《水經注》引《山海經》曰：「三危在敦煌縣，與岷山相接，南帶黑水。」《括地志》曰：「三危在沙州敦煌縣東南四十里，山有三峯，故名，亦名卑羽山。」金履祥《尚書注》亦曰：「沙州敦煌縣東四十里有卑雨山，一名化雨山，有三峯甚高，人以為三危。」《明都司志》云：「三危為沙州望山，俗名昇爾山，今在城東南三十里，三峯聳峙，如危欲墮，故名。」按此說蓋以《左傳》及《山海經》為據也。另一謂三危在今甘肅省鳥鼠山之西。《尚書正義》引鄭玄引《地記書》云：「三危之山，在鳥鼠之西，與岷山相近，黑水出其南陂。」《後漢書・郡志》隴西郡首陽縣注引《地道記》曰：「縣有三危，三苗所處。」《水經注》引《山海經》曰：「三危之山，三青鳥居之。是山也，廣圓百里，在鳥鼠山西。」是《山海經》二說而並存之。按鳥鼠山，在今甘肅省渭源縣，後漢隴西郡首陽縣，即今之渭陽縣也。或以為三危為西裔之山者，而不言其所在，見馬融《尚書注》。此云度三危，至雪山，上云慕利延擁其部落西度流沙，下復曰遂西入于闐，考其行程所向，三危蓋指敦煌東南之三危，而雪山則指祁連山也。㈢生擒被囊及吐谷渾什歸，乞伏熾磐之子成龍，皆送平城：胡三省曰：「乞伏成龍蓋因赫連定之敗，沒于吐谷渾。」㈢上餞衡陽義季于武帳岡：杜佑曰：「武帳岡在建康廣莫門外宣武場，設行宮，便坐於其上，因名。」武帳始見《漢書・汲黯傳》：「上嘗坐武帳，黯前奏事，上不冠，望見黯，避帷中。」孟康曰：「今御武帳，置兵闌五兵於帳中也。」沈欽韓曰：「帳置五兵，蓋以蘭錡圍四垂，天子御殿之制如此。有災變避正殿寢兵，則不坐武帳也。」元嘉武帳之制當本此。㈣日旰不至：旰，日晚也。日旰而饌不至也。㈤九服：周制王畿千里之外，有侯服、甸服、男服、采服、衞服、蠻服、夷服、鎮服、藩服，每服五百里，依次為別。服者，責以服事天子為職也。㈥崇樹襁褓：言以繈褓之兒臨州，當方面之寄也。㊆後世遵守，迭據方岳：胡三省曰：「謂義真、義康、義恭、義宣，皆迭居方面。」㊇及乎泰始之初，升明之季，絕咽於衾衽者動數十人：泰始，明帝年號，升明，順帝年號。謂泰始初年明帝殺孝武諸子及升明末宋齊禪代之際，蕭氏夷劉氏子孫幾盡，皆幼子臨州，馴致猜忌之咎。㊈國之存亡，既不是繫：言宋崇樹襁褓，非關國家存亡之急務。㊉早肆民上：《左傳》晉師曠曰：「天之愛民甚矣，豈其使一人肆於民上？」裴子引此為宋朝幼王臨州之譏。㊁盧水胡蓋吳聚眾反於杏城：胡三省曰：「蓋吳蓋安定盧水胡種而分居杏城。」㊂民皆渡渭奔南山：胡三省曰：「長安南山也。」㊂河東蜀：胡三省曰：「蜀人遷居河東者謂之河東蜀，居絳郡者謂之絳蜀，居關中赤水者謂之赤水蜀。」㊃聞喜：春秋晉之曲沃邑，漢置聞喜縣，屬河東郡，故城在今山西省聞喜縣西南。後漢徙治左邑，即今治也。後魏分屬絳郡。㊄魏主命薛謹之子拔糾合宗鄉：宗鄉，謂薛謹之宗族及鄉人。㊅斷二寇往來之路：二寇，謂蓋吳及薛永宗。㊆殿中尚書：《晉書・職官志》晉太康中，置吏部、殿中、五兵、田曹、度支、左民六曹尚書，並令、僕二人為八座。杜佑曰：「後魏初，有殿中、樂部、駕部、南部、北部五尚書。殿中掌殿內，兵馬，倉庫，樂部掌伎樂及角使、伍伯，駕部掌牛馬驢騾，南部掌南邊諸州郡，北部掌北邊諸州郡。」㊇乙拔：《魏書・官氏志》內入諸姓有乙弗氏，後改為乙氏。㊈寇提：《魏書・官氏志》內入諸姓有若口引氏，後改為寇氏。㊉魏主還宮：自陰山還也。㊁魏選六州驍騎二萬：胡三省曰：「六州：冀、定、相、幷、幽、平。」㊂及義康遷豫章：義康自司徒出為江州刺史，鎮豫章，見上卷元嘉十七年。㊂太子中舍人：《晉書・職官志》太子中舍人，四人，晉咸寧四年置，以舍人才學美者為之，與中庶子共掌文翰，職如黃門侍郎，在中庶子下，洗馬上。㉞拙行：胡三省曰：「凡博弈以計數誘人謂之行，拙行者，偽為不能也。」㉟大將軍英斷聰敏：大將軍謂義康。㊱失職南垂：謂遷豫章也。才過其任，是謂失職。垂與陲同，豫章在建康之南，故曰南垂。㊲發於肘腋：謂發難於京師。言肘腋者，喻其切近也。㊳丈人：老者之尊稱。《論語》曰：「子路從而後，遇丈人，以杖荷蓧。」疏云：「丈人者，長宿之稱也。」㊴昔毛玠竭節於魏武，張溫畢議於孫權，彼二人者，皆國之俊乂，豈言行玷缺然後至於禍辱哉？皆以廉直勁正，不得久容：謂毛玠、溫畢俱以廉正為世所嫉而不見容於時主。毛玠事見卷六十七漢獻帝建安二十一年。張溫事見卷六十九魏文帝黃初五年。㊵丈人之於本朝，不深於二主，人間雅譽，過於兩臣：二主謂魏武、孫權，兩臣謂毛玠、張溫。言范曄受知於宋文，不若毛玠之於魏武，張溫之於孫權，而人間之稱譽過之，玠等尚且罹罪，而況曄乎！㊶比肩競逐，庸可遂乎：胡三省曰：「言與時貴比肩競逐，榮利所在，眾所共爭，將不得遂其志也。」㊷近者殷鐵一言而劉班碎首：殷景仁小字鐵，劉湛小字班。湛受戮事見上卷元嘉十七年。㊸今建大勳，奉賢哲，圖難於易：言榮名勢利，本不易得，然若能援立義康以立大勳，則取之甚易也。㊹奕葉清通：奕葉猶曰累代。言曄累世清顯，通達於時。胡三省曰：「曄曾祖汪，祖寧，父泰，皆有名行。」㊺被引：被引見也。㊻曄累經義康府佐，中間獲罪於義康：《宋書·范曄傳》，曄嘗為彭城王義康冠軍參軍，隨府轉右軍參軍。元嘉元年，彭城太妃薨，將葬，祖夕，僚故並集東府，曄與弟廣淵許夜中酣飲，開北牖聽挽歌為樂，義康大怒，左遷曄宣城太守。曄累經義康府佐，見待素厚，及宣城之授，意好乖離。㊼道人法略、尼法靜，皆感義康舊恩：《宋書・范曄傳》，法略道人先為義康所供養，粗被知待，法靜尼亦出入義康家內，皆感激舊恩，規相拯拔。㊽臺：臺即臺城，謂宮廷禁中也。㊾及素所不善者，並入死目：胡三省曰：「條分名目，凡素所不善者，皆欲置之死地。」㊿熙先又使弟休先作檄文，稱賊臣趙伯符，肆兵犯蹕，禍流儲宰：胡三省曰：「趙伯符時為領軍將軍，故欲以弒逆之罪歸之。言禍流儲宰，蓋欲併殺太子劭。」按《宋書・文帝紀》元嘉十八年趙伯符為領軍將軍，二十一年二月，出為豫州刺史，而以沈演之為中領軍，則休先作檄文蓋二十一年二月以前事，史追言之耳！(51)辰極：《文選・顏延之車駕幸京口三月三日侍遊曲阿後湖詩》云：「春方動辰駕，望幸傾五州。」李善注：「論語孔子曰：『為政以德，譬如北辰。』故謂天子為辰也。」辰亦作宸，東晉劉琨〈勸進表〉：「陛下宜遺小體，存大務，援據圖錄，居正宸極。」胡三省曰：「北辰為天極，故以帝位為辰極。」(52)扣刀：扣，牽持也，以手握刀柄作拔刀狀也，猶牽馬之曰扣馬。(53)客省：胡三省曰：「客省，凡四方之客入見者居之，屬典客令。」(54)抵蹋：推距也，故拒不認罪亦曰抵蹋。(55)仗士：士之執兵仗者。(56)以卿之才，而滯於集書省：《南齊書・百官志》，散騎侍郎、通直散騎侍郎、員外散騎侍郎、給事中、奉朝請、駙馬都尉，皆集書省職。(57)雖無嵇生琴，庶同夏侯色：胡三省曰：「嵇康為晉文王所殺，臨命，顧視日影，索琴而彈；夏侯玄為晉景王所殺，及赴東市，顏色不變。」(58)詹事：謂范曄。曄為太子詹事，故稱之。(59)曄、琮、熙先及其子弟黨與皆伏誅：王鳴盛曰：「范蔚宗曾祖汪、祖寧、父泰，世擅儒學，蔚宗亦博涉經史，善為文章，仕宋貴顯，忽坐謀反，與其四子一弟同死於市。計蔚宗性輕燥不謹，與妄人孔熙先往還，是其罪耳，決不當有謀反事也。蔚宗生晉安帝隆安三年，宋受禪，年二十二，蓋當宋臺初建，即仕劉氏，故國之思既已絕無，新朝之恩則又甚渥。熙先以文帝弟義康出鎮豫章，欲弒帝迎義康立之，此真妄想，事之必不能成，下愚亦知，蔚宗乃與共謀乎？且當義康執政，蔚宗以飲食細過為所黜逐，怨義康必甚；熙先鉤蔚宗之甥謝綜，綜為解隙，亦何肯遂以身殉乎？蔚宗於文帝君臣之際，樂遊應詔，豫陪賡歌，攜伎被彈，愛才不罪，為左衞將軍，掌禁旅，參機密，深加委任，可謂嘉遇矣！忽欲操戈相向，非病狂喪心，何乃有此？熙先說誘蔚宗，以國家不與為婚姻，當日江左門戶高於蔚宗者多，豈皆連姻帝室者？而蔚宗獨當以此為怨，亦非情理。蔚宗始則執意不回，終乃默然不答，其不從顯然，反謂其謀逆之意遂定，非誣之邪？蔚宗言於上，以義康姦釁已彰，將成亂階，反謂其欲探時旨，此皆求其故不得，從而為之辭者，乃謂衡陽王義季等出鎮，上於武帳岡祖道，蔚宗等期以其日而亂，區區文士，欲作壽寂之、姜產之伎倆，是何言與？況熙先主謀，反稱為蔚宗等，徐湛之告狀，亦首稱賊臣范蔚宗，真不可解。初被收，不肯款服，自辯云『今宗室磐石，蕃嶽張跱，設使竊發僥倖，方鎮便來討伐，幾何而不誅夷？且臣位任過重，一階兩級，自然必至，如何以滅族易此？』又云：『久欲上聞，逆謀未著，又冀其事消弭，故推遷至今。』然則蔚宗特知其情不舉，乃竟以為首亂之人，何哉？蔚宗善彈琵琶，文帝欲聞，終不肯，其耿介如此。序香方一時，朝貴咸加譏刺，想平日恃才傲物，憎疾者多，共相傾陷。宋書全據當時鍛鍊之詞書之，而猶詳載其自辯語，南史幷此刪之，則蔚宗冤竟不白矣！蔚宗與沈演之同被知遇，演之每先入見，不及待蔚宗，史謂蔚宗以此為怨，故有反心。愚謂蔚宗固未必以此為怨，而沈演之正是忌蔚宗才，妬蔚宗寵，傾而殺之者，見宋書沈演之傳。蔚宗又語何尚之云：『謀逆事，聞孔熙先說此，輕其小兒，不以經意，今忽受責，方覺為罪。君方以道佐世，使天下無冤，弟就死後，猶望君照此心也。』尚之亦正是與羣小朋比而陷蔚宗者，亦見宋書尚之傳，蔚宗乃向彼訴冤，急不擇音耳！蔚宗又自言外人傳庾尚書見憎，計與之無惡。尚書者，炳之也。蔚宗雖自言無惡，然宋書徐湛之傳云：『劉湛伏誅，殷景仁卒，太祖委任沈演之、庾炳之、范蔚宗等。』然則爭權妬寵，炳之傾害蔚宗，事必所有。」又曰：「蔚宗與甥、姪書，自序其讀書作文之法，甚備，甘苦蘊味，千載而下，可以想見。如云：『吾狂釁覆滅，豈復可言？汝等皆當以罪人棄之，然平生行己，猶應可尋。』又云：『年三十許，政始有向，自爾以來，轉為心化，往往有微解，言乃不能盡，至所通處，皆自得於胸懷耳！』又云：『文章轉進，但才少思難，每於操筆，恥作文士。』又云：『文患事盡於形，情急於藻，義牽其旨，韻移其意，雖時有能者，大較多不免此累，政類工巧圖繢，竟無得也。常謂情志所託，故當以意為主，以意為主，則其旨必見，以文傳意，則其詞不流。觀古今文人，多不全了此處，縱有會此者，不必從根本中來，吾思乃無方所稟之分，猶當未盡，亦由無意於文名故也。』觀其所述，志在根本之學，六朝文士，罕見及此。又自論其後漢書云：『吾襍傳論，皆有精意深旨，既有裁味，故約其詞句，至循吏以下及六夷諸序論，筆勢縱放，實天下之奇作，比方班氏，非但不愧而已。』又云：『贊自是吾文傑思，殆無一字空設，此書行，故應有賞音者，自古體大而思精，未有此也。』其自負如此。危難之際，牢戶之中，言之津津，良可悲矣！沈約史才較蔚宗遠遜，為其傳不極推崇，似猶有忌心；李延壽為益二語云：『於屈伸榮辱之際，未嘗不致意焉！』此稍見蔚宗作史本趣。今讀其書，貴德義，抑勢力，進處士，黜姦雄，論儒學則深美康成，褒黨錮則推崇李杜，宰相多無述而特表逸民，公卿不見采而惟尊獨行，立言若是，其人可知，犯上作亂，必不為也。」(六〇)顏色不怍：無羞慚之色。(六一)悲涕流漣：流漣，泣下貌。楚詞曰：「涕泣交集兮，泣下漣漣。」(六二)果銳無檢：言性燥進而無檢束。(六三)妓妾不勝珠翠：不勝者言其多。(六四)夫有逸羣之才，必思冲天之攄：《史記》齊威王曰：「此鳥不飛則已，一飛冲天。」為驚人作之為喻。攄，資也。言身抱奇才者，必思有大作為。(六五)蓋俗之量，則憤常均之下：胡三省曰：「常均，猶言平常也。」量，局度也，言局度超凡者，率不能安於下位。(六六)劉弘仁、范蔚宗：劉湛字弘仁，范曄字蔚宗。(六七)忸志：忸，驕也，意志驕傲。(六八)臧質，熹之子也：臧熹，臧燾之弟，燾，武敬臧皇后之兄，故質於弟為中表親。(六九)伯符，孝穆皇后之弟子也：孝穆皇后，武帝母趙氏。後弟倫之，伯符，倫之之子。(七〇)宗廟雖有登歌，亦無二舞：郭茂倩曰：「登歌者，祭祀燕饗，堂上所奏之歌也。」周禮曰：「大祭祀，帥瞽登歌，令奏擊拊。」《禮記》曰：「奠酬而工升歌，發德也；歌者在上，匏竹在下，貴人聲也。」二舞，文舞、武舞也。郭茂倩曰：「古之王者，樂有先後，以揖讓得天下，則先奏文舞；以征伐得天下，則先奏武舞，各尚其德也。黃帝之雲門，堯之大咸，舜之大韶，禹之大夏，文舞也；殷之大濩，周之大武，武舞也。周存六代之樂，至秦惟餘韶、武；漢魏以後，咸有改革，然其所用，文武二舞而已。」㈦魏安南、平南府移書兗州：安南、平南，謂安南、平南二將軍府。㈧具區：《周禮・職方氏》曰：「揚州，其澤藪曰具區。」《爾雅》曰：「吳越之間有具區。」按蓋指今之太湖。此具區蓋以指揚州。㈨饋餼：《周語》曰：「廩人獻餼。」韋昭注：「生曰餼，禾米也。」潰，餉也；饋餼，饋之以生食也。

二十三年（西元四四六年）

㈠春，正月，庚申（初六日），尚書左僕射孟顗罷。

㈡戊辰（十四日），魏主軍至東雍州，臨薛永宗壘。崔浩曰：「永宗未知陛下自來，眾心縱弛，今北風迅疾，宜急擊之。」魏主從之，庚午（十六日），圍其壘，永宗出戰，大敗，與家人皆赴汾水死㈠。其族人安都先據弘農，弃城來犇。

辛未（十七日），魏主南如汾陰，濟河，至洛水橋㈡。聞蓋吳在長安北，帝以渭北地無穀草，欲渡渭南，循渭而西，以問崔浩。對曰：「夫擊蛇者先擊其首，首破則尾不能掉。今蓋吳營去此六十里，輕騎趨之，一日可到，到則破之必矣！破吳，南向長安，亦不過一日。一日之乏，未至有傷，若從南道，則吳徐入北山，猝未可平。」帝不從，自渭南向長安。庚辰（二十六日），至戲水，吳眾聞之，悉散入北地山㊂，軍無所獲，帝悔之。二月丙戌（初二日），帝至長安。丙申（十二日），如盩厔㊃，歷陳倉，還如雍城，所過誅民夷、與蓋吳通謀者。

乙拔等諸軍大破蓋吳於杏城，吳復遣使上表求援。詔以吳為都督關隴諸軍事，雍州刺史，北地公，使雍、梁二州發兵屯境上，為吳聲援，遣使賜吳印一百二十一紐，使吳隨宜假授。

㊂初，林邑王范陽邁雖遣使入貢，而寇盜不絕，使貢亦薄陋，帝遣交州刺史檀和之討之。

南陽宗慤，家世儒素㊄，慤獨好武事，常言乘棄長風，破萬里浪。及和之伐林邑，慤自奮請從軍，詔以慤為振武將軍。和之遣慤為前鋒，陽邁聞軍出，遣使請還所掠日南民，輸金一萬斤，銀十萬斤，帝詔和之若陽邁果有款誠，亦許其歸順，和之至朱梧戍㊅，遣府戶曹參軍㊆姜仲基等詣陽邁，陽邁執之，和之乃進軍圍林邑將范扶龍於區粟城㈧，陽邁遣其將范毗沙達救之，宗慤潛兵迎擊毗沙達，破之。

㈣魏主與崔浩皆信重寇謙之，奉其道。浩素不喜佛灋，每言於魏主，以為佛灋虛誕，為世費害，宜悉除之。及魏主討蓋吳，至長安，入佛寺，沙門飲從官酒，從官入其室，見大有兵器，出以白帝。帝怒曰：「此非沙門所用，必與蓋吳通謀，欲為亂耳！」命有司案誅闔寺沙門，閱其財產，大得釀具及州郡牧守、富人所寄藏物以萬計；又為窟室以匿婦女，浩因說帝悉誅天下沙門，毀諸經像，帝從之。寇謙之與浩固爭，浩不從。先盡誅長安沙門，焚毀經像，幷敕留臺㈨下四方令一用長安灋。詔曰：「昔後漢荒君，信惑邪偽，以亂天常㈩，自古九州之中，未嘗有此。誇誕大言，不本人情，叔季之世，莫不眩焉⑪。由是政教不行，禮義大壞，九服之內，鞠為丘墟⑫。朕承天緒，欲除偽定真，復羲農之治，其一切盪除，滅其蹤跡。自今已後，敢有事胡神⑬及造形像、泥人、銅人者，門誅。有非常之人，然後能行非常之事，非朕孰能去此歷代之偽物？有司宣告征、鎮、諸軍、刺史㈣，諸有浮圖形像及胡經，皆擊破焚燒；沙門無少長，悉阬之。」太子晃素好佛灋，屢諫不聽，乃緩宣詔書，使遠近豫聞之，得各為計。沙門多亡匿獲免，或收藏經像，唯塔廟在魏境者，無復孑遺。

㈤魏主徙長安工巧二千家於平城。還至洛水，分軍誅李閏叛羌。

㈥太原顏白鹿私入魏境，為魏人所得，將殺之，詐云：「青州刺史杜驥使其歸誠。」魏人送白鹿詣平城，魏主喜曰：「我外家也⑮。」使崔浩作書與驥，且命永昌王仁、高涼王那將兵迎驥，攻冀州刺史申恬於歷城。杜驥遣其府司馬夏侯祖歡等將兵救歷城，魏人遂寇青、兗、冀三州，至清東⑯而還，殺掠甚眾，北邊騷動。

【考異】宋文帝紀：「三月，索虜寇兗、豫、青、冀，刺史申恬破之。」魏太武紀：「二月，永昌王仁至高平，禽劉義隆將王章，略金鄉、方與，遷其民五千家於河北。高涼王那至濟南東平陵，遷其民六千餘家於河北。」蓋宋、魏各據奏到之月書之耳！宋索虜傳又云：「虜破掠太原，得四千餘口。」蓋魏人誇張其數，故不同耳。

帝以魏寇為憂，咨訪羣臣。御史中丞何承天上表，以為：「凡備匈奴之策，不過二科，武夫盡征伐之謀，儒生講和親之約。今欲追蹤衛、霍⑰，自非大田淮泗，內實青、徐，使民有贏儲，野有積穀，然後發精卒十萬，一舉蕩夷，則不足為也。若但欲遣軍追討，已其侵暴，則彼必輕騎犇走，不肯會戰，徒興巨費，不損於彼，報復之役，將遂無已，斯策之最末者也。安邊固守，於計為長。臣竊以曹、孫㊇之霸，才均智敵，江淮之間，不居各數百里，何者？斥候之郊，非耕牧之地，故堅壁清野以俟其來，整甲繕兵以乘其弊，保民全境，不出此塗。要而歸之，其策有四。一曰移遠就近，今青兗舊民及冀州新附在界首者三萬餘家，可悉徙置大峴之南以實內地；二曰多築城邑，以居新徙之家，假其經用，春夏佃牧㊈，秋冬入保，寇至之時，一城千家，堪戰之士，不下二千，其餘羸弱，猶能登陴，鼓譟足抗羣虜三萬矣；三曰纂偶車牛㊉以載糧械，計千家之資，不下五百耦牛，為車五百兩，參合鉤連以衞其眾，設使城不可固，平行趨險，賊所不能干，有急徵發，信宿可聚。四曰計丁課仗，凡戰士二千，隨其便能，各自有仗，素所服習，銘刻由己，還保輸之於庫，出請以自新㊀，弓簳㊁利鐵，民不得者，官以漸充之，數年之內，軍用粗備矣。近郡㊂之師，遠屯清濟，功費既重，嗟怨亦深，以臣料之，未若即用彼眾之易也。今因民所利導而帥之，兵彊而敵不戒，國富而民不勞，比於優復隊伍，坐食糧稟者，不可同年而校矣。」

㈦魏金城邊冏、天水梁會與秦益雜民萬餘戶據上邽東城反，攻逼西城，秦益二州刺史封敕文拒却之。氐羌萬餘人、休官、屠各二萬餘人皆起兵應冏，會敕文擊冏斬之餘眾推會為王，與敕文相攻。

㈧夏，四月甲申（朔），魏主至長安。

㈨丁未（二十四日），大赦。

㈩仇池人李洪聚眾，自言應王。梁會求救於氐王楊文德，文德曰：「兩雄不並立，若須我者，宜先殺洪。」會誘洪斬之，送首於文德。

五月，癸亥（十一日），魏主遣安豐公閭根帥騎赴上邽，未至，會棄東城走，敕文先掘重塹於外，嚴兵守之，格鬬，從夜至旦。敕文曰：「賊知無生路，致死於我，多殺傷士卒，未易克也！」乃以白虎幡宣告會眾，降者赦之。會眾遂潰。分兵追討，悉平之。

略陽人王元達聚眾屯松多川㉔，敕文又討平之。

(十一)蓋吳收兵屯杏城，自號秦地王聲勢復振。魏主遣永昌王仁、高涼王那督北道諸軍㉕討之。

(十二)檀和之等拔區粟，斬范扶龍㉖，乘勝入象浦㉗。林邑王陽邁傾國來戰，以具裝㉘披象，前後無際。宗慤曰：「吾聞外國有師子㉙，威服百獸。」乃製其形，與象相拒，象果驚走，林邑兵大敗，和之遂克林邑㉚。【考異】本紀在六月，傳在五月當是六月賞檀和之等，今從傳。陽邁父子挺身走，所獲未名之寶，不可勝計。宗慤一無所取，還家之日，衣櫛蕭然㉛。

(十三)六月，癸未朔，日有食之。甲申（初二日），魏發冀、相、定三州兵二萬人屯長安南山諸谷，以備蓋吳竄逸。丙戌（初四日），又發司、幽、定、冀四州兵十萬人築畿上塞園㉜，起上谷，西至河，廣縱千里。

(十四)帝築北隄，立玄武湖㉝，築景陽山於華林園。

(十五)秋，七月，辛未（二十日），以散騎常侍杜坦為青州刺史。坦，驥之兄也。初，杜預之子耽，避晉亂，居河西，仕張氏。前秦克涼州，子孫始還關中。高祖滅後秦，坦兄弟從高祖過江。時江東王、謝諸族方盛，北人晚渡者，朝廷悉人傖荒(二四)遇之。雖復人才可施，皆不得踐清塗。上嘗與坦論金日磾：「恨今無復此輩人。」坦曰：「日磾假生今世，養馬不暇，豈辦見知？」上變色曰：「卿何量朝廷之薄也。」坦曰：「請以臣言之，臣本中華高族，晉氏喪亂，播遷涼土，世業相承，不殞其舊，直以南度不早，便以荒傖賜隔。日磾胡人，身為牧圉，乃超登內侍，齒列名賢(二五)。聖朝雖復拔才，臣恐未必能也。」上默然。

(共)八月，魏高涼王那等破蓋吳，獲其二叔。諸將欲送詣平城，長安鎮將陸俟曰：「長安險固，風俗豪忮(二六)，平時猶不可忽，況承荒亂之餘乎？今不斬吳，則長安之變未已也！吳一身潛竄，非其親信，誰能獲之？若停十萬之眾以追一人，又非長策。不如私許吳叔，免其妻子，使自追吳，擒之必矣！」諸將咸曰：「今賊黨眾已散，唯吳一身，何所能至？」俟曰：「諸君不見毒蛇乎？不斷其首，猶能為害。吳天性凶狡，今若得脫，必自稱王者不死，以惑愚民，為患愈大。」諸將曰：「公言是也。但得賊不殺，而更遣之，若遂往不返，將何以任其罪？」俟曰：「此罪我為諸君任之。」高涼王那亦以俟計為然，遂赦二叔，與刻期而遣之。及期，吳叔不至，諸將皆咎俟。俟曰：「彼伺之未得其便耳！必不負也。」後數日，吳叔果以吳首來，傳詣平城。**【考異】**宋索虜傳云：「屠各反，吳自攻之，為流矢所中死。吳弟吾生，率眾入木面山，尋皆破散。」今從魏書。永昌王仁討吳餘黨白廣平、路那羅，悉平之。以陸俟為內都大官。會安定盧水胡劉超等聚眾萬餘人反，魏主以俟威恩著於關中，復加俟都督秦、雍二州諸軍事，鎮長安。謂俟曰：「關中奉化日淺㊲，恩信未洽，吏民數為逆亂。今朕以重兵授卿，則超等必同心協力，據險拒守，未易攻也。若兵少則不能制賊，卿當自以方略取之。」俟乃單馬之鎮，超等聞之，大喜，以俟為無能為也。俟既至，諭以成敗，誘納超女，與為姻戚以招之。超自恃其眾，猶無降意，俟乃帥其帳下親往見超。超使人逆謂俟曰：「從者過三百人，當以弓馬相待，不及三百人，當以酒食相供。」俟乃將二百騎詣超，超設備甚嚴，俟縱酒盡醉而還。

頃之，俟復選敢死士五百人出獵，因詣超營，約曰：「發機當以醉為限。」既飲，俟陽醉，上馬大呼，手斬超首。士卒應聲縱擊，殺傷千數，遂平之。魏主徵俟還為外都大官。

㈦是歲，吐谷渾復還舊土㊳。

【今註】㈠永宗出戰，大敗，與家人皆赴汾水死：胡三省曰：「據南史薛安都傳，諸薛家於河東汾陰，世為強族。」㈡魏主南如汾陰，濟河，至洛水橋：胡三省曰：「此華陰之洛水，史記秦孝公之元年所謂魏築長城，自鄭濱洛者也。」按此洛水即周禮所謂雍州浸曰渭洛之洛，亦曰北洛水，源出今陝西省定邊縣東南白於山，東南流經保安、甘泉、鄜諸縣，先後納沮水、漆水，復南流至朝邑縣南，合渭水，東入於河。㈢吳眾聞之，悉散入北地山：《魏書．崔浩傳》作散入北山，〈太武帝紀〉作退走北地。北山者，長安之北山也。又曹魏僑置北地郡於泥陽，在今陝西省耀縣東南，地當渭水北原，〈太武帝紀〉曰退走北地者蓋指此，則北山當在其境。㈣盩厔：讀音如舟窒。漢置盩厔縣，屬右扶風，後漢省，後魏復置，故城在今陝西省盩厔縣東。㈤南陽宗愨，家世儒素：《宋書．宗愨傳》愨叔父炳素有高節，諸子羣從皆好學。㈥朱梧戍：胡三省曰：「朱梧縣，自漢以來屬日南郡。時於其地置戍。」按《漢志》作朱吾，為日南郡治，故城在今占城北境。㈦府戶曹參軍：胡三省曰：「府者，交州刺史府。」㈧區粟城：《水經注》曰：「盧容水出西南區粟城南高山，山南長嶺連接，天障嶺西，盧容水湊而東逕區粟城北，又東，右與壽冷水合。壽冷水出壽冷縣界，東逕區粟故城南，東與盧容水合。考古志並無區粟之名，應劭地理風俗記曰：『日南，故秦象郡，漢武帝元鼎六年，開日南郡，治西捲縣。』林邑記曰：『區粟城去林邑，步道四百餘里。』交州外域記曰：『從日南郡南去到林邑國四百餘里。』準逕相符，然則區粟城故西捲縣也。林邑記曰：『區粟城治二水之間，三方際山，南北瞰水，東西澗浦，流湊城下，阻峭地險，故林邑兵器戰具，悉在於此。』」⑨留臺：胡三省曰：「魏主出征，太子居守，故謂平城為留臺。」臺者，禁中，政令之所出，故天子所至則建行臺，而以都城為留臺。⑩昔後漢荒君，信惑邪偽，以亂天常：邪偽，謂佛法。佛法自漢明帝時入中國，楚王英先奉事之，至桓帝親事浮屠而佛法始盛。佛教主出世，摒俗念，雖父子兄弟不相顧及，是亂天常也。⑪叔季之世，莫不眩焉：言末世之人，多為所惑。眩，迷亂也。⑫胡神：佛法自西來，故謂其神曰胡神。⑬征鎮諸軍、刺史：魏晉以來，四征、四鎮及州刺史俱專方面，猶古方岳之任。⑭太原顏白鹿私入魏境：太原郡本屬幷州，江左以郡人南徙者僑置太原郡，晉安帝義熙中，土斷，立太原縣，屬太山郡，宋文帝元嘉十年，割濟南、太山立太原郡，屬青州，見沈約志。⑮魏主喜曰，我外家也：胡三省曰：「魏主母杜氏，故謂驥為外家。」⑯清東：胡三省曰：「清東，清水之東也。」⑰衞霍：衞青、霍去病。⑱曹孫：曹操、孫權。⑲佃牧：佃讀曰田，治田也；牧，飼畜也。⑳纂偶車牛：纂，綜集也。偶與耦同，二牛並耜也。凡一車以二牛並駕，故曰纂偶車牛。㉑還保輸之於庫，出行請以自新：還保鄉邑則輸其器仗於庫藏，臨陣出戰則請器仗令自磨礪使精新也。㉒弓幹：幹，箭等也。㉓近郡：旁近京畿諸郡。胡三省：「謂南徐州所領諸僑郡及三吳近在邦域之中者。」㉔松多川：《水經注》曰：「松多水出隴山，西南流逕降隴城北，又西南注秦水。」㉕北道諸軍：胡三省曰：「謂魏兵分出長安以北者。」㉖檀和之等拔區粟，斬范扶龍：《水經注》曰：「元嘉二十三年，宋龍驤將軍交州刺史檀和之攻陷區粟城，斬區粟王范扶龍首，十五以上，坑截無赦，樓閣雨血，填屍成觀。」㉗象浦：《水經注》曰：「壽冷水自區粟城南，東與盧容水合，東注郎究水，所積下潭為湖，謂之郎湖，浦口有秦時象郡，墟域猶存。從郎湖入四會浦，復南入得盧容浦口。晉太康三年，省日南郡屬國都尉，以其所統盧容縣置日南郡，故秦象郡象林縣之故治也。」胡三省曰：「象浦即盧容浦，盧容縣即秦象郡象林縣地，故川謂之象浦。」㉘具裝：胡三省曰：「全裝謂之具裝。」㉙師子：今通作獅子。㉚林邑：《水經注》曰：「林邑國都治典沖，在壽冷縣阿賁浦西，去海岸四十里，處荒流之徼表，國越裳之疆南，東濱滄海，西際徐狼，南接扶南，北連九德。」按林邑即後之占城，其地即今安南北部順化等處。㉛衣櫛蕭然：說文曰：「櫛，梳比之總名也。」蕭然，不整貌。㉜發司、幽、定、冀四州兵十萬人築畿上塞圍：於畿外築長塞也。魏都平城，置司州於代都。㉝帝築北隄，立玄武湖：胡三省曰：「以其地在臺城之後，故曰玄武湖。」湖在今江蘇省江寧縣北，一名後湖，又曰練湖，湖周四十里，南朝恆講武於此。」㉞傖荒：傖，鄙賤者之稱，如曰傖人，時南朝率呼北人為傖荒，言其自荒外來而文化卑下也。㉟日磾胡人，身為牧圉，乃超登內侍，齒列名賢：金日磾本匈奴休屠王太子，歸漢，初為馬監，故坦謂其身為牧圉。事見卷二十二漢武帝後元二年。㉖豪忮：豪放而忮忍。㉗關中向化日淺：胡三省曰：「魏主平夏，始得關中。」㉘是歲，吐谷渾復還舊土：去年吐谷渾西奔于闐，至是復還。

卷一百二十五　宋紀七

起彊圉大淵獻，盡上章攝提格，凡四年。（丁亥至庚寅，西元四四七年至四五〇年）

司馬光編集
林瑞翰　註

太祖文皇帝中之下

元嘉二十四年（西元四四七年）

㈠春，正月，甲戌（二十六日），大赦。

㈡魏吐京胡及山胡曹僕渾等反，二月，征東將軍武昌王提等討平之。

㈢癸未（初五日），魏主如中山。

㈣魏師之克敦煌也，沮渠牧犍使人斫開府庫㈠，取金玉及寶器，因不復閉。小民爭入盜取之，有司索盜不獲。至是牧犍所親及守藏者告之，且言牧犍父子多蓄毒藥，潛殺人，前後以百數，況復姊妹皆學左道㈡，有司索牧犍家，得所匿物，魏主大怒，賜沮渠昭儀死，並誅其宗族，唯沮渠祖以先降得免㈢。又有告牧犍猶與故臣民交通謀反者，三月，魏主遣崔浩就第賜牧犍死，謚曰哀王。

㈤魏人徙定州丁零三千家於平城。

㈥六月，魏西征諸將㊃扶風公處真等八人坐盜沒軍資及虜掠贓各千萬計，並斬之。

㈦初，上以貨重物輕，改鑄四銖錢㊄，民多翦鑿古錢，取銅盜鑄，上患之。錄尚書事江夏王義恭建議，請以大錢一當兩。右僕射何尚之議曰：「夫泉貝之興，以估貨為本，事存交易，豈假多鑄？數少則幣重，數多則物重，多少雖異，濟用不殊，況復以一當兩，徒崇虛價者邪？若今制遂行，富人之貲自倍，貧者彌增其困懼，非所以使之均壹也。」上卒從義恭議。

㈧秋，八月，乙未（二十日），徐州刺史衡陽文王義季卒。義季自彭城王義康之貶㊅，遂縱酒不事事，帝以書誚責，且戒之，義季猶酣飲自若，以至成疾而終。

㈨魏樂安宣王範卒。

㈩冬，十月，壬午（初八日），胡藩之子誕世殺豫章太守桓隆之，據郡反，欲奉前彭城王義康為主，前交州刺史檀和之去官歸，過豫章，擊斬之。

(十一)十一月，甲寅（初十日），封皇子渾為汝陰王。

(十二)十二月，魏晉王伏羅卒㈦。【考異】宋索虜傳曰：「燾所住屠蘇為疾雷所擊，屠蘇倒見壓，始死。左右皆號泣，晉王獨不悲，燾怒，賜死。」此出於傳聞，今從後魏書。

(十三)楊文德據葭蘆城㈧，招誘氐羌，武都等五郡氐㈨皆附之。

【今註】㈠魏師之克敦煌也，沮渠牧犍使人斫開府庫：按敦煌當作姑臧，魏師克姑臧見卷一百二十三元嘉十六年。㈡姊妹皆學左道：《魏書・沮渠蒙遜傳》云：「牧犍姊妹皆為左道，朋行婬佚，曾無愧顏。」左道者，謂與曇無讖學男女交接之術。㈢唯沮渠祖以先降得免：祖降亦見元嘉十六年。㈣魏西征諸將：胡三省曰：「西征，謂討蓋吳之將也。」㈤初，上以貨重物輕，改鑄四銖錢：鑄四銖錢見卷一百二十二元嘉七年。㈥義季自彭城王義康之貶：義康之貶見卷一百二十三元嘉十七年。㈦十二月，魏晉王伏羅卒：按是年魏閏十月，宋閏明年二月。《魏書・帝紀》伏羅卒在十二月，蓋當宋明年之正月也。㈧葭蘆城：葭蘆城在今甘肅省武都縣東南，參見上卷元嘉二十年註㈨。魏既破楊文德於此，因置葭蘆縣。㈨武都等五氐：魏既克仇池，置武都、天水、漢陽、武階、仇池五郡。五郡氐，謂氐之居此五郡者。

二十五年（西元四四八年）

㈠春，正月，魏仇池鎮將皮豹子帥諸軍擊之，文德兵敗，棄城犇漢中㊀。豹子收其妻子、僚屬、軍資及楊保宗所尚魏公主而還。初，保宗將叛㊁。公主勸之。或曰：「奈何叛父母之國？」公主曰：「事成為一國之母，豈比小縣公主哉？」魏主賜之死。楊文德坐失守，免官，削爵土㊂。

㈡二月，癸卯，魏主如定州，罷塞圍役者㊃。遂如上黨，誅潞縣叛民二千餘家，徙河西離石民五千餘家于平城㊄。

㈢閏月己酉（初七日），帝大蒐于宣武場㊅。

㈣初，劉湛既誅㊆，庾炳之遂見寵任，累遷吏部尚書，勢傾朝野。炳之無文學，性彊急輕淺，既居選部，好詬詈賓客，且多納貨賂，士大夫皆惡之。炳之留令史二人，宿於私宅㊇，為有司所糾。上薄其過，欲不問。僕射何尚之因極陳炳之之短，曰：「炳之見人有燭盤、佳驢，無不乞匄，選用不平，不可一二㊈，交結朋黨，構扇是非，亂俗傷風，過於范曄，所少賊一事耳⑽！縱不加罪，故宜出之。」上欲以炳之為丹陽尹，尚之曰：「炳之蹈罪負恩，方復有尹京赫赫之授⑾，乃更成其形勢也。古人云：『無賞無罰，雖堯舜不能為治⑿。』臣昔啟范曄⒀，亦懼犯顏，苟白愚懷，九死不悔⒁。歷觀古今，未有眾過藉藉，受貨數百萬，更得高官厚祿如炳之者也。」上乃免炳之官，以徐湛之為丹陽尹。

(五)彭城太守王玄謨上言：「彭城要兼水陸⒂，請以皇子撫臨州事。」夏，四月，乙卯（十四日），以武陵王駿為安北將軍，徐州刺史。

(六)五月，甲戌（初四日），魏以交阯公韓拔⒃為鄯善王，鎮鄯善，賦役其民，比之郡縣。

(七)當兩大錢行之經時，公私不以為便。己卯（初九日），罷之。

(八)六月，丙寅（二十六日），荊州刺史南譙王義宣進位司空。

(九)辛酉（二十一日）魏主如廣德宮⒄。

(十)秋，八月，甲子（二十五日），封皇子彧為淮陽王。

㈩西域般悅國㈧，去平城萬有餘里，遣使詣魏，請與魏東西合擊柔然。魏主許之，中外戒嚴。

㈪九月，辛未（初二日），以尚書右僕射何尚之為左僕射，領軍將軍沈演之為吏部尚書。

㈫丙戌（十七日），魏主如陰山。

魏成周公萬度歸擊焉耆，大破之，焉耆王鳩尸卑那犇龜茲。魏主詔唐和與前部王車伊洛㈨帥所部兵會度歸討西域，和說降柳驢等六城，因共擊波居羅城，拔之。

㈬冬，十月，辛丑（初三日），魏弘農昭王奚斤卒，子它觀襲。魏主曰：「斤關西之敗㈩，罪固當死，朕以斤佐命先朝，復其爵邑，使得終天年，君臣之分亦足矣！」乃降它觀爵為公。

㈭癸亥（二十五日），魏大赦。

㈮十二月，魏萬度歸自焉耆西討龜茲，留唐和鎮焉耆。柳驢戍主乙直伽謀叛，和擊斬之，由是諸胡咸服，西域復平。

魏太子朝于行宮㈡，遂從伐柔然，至受降城㈢。不見柔然，因積糧於城內，置戍而還。

【今註】㊀春正月，魏仇池鎮將皮豹子帥諸軍擊之，文德兵敗，棄城犇漢中：《魏書・帝紀》在正月，蓋當宋之二月也。參見上年註㊆。㊁初，保宗將叛：保宗叛魏見上卷元嘉二十年。㊂楊文德坐失守，免官，削爵土：元嘉二十年，宋以楊文德為都督北秦、雍二州諸軍事，征西大將軍，北秦州刺史，武都王，至是坐失葭蘆，削免其官爵。㊃二月癸卯，魏主如定州，罷塞圍役者：魏二月癸卯朔，當宋閏二月癸卯朔，宋二月癸酉朔，無癸卯也。魏主築塞圍見上卷元嘉二十三年。㊄徙河西離石民五千餘家于平城：胡三省曰：「河西當作西河。」㊅帝大蒐于宣武場：胡三省曰：「建康倣洛都之制，築宣武場於臺城北。」㊆初，劉湛既誅：湛誅見卷一百二十三元嘉十七年。㊇炳之留令史二人，宿於私家：胡三省曰：「尚書令史，掌省中文案，不當宿尚書私家。」㊈不可一二：言其罪多，不可以一二數。㊉所少賊一事耳：言炳之罪衍深重，過於范曄，所少者但未有范曄作賊謀反一事耳！⑪方復有尹京赫赫之授：胡三省曰：「引用詩『赫赫師尹』以喻京尹，然詩所謂師尹者，乃太師尹氏也。」⑫古人云，無賞無罰，雖堯舜不能為治：《漢書》宣帝詔曰：「有功不賞，有罪不誅，雖唐虞不能以化。」⑬臣昔啟范曄：尚之啟范曄志趣異常，宜出為廣州刺史，見卷一百二十三元嘉十七年。⑭苟白愚懷，九死不悔：胡三省曰：「言苟愚懷所欲吐者，雖冒九死，猶將言之。」⑮彭城要兼水陸：胡三省曰：「魏人南寇，水行自清入泗，陸行自虛城、瑕丘，皆湊彭城，故云要兼水陸。」

㈥韓拔：《魏書．官氏志》內入諸姓有出大汗氏，後改為韓氏。㈦辛酉，魏主如廣德宮：六月辛酉朔，辛酉二十一日，丙寅二十六日，此則當繫丙寅之前。㈧廣德宮：《水經注》曰：「芒干水出塞外，南逕鍾山，即陰陽山也。又西南逕雲中城北，又西，塞水注之。塞水出懷朔鎮東北，南流逕廣德殿西山下。殿在陰山講武臺西，四注兩廈，堂宇綺井，圖畫奇禽異獸之象，殿之西北，便得焜煌堂，雕楹鏤桷。其時帝幸龍荒，遊鸞朔北，南秦王仇池楊難當捨蕃委誠，重譯拜闕，陛見之所也，故殿以廣德為名。」㈨西域般悅國：按《魏書．西域傳》，般悅蓋悅般之誤。㈩前部王車伊洛：《魏書．西域傳》曰：「車師國，一名前部，其王居交河城，去代萬五千里。」唐置交河郡交河縣於此，故城在今新疆省吐魯番縣西。⑽斤關西之敗：元嘉五年，斤為赫連定所擒，事見卷一百二十一。⑾魏太子朝于行宮：時魏主在陰山，此陰山之行宮也。⑿受降城：即漢武帝時公孫敖所築之交降城，在今綏遠省烏喇特旗北。

二十六年（西元四四九年）

㈠春，正月，戊辰朔，魏主饗羣臣於漠南。甲戌（初七日），復伐柔然。高涼王那出東道，略陽王羯兒出西道，魏主與太子出涿邪山，行數千里。柔然處羅可汗恐懼，遠遁。

㈡二月，己亥（初三日），上如丹徒，謁京陵。三月，丁巳（三月丁卯朔，無丁巳）大赦，募諸州樂移者數千家以實京口。
㈢庚寅（二十四日），魏壬還平城。
㈣夏，五月，壬午（十七日），帝還建康。
㈤庚寅（二十五日），魏主如陰山。
㈥帝欲經略中原，羣臣爭獻策以迎合取寵，彭城太守王玄謨尤好進言。帝謂侍臣曰：「觀玄謨所陳，令人有封狼居胥意㈠。」御史中丞袁淑言於上曰：「陛下今當席捲趙魏，檢玉岱宗㈡。臣逢千載之會，願上封禪書。」上悅。淑，耽之曾孫也㈢。
秋，七月，辛未（初七日），以廣陵王誕為雍州刺史。上以襄陽外接關河，欲廣其資力，乃罷江州軍府文武，悉配雍州㈣。湘州入臺租稅，悉給襄陽㈤。
㈦九月，魏主伐柔然。高涼王那出東道，略陽王羯兒出中道。柔然處羅可汗悉國內精兵，圍那數十重。那掘塹堅守，處羅數挑戰，輒為那所敗。以那眾少而堅，疑大軍將至，解圍夜去。那引兵追之，九日九夜，處羅益懼，棄輜重，踰穹隆嶺遠遁。那收其輜重，引軍還，與魏主會於廣澤。略陽王羯兒收柔然民畜凡百餘萬，自是柔然衰弱，屏跡不敢犯魏塞。

冬，十二月，戊申（十七日），魏主還平城。

㈧沔北諸山蠻寇雍州，建威將軍沈慶之帥後軍中兵參軍柳元景、隨郡太守宗愨等二萬人討之，八道俱進。

先是諸將討蠻者，皆營於山下以迫之，蠻得據山，發矢石以擊官軍，多不利㈥。慶之曰：「去歲蠻田大稔，積穀重巖㈦，不可與之曠日相守也。不若出其不意，衝其復心，破之必矣！」乃命諸軍斬木登山，鼓譟而前，羣蠻震恐，因其恐而擊之，所向犇潰㈧。

【今註】㈠觀玄謨所陳，令人有封狼居胥意：漢霍去病伐匈奴，封狼居胥山，禪于姑衍以臨瀚海。有封狼居胥意者，言有混一寰宇，驅逐韃虜之意。㈡檢玉代宗：胡三省曰：「封泰山用玉檢。」㈢淑，耽之曾孫也：袁耽見《晉書・成帝紀》。㈣上以襄陽外接關河，欲廣其資力，乃罷江州軍府文武，悉配雍州：《宋書・州郡志》曰：「晉孝武始於襄陽僑立雍州，並立僑郡縣，宋文帝元嘉二十六年，割荊州之襄陽、南陽、新野、順陽、隨五郡為雍州而僑郡縣猶寄寓在諸郡界。」關河，謂關中及河洛。㈤湘州入臺租稅，悉給襄陽：言湘州租稅原應供輸臺城者，悉令轉給襄陽以為資儲。㈥蠻得據山，發矢石以擊官軍，多不利：蠻乘高俯攻，矢石易於及遠，而官軍仰攻，難於及蠻，故軍多不利。㈦重巖：巖谷深邃之處。㈧乃命諸軍斬木登山，鼓譟而前，羣蠻震恐，因其恐而擊之，所向犇潰：斬木以開道也。胡三省曰：「斬木登山，八道並進，蠻救首救尾之不暇，故震恐而奔潰，若一道而進，蠻聚兵據險拒戰，雖欲斬木登山，不可得也。」

二十七年（西元四五〇年）

㈠春，正月，乙酉（二十四日），魏主如洛陽。

㈡沈慶之自冬至春，屢破雍州蠻，因蠻所聚穀以充軍食，前後斬首三千級，虜二萬八千餘口，降者二萬五千餘戶。幸諸山大羊蠻憑險築城，守禦甚固。慶之擊之，命諸軍連營於山中，開門相通，各穿池於營內，朝夕不外汲。頃之，風甚，蠻潛兵夜來燒營，諸軍以池水沃火，多出弓弩夾射之，蠻兵散走。蠻所據險固不可攻，慶之乃置六戍以守之。久之，蠻食盡，稍稍請降，悉遷於建康以為營戶㈠。

㈢魏主將入寇，二月甲午（初三日），大獵於梁川㈡。帝聞之，敕淮泗諸郡，若魏寇小至，則各堅守；大至，則拔民歸壽陽。邊戍偵候不明，辛亥（二十日），魏主自將步騎十萬奄至。【考異】宋書，是月辛丑，南平王鑠進號西平，辛巳，索虜寇汝南。按長曆，二月壬辰朔，十日辛丑，二十日辛亥，巳當作亥。南頓太守㈢鄭琨、潁川太守鄭道隱並棄城走。是時，豫州刺史南平王鑠鎮壽陽，遣左軍行參軍陳憲行汝南郡事，守懸瓠㈣。城中戰士不滿千人，魏主圍之。

三月，以軍興減內外百官俸三分之一。

魏人晝夜攻懸瓠，多作高樓，臨城以射之，矢下如雨，城中負戶以汲，施大鉤於衝車之端以牽樓堞，壞其南城。陳憲內設女墻，外立木柵以拒之。魏人填塹，肉薄登城，憲督厲將士苦戰，積尸與城等。魏人乘尸上城，短兵相接，憲銳氣愈奮，戰士無不一當百，殺傷萬計，城中死者亦過半。魏主遣永昌王仁將步騎萬餘，驅所掠六郡生口，北屯汝陽㈤。時徐州刺史武陵王駿鎮彭城，帝遣間使命駿發騎齎三日糧襲之，駿發百里內馬，得千五百匹，分為五軍，遣參軍劉泰之【考異】後魏紀作劉坦之，今從宋書。帥安北騎兵行參軍垣謙之、殿中田曹行參軍臧肇之、集曹行參軍尹定、武陵左常侍杜幼文、殿中將軍程天祚等將之㊅，直趨汝陽。魏人唯慮救兵自壽陽來，不備彭城。丁酉（三月辛酉朔，無丁酉），泰之等潛進，擊之，殺三千餘人，燒其輜重，魏人失散，諸生口悉得東走。魏人偵知泰之等兵無繼，復引兵擊之，垣謙之先退，士卒驚亂，棄仗走。泰之為魏人所殺，肇之溺死，天祚為魏所擒，謙之、定、幼文及士卒免者九百餘人，馬還者四百匹。

魏主攻懸瓠四十二日，帝遣南平內史臧質詣壽陽，與安蠻司馬劉康祖㊆共將兵救懸瓠，魏主遣殿中尚書㊇任城公乞地真將兵逆拒之，質等擊斬乞地真。康祖，道錫之從兄也㊈。

夏，四月，魏主引兵還。癸卯（十三日），至平城。壬子（二十二日），安北將軍武陵王駿降號鎮軍將軍，垣謙之伏誅，尹定、杜幼文付上方㊉。以陳憲為龍驤將軍，汝南、新蔡二郡太守。

魏主遣帝書曰：「前蓋吳反逆，扇動關隴，彼復使人就而誘之㊁，丈夫遺以弓矢，婦人遺以環釧(一二)，是曹正欲譎誑取賂，豈有遠相服從之理？為大丈夫何不自來取之，而以貨誘我邊民？募往者復除七年(一三)，是賞姦也。我今來至此土，所得多少，孰與彼前後得我民邪？彼若欲存劉氏血食者，當割江以北輸之，攝守南度(一四)，當釋江南，使彼彼居之。不然，可善敕方鎮、刺史、守宰，嚴供帳之具(一五)，來秋當往取揚州，大勢已至，終不相縱。彼往日北通蠕蠕，西結赫連、沮渠、吐谷渾，東連馮弘、高麗，凡此數國，我皆滅之，以此而觀，彼豈能獨立(一六)？蠕蠕吳提、吐賀真皆已死，我今北征，先除有足之寇(一七)，彼若不從命，來秋當復往取之，以彼無足，故不先討耳！我往之日，彼作何計？為掘塹自守，為築垣以自障也？我當顯然往揚州，不若彼翳行竊步也(一八)。彼來偵諜，我已擒之，復縱還其人，目所盡見，委曲善問之，彼前使裴方明取仇池，既得之，疾其勇功，已不能容，有臣如此，尚殺之，烏得與我校邪(一九)？彼非我敵也！彼常欲與我一父戰，我亦不癡，復非苻堅，何時與彼交戰(二〇)？晝則遣騎圍繞，夜則離彼百里外宿，吳人正有斫營伎，彼募人以來，不過行五十里，天已明矣，彼募人之首，豈得不為我有哉？彼公時舊臣雖老，猶有智策，知今已殺盡㉑，豈非天資我邪？取彼亦不須我兵刃，此有善呪婆羅門㉒，當使鬼縛以來耳！」

㈣侍中左衞將軍江湛遷吏部尚書。湛性公廉，與僕射徐湛之並為上所寵信，時稱江徐。

㈤魏司徒崔浩，自恃才略，及魏主所寵任，專制朝權。嘗薦冀、定、相、幽、并五州之士數十人，皆起家為郡守。太子晃曰：「先徵之人，亦州郡之選也㉓，在職已久，勤勞未答，宜先補郡縣，以新徵者代為郎吏。且守令治民，宜得更事者。」浩固爭而遣之。中書侍郎領著作郎高允聞之，謂東宮博士管恬曰：「崔公其不免乎？苟遂其非而校勝於上，將何以堪之㉔？」魏主以浩監祕書事，使與高允等共撰國記㉕，曰：「務從實錄。」著作令史閔湛、郗標，性巧佞，為浩所寵信。浩嘗註易及論語、詩、書，湛、標上疏言馬、鄭、王、賈，不如浩之精微㉖，乞收境內諸書，班浩所註，令天下習業㉗；并求敕浩註禮傳，令後生得觀正義。浩亦薦湛、標有著述才。湛、標又勸浩刊所譔國史于石，以彰直筆。高允聞之，謂著作郎宗欽曰：「湛、標所營分寸之間，恐為崔門萬世之禍，吾徒亦無噍類矣！」浩竟用湛、標議，刊石立於郊壇東㉘，方百步，用功三百萬。浩書魏之先世，事皆詳實，列於衢路㉙，往來見者，咸以為言，北人㉚無不忿恚，相與譖浩於帝，以為暴揚國惡。帝大怒，使有司案浩及祕書郎吏等罪狀。

初，遼東公翟黑子有寵於帝，奉使幷州，受布千匹。事覺，黑子謀於高允曰：「主上問我，當以實告？為當諱之？」允曰：「公帷幄寵臣，有罪首實㉛，庶或見原，不可重為欺罔也！」中書侍郎崔覽、公孫質曰：「若首實，罪不可測，不如諱之。」黑子怨允曰：「君柰何誘人就死地？」入見帝，不以實對，帝怒殺之。

帝使允授太子經，及崔浩被收，太子召允至東宮，因留宿。明旦，與俱入朝。至宮門，謂允曰：「入見至尊，吾自導卿，脫至尊有問，但依吾語。」允曰：「為何等事也？」太子曰：「入自知之。」太子見帝，言高允小心慎密，且微賤，制由崔浩，請赦其死。帝召允問曰：「國書皆浩所為乎？」對曰：「太祖記，前著作郎鄧淵所為；先帝記及今記，臣與浩共為之。然浩所領事多，總裁而已㉒。至於著述，臣多於浩。」帝怒曰：「罪甚於浩，何以得生？」太子懼曰：「天威嚴重，允小臣，迷亂失次耳！臣曏問，皆云浩所為。」帝問允：「信如東宮所言乎？」對曰：「臣罪當滅族，不敢虛妄。殿下以臣侍講日久，哀臣，欲匄其生耳！實不問臣，臣亦無此言，不敢迷亂。」帝顧太子曰：「直哉此人，情所難而允能為之。臨死不易辭，信也；為臣不欺君，貞也；宜特除其罪以旌之。」遂赦之㉓。

於是召浩前臨詰之，浩惶惑不能對，允事事申明，皆有條理。帝命允為詔誅浩及僚屬宗欽、段承根等下至僮吏，凡百二十八人，皆夷五族。允持疑不為，帝頻使催切，允乞更一見，然後為詔。帝引使前，允曰：「浩之所坐，若更有餘釁，非臣敢知；若直以觸犯㉔，罪不至死。」

帝怒，命武士執允，太子為之拜請，帝意解，乃曰：「無斯人，當有數千口死矣！」

六月，己亥（初十日），詔誅清河崔氏。與浩同宗者，無遠近，及浩姻家范陽盧氏、太原郭氏、河東柳氏，並夷其族[35]；餘皆止誅其身。

縶浩置檻內，送城南[36]，衞士數十人溲其上，呼聲嗷嗷，聞於行路。宗欽臨刑歎曰：「高允其殆聖乎？」

它日，太子讓允曰：「人亦當知機，吾欲為卿脫死，既開端緒，而卿終不從，激怒帝如此，每念之，使人心悸。」允曰：「夫史者，所以記人主善惡，為將來勸戒，故人主有所畏忌，慎其舉措。崔浩孤負聖恩，以私欲沒其廉絜，愛憎蔽其公直，此浩之責也。至於書朝廷起居，言國家得失，此為史之大體，未為多違[37]。臣與浩實同其事，死生榮辱，義無獨殊。誠荷殿下再造之慈，違心苟免，非臣所願也！」太子動容稱歎。允退謂人曰：「我不奉東宮指導者，恐負翟黑子故也！」

初，冀州刺史崔賾、武城男崔模與浩同宗而別族，浩常輕侮之，由是不睦。及浩誅，二家獨得免。矆，逞之子也㊳。

辛丑（十二日），魏主北巡陰山。

魏主既誅崔浩而悔之，會北部尚書㊴李孝伯病篤，或傳已卒，魏主悼之曰：「李宣城㊵可惜。」既而曰：「朕失言，崔司徒可惜；李宣城可哀。」孝伯，順之從父弟也㊶。自浩之誅，軍國謀議，皆出孝伯，寵眷亞於浩。

㈥初，車師大帥車伊洛世服於魏，魏拜伊洛平西將軍，封前部王。伊洛將入朝，沮渠無諱斷其路㊷，伊洛屢與無諱戰，破之。無諱卒㊸，弟安周奪其子乾壽兵，伊洛遣人說乾壽，乾壽遂帥其民五百餘家犇魏。伊洛又說李寶弟欽等五十餘人下之，皆送于魏。伊洛西擊焉耆，留其子歇守城，沮渠安周引柔然兵間道襲之，攻拔其城。歇走就伊洛，共收餘眾保焉耆鎮㊹，遣使上書於魏主，言為沮渠氏所攻，首尾八年㊺，百姓飢窮，無以自存，臣今棄國出奔，得免者僅三分之一，已至焉耆東境，乞垂賑救。魏主詔開焉耆倉以賑之。

（七）吐谷渾王慕利延為魏所逼，上表求入保越巂(46)。上許之，慕利延竟不至。

（八）上欲伐魏，丹陽尹徐湛之、吏尚書江湛、彭城太守王玄謨等並勸之，左軍將軍劉康祖以為歲月已晚，請待明年。上曰：「北方苦虜虐政，義徒並起，頓兵一周(47)，沮向義之心，不可。」太子步兵校尉(48)沈慶之諫曰：「我步彼騎，其勢不敵。檀道濟再行無功(49)，到彥之失利而返(50)。今料王玄謨等未踰兩將(51)，六軍之盛不過往時，恐重辱王師。」上曰：「王師再屈，別自有由。道濟養寇自資，彥之中塗疾動(52)。虜所恃者唯馬，今夏水浩汗，河道流通，汎舟北下，碻磝必走，滑臺小戍，易可覆拔，克此二城，館穀弔民(53)，虎牢、洛陽自然不固。比及冬初，城守相接，虜馬過河，即成擒也。」慶之又固陳不可，上使徐湛之、江湛難之。慶之曰：「治國譬如治家，耕當問奴，織當訪婢。陛下今欲伐國而與白面書生輩謀之，事何由濟？」上大笑。太子劭及護軍將軍蕭思話亦諫，上皆不從。

魏主聞上將北伐，復與上書曰：「彼此和好日久，而彼志無厭，誘我邊民。今春南巡，聊省我民㊄，驅之使還。今聞彼欲自來，設能至中山及桑乾川，隨意而行，來亦不迎，去亦不送，若厭其區宇者，可來平城居，我亦往揚州，相與易地㊅。彼年已五十，未嘗出戶，雖自力而來，如三歲嬰兒，與我鮮卑生長馬上者，果如何哉？更無餘物可以相與，今送獵馬十二匹，幷氈、藥等物，彼來道遠，馬力不足，可乘；或不服水土，藥可自療也。」

秋，七月，庚午（十二日），詔曰：「虜近雖摧挫㊆，獸心靡革㊇，比得河朔、秦、雍華、戎表疏，歸訴困棘㊈，跂望綏拯㊉，經潛相糾結，以候王師。芮芮亦遣間使㊀，遠輸誠款，誓為掎角，經略之會，實在茲日。可遣寧朔將軍王玄謨帥太子步兵校尉沈慶之、鎮軍諮議參軍申坦，水軍入河，受督於青、冀二州刺史蕭斌；太子左衛率臧質、驍騎將軍王方回徑造許、洛，徐、兗二州刺史武陵王駿、豫州刺史南平王鑠各勒所部，東西齊舉，梁、南、北秦三州刺史劉秀之震盪汧隴，太尉江夏王義恭出次彭城，為眾軍節度(六一)。」坦，鍾之曾孫也(六二)。

是時軍旅大起，王公、妃、主及朝士、牧、守，下至富民，各獻金帛、雜物以助國用。又以兵力不足，悉發青、冀、徐、豫、二兗(六三)六州三五民丁(六四)，倩使暫行，符到，十日裝束(六五)，緣江五郡集廣陵，緣淮三郡集盱眙(六六)。又募中外有馬步眾藝武力之士，應科者皆加厚賞。有司又奏軍用不充，揚、南徐、兗、江四州(六七)，富民家貲滿五十萬，僧尼滿二十萬，並四分借一，事息即還。

建武司馬申元吉引兵趨碻磝，乙亥（十七日），魏濟州刺史王買德棄城走(六八)。【考異】宋略云：「虜濟州刺史王淮敗走，虜支解王淮，傳示列戍。」今從宋書。蕭斌遣將軍崔猛攻樂安，魏青州刺史張淮之亦棄城走(六九)。斌與沈慶之留守碻磝，使王玄謨進圍滑臺。【考異】宋略：「九月庚申，玄謨前軍次白馬，與虜兗州刺史歌得跋戰，破之，玄謨進攻滑臺。」今從宋書。雍州刺史隨王誕遣中兵參軍柳元景、振威將軍尹顯祖、奮武將軍曾方平(七〇)、建武將軍薛安都、略陽太守龐法起將兵出弘農。後軍外兵參軍龐季明，年七十餘，自以關中豪右，請入長安招合夷夏，誕許之，乃自貲谷入盧氏(七一)，盧氏民趙難納之，季明遂誘說士民，應之者甚眾。安都等因之，自熊耳山出㊆，元景引兵繼進。

豫州刺史南平王鑠，遣中兵參軍胡盛之出汝南，梁坦出上蔡，向長社，【考異】鑠傳作到坦之，今從宋略。魏荊州刺史魯爽鎮長社，棄城走。爽，軌之子也㊆。幢主王陽兒擊魏豫州刺史僕蘭㊆，破之，僕蘭犇虎牢㊆。鑠又遣安蠻司馬劉康祖將兵助坦，進逼虎牢。

魏羣臣初聞有宋師，言於魏主，請遣兵救緣河穀帛。魏主曰：「馬今未肥，天時尚熱，速出必無功；若兵來不止，且還陰山避之。國人㊆本著羊皮袴，何用綿帛？展至十月，吾無憂矣。」九月，辛卯，魏主引兵南救滑臺㊆，命太子晃屯漠南，以備柔然，吳王余守平城。

庚子㊆，魏發州郡兵五萬，分給諸軍。

王玄謨士眾甚盛，器械精嚴，而玄謨貪愎好殺。初圍滑臺，城中多茅屋，眾請以火箭㊆燒之，玄謨曰：「彼吾財也，何遽燒之？」城中即撤屋穴處。時河洛之民，競出租穀，操兵來赴者，日以千數，玄謨不即其長帥而以配私暱㊇，家付匹布，責大梨八百，由是眾心失望，攻城數月不下。聞魏救將至，眾請發車為營，玄謨不從㈧。

冬，十月，癸亥，魏主至枋頭㈨。使關內侯代人陸真夜與數人犯圍，潛入滑臺，撫慰城中，且登城視玄謨營曲折還報。乙丑，魏主渡河㈩，眾號百萬，鞞鼓之聲，震動天地。玄謨懼，退走，魏人追擊之，死者萬餘人，麾下散亡略盡，委棄軍資、器械山積。

先是玄謨遣鍾離太守垣護之以百舸為前鋒，據石濟㈣，在滑臺西南百二十里。護之聞魏兵將至，馳書勸玄謨急攻，曰：「昔武皇攻廣固，死沒者甚眾㈤，況今事迫於曩日，豈得計士眾傷疲？願以屠城為急。」玄謨不從。及玄謨敗退，不暇報護之。魏人以所得玄謨戰艦，連以鐵鎖三重，斷河，以絕護之還路。河水迅急，護之中流而下，每至鐵鎖，以長柯斧斷之，魏不能禁，唯失一舸，餘皆完備而返。

蕭斌遣沈慶之將五千人救玄謨，慶之曰：「玄謨士眾疲老，寇虜已逼，得數萬人，乃可進；小軍輕往，無益也。」斌固遣之。

會玄謨遁還，斌將斬之，慶之固諫曰：「佛狸㈧㈥威震天下，控弦百萬，豈玄謨所能當？且殺戰將以自弱，非良計也。」斌乃止。

斌欲固守碻磝，慶之曰：「今青、冀虛弱，而坐守窮城，若虜眾東過，清東非國家有也㈧㈦。碻磝孤絕，復作朱脩之滑臺耳㈧㈧！」會詔使至，不聽斌等退師。斌復召諸將議之，並謂宜留。慶之曰：「閫外之事，將軍得以專之，詔從遠來，不知事勢。節下有一范增不能用㈧㈨，空議何施？」斌及坐者並笑，曰：「沈公乃更學問㈨〇。」慶之厲聲曰：「眾人雖知古今，不如下官耳學㈨㈠也！」斌乃使王玄謨戍碻磝，申坦、垣護之據清口㈨㈡，自帥諸軍還歷城。

閏月，龐法起等諸軍入盧氏，斬縣令李封，以趙難為盧氏令，使帥其眾為鄉導。柳元景自百丈崖㈨㈢從諸軍於盧氏。法起等進攻弘農，辛未（十五日），拔之，擒魏弘農太守李初古拔，薛安都留屯弘農。丙戌（三十日），龐法起進向潼關。

魏主命諸將分道並進，永昌王仁自洛陽趨壽陽，尚書長孫真趨馬頭㈨㈣，楚王建趣鍾離，高涼王那自青州趣下邳，魏主自東平趣鄒山。

十一月，辛卯（初五日），魏主至鄒山，【考異】宋略云，戊子至鄒山，今從後魏書。魯郡太守崔邪利為魏所擒(九五)。魏主見秦始皇石刻(九六)，使人排而仆之，以太牢祠孔子。

楚王建自清西進屯蕭城，步尼公自清東進屯留城(九七)。武陵王駿遣參軍馬文恭將兵向蕭城，江夏王義恭遣軍主嵇玄敬將兵向留城。文恭為魏所敗，步尼公遇玄敬，引兵趣苞橋，欲渡清西，沛縣民燒苞橋，夜於林中擊鼓，魏以為宋兵大至，爭渡苞水(九八)，溺死者殆半。

詔以柳元景為弘農太守。元景使薛安都、尹顯祖先引兵就龐法起等於陝，元景於後督租。陝城險固，諸軍攻之不拔。魏洛州刺史張是連提【考異】宋略作張是連踶，今從宋書。帥眾二萬，度崤救陝(九九)。安都等與戰於城南，魏人縱突騎，諸軍不能敵。安都怒，脫兜鍪，解鎧(一〇〇)，唯著絳納兩當衫(一〇一)，馬亦去具裝(一〇二)，瞋目橫矛，單騎突陳，所向無前。魏人夾射(一〇三)，不能中。如是數四，殺傷不可勝數。會日暮，別將魯元保引兵自函谷關至，魏兵乃退。

元景遣軍副(一〇四)柳元怙將步騎二千救安都等，夜至，魏人不之知。明日，安都等陳於城西南。魯方平謂安都曰：「今勍敵在前，堅城在後，是吾取死之日。卿若不進，我當斬卿；我若不進，卿當斬我也。」安都曰：「善，卿言是也。」遂合戰。元怙引兵自南門鼓譟直出，旌旗甚盛，魏眾驚駭。安都挺身奮擊，流血凝肘，矛折，易之，更入。諸軍齊奮，自旦至日昃，魏眾大潰，斬張是連提及將卒三千餘級，其餘赴河塹死者甚眾，生降二千餘人。

明日，元景至，讓降者曰：「汝輩本中國民，今為虜盡力，力屈乃降，何也？」皆曰：「虜驅民使戰，後出者滅族，以騎蹙步，未戰先死，此將軍所親見也。」諸將欲盡殺之，元景曰：「今王旗北指，當使仁聲先路(一〇五)。」盡釋而遣之，皆稱萬歲而去。

甲午（初八日），克陝城。

龐法起等進攻潼關，魏戍主婁須棄城走，法起等據之。關中豪桀，所在蠭起，及四山羌胡(一〇六)，皆來送款。

上以王玄謨敗退，魏兵深入，柳元景等不宜獨進，皆召還。元景使薛安都斷後，引兵歸襄陽。詔以元景為襄陽太守。

魏永昌王仁攻懸瓠、項城，拔之。帝恐魏兵至壽陽，召劉康祖使還。癸卯（十七日），仁將八萬騎追及康祖於尉武㊲。【考異】宋略及南平王鑠傳，皆作尉氏。按康祖傳云：「去壽陽裁數十里。」然則非尉氏也，今從康祖及索虜傳作尉武。康祖有眾八千人，軍副胡盛之欲依山險間行取至㊳，康祖怒曰：「臨河求敵，遂無所見，幸其自送，奈何避之？」乃結車營而進，下令軍中曰：「顧望者斬首，轉步者斬足。」魏人四面攻之，將士皆殊死戰，自旦至晡，殺魏兵萬餘人，流血沒踝。康祖身被十創，意氣彌厲，魏分其眾為三，且休且戰，會日暮，風急，魏以騎負草燒軍營，康祖隨補其闕。有流矢貫康祖頸，墜馬死，餘眾不能戰，遂潰，魏人掩殺殆盡。【考異】康祖傳云：「大戰一日一夜。」又云：「虜死者大半。」今從宋略。

南平王鑠使左軍行參軍王羅漢以三百人戍尉武，魏兵至，眾欲依卑林以自固，羅漢以受命居此，不去。魏人攻而擒之，鎖其頸，使三郎將㊴掌之。羅漢夜斷三郎將首，抱鎖亡，奔盱眙。

魏永昌王仁進逼壽陽，焚掠馬頭、種離，南平王鑠嬰城固守。

魏兵在蕭城，去彭城十餘里。彭城兵雖多而食少，太尉江夏王義恭欲棄彭城南歸，安北中兵參軍沈慶之以為歷城兵少食多，欲為函箱車陳，以精兵為外翼，奉二王⑳及妃、女直趨歷城，分兵配護軍蕭思話，使留守彭城。太尉長史何勗欲席卷奔郁洲㉑，自海道還京師。

義恭去意已判㉒，惟二議㉓彌日未決。安北長史沛郡太守張暢㉔曰：「若歷城、郁洲，有可至之理，下官敢不高贊㉕？今城中乏食，百姓咸有走志，但以關扃嚴固，欲去莫從耳㉖！一旦動足，則各自逃散，欲至所在，何由可得？今軍食雖寡，朝夕猶未窘罄，豈有捨萬安之術，而就危亡之道？若此計必行，下官請以頸血污公馬蹄。」武陵王駿謂義恭曰：「阿父既為總統㉗，去留非所敢干。道民忝為城主㉘，而委鎮奔逃實無顏復奉朝廷，必與此城共其存沒，張長史言，不可異也！」義恭乃止。

壬子（二十六日），魏主至彭城，立氈屋於戲馬臺以望城中㉙。

馬文恭之敗也，隊主蒯應沒於魏㉚，魏主遣應至小市門求酒及甘蔗，武陵王駿與之，仍就求橐駞㉛。明日，魏主使尚書李孝伯至南門，餉義恭貂裘，餉駿橐駞及騾。且曰：「魏主致意安北，可蹔出見我，我亦不攻此城，何為勞苦將士，備守如此？」駿使張暢開門，出見之，曰：「安北致意魏主，常遲面寫㉜，但以人臣無境外之交，恨不蹔悉㉝。備守乃邊鎮之常，悅以使之，則勞而無怨耳㉞！」魏主求甘橘及借博具，皆與之，復餉氈及九種鹽㉟、胡豉㊱。又借樂器，義恭應之曰：「受任戎行，不齎樂具。」孝伯問暢：「何為忽忽閉門絕橋？」暢曰：「二王以魏主營壘未立，將士疲勞，此精甲十萬，恐輕相陵踐，故閉城耳！待休息士馬，然後共治戰場，刻日交戲㊲。」孝伯曰：「賓有禮，主則擇之㊳。」暢曰：「昨見衆賓至門，未為有禮。」魏主使人來言曰：「致意太尉、安北，何不遣人來至我所？彼此之情，雖不可盡，要須見我小大，知我老小，觀我為人。若諸佐不可遣，亦可使僮幹來㊴。」暢以二王命對曰：「魏主形狀、才力，久為來往所具，李尚書親自銜命，不患彼此不盡，故不復遣使。」孝伯又曰：「王玄謨亦常才耳，南國何意作如此任使，以致奔敗？自入此境，七百餘里，主人竟不能一相拒逆。鄒山之險，君家所憑，前鋒始接，崔邪利遽藏入穴，諸將倒曳出之㉚，魏主賜其餘生，今從在此。」暢曰：「王玄謨南土偏將，不謂為才，但以之為前驅，大軍未至，河水向合，玄謨因夜還軍，致戎馬小亂耳！崔邪利陷沒，何損於國？魏主自以數十萬眾，制一崔邪利，乃足言邪？知入境七百里，無相拒者，此自太尉神算，鎮軍聖略㉛，用兵有機，不用相語。」孝伯曰：「魏主當不圍此城，自帥眾軍直造瓜步㉜。南事若辦，彭城不待圍；若其不捷，彭城亦非所須也。我今當南飲江湖以療渴耳！」暢曰：「去畱之事，自適彼懷。若虜馬遂得飲江，便為無復天道。」先是童謠云：「虜馬飲江水，佛狸死卯年。」故暢云然。

暢音容雅麗，孝伯與左右皆歎息。孝伯亦辯贍，且去，謂暢曰：「長史深自愛，相去步武㉝，恨不執手。」暢曰：「君善自愛，冀蕩定有期㉞。君若得還宋朝，今為相識之始。」

上起楊文德為輔國將軍，引兵自漢中西入，搖動汧隴。文德宗人楊高帥陰平、平武羣氐拒之〔二五〕，文德擊高，斬之，陰平、平武悉平。梁、南秦二州刺史劉秀之遣文德伐啖提氐，不克，執送荊州，使文德從祖兄頭戍葭蘆。

(九)丁未（二十一日），大赦。

(十)魏主攻彭城，不克。十二月，丙辰朔，引兵南下，使中書郎魯秀出廣陵，高涼王那出山陽，永昌王仁出橫江，所過無不殘滅，城邑皆望風奔潰。戊午（初二日），建康纂嚴。己未（初三日），魏兵至淮上。【考異】魏本紀云：「丁卯，至淮。」按宋略：「己未，虜至淮西。」宋本紀：「乙丑，胡崇之等敗。」今從之。上使輔國將軍臧質將萬人救彭城，至盱眙，魏主已過淮。質使冗從僕射胡崇之、積弩將軍臧澄之營東山，【考異】序傳作臧證之，今從帝紀、質傳作澄之。建威將軍毛熙祚據前浦〔二六〕，質營於城南。【考異】宋略云：「質屯盱眙城北。」今從宋書。

乙丑（初九日），魏燕王譚攻崇之等三營，皆敗沒，質按兵不敢救。澄之，燾之孫；熙祚，脩之之兄子也〔二七〕。是夕，質軍亦潰。質棄輜重器械，單將七百人赴城。

初，盱眙太守㊂沈璞到官，王玄謨猶在滑臺，江淮無警，璞以郡當衝要，乃繕城浚隍，積財穀，儲矢石，為城守之備，僚屬皆非之，朝廷亦以為過。及魏兵南向，守宰多棄城走。或勸璞宜還建康，璞曰：「虜若以城小不顧，夫復何懼？若肉薄來攻，此乃吾報國之秋，諸君封侯之日也，柰何去之？諸君嘗見數十萬人聚於小城之下而不敗者乎？昆陽、合肥，前事之明驗也㊃。」眾心稍定。璞收集得二千精兵，曰：「足矣。」及臧質向城，眾謂璞曰：「虜若不攻城，則無所事眾；若其攻城，則城中止可容見力耳！地狹人多，鮮不為患。且敵眾我寡，人所共知，若以質眾能退敵完城者，則全功不在我；若避罪歸都，會資舟楫，必更相蹂踐，正足為患，不若閉門勿受。」璞歎曰：「虜必不能登城，敢為諸君保之。舟楫之計，固已久息；虜之殘害，古今未有；屠剝之苦，眾所共見。其中幸者，不過驅還北國，作奴婢耳！彼雖烏合，寧不憚此邪？所謂同舟而濟，胡越一心者也㊄！今兵多則虜退速，小則還緩，吾寧可欲專功而留虜乎？」乃開門納質。質見城中豐實，大喜，眾皆稱萬歲，因與璞共守。

魏人之南寇也，不齎糧用，唯以抄掠為資。及過淮，民多竄匿，抄掠無所得，人馬飢乏。聞盱眙有積粟，欲以為北歸之資，既破崇之等，一攻城不拔，即留其將韓元興以數千人守盱眙㊸，自帥大眾南向，由是盱眙得益完守備。

庚午（十五日），魏主至瓜步，壞民廬舍，及伐葦為筏，聲言欲渡江，建康震懼，民皆荷擔而立㊹。壬午（二十七日），內外戒嚴。丹陽統內，盡戶發下㊺，王公以下子弟，皆從役命。領軍將軍劉遵考等將兵分守津要，遊邏上接于湖，下至蔡洲，陳艦列營，周亘江濱，自采石至于暨陽六七百里㊻。太子劭出鎮石頭，總統水軍，丹陽尹徐湛之守石頭、倉城，吏部尚書江湛兼領軍，軍事處置，悉以委焉。

上登石頭城，有憂色，謂江湛曰：「北伐之計，同議者少㊼。今日士民勞怨，不得無慚，貽大夫之憂，予之過也！」又曰：「檀道濟若在，豈使胡馬至此？」

上又登莫府山(46)，觀望形勢，購魏主及王公首，許以封爵金帛；又募人齎野葛酒，置空村中，欲以毒魏人(47)，竟不能傷。

魏主鑿瓜步山為蟠道，於其上設氈屋。【考異】魏帝紀云：「癸未，車駕臨江，起行宮於瓜步山。」蓋謂此也。今從宋書。魏主不飲河南水，以橐駝負河北水自隨。餉上橐駝、名馬，幷求和請婚，上遣奉朝請(48)田奇餉以珍羞異味，魏主得黃甘，即噉之，幷大進酃酒(49)。左右有附耳語者，疑食中有毒，魏主不應，舉手指天，以其孫示奇曰：「吾遠來至此，非欲為功名，實欲繼好息民，永結姻援。宋若能以女妻此孫，我以女妻武陵王，自今匹馬不復南顧。」奇還，上召太子劭及羣臣議之，眾並謂宜許。江湛曰：「戎狄無親，許之無益。」劭怒，謂湛曰：「今三王在阨(50)，詎宜苟執異議？」聲色甚厲。坐散，俱出，劭使班劍(51)及左右排湛，湛幾至僵仆。劭又言於上曰：「北伐敗辱，數州淪破，獨有斬江湛、徐湛之，可以謝天下。」上曰：「北伐自是我意，江、徐但不異耳(52)！」由是太子與江、徐不平，魏亦竟不成婚。【考異】魏帝紀云：「甲申，義隆使獻百牢，貢其十物，又請進女於皇孫以求和好，帝以師婚非禮，許和而不許婚，使散騎侍郎夏侯野報之，詔皇孫為書，致馬通問。」此皆魏史誇辭，今從宋書。

【今註】㈠蠻食盡，稍稍請降，悉遷於建康以為營戶：營戶即兵戶，世隸兵籍，非特詔優復不得脫。六朝頗籍外族以為兵，如魏武征蹋頓，徙其種落以從征伐，蜀用叢叟青羌，吳用荊楚諸蠻，復募山越，晉河間王顒用鮮卑皆是也。㈡梁川：胡三省曰：「梁川，後魏天平二年置梁城郡於其地，領參合、祇鴻二縣。」余按《魏書・地形志》梁城郡參合縣蓋漢代郡之參合故縣也，故城在今山西省陽高縣東北。按魏主獵於梁川，文帝聞之，敕淮泗諸郡為備，而魏主尋進圍懸瓠，則梁川似應在河淮之間。㈢南頓太守：南頓縣，故舊汝南郡，晉惠帝分立南頓郡。㈣懸瓠：《水經注》曰：「汝水自汝南上蔡縣東逕懸瓠城北。城之西北，汝水枝別左出，西北流，又屈西東轉，又西南會汝，形若垂瓠，故以名城。」懸瓠即今河南省汝南縣，瓠亦作壺，本漢上蔡縣地，晉時稱懸瓠城，東晉移汝南郡治於此，為南北朝兵爭要地。㈤汝陽：汝陽縣，故屬汝南郡，故城在今河南省商水縣西北。沈約曰：「江左分汝南立汝陽郡，晉成帝咸康三年省，併汝南，後又立。」按晉惠帝元康中封汝南王亮子熙為汝陽公，光熙初進爵為王，蓋於是時置郡也。㈥駿發百里內馬，得千五百匹，分為五軍，遣參軍劉泰之帥安北騎兵行參軍垣謙之，田曹行參軍臧肇之，集曹行參軍尹定，武陵左常侍杜幼文、殿中將軍程天祚等將之：《宋書・百官志》晉楊駿為太傅，分兵曹為左、右、法、金、田、集、水、戎、車、馬十曹。胡三省曰：「田曹主營田，集曹主安集流散，猶漢之安集掾也。時駿為安北將軍，謙之等皆府僚也。」《晉書・職官志》，晉制大國置左、右常侍各一人，杜幼文蓋武陵王國左常侍也。又〈職官志〉晉有殿中將軍，屬二衛，晉武帝嘗以陳勰為之，每出入，常令勰持白獸幡，在乘輿左右。《北堂書鈔》引《晉起居注》曰：「殿中將軍，孝武太元中募選名家以參顧問，始用琅邪王茂之奏也。」按殿中將軍，晉初已有，非始置於太元，蓋南渡後久未設置，太元中始募選以充此職也。㈦安蠻司馬劉康祖：南平王鑠為豫州刺史，領南蠻校尉，以康祖為司馬。㈧殿中尚書：曹魏置尚書二十三郎，殿中郎其一也，歷兩晉南北朝，尚書皆置殿中曹。胡三省曰：「魏殿中尚書，知殿內兵馬倉庫。」㈨康祖，道錫之從兄也：劉道錫見卷一百二十三元嘉十八年。㈩安北將軍武陵王駿降號鎮軍將軍，垣謙之伏誅，尹定、杜幼文付上方：以汝陽之敗也。尚方主鑄作、織綬諸雜工。付上方，輸作尚方也，上與尚同。㈠前蓋吳反逆，扇動關隴，彼復使人就而誘之：彼謂宋朝。宋通使蓋吳事見上卷二十二年、二十三年。㈡釧：釧，臂環也，見《說文》新附。《南史・王玄象傳》：「女臂有玉釧。」按《正字通》云：「釧，古男女同用，今惟女飾有之。」㈢募往者復除七年：謂宋朝利誘魏之邊民，凡背魏入宋者則復除其賦役七年。㈣當割江以北輸之，攝守南度：言當攝兵渡江以保江南，而棄江北之北於魏。㈤嚴供帳之具：胡三省曰：「帳當作張。」言將南伐也。㈥彼往日北通蠕蠕，西結赫連、沮渠、吐谷渾，東連馮弘、高麗，凡此數國，我皆滅之，以此而觀，彼豈能獨立：宋通蠕蠕、赫連、沮渠、吐谷渾、馮弘、高麗諸國以抗魏，事並見前。魏主謂凡此與宋通和諸國，皆為魏滅，則宋豈能獨存？㈦有足之寇：胡三省曰：「柔然多馬，故言其有足。」余按《魏書・蠕蠕傳》世祖以柔然無知，狀類於蟲，故改其號曰蠕蠕，蟲多足，故斥為有足之寇耳！㈧我當顯然往取揚州，不若彼翳行竊步也：魏主謂當以兵力往取揚州，不若宋人之以貨利誘引其邊民。隱蔽其身而行曰翳行，躡足而前曰竊步。㉙彼前使裴方明取仇池，既得之，疾其勇功，已不能容，有臣如此，尚殺之，烏得與我校邪：裴方明，益州之良將，坐破仇池減匿金寶及善馬見殺，事見上卷元嘉二十年。胡三省曰：「宋人捨功錄過，自戮良將，宜其為魏人所窺。」視魏主此語，信然。㉚彼常欲與我一交戰，我亦不癡，復非苻堅，何時與彼交戰：言宋人屢欲求阻江與魏一戰，效東晉謝玄之破苻堅。胡三省曰：「觀此，魏人猶有憚南兵之心，蓋高祖之餘威而邊垂諸將猶為有人也。」㉛彼公時舊臣雖老，猶有智策，知今已殺盡：當指謝晦、檀道濟輩。晦長於謀略而道濟勇於臨陣，皆為文帝所殺。㉜善呪婆羅門：胡三省曰：「天竺國有婆羅門，善呪術。」㉝先徵之人，亦州郡之選也：言先前所徵之士，其才亦堪預刺史、郡守之選。胡三省曰：「先徵之人，謂游雅、李靈、高允等。」㉞崔公其不免乎，苟遂其非而校勝於上，將何以堪之：言浩選舉非宜而苟逞其志以與太子爭勝，於事鮮克有濟，殆將不免於禍乎！㉟使與高允等共譔國記：譔，述也，譔述國之史記。㊱湛、標上疏言馬、鄭、王、賈，不如浩之精微：言馬融、鄭玄、王肅、賈逵所注六經，其文義不若浩之精微。㊲班浩所註，令天下習業頒浩所注經義，令天下士子肄習以為家業。㊳刊石立於郊壇東：《水經注》曰：「如渾水南至靈泉池，又南逕北宮下，又南分為二水，一水西出南屈入北苑中，又逕平城西郭內，城周西郭外，有郊天壇。」㊴衢路：《說文》曰：「四達謂之衢。」孫炎曰：「衢，交道四出也。」今所謂十字路口。㊵北人：謂鮮卑舊族。㊶首實：從實自首。㊷然浩所領事多，總裁而已：言浩所領職事繁多，於國史但總其大綱，裁其可否而已。㊸帝顧太子曰，直哉此人，情所難而允為之，臨死不易辭，信也，為臣不欺君，貞也，宜特除其罪以旌之，遂赦之：王鳴盛曰：「魏書三十二卷高湖傳：『勃海蓨人，漢太傅裒之後。祖慶，慕容垂司空，父泰，吏部尚書。湖少與兄韜俱知名。』四十八卷高允傳：『勃海人，祖泰在叔父湖傳。父韜，少知名。』案周文帝討高歡檄，雖云『出自輿皁』，其家世却不賤。神武本紀云：『六世祖隱，隱生慶，慶生泰，泰生湖，湖生謐，謐生樹生，是為皇考。』然則允之祖即歡高祖，允是歡五世內從祖近親屬也。歡貴，執魏權，以允之名德，無所追崇，恐有亡佚。且本紀之禮宜詳先世官位而反不言漢太傅後，於慶、泰、湖但云三世仕慕容氏而不著何官，亦太簡。」

㉞觸犯：胡三省曰：「觸犯，謂直書國惡，不為尊者諱也。」㉟詔誅清河崔氏，與浩同宗者無遠近及浩姻家范陽盧氏、太原郭氏、河東柳氏，並夷其族：胡三省曰：「胡所連姻，皆士望也。非有憑附屬請之罪，以浩故，皆赤其族。」王鳴盛曰：「浩之敗雖由自取，太武信讒亦為失刑。觀本紀厥後嘆崔司徒可惜，何自相違反？陶尊北史雜詠有云：『國史成來立石妨，頭顱不淨竟罹殃，未知畫紙傳何語，贈有人間急就章。』此詩悲惋有味。」《魏書・崔浩傳》曰：「浩始弱冠，太原郭逸以女妻之。浩晚成，不曜華采，故時人未知。逸妻王氏，劉義隆鎮北將軍王仲德姊也，每奇浩才能，自以為得壻。俄而女亡，王深以傷恨，復以少女繼婚，逸及親屬以為不可，王固執與之，逸不能違，遂重結好。浩非毀佛法，而妻郭氏敬好釋典，時時讀誦，浩怒，取而焚之，捐灰於廁中。」又曰：「浩既工書，人多託寫急就章，從少至老，初無憚勞，所書蓋以百數，世寶其迹，多裁割綴連以為模楷。」急就章者，書名，漢志有急就一篇，顏師古曰：「元帝時黃門令史游作。」晁公武《郡齋讀書志》云：

「凡三十二章，雜記姓名諸物五官等字以教童蒙。急就者，謂字之難知者，緩急可就而求焉。」㊱縶浩置檻內，送城南：胡三省曰：「後魏刑人，必於城南。」檻，檻車也，囚禁罪人之車。《漢書・陳餘傳》云：「乃檻車與王詣長安。」顏師古注：「檻車者，車而為檻形，謂以板四周之，無所通見。」㊲至於書朝廷起居，言國家得失，此為史之大體，未為多違：允言浩以實錄前史而死，死非其罪也。㊳賾，逞之子也：崔逞歸魏，為道武帝所殺。㊴北部尚書：胡三省曰：「魏北部尚書，知北邊州郡。」㊵李宣城：李孝伯封宣城公，故魏主呼為李宣城。㊶孝伯，順之從弟也：李順以言涼事為魏主所寵任，以受賄得罪為魏主所殺。㊷伊洛將入朝，沮渠無諱斷其歸路：元嘉十九年，沮渠無諱襲據高昌，按下伊洛上書言為沮渠氏所攻，首尾八年，則無諱與伊洛相攻戰當始於元嘉二十年。㊸無諱卒：無諱卒於元嘉二十年。㊹歇走就伊洛，共收餘眾保焉耆鎮：胡三省曰：「魏破焉耆以為鎮。」㊺遣使上書於魏主，言為沮渠所攻，首尾八年：元嘉十九年，沮渠無諱襲據高昌，斷伊洛入朝之路，自是與車師相攻。㊻吐谷渾王慕利延為魏所逼，上表求入保越嶲：胡三省曰：「唐時吐蕃與雲南竊蜀，即此路也。蓋自漢武帝開昆明之後，後人遂通此路耳！」㊼一周：一周年。㊽太子步兵校尉：《宋書・百官志》曰：「太子屯騎校尉、太子步兵校尉、太子翊軍校尉，三校尉各七人，宋初置。」按帝紀，三校尉，武帝永初二年置。㊾檀道濟再行無功：營陽王景平二年、文帝元嘉七年，道濟再度出師伐魏，皆無功而還。㊿到彥之失利而還：事見卷一百二十一元嘉七年。(五一)今料王玄謨等未踰兩將：言王玄謨、徐湛之、江湛等之智略，未能踰道濟、彥之二將。(五二)彥之中塗疾動：謂彥之以目疾大動，乃致敗績也。(53)館穀弔民：謂因敵之食，弔民以伐罪。《左傳》曰：「楚師敗績，晉師三日館穀。」杜預注：「館，舍也，食楚軍穀三日。」(54)聊省我民：謂藉以省視我民。(55)今聞彼欲自來，設能至中山及桑乾川，隨意而行，來亦不迎，去亦不送，若厭其區宇者，可來平城居，我亦往揚州，相與易地：胡三省曰：「觀魏主與帝二書，誠有憚江南之心，大明以後，北不復憚南矣！」(56)虜近雖摧挫：胡三省曰：「謂攻懸瓠不克而退也。」(57)猒心靡革：言其貪婪之心，靡有變革。(58)困棘：胡三省曰：「棘，急也。」(59)跂望綏拯：謂跂望王師北伐，綏靖而拯救之，舉踵而望曰跂望。(60)芮芮亦遣間使：芮芮即蠕蠕，語音之轉耳！間使，密使也，言間入魏境而通使於宋也。(61)太尉江夏王義恭出次彭城，為眾軍節度：以義恭為大帥，駐節彭城，總統諸軍也。(62)坦，鍾之孫也：中鍾見卷九十五晉成帝咸和九年。(63)二兗：胡三省曰：「二兗，南兗、北兗也。」(64)三五民丁：胡三省曰：「三五者，三丁發其一，五丁發其二。」(65)符到，十日裝束：自符到之日，以十日裝束之期，過此則發也。(66)緣江五郡集廣陵，緣淮三郡集盱眙：胡三省曰：「緣江五郡，南東海、南蘭陵、南琅琊、南東莞、晉陵也；緣淮三郡，臨淮、淮陵、下邳也。」(67)揚、南徐、兗、江四州：胡三省曰：「此兗謂南兗州。」(68)建武司馬申元吉引兵趨碻磝，魏濟州刺史王買德棄城走：《魏書・地形志》魏明元帝泰常八年，置濟，州治碻磝城。(69)蕭斌遣將軍崔猛攻樂安，魏青州刺史張淮之亦棄城走：樂安，漢為千乘國，後漢和帝更名樂安國，魏改國為郡。據此，是時魏青州刺史蓋治樂安。(70)奮武將軍曾方平：《宋書・柳元景傳》作奮武將軍魯方平，考《水經注》亦作魯，此作曾誤。(71)乃自貰谷入盧氏：胡三省曰：「眥谷在盧氏縣南山之南。」盧氏縣之南山，即盧氏山，亦曰石城山。盧氏縣，漢屬弘農郡，晉分屬上洛郡，故城即今河南省盧氏縣。㉒熊耳山：《漢書・地理志》曰：「熊耳山在盧氏縣東，伊水所出。」《水經注》曰：「洛水之北，有熊耳山，雙巒競舉，狀同熊耳，此自別山，不與禹貢導洛自熊耳同也。昔漢光武破赤眉樊崇，積甲仗與熊耳平，即是山也。」㉓爽，軌之子也：軌，魯宗之之子。宗之仕晉至鎮北將軍，雍州刺史，封南陽郡公，宋武代晉，與司馬休之同奔魏。㉔幢主王陽兒擊魏豫州刺史僕蘭：《宋書・文九王傳》，王陽兒，南平王鑠幢主也。胡三省曰：「軍有幢主、隊主，總一軍者謂之軍主。」《魏書・官氏志》內入諸姓有僕闌氏，後改為僕氏。㉕僕蘭犇虎牢：虎牢，魏豫州刺史治所。《宋書・文九王傳》，南平王鑠遣王陽兒等進據小索，僕蘭於大索率步騎二千攻陽兒，為陽兒所破，乃奔虎牢。大索、小索，城名。杜預曰：「成皋縣東有大索亭。」《括地志》曰：「今滎陽縣即大索城，又有小索城，在縣北。」小索城，今河南省滎陽縣。㉖國人：鮮卑謂其族人曰國人。㉗九月辛卯，魏主引兵南救滑臺：宋曆是月閏十月，九月戊午朔，無辛卯，魏曆閏七月，九月戊子朔，辛卯初四日，魏之九月，蓋當宋之十月也。㉘庚子：於魏為九月十三日，於宋則為十月十三日。㉙火箭：杜佑曰：「以小瓢盛油，冠矢端射城樓櫓板木上，瓢敗油散，因燒矢內簳中，射油散處，火立燃，復以油瓢續之，則樓櫓盡焚，謂之火箭。」㉚玄謨不即其長帥而以配私暱：時河洛之民來歸者既眾，玄謨不能就其長帥部伍其民，用之作戰，而以其眾分配私所親暱者。㉛眾請發車為營，玄謨不從：胡三省曰：「玄謨豈不知為車營可憑而戰哉！蓋其時已有走心矣！」(八二)冬十月癸亥，魏主至枋頭：魏十月丁巳朔，癸亥初七日，於宋為閏十月初七日。《宋書・文帝紀》曰：「冬閏月癸亥，玄謨攻滑臺不克，為虜所敗。」《通鑑》以魏曆繫宋紀，蓋未深考耳！(八三)乙丑，魏主渡河：魏曆十月乙丑初九日，於宋在閏十月。(八四)先是玄謨遣鍾離太守垣護之以百舸為前鋒，據石濟：鍾離，本漢九江郡之屬縣，晉屬淮南郡，晉安帝分立鍾離郡屬南兗州，沈約州郡志屬徐州，今安徽省鳳陽縣東二十里有鍾離故城，其舊治也。《水經注》曰：「河水自武德縣東至酸棗縣西，又東北，通謂之延津，又逕東燕縣故城北，河水於是有棘津之名，亦謂之石濟津，故南津也。宋元嘉中，遣輔國將軍蕭斌率寧朔將軍王玄謨北入，宣威將軍垣護之以水軍守石濟，即此處也。」石濟蓋即古之棘津，在今河南省延津縣東北，今湮。(八五)昔武皇攻廣固，死沒者甚眾：事見卷一百十五晉安帝義熙五年、六年。(八六)佛狸：魏太武帝小字。胡三省曰：「佛音弼。」(八七)若虜眾東過，清東非國家有也：胡三曰：「東過，謂越碻磝而東過，入青冀界；清東，謂清水以東也。」(八八)碻磝孤絕，復作朱脩之滑臺耳：朱脩之守滑臺，糧盡勢絕，為魏所克，事見卷一百二十二元嘉八年。此言今碻磝孤絕，其勢與朱脩之守滑臺時同，若固守，必為魏所陷。(八九)節下有一范增不能用：蓋引漢高帝之言，以范增自況。(九〇)沈公乃更學問：更，歷也。慶之少以勇聞，不更學問，故斌等以此語譏之。(九一)耳學：胡三省曰：「耳學，謂雖未嘗目覽書傳，能以耳聽人所講說者而學之。」(九二)清口：汶水入濟之口也，在今山東省東平縣西。《水經》曰：「濟水東至乘氏縣西，分為二，其一水東南流，其一水從縣東北流，入鉅野澤，又東北過壽張縣西界安民亭南，汶水從東北來注之。」注曰：「戴延之所謂清口也。郭緣生述征記曰：『清河首受洪水，北注濟。』或謂清即濟也。禹貢濟東北會於汶，今枯，渠注鉅澤，鉅澤北則清口，清水與汶會也。」(九三)百丈崖：胡三省曰：「百丈崖在溫谷南。」《宋書・柳元景傳》：「元景引軍上百丈崖，出溫谷以入盧氏。」則百丈崖、溫谷蓋皆在盧氏縣南。(九四)馬頭：《宋書・州郡志》：「馬頭郡，故淮南當塗縣地，晉安帝立，因山形而命。晉屬南豫州，宋屬徐州。晉孝武帝太元十年，南豫州刺史李序戍馬頭，即此。(九五)魏主至鄒山，魯郡太守崔邪利為魏所擒：宋魯郡時治鄒山。鄒山即鄒縣也，在今山東省鄒縣東南，境有鄒嶧山。(九六)魏主見秦始皇石刻：秦始皇二十八年，東巡，上鄒嶧山，立石刻碑以頌功德。(九七)楚王建自清西進屯蕭城，步尼公自清東進屯留城：《魏書・地形志》沛郡蕭縣有蕭城，彭城郡留縣有留城及留侯廟。蕭縣在今江蘇省蕭縣西北，留城故留侯張良所封邑也，故城在今江蘇省沛縣東南。《水經注》曰：「清水，即泡水之別名也。沈約宋書稱魏軍欲渡清西，非也。」按《水經注》，泡水雖兼清水之名，仍當作泡水以別於清濟之清水。(九八)沛縣民燒苞橋，夜於林中擊鼓，魏以為宋兵大至，爭渡苞水：《水經注》曰：「泡水亦曰豐水，水上承大薺陂，東逕貰城北，又東逕己氏縣故城北，又東逕平樂縣，又東逕豐縣故城南，又東合黃水，自下黃水又兼通稱矣。水上舊有梁，謂之泡橋。王智深宋史云：『宋太尉劉義恭於彭城遣軍主嵇玄敬北至城覘候魏軍，魏軍於清西望見玄敬士眾，魏南康侯杜道儁引趣泡橋，沛縣民逆燒泡橋，又於林中打鼓，儁謂宋軍大至，爭渡泡水，水深酷寒，凍溺死者殆半。』清水，即泡水之別名也。」(九九)魏洛州刺史張是連提帥眾二萬，度崤救陝：崤山西接陝縣，東聯澠池，自洛入陝，須經是險。《元和志》

曰：「峭山又名嶔崟山，自東峭至西峭三十五里。東峭長阪數里，峻阜絕澗，車不得方軌，西峭全是石阪十二里，險絕不異東峭。」㊉脫兜鍪，解鎧：兜鍪，戰盔也；鎧，戰衣也；俱以金屬為之，可禦兵刃。㊀唯著絳納兩當衫：胡三省曰：「前當心，後當背，謂之兩當衫。」納與衲同。㊁馬亦去具裝：凡戰馬臨陣，皆披馬鎧以避鋒刃，今亦卸去。㊂夾射：分兩側而射之。㊃軍副：胡三省曰：「一軍之將謂之軍主，副將謂之軍副。幢、隊、軍皆有主、副。」㊄當使仁聲先路：言軍未至而仁聲先播於敵境，以勸敵使降也。㊅四山羌胡：胡三省曰：「關中之地，四面阻山，時羌胡皆依山而居，自為聚落。」㊆尉武：尉武亭也，見《北史・拓拔崙傳》。㊇取至：胡三省曰：「取至，謂取至壽陽也。」余按取至者，謂但求全眾至壽陽，不欲求敵也。㊈三郎將：胡三省曰：「三郎將，蓋主內三郎。」《魏書・官氏志》有三郎衞士，掌直宿禁中。㊉二王：謂彭城王義恭及武陵王駿。㊀郁洲：《水經注》作郁洲。又名郁山，一名鬱林山。《水經注》曰：「朐縣故城東北海中有大洲，謂之郁洲，山海經所謂郁山在海中者也。」《隋書・地理志》作鬱林山。山在今江蘇省灌雲縣東北，舊在海中，今已連於大陸。晉孫恩自廣陵浮海而北，劉裕躡之於郁洲也。宋明帝泰始三年，於此僑立青州，齊、梁為青、冀二州刺史治。㊁義恭去意已判：胡三省曰：「判亦決也。」㊂二議：謂沈慶之之議趨歷城及何勗之議奔郁洲。㊃安北長史沛郡太守張暢：沛郡時治蕭城。暢蓋以安北將軍長史領沛郡太守也。㊄高贊：胡三省曰：「高，抗也；贊，助也。言抗聲以助決其議也。」㊅但以關扃嚴固，欲去莫從耳：《說文》曰：「扃，外閉之關也。」言彭城門禁嚴固，百姓無從得去。㊆阿父既為總統：義恭於駿為諸父，故駿以阿父呼之。義恭駐節彭城，為諸軍節度，故曰總統。㉘道民忝為城主：駿小字道民，故以自稱。駿為徐州刺史，治彭城，故曰城主。㉙魏主至彭城，立氈屋於戲馬臺以望城中：水經注曰：「彭城南有項羽涼馬臺，臺之西南山麓上，即范增冢也。」胡人以毛織幕為屋曰氈屋。〈李陵答蘇武書〉曰：「韋韝毳幕，以禦風雨；羶肉酪漿，以充饑渴。」毳幕即氈幕。㉚馬文恭之敗也，隊主蒯應沒於魏：此謂蕭城之敗也。㉛槖駝：槖駝即駱駝。有單峯、雙峯之別，雙峯者多產於我國北部及中亞細亞一帶。韋昭曰：「槖駝背肉似槖而負物。」顏師古曰：「言能負槖而馱物，故曰槖駝。」北人常以駝負物，亦用以駕車。邵經邦《宏簡錄》云：「蔡卞使遼，遼人間其名。卞適有寒疾，命載以白駝車。車為契丹主所乘，乃異禮也。」㉜常遲面寫：言常待晤面以傾寫所懷也。遲，待也。《後漢書・章帝紀》：「朕思遲直士，側席異聞。」何若瑤曰：「遲者待也，思遲直士，思待直士也。」㉝恨不蹔悉：胡三省曰：「悉，詳盡也，言不蹔時得詳盡所懷也。」蹔與暫同。㉞悅以使之，則勞而無怨耳：《易・兌卦》彖辭曰：「悅以先民，民忘其旁。」㉟九種鹽：《魏書・李孝伯傳》曰：「凡此諸鹽，各有所宜。白鹽、食鹽，主上自食；黑鹽治腹脹氣滿，末之六銖，以酒而服；胡鹽治目痛；戎鹽治諸瘡；赤鹽、駮鹽、臭鹽、馬齒鹽四種並非食鹽。」㊱胡豉：豉音是。《說文》曰：「敊，配鹽幽未也。」敊與豉同，尗與菽同，菽，豆也。段玉裁曰：「按齊民要術說：『作豉必室中溫暖。』所謂幽菽也。」胡豉者，胡人所造。㊲刻日交戲：刻，銘識也，約定時日，共銘識而不忘，謂之刻日。《左傳》晉楚將戰於城濮，楚令尹子玉遣使謂晉侯曰：「請與君之士戲。」㉘賓有禮，主則擇之：此《左傳》魯大夫羽父語薛侯之言。㉙若諸佐不可遣，亦可使僮幹來：胡三省曰：「諸佐，謂諸佐吏也；僮幹，則給使令者耳！魏主此言，猶知宋為有人。」㉚鄒山之險，君家所憑，前鋒始接，崔邪利遽藏入穴，諸將倒曳出之：鄒山多石穴，故孝伯云然以譏宋朝諸將。㉛此太尉神筭，鎮軍神略：太尉謂彭城王義恭，鎮軍軍謂武陵王駿，駿以汝陽之敗自安北將軍降號鎮軍將軍。㉜瓜步：瓜步山在今江蘇省六合縣東南，東臨大江，與秣陵隔江相望。阮敍之《南兗州記》曰：「瓜步山，南臨江中，濤水自海注江，衝擊六百里許，至此岸側，其勢稍衰。」㉝相去步武：《國語・周語》曰：「目之察度也，不過步武尺寸之間。」韋昭注：「六尺為步，半步為武。」喻相去之近也。㉞冀蕩定有期：言冀有一日得滌除寇氛，底定天下。㉟文德宗人楊高帥陰平、平武羣氐拒之：陰平縣，漢屬廣漢屬國，晉武帝泰始中置陰平郡，見《晉書・地理志》。《華陽國志》曰：「陰平郡，本廣漢北部都尉，永平後，羌虜數反，遂置為郡。劉先主之入漢中也，爭武都、陰平二郡不得，建與七年，諸葛亮始命陳戒平之。魏亦遙置其郡，屬雍州。」是漢明帝後已置陰平郡矣，魏所置乃僑郡也，宋為北陰平。《宋書・州郡志》北陰平郡領陰平、平武二縣，平武，蜀分陰平縣立，本曰廣武，晉武帝太康元年，更名平武，晉志作平廣。陰平，今四川省平武縣；平武故城在今縣東北。㊱質使冗從僕射胡崇之、積弩將軍臧澄之營東山，建威將軍毛熙祚據前浦：胡三省曰：「東山。前浦，皆在盱眙城左右。東山在今盱眙城東南，東山之北則高家山，高家山之東則陡山，稍南則都梁山，都梁山之東北則古盱眙城，城臨遇明河，又東逕楊茅澗口，又東逕陵河口則君山，魏太武作浮橋於此，自此渡淮稍東則龜山。」㊲澄之，熹之孫；熙祚，脩之兄子也：臧熹，武敬臧皇后之兄也；毛脩之從高祖為將，仕至冠軍將軍、安西司馬，青泥之敗，沒於赫連，後入于魏。㊳盱眙太守：盱眙，前漢臨淮郡之屬縣也，後漢屬下邳國，晉復屬臨淮郡，晉安帝義熙七年析置盱眙郡。㊴諸君嘗見數十萬人聚於小城之下而不敗者乎，昆陽、合肥，前事之明驗也：胡三省曰：「王尋、王邑以百萬敗於昆陽，諸葛恪以二十萬敗於合肥，故曰用兵之計，攻城最下。」㊵所謂同舟而濟，胡越一心者也：王弼曰：「同舟而濟，則胡越何患乎異心？」謂利害相共，雖敵可以為友。㊶留其將韓元興以數千人守盱眙：守，守而伺之也，言以兵相守，伺其隙而攻之。㊷民皆荷擔而立：胡三省曰：「荷擔而立，急則迸走。」㊸丹陽統內，盡戶發丁：謂丹陽尹治內民戶見丁，無論多少，盡數發之。㊹自採石至於暨陽六七百里：採石磯即牛渚山也，在今安徽省當塗縣西北二十里。後漢興平二年，孫策攻劉繇牛渚營，盡得邸閣糧穀戰具，即此。其後孫權使周瑜自溧陽移兵屯牛渚，自此以後遂為六朝重鎮，梁大清二年侯景渡江趨建康，隋開皇九年韓擒虎宵濟破陳，皆自此渡也。暨陽，晉志作既陽，宋志作暨陽，晉武帝太康二年分無錫、毗陵二縣地立暨陽縣，屬晉陵郡，故城在今江蘇省江陰縣東。自採石至於暨陽六七百里。㊺北伐之計，同議者少：帝謂北伐之計，唯江湛、徐湛之贊成之，其餘羣臣之議，多不同也。㊻幕府山：幕府山在今江蘇省江寧縣北長江南岸。《輿地紀勝》曰：「晉元帝初過江，王導建幕府其上，因名。」㊼又募人齎野葛酒，置空村中，欲以毒魏人：胡三省曰：「野葛有毒，食之殺人。」㊽奉朝請：《晉書・職官志》曰：「奉朝請，本不為官，無員。漢東京罷三公、外戚、宗室、諸侯，多奉朝請。奉朝請者，奉朝會請召而已。」王觀國曰：「前漢書東方朔傳曰：『奉朝請之禮，備臣妾之儀。』又吳王濞傳曰：『使人為秋請。』孟康注曰：『律，春曰朝，秋曰請，如古諸侯朝聘也。』如淳曰：『濞不自行，使人代己致請禮。』然則奉朝請之請，漢律所謂春朝秋請是也。吳王濞傳所謂秋請，乃漢律也。《廣韻》去聲靚字注曰：『古奉朝請亦用靚字。』然則晉志謂奉朝會請召者誤矣！蓋朝請者，臣見君者也，曰請召，則是君召臣也。自晉以來，奉朝請之官，受俸祿而不隸事，奉車都尉、駙馬都尉、騎都尉之類是也。」㊾酃酒：《荊州記》曰：「長沙郡酃縣有酃湖，周迴二里，取湖水為酒，酒極甘美。」今湖南省衡陽縣東有酃湖，漢酃縣故城在今衡陽縣東十二里。酃音零。㊿今三王在阸：謂江夏王義恭、武陵王駿在彭城，南平王鑠在壽陽也。彭城、壽陽俱阻敵而無援，故曰在阸。(51)班劍：胡三省曰：「班劍，持劍為班列，在車前。」按班劍即隨從武士班列為儀仗者，天子以賜功臣，《南史・張敬兒傳》云：「敬兒以佐命功，既得開府，復望班劍。語人曰：『我車邊猶少班蘭物。』」《文選》王儉褚淵碑云：「給班劍二十人。」良注：「班劍，謂執劍而從行者也。」翰注：「班劍，木劍無刃，假作劍形，畫之以文，故曰班劍。」(52)北伐自是我意，江、徐但不異耳：帝言北伐之舉蓋出自己意，江湛、徐湛之但不持異議耳！

卷一百二十六　宋紀八

起重光單閼，盡玄黓執徐，凡二年。（辛卯至壬辰，西元四五一年至四五二年）

司馬光編集
林瑞翰註

太祖文皇帝下之上

元嘉二十八年㊀（西元四五一年）

㈠春，正月，丙戌朔，魏主大會羣臣於瓜步山上，班爵行賞有差。魏人緣江舉火，太子左衞率尹弘言於上曰：「六夷如此必走㊁。」丁亥（初二日），魏掠居民，焚廬舍而去。

胡誕世之反也㊂，江夏王義恭等奏彭城王義康數有怨言，搖動民聽，故不逞之族㊃，因以生心，請徙義康廣州。上將徙義康，先遣使語之，義康曰：「人生會死，吾豈愛生？必為亂階，雖遠何益？請死於此，恥復屢遷。」竟未及往。魏師至瓜步，人情恟懼，上慮不逞之人復奉義康為亂，太子劭及武陵王駿、尚書左僕射何尚之屢啟宜早為之所㊄，上乃遣中書舍人嚴龍齎藥賜義康死㊅。義康不肯服，曰：「佛教不許自殺(七)，願隨宜處分。」使者以被揜殺之。

(二)江夏王義恭以碻磝不可守，召王玄謨還歷城(八)，魏人追擊敗之，遂取碻磝。

初，上聞魏將入寇，命廣陵太守劉懷之逆燒城府船乘(九)，盡帥其民渡江，山陽太守(一〇)蕭僧珍悉斂其民入城，臺送糧仗詣盱眙及滑臺者，以路不通皆留山陽，蓄陂水令滿，須魏人至，決以灌之。魏人過山陽，不敢留，因攻盱眙。魏主就臧質求酒，質封溲便與之，魏主怒，築長圍，一夕而合(一一)，運東山土石以填塹，作浮橋於君山，絕水陸道(一二)。魏主遺質書曰：「吾今所遣鬬兵，盡非我國人(一三)，城東北是丁零與胡，南是氐羌，設使丁零死，正可減常山趙郡賊(一四)，胡死，減幷州賊(一五)，氐羌死，減關中賊(一六)，卿若殺之，無所不利(一七)。」質復書曰：「省示，具悉姦懷(一八)。爾自恃四足(一九)，屢犯邊，王玄謨退於東，申坦散於西(二〇)，爾知其所以然邪？爾獨不聞童謠之言乎(二一)？蓋卯年未至，故以二軍開飲江之路耳！冥期使然，非復人事(二二)。寡人受命相滅(二三)，期之白登，師行未遠，爾自送死，豈容復令爾生全，饗有桑乾哉㉔？爾有幸，得亂兵所殺；不幸，則生相鎖縛，載以一驢，直送都市耳！我本不圖全㉕，若天地無靈，力屈於爾，齏之粉之㉖，屠之裂之，猶未足以謝本朝。爾智識及眾力，豈能勝苻堅邪㉗？今春雨已降，兵方四集，爾但安意攻城，勿遽走；糧食乏者，可見語，當出廩相貽。得所送劍刃，欲令我揮之爾身邪？」魏主大怒，作鐵床，於其上施鐵鑱㉘，曰：「破城得質，當坐之此上。」

質又與魏眾書曰：「爾語虜中諸士庶，佛狸所與書相待如此㉙，爾等正朔之民㉚，何為自取糜滅？豈可不知轉禍為福邪？」并寫臺格㉛以與之，云：「斬佛狸首，封萬戶侯，賜布絹各萬匹。」

魏人以鉤車鉤城樓，城內繫以彄絙㉜，數百人叫呼引之，車不能退；既夜，縋桶懸卒，出截其鉤，獲之。明旦，又以衝車攻城，城土堅密，每至，頹落不過數升㉝。魏人乃肉薄登城，分番相代，墜而復升，莫有退者，殺傷萬計，尸與城平。凡攻之三旬，不拔。會魏軍中多疾疫，或告以建康遣水軍自海入淮㉞，又敕彭城斷其歸路，二月，丙辰（初二日），魏主燒攻具，退走。盱眙人欲追之，沈璞曰：「今兵不多，雖可固守，不可出戰，但整舟楫，示若欲北渡者㉟，以速其走計，不須實行也。」臧質以璞城主，使之上露板㊱，璞固辭，歸功於質。上聞，益嘉之㊲。

魏師過彭城，江夏王義恭震懼不敢擊。或告虜驅南口萬餘，夕應宿安王陂，去城數十里，今追之，可悉得。諸將皆請行，義恭禁不許。明日，驛使至，上敕義恭悉力急追，魏師已遠，義恭乃遣鎮軍司馬檀和之向蕭城。魏人先已聞之，盡殺所驅者而去，程天祚逃歸㊳。

魏人凡破南兗、徐、兗、豫、青、冀六州㊴，殺傷不可勝計，丁壯者即加斬截，嬰兒貫於槊上，盤舞以為戲，所過郡縣，赤地無餘，春燕歸巢於林木㊵，魏之士馬死傷亦過半，國人皆尤之。

上每命將出師，常授以成律，交戰日時，亦待中詔，是以將帥趑趄㊶，莫敢自決，又江南白丁，輕易進退，此其所以敗也。自是邑里蕭條，元嘉之政衰矣！

癸酉（十九日），詔賑恤郡縣民遭寇者，蠲其稅調。甲戌（二十日），降太尉義恭為驃騎將軍，開府儀同三司。戊寅（二十四日），魏主濟河。辛巳（二十七日），降鎮軍將軍武陵王駿為北中郎將。壬午（二十八日），上如瓜步。是日，解嚴。

初，魏中書學生盧度世，玄之子也㊷，坐崔浩事亡命匿高陽鄭羆家㊸，吏囚羆子，掠治之。羆戒其子曰：「君子殺身成仁㊹，雖死不可言。」其子奉父命，吏以火爇其體，終不言而死。及魏主臨江，上遣殿上將軍㊺黃延年使於魏，魏主問曰：「盧度世亡命，已應至彼。」延年曰：「都下不聞有度世也。」魏主乃赦度世及其族逃亡籍沒者㊻，度世自出，魏主以為中書侍郎。【考異】宋柳元景傳：「元景從祖弟光世先留鄉里，索虜以為折衝將軍、河北太守，封西陵男。光世姊夫為司徒，崔浩，虜之相也。元嘉二十七年，虜主拓拔燾南寇汝潁，浩密有異圖，光世要河北義士與浩應接，謀泄，被誅，河東大姓坐連謀夷滅者甚眾，光世南奔得免，太祖以為振武將軍。」與魏事不同，今從魏書。度世為其弟娶鄭羆妹以報德。

三月，乙酉（朔），帝還宮。

己亥（十五日），魏主還平城。飲至㊼，告廟，以降民五萬餘家，分置近畿㊽。

初，魏主過彭城，遣人語城中曰：「食盡且去，須麥熟更來。」及期，江夏王義恭議欲芟麥翦苗，移民堡聚，鎮軍錄事參軍㊾王孝孫曰：「虜不能復來，既自可保；如其更至，此議亦不可立。百姓閉在內城，飢饉日久，方春之月，野採自資，一入保聚，餓死立至。民知必死，何可制邪？虜若必來，芟麥無晚。」四坐默然，莫之敢對。長史張暢曰：「孝孫之議，實有可尋㊿。」鎮軍府典籤董元嗣侍武陵王駿之側，進曰：「王錄事議不可奪。」別駕王子夏曰：「此論誠然。」暢斂板白駿㊿①曰：「下官欲命孝孫彈子夏㊿②。」駿曰：「王別駕有何事邪？」暢曰：「芟麥移民，可謂大議，一方安危，事繫於此。子夏親為州端㊿③，曾無同異，及聞元嗣之言，則懽笑酬答，阿意左右，何以事君？」子夏、元嗣皆大慙，義恭之議遂寢。

㈢初，魯宗之奔魏㊿④，其子軌為魏荊州刺史、襄陽公，鎮長社，常思南歸，以昔殺劉康祖及徐湛之父㊿⑤，故不敢來。軌卒，子爽襲父官爵，爽少有武幹，與弟秀皆有寵於魏主，既而兄弟各有罪，魏主詰責之(五六)，爽、秀懼誅，從魏主自瓜步還至湖陸，請曰：「奴與南有仇，每兵來，常恐禍及墳墓(五七)，乞共迎喪，還喪平城。」魏主許之。爽至長社，殺魏戍兵數百人，帥部曲及願從者千餘家奔汝南(五八)。

夏，四月，爽遣秀詣壽陽，奉書於南平王鑠以請降。上聞之，大喜，以爽為司州刺史，鎮義陽(五九)；秀為潁川太守(六〇)，【考異】宋略云，滎陽太守，今從宋書。餘弟、姪並授官爵，賞賜甚厚。魏人毀其墳墓。徐湛之以為廟筭遠圖，特所奬納，不敢苟申私怨，乞屏居田里，不許。

(四)青州民司馬順則自稱晉室近屬，聚眾號齊王，梁鄒戍主崔勳之詣州，五月乙酉（初二日），順則乘虛襲梁鄒城(六一)，又有沙門自稱司馬百年，亦聚眾號安定王以應之。

(五)壬寅（十九日），魏大赦。

(六)己巳（五月甲申朔，無己巳，當為丁巳之誤），以江夏王義恭領南兗州刺史，徙鎮盱眙，增督十二州諸軍事(六二)。

(七)戊申（二十五日），以尚書左僕射何尚之為尚書令，太子詹事徐湛之為僕射、護軍將軍(六三)。尚之以湛之國戚(六四)，任遇隆重，每事推之。詔湛之與尚之並受辭訴，尚之雖為令，而朝事悉歸湛之。

(八)六月壬戌（初八日），魏改元正平。

(九)魏主命太子少傅游雅、中書侍郎胡方回等更定律令，多所增損，凡三百九十一條。

(十)魏太子晃監國，頗信任左右，又營園田，收其利。高允諫曰：「天地無私，故能覆載；王者無私，故能容養。今殿下，國之儲貳，萬方所則，而營立私田，畜養雞犬，乃至酤販市廛，與民爭利(六五)，謗聲流布，不可追掩。夫天下者，殿下之天下，富有四海，何求而無？乃與販夫販婦競此尺寸之利乎？昔虢之將亡，神賜之土田(六六)，漢靈帝私立府藏(六七)，皆有顛覆之禍，前鑒若此，甚可畏也。武王愛周、邵、齊、畢，所以王天下(六八)，殷紂愛飛廉、惡來，所以喪其國(六九)。今東宮儁又不少，頃來侍御左右者，恐非在朝之選，願殿下斥去佞邪，親近忠良，所在田園，分給貧下，販賣之物，以時收散(七〇)，如此，則休聲日至，謗議可除矣！」不聽。

太子為政精察，而中常侍宗愛性險暴，多不法，太子惡之。給事中仇尼道盛(七一)、侍郎任平城(七二)有寵於太子，頗用事，皆與愛不協。愛恐為道盛等所糾，遂構告其罪，魏主怒，斬道盛等於都街(七三)，東宮官屬多坐死。帝怒甚，戊辰（十五日），太子以憂卒。【考異】宋索虜傳云：「燾至汝南瓜步，晃私遣取諸營鹵獲甚眾，燾歸，聞知，大加搜檢。晃懼，謀殺燾，燾乃詐死，使其近習召晃迎喪，於道執之。及國，罩以鐵籠，尋殺之。」蕭子顯齊書亦云：「晃謀殺佛狸見殺。」宋略曰：「燾既南侵，晃淫於內，謀欲殺燾，燾知之，歸而詐死，召晃迎喪。晃至，執之，罩以鐵籠，捶之三百，曳於叢棘以殺焉！」又索虜傳云：「晃弟秦王烏奕肝與晃對掌國事，晃疾之，訴其貪暴，燾鞭之二百，遣鎮枹罕。」此皆江南傳聞之誤，今從後魏書。壬申（十九日），葬金陵，謚曰景穆。帝徐知太子無罪，甚悔之。

(十一)秋，七月丁亥（初五日），魏主如陰山。

(十二)青、冀二州刺史蕭斌遣振武將軍劉武之等擊司馬順則、司馬百年，皆斬之。癸亥，梁鄒平(七四)。

(十三)蕭斌、王玄謨皆坐退敗免官。上問沈慶之曰：「斌欲斬玄謨，而卿止之，何也(七五)？」對曰：「諸將奔退，莫不懼罪，自歸而死，將至逃散，故止之。」

(十四)九月癸巳（十二日），魏主還平城。冬，十月庚申（初九日），復如陰山。

(七五)上遣使至魏，魏遣殿中將軍郎法祐來修好。

(七六)己巳（十八日），魏上黨靖王長孫道生卒。

(七七)十二月，丁丑（二十七日），魏主封景穆太子之子濬為高陽王，既而以皇孫世嫡，不當為藩王，乃止(七六)。時濬生四年，聰達過人，魏主愛之，常置左右。徙秦王翰為東平王，燕王譚為臨淮王，楚王建為廣陽王，吳王余為南安王(七七)。

帝使沈慶之徙彭城流民數千家於瓜步，征北參軍程天祚徙江西流民數千家於姑孰(七八)。

帝以吏部郎王僧綽為侍中。僧綽，曇首之子也(七九)，幼有大成之度，眾皆以國器許之。好學，有思理(八〇)，練悉朝典，尚帝女東陽獻公主，在吏部，諳悉人物，舉拔咸得其分(八一)。及為侍中，年二十九，沈深有局度(八二)，不以才能高人。帝頗以後事為念，以其年少，欲大相付託，朝政大小，皆與參焉！

帝之始親政事也，委任王華、王曇首、殷景仁、謝弘微、劉湛，次則范曄、沈演之、庾炳之，最後江湛、徐湛之、何瑀之㈢及僧綽，凡十二人。

㈩唐和入朝于魏，魏主厚禮之㈣。

【今註】㈠元嘉二十八年：是年六月，魏改元正平。㈡尹弘言於上曰，六夷如此必走：胡三省曰：「北兵欲退，慮南兵之追截，故舉火以示威。尹弘習知北人軍情，因言於上。自晉氏失馭，劉、石以來，始有六夷之名。」按六夷一辭亦當時漢人對異族之統稱，非確指某族而言。㈢胡誕世之反也：見上卷元嘉二十四年。㈣不逞之族：胡三省曰：「謂廢放之家，不得逞志於時者也。」㈤太子劭及武陵王駿、尚書左僕射何尚之屢啟宜早為之所：早為之所者，言及早部署以防亂於未萌也。武陵王駿時鎮彭城，蓋以信使馳臺城密為啟言也。㈥上乃遣中書舍人嚴龍齎藥賜義康死：王鳴盛論宋文帝君臣曰：「宋文帝一朝，君臣之間，不可解者甚多，徐羨之、傅亮、謝晦等廢昏立明，忠也，然少帝已幽於吳，文帝已立，可無後慮，即有慮，應讓文帝自為之，乃必弒少帝，何意？且並殺無過之廬陵王義真，又何意？其所以為文帝地者周矣，帝不以其立己為德而誅討之，正也，外有強敵而殺檀道濟，又何意？帝之為少帝、義真報讎，似能友愛矣，彭城王義康已流之廣州，仍不免賜死，又何意？此皆不可解者。江左之政，元嘉為美，不能保全謝靈運、范蔚宗，惜哉！」㈦佛教不許自殺：佛教謂自殺者不復得人身也。㈧江夏王義恭以碻磝不可守，召王玄謨還歷城：蕭斌使王玄謨戍碻磝，見上卷上年。㈨初，上聞魏將入寇，命廣陵太守劉懷之逆燒城府船乘：逆，迎也，先事豫為之調度也，如先敵之至而出戰曰逆戰，先事忖度曰逆料。敵未至而先燒，故曰逆燒。乘，車乘也。逆燒城府船乘，令敵至無所資給。㈩山陽太守：《宋書．州郡志》，晉安帝義熙中土斷，分廣陵郡射陽縣境上之地舊名山陽者立山陽郡及山陽縣，以其郡屬徐州。故治即今江蘇省淮安縣。⑪魏主怒，築長圍，一夕而合：《宋書．臧質傳》云：「虜築長圍，一夜便合，開攻道，趣城東北。」胡三省曰：「今盱眙縣北七里有長圍山。」⑫作浮橋於君山，絕水陸道：《宋書．臧質傳》曰：「虜又恐城內水路遁走，乃引大船，欲於軍山作浮橋以絕淮道，城內乘艦逆戰，大破之。明旦，賊更方舫為桁，桁上各嚴兵自衞，城內更擊，不能禦，遂於軍山立桁，水陸路並斷。」軍山即君山之別名，在今安徽省盱眙縣東北六里。⑬國人：鮮卑自謂其族人曰國人。⑭設使丁零死，正可減常山、趙郡賊：胡三省曰：「丁零自翟真叛慕容，皆投常山、趙郡界，阻山而居。」⑮胡死，減幷州賊：匈奴自後漢入居兩河，其種落遂蕃衍於幷州之境，與漢人雜處。⑯氐羌死，減關中賊：自苻、姚建國，氐羌之種，遂盛於關中。⑰卿若殺之，無所不利：言宋軍若殺丁零、匈奴、氐羌諸種，正所以為魏除害，於魏無所不利也。⑱省示，具悉姦懷：謂省來書所示，備悉其姦黠之懷也。悉，詳盡也。⑲爾自恃四足：胡三省曰：「恃四足，謂恃戎馬之足也。」按云四足者，語意雙關，亦嫚罵之辭。⑳王玄謨退於東，申坦散於西：胡三省曰：「按王玄謨自滑臺敗退，蕭斌使申坦據清口，戴延之所謂清口在壽張縣西界安民亭南，以水經注考之，其地不在滑臺之西，此當謂梁坦出上蔡之師，至虎牢潰散耳！」按《宋書・臧質傳》質答魏太武書本作王玄謨退於東，梁坦散於西，此作申坦誤也。㉑爾獨不聞童謠之言乎：時童謠云：「虜馬飲江水，佛狸死卯年。」㉒冥期使然，非復人事：質謂魏軍飲馬長江，蓋係天數，非關人事，而魏主大限將屆，亦非人力所能回。㉓寡人受命相滅：質自謂受命滅魏。胡三省曰：「古者諸侯自稱寡人，質自以當藩方之任，自稱寡人。」㉔期之白登，師行未遠，爾自送死，豈容復令爾生全，饗有桑乾哉：胡三省曰：「質言本期直指白登，師行至淮而逢魏兵，要當勦滅，不容令魏主生還，饗有桑乾之地也。此嫚書也，兩陣相向，惡聲至，必反之，毋庸以此為據。」白登，山名，魏之宗廟在焉！桑乾，魏之名川也，皆在平城左近。㉕我本不圖全：質自言存殉國之念，無貪生之志。㉖虀之粉之：細切薑蒜謂之虀，研碎米麥謂之粉，喻既欲以身殉國，雖萬死非所計也。㉗爾智識及眾力，豈能勝苻堅邪：謂苻堅以八十萬之眾，謀臣戰將雲集，尚潰師於肥水，何況魏乎！㉘鐵鑱：以鐵為銳刺曰鑱。㉙爾語虜中諸士庶，佛狸所與書相待如此：謂魏主遺質書言其兵鬪死，正可以減國中之賊，是魏主以賊待其國中諸士庶也。㉚爾等正朔之民：胡三省曰：「中原之民，本稟漢、晉正朔，故謂之正朔之民。」㉛臺格：謂宋臺所頒賞格也。㉜彄絙：彄，環也；絙，大索也。以環繫索，用以引車。㉝每至，頹落不過數升：謂衝車每薄城，城土之頹落者不過數升。㉞或告以建康遣水軍自海入淮：胡三省曰：「水軍自建康下江，自江出海，轉料角則入淮。」㉟示若欲北渡者：示魏軍若欲自盱眙渡淮而北以追邀其後者。㊱上露板：露板即露布，軍中捷書也。露板上聞，令遠近內外知其獲捷之狀。(三七)上聞，益嘉之：上已嘉璞之功，今又益嘉其讓也。(三八)程天祚逃歸：天祚為魏所擒見上卷元嘉二十六年。(三九)魏人凡破南兗、徐、兗、豫、青、冀六州：胡三省曰：「殘破六州之生聚耳！六州城守，未嘗失也。」余按魏師自河而南，歷經宋所置六州防地而宋人不能禦，遂登瓜步山以望臺城，故曰破六州也。(四〇)春燕歸巢於林木：燕本營巢於屋樑，今室廬焚蕩，燕無所歸，故築巢於林木。(四一)趑趄：遲疑不進貌。(四二)魏中書學生盧度世，玄之子也：魏太武帝徵盧玄為中書博士，見卷一百二十二元嘉八年。(四三)坐崔浩事亡命匿高陽鄭羆家：崔浩夷五族事見上卷元嘉二十七年，度世，玄之子，玄，浩之甥也，故為浩所坐。高陽縣，前漢屬涿郡，晉武帝泰始元年，析置高陽郡，江左僑省置。(四四)君子殺身成仁：《論語》載孔子之言。(四五)殿上將軍：晉志、宋志有殿中將軍，無殿上將軍。胡三省曰：「殿上將軍，當是宋所置。」(四六)乃赦度世及其族逃亡籍沒者：度世族人之逃亡而籍沒其家者，今並赦之。(四七)飲至：古時國君有朝會盟伐，既歸而飲於宗廟，謂之飲至。《左傳》曰：「凡公行告於廟，反行飲至、舍爵、策勳焉，禮也。」又曰：「三年而治兵，入而振旅，歸而飲至，以數軍實。」杜預注：「飲於廟，以數車徒器械及所獲也。」(四八)以降民五萬餘家，分置近畿：近畿，謂環平城千里，魏司、定等州之地也。(四九)錄事參軍：胡三省曰：「白氏六帖曰：『州主簿、郡督郵，並今錄事參軍。』」余按晉琅琊王睿都督揚州，以陳頵為錄事參軍，當時自別有州主簿、督郵之吏，亦猶存古，而錄事之職，掌正違失，涖符印。」(五〇)孝孫之議，實有可尋：《說文》曰：「尋，繹理也。」謂其議有卓見，可細加尋繹。(五一)暢斂板白駿：板即手板，笏也，朝會時所執，有事稟奏則書其上以備忘。徐廣曰：「笏即手板也，漢魏以來皆執手板，有事則插於紳間，故曰縉紳。」胡三省曰：「僚佐於府公之前斂板白事，崇敬也。」㉜下官欲命孝孫彈子夏：胡三省曰：「錄事參軍掌糾彈，故云然。」㉝子夏親為州端：別駕，州刺史之佐貳，居羣僚之右，故曰州端。㉞初，魯宗之奔魏：晉安帝義熙十一年，魯宗之自襄陽奔秦，十三年，秦亡，復奔魏，見卷一百十七、一百十八。㉟其子軌為魏荊州刺史、襄陽公，鎮長社，常思南歸，以昔殺劉康祖及徐湛之父：劉康祖父虔之，徐湛之父逵之皆為魯軌所殺，見一百卷十七義熙十一年。㊱爽少有武幹，與弟秀皆有寵於魏主，既而兄弟各有罪，魏主詰責之：《宋書・魯爽傳》，爽少有武藝，為魏太武帝所知，常置左右，軌卒，爽襲父官爵，幼染殊俗，無復華風，麤中使酒，數有過失；弟秀才力過爽，亦為魏太武帝所知，以充宿衛，魏主遣秀檢校鄴民，以病還遲，並為魏主所詰讓。㊲奴與南有仇，每兵來，常恐禍及墳墓：爽、秀自謂其父軌殺劉虔之、徐逵之，與南朝有仇怨也。爽父、祖累世鎮長社，其墳墓在焉！㊳爽至長社，殺魏戍兵數百人，帥部曲及願從者千餘家奔汝南：胡三省曰：「自長社至汝南不及三百里。」《宋書・魯爽傳》，時魏軍戍長社者六七百人，爽誘其三百騎往長社之南界，夜率腹心擊其餘虜，盡殺之，爽唯三弟在北，餘家屬悉自隨，帥部曲及願從者千餘家奔汝南。㊴以爽為司州刺史，鎮義陽：《宋書・魯爽傳》爽父軌鎮長社時，文帝屢遣使招納，許以為司州刺史，軌以昔殺劉康祖、徐湛之父，故不歸，今爽既歸，乃以為司州刺史也。《宋書・州郡志》曰：「司州刺史，漢之司隸校尉也。晉江左以來，淪沒戎寇，雖永和、太元，王化暫及，太和、隆安，還復湮陷。武帝北平關洛，河南底定，置司州刺史，治虎牢，領河南、滎陽、弘農實土三郡，河內、東京兆二僑郡。少帝景平初，司州復沒北虜，文帝元嘉末，僑立於汝南，尋亦省廢，明帝復於南豫州之義陽郡立司州，漸成實土焉！領義陽、隨陽、安陸、南汝南四郡。」(六〇)秀為潁川太守：胡三省曰：「帝蓋以秀兄弟自潁川來降，遂以潁川太守授秀。」(六一)梁鄒城：梁鄒縣，漢屬濟南郡，晉省，故城即今山東省鄒平縣，宋蓋置戍於此。(六二)以江夏王義恭領南兗州刺史，徙鎮盱眙，增督十二州諸軍事：按《宋書・武三王傳》，增督南兗、豫、徐、兗、青、冀、司、雍、秦、幽、并十一州，合原督揚、南徐二州為十三州。(六三)太子詹事徐湛之為僕射，護軍將軍：《晉書・職官志》僕射漢本置一人，漢獻帝建安四年以榮部為尚書左僕射，僕射分置左右，蓋自此始，經魏至晉迄於江左，省置無恆，置二則為左右僕射，或不兩置，但曰尚書僕射，令闕則左為省主，若左右並闕，則置尚書僕射以主左事。湛之蓋以尚書僕射領護軍將軍也。(六四)尚之以湛之國戚：湛之，帝姊會稽長公主之子，於帝為甥。(六五)乃至酤販市廛，與民爭利：《說文》曰：「廛，二畝半，一家之居也。」段玉裁曰：「古者在野曰廬，在邑曰廛，各二畝半。」《禮・王制》曰：「市，廛而不稅。」孔穎達曰：「市，廛而不稅者，廛謂公家邸舍，使商人停物於中，直稅其所舍之處，不稅其在市所賣之物。」江永曰：「廛是停儲貨物之舍，賣者買者皆有之，今時謂之棧房，賣者肆中不能容，則停貨物於廛，買者當時不能即運，又或儲之以待時鬻，亦須廛，此廛亦是官物，故當有稅。」按市、廛本為二義，後遂習以為連語，猶曰市肆也，如弱冠一詞，見〈曲禮〉：「二十曰弱，冠。」謂年二十曰弱，於禮可以冠矣，後人遂以弱冠為連語，曲釋體猶未壯，故曰弱冠，則異於古義矣！(六六)昔虢之將亡，神賜之土田：註見卷一百二十二元嘉十二年。(六七)漢靈帝私立府藏：事見卷五十七光和元年。(六八)武王愛周、邵、齊、畢，所以王天下：《史記・周本紀》，武王即位，太公望為師，周公旦為輔，召公、畢公之徒，左右王師，一戎衣而天下大定。(六九)殷紂愛飛廉、惡來，所以喪其國：《史記・秦本紀》，蜚廉生惡來，惡來有力，蜚廉善走，父子俱以才力事殷紂，讒毀諸侯，卒以喪國。蜚廉《孟子》作飛廉。(七〇)販賣之物，以時收散：胡三省曰：「收，謂收藏其物，散，謂散與貧民。一曰，以時收散者，言穫斂之時，民力可以賞稱逋負則收之，停滯居物，至民所欲得之時則散之。」余按以時猶及時，言宜及時收撤廛肆之設而以酤販之物散與貧民也。(七一)仇尼道盛：仇尼複姓，道盛其名。(七二)侍郎任平城：胡三省曰：「侍郎，即給事黃門侍郎。」(七三)都街：胡三省曰：「都街即都市。」余按都街，都邑之通衢也。(七四)癸亥，梁鄒平：七月癸未朔，無癸亥，《宋書・文帝紀》在八月，八月癸丑朔，癸亥十一日，《通鑑》脫八月二字。(七五)斌欲斬王玄謨，而卿止之，何也：沈慶之諫蕭斌斬王玄謨事見上卷上年。(七六)魏主封景穆太子之子濬為高陽王，既而以皇孫世嫡，不當為藩王，乃止：不以為藩王者，蓋欲立為皇儲。(七七)徙秦王翰為東平王，燕王譚為臨淮王，楚王建為廣陽王，吳王余為南安王：胡三省曰：「翰等皆魏主子，以國王徙封郡王，當考。」秦、燕、楚、吳皆戰國以前諸國舊稱，於爵為貴，東平、臨淮、廣陽、南安皆秦漢以來所設諸郡，於爵為次。(七八)帝使沈慶之徙彭城流民數千家於瓜步，征北參軍程天祚徙江西流民數千家於姑熟：胡三省曰：「彭城、江西流民，皆避魏寇而南者。」江西即江北，亦即江右。於江東而言曰江西，於江南而言曰江北，於江左而言則曰江右也。(一九)僧綽，曇首之子也：王曇首輔政於元嘉之初，為文帝所寵任。(二〇)有思理：猶曰有思致，言其思想邃遠有文致也。(二一)舉拔咸得其分：言所薦舉拔擢，咸得其當。(二二)局度：謂器量也。胡三省曰：「有局則能處事，有度則能容物。」《後漢書・袁紹傳》云：「紹外寬雅有局度，憂喜不形於色。」(二三)何瑀之：胡三省曰：「何瑀之恐當作何尚之。」(二四)唐和入朝于魏，魏主厚禮之：胡三省曰：「唐和鎮焉耆，有撫安西域之功，故厚禮之。」

二十九年㊀（西元四五二年）

㈠春，正月，魏所得宋民五千餘家在中山者謀叛，州軍討誅之㊁。冀州刺史張掖王沮渠萬年坐與叛者通謀，賜死。

㈡魏世祖追悼景穆太子不已，中常侍宗愛懼誅，二月，甲寅（初五日），弒帝㊂。【考異】宋書作庚申，今從魏書。尚書左僕射蘭延㊃、侍中和疋、薛提等，祕不發喪。疋以皇孫濬沖幼，欲立長君，徵秦王翰，置之祕室㊄，提以濬嫡皇孫，不可廢，議久不決。宗愛知之，自以得罪於景穆太子，而素惡秦王翰，善南安王余，乃密迎余，自中宮便門入禁中，矯稱赫連皇后㊅令，召延等，延等以愛素賤，不以為疑，皆隨入。愛先使宦者三十人持兵伏於禁中，延等入，以次收縛，斬之。殺秦王翰於永巷而立余。大赦，改元承平㈦。尊皇后為皇太后，以愛為大司馬，大將軍，太師，都督中外諸軍事，領中祕書，封馮翊王。

㈢庚午（二十一日），立皇子休仁為建安王。

㈣三月辛卯（十三日），魏葬太武皇帝于金陵㈧，廟號世祖。

㈤上聞魏世祖殂，更謀北伐，魯爽等復勸之。上訪於羣臣，太子中庶子何偃以為淮、泗數州㈨，瘡痍未復，不宜輕動，上不從。偃，尚之之子也。

夏，五月，丙申（十九日），詔曰：「虐虜窮凶，著於自昔，未勞資斧，已伏天誅，拯溺蕩穢，今其會也。可符驃騎、司空二府㈩，各部分所統，東西應接。歸義建績者，隨勞酬獎。」於是遣撫軍將軍蕭思話督冀州刺史張永等向碻磝，魯爽、魯秀、程天祚將荊州甲士四萬出許、洛⑪，雍州刺史臧質帥所領趣潼關。【考異】索虜徐爰、張永傳，並云王玄謨亦北伐，玄謨傳中不曾行，蓋脫誤。魏紀載六月劉義隆將檀和之寇濟州，梁坦及魯安生軍于京索，龐萌、薛安都寇恒農，都不言蕭思話等，而宋紀亦無此數人者，至七月，云韓元興討之，和之退，梁坦、安生亦走，不言思話之歸。宋略有臧質遣柳元景銜蒲阪，元景傳亦有之，今從宋書、宋略。永，茂度之子也⑫。

沈慶之固諫北伐，上以其異議，不使行。

青州刺史劉興祖上言，以為：「河南阻飢⑬，野無所掠，脫諸城固守，非旬月可拔。稽留大眾，轉輸方勞，應機乘勢，事存急速。今偽帥始死，兼逼暑時，國內猜擾，不暇遠赴，愚謂宜長驅中山，據其關要⑭，冀州以北，民人尚豐，兼麥已向熟，因資為易⑮，嚮義之徒，必應響赴。若中州震動，黃河以南自當消潰。臣請發青、冀七千兵，遣將領之，直入其心腹。若前驅克勝，張永及河南眾軍，宜一時濟河，使聲實兼舉⑯，並建司牧，撫柔初附，西拒太行，北塞軍都⑰，因事指揮，隨宜加授⑱，畏威欣寵，人百其懷⑲。若能成功，清壹可待⑳；若不克捷，不為大傷。並催促裝束，伏聽敕旨。」上意止存河南，亦不從。

上又使員外散騎侍郎琅邪徐爰隨軍向碻磝，銜中旨，授諸將方略，臨時宣示。

㈥尚書令何尚之以老，請置仕，退居方山㉑。議者咸謂尚之不能固志。既而詔書敦諭者數四，六月戊申朔，尚之復起視事。御史中丞袁淑錄自古隱士有迹無名者為真隱傳以嗤之㉒。

㈦秋，七月，張永等至碻磝，引兵圍之。【考異】宋略七月壬辰，永師及碻磝下，又有乙酉、壬辰。按長曆，此月丁丑朔，四日庚辰，六日壬午，十六日壬辰，疑永以庚辰壬午至碻磝，非壬辰也。

㈧壬辰（十六日），徙汝陰王渾為武昌王，淮陽王彧為湘東王。

㈨初，潘淑妃生始興王濬㉓，【考異】太子劭傳云：「濬母卒，使潘淑妃養之。」濬傳及宋九王傳皆云：「濬實潘子，南史亦云淑妃養為子。」淑妃愛濬，濬心不附。今從濬本傳。元皇后性妬，以淑妃有寵於上，恚恨而殂㉔。淑妃專總內政，由是太子劭深惡淑妃及濬。濬懼為將來之禍，乃曲意事劭，劭更與之善。

吳興巫嚴道育㉕，自言能辟穀服食，役使鬼物，因東陽公主婢王鸚鵡，出入主家。道育謂主曰：「神將有符賜主。」主夜臥，見流光若螢，飛入書笥㉖，開視，得二青珠，由是主與劭、濬皆信惑之。劭、濬並多過失，數為上所詰責，使道育祈請，欲令過不上聞。道育曰：「我已為上天陳請，必不泄露。」劭等敬事之，號曰天師。其後，遂與道育、鸚鵡及東陽主奴陳天與、黃門陳慶國共為巫蠱，琢玉為上形像，埋於合章殿前。劭補天與為隊主。東陽主卒，鸚鵡應出嫁，劭、濬恐語泄㉗，濬府佐吳興沈懷遠素為濬所厚，以鸚鵡嫁之為妾。上聞天與領隊，以讓劭曰：「汝所用隊主、副，並是奴邪？」劭懼，以書告濬，濬復書曰：「彼人若所為不已，正可促其餘命，或是大慶之漸耳㉘！」劭、濬相與往來書疏，常謂上為彼人，或曰其人，謂江夏王義恭為佞人。鸚鵡先與天與私通，既適懷遠，恐事泄，白劭使密殺之㉙。陳慶國懼曰：「巫蠱事惟我與天與宣傳往來，今天與死，我其危哉！」乃具以其事白上。上大驚，即遣收鸚鵡，封籍其家，得劭、濬書數百紙，皆呪咀巫蠱之言；又得所埋玉人，命有司窮治其事。道育亡命，捕之不獲。

先是濬自揚州出鎮京口㉚，及廬陵王紹以疾解揚州，意謂己必復得之㉛，既而上用南譙王義宣，濬殊不樂，乃求鎮江陵㉜，上許之。濬入朝，遣還京口為行留處分，至京口數日而巫蠱事發。上惋歎彌日，謂潘淑妃曰：「太子圖富貴，更是一理，虎頭㉝復如此，非復思慮所及！汝母子豈可一日無我耶㉔？」遣中使切責劭、濬，劭、濬惶懼無辭，惟陳謝而已。上雖怒甚，猶未忍罪也。

㈩諸軍攻碻磝，治三攻道，張永等當東道，濟南太守申坦等當西道，揚武司馬崔訓當南道。攻之累旬，不拔㉕。八月辛亥（初五日），夜，魏人自地道潛出，燒崔訓營及攻具。癸丑（初七日），夜，又燒東圍及攻具，尋復毀崔訓攻道。張永夜撤圍退軍，不告諸將，士卒驚擾，魏人乘之，死傷塗地。

蕭思話自往，增兵力攻，旬餘不拔。是時青、徐不稔，軍食乏。丁卯（二十一日），思話命諸軍皆退屯歷城，斬崔訓，繫張永、申坦於獄。魯爽至長社，魏戍主禿髠幡棄城走㉖。臧質頓兵近郊，不以時發㉗，獨遣冠軍司馬柳元景㉘帥後軍行參軍薛安都等進據洪關。梁州刺史劉秀之遣司馬馬汪與左軍中兵參軍蕭道成將兵向長安。道成，承之之子也㊵。

魏冠軍將軍封禮，自涅津南渡赴弘農㊶。九月，司空高平公兒烏于屯潼關，平南將軍黎公遼屯河內。

㈩吐谷渾王慕利延卒，樹洛干之子拾寅立㊸，始居伏羅川㊹，遣使來請命，亦請命于魏。丁亥（十一日），以拾寅為安西將軍，西秦、河、沙三州刺史，河南王；魏以拾寅為鎮西大將軍，沙州刺史，西平王。

㈪庚寅（十四日），魯爽與魏豫州刺史拓拔僕蘭戰于大索㊺，破之。進攻虎牢。聞碻磝敗退，與柳元景皆引兵還。

蕭道成、馬汪等聞魏救兵將至，還趣仇池。

己丑（十二日），詔解蕭思話徐州，更領冀州刺史，鎮歷城㊻。

上以諸將屢出無功，不可專責張永等，賜思話詔曰：「虜既乘利，方向盛冬，若脫敢送死，兄弟父子自共當之耳㊼！言及增憤，可以示張永、申坦㊽。」又與江夏王義恭書曰：「早知諸將輩如此，恨不以白刃驅之。今者悔何所及？」義恭尋奏免思話官，從之。

㈫魏南安隱王余自以違次而立㊾，厚賜羣下，欲以收眾心，旬月之間，府藏虛竭；又好酣飲及聲樂、畋獵，不恤政事。宗愛為宰相，錄三省㊿，總宿衞，坐召公卿，專恣日甚。余患之，謀奪其權。愛憤怒，冬，十月，丙午朔，余夜祭東廟(五〇)，愛使小黃門賈周等就弒余而祕之(五一)，惟羽林郎中代人劉尼知之(五二)。尼勸愛立皇孫濬，愛驚曰：「君大癡人！皇孫若立，豈忘正平時事乎(五三)？」尼曰：「若爾，今當立誰？」愛曰：「待還宮，當擇諸王賢者立之。」尼恐愛為變，密以狀告殿中尚書源賀，賀時與尼俱典兵宿衞，乃與南部尚書陸麗謀，曰：「宗愛既立南安，還復殺之，今又不立皇孫，將不利於社稷。」遂與麗定謀，共立皇孫。麗，俟之子也(五四)。戊申（初三日），賀與尚書長孫渴侯嚴兵守衞宮禁，使尼、麗迎皇孫於苑中(五五)。麗抱皇孫於馬上，入平城，賀、渴侯開門納之。尼馳還東廟，大呼曰：「宗愛弒南安王，大逆不道。皇孫已登大位，有詔宿衞之士皆還宮。」衆咸呼萬歲，遂執宗愛、賈周等，勒兵而入，奉皇孫即皇帝位(五六)，登永安殿(五七)，大赦，改元興安。**【考異】**宋索虜傳：「燾以烏弈肝有武略，用以為太子，會燾死，使嬖人宗愛立可博真為後。宗愛、博真恐為弈肝所危，矯殺之而自立，號年承平。博真懦弱，不為國人所附，晃子濬字烏雷直勤，素為燾所愛，燕王謂國人曰：『博真非正，不宜立，直勤嫡孫，應立耳！』乃殺博真及宗愛而立濬為主，號年正平。」與後魏書不同，又云在二十八年，皆宋書之誤也。殺愛、周，皆具五刑，夷三族。

(十四)西陽五水羣蠻反(五八)。自淮汝至于江沔，咸被其患(五九)，詔太尉中兵參軍沈慶之督江、豫、荊、雍四州兵討之。

(十五)魏以驃騎大將軍拓拔壽樂為太宰，都督中外諸軍，錄尚書事，長孫渴侯為尚書令，加儀同三司。十一月，壽樂、渴侯坐爭權，並賜死。

(十六)癸未（初八日），魏廣陽簡王建、臨淮宣王譚皆卒。

(十七)甲申（初九日），魏主母閭氏(六〇)卒。

(十八)魏南安王余之立也，以古弼為司徒，張黎為太尉。及高宗立，弼、黎議不合旨，黜為外都大官，坐有怨言，且家人告其為巫蠱，皆被誅(六一)。

(十九)壬寅（二十七日），廬陵昭王紹卒。

(廿)魏追尊景穆太子為景穆皇帝，皇妣閭氏為恭皇后，尊乳母常氏為保太后。

(廿一)隴西屠各王景文叛魏，署置王侯，魏統萬鎮將南陽王惠壽、外都大官于洛拔督四州之眾討平之。徙其黨三千餘家於趙、魏(六二)。

(七二)十二月戊申（初四日），魏葬恭皇后于金陵〔六三〕。

(七三)魏世祖晚年，佛禁稍弛〔六四〕，民間往往有私習者。及高宗即位，羣臣多請復之，乙卯（十一日），詔州郡縣眾居之所，各聽建佛圖〔六五〕一區，民欲為沙門者，聽出家〔六六〕，大州五十人，小州四十人。於是鄉所毀佛圖，率皆修復。魏主親為沙門師賢等五人下髮〔六七〕，以師賢為道人統〔六八〕。

(七四)丁巳（十三日），魏以樂陵王周忸為太尉，南部尚書陸麗為司徒，鎮西將軍杜元寶為司空。

麗以迎立之功，受心膂之寄，朝臣無出其右者，賜爵平原王，麗辭曰：「陛下，國之正統〔六九〕，當承基緒。效順奉迎，臣子常職，不敢慆天之功〔七〇〕，以干大賞。」再三不受，魏主不許。麗曰：「臣父奉事先朝，忠勤著效。今年逼桑榆〔七一〕，願以臣爵授之。」帝曰：「朕為天下主，豈不能使卿父子為二王邪？」戊午（十四日），又進其父建業公俟爵為東平王。【考異】魏紀曰戊申，按上有丁巳，下有癸亥，不當中有戊申，蓋戊午，字誤耳。又命麗妻為妃，復其子孫。麗力辭不受，帝益嘉之。

以東安公劉尼為尚書僕射，西平公源賀為征北將軍，並進爵為王。帝班賜羣臣，謂源賀曰：「卿任意取之。」賀辭曰：「南北未賓，府庫不可虛也(七二)。」固與之，乃取戎馬一匹(七三)。高宗之立也，高允預其謀，陸麗等皆受重賞而不及允，允終身不言。

甲子（二十日），周忸坐事賜死。時魏法深峻，源賀奏謀反之家，男子十三以下，本不預謀者，宜免死沒官，從之。

(二五)江夏義恭還朝(七四)。辛未（二十七日），以義恭為大將軍，南徐州刺史(七五)，錄尚書如故。

(二六)初，魏入中原(七六)，用景初曆(七七)，世祖克沮渠氏(七八)，得趙𢾺玄始曆(七九)，時人以為密，是歲始行之。

【今註】㊀元嘉二十九年：是年正月，魏改元永平，十月，魏文成帝立，改元興安。㊁魏所得宋民五千餘家在中山者謀叛，州軍討誅之：去年魏徙宋降民五萬餘家分置近畿諸郡。魏中山郡屬定州，州軍，謂定州之軍也。㊂二月甲寅，弒帝：《魏書・帝紀》時年四十五，諡曰太武皇帝。㊃尚書左僕射蘭延：《魏書・官氏志》北方諸部有烏洛蘭氏，後改為蘭氏。㊄疋以皇孫濬幼沖，欲立長君，徵秦王翰，置之秘室：秘室，密室也。疋徵翰，蓋欲立之。翰時降封東平王，見上年，此作秦王，蓋因《魏書・閹官傳》之誤。㊅赫連皇后：後，夏主勃勃之女也。㊆改元承平：按《魏書・太武帝紀》當作永平。㊇魏葬太武皇帝于金陵：按《魏書・太武帝紀》，金陵在雲中。㊈淮泗數州：胡三省曰：「淮泗數州，謂青、冀、徐、兗、司、豫也。」㊉可符驃騎、司空二府：驃騎將軍江夏王義恭時鎮盱眙，司空南譙王義宣時鎮江陵。⑪魯爽、魯秀、程天祚將荊州甲士四萬出許、洛：《宋書・魯爽傳》天祚以去年助戍彭城，為魏所獲，魏主愛之，引置左右，常勸爽弟秀南歸，迨魏主北還，天祚乘其沈醉南奔，至是與爽、秀並將。⑫永，茂度之子也：張永，裕之子也，裕字茂度，避武帝諱，以字行。⑬阻饑：《書・舜典》曰：「黎民阻饑。」孔安國曰：「阻，難也。」⑭愚謂宜長驅中山，據其關要：胡三省曰：「自中山至代，有倒馬關、飛狐關。」⑮兼麥已向熟，因資為易：言北方麥已向熟，易於因敵取資也。⑯宜一時濟河，使聲實兼舉：以虛勢威敵曰聲，加之以兵曰實。《漢書》韓信曰：「兵故有先聲而後實者。」庾信慕容寧碑：「運長擊短，後實先聲。」⑰西拒太行，北塞軍都：胡三省曰：「欲因山險置兵以苞舉相、定、幽、冀之地。」軍都，山名，在今河北省昌平縣西北，層巒疊嶂，奇險天開，《新唐書・地理志》以為即居庸關也，為古太行八陘之一。按《漢書・地理志》軍都、居庸二縣，各有關，是軍都、居庸初各自為關名也，其後軍都關、縣俱省，遂以居庸概之矣！⑱隨宜加授：胡三省曰：「加授，謂仕於魏有官者加其官，未有官而能聚眾以應宋師者先授之以官。」⑲畏威欣寵，八百其懷：謂中原之民畏威欣寵之情，將百倍於常時。攻無不克，戰無不取則民畏其威；因事指揮，隨宜加授則民欣其寵。⑳清壹可待：肅清寇氛，混壹寰宇之功，可指日而待也。㉑方山：胡三省曰：「方山在建康東北，有方山埭，截淮立埭於山南。曰方山者，山形方如印。」《元和志》曰：「秦鑿金陵以斷其勢，方山是所鑿之地也，三國吳使陳勳於方山立埭，號方山埭。」埭，壅水之堰也。方山一名天印山，秦淮水經其下，晉元帝時張闓自至方山以迎賀循。山在今江蘇省江寧縣東南。㉒御史中丞袁淑錄自古隱士有迹無名者為真隱傳以嗤之：胡三省曰：「有迹無名，如晨門、荷蕢、荷蓧、野王二老，漢陰丈人之類。」隱士蓋欲埋名以避世，故真隱者世多不知其名，尚之不能固志，蓋欲藉退隱以市名，故袁淑作真隱傳以嗤之。㉓潘淑妃生始興王濬：王鳴盛曰：「宋文帝諸子傳云：『潘淑妃生始王興濬。』案濬母卒，潘淑妃母之，非親生，此誤。通鑑一百二十六卷亦云潘淑妃生始興王濬，考異曰：『太子劭傳云，濬母卒，使潘淑妃養之，濬傳及宋九王傳皆云濬實潘子，今從濬本傳。』愚謂劭謂濬曰：『潘淑妃遂為亂兵所害。』濬曰：『此是下情由來所願。』濬雖悖逆，但禽獸不知父猶知母，濬當猶可及禽獸，似非親生之母。」㉔元皇后性妬，以淑妃有寵於上，恚恨而殂：袁皇后，太子劭之母也，殂於元嘉十七年，謚曰元。此史追述其事。㉕吳興巫嚴道育：女曰巫，男曰覡。宋書二凶傳，道育夫為劫，坐沒奚官。㉖書笥：盛書之篋也，以竹為之。㉗劭、濬恐語泄：恐巫蠱之語泄。㉘劭懼，以書告濬，濬復書曰，彼人若所為不已，正可促其餘命，或是大慶之漸耳：濬云若詰責不已，正可行弒逆之事，帝崩而劭嗣，故曰大慶之漸也。胡三省曰：「據此則弒逆之謀，濬實啟之，劭在都，濬在京口，故以書往來。詳察書意，則劭、濬逆謀豈一朝一夕之故？其所由來者漸矣！此書乃贊決其逆謀，非啓之也。」㉙恐事泄，白劭使密殺之：鸚鵡慮與天與私通之事泄，白劭使殺天與。㉚先是濬自揚州出鎮京口：胡三省曰：「十八年，濬為揚州刺史，出鎮京口，史逸其事。」余按《宋書・文帝紀》元嘉二十六年十月，以中軍將軍揚州刺史始興王濬為征北將軍、開府儀同三司，南徐、兗二州刺史，以南徐州刺史廬陵王紹為揚州刺史。南徐州時治京口，濬出鎮京口蓋在是年也。㉛及廬陵王紹解揚州，意謂已必復得之：廬陵王紹，文帝第五子，出繼廬陵王義真後。按《宋書・帝紀》，是年十一月壬寅，揚州刺史廬陵王紹薨，則紹似係薨于揚州任內也；又按〈武三王傳〉，二十九年，紹以疾患解職，其年薨，則又解職在薨前，但不知解職在何月。㉜既而上用南譙王義宣，濬殊不樂，乃求鎮江陵：胡三省曰：「濬求代義宣鎮江陵，然義宣未及離江陵，濬自京口至都，則弒逆之禍發矣！」㉝虎頭：濬小字。㉞汝母子豈可一日無我耶：帝自謂一日不諱，則潘淑妃及濬將為太子劭所殺。㉟諸軍攻碻磝，治三攻道，張永等當東道，濟南太守申坦等當西道，揚武司馬崔訓當南道，攻之累旬，不拔：胡三省曰：「自帝經略河南，到彥之出師，四鎮皆斂戍北去，王玄謨之出師，碻磝望風而下，滑臺則堅壁矣，今之出師，碻磝亦固守以抗張永等，魏人固習知宋人之情態，以為無能為也。」㊱魯爽至長社，魏戍主禿髮幡棄城走：禿髮幡按《宋書・魯爽傳》當作禿髮幡。禿髮，虜姓也。爽父子兄弟累世鎮長社，今以宋兵來，聲勢既盛，禿髮幡恐長社民應之，故不敢守而走。㊲臧質頓兵近郊，不以時發：質以冠軍將軍領雍州刺史鎮襄陽，近郊者，襄陽之近郊也。凡邑外皆謂之郊，《國策・齊策》曰：「軍於邯鄲之郊。」高誘注：「郊，境也。」胡三省引杜子春《周禮》注：「五十里為近郊，百里為遠郊。」郝懿行《爾雅義疏》云：「說文云：『距國百里為郊。』此據王畿千里而言，設百里之國，則十里為郊矣！郊有遠近，以國為差。」郝、高二說義同。㊳冠軍司馬柳元景：臧質為冠軍將軍，以元景為司馬。㊴洪關：《水經注》曰：「河水自河北城南東逕芮城，又東逕湖縣故城北，又東合柏谷水，又東，右合門水。門水即洛水之枝流也。洛水自上洛縣東北，於拒陽城西北，分為二水，枝渠東北出為門水也。門水又東北歷陽華之山，又東北歷峽，謂之鴻關水，水東有城，即關亭也；水西有堡，謂之鴻關堡。按上洛有鴻臚園池，是水津渠沿注，故謂斯川為鴻臚澗，鴻關之名，乃起是矣！」洪關即《水經注》之鴻關，臧質自襄陽西北趣潼關，必先據此。故關在今河南省靈寶縣西南。㊵道成，承之之子也：蕭道成即齊高帝。蕭承之有復漢中之功，見卷一百二十二元嘉十年。㊶魏冠軍將軍封禮自洹津南渡赴弘農：《水經注》曰：「門水自鴻關東北流，又北逕弘農縣故城東，城即故函谷關校尉舊治處也，其水側城北流而注於河，河水於此有洹津之名。」洹津在今河南省靈寶縣西北黃河津濟處，唐嘗置洹津關於此，尋廢。㊷兒烏：兒姓，烏名。《魏書・官氏志》內入諸姓有賀兒氏，後改為兒氏。㊸樹洛干之子拾寅立，始居伏羅川：樹洛干，慕利延之長兄，卒於晉安帝義熙十三年。胡三省曰：「居伏羅川，猶未敢遠離白蘭之險也。」㊹大索：大索城，《左傳》之索氏也。杜預曰：「成皋東有大索亭。」《括地志》曰：「今滎陽縣即大索城，又有小索城，在縣北四里。」古大索城即今河南省滎陽縣。㊺己丑，詔解蕭思話徐州，更領冀州刺史，鎮歷城：按九月丁丑朔，己丑十三日，庚寅十四日，此條當系庚寅前。㊻兄弟父子自共當之耳：帝謂諸將不可任，虜若來，當自將當其鋒耳！㊼言及增憤，可以示張永、申坦：帝謂諸將屢敗，每言及此，輒增憤惋。帝使思話以詔示永、坦，欲赦其罪，並以激厲之也。㊽魏南安隱王余自以違次而立：余以少弟越諸兄而立，是違次也。余既為宗愛所弒，謚曰隱。㊾宗愛為宰相，錄三省：胡三省曰：「魏蓋以尚書、侍中、中秘書為三省，猶今以尚書、門下、中書為三省也。」㊿余夜祭東廟：胡三省曰：「魏書明元帝永興四年，立太祖道武廟於白登山，歲一祭，具太牢，無常月，又於白登山西太祖舊遊之處，立昭成廟，常以九月、十月之交，帝親祭，牲用馬、牛、羊。白登在平城東，故曰東廟。」魏明元立廟白登山見《魏書・禮志》。(51)愛使小黃門賈周等就弒余而秘之：余以是年二月為愛所立，至是未及朞年而殂。(52)惟羽林郎中代人劉尼知之：胡三省曰：「羽林郎，自漢以來有之。漢羽林郎秩三百石，郎中可以概推矣！魏以劉尼為羽林郎中，與殿中尚書俱典兵宿衞，其則位任蓋重於漢朝也。」(53)皇孫若立，豈忘正平時事乎：皇孫濬，景穆太子之子，魏太武帝正平元年，即宋元嘉二十八年也，愛構陷太子官屬，多坐死，太子以憂卒，故愛云然。(54)麗，侯之子也：陸侯有智略，仕太武帝，威行北鎮，功著關中。(55)使尼、麗迎皇孫於苑中：胡三省曰：「魏都平城，有鹿苑。」《水經注》羊水出平城縣之西苑外武州塞，北出東轉，逕燕昌城南，東注於如渾水。如渾水出涼城旋鴻縣西南五十餘里，東南流會羊水，又南至靈泉池，又南逕北宮下，又南，分為二水，一水西出南屈，入平城北苑中。(56)奉皇孫即皇帝位：帝諱濬，太武皇帝之嫡孫，景穆太子之長子，即位後，是為北魏文成帝。(57)登永安殿：《魏書・太武帝紀》始光二年，營故東宮為萬壽宮，起永安、安樂二殿、臨望觀、九華堂。(58)西陽五水羣蠻反：《水經》曰：「蘄水出江夏蘄春縣北山，南過其縣西，又南至蘄口，南入於江。」注曰：「水首受希水枝津，西南流，歷蘄山，出蠻中，故以此蠻為五水蠻。五水謂巴水、希水、赤亭水、西歸水，蘄水其一焉！蠻左憑居，阻藉山川，世為抄暴，宋世沈慶之於西陽上下，誅伐蠻夷，即五水蠻也。」(59)自淮汝至於江沔，咸被其患：《宋書・夷蠻傳》曰：「西陽有巴水、蘄水、希水、赤亭水、西歸水，謂之五水蠻，所在深阻，種落熾盛，歷世為盜賊，北接淮汝，南極江漢，地方數千里。」(60)魏主母閭氏：按《魏書・皇后傳》，魏文成帝母追謚景穆恭皇后，姓郁久閭氏，河東王毗之妹也。(61)及高宗立，弼、黎議不合旨，黜為外都大官，坐有怨言，且家人告其為巫蠱，皆被誅：胡三省曰：「古弼、張黎，魏世祖之所親任者也，宗愛弒逆，不能聲討其罪而誅之，南安之立，首居公位，雖不為巫蠱，罪固不容於死矣！」(62)隴西屠各王景文叛魏，署置王侯，魏統萬鎮將南陽王惠壽、外都大官于洛拔督四州之眾討平之，徙其黨三千餘家於趙魏：胡三省曰：「四州，謂秦、雍、河、涼。此言趙、魏，戰國時趙、魏大界也。」(63)魏葬恭皇后于金陵：雲中之金陵。(64)魏世祖晚年，佛禁稍弛：魏太武帝禁佛，見卷一百二十四元嘉二十三年。(65)佛圖：胡三省曰：「佛圖即浮屠，或曰，佛圖即佛寺。」按胡注之浮屠，即佛陀之異譯，亦作浮圖，又作浮屠，簡稱曰佛。《後漢書・西域傳》：「修浮圖道。」章懷曰：「浮圖即佛也。」〈楚王英傳〉：「晚節更喜黃老，學為浮屠齋戒祭祀。」浮圖即佛也。又佛圖、浮圖又為塔之音譯，此言各聽建佛圖，則佛圖謂塔也。(六六)民欲為沙門者，聽出家：胡三省曰：「捨俗為僧，謂之出家。」按沙門亦梵語之音譯，出家修道者之稱，亦即僧也。《阿含經》云：「捨離恩愛，出家修道，攝御諸根，不染外欲，慈心一切，無所傷害，遇樂不欣，逢苦不戚，能忍如地，故名沙門。」(六七)下髮：剃髮也。(六八)以師賢為道人統：《魏書・釋老志》曰：「沙門師賢，本罽賓國王種人，少入道，東遊涼城，涼平，赴京。罷佛法時，師賢假為醫術還俗而守道不改。於修復日，即反沙門為道人統。和平初，師賢卒，曇曜代之，更名沙門統。」涼城即涼都姑臧也，京謂魏都平城。胡三省曰：「道人統，猶宋之都僧錄，北人謂之僧總攝。」(六九)陛下，國之正統：帝，景穆之長子，太武帝之嫡孫，故曰國之正統。(七〇)慆天之功：胡三省曰：「慆義與叨同，貪也。」(七一)今年逼桑榆：謂年在晚景也。日將夕，在桑榆間，故以為喻。(七二)南北未賓，府庫不可虛也：魏南有宋，北有柔然，俱與魏為敵國，未賓服也。府庫所以供軍國之用，不可虛於賞賜也。(七三)乃取戎馬一匹：胡三省曰：「示欲宣力於邊垂。」(七四)江夏王義恭還朝：義恭時鎮盱眙，蓋自盱眙還也。(七五)以義恭為大將軍，南徐州刺史：時始興王濬以征北將軍領南徐、兗二州刺史，鎮京口，此蓋欲以義恭代濬也。(七六)初，魏入中原：晉安帝隆安二年，魏克中山，始入中原。(七七)用景初曆：景初曆，三國魏楊偉所造，頒行於魏明帝景初元年，故曰景初曆。(七八)世祖克沮渠氏：事見卷一百二十三元嘉十六年。(七九)得趙敺玄始曆：元嘉十四年，沮渠牧犍遣使詣建康獻雜書及趙敺所撰甲寅元曆，見卷一百二十三。

卷一百二十七　宋紀九

司馬光編集
林瑞翰　註

昭陽大荒落，一年。（癸巳，西元四五三年）

太祖文皇帝下之下

元嘉三十年（西元四五三年）

㈠春，正月戊寅（初四日），以南譙王義宣為司徒、揚州刺史㊀。

㈡蕭道成等帥氐羌攻魏武都，魏高平鎮將苟莫于將突騎二千救之，道成等引還南鄭㊁。

㈢壬午（初八日），以征北將軍始興王濬為荊州刺史。帝怒未解，故濬久留京口，既除荊州，乃聽入朝。

㈣戊子（十四日），詔江州刺史武陵王駿統諸軍討西陽蠻，軍于五洲㊂。

㈤嚴道育之亡命也㊃，上分遣使者搜捕甚急。道育變服為尼，匿於東宮，又隨始興王濬至京口，或出止民張旿家。濬入朝，復載還東宮，欲與俱往江陵。丁巳（二月十四日），上臨軒，濬入受拜㊄。是日，有告道育在張旿家者，上遣掩捕，得其二婢，云道育隨征北還都㊅。上謂濬與太子劭已斥遣道育，而聞其猶與往來，惆悵惋駭，乃命京口送二婢，須至檢覆，乃治劭、濬之罪㊆。潘淑妃抱濬泣曰：「汝前祝詛事發㊇，猶冀能刻意思愆，何意更藏嚴道育？上怒甚，我叩頭乞恩，不能解。今何用生為？可送藥來，當先自取盡㊈，不忍見汝禍敗也！」濬奮衣起曰：「天下事尋自當判，願小寬慮，必不上累㊉。」

㈥己未（十六日），魏京兆王杜元寶坐謀反誅，建寧王崇及其子濟南王麗皆為元寶所引，賜死。

㈦帝欲廢太子劭，賜始興王濬死，先與侍中王僧綽謀之，使僧綽尋漢魏以來廢太子諸王典故㊁，送尚書僕射徐湛之及吏部尚書江湛㊂。武陵王駿素無寵，故屢出外藩，不得留建康㊂。南平王鑠、建平王宏，皆為帝所愛。鑠妃，江湛之妹，隨王誕妃，徐湛之之女也。湛勸帝立鑠，湛之意欲立誕。僧綽曰：「建立之事，仰由聖懷，臣謂唯宜速斷，不可稽緩。當斷不斷，反受其亂(一四)。願以義割恩，略小不忍(一五)。不爾，便應坦懷如初(一六)，無煩疑論，事機雖密，易致宣廣，不可使難生慮表，取笑千載(一七)。」帝曰：「卿可謂能斷大事。然此事至重，不可不慇懃三思。且彭城始亡，人將謂我無復慈愛之道(一八)。」僧綽曰：「臣恐千載之後，言陛下惟能裁弟，不能裁兒。」帝默然。江湛同侍坐，出閤，謂僧綽曰：「卿向言將不太傷切直？」僧綽曰：「弟亦恨君不直(一九)。」

鑠自壽陽入朝，既至，失旨。帝欲立宏，嫌其非次(二〇)，是以議久不決，每夜與湛之屏人語，或連日累夕，常使湛之自秉燭繞壁檢行，慮有竊聽者。帝以其謀告潘淑妃，淑妃以告濬，濬馳報劭，劭乃密與腹心隊主陳叔兒、齋帥(二一)張超之等謀為逆。

初，帝以宗室彊盛，慮有內難(二二)，特加東宮兵，使與羽林相若(二三)，至有實甲萬人。【考異】宋元兇劭傳云：「二十八年，彗星入太微，掃帝座。二十九年十一月，霖雨連雪，太陽罕曜。三十年正月，風霰，且雷。上憂有竊發，輒加劭兵眾，東宮實甲萬人。」按二十九年，劭、濬巫蠱事已發，豈有因十二月及明年正月災異而更加劭兵！今從宋略。劭性黠(二四)而剛猛，帝深倚之。及將作亂，每夜，饗將士，或親自行酒，王僧綽密以啟聞。會嚴道育婢將至，癸亥（二十日），夜，【考異】劭傳云，二十一日夜。按長曆，是月甲辰朔，宋略云癸亥夜，乃二十日也，今從之。劭詐為帝詔曰：「魯秀謀反，汝可平明守闕，帥眾入。」因使張超之等集素所畜養兵士二千餘人，皆被甲，召內外幢、隊主、副，豫加部勒，云有所討。夜呼前中庶子右軍長史蕭斌㉕、左衛率袁淑、中舍人㉖殷仲素、左積弩將軍王正見並入宮，劭流涕謂曰：「主上信讒，將見罪廢，內省無過，不能受枉。明旦，當行大事㉗，望相與戮力。」因起偏拜之，眾驚愕莫敢對。淑、斌皆曰：「自古無此，願加善思㉘。」劭怒，變色，斌懼，與眾俱曰：「當竭身奉令。」淑叱之曰：「卿便謂殿下真有是邪？殿下幼嘗患風，或是疾動耳㉙！」劭愈怒，因眄㉚淑曰：「事當克不？」淑曰：「居不疑之地，何患不克？但恐既克之後，不為天地所容，大禍亦旋至耳！假有此謀，猶將可息。」左右引淑出，曰：「此何事而云可罷乎㉛？」淑還省，繞床行，至四更乃寢。

甲子（二十一日），宮門未開，劭以朱衣加戎服上，乘畫輪車㉜，與蕭斌共載，衛從如常入朝之儀，呼袁淑甚急，淑眠不起。劭停車奉化門㉝，催之相續，淑徐起，至車後，劭使登車，又辭不上，劭命左右殺之。守門開㉞，從萬春門㉟入。舊制，東宮隊從不得入城㊱，劭以偽詔示門衞曰：「受敕有所收討。」令後隊速來。張超之等數十人馳入雲龍門，及齋閤，拔刀徑上合殿㊲。帝其夜與徐湛之屏人語至旦，燭猶未滅，門階戶席直衞兵，尚寢未起。帝見超之入，舉几捍之，五指皆落，遂弒之㊳。湛之驚起，趣北戶，未及開，兵人殺之。

劭進至合殿中閤，聞帝已殂，出坐東堂。蕭斌執刀侍直，呼中書舍人顧嘏，嘏震懼不時出。既至，問曰：「欲共見廢，何不早啟？」嘏未及答，即於前斬之。

江湛直上省㊴，聞諠譟聲，歎曰：「不用王僧綽言，以至於此。」乃匿傍小屋中，劭遣兵就殺之，宿衞舊將羅訓、徐罕㊵，皆望風屈附。左細仗主㊶廣威將軍吳興卜天與不暇被甲，執刀持弓，疾呼左右出戰，徐罕曰：「殿下入，汝欲何為？」天與罵曰：「殿下常來，云何於今乃何此語？只汝是賊。」手射劭於東堂，幾中之，劭黨擊之，斷臂而死。隊將張泓之、朱道欽、陳滿與天與俱戰死。左衛將軍尹弘惶怖通啟，求受處分。劭使人從東閤㊷入，殺潘淑妃及太祖親信左右數十人，急召始興王濬，使帥眾屯中堂。濬時在西州㊸，府舍人朱灋瑜㊹奔告濬曰：「臺內喧譟，宮門皆閉，道上傳太子反，未測禍變所至。」濬陽驚曰：「今當柰何？」灋瑜勸入據石頭，濬未得劭信，不知事之濟不，騷擾不知所為。將軍王慶曰：「今宮內有變，未知主上安危，凡在臣子，當投袂㊺赴難，憑城自守，非臣節也。」濬不聽，乃從南門出，徑向石頭，文武從者千餘人。

時南平王鑠戍石頭，兵士亦千餘人。俄而劭遣張超之馳馬召濬，濬屏人問狀，即戎服乘馬而去。朱灋瑜固止濬，濬不從；出中門，王慶又諫曰：「太子反逆，天下恐憤，明公但當堅閉城門，坐食積粟㊻，不過三日，凶黨自離。公情事如此，今豈宜去？」濬曰：「皇太子令，敢有復言者斬。」既入見劭，劭曰：「潘淑妃遂為亂兵所害。」濬曰：「此是下情由來所願。」

劭詐以太祖詔，召大將軍義恭、尚書令何尚之入，拘於內(47)，幷召百官，至者纔數十人。劭遽即位，下詔曰：「徐湛之、江湛弒逆無狀，吾勒兵入殿，已無所及。號惋崩衂(48)，肝心破裂。今罪人斯得，元兇克殄，可大赦，改元太初。」即位畢，亟稱疾，還永福省(49)，不敢臨喪，以白刃自守，夜則列燈以防左右。以蕭斌為尚書僕射、領軍將軍，以何尚之為司空，前右衞率檀和之戍石頭，征虜將軍營道侯義綦鎮京口。義綦，義慶之弟也(50)。

乙丑（二十二日），悉收先給諸處兵還武庫，殺江、徐親黨尚書左丞荀赤松、右丞臧疑之等。凝之，燾之孫也。以殷仲素為黃門侍郎，王正見為左軍將軍，張超之、陳叔兒皆拜官，賞賜有差。輔國將軍魯秀在建康，劭謂秀曰：「徐湛之常欲相危(51)，我已為卿除之矣！」使秀與屯騎校尉龐秀之對掌軍隊(52)。劭不知王僧綽之謀，以僧綽為吏部尚書，司徒左長史何偃為侍中。

武陵王駿屯五洲，沈慶之自巴水來，咨受軍略(54)。

三月乙亥（初二日），典籤董元嗣(55)自建康至五洲，具言太子殺逆(五六)，駿使元嗣以告僚佐(五七)。沈慶之密謂腹心曰：「蕭斌婦人(五八)，其餘將帥皆易與耳！東宮同惡，不過三十人，此外屈逼，必不為用(五九)。今輔順討逆(六〇)，不憂不濟也。」

(八)壬午（初九日），魏主尊保太后為皇太后(六一)，追贈祖考官爵，兄弟皆如外戚。

(九)太子劭分浙東五郡為會州，省揚州，立司隸校尉(六二)，以其妃父殷沖為司隸校尉。沖，融之曾孫也(六三)。以大將軍義恭為太保，荊州刺史南譙王義宣為太尉，始興王濬為驃騎將軍，雍州刺史臧質為丹陽尹，會稽太守隨王誕為會州刺史(六四)。

劭料檢文帝巾箱(六五)及江湛家書疏，得王僧綽所啟饗士并前代故事(六六)。甲申（十一日），收僧綽殺之。僧綽弟僧虔為司徒左西屬(六七)，所親咸勸之逃。僧虔泣曰：「吾兄奉國以忠貞，撫我以慈愛，今日之事，苦不見及耳！若得同歸九泉，猶羽化也(六八)。」劭因誣北第諸王侯(六九)，云與僧綽謀反，殺長沙悼王瑾、瑾弟臨川哀王燁、桂陽孝侯覬、新渝懷侯玠，【考異】劭傳作球，今從長沙王道憐傳。皆劭所惡也。瑾，義欣之子，燁，義慶之子；覬、玠，義慶之弟子也(七〇)。

劭密與沈慶之手書，令殺武陵王駿。慶之求見王，王懼，辭以疾。慶之突入，以劭書示王，王泣，求入內與母訣(七一)。慶之曰：「下官受先帝厚恩，今日之事，惟力是視(七二)，殿下何見疑之深？」王起再拜曰：「家國安危，皆在將軍。」慶之即命內外勒兵。府主簿顏竣曰：「今四方未知義師之舉，劭據有天府(七三)，若首尾不相應(七四)，此危道也。宜待協謀，然後舉事。」慶之厲聲曰：「今舉大事而黃頭小兒(七五)皆得參預，何得不敗？宜斬以徇。」王令竣拜謝慶之，慶之曰：「君但當知筆札事耳！」於是專委慶之處分，旬日之間，內外整辦，人以為神兵(七六)。竣，延之之子也(七七)。

庚寅（十七日），武陵王戒嚴誓眾，以沈慶之領府司馬，襄陽太守柳元景、隨郡太守宗慤為諮議參軍，領中兵，江夏內史朱脩之行平東將軍，記室參軍顏竣為諮議參軍，領錄事，兼總內外(七八)，諮議參軍劉延孫為長史、尋陽太守，行留府事。延孫，道產之子也(七九)。

南譙王義宣及臧質皆不受劭命(八〇)，與司州刺史魯爽同舉兵以應駿。質、爽俱詣江陵見義宣(八一)，且遣使勸進於王(八二)。辛卯（十八日），臧質子敦等在建康者聞質舉兵，皆逃亡。【考異】宋略：「庚申，武陵王戒嚴。辛亥，臧敷逃。」按長曆，是月甲戌朔，無庚申辛亥。又宋略上有甲申，下有癸巳，此必庚寅、辛卯字誤也。宋書敷作敦，今從之。劭欲相慰悅，下詔曰：「臧質，國戚勳臣(八三)，方翼贊京輦(八四)，而子弟波迸(八五)，良可怪歎。可遣宣譬令還，咸復本位。」劭尋錄得敦，使大將軍義恭行訓杖三十(八六)，厚給賜之。

(十)癸巳（二十日），劭葬太祖于長寧陵(八七)，謚曰景皇帝，廟號中宗。

(十一)乙未（二十二日）武陵王發西陽。丁酉（二十四日），至尋陽(八八)。庚子（二十七日），王命顏竣移檄四方，【考異】宋略移檄亦在庚申日。按謝莊傳曰：「奉三月二十七日檄。」然則發檄在庚子日也。使共討劭。州郡承檄，翕然響應。南譙王義宣遣臧質引兵詣尋陽，與駿同下，留魯爽於江陵。

劭以兗、冀二州刺史蕭思話為徐、兗二州刺史，起張永為青州刺史。

思話自歷城引部曲還平城(八九)，起兵以應尋陽。建武將軍垣護之在歷城，亦帥所領赴之。南譙王義宣板張永為冀州刺史，永遣司馬崔勳之等將兵赴義宣。義宣慮蕭思話與永不釋前憾(九〇)，自為書與思話，使長史張暢為書與永(九一)，勸使相與坦懷。

隨王誕將受劭命(九二)，參軍沈正說司馬顧琛曰：「國家此禍，開闢未聞(九三)。今以江東驍銳之眾(九四)，唱大義於天下，其誰不響應？豈可使殿下北面兇逆，受其偽寵乎？」琛曰：「江東忘戰日久，雖逆順不同，然彊弱亦異(九五)，當須四方有義舉者然後應之，不為晚也。」正曰：「天下未嘗有無父無君之國，寧可自安讐恥，而責義於餘方乎(九六)？今正以弒逆冤酷，義不共戴天(九七)，舉兵之日，豈求必全邪？馮衍有言：『大漢之貴臣，將不如荊齊之賤士乎(九八)？』況殿下義兼臣子，事實國家者哉？」琛乃與正共入說誕，誕從之。正，田子之兄子也(九九)。

劭自謂素習武事，語朝士曰：「卿等但助我理文書，勿措意戎旅。若有寇難，吾自當之，但恐賊虜不敢動耳！」及聞四方兵起，始憂懼，戒嚴，悉召下番將吏(二〇)，遷淮南居民於北岸(二一)，盡聚諸王及大臣於城內(二二)，移江夏王義恭處尚書下舍，分義恭諸子處侍中下省(二三)。

夏，四月，癸卯朔，柳元景統寧朔將軍薛安都等十二軍發湓口，司空中兵參軍徐遺寶(二四)以荊州之眾繼之。丁未（初五日），武陵王發尋陽，沈慶之總中軍以從。

劭立妃殷氏為皇后。

庚戌（初八日），武陵王檄書至建康。劭以示太常顏延之曰：「彼誰筆也？」延之曰：「竣之筆也。」劭曰：「言辭何至於是？」延之曰：「竣尚不顧老臣，安能顧陛下？」劭怒稍解。悉拘武陵王子於侍中下省，南譙王義宣子於太倉空舍。

劭欲盡殺三鎮士民家口(二五)，江夏王義恭、何尚之皆曰：「凡舉大事者不顧家，且多是驅逼。今忽誅其室累，正足堅彼意耳！」劭以為然，乃下書一無所問。

劭疑朝廷舊臣皆不為己用，乃厚撫魯秀及右軍參軍王羅漢，悉以軍事委之(一〇六)。以蕭斌為謀主，殷沖掌文符。蕭斌勸劭勒水軍自上決戰(一〇七)，不爾，則保據梁山(一〇八)。江夏王義恭以南軍倉猝，船舫陋小，不利水戰(一〇九)，乃進策曰：「賊駿小年，未習軍旅，遠來疲弊，宜以逸待之。今遠出梁山，則京都空弱，東軍(一一〇)乘虛，或能為患。若分力兩赴，則兵散勢離。不如養銳待期，坐而觀釁，割棄南岸，柵斷石頭，此先朝舊瀆(一一一)，不憂賊不破也。」劭善之。斌厲色曰：「南中郎二十年少(一一二)，能建如此大事，豈復可量？三方同惡，勢據上流(一一三)；沈慶之甚練軍事，柳元景、宗慤屢嘗立功(一一四)，形勢如此，實非小敵，唯宜及人情未離，尚可決力一戰，端坐臺城，何由得久？今主相咸無戰意，豈非天也(一一五)？」劭不聽。或勸劭保石頭城，劭曰：「昔人所以固石頭城者，俟諸侯勤王耳！我若守此，誰當見救？唯應力戰決之，不然不克。」日日自出行軍，慰勞將士，親督都水治船艦(一一六)。

壬子（初十日），焚淮南岸室屋、淮內船舫，悉驅民家度水北(一一七)。立子偉之為皇太子，以始興王濬妃父褚湛之為丹陽尹，湛之，裕之之兄子也㉘。濬為侍中、中書監、司徒、錄尚書六條事，加南平王鑠開府儀同三司，以南兗州刺史建平王宏為江州刺史㉙。太尉司馬龐秀之自石頭先眾南奔，人情由是大震㉚。以營道侯義綦為湘州刺史，檀和之為雍州刺史㉛。

癸丑（十一日），武陵王軍于鵲頭㉜。

宣城太守王僧達得武陵王檄，未知所從。客說之曰：「方今釁逆滔天，古今未有。為君計，莫若承義師之檄，移告傍郡，苟在有心，誰不響應㉝？此上策也。如其不能，可躬帥向義之徒，詳擇水陸之便，致身南歸，亦其次也。」僧達乃自候道㉞南奔，逢武陵王於鵲頭，王即以為長史。僧達，弘之子也㉟。

王初發尋陽，沈慶之謂人曰：「王僧達必來赴義㊱。」人問其故？慶之曰：「吾見其在先帝前，議論開張，意向明決，以此言之，其至必也。」

柳元景以舟艦不堅，憚於水戰，乃倍道兼行。丙辰（十四日），至江寧步上㊲，使薛安都帥鐵騎曜兵於淮上㊳，移書朝士，為陳逆順。

劭加吳興太守汝南周嶠冠軍將軍，隨王誕檄亦至。嶠素恇怯，回惑㉙不知所從。府司馬丘珍孫殺之，舉郡應誕。戊午（十六日），武陵王至南洲㉚，降者相屬。己未（十七日），軍于溧洲。

王自發尋陽，有疾，不能見將佐，唯顏竣出入臥內㉛，擁王於膝，親視起居。疾屢危篤，不任咨稟，竣皆專決㉜，軍政之外，間以文教、書檄，應接遐邇，昏曉臨哭，若出一人。如是累旬，自舟中甲士，亦不知王之危疾也㉝。

癸亥（二十一日），柳元景潛至新亭，依山為壘。【考異】宋略云：「壬戌，元景次新林，依山為壘。」按本紀：「癸亥，元景至新亭。」元景傳：「元景至新亭，經日，劭乃水陸出軍。」今從之。新降者皆勸元景速進，元景曰：「不然，理順難恃，同惡相濟，輕進無防，實啟寇心㉞。」

元景營未立，劭龍驤將軍詹叔兒覘知之，勸劭出戰，劭不許。甲子（二十二日），劭使蕭斌統步軍、褚湛之統水軍，與魯秀、王羅漢、劉簡之精兵合萬人，攻新亭壘，劭自登朱雀門督戰。元景宿令㉟軍中曰：「鼓繁氣易衰，叫數力易竭。但銜枚疾戰，一聽吾鼓聲。」劭將士懷劭重賞，皆殊死戰，元景水陸受敵，意氣彌彊，麾下勇士，悉遣出鬬，左右唯留數人宣傳㊱。劭兵勢垂克，魯秀擊退鼓，劭眾遽止㊲，元景乃開壘鼓譟以乘之，劭眾大潰，墜淮死者甚多。劭更帥餘眾自來攻壘，元景復大破之，所殺傷過於前戰，士卒爭赴死馬澗，澗為之溢。劭手斬退者，不能禁。劉簡之死，蕭斌被創，劭僅以身免，走還宮，魯秀、褚湛之、檀和之皆南奔。

丙寅（二十四日），武陵王至江寧。丁卯（二十六日），江夏王義恭單騎南奔，劭殺義恭十二子。

劭、濬憂迫無計，以輦迎蔣侯神像㊳，置宮中，稽顙乞恩，拜為大司馬，封鍾山王，拜蘇侯神為驃騎將軍㊴。以濬為南徐州刺史，與南平王鑠並錄尚書事。

戊辰（二十六日），武陵王軍于新亭。大將軍義恭上表勸進。散騎侍郎徐爰在殿中，誑劭云自追義恭，遂歸武陵王㊵。

時王軍府草創，不曉朝章，爰素所諳練，乃以爰兼太常丞，撰即位儀注。

己巳（二十七日），王即皇帝位，大赦，文武賜爵一等，從軍者二等㊃。改謚大行皇帝曰文，廟號太祖。以大將軍義恭為太尉，錄尚書六條事，南徐州刺史。

是日，劭亦臨軒㊄，拜太子偉之，大赦，唯劉駿、義恭、義宣、誕不在原例。

庚午（二十八日），以南譙王義宣為中書監，丞相，錄尚書六條事，揚州刺史；隨王誕為衛將軍，開府儀同三司，荊州刺史；臧質為車騎將軍，開府儀同三司，江州刺史；沈慶之為領軍將軍，蕭思話為尚書左僕射。壬申（二十六日），以王僧達為右僕射，柳元景為侍中，左衛將軍宗慤為右衛將軍，張暢為吏部尚書，劉延孫、顏竣並為侍中。

五月，癸酉朔，臧質以雍州兵二萬至新亭。豫州刺史劉遵考遣其將夏侯獻之帥步騎五千，軍于瓜步。

先是世祖㊸遣寧朔將軍顧彬之將兵東入，受隨王誕節度，誕遣參軍劉季之將兵與彬之具向建康，誕自頓西陵㊹，為之後繼。劭遣殿中將軍燕欽等拒之，相遇於曲阿奔牛塘㊺，欽等大敗，劭於是緣淮樹柵以自守，又決破崗㊻、方山埭以絕東軍。時男丁既盡，召婦女供役。

甲戌（初二日），魯秀等募勇士攻大航㊼，克之。【考異】元兇傳云，其月三日，按宋略，甲戌乃二日也。

王羅漢聞官軍已度，即放仗降。緣渚幢隊㊽以次奔散，器仗鼓蓋，充塞路衢。是夜，劭閉守六門，於門內鑿塹立柵，城中沸亂。丹陽尹尹弘等文武將吏，爭踰城出降。劭燒輦及袞冕服于宮庭，蕭斌宣令所統使皆解甲，自石頭戴白幡來降，詔斬斌於軍門。濬勸劭載寶貨逃入海，劭以人情離散，不果行。乙亥（初三日），輔國將軍朱脩之克東府。丙子（初四日），諸軍克臺城，各由諸門入，會于殿庭。獲王正見，斬之，張超之走至合殿御床之所，為軍士所殺，刳腸割心，諸將臠其肉，生噉之；建平等七王，號哭俱出(五〇)。劭穿西垣，入武庫井中，隊副高禽執之。劭曰：「天子何在？」禽曰：「近在新亭。」至殿前，臧質見之慟哭。劭曰：「天地所不覆載，丈人何為見哭(五一)？」又謂質曰：「可得為啟遠徙不？」質曰：「主上近在航南(五二)，自當有處分。」縛劭於馬上，防送軍門。時不見傳國璽，以問劭，劭曰：「在嚴道育處。」就取得之，斬劭及四子於牙下。濬帥左右數十人，挾南平王鑠南走，遇江夏王義恭於越城，濬下馬曰：「南中郎今何所作？」義恭曰：「上已君臨萬國。」又曰：「虎頭來得無晚乎？」義恭曰：「殊當恨晚。」又曰：「故當不死邪？」義恭曰：「可詣行闕(五三)請罪。」又曰：「未審能賜一職自效不？」義恭又曰：「此未可量。」勒與俱歸，於道斬之，及其三子。

劭、濬父子首並梟於大航，暴尸於市。劭妃殷氏及劭、濬諸女妾媵，皆賜死於獄，汙瀦劭所居齋(五四)。

殷氏且死，謂獄丞江恪曰：「汝家骨肉相殘，何以枉殺無罪人？」恪曰：「受拜皇后，非罪而何？」殷氏曰：「此權時耳！當以鸜鵒為后。」

褚湛之之南奔也，濬即與褚妃離絕，故免於誅。

嚴道育、王鸜鵒並都街鞭殺，焚尸揚灰於江。殷沖、尹弘、王羅漢及淮南太守沈璞皆伏誅(二五五)。

庚辰（初八日），解嚴。辛巳（初九日），帝如東府，百官請罪，詔釋之。

甲申（十一日），尊帝母路淑媛為皇太后(二五六)。太后，丹陽人也。乙酉（十二日），立妃王氏為皇后。后父偃，導之玄孫也(二五七)。戊子（十五日），以柳元景為雍州刺史。辛卯（十八日），追贈袁淑為太尉，謚忠憲公；徐湛之為司空，謚忠烈公；江湛為開府儀同三司，謚忠簡公；王僧綽為金紫光祿大夫，謚簡侯(二五八)。壬辰（十九日），以太尉義恭為揚、南徐二州刺史，進位太傅，領大司馬。

初，劭以尚書令何尚之為司空，領尚書令，子征北長史偃為侍中，父子並居權要。及劭敗，尚之左右皆散，自洗黃閤(二五九)。殷沖等既誅，人為之寒心(六〇)。帝以尚之、偃素有令譽，且居劭朝，用智將迎，時有全脫(六一)，故特免之。復以尚之為尚書令，偃為大司馬長史，位遇無改。

甲午（二十一日）帝謁初寧、長寧陵。追贈卜天與益州刺史，謚壯侯(六二)。與袁淑等四家，長給廩祿(六三)，張泓之等各贈郡守(六四)。戊戌（二十五日），以南平王鑠為司空，建平王宏為尚書左僕射，蕭思話為中書令、丹陽尹。

六月丙午（初五日），帝還宮(六五)。

(十一)初，帝之討西陽蠻也，臧質使柳元景將兵會之(六六)。及質起兵，欲奉南譙王義宣為主，潛使元景帥所領西還(六七)，元景即以質書呈帝，語其信(六八)曰：「臧冠軍(六九)當是未知殿下義舉耳，方應伐逆，不容西還。」質以此恨之。及元景為雍州，質慮其為荊、江後患(七〇)，建議元景當為爪牙，不宜遠出，帝重違其言。戊申（初七日），以元景為護軍將軍，領石頭戍事。

(十二)己酉（初八日），以司州刺史魯爽為南豫州刺史。庚戌（初九日），以衛軍司馬徐遺寶為兗州刺史。

⒁庚申（十九日），詔有司論功行賞，封顏竣等為公侯㈦㈠。

⒂辛未（三十日），徙南譙王義宣為南郡王，隨王誕為竟陵王，立義宣次子宜陽侯愷為南譙王。

⒃閏月壬申（朔），以領軍將軍沈慶之為南兗州刺史，鎮盱眙。癸酉（初二日），以柳元景為領軍將軍。

⒄乙亥（初四日），魏太皇太后赫連氏殂。

⒅丞相義宣固辭內任及子愷王爵。甲午（二十三日），更以義宣為荊、湘二州刺史㈦㈡，愷為宜陽縣王，將佐以下，並加賞秩，以竟陵王誕為揚州刺史。

⒆秋，七月，辛酉朔，日有食之。

甲寅（十四日），詔求直言。辛酉（二十一日），詔省細作并尚方㈦㈢，彫文塗飾，貴戚競利，悉皆禁絕。

中軍錄事參軍周朗上疏，以為：「毒之在體，必割其緩處㈦㈣，歷下、泗間，不足戍守㈦㈤，議者必以為胡衰不足避㈦㈥，而不知我之病甚於胡矣(七七)！今空守孤城，徒費財役，使虜但發輕騎三千，更互出入，春來犯麥，秋至侵禾，水陸漕輸，居然復絕(七八)。於賊不勞而邊已困，不至二年，卒散民盡，可蹻足而待也！今人知不以羊追狼，蟹捕鼠，而令重車弱卒，與肥馬悍胡相逐，其不能濟固宜矣！又三年之喪，天下之達喪。漢氏節其臣則可矣，薄其子則亂也(七九)！凡灋有變於古而刻於情，則莫能順焉；至乎敗於禮而安於身，必遽而奉之。今陛下以大孝始基，宜反斯謬(八〇)，又舉天下以奉一君，何患不給？一體炫金(八一)，不及百兩，一歲美衣，不過數襲，而必收寶連櫝(八二)，集服累笥，目豈常視？身未時親！是櫝帶寶笥著衣也，何糜蠹之劇？惑鄙之甚邪？且細作始抃，以為儉節，而市造華怪，即傳於民，如此，則遷也，非罷也(八三)！凡厥庶民，制度日侈，見車馬，不辨貴賤；視冠服，不知尊卑(八四)。尚方今造一物，小民明已睥睨(八五)；宮中朝製一衣，庶家晚已裁學。侈麗之源，實先宮闈(八六)。又設官者，宜官稱事立，人稱官置(八七)，王侯識未堪務，不應強仕(八八)。且帝子未官，人誰謂賤？但宜詳置賓友，茂擇正人，亦何必列長史、參軍、別駕、從事，然後為貴哉？又俗好以毀沈人(一八九)，不察其所以致毀；以譽進人，不察其所以致譽。毀徒皆鄙，則宜擢其毀者；譽黨悉庸，則宜退其譽者。如此，則毀譽不妄，善惡分矣(一九〇)！凡無世不有言事，無時不有下令，然升平不至，昏危相繼，何哉？設令之本非實故也(一九一)。」書奏，忤旨，自解去職。朗，嶠之弟也(一九二)。

侍中謝莊上言：「詔云：『貴戚競利，悉皆禁絕。』此實允愜民聽，若有犯違，則應依制裁糾，若廢瀍申恩，便為明詔既下，而聲實乖爽(一九三)也。臣愚謂大臣在祿位者，尤不宜與民爭利，不審可得在此詔不？」莊，弘微之子也。

上多變易太祖之制，郡縣以三周為滿(一九五)，宋之善政，於是乎衰。

(廿)乙丑（二十五日），魏濮陽王閭若文、征西大將軍永昌王仁皆坐謀叛，仁賜死於長安，若文伏誅。

(廿一)南平穆王鑠素負才能，意常輕上，又為太子劭所任，出降最晚，上潛使人毒之。己巳（二十九日），鑠卒，贈司徒，以商臣之謚謚之(一九六)。

(廿二)南海太守蕭簡據廣州反。簡，斌之弟也㊈(九七)。詔新南海太守南昌鄧琬、【考異】蕭簡傳作劉玩，今從本紀。始興太守沈灋系討之。灋系，慶之之從弟也。簡誑其眾曰：「臺軍是賊劭所遣。」眾信之，為之固守。琬先至，止為一攻道，灋系至，曰：「宜四面並攻，若守一道，何時可拔？」琬不從。灋系曰：「更相申五十日(九八)。」日盡，又不克，乃從之。八道俱攻，一日即破之。九月，丁卯（二十八日），斬簡，廣州平。灋系封府庫付琬而還。

(廿三)冬，十一月丙午（初八日），以左軍將軍魯秀為司州刺史。

(廿四)辛酉（二十三日）魏主如信都、中山。

(廿五)十二月癸未（十五日），以將置東宮，省太子率更令等官，中庶子等各減舊員之半(九九)。

(廿六)甲午（二十六日），魏主還平城。

【今註】㈠以南譙王義宣為司徒、揚州刺史：去年廬陵王紹以疾解揚州，帝用義宣代之，至是始出命。㈡道成等引還南鄭：南鄭故城在今陝西省南鄭縣東二里，宋為梁、南秦二州刺史治。㈢五洲：《水經注》曰：「江水又東逕軑縣故城南，故弦國也。城在山之陽，南對五洲。江中有五洲相接，故以五洲為名。」軑音汰，五洲在今湖北省蘄水縣西大江中。㊃嚴道育之亡命也：道育亡命始見上卷上年。㊄丁巳，上臨軒，濬入受拜：胡三省曰：「受拜荊州刺史之命。」按《宋書・二凶傳》濬受拜在二月十四日，二月甲辰朔，丁巳十四日，此脫二月二字。㊅云道育隨征北還都：征北謂始興王濬，濬為征北將軍，故稱之。㊆須至檢覆，乃治劭、濬之罪：言待二婢至，俟檢覈覆案屬實，乃治劭、濬之罪也。㊇汝前祝詛事發：事見上卷上年。㊈當先自取盡：謂欲先自殺也。㊉天下事尋自當判，願小寬慮，必不上累：判，決也，言欲弒帝以決大事也。胡三省曰：「濬辭意凶悖如此，潘妃承帝寵又如此，而不以濬言白上，何也？婦人之仁，知愛子而欲掩覆之，不知其變愈激也。」⑪典故：典籍所載故事。⑫送尚書僕射徐湛之及吏部尚書江湛：送所尋漢魏以來廢太子、諸王典故與徐、江二人也。⑬武陵王駿素無寵，故屢出外藩，不得留建康：魏軍北還，駿自彭城還建康，出刺江洲，討西陽蠻。⑭當斷不斷，反受其亂：此《漢書》齊相召平所引道家之言。⑮略小不忍：《論語》孔子曰：「小不忍，則亂大謀。」僧綽引此謂宜摒棄小不忍之情以斷大事也。⑯不爾，便應恒懷如初：謂若不能以義割恩，略小不忍，則宜釋其芥蒂，恒懷待之如昔日也。⑰不可使難生慮表，取笑千載：胡三省曰：「言禍難生於思慮之外，將取笑於後世也。」⑱且彭城始亡，人將謂我無復慈愛之道：彭城王義康之死見上卷元嘉二十八年。帝謂前年方殺義康，今復廢殺劭、濬，人將譏其無慈愛之心也。⑲弟亦恨君不直：胡三省曰：「僧綽年少於湛，故自稱為弟。」⑳帝欲立宏，嫌其非次：越長幼之序，是為非次。㉑齋帥：胡三省曰：「齋帥，主齋內仗衞，又掌湯沐、燈燭、汛掃、鋪設。」

㉒初，帝以宗室彊盛，慮有內難：宋制諸王皆臨州典兵，故慮其發難也。㉓特加東宮兵，使與羽林相若：事見卷一百二十三元嘉十六年。《宋書・百官志》東宮官屬有太子左衞率、太子右衞率、太子屯騎校尉、太子步兵校尉、太子翊軍校尉、太子旅賁中郎將、太子左積弩將軍、太子右積弩將軍，俱典東宮兵。㉔性黠：性機警而狡慧也。㉕前中庶子右軍長史蕭斌：斌時為右軍長史而前嘗為太子中庶子也，故劭召之。《宋書・百官志》曰：「中庶子四人，職如侍中。漢東京員五人，晉減為四人。」杜佑曰：「晉中庶子、庶子各四員，職此散騎常侍及中書監，皆以俊茂者為之，或以郡守參選，若釋奠，中庶子扶左，庶子扶右。」㉖中舍人：《宋書・百官志》曰：「中舍人，晉初置，職如黃門侍郎。」亦東宮之屬官。《晉書・職官志》曰：「中舍人四人，以舍人才學美者為之，與中庶子共掌文翰。」杜佑曰：「中舍人，凡奏事文書皆綜典之，典文疏如中書郎。」㉗當行大事：謂弒逆也。《左傳》楚潘崇謂商臣曰：「能行大事乎？」對曰：「能。」遂以宮甲圍其父成王而弒之。㉘善思：猶言細思。㉙殿下幼嘗患風，或是疾動耳：患風疾則理智喪失而語無倫次，淑欲為劭諱，故云劭或風疾發作，致有是言耳！㉚眄：目衰視也。㉛淑還省：胡三省曰：「還左衞率省也。」㉜劭以朱衣加戎服上，乘畫輪車：下云衞從如常入朝之儀，則朱衣、畫輪車皆太子入朝之所服乘。《晉書・輿服志》曰：「畫輪車，駕牛，以綵漆畫輪轂，故名曰畫輪車。上起四夾杖，左右開四望，綠油幢，朱絲絡，青交路，其上形制事事如輦，其下猶如犢車耳！皇太子法駕亦謂之鸞路，非法駕則乘畫輪車，上開四望，綠油幢，朱絲繩絡，兩箱裡飾以金錦、黃金、塗五采。」㉝奉化門：胡三省曰：「奉化門，

東宮西門。」㉞守門開：留守之以俟門開也。㉟萬春門：胡三省曰：「萬春門，臺城東門。」㊱舊制，東宮隊從不得入城：言舊制，太子衞從不得隨太子入臺城也。㊲拔刀逕上合殿：《宋書・文帝紀》帝崩於含章殿，《南史・帝紀》作合殿，李延壽曰：「晉世諸帝多處內房，朝宴所臨，東西二堂而已。孝武末年，清署方構，永初受命，無所改作，所居惟稱西殿，不製嘉名。文帝因之，亦有合殿之稱。」《通鑑》從南史作合殿。㊳帝見超之入，舉几捍之，五指皆落，遂弒之：時年四十七。劭即位，謚曰景皇帝，廟號中宗，孝武踐祚，追改謚曰文帝，廟號太祖。王鳴盛曰：「承統之君，例稱宗不稱祖，但此中宗是元兇劭所稱，故宋書及南史皆不用，而以孝武帝所改為定，通鑑亦然。」㊴江湛直上省：胡三省曰：「侍中省有上省、下省，上省在禁中，湛時為侍中，入直上省。」㊵徐罕：《南史・卜天與傳》作徐牢。㊶左細仗主：胡三省曰：「宋宿衞之官有細鎧主、細鎧將、細仗主等。」㊷東閤：東閤門也。㊸濬時在西州：濬自京口入朝，暫居西州也。王鳴盛曰：「西州為揚州刺史治。濬本從揚州刺史出鎮，故至此時雖已離揚州任而猶居西州也。」㊹府舍人朱灋瑜：灋瑜，始興王府舍人也。《晉書》諸王府有舍人十人，宋氏以來，一沿晉制。㊺投袂：振袂而起也。㊻明公但當堅閉城門，坐食積粟：胡三省曰：「石頭倉城有積粟。」言當因粟為堅守之計，以待討逆之師。㊼拘於內：內謂禁省之內。㊽號惋崩衂：頹敗曰崩，出血曰衂。言哀號悲惋至於泣血不支也。㊾還永福省：胡三省曰：「永福省，太子所居也，在禁中。」㊿義綦：義綦，義慶之弟也：義慶，長沙景王道憐第二子，出嗣臨川烈武王道規國。(五一)徐湛之常欲相危：魯秀父軌殺徐湛之父達之，故劭謂秀湛之常有相危之心。(五三)使秀與屯騎校尉龐秀之對掌軍隊：對掌宿衛軍也，一直一休，故曰對掌。屯騎、步兵、越騎、長水、射聲五校尉，自漢以來，歷魏、晉、逮于江左、南朝，皆掌營兵，典宿衛士，號五營校尉。胡三省曰：「軍隊，軍主、隊主所統之兵。一軍之主曰軍主，一隊之主曰隊主。」(五四)武陵王屯五洲，沈慶之自巴水來，咨受軍略：《水經注》曰：「巴水出雩婁縣之靈山，即大別山也，與決水同出一山，故世謂之分水山，亦或曰巴山，南歷蠻中，又南逕巴水戍，南流注於江，謂之巴口。」按巴水，今謂之巴河，為湖北省蘄水、黃岡二縣界水。去年文帝使沈慶之督四州兵討西陽蠻，是年復使武陵王駿統討蠻諸軍，故慶之來詣駿咨受軍略也。(五五)典籤董元嗣：胡三省曰：「武陵王鎮彭城，董元嗣已為府典籤。」時武陵王駿刺江州，元嗣復從轉為江州典籤。(五六)殺逆：殺當作弒。(五七)駿使元嗣以告僚佐：蓋欲宣劭弒逆之罪，舉兵討之也。(五八)蕭斌婦人：言其懦怯，為劭所脅從而不能討之也。(五九)東宮同惡，不過三十人，此外屈逼，必不為用：胡三省曰：「同惡，謂張超之、陳叔兒等；屈逼，謂魯秀、龐秀之等。」(六〇)輔順討逆：順謂武陵王駿，逆謂太子劭。(六一)魏主尊保太后為皇太后：尊保太后見上卷上年。(六二)太子劭分浙東五郡為會州，省揚州，立司隸校尉：胡三省曰：「浙東五郡本屬揚州，分為會州，以會稽名州也。改揚州為司隸校尉以統京畿，欲倣魏晉都洛舊制也。」(六三)沖，融之曾孫也：殷融見卷九十四晉成帝咸和三年。(六四)以會稽太守隨王誕為會州刺史：胡三省曰：「欲就會稽用誕統浙東五郡。」(六五)巾箱：巾箱，本為藏巾櫛之小箱，觀劭料檢文帝巾箱而得江湛等疏啟，則又用以藏文牘案件矣！《南史》齊衡陽王鈞手自細書五經，部為一卷，置巾箱中以備遺忘，是以巾箱置書牘，亦南朝之習尚也。〔六六〕得王僧綽所啟饗士幷前代故事：劭前此常於夜間饗士，或親行酒，僧綽所上密啟並文帝使僧綽所尋漢魏以來廢太子、諸王典故，皆為劭所得。〔六七〕司徒左西屬：左西屬，左西曹屬也。舊制諸公府有西曹、東曹，曹有掾有屬，晉於司徒府西曹復分左右，曰左西曹、右西曹。《御覽》引干寶《司徒儀》曰：「掾、屬之職，敦明教義，肅厲清風，非禮不言，非法不行，以訓羣吏，以貴朝望，各掌其所治之曹。」〔六八〕若得同歸九泉，猶羽化也：羽化，謂登仙而能飛昇也。此言若能與兄同殉，則其心泰然，猶登仙境也。〔六九〕北第諸王侯：胡三省曰：「北第諸王侯列第於臺城北，故曰北第。」〔七〇〕瑾，義欣之子；燀，義慶之子；覬、玠，義慶之弟子也：義欣，長沙景王道憐長子，謚成王；義慶，本道憐次子，出嗣為臨川烈武王道規後，謚曰康王；覬，義慶弟桂陽恭侯義融之子；玠，義融弟新渝惠侯義宗之子也。覬音冀。〔七一〕王泣，求入與母訣：武陵王母文帝路淑媛。〔七二〕惟力是視：猶言將盡力惟王所驅使耳。〔七三〕天府：謂建康，帝之所居，故曰天府。〔七四〕首尾不相應：謂武陵王倡議於西陽，若諸方藩鎮不起而赴義，是首尾不相應也。〔七五〕黃毛小兒：兒始生而毛髮未黑，故曰黃毛，喻人無遠識如嬰兒然。〔七六〕人以為神兵：言其整辦神速，猶有神助。〔七七〕竣，延之之子也：延之字延年，以才學為文帝所賞愛，劭弒立，以延之為光祿大夫，時在建康。〔七八〕以襄陽太守柳元景、隨郡太守宗慤為諮議參軍，領中兵，記室參軍顏竣為諮議參軍，領錄事，兼總內外：按《宋書．顏竣傳》，武陵王駿鎮江州，以竣為南中郎府記室參軍，竣時蓋以記室參軍領府主簿也。胡三省曰：「柳元景、宗慤以諮議參軍領中兵參軍，以前驅之任命二人也；顏竣為記室參軍，陞諮議，領錄事參軍，以總錄軍府之任命竣也。」(79)延孫，道產之子也：劉道產見卷一百二十四元嘉十九年。(80)南譙王義宣及臧質皆不受劭命：是年，義宣徵為司徒、揚州刺史，未及行而劭弒立，前此，義宣以司空領荊州刺史監荊、雍等七州諸軍事，鎮江陵，質以冠軍將軍領雍州刺史監雍、梁等四州諸軍事，鎮襄陽。(81)質、爽俱詣江陵見義宣：胡三省曰：「司、雍皆受督於義宣，故俱詣之。」按義宣都督七州，雖無司州，惟司州時無實土，僑治汝南，故亦在義宣督內也。(82)且遣使勸進於王：遣使勸武陵王駿即真。(83)臧質，國戚勳臣：質，武敬臧皇后之姪，故曰國戚；數有功於邊疆，故曰勳臣。(84)方翼贊京輦：謂方用質為丹陽尹也。丹陽京師，在輦轂之下，故曰京輦。(85)波迸：喻逃亡，如波濤之迸散。(86)劭尋錄得敦，使大將軍義恭行訓杖三十：毛晃曰：「錄，收拾也。」胡三省曰：「以外戚子弟，行杖以訓斥之，故曰訓杖。」(87)劭葬太祖于長寧陵：胡三省曰：「據齊書豫章王嶷傳，長寧陵隧道出嶷第前路，則陵近臺城矣！」(88)至尋陽：尋陽，時為江州刺史治。(89)思話自歷城引部曲還平城：按《宋書・蕭思話傳》，平城當作彭城。元嘉二十九年，思話以撫軍將軍領冀、兗二州刺史，鎮歷城，歷城，冀州治所也，至是解冀州更領徐州，故思話自歷城還鎮彭城，彭城，徐州刺史治。此作平城誤。(90)義宣慮蕭思話與永不釋前憾：碻磝之敗，思話繫張永於獄，故與永有憾，見上卷上年。(91)使長史張暢為書與永：《宋書・張永傳》，暢，永之從兄也，故使為書。(92)隨王誕將受劭命：劭以誕為會州刺史，誕將受之。(93)國家此禍，開闢未聞：言劭弒逆之禍，自天地開闢以來，未有所聞。(94)今以江東驍銳之眾：胡三省曰：「此江東，謂浙江之東也。」余按自秦漢以來，即以會稽為江東。《史記・項羽本紀》烏江亭長謂項王曰：「江東雖小，地方千里，眾數十萬，亦足王也。」又項王曰：「籍與江東子弟八千人渡江而西，今無一人還。」此江東即指會稽而言。其後增置郡國，會稽遂侷蹙浙東一隅，然此猶襲秦漢舊稱，不必謂浙江以東也。(九五) 雖逆順不同，然彊弱亦異：顧琛之意，謂倡舉義兵，雖係以順討逆，然建康強而會稽弱，其勢懸殊，亦宜計及。(九六) 寧可自安讐恥，而責義於餘方乎：言己不首義，而苟安以事讐，何能責義舉於餘方乎。(九七) 今正以弒逆冤酷，義不共戴天：《禮記》曰：「父母之讐，不共戴天。」言不與父母之讐並存於世。(九八) 馮衍有言，大漢之貴臣，將不如荊齊之賤士乎：此馮衍責田邑之言也。荊齊之賤士，謂申包胥哭秦庭以存楚，王孫賈殺淖齒以存齊也。(九九) 正，田子之兄子也：沈田子從武帝滅後秦，輔義真鎮關中，以殺王鎮惡為義真所誅。(一〇〇) 悉召下番將吏：胡三省曰：「宿衛分上下番，更休迭代，今悉召下番將吏以自備，更不分番。」(一〇一) 遷淮南居民於北岸：《寰宇記》曰：「淮水北去江寧縣一里，源從宣州東南溧水縣烏利橋西流入百五十里。相傳秦始皇巡會稽，鑿斷山阜，此淮即所鑿也，故名秦淮。又未至方山，有直瀆行三十許里，以地形論之，淮發源詰屈不類人功，則始皇所掘，宜此瀆也。淮水發源於華山，在丹陽、湖、姑熟之界，西北流經建康、秣陵二縣之間，縈紆京邑之內，至於石頭入江，綿亙三百餘里。」又引《建康圖經》云：「西晉太康元年，平吳，分地為二邑，自淮水南為秣陵，淮水北為建業。」建業即建康也，避愍帝諱改。蓋自晉太康以來，建康、秣陵分秦淮而治，建康在秦淮之北，臺城在焉！胡三省曰：「秦淮南岸當新亭、石頭來路，北路即臺城。遷淮南居民於北岸，欲阻淮以自固。」(一〇二) 盡聚諸王及大臣於城內：防其出奔也。㉓侍中下省：胡三省曰：「據南史，侍中下省在神虎門外。」㉔司空中兵參軍徐遺寶：南譙王義宣既進位司空，以徐遺寶為司空府中兵參軍。義宣進位司空見卷一百二十五元嘉二十五年。㉕劭欲盡殺三鎮士民家口：胡三省曰：「三鎮謂雍、荊、江。」時臧質刺雍州，南譙王義宣刺荊州，武陵王駿刺江州，三鎮俱舉兵討劭，故劭欲殺其士民家口。㉖劭疑朝廷舊臣皆不為己用，乃厚撫魯秀及右軍參軍王羅漢，悉以軍事委之：胡三省曰：「二人皆驍勇善戰，故厚撫之，委以軍事，冀得其力。」㉗斌勸劭勒水軍自上決戰：斌勸劭部勒舟師，自將溯流以求決戰。㉘梁山：在今安徽省當塗縣及和縣境，分東西二山，西曰梁山，在和縣北，東曰博望山，在當塗縣西南，兩山夾江對峙，望之如門，故亦曰天門山。李白〈梁山銘〉云：「梁山、博望，關扃楚濱，夾據洪流，實為要津。」六朝建都金陵，俱屯兵於此以資扼守。㉙江夏王義恭以南軍倉猝，船舫陋小，不利水戰：南軍謂武陵王駿軍，併船曰舫，言駿軍倉猝無備，船舫小而不堅，不利於水戰也。胡三省曰：「江水東流，至武昌以下，漸漸向北流，蓋南為諸山所迫，坡陁之勢，漸使之然也。至於江寧，江流愈北，建康當下流都會，望尋陽、武昌皆直南，望歷陽，壽陽皆直西，故建康謂歷陽、皖城以西皆曰江西，而江西亦謂建康為江東，建康謂采石為南州，京口為北府，皆地勢然也。江夏王義恭在建康，以義師為南軍，即此義。」㉚東軍：謂會稽隨王誕之兵也。會稽在建康之東，故曰東軍。㉛不如養銳待期，坐而觀釁，割棄南岸，柵斷石頭，此先朝舊法：柵斷石頭，言割棄秦淮南岸，阻扼石頭北上建康之路。胡三省曰：「先朝舊法，謂晉明帝拒王含及武帝拒盧循時用兵之法。」㉜南中郎二十年少：武陵王駿時為南中郎將領江州刺史，故稱之。駿生於元嘉七年，則時年二十四矣！言二十者，泛稱之耳！㉓三方同惡，勢據上流：荊、雍、江三鎮俱據建康上流，三鎮同舉，故曰同惡。㉔沈慶之甚練軍事，柳元景、宗愨屢嘗立功：胡三省曰：「沈慶之嘗與蕭斌同在碻磝，柳元景討蠻，出關陝，皆有功，宗愨有平林邑之功，又有討蠻之功，故斌皆憚之。」㉕端坐臺城，何由得久？今主、相咸無戰意，豈非天也：主謂太子劭，相謂江夏王義恭，劭以恭為太保，上相之任也。胡三省曰：「弒逆事起蕭斌，以宮僚之舊，逼於凶威，遂為同惡，其心慙負天地，無所自容，唯欲幸一戰之勝，相與苟活，今劭不肯逆戰，斌知必敗，故歸之天。」㉖親督都水治船艦：《漢書．百官公卿表》，太常、少府及三輔屬官皆有都水長、丞，主陂池灌溉。王先謙曰：「都，總也，謂總治水之工，故曰都水。」《續漢志》都水屬郡國。《宋書．百官志》都水使者一人，晉武帝置，主天下水軍、舟船、器械，蓋魏世水衡都尉之職也。㉗悉驅民家度水北：水北，秦淮水之北。㉘湛之，裕之之兄子也：褚裕之見卷一百十卷晉安帝義熙六年。㉙以南兗州刺史建平王宏為江州刺史：欲以代武陵王駿。㉚太尉司馬龐秀之自石頭先眾南奔，人情由是大震：秀之蓋由屯騎校尉轉太尉司馬。劭委秀之與魯秀對掌軍隊，而秀之先眾而奔南軍，故羣情大震。㉛檀和之為雍州刺史：欲以代臧質。㉜鵲頭：山名，在今安徽省銅陵縣西北十里有鵲頭山，武陵王駿駐軍處也。當塗縣志鵲江在縣北五十里，遶出蕪湖，蓋自銅陵鵲頭山為鵲頭，至三山為鵲尾，故江曰鵲江，岸曰鵲岸。《左傳》昭五年楚以諸侯伐吳，吳人敗之於鵲岸。杜預曰：「舒縣有鵲尾渚。」鵲尾渚在今安徽省無為縣界，與鵲頭山相對。無為，舊屬舒城。㉓苟在有心，誰不響應：胡三省曰：「謂凡有人心者，皆若響之應聲。」㉔候道：胡三省曰：「候道，伺候邊上警急之道也，今沿路列置烽臺者即候道。」㉕僧達，弘之子也：王弘卒於元嘉九年。弘歷事武、文二朝，位任隆重。㉖沈慶之謂人曰，王僧達必來赴義：胡三省曰：「王氏江南冠族，僧達又名公之子也，沈慶之於建義之初，欲致之以為民望耳！」㉗至江寧步上：謂舟行至江寧，捨舟上岸步行也。沈約曰：「晉太康元年，分秣陵立臨江縣，二年，更名江寧。」宋白曰：「江寧縣，本秣陵之地，晉置江寧縣，在今縣南七十里，故城存焉。」宋白所謂今縣乃五代楊氏所置也。今江蘇省江寧縣西南有江寧鎮，即晉時故城。㉘淮上：秦淮之上。㉙回惑：意猶疑不決。㉚南洲：胡三省曰：「南洲，屬姑孰。」㉛臥內：凡寢臥之所，必在內室，故曰臥內。㉜疾屢危篤，不任咨稟，竣皆專決：謂王病甚，不能視事，凡羣僚有所咨稟，竣皆專決。㉝如是累旬，自舟中甲士，亦不知王之危疾也：武陵王駿以四月丁未發自尋陽，丙寅至江寧，自丁未至丙寅二十月，故曰累旬，累旬猶曰兼旬。㉞理順難恃，同惡相濟，輕進無防，實啟寇心：謂劭等同惡相濟，其勢必銳，不可自恃理順，不為防備而輕進也。㉟宿令：胡三省曰：「宿令者，先未戰之日而令之也。」㊱宣傳：宣傳號令。㊲劭兵勢垂克，魯秀擊退鼓，劭眾遽止：胡三省曰：「師之耳目，在於旗鼓，鼓疾所以進眾，鼓徐所以退眾。」㊳以輦迎蔣侯神像：蔣侯，即漢末秣陵尉蔣子文也，追賊至鍾山下，為賊所傷而死，吳大帝為立廟於鍾山，改鍾山曰蔣山。㊴拜蘇侯神為驃騎將軍：《南齊書・崔祖思傳》祖思與劉懷珍祀神於堯廟，廟有蘇侯像，祖思曰：「蘇峻今日可謂四凶之五也。」據此，蘇侯神即蘇峻。㊵徐爰在殿中，誑劭云自追義恭，遂歸武陵王：因追義恭而得出，既出，遂歸順武陵王。㊶從軍者二等：謂文武凡從軍自尋陽至新亭者，則進爵二等。㊷臨軒：天子不御正座而御平臺，謂之臨軒。㊸世祖：孝武帝廟號世祖，時帝未崩，依史例當書帝不宜書廟號，書廟號者，因舊史之文耳！㊹西陵：即古之固陵也。《水經注》曰：「浙江又逕固陵城北，昔范蠡築城於浙江之濱，言可以固守，謂之固陵，今之西陵也，昔太守王朗拒孫策於此。」六朝時謂之西陵牛埭。五代吳越王錢鏐以陵非吉語，改曰西興，今浙江省蕭山縣西二十里有西興鎮，其舊址也。㊺奔牛塘：《九域志》曲阿縣有奔牛鎮，又有奔牛堰，相傳古有金牛奔此，故名。鎮在今江蘇省武進縣西三十里，即古之奔牛塘。㊻破崗：胡三省：「破崗在晉陵郡延陵縣西北，亦有埭。」㊼大航：即朱雀航也，建康朱雀門外之大橋，跨秦淮河上，又曰南津大航。㊽緣渚幢隊：胡三省曰：「渚，謂秦淮渚也。時劭兵緣渚備守以禦義師，即秦淮北岸也。幢隊，幢隊主、副所領兵也。」㊾劭閉守六門：臺首六門曰大司馬門、東華門、西華門、萬春門、太陽門、承明門。㊿建平等七王，號哭俱出：胡三省曰：「七王，建平王宏及東海王禕、義陽王昶、武昌王渾、湘東王彧、建安王休仁，餘一人當是休祐，但未封。劭蓋拘七王於宮中，故號哭俱出。」(51)劭曰，天地所不覆載，丈人何為見哭：劭自謂弒逆之罪，天地所不容也。丈人者，長宿之稱，臧質，武敬臧皇后之姪，故劭呼為丈人。(52)航南：朱雀航之南。(53)行闕：胡三省曰：「天子出行幸，所居之所，謂之行宮。豹尾之內，同之禁中，旗門之外，謂之行闕。」豹尾，天子車駕之飾也。《後漢書‧輿服志》：「大駕屬車八十一乘，最後一車懸豹尾。」(54)汙瀦劭所居宮：瀦，水所聚也，言掘劭宮室以為汙池也。古者篡弒之臣，畔逆之國，既經誅討，則瀦其宮室以為汙池，名曰凶墟。(五五)殷沖、尹弘、王羅漢及淮南太守沈璞皆伏誅：沖為劭草立符文，又殷妃之叔父也；弘於劭弒逆日，入直西掖門，聞劭入，惶怖通啟，求受處分，又為劭簡配兵士，盡其心力；羅漢為劭將兵以抗義師；璞累為始興王濬參佐，為濬所愛寵，自盱眙徵為淮南太守，守于湖，義師至，不以時迎，故皆伏誅。(五六)尊帝母路淑媛為皇太后：《宋書・后妃傳》，淑媛，魏文帝所制。晉武帝採漢魏之制，置淑妃、淑媛、淑儀、修華、修容、修儀、婕妤、容華、充華，是為九嬪，位視九卿；宋明帝泰始三年，以淑媛、淑儀、淑容、昭華、昭儀、昭容、修華、修儀、修容為九嬪。宋孝武時，仍用晉制也。(五七)后父偃，導之玄孫也：王導，東晉元臣，佐晉元帝成中興之業。(五八)追贈袁淑為太尉，謚忠憲公，徐湛之為司空，謚忠烈公，江湛為開府儀同三司，謚忠簡公，王僧綽為金紫光祿大夫，謚簡侯：此四人皆死於太子劭弒逆之難，故追謚官爵以旌揚之。(五九)黃閤：黃閤即黃閣，閤、閣音義相通。漢制丞相聽事門曰黃閣，塗黃而不塗朱者，示與人主有別，見漢舊儀。(六〇)殷沖等既誅，人為之寒心：以尚之，偃與沖等並附太子劭而受其官爵也。(六一)時有全脫：全脫者，謂全活三鎮士民家口而脫之於難。(六二)追贈卜天與益州刺史，謚壯侯：卜天與亦死於太子劭之難，故追謚之以旌其節。(六三)與袁淑等四家，長給稟祿：謂卜天與袁淑、徐湛之、江湛、王僧綽四家俱長給稟祿。稟與廩同，賜穀也。(六四)張泓之等各贈郡守：弘之戰死，故以旌其功。(六五)帝還宮：還自謁陵。(六六)初，帝之討西陽蠻也，臧質使柳元景將兵會之：謂帝屯五洲時事。(六七)濬使元景帥所領西還：謂自五洲還襄陽。襄陽在五洲之西。(六八)語其信：語臧質所遣信使。(六九)臧冠軍：臧質以冠軍將軍領雍州刺史鎮襄陽。(七〇)及元景為雍州，質慮其為荊、江後患：時質以車騎將軍領江州刺史，義宣雖適內任而未解荊州，故質慮元景以雍州為荊、江後患。(七一)封顏竣等為公侯：《宋書・顏竣傳》，竣封建城縣侯，食邑二千戶。(七二)更以義宣為荊、湘二州刺史：胡三省曰：「沈約曰：『晉懷帝分荊州，立湘州，成帝咸和三年省，安帝義熙八年復立，十二年又省，宋武帝永初三年又立，文帝元嘉八年省，十七年又立，二十九年又省，孝武帝孝建元年又立。』今按是年四月元兇劭以營道侯義綦為湘州刺史，蓋以義宣以荊州舉義，欲分其軍府耳！帝既即位，遂以義宣為荊湘二州刺史，湘州之立，在是年也。」按胡注，復立湘州，蓋在元嘉三十年，非孝建元年也。(七三)詔省細作，幷尚方：《宋書・百官志》有細作署令，典官婢作褻衣服補浣之事，又有左、右尚方令，掌造軍器玩好器物。孝武大明四年，改細作署令為左、右御府令，後廢帝初，改御府曰中署。(七四)毒之在體，必割其緩處：言非體之要害而為毒之所在，必割而棄之，無令浸廣為害也。(七五)歷下、泗間，不足戍守：胡三省曰：「歷下謂歷城，泗間謂彭城、湖陸。」以其在邊遠，接應不及，駐重兵則費廣，屯兵少適足以餌敵，故曰不足戍守。(七六)議者以為胡衰不足避：時魏頻有內難，故議者以為衰。(七七)而不知我之病甚于胡矣：言宋必欲據守歷下、泗間之地，則兵甲饋餉之費，虛內以給外，所受之弊，將有甚於胡運之衰者。(七八)水陸漕輸，居然復絕：胡三省曰：「虜騎至則江南之人，不敢復至彭泗，水陸漕輸絕矣！」(七九)三年之喪，天下之達喪，漢氏節其臣則可矣，薄其子則亂也：漢文帝將崩，遺詔班短喪之制，事詳卷十五漢文帝後七年。此言為人子服其父喪，必滿三年，短於此則敗於禮矣！（八〇）今陛下以大孝始基，宜反斯謬：言帝以復父讎而開其基業，宜克盡孝道，行三年之喪，以反短喪之謬。（八一）炫金：炫，明曜也，金色明曜，故曰炫金。（八二）連櫝：櫝，藏物之匱。連櫝，喻其多。（八三）且細作始幷，以為儉節，而市造華怪，即傳於民，如此，則遷也，非罷也：言省細作署以幷尚方，原以示儉節於天下，而市造華怪之物不已，如此，則是遷其署於尚方，非罷其署也。（八四）見車馬，不辨貴賤，視冠服，不知尊卑：卑賤者僭用尊貴者之車馬冠服，遂使尊卑不分，貴賤無別。（八五）⿰目辟睨：覘覦也。⿰目辟與睥同。（八六）侈麗之源，實先宮閫：言民間崇尚侈麗之風，實倡導於宮閫。（八七）又設官者，宜官稱事立，人稱官置：謂宜因事立官，量才為用，不宜因人立官，因官設事也。（八八）王侯識未堪務，不應強仕：王侯少不更事，其識不堪其任，不應強之使仕也。宋制每以藩王臨州，專方面之任，故周朗有是言。（八九）又俗好以毀沈人：胡三省曰：「沈人，沒人之實也。」（九〇）毀徒皆鄙，則宜擢其毀者，譽黨悉庸，則宜退其譽者，如此則毀譽不妄，善惡分矣：此所謂不以譽進，不以毀退也。胡三省曰：「論語子貢問孔子曰：『鄉人皆好之，何如？』子曰：『未可也。』『鄉人皆惡之，何如？』子曰：『未可也。不如鄉人之善者好之，其不善者惡之。』周朗之言，正得此意。蓋晉宋以來，諸州中正品定人物，高下其手，毀譽之失實也久矣！」（九一）設令之本非實故也：謂下令求言，徒有其名而無實也。（九二）朗，嶠之弟也：嶠尚武帝第四女宣城德公主，仕至吳興太守，太子劭弒立，為府司馬丘珍孫所殺，事見上。（九三）聲實乖爽：聲實猶曰名實；爽，差也；言事實與詔令相乖違也。（九四）莊，弘微之子也：謝弘微顯於元嘉之初。（九五）上多變易太祖之制，郡縣以三周為滿；元嘉舊制，郡縣守宰以六朞為斷，故能久安其位，有所作為，今以三周為滿，是更元嘉之制也。㊈鑠卒，贈司徒，以商臣之謚謚之；楚世子商臣弒父自立，卒謚曰穆。㊉簡，斌之弟也；蕭斌以從太子劭弒逆誅，簡懼連及，故反。㊉更相申五十日；胡三省曰：「申，容也，又緩為之期曰申。」㊉以將置東宮，省太子率更令等官，中庶子等各減舊員之半；《宋書・孝武帝紀》，省太子率更令、太子步兵校尉、太子翊軍校尉、太子旅賁中郎將、太子冗從僕射、太子左、右積弩將軍等官，又減中庶子、中舍人、庶子、舍人、洗馬舊員之半，蓋懲太子劭之禍故省減東宮之屬官也。

卷一百二十八 宋紀十

起閼逢敦牂，盡著雍閹茂，凡五年。（甲午至戊戌，西元四五四至四五八年）

司馬光編集
林瑞翰註

世祖孝武皇帝㈠上

孝建元年㈡（西元四五四年）

㈠春，正月，己亥朔，上祀南郊，改元，大赦。甲辰（初六日），以尚書令何尚之為左光祿大夫，護軍將軍，以左衞將軍顏竣為吏部尚書，領驍騎將軍。

㈡壬戌（二十四日），更鑄孝建四銖錢。

㈢乙丑（二十七日），魏以侍中伊馛為司空。

㈣丙寅（二十八日），立皇子子業為太子。

㈤初，江州刺史臧質自謂人才足為一世英雄，太子劭之亂也，質潛有異圖，以荊州刺史南郡王義宣庸闇易制，欲外相推奉，因而覆之。質於義宣為內兄㈢，既至江陵㈣，即稱名拜義宣㈤，義宣驚愕問故，質曰：「事中宜然㈥。」時義宣已奉帝為主，故其計不行。及至新亭㈦，又拜江夏王義恭，曰：「天下屯危㈧，禮異常日。」劭既誅，義宣與質功皆第一，由是驕恣，事多專行，凡所求欲，無不必從㈨。義宣在荊州十年㈩，財富兵彊，朝廷所下制度，意有不同，一不遵承⑪。質自建康之江州，舫千餘乘，部伍前後百餘里。帝方自攬威權，而質以少主遇之，政刑慶賞，一不咨稟。擅用湓口、鉤圻米⑫，臺符屢加檢詰⑬，漸致猜懼。帝淫義宣諸女，義宣由是恨怒。質迺遣密信⑭說義宣，以為：「負不賞之功，挾震主之威，自古能全者有幾⑮？今萬物係心於公，聲迹已著，見幾不作，將為他人所先⑯。若命徐遺寶、魯爽驅西北精兵來屯江上⑰，質帥九江樓船為公前驅，已為得天下之半。公以八州之眾⑱，徐進而臨之，雖韓、白⑲更生，不能為建康計矣！且少主失德，聞於道路⑳，沈、柳諸將，亦我之故人㉑，誰肯為少主盡力者？夫不可留者，年也；不可失者，時也㉒。質常恐溘先朝露㉓，不得展其旅力㉔，為公掃除，於時悔之何及？」

義宣腹心將佐諮議參軍蔡超、司馬竺超民等，咸有富貴之望(二五)，欲倚質威名，以成其業，共勸義宣從其計。質女為義宣子採之婦，義宣謂質無復異同，遂許之。超民，夔之子也(二六)。臧敦時為黃門侍郎，帝使敦至義宣所，道經尋陽，質更令敦說誘義宣(二七)，義宣意遂定。

豫州刺史魯爽，有勇力，義宣素與之相結。義宣密使人報爽及兗州刺史徐遺寶，期以今秋同舉兵。使者至壽陽(二八)，爽方飲醉，失義宣指，即日舉兵。【考異】宋本紀：「二月庚午，爽、臧質南郡王義宣、徐遺寶舉兵反。」義宣傳云：「其年正月，便反。」宋略云：「二月，義宣等反。」按爽之反，帝猶遣質收魯弘，則非同日反明矣！又按長曆，是月戊辰朔，然則庚午三日也。義宣傳起兵在二月二十六日，但不知爽反在正月與二月耳！爽弟瑜，在建康，聞之，逃叛。爽使其眾戴黃標(二九)，竊造灋服，登壇，自號建平元年，疑長史韋處穆、中兵參軍楊元駒、治中庾騰之不與己同，皆殺之。

徐遺寶亦勒兵向彭城。

二月，義宣聞爽已反，狼狽舉兵(三〇)。魯瑜弟弘為質府佐，帝敕質收之，質即執臺使舉兵。義宣與質皆上表言為左右所讒疾，欲誅君側之惡。義宣進爽號征北將軍，爽於是送輿服詣江陵，使征北府戶曹板義宣等㉑文曰：「丞相劉，今補天子，名義宣；車騎臧，今補丞相，名質；平西朱，今補車騎，名脩之㉒，皆板到奉行。」義宣駭愕，爽所送灋物，並留竟陵，不聽進。

質加魯弘輔國將軍，下戍大雷㉓。義宣遣諮議參軍劉諶之將萬人就弘，召司州刺史魯秀，欲使為諶之後繼。秀至江陵，見義宣，出拊膺曰：「吾兄誤我，乃與癡人作賊，今年敗矣！」

義宣兼荊、江、兗、豫四州之力㉔，威震遠近，帝欲奉乘輿灋物迎之，竟陵王誕固執不可㉕，曰：「柰何持此座與人？」乃止。己卯（十二日），以領軍將軍柳元景為撫軍將軍。辛卯（二十四日），以左衞將軍王玄謨為豫州刺史㉖，命元景統玄謨等諸將以討義宣。癸巳（二十六日），進據梁山洲㉗，於兩岸築偃月壘水陸待之。

義宣自稱都督中外諸軍事，命僚佐悉稱名。

㈥甲午（二十七日），魏主詣道壇受圖籙㉘。

㈦丙申（二十九日），以安北司馬夏侯祖歡為兗州刺史㊴。三月，己亥（初二日），內外戒嚴。【考異】宋略、宋本紀皆作癸亥，下有辛丑。按長曆，是月戊戌朔，癸亥二十六日，辛丑乃四日也，當作己亥。辛丑（初四日），以徐州刺史蕭思話為江州刺史，柳元景為雍州刺史㊵。癸卯（初六日），以太子左衛率龐秀之為徐州刺史㊶。義宣移檄州郡，加進位號，使同發兵，雍州刺史朱脩之偽許之而遣使陳誠於帝。

益州刺史劉秀之斬義宣使者，遣中兵參軍韋崧將萬人襲江陵。

戊申（十一日），義宣帥眾十萬下江津，舳艫數百里㊷。以子慆為輔國將軍，與左司馬竺超民留鎮江陵。檄朱脩之使發兵萬人繼進，脩之不從。義宣知脩之貳於己，乃以魯秀為雍州刺史，使將萬餘人擊之。王玄謨聞秀不來，喜曰：「臧質易與耳㊸。」

冀州刺史垣護之妻，徐遺寶之姊也。遺寶邀護之同反，護之不從，發兵擊之。遺寶遣兵襲徐州長史明胤於彭城，不克㊹，胤與夏侯祖歡、垣護之共擊遺寶於湖陸㊺，遺寶棄眾焚城奔魯爽。

義宣至尋陽，以質為前鋒而進，爽亦引兵直趣歷陽，與質水陸俱下。殿中將軍沈靈賜將百舸破質前軍於南陵，擒軍主徐慶安等。質至梁山，夾陳兩岸，與官軍相拒。

夏，四月，戊辰（初二日），以後將軍劉義綦為湘州刺史，甲申（十八日），以朱脩之為荊州刺史㊻。

上遣左軍將軍薛安都、龍驤將軍南陽宗越等戍歷陽，與魯爽前鋒楊胡興等戰，斬之。【考異】安都傳作胡與，今從宗越傳。爽不能進，留軍大峴，使魯瑜屯小峴㊼。上復遣鎮軍將軍沈慶之濟江，督諸將討爽。爽食少，引兵稍退，自留斷後，慶之使薛安都帥輕騎追之。丙戌（二十日），及爽於小峴。爽將戰，飲酒過醉，安都望見爽，即躍馬大呼，直往刺之，應手而倒，左右范雙斬其首。爽眾奔散，瑜亦為部下所殺。遂進攻壽陽，克之㊽。徐遺寶奔東海，東海人殺之。

李延壽論曰：「凶人之濟其身，非世亂莫由焉！魯爽以亂世之情而行之於平日㊾，其取敗也宜哉！」【考異】此語本出沈約宋書吳喜黃回傳贊，而延壽取之，以約施用失所，故絀其名。

⑻南郡王義宣至鵲頭，慶之送爽首示之，并與書曰：「僕荷任

一方，而釁生所統（五〇），近聊帥輕師（五一），指往翦撲，軍鋒裁及，賊爽授首。公情契異常（五二），或欲相見，及其可識（五三），指送相呈。」爽累世將家（五四），驍猛善戰，號萬人敵。義宣與質聞其死，皆駭懼。

柳元景軍于采石，王玄謨以臧質眾盛，遣使來求益兵，上使元景進屯姑孰（五五）。【考異】垣護之傳作南州，蓋南州即姑孰也。

太傅義恭與義宣書曰：「往時仲堪假兵靈寶，尋害其族；孝伯推誠牢之，旋踵而敗（五六）。臧質少無美行（五七），弟所具悉，今藉西楚之彊力，圖濟其私（五八）。凶謀若果（五九），恐非復池中物也。」義宣由此疑之。

五月，甲辰（初八日），義宣至蕪湖，質進計曰：「今以萬人取南州，則梁山中絕；萬人綴梁山，則玄謨必不敢動，下官中流鼓棹，直趣石頭，此上策也（六〇）。」義宣將從之，劉諶之密言於義宣曰：「質求前驅，此志難測，不如盡銳攻梁山，事克，然後長驅，此萬安之計也。」義宣乃止。

冗從僕射胡子反等守梁山西壘，會西南風急，質遣其將尹周之攻西壘(六一)。子反方度東岸，就玄謨計事，聞之，馳歸。偏將劉季之帥水軍殊死戰，求救於玄謨，玄謨不遣。大司馬參軍崔勳之固爭，乃遣勳之與積弩將軍垣詢之救之。比至，城已陷，勳之，詢之皆戰死。【考異】義宣傳曰：「五月十九日，西南風猛。」宋略曰：「己亥，質遣尹周之攻梁山西壘，陷之。」按長曆，是月丁酉朔，三日己亥，八日甲辰，十八日甲寅，宋略於己亥上有甲辰，下有甲寅，然則決非十九日與己亥，或者是己酉與辛亥也，今不書日，闕疑。詢之，護之之弟也。

子返等奔還東岸，質又遣其將龐灋起將數千兵趨南浦(六二)，欲自後掩玄謨。游擊將軍垣護之引水軍與戰，破之(六三)。

朱脩之斷馬鞌山道(六四)，據險自守。魯秀攻之，不克，屢為脩之所敗，乃還江陵。脩之引兵躡之，或勸脩之急追，脩之曰：「魯秀，驍將也，獸窮則攫，不可迫也。」

王玄謨使垣護之告急於柳元景，曰：「西城不守，唯餘東城萬人，賊軍數倍，彊弱不敵，欲退還姑孰，就節下協力當之，更議進取。」元景不許，曰：「賊勢方盛，不可先退，吾當卷甲赴之。」護之曰：「賊謂南州有三萬人，而將軍麾下裁十分之一，若往造賊壘，則虛實露矣！王豫州必不可來，不如分兵援之。」

元景曰：「善。」乃留羸弱自守，悉遣精兵助玄謨，多張旗幟，梁山望之，如數萬人，皆以為建康兵悉至，眾心乃安。質自請攻城，諮議參軍顏樂之說義宣曰：「質若復克東城，則大功盡歸之矣！宜遣麾下自行。」義宣乃遣劉諶之與質俱進。

甲寅（十八日），義宣至梁山，頓兵西岸㊅㊄。

質與劉諶之進攻東城，玄謨督諸軍大戰，薛安都帥突騎先衝其陳之東南，陷之，斬諶之之首。劉季之、宗越又陷其西北，質等兵大敗。垣護之燒江中舟艦，煙焰覆水，延及西岸，營壘殆盡。諸軍乘勢攻之，義宣兵亦潰。義宣單舸迸走，閉戶而泣㊅㊅，荊州人隨之者猶百餘舸。質欲見義宣計事，而義宣已去，質不知所為，亦走，其眾皆降散。己未（二十三日），解嚴。

(九)癸亥（二十七日），以吳興太守劉延孫為尚書右僕射。

(十)六月丙寅（朔），魏主如陰山。

(十一)臧質至尋陽，焚燒府舍，載妓妾西走，使嬖人何文敬領餘兵居前。至西陽，西陽太守魯方平紿文敬曰：「詔書唯捕元惡，餘無所問，不如逃之。」文敬棄眾亡去。質先以妹夫羊沖為武昌郡㊅㊆，質往投之，沖已為郡丞胡庇之所殺，質無所歸，乃逃于南湖㊅㊇，掇蓮實噉之。追兵至，以荷覆頭，自沈於水，出其鼻。戊辰（初三日），軍主鄭俱兒望見，射之，中心，兵刃亂至，腸胃縈水草，斬首送建康，子孫皆棄市，幷誅其黨樂安太守任薈之、臨川內史劉懷之、鄱陽太守杜仲儒㊅㊈。仲儒，驥之兄子也。功臣柳元景等，封賞各有差。

丞相義宣走至江夏，聞巴陵有軍㊆〇，回向江陵，眾散且盡，與左右十許人徒步，腳痛不能前，僦民露車自載㊆㊀緣道求食，至江陵郭外，遣人報竺超民㊆㊁，超民具羽儀兵眾迎之。時荊州帶甲，尚萬餘人，左右翟靈寶誡義宣使撫慰將佐，以臧質違指授之宜，用致失利，今治兵繕甲，更為後圖，昔漢高百敗，終成大業。而義宣亡靈寶之言，誤云項羽千敗，眾咸掩口㊆㊂。魯秀、竺超民等猶欲收餘兵，更圖一決，而義宣惛沮，無復神守，入內不復出。左右腹心，稍稍離叛，魯秀北走。【考異】宋略云：「秀自襄陽，敗退，將及江陵，聞敗，北走。」今從宋書。義宣不能自立，欲從秀去，乃攜息慆及所愛妾五人，著男子服相隨。城內擾亂，白刃交橫，義宣懼，墜馬，遂步進。竺超民送至城外，更以馬與之，歸而城守。義宣求秀不得，左右盡棄之，夜復還南郡空廨（七四），旦日，超民收送刺姦（七五）。義宣止獄戶，坐地歎曰：「臧質老奴誤我。」五妾尋被遣出，義宣號泣，語獄吏曰：「常日非苦，今日分別始是苦。」

魯秀眾散，不能去，還向江陵，城上人射之，秀赴水死，就取其首。

詔右僕射劉孝孫使荊、江二州旌別枉直，就行誅賞，且分割二州之地，議更置新州（七六）。

初，晉氏南遷，以揚州為京畿，穀帛所資皆出焉，以荊、江為重鎮，甲兵資聚盡在焉，常使大將居之。三州戶口，居江南之半。上惡其彊大，故欲分之。癸未（十八日），分揚州浙東五郡置東揚州，治會稽（七七）；分荊、湘、江、豫州之八郡置郢州，治江夏（七八）；罷南蠻校尉，遷其營於建康（七九）。

太傅義恭議使郢州治巴陵，尚書令何尚之曰：「夏口在荊、江之中，正對沔口，通接雍梁，實為津要(八〇)，由來舊鎮，根基不易(八一)，既有見城，浦大容舫，於事為便(八二)。」上從之。既而荊、揚因此虛耗，尚之請復合二州，上不許。

(十二)戊子（二十三日），省錄尚書事。上惡宗室彊盛，不欲權在臣下，太傅義恭知其指，故請省之。

(十三)上使王公八座(八三)與荊州刺史朱脩之書，令丞相義宣自為計。書未達，庚寅（二十五日），脩之入江陵，殺義宣，并誅其子十六人及同黨竺超民、從事中郎蔡超、諮議參軍顏樂之等。超民兄弟應從誅，何尚之上言：「賊既遁走，一夫可擒(八四)。若超民反覆昧利，即當取之，非唯免愆，亦可要不義之賞，而超民曾無此意，微足觀過知仁(八五)，且為官保全城府，謹守庫藏，端坐待縛，今戮及兄弟，則與其餘逆黨無異，於事為重。」上乃原之。

(十四)秋，七月，丙申朔，日有食之。

(十五)庚子（初五日），魏皇子弘生。辛丑（初六日），大赦，改元興光。

㈥丙辰（二十一日），大赦。

㈦八月甲戌（初十日），魏趙王深卒。

㈧乙亥（十一日），魏主還平城㈥。

㈨冬，十一月戊戌（初五日），魏主如中山，遂如信都。十二月丙子（十四日），還幸靈丘㈦，至溫泉宮。庚辰（十八日），還平城。

【今註】㈠世祖孝武皇帝：帝諱駿，字休龍，小字道民，文帝之第三子也。㈡孝建元年：是年七月，魏改元興光。胡三省曰：「上既平元兇之亂，依故事，即位踰年而後改元。孝建者，蓋欲以孝建平禍亂，安宗廟之功。」㈢質於義宣為內兄：臧質，武敬臧皇后之姪，而年長於義宣，故於義宣為內兄。㈣既至江陵：質初起兵，與司州刺史魯爽俱至江陵謁義宣，事見上卷上年。㈤稱名拜義宣：稱名贊拜，臣謁君之禮也，故義宣驚愕。㈥事中宜然：胡三省曰：「謂國多事之中，宜相推奉也。」㈦及至新亭：去年五月朔，臧質引兵至新亭。㈧天下屯危：謂天下屯難而艱危也。㈨凡所求欲，無不必從：謂凡有所求所欲，無不必上之從己。㈩義宣在荊州十年：文帝元嘉二十一年，義宣始鎮荊州，至是凡十年。⑾朝廷所下制度，意有不同，一不遵承：言朝廷所下荊州制度，與義宣意見不同者，一切不為義宣所遵承。⑫擅用湓口、鉤圻米：胡三省曰：「湓口米，荊、湘、郢三州之運所積也，鉤圻米，南江之運所積也。」《晉書・地理志》柴桑有湓口關。蓋湓水入江之處，在今江西省九江縣西，亦曰湓浦，六朝時為戍守重地。《水經注》：「贛水自南昌縣北逕椒丘城下，又歷鉤圻邸閣下，度支校尉治，太尉陶侃移置此也。」故址在今江西省都昌縣西南。杜佑曰：「邸閣，俗名倉也。」《三國蜀志・後主紀》諸葛亮運米集斜谷口，治斜谷邸閣。蓋儲米之所也。⑬臺符屢加檢詰：胡三省曰：「謂檢校米斛而詰問擅用之由也。」⑭密信：信，信使也，密信即密使。⑮負不賞之功，挾震主之威，自古能全者有幾：《史記》蒯通說韓信曰：「臣聞勇略震主者身危，功蓋天下者不賞。夫在人臣之位，而有震主之威，名高天下，竊為足下危之。」⑯見幾不作，將為他人所先：言不見幾發難，將為人主所制。《易・繫辭》云：「幾者，動之微，吉之先見者也。」⑰若命徐遺寶、魯爽驅西北精兵來屯江上：胡三省曰：「徐遺寶刺兗州，直建康北，魯爽刺南豫，直建康西。魯爽素奉義宣，徐遺寶由義宣府參軍起，故欲命之同逆。」⑱公以八州之眾：時義宣都督荊、湘、雍、益、梁、寧、南秦、北秦八州諸軍事。⑲韓、白：韓信、白起，古之名將。⑳且少主失德，聞於道路：謂帝與義宣諸女淫亂事。㉑沈、柳諸將，亦我之故人：胡三省曰：「沈慶之與質同以武幹事文帝；質為雍州，柳元景其部曲也。」㉒夫不可留者年也，不可失者時也：《史記》蒯通說韓信曰：「夫功者難成而易敗，時者難得而易失也。」質此書頗襲其文意。㉓質常恐溘先朝露：朝露見日則晞乾，為時至暫。溘先朝露，喻年命之短促，方朝露之未晞，而人已溘然而逝也。㉔旅力：眾力也。〈大雅

・桑柔〉之詩：「靡有旅力，以念穹蒼。」毛萇曰：「旅，眾也。」㉕義宣心腹將佐諮議參軍蔡超、司馬竺超民等咸有富貴之望：謂超等皆欲因義宣之成功以取富貴。㉖超民，夔之子也：景平、元嘉間，竺夔聚民東陽城以抗魏軍，見卷一百十九、一百二十。㉗臧敦時為黃門侍郎，帝使敦至義宣所，道經尋陽，質更令敦說誘義宣：敦，質之子也。時義宣未受丞相，帝使敦詣義宣敦勸而道經尋陽也。尋陽，江州刺史治所。㉘使者至壽陽：時魯爽以南豫州刺史鎮壽陽。㉙爽使其眾戴黃標：胡三省曰：「戴黃以為標識。」余按此但云戴黃標以為識別耳！凡物之可為表識者皆謂之標。㉚二月，義宣聞爽已反，狼狽舉兵：狼狽，謂進退失據也。《宋書・魯爽傳》義宣本期是秋與爽等同舉，今先期而起，部署未周，故曰狼狽。㉛爽於是送所造輿服詣江陵，使征北戶曹板義宣等：輿服，法輿法服也。晉宋之制，藩鎮權宜授官者謂之板授，以別於詔敕而言。㉜丞相劉，今補天子，名義宣；車騎臧，今補丞相，名質；平西朱，今補車騎，名脩之：先是帝進義宣丞相領揚州刺史，義宣不受，又進臧質車騎將軍、江州刺史，朱脩之平西將軍、雍州刺史以代柳元景，故魯爽板文以丞相、車騎、平西諸號稱之。㉝下戍大雷：自尋陽將兵東下戍大雷也。大雷戍，今安徽省望江縣。晉時置戍，陳為大雷郡，隋曰望江。晉安帝義熙六年，劉裕討盧循，自雷池進軍大雷，即此。㉞義宣兼荊、江、兗、豫四州之力：義宣荊州，臧質江州，徐遺寶兗州，魯爽豫州。㉟帝欲奉乘輿灋物迎之，竟陵王誕固執不可：竟陵王時刺揚州，在帝闕下。㊱以左衛將軍王玄謨為豫州刺史：欲以代魯爽。㊲命元景統玄謨等將以討義宣，進據梁山洲：胡三省曰：「時梁山江中有洲，玄謨等舟師據之。」㊳魏主詣道壇受圖籙：《魏書・釋老志》先是太武帝用寇謙之議，建道壇於平城之東南，登受符籙，自後諸帝每即位皆如之，蓋寇謙之之遺教也。㊴以安化司馬夏侯祖歡為兗州刺史：欲以代徐遺寶。㊵以徐州刺史蕭思話為江州刺史，柳元景為雍州刺史：蓋欲以思話代臧質，以元景代朱脩之也。先是帝以元景刺雍州，臧質不從，故以脩之代之，帝既以脩之附義宣，乃復以元景代脩之也。㊶以太子左衛率龐秀之為徐州刺史：以補蕭思話之缺。㊷舳艫數百里：李斐曰：「舳，船後持柁處也；艫，船前頭刺櫂處也。」言其船多，前後相銜數百里。㊸王玄謨聞秀不來，喜曰，臧質易與耳：《宋書・魯爽傳》，秀有意略，才力過其兄爽，故玄謨憚之。㊹遺寶遣兵襲徐州長史明胤於彭城，不克：彭城，徐州治所，時蕭思話已去徐州，而龐秀之未至，故明胤以長史守彭城。㊺胤與夏侯祖歡、垣護之共擊遺寶於湖陸：湖陸，宋為兗州刺史治。㊻以後軍將軍劉義綦為湘州刺史，以朱脩之為荊州刺史：義宣刺荊、湘二州而反，故以義綦、脩之代之。先是帝以脩之附義宣，故以柳元景代脩之刺雍州，脩之既輸誠於帝，故命以荊州使制義宣之後。㊼爽不能進，留軍大峴，使魯瑜屯小峴：《輿地志》曰：「小峴在合肥之東，大峴在小峴之東。」胡三省曰：「六朝都建康，自歷陽西趨壽陽，自壽陽東向建康，大小峴為往來要路，而小峴尤為險阨。」小峴山在今安徽省合肥縣東七十里，接含山縣界，亦名昭關山，大峴山在安徽省含山縣東北十三里，亦名赤焰山。㊽遂進攻壽陽，克之：爽刺南豫州，鎮壽陽，爽既歿，慶之遂克壽陽。㊾平日：謂昇平無事之日。㊿僕荷任一方，而釁生所統：去年沈慶之以領軍將軍出為南兗州刺史，鎮軍將軍，兼督南兗、豫、徐、兗四州，故謂釁生所統。(51)輕師：言非重兵。(五二)公情契異常：言義宣與魯爽交好，情契深重，異於常人。(五三)及其可識：言爽方受戮，容貌未腐，尚可識別。(五四)爽累世將家：魯爽父軌，軌父宗之，三世為將。(五五)上使元景進屯姑孰：溫公白：「垣護之傳作南州，蓋南州即姑孰也。」胡三省曰：「按宋白續通典曰：『桓玄居南州，以在國南，故曰南州。』載之宣州之下。按晉書云：『桓玄於南州起齋，號曰盤龍齋。』劉毅小字盤龍，玄既敗，毅以豫州刺史出鎮姑孰，正居是齋。桓玄既誅，司馬元顯出鎮姑孰，起盤龍齋蓋是時也。晉書正指姑孰為南州，宋白娛矣！」(五六)往時仲堪假靈寶，尋害其族；孝伯推誠牢之，旋踵而敗：靈寶，桓玄字；孝伯，王恭字。王恭舉兵，推誠於劉牢之，精兵堅甲，悉以配之，卒為牢之所殺，事見卷一百十晉安帝隆安二年。殷仲堪假兵於桓玄，引以為援，亦見卷一百十晉安帝隆安二年，玄終舉兵殺仲堪，見卷一百十一晉安帝隆安三年。(五七)質少無美行：《宋書・臧質傳》質少輕薄無檢，為文帝所嫌。(五八)今藉西楚之彊力，圖濟其私：言臧質此舉，非為義宣計，但欲藉義宣西楚之兵力以濟其私欲耳！(五九)凶謀若果：胡三省：「果，勝也，克也，決也。」余按果，售也，言其凶謀一旦得售。(六〇)今以萬人取南州，則梁山中絕，萬人綴梁山，則玄謨必不敢動，下官中流鼓棹，直趨石頭，此上策也：綴，牽制之也。臧質之計，蓋欲越梁山東下，直取南州，以中絕梁山與建康之通路，另以精兵牽制梁山之軍，使不得後撤，順流直搗建康。時王玄謨鎮梁山，柳元景屯南州，沈慶之、薛安都等在江西，江東空虛，如質之計行則臺城危矣。質嘗自許人才足為一世之雄，觀其行軍部署，洵非虛語。(六一)宂從僕射胡子反等守梁山西壘，會西南風急，質遣其將尹周之攻西壘：胡三省曰：「因西南風急而攻西壘，東壘之兵難以逆風赴救。」（六二）南浦：胡三省曰：「南浦，今之大信港也，俗謂之扁擔河。」大信港即今安徽省當塗縣之大信河。（六三）游擊將軍垣護之引水軍與戰，破之：臧質東下之師，初挫於此。（六四）馬鞍山道：《水經注》曰：「澶溪水出襄陽縣西柳子山下，東為鴨湖，湖在馬鞍山東北。武陵王愛其峯秀，改曰望楚山。」（六五）義宣至梁山，頓兵西岸：義宣自鵲頭至梁山西岸。時梁山西壘為臧質所克，故義宣屯於西岸。（六六）義宣單舸迸走，閉戶而泣：迸走，言匆惶而走，如水之流迸也。戶，舟中之戶。（六七）武昌郡：《晉書・地理志》曰：「武昌郡，吳置，故東鄂也。」《三國吳志・吳主傳》建安二十五年分江夏立武昌郡，故治今湖北省鄂城縣。（六八）南湖：南湖在今湖北省鄂城縣南，今名五丈湖，臧質逃入南湖以荷自蔽，即此，見《輿地紀勝》。蓋質先奔武昌無所歸，乃就縣南之南湖掇蓮而食。（六九）仲儒，驥之兄子也：杜驥，杜預之後，坦之弟也。元嘉中，出刺青、冀，著聲於時。（七〇）丞相義宣走至江夏，聞巴陵有軍：胡三省曰：「巴陵之軍，蓋韋崧之兵也，或曰，湘州刺使劉遵考之兵也。」（七一）僦民露車自載：僦，租賃也。露車，無蓬蓋之車。（七二）至江陵郭外，遣人報竺超民：義宣東下，留子慆及超民鎮江陵。（七三）掩口：掩口而笑。（七四）夜復還南郡空廨：荊州、南郡，俱治江陵。胡三省曰：「按此，南郡太守廨舍，蓋在江陵城外。」（七五）刺姦：胡三省曰：「自漢以來，公府有刺姦掾。」（七六）詔分割荊、江二州之地，議更置新州：以二州地廣而兵精，欲建新州以少其力，由是遂分荊、湘、江、豫之地置郢州。（七七）分揚州浙東五郡置東揚州，治會稽：《宋書・州郡志》曰：「孝建元年，分揚州之會稽、東陽、新安、永嘉、臨海五郡為東揚州。大明三年，罷揚州為王畿，以東揚州為揚州。八年，罷王畿，復立揚州，揚州還為東揚州。前廢帝永光元年，省東揚州，幷於揚州。」⑱分荊、湘、江、豫之八郡置郢州，治江夏：《宋書・州郡志》孝武孝建元年，分荊州之江夏，竟陵、隨、武陵、天門，湘州之巴陵，江州之武昌，豫州之西陽，凡八郡立郢州。明帝泰始三年，復以天門郡還屬荊州，後廢帝元徽四年，以隨郡屬司州，故《宋書・州郡志》郢州但領郡六。江夏太守本治安陸，自立郢州，徙治夏口，夏口，今湖北省漢陽縣。⑲罷南蠻校尉，遷其營於建康：《晉書・職官志》曰：「武帝置南蠻校尉於襄陽，江左初省，尋又置於江陵。」《水經注》曰：「楊水北逕方城西，方城即南蠻府也。」又曰：「江水東合油口，又東逕公安縣北，又東通澧水及諸陂湖，自此淵潭相接，悉是南蠻府屯。故側江有大城，相承云倉儲城，即邸閣也。」蓋南蠻校尉有營兵，以鎮服羣蠻。晉制凡刺荊州者帶南蠻校尉職，帝以其勢盛難制，故遷其營於建康。⑳夏口在荊、江之中，正對沔口，通接雍、梁，實為要津：胡三省曰：「自夏口入沔，泝流而上，至襄陽，又泝流而上，至漢中，故云通接雍、梁。」㉑由來舊鎮，根基不易：夏口，孫權所築，自吳以來為重鎮。㉒浦大容舫，於事為便：浦，水涯泊舟處也。守江以艟艦為重，故以浦大容舫為便。㉓八座：《晉書・職官志》，漢以六曹尚書幷令、僕二人為八座，曹魏以五曹尚書、二僕射、一令為八座，晉以六曹尚書幷令、僕二人為八座，江左以五曹尚書、二僕射、一令為八座，江左又有祠部尚書，常與右僕射通職，不幷置，有祠部則省右僕射，有右僕射則省祠部。宋、齊以來，沿襲其制，仍以五尚書、二僕射、一令為八座，有祠部則省右僕射而以祠部攝知右事。㉔賊既遁走，一夫可擒：謂義宣自江陵出奔時也。㉕微足觀過知仁：

《論語》曰：「人之過也，各於其黨，觀過斯知仁矣！」朱子注：「程子曰：『人之過也，各於其類，君子常失於厚，小人常失於薄，君子過於愛，小人過於忍。』尹氏曰：『於此觀之，則人之仁不仁可知矣！』」㈥魏主還平城：自陰山還也。㈦靈丘：戰國趙邑，《史記・趙世家》孝成王以靈丘封楚相春申君。漢置靈丘縣，屬代郡，後漢省，其後東魏復置，北周為蔚州，故城在今山西省靈丘縣東。

二年㈠（西元四五六年）

㈠春，正月，魏車騎大將軍樂平王拔有罪，賜死。

㈡鎮北大將軍南兗州刺史沈慶之請老，二月丙寅（初五日），以為左光祿大夫，開府儀同三司。慶之固讓，表疏數十上，又面自陳，乃至稽顙泣涕，上不能奪，聽以始興公就第，厚加給奉。頃之，上復欲用慶之，使何尚之往起之。尚之累陳上意，慶之笑曰：「沈公不效何公，往而復返㈡。」尚之慚而止。辛巳（二十日），以尚書右僕射劉延孫為南兗州刺史。

㈢夏，五月戊戌（初八日），以湘州刺史劉遵考為尚書右僕射。

㈣六月壬戌（初二日），魏改元太安。

㈤甲子（初四日），大赦。

㈥甲申（二十四日），魏主還平城㊂。

㈦秋，七月，癸巳（初四日），立皇弟休祐為山陽王，休茂為海陵王，休業為鄱陽王。

㈧丙辰（二十七日），魏主如河西。

㈨雍州刺史武昌王渾㊁，與左右作檄文，自號楚王，改元永光，備置百官，以為戲笑，長史王翼之封呈其手迹。八月庚申（朔），廢渾為庶人，徙始安郡。上遣員外散騎侍郎東海戴明寶詰責渾，因逼令自殺，時年十七。

㈩丁亥（二十八日），魏主還平城。

(十一)詔祀郊廟，初設備樂㊄，從前殿中曹郎荀萬秋之議也。

(十二)上欲削弱王侯，冬，十月己未（朔），江夏王義恭、竟陵王誕奏裁王侯車服、器用、樂舞制度凡九事，上因諷有司奏增廣為二十四條㊅，聽事不得南向坐，劒不得為鹿盧形㊆，內史相及封內官長止稱下官，不得稱臣，罷官則不復追敬，詔可。

⑬庚午（十二日），魏以遼西王常英為太宰。

⑭壬午（二十四日），以太傅義恭領揚州刺史，竟陵王誕為司空，領南徐州刺史，建平王宏為尚書令。

⑮是歲，以故氐王楊保宗子元和為征虜將軍，楊頭為輔國將軍。頭，文德之從祖兄也。元和雖楊氏正統㊇，朝廷以其年幼才弱，未正位號，部落無定主。頭先戍葭蘆，母、妻、子、弟並為魏所執㊈，而頭為宋堅守，無貳心，雍州刺史王玄謨上言，請以頭為假節，西秦州刺史，用安輯其眾，俟數年之後，元和稍長，使嗣故業；若元和才用不稱，便應歸頭；頭能藩扞漢川，使無虜患，彼四千戶荒州㊉，殆不足惜；若葭蘆不守，漢川亦無立理。上不從。

【今註】 ㊀孝建二年：是年六月，魏改元太安。㊁沈公不效何公，往而復返：議何尚之乞退而復仕也。事見卷一百二十六文帝元嘉二十八年。㊂甲申，魏主還平城：《魏書・文成帝紀》，是月戊寅，魏主畋於犢倪山，甲申，還宮。是月辛酉朔，戊寅十八日，甲申二十四日。㊃雍州刺史武昌王渾：

去年三月，以柳元景為雍州刺史，留建康未遣，去年六月，乃以武昌王渾刺雍州。㊄詔祀郊廟，初設備樂：胡三省曰：「晉氏南渡草創，二郊無樂，宗廟雖有登歌，亦無二舞。及破苻堅，得樂工，始有金石之樂。文帝元嘉二十二年，南郊，始設登歌。此所謂備樂，非能備雅樂，魏晉以來世俗之樂耳！順帝昇平二年，王僧虔則謂朝廷禮樂，多違舊典，蓋指此類。」㊅江夏王義恭、竟陵王誕奏裁王侯車服、器用、樂舞、制度凡九事，上因諷有司奏增廣為二十四條：《宋書．江夏文獻王義恭傳》有司奏曰：「車服以庸，虞書茂典；名器慎假，春秋明誡。是以尚方所制，漢有嚴律，諸侯竊服，雖親必罪。降於頃世，下僭滋極，器服裝飾，樂舞音容，通于王公，達于眾庶，上下無辨，民志靡壹。義恭所陳，實允禮度，九條之格，猶有未盡。謹共附益，凡二十四條：聽事不得南向坐、施帳幷藩國官；正冬不得跣登國殿及夾侍國師、傳令及油戟；公主、王妃傳令不得朱服；轝不得重棡部；扇不得雉尾；劍不得鹿盧形；槊毦不得孔雀白氅；夾轂隊不得絳襖；平乘誕馬不得過二匹；胡伎不得綵衣；舞伎正冬著袿衣不得裝面，冬會不得鐸舞、柈柸舞、長蹻、透狹舒劍、博山、緣大橦、升五案；自非正冬會，奏舞曲不得舞；諸妃、主不得著裩帶；信幡非臺省官悉用絳；郡縣內史、相及封內官長於其封君，既非在三罷官，則不復追敬；不合稱臣，宜止下官而已；諸鎮常行車前後不得過六隊，白直夾轂，不在其限；刀不得過銀銅為飾；諸王女封縣主、諸王子孫襲封之王妃及封侯者夫人行並不得鹵簿；諸王子繼體為王者，婚葬吉凶悉依諸國公侯之禮，不得同皇弟、皇子；車非軺車，不得油幢；平乘船皆下兩頭，作露平形，不得擬象龍舟，悉不得朱油；帳一不得作五花及豎笥形。」㊆劍不得為鹿盧形：晉灼曰：「古長劍首以玉作井鹿盧形。」鹿盧，滑車也，為劍首之飾。㈧元和雖楊氏正統：楊元和，保宗之子，保宗，氐王楊玄之子，故謂元和為楊氏正統。㈨頭先戍葭盧，母、妻、子、弟並為魏所執：《宋書・氐胡傳》楊頭戍葭盧在文帝元嘉二十七年。胡三省曰：「文帝元嘉二十年，魏克仇池，楊文德敗走，頭母、妻、子、弟為魏所執，當在是年。」㈩彼四千戶荒州：謂西秦州也。《宋書・氐胡傳》王玄謨表云：「頭使人言語，不敢便望仇池公，所希政在西秦州、假節而已。」秦州僻處西陲，地既荒遠，人口亦稀。

三年（西元四五七年）

㈠春，正月，庚寅（初四日），立皇弟休範為順陽王，休若為巴陵王。戊戌（十二日），立皇子子尚為西陽王。㈡壬子（二十六日），納右衛將軍何瑀女為太子妃。瑀，澄之曾孫也。

甲寅（二十八日），大赦。

㈢乙卯（二十九日），魏立貴人馮氏為皇后。后，遼西郡公朗之女也㈠。朗為秦、雍二州刺史，坐事誅，后由是沒入宮。

㈣二月丁巳（朔），魏主立子弘為皇太子，先使其母李貴人條記所付託兄弟，然後依故事，賜死㈡。

㈤甲子（初八日），以廣州刺史宗慤為豫州刺史。故事，府州部內論事，皆籤前直敘所論之事，置典籤以主之。宋世諸皇子為方鎮者多幼，時主皆以親近左右領典籤，典籤之權稍重。至是雖長王臨藩，素族出鎮，典籤皆出納教命，執其樞要，刺史不得專其職位。及慤為豫州，臨安㈢吳喜為典籤，慤刑政所施，喜每多違執。慤大怒，曰：「宗慤年將六十，為國竭命，正得一州如斗大，不能復與典籤共臨之。」喜稽顙流血，乃止。

㈥丁零數千家匿井陘山中為盜，魏選部尚書陸真㈣與州郡合兵討滅之。

㈦閏月戊午（初三日），以尚書左僕射劉遵考為丹楊尹。

㈧癸酉（十八日），鄱陽哀王休業卒。

㈨太傅義恭以南兗州刺史西陽王子尚有寵，將避之，乃辭揚州。秋，七月，解義恭揚州。丙子（二十三日），以子尚為揚州刺史。

時熒惑守南斗，上廢西州舊館，使子尚移治東城以厭之㊄。揚州別駕從事沈懷文曰：「天道示變，宜應之以德。今雖空西州，恐無益也。」不從。懷文，懷遠之兄也。

㈩八月，魏平西將軍漁陽公尉眷擊伊吾㊅，克其城，大獲而還。

㈩㈠九月壬戌（初十日），以丹楊尹劉遵考為尚書右僕射。

㈩㈡冬，十月甲申（初二日），魏主還平城㊆。

㈩㈢丙午（二十四日），太傅義恭進位太宰，領司徒。

㈩㈣十一月，魏以尚書西平王源賀為冀州刺史，更賜爵隴西王。賀上言曰：「今北虜遊魂，南寇負險，疆埸之間，猶須防戍。臣愚以為自非大逆，赤手殺人，其坐贓盜及過誤應入死者，皆可原宥，謫使守邊。則是已斷之體，受更生之恩，徭役之家，蒙休息之惠。」魏高宗從之㊇。久之，謂羣臣曰：「吾用賀言，一歲所活不少，增戍兵亦多。卿等人人如賀，朕何憂哉！」會武邑㊈人石華告賀謀反，有司以聞，帝曰：「賀竭誠事國，朕為卿等保之，無此明矣！」命精加訊驗，華果引誣㊉，帝誅之，因謂左右曰：

「以賀忠誠，猶不免誣謗，不及賀者，可無慎哉？」

(十五)十二月，濮陽太守姜龍駒、新平太守楊自倫棄郡奔魏㉑。

(十六)上欲移青、冀二州，併鎮歷城㉒，議者多不同。青、冀二州刺史垣護之曰：「青州北有河、濟，又多陂澤，非虜所向，每來寇掠，必由歷城，二州幷鎮此，經遠之略也。北又近河，歸順者易，近息民患，遠申王威，安邊之上計也。」由是遂定。

(十七)元嘉中，官鑄四銖錢，輪郭形制，與五銖同，用費無利㉓，故民不盜鑄，及上即位，又鑄孝建四銖，形式薄小，輪郭不成，於是盜鑄者眾。雜以鉛錫，翦鑿古錢，錢轉薄小，守宰不能禁，坐死免者相繼。盜鑄益甚，物價踊貴，朝廷患之。去歲春，詔錢薄小無輪郭者，悉不得行，民間喧擾。是歲，始興郡公沈慶之建議，以為：「宜聽民鑄錢，郡縣置錢署，樂鑄之家，皆居署內，平其準式，去其雜偽，去春所禁新品，一時施用。今鑄悉依此格，萬稅三千，嚴檢盜鑄㉔。」丹楊尹顏竣駁之，以為：「五銖輕重，定於漢世㉕，魏晉以降，莫之能改。誠以物貨既均，改之偽生故也。

今云去春所禁，一時施用，若巨細總行㊅而不從公鑄；利已既深，情偽無極，私鑄翦鑿，盡不可禁，財貨未贍，大錢已竭，數歲之間，悉為塵土矣！今新禁初行，品式未一，須臾自止，不足以垂聖慮。唯府藏空匱，實為重憂。今縱行細錢，官無益賦之理，百姓雖贍，無解官乏。唯簡費去華，專在節儉，求贍之道，莫此為貴耳！」議者又以為銅轉難得，欲鑄二銖錢。竣曰：「議者以為官藏空虛，宜更改鑄，天下銅少，宜減錢式以救交弊㊆，賑國舒民㊇。愚以為不然。今鑄二銖，恣行新細，於官無解於乏，而民間姦巧大興，天下之貨，將靡碎至盡空。嚴立禁而利深難絕，不一二年，其弊不可復救㊈。民懲大錢之改，兼畏近日新禁，市井之間，必生紛擾，遠利未聞，切患猥及。富商得志，貧民困窘，此皆甚不可者也！」乃止。

㈦魏定州刺史高陽許宗之求取不節，深澤㊉民馬超謗毀宗之，宗之毆殺超，恐其家人告狀，上超詆訕朝政。魏高宗曰：「此必妄也。朕為天下主，何惡於超而有此言？必宗之懼罪，誣超。」案驗，果然，斬宗之於都南。

㈩金紫光祿大夫顏延之卒。延之子竣貴重，凡所資供，延之一無所受，布衣茅屋，蕭然如故，常乘羸牛笨車，逢竣鹵簿㈡，即屏住道側。常語竣曰：「吾平生不喜見要人，今不幸見汝。」竣起宅，延之謂曰：「善為之，無令後人笑汝拙也。」延之嘗早詣竣，見賓客盈門，竣尚未起，延之怒曰：「汝出糞土之中，升雲霞之上㈢，遽驕傲如此，其能久乎？」竣丁父憂㈢，裁踰月，起為右將軍，丹陽尹如故。竣固辭，表十上，上不許，遣中書舍人戴明寶抱竣登車，載之郡舍㈣，賜以布衣一襲，絮以綵綸，遣主衣㈤就衣諸體。

【今註】㈠后，遼西郡公朗之女也：馮朗降魏見卷一百二十二文帝元嘉九年。㈡魏主立子弘為皇太子，先使其母李貴人條記所付託兄弟，然後依故事賜死：此師漢武帝立昭帝為太子故事也。㈢臨安：臨安縣，屬吳興郡。沈約曰：「吳分餘杭為臨水縣，晉武帝太康元年，更名臨安。」故城在今浙江省臨安縣北。㈣魏選部尚書陸真：《晉書．職官志》漢武帝置尚書五人，一人為僕射，四人分為四曹，其一曰常侍曹。光武改常侍曹為吏部曹，主選舉、齋祠，靈帝改吏部為選部，選部之名始見於此。胡三省曰：「後魏初，有殿中、樂部、駕部、南部、北部五尚書，選部尚書，蓋此時始置。」㈤時熒惑守南斗，上廢西州舊館，使子尚移治東城以厭之：胡三省曰：「斗，揚州分，故厭之。」厭，塞也，厭塞其禍也。㈥魏平西將軍漁陽公尉眷擊伊吾：李歆既為沮渠氏所滅，李寶北奔伊吾而據其地，復自伊吾南歸敦煌，歸誠於魏而伊吾復叛，故擊之。㈦冬十月甲申，魏主還平城：《魏書・文成帝紀》是年八月甲申，畋於河西，十月甲申，還宮。㈧魏高宗從之：高宗，魏文成帝廟號也，時文成未殂，不宜稱高宗，自此以下或作魏高宗，或作魏主，或作帝，其例不一，按史例皆當作魏主，《通鑑》於此因舊史之文而未遑更改也。㈨武邑：武邑縣，前漢屬信都國，後漢屬安平國，晉武帝分立武邑郡，故治即今河北省武邑縣。㈩引誣：自引服誣告之罪。㈡濮陽太守姜龍駒，新平太守楊自倫棄郡奔魏：濮陽郡，《宋書・州郡志》時屬兗州，蓋僑立也。新平郡，宋志屬南兗州，明帝泰始七年立，疑此時尚未有新平郡也。㈢上欲移青、冀二州，併鎮歷城：前此青州治東陽，冀州治歷城，今欲並為一鎮，俱治歷城也。㈢元嘉中，官鑄四銖錢，輪廓形制，與五銖同，用費無利：胡三省曰：「錢外圓為輪，內方為郭。言鑄一錢之費，適當一錢之用，無贏利也。」余按用費無利者，言用於鑄錢之本費而無贏利也。㈣嚴檢盜鑄：胡三省曰：「檢，束也，勘察也。」㈤五銖輕重，定於漢世：漢武帝元狩五年，始行五銖錢。㈥巨細總行：謂所有錢不分重輕厚薄，一體通行。㈦議者以為官藏空虛，宜更改鑄，天下銅少，宜減錢式以救交弊：胡三省曰：「官藏空虛，無錢以贍用，天下銅少，又無以鑄新錢，是交弊也，議者緣此欲改鑄小錢以救之。」㈧賑國舒民：裕濟國用，舒緩民困。㈨嚴立禁而利深難絕，不一二年，其弊不可復救：言為利深厚則盜鑄者必眾，雖嚴禁而不能止，如是不待一二年，將弊甚而不可復救也。㊂深澤：前漢置深澤縣，屬中山國，又置南深澤，屬涿郡，後漢省深澤縣，以南深澤屬安平國，後魏改曰深澤縣，屬博陵郡，故城在今河北省深澤縣東南。㊂逢竣鹵簿：胡三省曰：「導從之次第皆曰鹵簿。」㊂汝出糞土之中，升雲霞之上：《宋書‧顏延之傳》曰：「延之少孤貧，居負郭，室巷甚陋。」竣，延之之子。言其少出寒門，一旦富貴，居羣僚之右也。㊂竣丁父憂：郭璞曰：「丁，值也。」謂竣遭父喪也。㊃郡舍：丹楊尹廨也。㊄主衣：胡三省曰：「主衣，主御衣服，唐尚衣奉御之職也。」北齊於門下省置主衣局，掌供御服，然南朝宋時已有此職。

大明元年（西元四五八年）

㈠春，正月，辛亥朔，改元，大赦。

㈡壬戌（十二日），魏主畋于崞山㈠。戊辰（十八日），還平城。

㈢魏以漁陽王尉眷為太尉，錄尚書事。

㈣二月，魏人寇兗州，向無鹽，敗東平太守南陽劉胡㈡。詔遣太子左衞率薛安都將騎兵、東陽太守沈灋系將水軍向彭城以禦之，並受徐州刺史申坦節度。比至，魏兵已去。

先是羣盜聚任城㈢荊榛中，累世為患，謂之任榛。申坦請回軍討之，上許之。任榛聞之，皆逃散。時天旱，人馬渴乏，無功而還。安都、灋系坐白衣領職，坦當誅，羣臣為請莫能得。沈慶之抱坦哭於市曰：「汝無罪而死，我哭汝於市，行當就汝矣！」有司以聞，上乃免之。

㈤三月，庚申（十一日），魏主畋于松山。己巳（二十九日），還平城。

㈥魏主立其弟新成為陽平王。

㈦上自即吉㈣之後，奢淫自恣，多所興造。丹楊尹顏竣以藩朝舊臣㈤，數懇切諫爭，無所回避，上浸不悅。竣自謂才足幹時㈥，恩舊莫比，當居中永執朝政，而所陳多不納，疑上欲踈之，乃求外出，以占上意。夏，六月，丁亥（初九日），詔以竣為東揚州刺史，竣始大懼㈦。

㈧癸卯（二十五日），魏主如陰山。

㈨雍州所統多僑郡縣，刺史王玄謨上言僑郡縣無有境土，新舊錯亂，租課不時，請皆土斷㈧。秋，七月，辛未（二十四日），詔幷雍州三郡十六縣為一郡。郡縣流民不願屬籍㈨，訛言玄謨欲反。時柳元景宗彊，羣從多為雍部二千石㈩，乘聲皆欲討玄謨，玄謨令內外晏然，以解眾惑，馳使啟上，具陳本末。上知其虛，遣主書⑪吳喜撫慰之，且報曰：「七十老公，反欲何求？君臣之際，足以相保，聊復為笑，伸鄉眉頭耳！」玄謨性嚴，未嘗妄笑，故上以此戲之。

㈩八月，己亥（二十二日），魏主還平城。

⑪甲辰（二十七日）徙司空南徐州刺史竟陵王誕為南兗州刺史，以太子詹事劉延孫為南徐州刺史。

初，高祖遺詔以京口要地，去建康密邇，自非宗室近親，不得居之。延孫之先，雖與高祖同源，而高祖屬彭城，延孫屬莒縣⑫，從來不序昭穆⑬，上既命延孫鎮京口，仍詔與延孫合族，使諸王皆序長幼。

上閨門無禮，不擇親疎尊卑，流聞民間，無所不至。誕寬而有禮，又誅太子劭、丞相義宣，皆有大功⑭，人心竊向之。誕多聚才力之士，蓄精甲利兵，上由是畏而忌之，不欲誕居中，使出鎮京口，猶嫌其逼，更徙之廣陵⑮。以延孫腹心之臣，使鎮京口以防之。

⑾魏主將東巡，冬，十月，詔太宰常英起行宮於遼西黃山⑯。

⑿十二月，丁亥（十二日），更以順陽王休範為桂陽王⑰。

【今註】㊀崞山：鴈門郡崞縣有崞山，在今山西省漢源縣西北，漢於此置崞縣，縣以山名，後魏改曰崞山，屬繁時郡。㊁魏人寇兗州，向無鹽，敗東平太守南陽劉胡：無鹽縣，自漢以來屬東平郡，宋為東平郡治，故城在今山東省東平縣東。㊂任城：漢置任城縣，屬東平國，後漢分為任城國，東晉省郡為縣，宋時縣廢，其後北魏復置任城縣，為任城郡治，北齊改郡曰高平。故城在今山東省濟寧縣。㊃即吉：謂除喪。居喪者不與吉禮，故稱除喪曰即吉。㊄丹楊尹顏竣以藩舊臣：胡三省曰：「上為藩王時，竣為僚佐，是藩朝舊臣也。晉宋之間，郡曰郡朝，府曰府朝，藩王曰藩朝。宋武帝為宋王，齊高帝為齊王時曰霸朝。」㊅竣自謂才足干時：竣自謂才具足以濟世也。㊆詔以竣為東揚州刺史，竣始大懼：立東揚州見上孝建元年。前此竣但疑上欲疎己，至是知上之果欲疎己，故大懼。㊇土斷：就流民所居地置為郡縣，著民於籍以課其租賦，謂之土斷。斷，決也，斷流民使屬土著籍也。㊈屬籍：屬之於土而著之於籍。㊉時柳元景宗彊，羣從多為雍部二千石：羣從，謂元景羣從兄弟。二千石，郡守之職。《宋書・柳元景傳》，元景，河東解人，自曾祖卓以來即僑居襄陽，卓官至汝南太守，元景祖恬至西河太守，父憑，馮翊太守，而元景復顯於時，故為襄陽彊宗。㊁主書：胡三省曰：「主書，後漢尚書令史之職，漢尚書曹有主書令史二十一人。江左以來，中書省有主書。」㊂延孫之先，雖與高祖同源，而高祖屬彭城，延孫屬莒縣：《宋書・劉延孫傳》云：「彭城呂人，雍州刺史道產之子也。」〈武帝紀〉，高祖彭城縣人，呂、彭城二縣俱屬彭城郡，故曰同源也，此作莒縣恐誤。㊂從來不序昭穆：以其為疎屬也。㊃誕寬而有禮，又誅太子劭、丞相義宣，皆有大功：竟陵王誕起兵討劭見上卷文帝元嘉三十年，義宣反，誕復勸止上迎義宣，事見上。㊄上不欲誕居中，使出鎮京口，猶嫌其逼，更徙之廣陵：時南徐州治京口而南兗州治廣陵，誕蓋自揚州刺史徙刺南徐州，今復自南徐州徙為南兗州也。㊅黃山：《魏書・地形志》遼西郡肥如縣有黃山，肥如故城在今河北省盧龍縣北。㊆更以順陽王休範為桂陽王：孝建三年，初立休範為順陽王，至是徙封。休範，帝之弟也。

二年（西元四五九年）

㈠春，正月，丙午朔，魏設酒禁，釀、酤、飲者皆斬之㊀。吉凶之會，聽開禁，有程日㊁。魏主以士民多因酒致鬬，及議國政，故禁之。增置內外候官㈢，伺察諸曹及州鎮，或微服雜亂於府、寺間以求百官過失。有司窮治，訊掠取服，百官贓滿二丈者皆斬，又增律七十九章。

㈡乙卯（初十日），魏主如廣寧溫泉宮，遂巡平州㈣。庚午（二十五日），至黃山宮。二月，丙子（初二日），登碣石山，觀滄海。戊寅（初四日），南如信都，畋于廣川㈤。

㈢乙酉（十一日），以金紫光祿大夫褚湛之為尚書左僕射。

㈣丙戌（十二日），建平宣簡王宏以疾解尚書令，三月，丁未（初三日），卒。

㈤丙辰（十二日），魏高宗還平城，起太華殿㈥。是時，給事中郭善明性傾巧，說帝大起宮室。中書侍郎高允諫曰：「太祖始建都邑，其所營立，必因農隙，況建國已久，永安前殿足以朝會，西堂溫室足以宴息，紫樓足以臨望，縱有修廣，亦宜馴致㈦，不可倉猝。今計所當役，凡二萬人，老弱供餉，又當倍之，期半年可畢。一夫不耕，或受之飢，況四萬人之勞費，可勝道乎？此陛下所宜留心也！」帝納之。允好切諫，朝廷事有不便，允輒求見，帝常屏左右以待之㈧，或自朝至暮，或連日不出，羣臣莫知其所言。語或痛切，帝所不忍聞，命左右扶出，然終善遇之。時有上事為激訐者，帝省之，謂羣臣曰：「君父一也，父有過，子何不作書於眾中諫之，而於私室屏處㈨諫者，豈非不欲其父之惡彰於外邪？至於事君，何獨不然？君有得失，不能面陳，而上表顯諫，欲以彰君之短，明己之直，此豈忠臣所為乎？如高允者，乃忠臣也。朕有過，未嘗不面言，至有朕所不堪聞者，允皆無所避。朕知其過而天下不知，可不謂忠乎？」允所與同徵者游雅等㈩，皆至大官，封侯，部下吏⑪至刺史二千石者亦數十百人，而允為郎二十七年，不徙官⑫。帝謂羣臣曰：「汝等雖執弓刀，在朕左右，徒立耳⑬，未嘗有一言規正，唯伺朕喜悅之際，祈官乞爵，皆無功而至王公，允執筆佐我國家數十年，為益不小，不過為郎，汝等不自愧乎？」乃拜允中書令。

時魏百官無祿，允常使諸子樵采以自給。司徒陸麗言於帝曰：

「高允雖蒙寵待，而家貧，妻子不立㊁。」帝曰：「公何不先言？今見朕用之，乃言其貧乎？」即日至允第，惟草屋數間，布被緼袍㊄，廚中鹽菜而已。帝歎息，賜帛五百匹，粟千斛，拜長子悅為長樂太守，允固辭不許。

帝重允，常呼令公而不名，游雅常曰：「前史稱卓子康、劉文饒之為人，褊心者或不之信㊅，余與高子游處四十年，未嘗見其喜慍之色，乃知古人為不誣耳！高子內文明㊆而外柔順，其言吶吶㊇不能出口。昔崔司徒嘗謂余云：『高生豐才博學，一代佳士。所乏者矯矯風節耳！』余以為然。及司徒得罪，起於纖微，詔指臨責，司徒聲嘶㊈股栗，殆不能言，宗欽已下，伏地流汗，皆無人色，高子獨敷陳事理，申釋是非，辭義清辯，音韻高亮，人主為之動容，聽者無不神聳㊉，此非所謂矯矯者乎？宗愛方用事，威振四海，嘗召百官於都坐㊁，王公已下，皆趨庭望拜，高子獨升階長揖。由此觀之，汲長孺可以臥見衞青，何抗禮之有㊂？此非所謂風節者乎？夫人周未易知，吾既失之於心，崔又漏之於外㊂，此乃管仲所以致慟於鮑叔也㉔！」

㈥乙丑（二十一日），魏東平成王陸俟卒。

㈦夏，四月甲申（十一日），立皇子子綏為安陸王。

㈧帝不欲權在臣下，六月戊寅（初六日），分吏部尚書，置二人㉕，以都官尚書㉖謝莊、度支尚書㉗吳郡顧覬之為之，又省五兵尚書㉘。

初，晉世散騎常侍選望甚重，與侍中不異㉙，其後職任閑散，用人漸輕，上欲重其選，乃用當時名士臨海太守孔覬，司徒長史王彧為之。侍中蔡興宗謂人曰：「選曹要重，常侍閑淡，改之以名而不以實，雖主意欲為輕重，人心豈可變邪？」既而常侍之選復卑，選部之貴不異㉚。覬，琳之之孫；彧，謐之兄孫；興宗，廓之子也㉛。

裴子野論曰：「官人之難，先王言之尚矣㉜！周禮始於學校，論之州里，告諸六事㉝，而後貢于王庭。其在漢家，州郡積其功能，五府㉞撫為掾屬，三公參其得失，尚書奏之天子。一人之身，所閱者眾，故能官得其才，鮮有敗事。魏、晉易是，所失弘多。夫厚貌深衷，險如谿壑，擇言觀行，猶懼弗周，況今萬品千羣，俄折乎一面㉟，庶僚百位，專斷於一司㊱？於是囂風㊲遂行，不可抑止；干進務得，兼加諂瀆㊳。無復廉恥之風，謹厚之操，官邪國敗㊴，不可紀綱。假使龍作納言㊵，舜居南面，而治致平章，不可必也㊶，況後之官人者哉㊷？孝武雖分曹為兩㊸，不能反之於周，漢㊹，朝三暮四，其庸愈乎㊺？」

㈨丙申（二十四日），魏主畋于松山。庚午（二十八日），如河西。

㈩南彭城㊻民高闍沙門曇標，以妖妄相扇，與殿中將軍苗允等謀作亂，立闍為帝，事覺。甲辰（七月初二日），皆伏誅㊼，死者數十人。於是下詔沙汰諸沙門，設諸科禁，嚴其誅坐，自非戒行精苦，並使還俗，而諸尼多出入宮掖，此制竟不能行。

中書令王僧達，幼聰警能文，而跌蕩不拘㊽，帝初踐阼，擢為僕射，居顏劉㊾之右，自負才地㊿，謂當時莫及，一二年間，即望宰相，既而遷護軍，快快不得志，累啟求出，上不悅，由是稍稍下遷，五歲七徙（五一），再被彈削。僧達既恥且怨，所上表奏，辭旨抑揚，又好非議朝政，上已積憤怒，路太后兄子嘗詣僧達，趨升其榻，僧達令舁棄之（五二），太后大怒，固邀上，令必殺僧達。會高闍反，上因誣僧達與闍通謀。八月，丙戌（十五日），收廷尉，賜死。

沈約論曰：「夫君子小人，類物之通稱，蹈道則為君子，違之則為小人。是以太公起屠釣為周師，傅說去板築為殷相（五三），明敭幽仄（五四），唯才是與。逮于二漢，茲道未革，胡廣累世農夫，致位公相，黃憲牛醫之子，名重京師，非若晚代分為二途也（五五）。魏武始立九品，蓋以論人才優劣（五六），非謂世族高卑，而都正（五七）俗士，隨時俯仰，憑藉世資，用相陵駕。因此相沿，遂為成法，周漢之道，以智役愚，魏晉以來，以貴役賤，士庶之科，較然有辨矣！」

裴子野論曰：「古者德義可尊，無擇負販，苟非其人，何取世族？名公子孫，還齊布衣之伍，士庶雖分，本無華素（五八）之隔。自晉以來，其流稍改，草澤之士，猶顯清途。降及季年，專限閥閱（五九），自是三公之子，傲九棘之家（六〇），黃散之孫，蔑令長之室，轉相驕矜，互爭銖兩，唯論門戶，不問賢能。以謝靈運、王僧達之才華輕躁，使生自寒宗，猶將覆折，重以怙其庇廕，召禍宜哉！」

(十一)九月，乙巳（初四日），魏主還平城（六一）。

(十二)丙寅（二十五日），魏大赦。

(十三)冬，十月，甲戌（初四日），魏主北巡，欲伐柔然，至陰山。會雨雪，魏主欲還。太尉尉眷曰：「今動大眾以威北狄，去都不遠而車駕遽還，虜必疑我有內難。將士雖寒，不可不進。」魏主從之。辛卯（二十一日），軍于車崙山（六二）。

(十四)積射將軍（六三）殷孝祖築兩城於清水之東，魏鎮西將軍封敕文攻之，清口戍主振威將軍傅乾愛拒破之。孝祖，羡之曾孫也（六四）。上遣虎賁主（六五）龐孟蚪救清口（六六），【考異】宋顏師伯傳云：「魏遣清水公拾賁敕文，寇清口，世祖遣孟蚪及殷孝祖赴討。」魏本紀：「孝祖修兩城於清水東，詔封敕文擊之。」今從之。青、冀二州刺史顏師伯遣中兵參軍苟思達助之，敗魏兵於沙溝（六七）。師伯，竣之族兄也。上遣司空參軍卜天生將兵會傅乾愛及中兵參軍江方興（六八），共擊魏兵，屢破之，斬魏將窟瓌公等數人。

十一月，魏征西將軍皮豹子等將三萬騎助封敕文寇青州，顏師伯禦之，輔國將軍焦度刺豹子墜馬，獲其鎧矟具裝，手殺數十人。度，本南安氏也。

(六五)魏主自將騎十萬，車十五萬兩擊柔然，度大漠，旌旗千里。柔然處羅可汗遠遁，其別部烏朱駕顏等帥數千落降于魏。魏主刻石紀功而還。

(六六)初，上在江州，山陰戴法興、戴明寶、蔡閑為典籤；及即位，皆以為南臺侍御史，兼中書通事舍人(六九)。是歲，三典籤並以初舉兵預密謀，賜爵縣男。閑已卒，追賜之。時上親覽朝政，不任大臣，而腹心耳目不得無所委寄，灋興頗知古今，素見親待；魯郡巢尚之，人士之末，涉獵文史，為上所知，亦以為中書通事舍人，凡選授誅賞大處分，上皆與灋興、尚之參懷(七〇)，內外雜事，多委明寶。三人權重當時，而灋興、明寶大納貨賄，凡所薦達，言無不行，天下輻湊，門外成市，家產並累千金。

吏部尚書顧覬之獨不降意於灋興等，蔡興宗與覬之善，嫌其風節太峻。覬之曰：「辛毗有言：『孫、劉不過使吾不為三公耳(七一)！』」覬之常以為人稟命有定分，非智力可移，唯應恭己守道，而闇者不達，妄意僥倖，徒虧雅道，無關得喪(七二)。乃以其意命弟子原著定命論以釋之(七三)。

【今註】㊀釀、酤、飲者皆斬之：釀酒者、酤酒者、飲酒者皆斬。㊁程日：量日以為期限。㊂增置內外候官：胡三省曰：「魏自道武帝以來，有候官，今增其員。」㊃平州：《魏書・地形志》魏平州領遼西、北平二郡，凡五城，與遼西俱治肥如。㊄南如信都，畎于廣川：信都縣，漢為信都國治，後漢、晉屬安平國，《魏書・地形志》屬長樂郡，即今河北省冀縣。廣川縣，漢屬信都國，後漢屬清河國，晉屬勃海郡，《魏書・地形志》屬長樂郡，故城在今河北省棗強縣東北。酈道元曰：「長樂郡，故信都也。晉太康五年，改從今名。」㊅魏高宗還平城，起太華殿：《水經注》曰：「魏太和十六年，破太華，安昌諸殿，造太極殿東西臺及朝堂。」㊆馴致：猶曰漸致也。㊇帝常屏左右以待之：屏，退也，摒退左右侍從以待允也。胡三省曰：「屏左右者，欲其言無不盡。」㊈屏處：胡三省曰：「屏，蔽也，屏處，隱蔽之處。」㊉允所與同徵者游雅等：魏徵高允、游雅等見卷一百二十二文帝元嘉八年。⑪部下吏：胡三省曰：「部下吏，謂中書之吏嘗事允在部下者。」⑫允為郎二十七年不徙官：魏太武帝神䴥四年，徵允，拜中書博士，領著作郎，至是凡二十七年。⑬汝等雖執弓刀，在朕左右，徒立耳：胡三省曰：「言徒能侍立而不能規諫。」㊃妻子不立：言高允不能為妻子建立產業以自贍也。㊄縕袍：《論語・子罕》：「衣敝縕袍。」朱子注：「縕，枲著也；袍，衣有著者也，蓋衣之賤者。」枲著，謂以枲麻為絮著於衣中。㊅前史稱卓子康、劉文饒之為人，褊心者或不之信：《後漢書・卓茂傳》茂字子康，性寬仁恭愛，諄諄善誘，視人如子，舉善而教，口無惡言，嘗出行，有人認其馬，茂心知謬，嘿然與之，他日馬主別得所亡馬，乃送馬還茂，其不好爭如此。〈劉寬傳〉寬字文饒，嘗乘牛車出行，有失牛者就寬車中認之，寬無所言，下車步歸，有頃，認者得牛而送還前所認牛謝寬，寬曰：「物有相類，事容脫誤，幸勞見歸，何為謝之！」州里服其不校，游雅謂此二子者為前史所稱，然褊心之徒，或以為史文過譽之辭，而不信真有此美行也。㊆文明：有文采而明察。㊇吶吶：胡三省曰：「吶吶，言緩也。」㊈聲嘶：聲破也。哀號而聲不聚，故曰嘶。㊉高子獨敷陳事理，申釋是非，辭義清辯，音韻高亮，人主為之動容，聽者無不神聳：高允辯崔浩死非其罪事見卷一百二十五文帝元嘉二十七年。⑪宗愛方用事，威振四海，嘗召百官於都坐：魏宗愛用事，坐召公卿，見卷一百二十六元嘉二十九年。胡三省曰：「魏有都坐大官，魏之都坐，猶唐之朝堂也；或曰，都坐尚書，都坐，即唐之政事堂。」⑫由此觀之，汲長孺可以臥見衞青，何抗禮之有：胡三省曰：「言以高允之揖宗愛觀之，則汲黯可以臥見衞青，與之抗禮，未為過也。」余按游雅蓋謂以高允揖宗愛為比，以汲黯之戇直無畏，當敢於臥見衞青，何存有與青抗禮之念乎！汲黯，字長孺，與青抗禮事見卷十九漢武帝元朔五年。⑬吾既失之於心，崔又漏之於外：崔浩嘗語雅謂允乏矯矯風節，是漏其言於外，雅以浩言為然，則是失之於心也。㉔此乃管仲致慟於鮑叔也：管仲受知於鮑叔，叔歿，仲大慟，曰：「生我者父母，知我者鮑子也。」游雅引此以歎知人之未易。㉕分吏部尚書，置二人：《初學記》引《齊職儀》曰：「吏部專掌選職，魏晉以來，右於諸曹。」以其位任殊絕，故置二人以分其權。㉖都官尚書：漢置六曹尚書中，都官曹其一也，主水火盜賊事，魏晉省中都官曹，宋武帝即位，復置都官曹。㉗度支尚書：度支尚書曹魏始置，歷兩晉以來恒置，為八座之一，掌繕修功作鹽池園苑事，蓋東漢民曹尚書之職也。㉘五兵尚書：曹魏始置五兵尚書，歷兩晉至宋，省置無恒，蓋隋唐兵部尚書之職。㉙初，晉世散騎常侍選望甚重，與侍中不異：胡三省曰：「上之所遴簡為選，時之所瞻屬為望。」《晉書・職官志》：魏晉之世，散騎常侍與侍中共平尚書奏事，帝登殿，與侍中對扶，侍中居左，常侍居右，備切問近對，拾遺補闕。㉚常侍之選復卑，選部之貴不異：言常侍之選卑而選部貴重，不異於前時也。㉛覬，琳之之孫；或，謐之兄孫；興宗，廓之子也：孔琳之事桓玄，不務迎合，以鯁直稱於時；王謐識武帝於微時；蔡廓以方直著於宋初。㉜官人之難，先王言之尚矣：《書・皋陶》曰：「在知人。」禹曰：「惟帝其難之，知人則哲，能官人。」蓋官人之難，先王之言者尚矣！㉝六事：周之六卿也，周官以冢宰、司徒、宗伯、司馬、司寇、司空為六卿。㉞五府：漢制太傅位上公、太尉、司徒、司空為三公，及大將軍各開府辟置掾屬，是為五府。㉟折乎一面：胡三省曰：「折，斷也；一面，一覿之頃也。」㊱庶僚百位，專斷於一司：一司，謂尚書吏部曹。吏部掌銓選，貴重當世。㊲囂風：胡三省曰：「囂風，喧競之風。」㊳諂瀆：

《易・繫辭》曰：「君子上交不諂，下交不瀆。」瀆，慢也。㊴官邪國敗：《左傳》臧哀伯諫桓公曰：「國家之敗，由官邪也；官之失德，寵賂章也。」官邪，居官不正也。章與彰同。㊵龍作納言：胡三省曰：「尚書，古納言也。」納言，古官，司出納帝命，相傳舜為納言龍之後。㊶而致治平章，不可必也：謂平章之治，不可必致。堯典曰：「平章百姓。」孔安國曰：「百姓百官，平和章明。」㊷況後之官人者哉：言風俗諂瀆，無復廉恥，雖虞舜為政，猶不可必致平章之治，況後之官人者皆干進務得之徒乎！㊸孝武雖分曹為兩：謂分吏部為兩尚書。㊹不能反之於周、漢：言不能回復周、漢之治。㊺朝三暮四，其庸愈乎：《莊子》曰：「狙公賦芧，曰：『朝三而暮四。』眾狙皆怒，曰：『然則朝四而暮三。』眾狙皆悅。名實未虧而喜怒為用，亦因是也。」裴子引此為喻，謂孝武雖分吏部為兩尚書，其無濟於時弊一也。㊻南彭城：東晉僑立南彭城於晉陵郡界，其地今闕。㊼甲辰，皆伏誅：《宋書・孝武帝紀》，高闍等伏誅在七月甲辰，七月癸卯朔，甲辰初二日，《通鑑》脫七月二字。㊽跌蕩不拘：李賢曰：「跌蕩，無儀檢也，放縱也。」不拘，言其不拘常節。㊾顏、劉：顏竣、劉延孫，俱帝心腹之臣。㊿才地：才謂才具；地，門地也。(51)五歲七徙：謂五歲之中，凡七徙其官。(52)路太后兄子嘗詣僧達，趨升其榻，僧達令舁棄之：《宋書・后妃傳》，瓊之，路太后弟道慶之子也。瓊之第與太常王僧達並門，嘗盛車服衛從造僧達，僧達不為禮也。僧達傳孝建三年，除太常，大明元年，遷左衛將軍領太子中庶子，則僧達辱瓊之事在孝建三年，史因其死而追書之也。路太后出身寒微，第以色貌選入後宮，故僧達輕之。(53)是以太公起屠釣為周師，傅說去板築為殷相：太公未達，屠牛於朝歌。垂釣於渭濱，周文王迎以為師；傅說微時，築於傅巖之野，殷高宗起以為相。(五四)明敭幽仄：〈堯典〉曰：「明明揚側陋。」謂明哲者明舉之，隱匿微賤者揚顯之。言堯惟德官人，而不拘貴賤也。敭與揚同，仄猶側也。(五五)非若晚代分為二途也：二途，謂世族與寒門。(五六)魏武始立九品，蓋以論人才優劣：詳見卷八十一晉武帝太康五年。(五七)都正：謂諸州大中正。(五八)華素：胡三省曰：「華，榮也，輝也，故榮貴之族謂之華宗，其子弟謂之華胄；素，白也，質也，故白屋謂之素門，寒士謂之素士。」(五九)閥閱：太史公曰：「明其等曰閥，積其功曰閱。」顏師古曰：「伐，積功也；閱，經歷也。」伐與閥同。故世冑之家，謂之閥閱。(六〇)自是三公之子，傲九棘之家：《周禮・朝士》曰：「左九棘，孤卿大夫位焉，羣士在其後；右九棘，公侯伯子男位焉，羣吏在其後。」蓋樹棘以為朝臣之位，後世直謂九棘為九卿。三公閥閱較九卿為高，故傲之，言時人憑藉世資以相陵駕也。下黃散之孫，蔑令長之室，其義同。(六一)魏主還平城：自河西還。(六二)車崙山：《魏書・文成帝紀》作車輪山。《魏書・地形志》肆州秀容郡敷城縣有車輪泉神，胡三省以為近之。(六三)積射將軍：沈約曰：「前漢至魏無積射將軍號，晉太康十年，立射營、弩營，始置積射將軍、彊弩將軍主之。」(六四)孝祖，羨之曾孫也：殷羨，殷浩之父，仕晉至光祿勳。(六五)虎賁主：胡三省曰：「虎賁主，主虎賁士。」(六六)清口：胡三省曰：「按此清口，非清入淮之口，乃濟水與汶水合之口。水經：『濟水東北過壽張縣西安民亭南，汶水從東北來注之。』注云：『戴延之所謂清口也。』」(六七)沙溝：《水經》曰：「濟水自壽張縣西界安民亭南北過須昌縣西，又北過穀城縣西，又北過臨邑縣東，又東北過盧縣北。」注曰：「中川水出山茌縣之分水嶺，西北流與賓溪水合，北逕盧縣故城東，而北流入濟，俗謂之沙溝水。」(六八)中兵參軍江方興：胡三省曰：「江方興蓋司空中兵參軍。」(六九)皆以為南臺御史，兼中書通事舍人：御史臺謂之南臺，杜佑曰：「御史臺在宮闕西南，故名。」《宋書・百官志》，晉初於中書置舍人一人，通事一人，江左初，合舍人、通事，謂之通事舍人，後省通事，宋初，又置通事舍人四人。通事舍人，掌呈奏案章。(七〇)凡選授誅賞大處分，上皆與瀍興、尚之參懷：胡三省曰：「宋、齊之間，凡參決機務，率皆謂之參懷。」(七一)辛毗有言，孫、劉不過使吾不為三公耳：《三國魏志・辛毗傳》，魏明帝時，中書監劉放、中書令孫資見信於上，制斷時政，大臣莫不交好，而毗不與往來，毗子敞諫曰：「今劉、孫用事，眾皆影附，大人宜少降意，和光同塵，不然必有謗言。」毗正色曰：「吾之立身，自有本末，就與劉、孫不平，不過令吾不作三公而已，何危害之有！焉有大丈夫欲為公而毀其高節者邪！」(七二)得喪：得失也。(七三)命弟子原著定命論以釋之：著定命論以闡釋立身處世之道。原，《宋史・顧覬之傳》作愿。

卷一百二十九　宋紀十一

司馬光編集
林瑞翰註

起屠維大淵獻，盡閼逢執徐，凡六年。（己亥至甲辰，西元四六〇年至四六五年）

世祖孝武皇帝下

大明三年（西元四六〇年）

㈠春，正月，己巳朔，兗州兵與魏皮豹子戰于高平，兗州兵不利。

㈡己丑（二十一日），以驃騎將軍柳元景為尚書令，右僕射劉遵考為領軍將軍。

㈢己酉（二月十一日），魏河南公伊馛卒㊀。

㈣二月，乙卯（二十九日），以揚州六郡為王畿，更以東揚州為揚州，徙治會稽，猶以星變故也㊁。

㈤三月庚寅（二十三日），以義興太守垣閬為兗州刺史。閬，遵之子也㊂。

㈥夏，四月，乙巳（初八日），魏主立其弟子推為京兆王。

聚糧治仗。

㈦竟陵王誕知上意忌之，亦潛為之備，因魏人入寇，修城浚隍，聚糧治仗。誕記室參軍江智淵知誕有異志，請假，先還建康，上以為中書侍郎。智淵，夷之弟子也㊃，少有操行，沈懷文每稱之曰：「人所應有盡有，人所應無盡無者，其唯江智淵乎！」是時道路皆云誕反，會吳郡民劉成上書稱息道龍昔事誕，見誕在石頭城，修乘輿灋物，習唱警蹕㊄，道龍憂懼，私與伴侶言之，誕殺道龍；【考異】宋略作道就，今從宋書。又豫章民陳談之上書，稱弟詠之在誕左右，見誕書陛下年紀、姓諱，往巫鄭師憐家祝詛，詠之密以啟聞，誕誣詠之乘酒罵詈，殺之。上乃令有司奏誕罪惡，請收付廷尉治罪。乙卯（十八日），詔貶誕爵為侯，遣之國。詔書未下，先以羽林禁兵配兗州刺史垣閬，使以之鎮為名，與給事中戴明寶襲誕。閬至廣陵，誕未悟也。明寶夜報誕典籤蔣成，使明晨開門為內應，成以告府舍人㊅許宗之，宗之入告誕。誕驚起，呼左右及素所畜養數百人，執蔣成，勒兵自衛。天將曉，明寶與閬帥精兵數百人猝至，而門不開，誕已列兵登陴，自在門上斬蔣成，赦作徒繫囚㊆，開門擊閬，殺之，【考異】宋略云：「己亥，殺閬。」按本紀，乙卯，貶誕爵。今從之。明實從閒道逃還。詔內外纂嚴。【考異】宋略：「乙亥，纂嚴。」按長曆是月戊戌朔，無乙亥，蓋己亥也。以始興公沈慶之為車騎大將軍，開府儀同三司，南兗州刺史，將兵討誕。

甲子（二十七日），上親總禁兵，頓宣武堂。

司州刺史劉季之，誕故將也㊇。素與都督宗慤有隙㊈，聞誕反，恐為慤所害，委官閒道自歸朝廷。至盱眙，盱眙太守鄭瑗疑季之與誕同謀，邀殺之。

沈慶之至歐陽㊉，誕遣慶之宗人沈道愍齎書說慶之，餉以玉環刀，慶之遣道愍反，數以罪惡。誕焚郭邑，驅居民，悉使入城，閉門自守，分遣書檄邀結遠近。時山陽內史梁曠家在廣陵，誕執其妻子，遣使邀曠，曠斬使拒之，誕怒，滅其家。

誕奉表投之城外曰：「陛下信用讒言，遂令無名小人，來相掩襲，不任枉酷，即加誅翦。雀鼠貪生，仰違詔敕。今親勒部曲，鎮扞徐、兗，先經何福，同生皇家㊁？今有何愆，便成胡越㊂？陵鋒蹈戈，萬沒豈顧㈢？盪定之期，冀在旦夕㈣。」又曰：「陛下宮帷之醜，豈可三緘㈤？」上大怒，凡誕左右腹心，同籍朞親㈥，在建康者，並誅之，死者以千數，或有家人已死，方自城內出奔者。

慶之至城下，誕登樓謂之曰：「沈公垂白之年㈦，何苦來此？」慶之曰：「朝廷以君狂愚，不足勞少壯故耳！」上慮誕奔魏，使慶之斷其走路。慶之移營白土，去城十八里，又進軍新亭㈧，豫州刺史宗慤、徐州刺史劉道隆並帥眾來會。兗州刺史沈僧明，慶之兄子也，亦遣兵助慶之。

先是誕誑其眾云：「宗慤助我。」慤至，繞城躍馬呼曰：「我宗慤也。」誕見諸軍大集，欲棄城北走，留中兵參軍申靈賜守廣陵，自將步騎數百人，親信並自隨，聲云出戰，邪趨海陵道㈨，慶之遣龍驤將軍武念追之。誕行十餘里，眾皆不欲去，互請誕還城。誕曰：「我還易耳，卿能為我盡力乎？」眾皆許諾，誕乃復還，築壇歃血以誓眾，凡府州文武皆加秩㈩，以主簿劉琨之為中兵參軍，琨之，遵考之子也㈡，辭曰：「忠孝不得並，琨之老父在，不敢承命。」誕囚之十餘日，終不受，乃殺之。

右衞將軍垣護之、虎賁中郎將殷孝祖等擊魏還，至廣陵，上並使受慶之節度。

慶之進營逼廣陵城，誕餉慶之食，提挈者百餘人，出自北門，慶之不開視，悉焚之。誕於城上授函表，請慶之為送㉒，慶之曰：「我受詔討賊，不得為汝送表，汝必欲歸死朝廷，自應開門遣使，吾為汝護送。」

㈧東揚州刺史顏竣遭母憂，送喪還都，上恩待猶厚。竣時對親舊有怨言，或語及朝廷得失，會王僧達得罪㉓，疑竣譖之，將死，具陳竣前後怨望誹謗之語，上乃使御史中丞㉔庾徽之劾奏，免竣官。竣愈懼，上啟陳謝，且請生命。上益怒，詔答曰：「卿訕訐怨憤，已孤本望，乃復過煩思慮，懼不自全，豈為下事上誠節之至邪？」及竟陵王誕反，上遂誣竣與誕通謀。五月，收竣付廷尉，先折其足，然後賜死。妻子徙交州，至宮亭湖㉕，復沈其男口。

㈨六月，戊申（十二日），魏主如陰山。

㈩上命沈慶之為三烽於桑里㊁㊅，若克外城，舉一烽；克內城，舉兩烽；擒劉誕，舉三烽。璽書督趣，前後相繼。慶之焚其東門，塞塹，造攻道，立行樓土山幷諸攻具㊁㊆。值久雨，不得攻城，上使御史中丞庾徽之奏免慶之官，詔勿問以激之。自四月至于秋七月，雨止，城猶未拔。上怒，命太史擇日將自濟江討誕，太宰義恭固諫，乃止。誕初閉城拒使者，記室參軍山陰賀弼固諫，誕怒，抽刀向之，乃止。誕遣兵出戰，屢敗，將佐多踰城出降。或勸弼宜早出，弼曰：「公舉兵向朝廷，此事既不可從，荷公厚恩，又義無違背，唯當以死明心耳！」乃飲藥自殺。參軍何康之謀開門納官軍，不果，斬關出降。誕為高樓，置康之之母於其上，暴露之，不與食，母呼康之，數日而死。誕以中軍長史濮陽范義為左司馬，義母妻子皆在城內。或謂義曰：「事必不振㊁㊇，子其行乎？」義曰：「吾人吏也㊁㊈，子不可以棄母，吏不可以叛君，必若何康之而活，吾弗為也！」

沈慶之帥眾攻城，身先士卒，親犯矢石，己巳（初三日），克其外城，乘勝而進，又克小城。誕聞兵入，走趨後園，隊主沈胤之等追及之，擊傷誕，墜水，引出斬之。誕母、妻皆自殺(三〇)。

上聞廣陵平，出宣陽門，敕左右皆呼萬歲。侍中蔡興宗陪輦，上顧曰：「卿何獨不呼？」興宗正色曰：「陛下今日正應涕泣行誅(三一)，豈得皆稱萬歲？」上不悅。

詔貶誕姓留氏，廣陵城中士民，無大小悉命殺之。沈慶之請自五尺以下全之，其餘男子皆死，女子以為軍賞，猶殺三千餘口。長水校尉宗越臨決，皆先刳腸抉眼，或笞面鞭腹，苦酒(三二)灌創，然後斬之，越對之欣欣若有所得。上聚其首於石頭南岸為京觀(三三)，侍中沈懷文諫，不聽。

初，誕自知將敗，使黃門呂曇濟與左右素所信者將世子景粹匿於民間，謂曰：「事若不濟，思相全脫；如其不免，可深埋之(三四)。」各分以金寶齎送。既出門，並散走，唯曇濟不去，攜負景粹十餘日，捕得斬之。臨川內史羊璿坐與誕素善，下獄死。

擢梁曠為後將軍，贈劉琨之給事黃門侍郎。

蔡興宗奉旨慰勞廣陵，興宗與范義素善，收斂其尸，送喪歸豫章㉕。上謂曰：「卿何敢故觸王憲？」興宗抗言對曰：「陛下自殺賊，臣自葬故交，何不可之有？」上有慙色㉖。

宗越治軍嚴㉗，善為營陳，每數萬人止頓，越自騎馬行前，使軍人隨其後，馬止營合，未嘗參差。

⑪辛未（初五日），大赦㉘。

⑫丙子（初十月），以丹陽尹劉秀之為尚書右僕射。

⑬丙戌（二十日），以南兗州刺史沈慶之為司空，刺史如故。

⑭八月庚戌（十五日），魏主如雲中，壬戌（二十七日），還平城。

⑮九月壬辰（二十七日），築上林苑於玄武湖北㉙。

⑯初，晉人築南郊壇於巳位，尚書右丞徐爰以為非禮，詔徙於牛頭山㊵西，直宮城之午位，及廢帝即位，以舊地為吉，復還故處。帝又命尚書左丞荀萬秋造五路，依金根車，加羽葆蓋㊶。

【今註】㈠己酉，魏河南公伊馛卒：《魏書・文成帝紀》在二月己酉，二月己亥朔，己酉十一日，

《通鑑》系己酉於正月誤。㊁以揚州六郡為王畿，更以東揚州為揚州，徙治會稽，猶以星變故也：揚州六郡謂丹陽、吳郡、吳興、淮南、宣城、義興。《宋書·州郡志》義興郡屬南徐州，沈約曰：「本屬揚州，明帝泰始四年度屬南徐。」是時蓋仍屬揚州也。置東揚州見上卷孝建元年，星變見上卷孝建三年。㊂闓，遵之子也：胡三省曰：「桓遵即桓苗也。」《水經注》引伏韜《北征記》，河濟之會有洛當城，宋武帝西征長安，令桓苗鎮此，俗謂之桓苗城。㊃智淵，夷之弟子也：江夷，江湛之父。湛為文帝所親任，死於太子劭之難。㊄會吳郡民劉成上書稱息道龍昔事誕，見誕在石頭城修乘輿法物，習唱警蹕：胡三省曰：「此蓋言誕為揚州刺史時事，誕時一心事上，必無是事，蓋劉道龍先為誕所殺，其父希旨誣告，以報其子之讎耳！」㊅府舍人：竟陵王府舍人。㊆作徒繫囚：作徒，坐徒罪而居作者；繫囚，繫獄見囚也。㊇司州刺史劉季之，誕之故將也：《宋書》竟陵王誕，誕守會稽，季之為參軍，誕起兵討太子劭，以季之為將，梁山之役，著有戰功。孝武紀，大明二年，以季之刺司州。㊈素與都督宗慤有隙：《宋書·竟陵王傳》，季之少年，嘗與宗慤共為蒲子戲，曾手侮之，慤深銜恨，至是慤為豫州刺史，都督司州，故季之恐為慤所害也。按《宋書·帝紀》及《宗慤傳》皆未言慤加都督，而慤傳云累遷豫州刺史，監五州諸軍事，都督司州當作監司州軍事也。⑩歐陽：《水經注》之歐陽埭也，在今江蘇省儀徵縣東北十里，去廣陵故城六十里。《水經注》春秋時吳將伐齊，築邗城於廣陵城東南，掘邗溝於城下以通江淮，自晉穆帝永和中，江都水斷，其水上承歐陽埭，引江入埭，六十里至廣陵城。⑪先經何福，同生皇家：竟陵王誕與孝武帝俱文帝之子，故誕云然。(十二)今有何愆，便成胡越：言本無罪而何遽見疎忌也。胡在北，越在南，故以喻疎遠。(十三)陵鋒蹈戈，萬沒豈顧：萬沒猶言萬死。謂今起兵，雖萬死不顧。(十四)溘定之期，冀在旦夕：言欲取帝位而代之。(十五)陛下宮帷之醜，豈可三緘：三緘，喻慎言也。《家語》孔子觀周，遂入后稷之廟，堂階之前有金人焉，三緘其口，而銘其背曰：「古之慎言人也。」誕謂帝閨門無禮，不擇親疎，令人不能無言。(十六)同籍朞親：胡三省曰：「同籍，諸同宗屬之籍者；朞親，謂朞喪之親也。」朞喪，朞服之喪也，凡本宗為祖父母、伯叔父母、嫡孫、兄弟、在室姑、姊妹、眾子、長子婦、姪、在室姪女，以及夫父母在者為妻，妾為家長父母，正妻子、在室己女，已嫁女為祖父母、父母所服之喪皆屬之。(十七)垂白之年：鬢髮白而下垂，故曰垂白，《宋書・沈慶之傳》作白首之年。(十八)慶之移營白土，去城十八里，又進軍新亭：胡三省曰：「此新亭在廣陵城外，非建康之新亭也。」慶之欲斷誕北走之路，故逼城而軍也。(十九)誕聲云出戰，邪趨海陵道：《宋書・州郡志》晉安帝分廣陵郡立海陵郡，治建陵，故城在今江蘇省泰縣東北。邪趨，不從正道也。誕聲言出戰，既出廣陵，乃邪出旁道而奔海陵也。(二十)凡府州文武皆加秩：府謂司空府及竟陵王府，州謂南兗州，加秩以厲之也。(二十一)琨之，遵考之子也：劉遵考時為尚書右僕射，在建康。(二十二)誕於城上授函表，請慶之為送：胡三省曰：「授，南史作投，當從之。誕之為此，以帝猜忍，欲以閒慶之也。」(二十三)會王僧達得罪：僧達死見上卷上年。(二十四)御史中丞：《晉書・職官志》曰：「御史中丞，本秦官也。秦時御史大夫有二丞，其一御史丞，其一為中丞。中丞外督部刺史，內領侍御史，受公卿奏事，舉劾案章，漢因之。哀帝元壽二年，中丞出外為御史臺主，歷漢東京至晉，因其制，以中丞為臺主。」《宋書・百官志》御史中丞其職掌與晉同，御史臺即南臺也。又《御覽》引謝靈運《晉書》曰：「漢官尚書為中臺，御史為憲臺，謁者為外臺，是為三臺。自漢罷御史大夫而憲臺猶置，以丞為臺主，中丞是也。」鄭樵《通志》曰：「御史之名，周官有之，蓋掌贊書而授法令，非今任也。戰國時秦趙澠池之會，各命御史書事，又淳于髡謂齊王曰：『御史在前』，則皆記事之任，至秦漢，為糾察之任。」㉕宮亭湖：宮亭湖，彭蠡之別名，即今之鄱陽湖。《水經注》曰：「廬山下有神廟，號曰宮亭廟，故彭湖亦有宮亭之稱焉！」彭湖即彭蠡湖。㉖桑里：胡三省曰：「桑里在廣陵城西南。」㉗立行樓，土山並諸攻具：胡三省曰：「為樓車，推進以攻城，故曰行樓。」按行樓，蓋藏人於樓中以避矢石，俟車傳城，乃自樓中躍登城桓。土山，築於城外，使高於城以俯瞰城中，並以攻城。㉘事必不振：言誕謀反事必不能成。㉙吾人吏也：范義自謂為人之佐吏。㉚誕母妻皆自殺：誕母，文帝殷修華，誕妃徐氏。㉛陛下今日正應涕泣行誅：胡三省曰：「謂同氣相殘，乃天理人倫之變，必若以義滅親，應涕泣而行誅也。」同氣，謂兄弟也。㉜苦酒：醯醋之屬也。㉝上聚其首於石頭南岸為京觀：《宋書・沈懷文傳》曰：「竟陵王誕據廣陵反，及城陷，士庶皆贏身鞭面，然後加刑，聚所殺人首於石頭南岸，謂之髑髏山。」杜預注《左傳》曰：「積尸封土其上，謂之京觀。」顏師古曰：「京，高丘也，觀，謂如闕形也。」㉞如其不免，可深埋之：謂若不免於難，可收景粹之尸而深埋之。㉟興宗與范義素善，收斂其屍，送喪歸豫章：《宋書・蔡興宗傳》興宗收義殯致喪歸豫章舊墓，其先世蓋自濮陽僑寓豫章也。㊱興宗抗言曰，陛下自殺賊，臣自葬故交，何不可之有，上有慙色：胡三省曰：「兄弟朋友，皆天倫也，興宗能不忘故交而帝忍誅屠同氣，故慙。」㊂㊆宗越治軍嚴：《宋書・宗越傳》，竟陵王誕反，越領馬軍隸沈慶之攻誕。㊂㊇大赦：以平廣陵肆赦也。㊂㊈築上林苑於玄武湖北：文帝元嘉二十三年，築北隄，立玄武湖於樂遊苑北，其地在臺城之後，故名玄武湖，又曰後湖。王鳴盛曰：「臺城古蹟可考者，以山與湖，其尤可據者，後湖也。江南通志第十一卷：『後湖在江寧府北二里，即玄武湖，一名練湖，晉元帝時為北湖，宋元嘉改玄武湖。引其水以入宮牆，苑囿山川，掩映如畫，六朝舊蹟，多出其間。』愚考建康實錄卷五：『東晉元帝大興三年，創北湖，築長隄以壅北山之水，東自覆舟山，西至宣武城。彼時未作新宮，宮與湖尚異地，至成帝作新宮，湖連後苑，後湖之名，約起於此。』南史宋文帝紀：『元嘉二十三年，築北隄，立玄武湖於樂遊苑北。』又建康實錄卷二十二：『宋文帝元嘉二十一年七月，甘露降樂遊苑。』注：『案輿地志，縣東北八里，其地舊是晉北郊，宋元嘉中，移郊壇出外，以其地為北苑，遂更興造樓觀於覆舟山，乃築隄壅水，號曰後湖，其山北臨湖水，後改曰樂遊苑，山上大設亭觀。大明中，又盛造正陽殿，梁侯景之亂，悉焚毀，至陳天嘉二年，更加修葺，陳亡，並廢。』又元和郡縣志第二十五卷：『玄武湖在上元縣北十里，周回二十五里。』又太平寰宇記卷九十江南東道云：『玄武湖在上元縣西北七里，周回四十里，東西兩派，下入秦淮，春、夏深七尺，秋、冬四尺，晉元帝創，宋元嘉築隄，齊武帝理水軍於此。其湖通後苑，又於湖側作大竇，引湖水入宮城內天池中，經歷宮殿，縈流迴轉，不舍晝夜。』唐、宋人所考如此。惟湖與宮迴轉，故賊臣侯景傳景引玄武湖水灌臺城，闕前御街並為洪波也。諸書言湖周四十里或二十五里，江南通志載余賓碩文，謂宋熙寧八年王安石奏廢湖為田，開十字湖，立四斗門以洩湖水，歲久湮塞，今所存者十分之二。雖湮塞猶存十之二，故王貽上尚有臺城眺後湖詩，古蹟可據者以此。」㊵牛頭山：《元和郡縣志》曰：「牛頭山在上元縣南四十里，山有二峯，東西相對，名曰雙闕。」在今江蘇省江寧縣南，一名牛首山。㊶帝又命尚書左丞荀萬秋造五路，依金根車，加羽葆蓋：《晉書．輿服志》曰：「玉、金、象、革、木等路，是為五路，並天子之法車，皆朱班漆輪，畫為櫨文，三十輻，重轂貳轄。玉、金、象三路，各以其物飾車，因以為名。革者，漆革；木者，漆木。其制玉路最尊，建太常十有二旒，九仞委地，畫日月升龍以祀天；金路建大旂九旒以會萬國之賓，亦以賜上公及王子母弟；象路建大旂，通赤無畫，所以視朝，亦以賜諸侯；革路建大白以即戎兵事，亦以賜四鎮諸侯；木路建大麾以田獵，其麾色黑，亦以賜藩國。玉路駕六黑馬，餘四路皆駕四馬。五路皆有錫鸞之飾，和鈴之響，鉤膺玉瓖，龍輈華轙，朱幘。法駕行則五路各有所主，不俱出。」《宋書．禮志》曰：「舊制，有大事，法駕出，五路各有所主，不俱出也，大明中，始制五路俱出。」胡三省曰：「五路之制，與金根車不同，加羽葆，蓋愈非古矣！」按金根車，秦、漢之乘輿也，蓋改殷桑根車之制而成，所謂乘殷之路者也。章懷曰：「金根，以金為飾。」

四年（西元四六〇年）

㈠春，正月，甲子朔，魏大赦，改元和平。

㈡乙亥（十二日），上耕籍田，大赦。

㈢己卯（十六日），詔祀郊廟，初乘玉路。

㈣庚寅（二十七日），立皇子子勛為晉安王，子房為尋陽王，子頊為歷陽王，子鸞為襄陽王。

㈤魏散騎侍郎馮闡來聘。

㈥二月，魏衞將軍樂安王良討河西叛胡㊀。

㈦三月，魏人寇北陰平㊁，朱提太守楊歸子擊破之㊂。【考異】宋帝紀：「索虜寇北陰平，孔提太守楊歸子擊破之。」宋略云：「索虜寇北降平，朱太守楊歸子擊破之。」按郡縣名無北降平及孔提北陰平，參酌二書，當為朱提。

㈧夏，四月，魏太后常氏殂㊃。五月，癸酉（十二日），魏葬昭太后於鳴雞山㊄。

㈨丙戌（二十五日），尚書左僕射褚湛之卒。

㈩吐谷渾王拾寅兩受宋、魏爵命，居止出入，擬於王者，魏人忿之。定陽侯曹安表言拾寅今保白蘭，若分軍出其左右，必走保南山，不過十日，人畜乏食，可一舉而定。六月，甲午（初四日），魏遣征西大將軍陽平王新成等督統萬、高平諸軍出南道，南郡公中山李惠等督涼州諸軍出北道，以擊吐谷渾。

㈩魏崔浩之誅也㈥，史官遂廢，至是復置。

⑴河西叛胡詣長安首罪㈦，魏遣使者安慰之。

⑵秋，七月，遣使如魏。

⑶甲戌（十四日），開府儀同三司何尚之卒。

⑷壬午（二十二日），魏主如河西。

⑸魏軍至西平㈧，吐谷渾王拾寅走保南山。九月，魏軍濟河追之，會疾疫，引還，獲雜畜三十餘萬。

⑹庚午（十一日），魏主還平城。

⑺丁亥（二十八日），徙襄陽王子鸞為新安王。

⑻冬，十月，庚寅（朔），詔沈慶之討緣江蠻。

⑼前廬陵內史周朗言事切直，上銜之㈨，使有司奏朗居母喪不如禮，傳送寧州，於道殺之。朗之行也，侍中蔡興宗方在直，請與

朗別，坐白衣領職㊉。

(廿一)十一月，魏散騎常侍盧度世等來聘。

(廿二)是歲，上徵青、冀二州刺史顏師伯為侍中。師伯以諂佞被親任，羣臣不及，多納貨賄，家累千金。上嘗與之摴蒲㊁，上擲得雉，自謂必勝，師伯次擲得盧㊂，上失色，師伯遽斂子曰：「幾作盧㊂。」是日，師伯一輸百萬。

(廿三)柔然攻高昌，殺沮渠安周，滅沮渠氏㊃。以闞伯周為高昌王，高昌稱王自此始。

【今註】㊀魏衞將軍樂安王良討河西叛胡：胡三省曰：「以下文叛胡詣長安首罪觀之，河西蓋謂自龍門東至華陰河之西岸也。」㊁魏人寇北陰平：陰平道，漢屬廣漢屬國都尉，晉立陰平郡，治陰平縣，即漢陰平道故治也，故城在今甘肅省文縣西北。晉永嘉後，陰平沒於氐羌，晉人之流寓於蜀者，仍於益州立南北二陰平，流寓於漢中者，亦於梁州立南北二陰平，宋因之，故《宋書・州郡志》凡有四陰平。㊂朱提太守楊歸子擊破之：《通鑑》考異曰：「宋帝紀、索虜傳：『北陰平，孔堤太守楊歸子擊破之。』宋略云：『索虜寇北降平，朱太守楊歸子擊破之。』按郡縣名無北降平及孔堤北陰平，參酌二書，當為朱提。」胡三省曰：「今按魏書地形志，武都郡有孔提縣，五代志武都建威縣，後周併西魏之孔堤郡及縣入焉。此時魏人蓋寇北陰平之孔堤，為北陰太守楊子歸所破也，當從宋紀。朱提郡在南中，時屬寧州，去陰平甚遠，蓋考異誤以宋紀、宋略二書所載合為朱提也，當讀作孔堤，屬上句。宋略所謂北降平，亦北陰平之誤，朱字於下文無所附著，當為衍字。」按胡梅磵考證，此文當作寇北陰孔堤，太守楊歸子擊破之。㊃魏太后常氏殂：常氏即保太后也，魏文成帝尊為皇太后，見卷一百二十七文帝元嘉三十年。㊄魏葬昭太后於鳴雞山，魏太后常氏謚曰昭：鳴雞山即廣陵之磨笄山也，俗謂之鳴雞山。《水經注》曰：「于延水東會黑城川水，又東逕大寧縣故城南，即廣寧也，又東南逕茹縣故城北，又東南逕鳴雞山西。魏土地記曰：『下洛城東北三十里有延河，東流，北有鳴雞山。』史記曰：『趙襄子殺代王於夏屋而并其土，襄子迎其姊於代。其姊，代之夫人也。至此曰：代已亡矣，吾將何歸乎！遂磨笄於山而自殺，代人憐之，為立祠焉，因名其山為磨笄山。』每夜有野雞羣鳴於祠屋上，故亦謂之為鳴雞山。」杜佑曰：「嬀州懷戎縣有鳴雞山，本名磨笄山。」唐懷戎縣，今察哈爾省懷來縣。㊅魏崔浩之見誅也：崔浩之誅見卷一百二十五文帝元嘉二十七年。㊆河西叛胡詣長安首罪：首罪，自陳其罪也。魏樂安王以兵威臨河西，故懼而首罪。㊇魏軍至西平：擊吐谷渾之軍也。胡三省曰：「西平，漢落都之地，禿髮所都樂都，即落都也，唐為鄯州。」蓋即今甘肅省樂都縣。㊈前廬陵內史周朗言事切直，上銜之：朗上疏言事見卷一百二十七文帝元嘉三十年。朗疏有曰：「細作始并，以為節儉，而市造華怪，即傳於民，如此則遷也，非罷也。」又曰：「凡無世不有言事，無時不有下令，然昇平不至，昏危相繼，何哉？設令之本非實故也。」故帝銜之。⑩朗之行也，侍中蔡興宗方在直，請與朗別，坐白衣領職：坐白衣領職者，坐罪褫其官爵，仍令領職事也。胡三省曰：「蔡興宗立於猜暴之朝，葬范義，別周朗，犯時主之怒而不加刑，素行有以孚乎人也。」《宋書・蔡興宗傳》云：「時上方盛淫宴，虐侮羣臣，自江夏王義恭以下，咸加穢辱，唯興宗以方直見憚，不被侵媟。」㈡摴蒲：摴蒲，古博戲也，摴亦作樗。㈢上擲得雉，自謂必勝，師伯次擲得盧：雉、盧俱摴蒲采名。《山堂肆考》曰：「古博戲以五木為子，有梟、盧、雉、犢、塞，為勝負之采，博頭有刻梟形者為最勝，盧次之，犢又次之，塞最下。」㈢幾作盧：言未得盧也。㈣柔然攻高昌，殺沮渠安周，滅沮渠氏：魏太武帝太延五年，克涼洲，沮渠無諱與弟安周西走，保據高昌，見卷一百二十三文帝元嘉十六年，至是為柔然所滅。

五年（西元四六一年）

㈠春，正月，戊午朔，朝賀，雪落太宰義恭衣，有六出，義恭奏以為瑞，上悅。義恭以上猜暴，懼不自容，每卑辭遜色，曲意祇奉，由是終上之世，得免於禍。

㈡二月辛卯（初四日），魏主如中山。丙午（十九日），至鄴，遂如信都。

㈢三月，遣使如魏。

㈣魏主發幷、肆州㊀民五千人，治河西獵道。辛巳（二十五日），還平城。

㈤夏，四月癸巳（初七日），更以西陽王子尚為豫章王。

㈥庚子（十四日），詔經始明堂直作大殿於丙巳之地，制如太廟，唯十有二間為異。

㈦雍州刺史海陵王休茂年十七，司馬新野庾深之行府事。休茂性急，欲自專處決，深之及主帥每禁之㊁，常懷忿恨。左右張伯超有寵，多罪惡，主帥屢責之，伯超懼，說休茂曰：「主帥密疏官過失㊄，欲以啟聞，如此恐無好㊃。」休茂曰：「為之柰何？」伯超曰：「惟有殺行事㊄及主帥，舉兵自衛。此去都數千里㊅，縱大事不成，不失入虜中為王。」休茂從之。

丙午（二十日），夜，休茂與伯超等帥夾轂隊㊆，殺典籤楊慶於城中，出金城，殺深之及典籤戴雙，徵集兵眾，建牙㊇馳檄，使佐吏㊈上已為車騎大將軍，開府儀同三司，加黃鉞㊉，侍讀博士㊁荀誅諫，休茂殺之。

伯超專任軍政，生殺在己。休茂左右曹萬期挺身斫休茂，不克而死。休茂出城行營㊂，諮議參軍沈暢之等帥眾閉門拒之，休茂馳還，不得入。義成太守薛繼考為休茂盡力攻城㊂，克之，斬暢之及同謀數十人。其日，參軍尹玄慶復起兵攻休茂，生擒斬之，母妻皆自殺㊃。同黨伏誅，城中擾亂，莫相統攝。中兵參軍劉恭之，秀之之弟也㊄，眾共推行府州事。繼考以兵脅恭之，使作啟事，言繼考立義，自乘驛還都，上以為北中郎諮議參軍，賜爵冠軍侯。事尋泄，伏誅。以玄慶為射聲校尉。

上自即位以來，抑黜諸弟，既克廣陵，欲更峻其科㊅。沈懷文曰：「漢明不使其子比光武之子，前史以為美談㊆。陛下既明管、蔡之誅，願崇唐、衛之寄㊇。」及襄陽平，太宰義恭探知上指，請裁抑諸王，不使任邊州，及悉輸器甲，禁絕賓客，沈懷文固諫以為不可，乃止。

(八)上畋遊無度，嘗出夜還，敕開門，侍中謝莊居守，以棨信㊈或虛，執不奉旨，須墨敕⑳乃開。上後因燕飲，從容曰：「卿欲效郅君章邪㉑？」對曰：「臣聞王者祭祀畋遊，出入有節。今陛下晨往宵歸，臣恐不逞之徒妄生矯詐，是以伏須神筆，乃敢開門耳！」

(九)魏大旱，詔州郡境內神無大小，悉灑掃致禱，俟豐登各以其秩祭之。於是羣祀之廢者，皆復其舊㉒。

(十)秋，七月，戊寅（二十四日），魏主立其弟小新成為濟陽王，加征東大將軍，鎮平原㉓；天賜為汝陰王，加征南大將軍，鎮虎牢㉔；萬壽為樂浪王，加征北大將軍，鎮和龍㉕，洛侯為廣平王。

(十一)壬午（二十八日），魏主巡山北。八月丁丑（魏九月二十四日），還平城㉖。

(十二)戊子（初四日），立皇子子仁為永嘉王，子真為始安王。

(十三)九月，甲寅朔，日有食之。

(十四)沈慶之固讓司空，柳元景固讓開府儀同三司，詔許之。仍命慶之朝會位次司空，俸祿依三司，【考異】宋略此事在戊戌，按長曆是月甲寅朔，無戊戌。元景在從公之上㉗。

慶之目不知書，家素富，產業累萬金，裏奴千計，再獻錢千萬，穀萬斛。先有四宅，又有園舍在婁湖㉘。慶之一夕攜子孫及中表親戚徙居婁湖，以四宅輸官。慶之多蓄妓妾，優游無事，盡意歡娛，非朝賀不出門，車馬率素從者不過三五人，遇之者不知其為三公也㉙。

(二五)甲戌（二十一日），移南豫州治于湖㉚。丁丑（二十四日），以潯陽王子房為南豫州刺史。

(二六)閏月，戊子（初五日），皇太子妃何氏卒，謚曰獻妃。

(二七)壬寅（十九日），更以歷陽王子頊為臨海王。【考異】宋略作項，今從宋書。

(二八)冬，十月甲寅（初二日），以南徐州刺史劉延孫為尚書左僕射，右僕射劉秀之為雍州刺史。

(二九)乙卯（初三日），以新安王子鸞為南徐州刺史。子鸞母殷淑儀，寵傾後宮㉛，子鸞愛冠諸子，凡為上所眄遇者，莫不入子鸞之府。及為南徐州，割吳郡以屬之㉜。

初，巴陵王休若為北徐州刺史，以山陰張岱為諮議參軍，行府州國事〔三三〕。後臨海王子頊為廣州，豫章王子尚為揚州，晉安王子勛為南兗州，岱歷為三府諮議，三王行事，與典籤主帥共事，事舉而情不相失。或謂岱曰：「主王〔三四〕既幼，執事多門〔三五〕，而每能緝和公私，云何致此？」岱曰：「古人言：『一心可以事百君。』我為政端平，待物以禮，悔吝之事，無由而及，明闇短長，更是才用之多少耳！」及子鸞為南徐州，復以岱為別駕行事。岱，永之弟也。

(廿)魏員外散騎常侍游明根等來聘。明根，雅之從祖弟也。

(廿一)魏廣平王洛侯卒。

(廿二)十二月壬申（二十日），以領軍將軍劉遵考為尚書右僕射。

(廿三)甲戌（二十二日），制民戶歲輸布四匹。

(廿四)是歲，詔士族雜婚者皆補將吏〔三六〕。士族多避役逃亡，乃嚴為之制，捕得即斬之，往往奔竄湖山為盜賊〔三七〕，沈懷文諫，不聽。

【今註】㊀肆州：《魏書・地形志》肆州治九原，道武帝天賜二年為鎮，太武帝太平真君七年，立為肆州。宋白曰：「十三州志云：『漢末大亂，匈奴侵邊，自定襄已西，盡云中、雁門之間遂空。曹公集荒郡之戶，聚之九原界以立新興郡，領五原等縣，即唐忻州定襄縣之地。』後魏書云：『太平二年，置肆州，寄理秀容城。秀容縣，忻州所治，即漢末所置九原縣也。」㊁休茂性急，欲自專處決，深之及主帥每禁之：胡三省曰：「主帥，典籤也，又齋內亦有主帥，謂之齋帥。」宋、齊之世，典籤之權重，《南齊書》戴僧靜有言曰：「諸州但聞有籤帥，不聞有刺史。」又竟陵王子良嘗問范雲曰：「士大夫何故詣籤帥？」雲曰：「詣長史以下皆無益，詣籤帥便有十倍之利，不詣何為？」籤帥謂典籤也。《南史・呂文顯傳》云：「故事，府州部內論事皆用籤，前敍所論之事，後書某官某籤，故府州置典籤掌之，本五品吏耳！宋季多以幼小王子出為方鎮，人主皆以親近左右為典籤，一歲中還都者數四，人主輒問以刺史之賢否，往往出於其口，於是威行州郡，權重藩君。齊明帝知之，始制諸州論事不得遣典籤，其任稍輕，其後仍復積重。」蓋典籤權重，宋世已然。㊂主帥密疏官過失：官謂海陵主休茂。八朝臣僚稱天子曰官，此稱休茂曰官，故欲尊之以促其反耳。㊃如此恐無好：謂籤帥果若疏王過失以啟聞，於王恐無好處也。㊄行事：謂庾深之也，江左以還，率謂行府事、行州事為行事。㊅此去都數千里：雍州鎮襄陽，去京都水行四千四百里，陸行二千一百里。㊆夾轂隊：《宋書・武三王傳》有司奏裁王侯制度二十四，其一曰諸鎮常行車前後不得過六隊，白直夾轂不在其限。胡三省曰：「宋諸王有夾轂隊，蓋左右親兵也，出則夾車為衞。」㊇建牙：牙，牙旗也，軍中號令之旗，以起兵故建牙旗。封演曰：「詩曰：『祈父予王之爪牙。』祈父，司馬，掌武備，象猛獸，以爪牙為衞，故軍前大旗，謂之牙旗。或云：『公門外刻木為牙，立於門側，以象獸牙。軍將之行，置牙竿首，懸旗於上。』其義一也。」㊈佐吏：府、州僚佐也。㊉加黃鉞：崔豹古今注：「黃鉞、玄鉞，三代通用之以斷斬。」《書・牧誓》曰：「王左杖黃鉞，右秉白旄。」漢魏以來，凡將軍之加黃鉞者，皆得專殺。㊀侍讀博士：胡三省曰：「侍讀博士，授諸王經者也。」㊁行營：巡視營屯。㊂義成太守薛繼考為休茂盡力攻城：《宋書・州郡志》義成郡，晉孝武帝立，治襄陽，《晉書・地理志》同。《清一統志》曰：「義成郡，晉書桓宣傳以為宣所置，在成帝時，而地理志及宋州郡志俱云孝武時立，當是中廢而復置耳！」薛繼考蓋與海陵王休茂同出行營，至是城門閉，乃為休茂攻襄陽也。㊃母、妻皆自殺：《宋書・文九王傳》，休茂母，文帝蔡美人。㊄中兵參軍劉恭之，秀之之弟也：秀之時為尚書右僕射。㊅欲更峻其科：欲更嚴諸王科禁以裁抑諸弟。㊆漢明不使其子比光武之子，前史以為美談：光武之子，明帝之弟也，事見卷四十五漢明帝永平十五年。㊇陛下既明管蔡之誅，願崇唐衞之寄：周公既誅管叔，囚蔡叔，封叔虞於唐，封陳叔於衞以藩屏周室。此言帝既克廣陵，平襄陽，以義滅親，更宜崇封諸弟，令帝室有磐互之固。㊈棨信：傳信也。棨者，刻木為符合也，其形如戟，故曰棨戟，凡出則吏執為前驅，所至關津，以棨示之，乃得過。㊉墨敕：手敕也。以墨書之，故曰墨敕。㊀卿欲效郅君章邪：郅惲字君章。東漢光武帝常出獵，車駕夜還，惲為洛陽門候，拒關不開，帝令從者見面於門間，惲曰：「火明遼遠。」遂不受詔。見卷四十三漢光武建武十三年。㊁於是羣祀之廢者，皆復其舊：魏罷羣祀見卷一百二十四文帝元嘉二十七年。㊂魏主立其弟小新成為濟陽王，加征東大將軍，鎮平原：胡三省曰：「大明元年，魏主立其弟新成為陽平王，此小新成，又陽平王之弟也。平原，河津之要，時魏未得青、齊，故於此置鎮。」按《魏書・文成帝紀》蓋封小新成為濟陰王，此誤為濟陽。㉔天賜為汝陰王，加征南大將軍，鎮虎牢：虎牢，中原重鎮，宋為司州刺史治，魏得之，置北豫州於此。㉕萬壽為樂浪王，加征北大將軍，鎮和龍：和龍，燕之舊都也，魏得之以為鎮，時為營州刺史治。㉖八月丁丑，還平城：《魏書・文成帝紀》八月丁丑，輿駕還宮。魏是年閏七月，宋閏七月，魏八月甲寅朔，丁丑二十四日，當宋九月二十四日，若宋八月則乙酉朔，無丁丑日也。㉗元景在從公之上：沈慶之位次司空，則柳元景朝會之位蓋在沈慶之下，從公之上也。晉制，文官左、右光祿、光祿三大夫、武官驃騎、車騎、衛將軍、伏波、撫軍、都護、鎮軍、中軍、四征、四鎮、龍驤、典軍、上軍、輔國等大將軍開府者，並位從公。㉘先有四宅，又有園舍在婁湖：《宋書・沈慶之傳》慶之有宅四所在建康清明門外。胡三省曰：「按南史，齊武帝永明元年，望氣者云新林婁湖東府西有王氣，正月甲子，築青溪舊宮，作新婁湖苑以厭之，則婁湖當在新林、東府間也。」《元和郡縣志》，湖溉田數十頃，吳張昭所開，昭封婁侯，故名婁湖，在今江蘇省江寧縣東南。㉙車馬率從者不過三五人，遇之者不知其為三公也：《宋書・沈慶之傳》慶之每朝賀，常乘豬鼻無幰車，左右從者不過三五人，騎馬履行園田政，一人視馬而已，每農桑劇月，或時無人，遇之者不知其為三公也。㉚移南豫州治于湖：《宋書・州郡志》曰：「永初二年，分淮東為南豫州，治歷陽，淮西為豫州，文帝元嘉七年，又分，五年，割揚州之淮南，宣城又屬焉，徙治姑孰。」胡三省曰：「按自宋元嘉以來，分立兩豫，豫州治淮西，南豫治壽陽，孝建之初，魯爽以南豫州刺史鎮壽陽，居然可知也。移南豫州於姑孰，實在大明五年。自永初至元嘉七年，兩豫必嘗復合，而所謂五年割揚州之淮南，宣城又屬焉，徙治姑孰者，蓋指帝之大明五年，後人傳寫沈志，於文帝元嘉七年又分，上下文皆有漏脫。」姑孰即于湖也，今安徽省當塗縣地。按《宋書・州郡志》揚州篇，淮南郡治于湖，宣城郡治宛陵，孝武大明六年以淮南郡並宣城郡，宣城郡徙治於湖，八年，復淮南郡，屬南豫州，明帝泰始三年，還屬揚州，而南豫篇大明五年以揚州之淮南，宣城屬南豫，泰始二年還屬揚州，二篇所載不同，今考〈孝武紀〉，則淮南，宣城二郡割屬南豫州，蓋在大明五年也。㉑子鸞母殷淑儀，寵傾後宮：王鳴盛曰：「孝武殷淑儀，南郡王義宣女也。義宣敗後，帝密取之，寵冠後宮，假姓殷氏云云。案義宣與文帝嫡兄弟，孝武帝文帝之子，與義宣之女乃從兄妹。沈約宋書后妃傳竟無殷淑儀傳，而江智淵傳中載寵姬宣貴妃殷氏卒，智淵議謚曰懷，上以不盡嘉號，甚銜之。但稱寵妃殷氏，亦絕不云是義宣女。又宋書目錄於孝武文穆王皇后之下固附有宣貴妃，即此殷氏也，乃目有而傳則無，此更可怪，約歷事齊，梁，何必諱宋之大惡？南史為勝。文帝子竟陵王傳，孝武遣車騎大將軍沈慶之討誕，誕自申於國無負，幷言帝宮闈之醜，謂此事也。」㉒及為南徐州，割吳郡以屬之：吳郡故屬揚州，近畿之大郡也，南徐治京口，精兵所出也，故帝以子鸞刺南徐，又割吳郡以屬之。㉓巴陵王休若為北徐州刺史，以山陰張岱為諮議參軍，行府州國事：府謂都府，州謂北徐州，國謂巴陵王國，時巴陵王休若兼督徐州。張岱蓋以巴陵王諮議參軍行府州國事。㉔主王：胡三省曰：「江左以來，諸王出鎮，僚屬呼為主王，諸公府僚呼為主公。」㉕執事多門：言執權者眾。如長史、參軍、別駕、主簿之屬，皆得預府州之事。㊁詔士族雜婚者皆補將吏：胡三省曰：「雜婚，謂與工商雜戶為婚也。」㊂往往奔竄湖山為盜賊：奔入湖山依其險阻而為盜賊。

六年（西元四六二年）

㈠春，正月，癸未（初二日），魏樂浪王萬壽卒。

㈡辛卯（初七日），上初祀五帝於明堂，大赦。

㈢丁未（二十六日），策秀孝㊀于中堂。揚州秀才顧瀍對策曰：「源清則流潔，神聖則刑全，躬化易於上風，體訓速於草偃㊁。」上覽之惡其諒也㊂，投策於地。

㈣二月，乙卯（初四日），復百官祿㊃。

㈤三月，庚寅（初十日），立皇子子元為邵陵王。

㈥初，侍中沈懷文數以直諫忤旨，懷文素與顏竣、周朗善，上謂懷文曰：「竣若知我殺之，亦當不敢如此。」懷文嘿然。侍中王彧言次稱竣、朗人才之美，懷文與相酬和，顏師伯以白上，上益不悅。上嘗出射雉㊄，風雨驟至，懷文與王彧、江智淵約相與諫。會召入雉場，懷文曰：「風雨如此，非聖躬所宜冒。」或曰：「懷文所啟宜從。」智淵未及言，上注弩，作色曰：「卿欲效顏竣邪？何以恒知人事？」又曰：「顏竣小子，恨不先鞭其面。」每上燕集，在坐者皆令沈醉，嘲謔無度，懷文素不飲酒，又不好戲調，上謂故欲異己，謝莊嘗戒懷文曰：「卿每與人異，亦何可久？」懷文曰：「吾少來如此，豈可一朝而變？非欲異物，性所得耳！」上乃出懷文為晉安王子勛征虜長史，領廣陵太守㊅。懷文詣建康朝正㊆，事畢，遣還，以女病求申期㊇，至是猶未發，免官，禁錮十年。懷文賣宅，欲還東㊈，上聞，大怒，收付廷尉。丁未（二十七日），賜懷文死。懷文三子，澹、淵、沖，行哭為懷文請命，見者傷之。

柳元景欲救懷文，言於上曰：「沈懷文三子，塗炭不可見㊉，願陛下速正其罪⑾。」上竟殺之。

㈦夏，四月，淑儀殷氏卒。【考異】殷淑儀，南郡王義宣女也，義宣敗後，帝密取之，假姓殷氏，左右宣泄者多死。或云，貴妃是殷琰家人，入義宣家，義宣敗，入宮，今從宋書。追拜貴妃，諡曰宣。上痛悼不已，精神為之罔罔㊂，頗廢政事。

(八)五月壬寅（二十三日），太宰義恭解領司徒。

(九)六月辛酉（十二日），東昌文穆公劉延孫㊂卒。

(十)庚午（二十一日），魏主如陰山。

(土)魏石樓胡賀略孫反㊃，長安鎮將陸真討平之。魏主命真城長蛇鎮㊄，氐豪仇傉檀反，真討平之，卒城而還。

(土)秋，七月，壬寅（二十四日），魏主如河西。

(圭)乙未（十七自），立皇子子雲為晉陵王㊅，是日卒，謚曰孝。

(古)初，晉庾冰議使沙門敬王者，桓玄復述其議，並不果行，至是上使有司奏曰：「儒、瀍枝派，名、墨條分㊆，至於崇親嚴上，厥猷靡爽㊇，唯浮圖為教，反經提傳，拘文蔽道，在末彌扇㊈。夫佛以謙卑自牧，忠虔為道，寧有屈膝四輩而簡禮二親，稽顙耆臘而直體萬乘者哉㊉？臣等參議以為沙門接見，比當盡虔㊁，禮敬之容，依其本俗。」九月戊寅（朔），制沙門致敬人主，及廢帝即位，復舊。

㈤乙未（十八日），以尚書右僕射劉遵考為左僕射，丹楊尹王僧朗為右僕射。僧朗，彧之父也。

㈥冬，十月，壬申（二十五日），葬宣貴妃於龍山㉒，鑿岡通道數十里，民不堪役，死亡甚眾㉓。自江南葬埋之盛，未之有也。又為之別立廟㉔。

㈦魏員外散騎常侍游明根等來聘。

㈧辛巳（十一月初五日），加尚書令柳元景司空㉕。

㈨壬寅（二十六日），魏主還平城㉖。

㈩南徐州從事史范陽祖沖之上言何承天曆踈舛猶多㉗，更造新曆，以為：「舊灋冬至日有定處，未盈百載，輒差二度，今令冬至日度歲歲微差，將來久用，無煩屢改；又子為辰首位，在正北，虛為北方列宿之中，今曆上元日度發自虛一㉘；又日辰之號，甲子為先，今曆上元歲在甲子；又承天灋日月五星各自有元，今灋文會遲疾，悉以上元歲首為始。」上令善曆者難之，不能屈，會晏駕，不果施行。

【今註】㊀秀孝：秀才、孝廉。㊁源清則流潔，神聖則刑全，躬化易於上風，體訓速於草偃：胡三省曰：「刑當作形。顧法對策之意，欲帝謹厥身於宮帷衽席之間，則可以化天下。」㊂上覽之，惡其諒也：諒，信也。帝覽法策，惡法所言誠信而不為上飾也。㊃復百官祿：文帝元嘉二十七年，以軍興減內外百官俸三之一，見卷一百二十五，既而內難頻仍，日不暇給，至是始復百官祿。㊄上嘗出射雉：胡三省曰：「自曹魏以來，人主率好自出射雉。」趙翼曰：「南朝都金陵，無蒐狩之地，故嘗以射雉為獵。宋明帝射雉，至日中無所得，甚慚，曰：『吾旦來如皋，遂空行可笑。』褚炫對曰：『今節候雖適，而雲霧尚凝，故斯翬之禽，驕心未警。』帝意解，乃於雉場置酒，見宋書褚炫傳。帝至巖山射雉，有一雉不肯入場，日暮將返，留晉平王休祐待之，令勿得雉勿返，休祐便馳去，上令壽寂之等追之，蹴令墜馬死，見休祐傳。齊武帝永明六年，邯鄲超諫射雉，上為之止，久之，超竟誅，後又射雉，竟陵王子良又諫止，見子良傳。東昏置雉場二百九十六處，翳中帷幛，皆紅綠錦為之，有鷹犬隊主、翳隊主等官，見齊紀。」㊅上乃出懷文為晉安王子勛征虜長史，領廣陵太守：時晉安王子勛以征虜將軍刺南兗州，以懷文為長史，領廣陵太守。㊆懷文詣建康朝正：朝正月正旦。㊇申期：胡三省曰：「申，重也，申期，重為之期。」㊈懷文賣宅，欲還東：《宋書・沈懷文傳》，懷文吳興人，吳興在建康之東，懷文蓋欲還吳興也。㊉塗炭不可見：塗炭，謂若墜塗泥炭火之中，《書・仲虺之誥》曰：「有夏昏德，民墜塗炭。」塗炭不可見，言其困苦令人不忍卒睹也。㊁願陛下速正其罪：胡三省曰：「言速正其罪者，婉而導之，謂若正其罪，當不至於死也。」㊂罔罔：失志貌。

《楚辭・悲回風》：「超惘惘而遂行。」惘與罔同。㊂東昌文穆公劉延孫：《宋書・州郡志》廬陵郡有東昌國，吳立，劉延孫蓋封於是，故城在今江西泰和縣西。㊃魏石樓胡賀略孫反：胡三省曰：「石樓胡即吐京胡也，吐京有石樓山，隋廢吐京郡為石樓縣，唐屬隰州。」《魏書・地形志》有吐京郡，並置縣，故治今山西省石樓縣。㊄魏主命真城長蛇鎮：長蛇鎮，即《水經注》之長蛇戍。水經注曰：「渭水又東南出石門，度小隴山，逕南由縣南，東與楚水合，世所謂長蛇水。長蛇水出汧縣之數歷山，南流逕長蛇戍。東魏和平三年築，徙諸流民以遏隴寇。」南由縣，後魏置，故城在今陝西省隴縣西南，長蛇戍在縣之東南。㊅乙未，立皇子雲為晉陵王：七月己卯朔，乙未十七日，當繫壬寅前。㊆儒、法枝派，名、墨條分：言儒、法、名、墨諸家並行於世也。《漢書・藝文志》曰：「儒家助人君順陰陽，明教化，游文於六經之中，留意於仁義之際，祖述堯舜，憲章文武，宗師仲尼，以重其言。法家信賞必罰，以輔禮制。名家正名，名位不同，禮亦異數。墨家貴儉兼愛，上賢右鬼，非命尚同。」季振宜曰：「順四時而行，是以非命；以孝視天下，是以上同。」㊇至於崇親嚴上，厥猷靡爽：嚴亦崇也，言至於尊崇親上，儒、法、名、墨，其道無有不同。㊈唯浮圖為教，反經提傳，拘文蔽道，在末彌扇：胡三省曰：「釋氏以自西天竺來者為經，中國沙門譯而演其義者為傳。提，拈掇也。」謂中國沙門傳註佛經，多違經義，奉浮圖之教者，拘於傳文，遂使其道，蔽而不彰，及其流末，拘文蔽道之勢愈熾。㊉寧有屈膝四輩而簡禮二親，稽顙耆臘而直體萬乘者哉：謂佛以謙卑自厲，忠虔為道，寧有禮拜四輩、老僧而簡禮不屈於君親之理者乎！此所謂其流末拘於文義而使其道蔽而不彰者也。佛教天臺家以聲聞、緣覺、菩薩、佛為四聖，亦謂之四輩；耆，老也；臘者，僧徒受戒後之年齡也，故僧年亦曰僧臘，蓋僧徒受戒後，須坐禪修學九旬，名曰臘，一歲一臘，故視其臘之多寡而知其僧齡。《太平廣記》齊君房至靈隱寺翦髮具戒，語李文曰：「我生五十有七矣，僧臘方十二。」言剃度為僧，僅歷十二年耳！㉑比當盡虔：比，並也，言沙門接見之際，並當同於俗人，盡其虔敬之禮。㉒龍山：《九域志》江寧府有龍山，江寧府即建康。㉓死亡甚眾：死謂死者，亡謂逃亡者。㉔又為之別立廟：胡三省曰：「古者宗廟之制，妾祔於妾祖姑，漢氏以來，薄太后生文帝，鉤弋夫人生昭帝，皆就園置寢廟，未嘗別立廟也。史言帝溺於女寵，縱情敗禮。」㉕辛巳，加尚書令柳元景司空：《宋書・孝武紀》在十一月，十一月丁丑朔，辛巳初五曰。㉖魏主還平城：還自河西。㉗南徐州從事史范陽祖沖之上言何承天曆疎舛猶多：何承天撰曆見卷一百二十四又帝元嘉二十一年。㉘今曆上元日度發自虛一：胡三省曰：「所謂今曆、今法，皆祖沖之更造者也。曆家分上元、中元、下元甲子，各六十年，凡一百八十年而下元甲子終矣，復於上元甲子。」虛，虛宿也，二十八宿之一，為北方玄武七宿之第四宿，有星二，虛一即虛宿一星也。

七年（西元四六三年）

㈠春，正月，丁亥（十二日），以尚書右僕射王僧朗為太常，衛將軍顏師伯為尚書僕射。

上每因宴集，使羣臣自相嘲訐㈠以為樂。吏部郎江智淵素恬雅，漸不會旨㈡。嘗使智淵以王僧朗戲其子彧，智淵正色曰：「恐不宜有此戲。」上怒曰：「江僧安癡人，癡人自相惜。」僧安，智淵之父也。智淵伏席流涕㈢，由是恩寵大衰。又議殷貴妃諡曰懷。上以為不盡美，甚銜之。它日，與羣臣乘馬至貴妃墓，舉鞭指墓前石柱㈣，謂智淵曰：「此上不容有懷字。」智淵益懼，竟以憂卒。

【考異】宋略曰：「帝既以僧安辱智淵，自是詆之無度，智淵不堪其恥，退而自殺。」今從宋書。

㈡己丑（十四日），以尚書令柳元景為驃騎大將軍，開府儀同三司。

㈢二月甲寅（初九日），上巡南豫、南兗二州。丁巳（十二日），校獵於烏江㈤。壬戌（十七日），大赦。甲子（十九日），如瓜步山。壬申（二十七日），還建康。

㈣夏，四月，甲子（二十日），詔自非臨軍戰陳，並不得專殺，其罪應重辟者，皆先上須報㈥，違犯者以殺人論。

(五)五月丙子(初二日),詔曰:「自今刺史、守宰,動民興軍,皆須手詔施行,唯邊隅外警及姦釁內發變起倉猝者,不從此例。」

(六)戊辰(五月,乙亥朔,無戊辰),以左民尚書蔡興宗、左衞將軍袁粲為吏部尚書㊆,粲,淑之兄子也㊇。

上好狎侮羣臣,自太宰義恭以下,不免穢辱。常呼金紫光祿大夫王玄謨為老傖,僕射劉秀之為老慳;顏師伯為齴㊈,其餘短長肥瘦,皆有稱目。黃門侍郎宗靈秀體肥,拜起不便,每至集會,多所賜與,欲其瞻謝傾踣以為歡笑,又寵一崑崙奴㊉,令以杖擊羣臣,尚書令柳元景以下,皆不能免,唯憚蔡興宗方嚴,不敢侵媟。顏師伯謂儀曹郎㊁王耽之曰:「蔡尚書常免昵戲,去人實遠。」耽之曰:「蔡豫章昔在相府㊂,亦以方嚴不狎,武帝宴私之日,未嘗相召,蔡尚書今日可謂能負荷矣㊃!」

(七)壬寅(二十八日),魏主如陰山。

(八)六月,戊辰(二十五日),以秦郡太守劉德願為豫州刺史。德願,懷慎之子也。上既葬殷貴妃,數與羣臣至其墓,謂德願曰:

「卿哭貴妃悲者，當厚賞。」德願應聲慟哭，撫膺擗踊，涕泗交流㈣。上甚悅，故用豫州刺史以賞之。

上又令醫術人羊志哭貴妃，志亦嗚咽極悲。它日，有問志者曰：「卿那得此副急淚？」志曰：「我爾日自哭亡妾耳！」

上為人機警勇決，學問博合，文章華敏，省讀書奏，能七行俱下㈤，又善騎射，而奢欲無度。自晉氏度江以來，宮室草創，朝宴所臨，東西二堂而已。晉孝武末，始作清暑殿，宋興，無所增改。上始大修宮室，土木被錦繡，嬖妾幸臣，賞賜傾府藏。壞高祖所居陰室㈥，於其處起玉燭殿，與羣臣觀之，牀頭有土障，壁上挂葛燈籠，麻蠅拂㈦。侍中袁顗，因盛稱高祖儉素之德，上不答，獨曰：「田舍公得此，已為過矣！」顗，淑之兄子也。

⑼秋，八月乙丑（二十三日），立皇子子孟為淮南王，子產為臨賀王。

⑽丙寅（二十四日），魏主畋于河西，九月辛巳（初九日），還平城。

㈩庚寅（十八日），以新安王子鸞兼司徒。

⑴丙申（二十四日），立皇子子嗣為東平王。

⑵冬，十月癸亥（二十二日），以東海王禕為司空。

⑶己巳（二十八日），上校獵姑孰。

⑷魏員外散騎侍游明根等來聘。明根奉使三返㈧，上以其長者，禮之有加。

⑸十一月癸巳（二十二日），上習水軍於梁山，十二月丙午（初六日），如歷陽。甲寅（十四日），大赦。

⑹己未（十九日），太宰義恭加尚書令。

⑺癸亥（二十三日），上還建康。

【今註】㈠謿訐：胡三省曰：「謔人以成其過謂之謿，發人之陰私，謂之訐。」㈡不會旨：會，合也，與上旨不合。㈢僧安，智淵之父也，智淵伏席流涕：帝詆僧安以辱智淵，故智淵恥而泣。㈣墓前石柱：即墓碑也。㈤烏江：烏江，秦之烏江亭也，晉置縣，屬淮南郡，宋屬歷陽郡。宋白曰：「晉太康六年，於東城界置烏江縣。」故縣在今安徽省和縣東北。㈥其罪應重辟者，皆先上須報：言罪應死者，皆先上其罪狀，待報然後行刑，不得專殺。㈦戊辰，以左民尚書蔡興宗，左衞將軍袁粲為吏部尚書：五月乙亥朔，無戊辰。《晉書・職官志》曹魏置尚書二十三郎，左民尚書其一也。帝分吏部，置尚書二人，見上卷大明二年。⑧粲，淑之兄子也：袁淑死於太子劭之難。⑨常呼金紫光祿大夫王玄謨為老傖，僕射劉秀之為老慳，顏師伯為齴：時江南人呼中州人為傖，見《宋書・杜驥傳》。傖，鄙賤者之稱也。王玄謨太原人，故帝呼為老傖，劉秀之儉吝，呼為老慳，顏師伯缺齒，號之曰齴，並見《宋書・王玄謨傳》。慳，吝也；齴，齒不整也。⑩崑崙奴：崑崙，南蠻之國，《舊唐書・南蠻傳》云：「自林邑以南，皆拳髮黑身，通號為崑崙。」自晉以來，體色黝黑者，亦呼之曰崑崙，《晉書・孝武文李太后傳》：「後為宮人，在織坊中，長而黑，宮人謂之崑崙。」胡三省曰：「崑崙奴者，言其狀似崑崙國人也。」⑪儀曹郎：《晉書・職官志》曹魏置尚書二十三郎，其一曰儀曹郎。⑫蔡豫章昔在相府：蔡豫章，謂興宗父蔡廓也，廓嘗為豫章太守。昔在相府，謂宋武帝相晉時，廓為司徒府左長史也。⑬蔡尚書今日可謂能負荷矣：《左傳》子產曰：「其父析薪，其子不克負荷。」言蔡興宗能繼承先業也。⑭撫膺擗踴，涕泗交流：《孝經》曰：「擗踊哭泣，哀以送之。」膺，胸也。凡哭泣極哀，則椎胸頓足。戾下曰涕，鼻液曰泗。⑮省讀書奏，能七行俱下：胡三省曰：「一注目間，能了七行文義。」⑯陰室：《南史・茹法亮傳》云：「先是延昌殿為武帝陰室，藏諸御服。」陰室，蓋先帝所居殿也，既崩則以為陰室，藏諸御服以示子孫。⑰牀頭有土障，壁上挂葛燈籠，麻繩拂：以土為牀陣，以葛為燈籠，以麻為繩拂，示儉素也。挂，懸也，今通作掛。⑱田舍公得此，已為過矣：武帝出身寒微，故帝以田舍公呼之，謂今得享此，已過其素望矣！⑲明根奉使三返：今年、去年、前年，魏三遣游明根使宋。

八年（西元四六四年）

㈠春，正月，丁亥（十七日），魏主立其弟雲為任城王。

㈡戊子（三十日），以徐州刺史新安王子鸞領司徒。夏，閏五月，壬寅（初五日），太宰義恭領太尉。

㈢上末年尤貪財利，刺史二千石罷還，必限使獻奉，又以蒲戲㈠取之，要令罄盡乃止。終日酣飲，少有醒時。常憑几昏睡，或外有奏事，即肅然整容，無復酒態，由是內外畏之，莫敢弛惰。庚申（二十三日），上殂於玉燭殿㈡。遺詔太宰義恭解尚書令，加中書監，以驃騎將軍、南兗州刺史柳元景領尚書令，入居城內㈢，事無巨細，悉關二公，大事與始興公沈慶之參決，若有軍旅，悉委慶之，尚書中事，委僕射顏師伯，外監所統，委領軍將軍王玄謨㈣。是日，太子即皇帝位㈤，年十六，大赦。

吏部尚書蔡興宗親奉璽綬，太子受之，傲惰無戚容。興宗出告人曰：「昔魯昭不戚，叔孫知其不終㈥。家國之禍，其在此乎！」

㈣甲子（二十七日），詔復以太宰義恭錄尚書事，柳元景加開府儀同三司，領丹陽尹，解南兗州。

㈤六月，丁亥（二十日），魏主如陰山。

㈥秋，七月，己亥（初二日），以晉安王子勛為江州刺史。

㈦柔然處羅可汗卒，子予成立，號受羅部真可汗㈦，改元永康。部真帥眾侵魏，辛丑（初四日），魏北鎮遊軍擊破之。

㈧壬寅（初五日），魏主如河西。高車五部相聚祭天，眾至數萬，魏主親往臨視之，高車大喜。

㈨丙午（初九日），葬孝武皇帝于景寧陵㈧，廟號世祖。

㈩庚戌（十三日），尊皇太后曰太皇太后，皇后曰皇太后。

㈩㈠乙卯（十八日），罷南北二馳道㈨及孝建以來所改制度，還依元嘉。

尚書蔡興宗於都座㈩，慨然謂顏師伯曰：「先帝雖非盛德之主，要以道始終，三年無改，古典所貴㈩㈠。今殯宮始撤，山陵未遠，而凡諸制度興造，不論是非，一皆刊削，雖復禪代，亦不至爾！天下有識，當以此窺人。」師伯不從㊂。

太宰義恭素畏戴灋興、巢尚之等，雖受遺輔政而引身避事，由是政歸近習。灋興等專制朝權，威行近遠，詔敕皆出其手，尚書事無大小，咸取決焉，義恭與顏師伯但守空名而已㊂。

蔡興宗自以職管銓衡㊃，每至上朝，輒為義恭陳登賢進士之意，又箴規得失，博論朝政。義恭性恇橈㊄，阿順灋興，恒慮失旨，聞興宗言，輒戰懼無答。

興宗每奏選事㊅，灋興、尚之等輒點定回換，僅有在者。興宗於朝堂謂義恭、師伯曰：「主上諒闇，不親萬機，而選舉密事，多被刪改，復非公筆，亦不知是何天子意？」數與義恭等爭選事，往復論執，義恭、灋興皆惡之，左遷興宗新昌太守㊆，既而以其人望，復留之建康。

㈩丙辰（十九日），追立何妃曰獻皇后㊇。

㈪乙丑（二十八日），新安王子鸞解領司徒。

戴灋興等惡王玄謨剛嚴，八月丁卯（朔），以玄謨為南徐州刺史。

㈣王太后疾篤，使呼廢帝，帝曰：「病人間多鬼，那可往？」太后怒，謂侍者：「取刀來剖我腹，那得生寧馨兒(一九)。」己丑（二十三日），太后殂。

㈤九月辛丑（初五日），魏主還平城(二〇)。

㈥癸卯（初七日），以尚書左僕射劉遵考為特進，右光祿大夫。

㈦乙卯（十九日），葬文穆皇后于景寧陵(二一)。

㈧冬，十二月壬辰（二十八日），以王畿諸郡為揚州，以揚州為東揚州(二二)。癸巳（二十九日），以豫章王子尚為司徒，揚州刺史。

是歲，青州移治東陽(二三)。

宋之境內，凡有州二十二，郡二百七十四，縣千二百九十九，戶九十四萬有奇(二四)。

㈨東方諸郡(二五)連歲旱饑，米一升錢數百，建康亦至百餘錢，餓死什六七。

【今註】㈠蒲戲：樗蒲之戲。㈡上殂於玉燭殿：時年三十五。㈢入居城內：胡三省曰：「入居臺城之內也。建康無外城，設六籬門而已，百官第宅，皆在臺城之外。」㊃外監所統，委領軍將軍王玄謨：胡三省曰：「舊制外監不隸領軍，宜相統攝者自有別詔，文帝元嘉十八年，以趙伯符為領軍將軍，始統領外監。李延壽曰：『若徵兵動眾，大興人役，優劇遠近，斷於外監之心。』延壽之言，為宋末嬖倖專擅發也。」㊄是日，太子即皇帝位：帝諱子業，小字法師，孝武帝之長子也。㊅昔魯昭不戚，叔孫知其不終：《左傳》魯襄公薨，立昭公，叔孫穆子曰：「是人也，居喪而不哀，在慼而有嘉容，是謂不度。不度之人，鮮不為患。」比葬，三易衰，衰衽如故衰。於是昭公十九年矣，猶有童心，君子是以知其不能終也。㊆柔然處羅可汗卒，子予成立，號受羅部真可汗：魏收曰：「受羅部真，魏言惠也。」㊇葬孝武皇帝於景寧陵：《宋書・孝武帝紀》景寧陵在丹陽秣陵縣巖山。㊈罷南北二馳道：《宋書・孝武帝紀》大明五年，立馳道，自閶闔門至於朱雀門，又自承明門至於玄武湖。⑩尚書蔡興宗於都坐：胡三省曰：「此都坐謂尚書八座會坐之所，猶今之都堂也。」⑪三年無改，古典所貴：《論語》曰：「三年無改於父之道，可謂孝矣！」⑫師伯不從：蔡興宗欲令顏師伯無罷改孝建以來制度而師伯不能從。⑬義恭與顏師伯但守空名而已：義恭錄尚書事，師伯為僕射，雖受遺詔輔政而引身避事，尚書事決於灋興等，是但守空名也。⑭蔡興宗自以職管銓衡：興宗為吏部尚書，職官九流，銓衡所寄。⑮恇撓：恇怯撓屈，無鯁直之節。⑯興宗每奏選事：還事，選曹之事。吏部掌銓選，故曰選曹。⑰左遷興宗新昌太守：《宋書・蔡興宗傳》，興宗既忤義恭、法興等，乃出興宗為吳郡太守，興宗固辭，轉為新安王子鸞撫軍司馬、輔國將軍、東海太守，行南徐州事，興宗又不拜，義恭大怒，乃上表左遷新昌太守，郡屬交州，朝廷莫不嗟駭。杜佑曰：「吳分交趾置新興郡，晉武帝改為新昌。」《晉書・地理志》新昌郡治麋泠，在今越南境。⑱追立何妃曰獻皇后：《宋書・后妃傳》，后諱令婉，廬江人，孝建三年納為皇太子妃，大明五年薨，年十七。⑲那得生寧馨兒：《桑榆雜錄》曰：「寧，猶言如此；馨，語助也。」《晉書・王衍傳》：「何物老嫗，生此寧馨兒。」《世說・容止篇》注引《語林》曰：「王仲祖有好儀形，每覽鏡自照曰：『王文開那生如馨兒？』」如，寧義同，寧馨兒猶曰如此兒也，蓋晉、宋時俚語。⑳魏主還平城：自河西還。㉑葬文穆皇后於景寧陵：孝武王皇后諡文穆。㉒以王畿諸郡為揚州，以揚州為東揚州：孝武帝孝建元年，置東揚州，見上卷。大明三年，以丹陽等六郡為王畿，以東揚州為揚州，至是復以王畿為揚州，以揚州為東揚州。㉓青州移治東陽：青州原治東陽，孝建三年，移治歷城，見上卷，至是復還治東陽。

㉔宋之境內，凡有州二十二，郡二百七十四，縣千二百九十九，戶九十四萬有奇：胡三省曰：「此大較以沈約宋志為據。沈約作志，大較以是年為正，然是年止二十一州耳！沈志所謂二十二州，以明帝泰始七年分交、廣置越州足之，而此時又已省司州，蓋止二十一州也。揚州領丹陽、吳興、淮南、宣城、義興五郡，東揚州領會稽、東陽、臨海、永嘉、新安五郡，南徐州領南東海、南琅邪、晉陵、吳、南蘭陵、南東莞、淮陵、臨淮、南彭城、南清河、南高平、南平昌、南濟陰、南濮陽、南泰山、濟陽、南魯郡十七郡，徐州領彭城、沛、下邳、蘭陵、東海、東莞、東安、琅邪、淮陽、陽平、濟陰、北濟陰十二郡，南兗州領廣陵、海陵、山陽、盱眙、秦郡、南沛、鍾離、北沛、臨江九郡，兗州領

泰山、高平、魯、東平、南平、濟北六郡，南豫州領歷陽、南譙、廬江、南汝陰、南梁、晉熙、弋陽、安豐、南汝南、南新蔡、東郡、南潁、南潁川、西汝陰、南汝陽、南陳留、南陳左郡、邊城左郡、光城左郡十九郡，豫州領汝南、新蔡、譙、梁、陳、南頓、潁川、汝陰、汝陽、陳留、馬頭十一郡，江州領尋陽、豫章、鄱陽、臨川、廬陵、安成、南康、南新蔡、建安、晉安十郡，青州領齊、濟南、樂安、高密、平昌、北海、東萊、太原、長廣九郡，冀州領廣川、平原、清河、樂陵、魏、河間、頓丘、高陽、勃海九郡，司州領義陽、隨陽、安陸、南汝南四郡，荊州領南郡、南平、宜都、巴東、汶陽、南義陽、新興、南河東、建平、長寧、武寧十一郡，郢州領江夏、竟陵、隨、武陵、天門、巴陵、武昌、西陽八郡，湘州領長沙、衡陽、桂陽、零陵、營陽、湘東、邵陵、始興、臨慶、始安十郡，雍州領襄陽、南陽、新野、順陽、京兆、始平、扶風、南上洛、河南、廣平、義成、馮翊、天水、建昌、華山、北河南、弘農十七郡，梁州領漢中、魏興、新興、新城、上庸、晉壽、華陽、新巴、北巴西、北陰平、南陰平、巴渠、懷安、宋熙、白水、南上洛、北上洛、安康、南宕渠、懷安二十郡，秦州領武都、略陽、安固、西京兆、南太原、南安、馮翊、隴西、始平、金城、安定、天水、西扶風、北扶風十四郡，益州領蜀郡、廣漢、巴西、梓潼、巴郡、遂寧、江陽、懷寧、寧蜀、越嶲、汶山、南陰平、犍為、始康、晉熙、晉原、永寧、安固、南漢中、北陰平、武都、新城、南新巴、南晉壽、宋興、南宕渠、天水、東江陽、沈黎二十九郡，寧州領建寧、晉寧、牂柯、平蠻、夜郎、朱提、南廣、建都、西平、西河陽、東河陽、雲南、興寧、興古、梁水十五郡，廣州領南海、蒼梧、晉康、新寧、永平、鬱林、桂林、高涼、新會、東官、義安、宋康、綏康、海昌、宋熙、寧浦、晉興、樂昌、臨鄣十九郡，交州領交趾、武平、新昌、九真、九德、日南、合浦、義昌、宋平九郡，合二百六十八，蓋以新立百梁、隴蘇、永寧、安昌、富昌、南流六郡，足為二百七十四。其間荒外，有郡而無縣，有縣而無戶口，有戶數而無口數，亦不能詳也。」按胡註在敷足《通鑑》所載州郡之數，與大明八年實際州郡數不盡相符。茲據《宋書·州郡志》及紀、傳所載詳考是年州郡如下。揚州領五郡，一曰丹陽，二曰吳郡，志屬揚州，孝武大明七年屬南徐，八年復舊，胡註以屬南徐非也。三曰吳興，四曰宣城，五曰義興，志本屬揚州，明帝泰始四年度屬南徐。東揚州，孝武孝建元年分揚州之會稽、東陽、新安、永嘉、臨海五郡為東揚州，大明三年，罷揚州，以揚州之地為王畿，而東揚州直云揚州，八年，罷王畿，復立揚州，揚州還為東揚州。領五郡，一曰會稽，二曰東陽，三曰新安，四曰永嘉，五曰臨海。南徐州統十六郡，一曰南東海，二曰南琅琊，三曰晉陵，志本屬揚州，文帝元嘉八年度屬南徐。四曰南蘭陵，五曰南東莞，六曰臨淮，七曰淮陵，八曰南彭城，九曰南清河，十曰南高平，十一曰南平昌，十二曰南濟陰，十三曰南濮陽，十四曰南泰山，十五曰濟陽，十六曰南魯郡。徐州領十二郡，一曰彭城，二曰沛郡，三曰下邳，四曰蘭陵，五曰東海，六曰東莞，七曰東安，八曰琅琊，九曰淮陽，十曰陽平，十一曰濟陰，十二曰北濟陰。南兗州領八郡，一曰廣陵，二曰海陵，三曰山陽，四曰盱眙，五曰秦郡，志故堂邑郡，晉安帝改名秦郡。六曰臨江，志無臨江郡，按《宋書·前廢帝紀》永光元年罷臨江郡，是大明末原有是郡也，志南兗州海陵郡有臨江縣，臨安郡蓋析是縣置，故以屬南兗州。七曰鍾離，志云：「何志南兗州又有鍾離、雁門、平原、東平、北沛五郡，鍾離今屬徐州，雁門領樓煩、陰館、廣武三縣，平原領茌平、臨菑、營城、平原四縣，東平原領范、朝陽、歷城三縣，北沛領符離、蕭、柏、沛四縣。徐志有南東平郡，領范、朝陽、歷城、樓煩、陰觀、廣武、茌平、營城、臨菑、平原十縣，則是雁門、平原併東平也，孝武大明五年以東平併廣陵。」按此，鍾離外復有北沛，而志復有南沛，惟志南徐州南彭城下云：「孝武大明四年以南沛、北沛並併南彭城。」未云其復置，故大明八年應無此二郡，胡註有，誤也。八曰沛郡，志南兗州南沛太守下云：「起居注孝武大明五年，分廣陵為沛郡，治肥如縣，時無復肥如縣，當是肥如故縣處也。宜是大明五年以前省，其時又立也。」按孝武大明四年省南沛、北沛併屬南彭城，至是復立沛郡於故肥如縣也。兗州領六郡，一曰泰山，二曰高平，三曰魯郡，四曰東平，五曰陽平，六曰濟北。南豫州統十八郡，一曰歷陽，二曰南譙，三曰廬江，四曰南汝陰，五曰南梁，六曰晉熙，七曰弋陽，八曰汝南，胡註作南汝南，九曰新蔡，胡註作南新蔡，十曰東郡，胡註作南東郡，十一曰南潁，十二曰潁川，胡註作南潁川，十三曰西汝陰，十四曰汝陽，胡註作南汝陽，十五曰陳留，胡註作南陳留，十六曰淮南郡，志屬揚州，孝武大明六年併宣城，八年復立，屬南豫州，明帝泰始三年，還屬揚州，蓋淮南大明八年屬南豫州，胡註以屬揚州，誤也。十七曰馬頭，志屬南豫州，後屬徐州，胡註據後廢帝紀以屬豫州，亦誤。十八曰義陽，志云：「義陽太守，太康地志、永初郡國、何志並屬荊州，徐志則屬南豫也。明帝泰始五年度郢州，後廢帝元徽四年屬司州。」蓋義陽郡先屬荊州，孝武大明間改屬南豫州也。胡註南豫州領郡十九，無淮南、馬頭、義陽三郡，有安豐、南陳左郡、邊城左郡、光城左郡四郡，按志，安豐郡江左僑立，晉安帝省為縣，屬弋陽，宋末復立；邊城左郡文帝元嘉二十五年以豫部蠻民立，大明八年省為縣，屬弋陽，後復立；南陳左郡少帝景平中省，孝武孝建二年以蠻戶復立，大明八年省郡為縣；光城左郡永初郡國、何、徐志並無，按起居注大明八年省郡為縣，屬弋陽，疑是大明中分弋陽所立，八年復省，後復立。是大明八年，應無此四郡。豫州領十郡，一曰汝南，二曰新蔡，三曰譙郡，四曰梁郡，五曰陳郡，六曰南頴，七曰頴川，八曰汝陽，九曰汝陰，十曰陳留。胡註領十一郡，有馬頭郡，馬頭蓋屬南豫，辨已見前。江州領十郡，一曰尋陽，二曰豫章，三曰鄱陽，四曰臨川，五曰廬陵，六曰安城，七曰南康，八曰南新蔡，九曰建安，十曰晉安。青州領九郡，一曰齊郡，二曰濟南，三曰樂安，四曰平昌，五曰北海，六曰東萊，七曰太原，八曰長廣，九曰樂陵，志樂陵舊屬青州，後屬冀州，胡註以屬冀州，誤也。胡註青州領郡九，無樂陵，有高密。按志青州高密郡下云：「漢文帝分齊為膠西，宣帝太始元年更名高密，光武建武十三年併北海，晉惠帝又分立城陽，宋孝武復併北海。」則是大明八年無高密郡也，胡註誤。冀州領八郡，一曰廣川，二曰平原，三曰清河，四曰魏郡，五曰河間，六曰頓丘，七曰高陽，八曰勃海。胡註領郡九，有樂陵，樂陵時蓋屬青州也。荊州領十一郡，一曰南郡，二曰南平，三曰宜都，四曰巴東，五曰汶陽，六曰南義陽，七曰新興，八曰南河東，九曰建平，十曰長寧，志明帝時以名與文帝陵同，改曰永寧。十一曰武寧。郢州領九郡，一曰江夏，二曰竟陵，三曰武陵，四曰巴陵，五曰武昌，六曰西陽，七曰隨，志云：「晉武帝分南陽義陽立義陽國，太康間又分義陽為隨國，屬荊州。孝武孝建元年，度屬郢，前廢帝永光元年，度屬雍，明帝泰始五年還屬郢，改為隨陽，後廢帝元徽四年，度屬司州。」是大明間隨蓋屬郢州也。胡註以隨陽屬司州，又以隨郡屬郢州，按隨即隨陽也，胡註誤。八曰天門，志吳孫休永安六年分武陵立天門郡，屬荊州，宋孝武孝建元年度屬郢州，明帝泰始三年復舊。九曰安陸，志云：「孝武孝建元年分江夏立安陸郡，屬郢州，後廢帝元徽四年，度司州。」是大明間郢州有安陸郡，胡註無。湘州領十郡，一曰長沙，二曰衡陽，三曰桂陽，四曰零陵，五曰營陽，六曰湘東，七曰邵陵，八曰始興，志明帝太豫元年改曰廣興，九曰臨賀，志明帝改曰臨慶，胡註亦作臨慶。十曰始安，志明帝改名始建。雍州領十七郡，一曰襄陽，二曰南陽，三曰新野，四曰順陽，五曰京兆，六曰始平，七曰扶風，八曰河南，九曰廣平，十曰義成，十一曰馮翊，十二曰南天水，胡註作天水，十三曰建昌，十四曰華山，十五曰北上洛，十六曰北京兆，十七曰義陽，志云：「徐志雍州有北上洛、北京兆、義陽三郡，今並無。」蓋大明間有，其後廢也。胡註無北上洛、北京兆、義陽三郡，有北河南、弘農、南上洛三郡，按志曰：「晉孝武太元十年，立北河南郡，後省，永初郡國、何、徐志並無，明帝泰始末復立。」又曰：「宋明帝末立弘農郡。」則是大明末雍州未有此二郡也，胡註誤，南上洛時屬梁州，辨見下。梁州領二十郡，一曰漢中，二曰魏興，三曰晉昌，胡註作新興，志云：「永初郡國、何、徐志新興、吉陽、東關三縣屬晉昌郡。宋末省晉昌郡，立新興郡。」是新興本曰晉昌也，四曰新城，五曰上庸，六曰晉壽，七曰華陽，八曰新巴，九曰北巴西，十曰北陰平，十一曰南陰平，十二曰巴渠，十三曰懷安，十四曰宋熙，十五曰白水，十六曰南上洛，志云：「晉太康地志分京兆立上洛郡，屬司隸，永初郡國、何志並屬雍州，僑寄魏興，即此郡也。徐志巴民新立，蓋徐志時已屬梁州矣！」胡註以南上洛屬雍州，非也。十七曰北上洛，十八曰南宕渠，十九曰懷漢，胡註作懷安，二十曰北宕渠，志曰：「何、徐並有北宕渠縣，今無。」蓋大明時有，宋末省。胡註梁州無北宕渠郡，有安康郡，按志云：「宋末分魏興之安康縣及晉昌之寧都縣立安康郡。」蓋大明時未有此郡也。秦州統十四郡，一曰武都，二曰略陽，三曰安固，四曰西京兆，五曰南太原，六曰南安，七日馮翊，八日隴西，九曰始平，十曰金城，十一曰安定，十二曰天水，十三曰西扶風，十四曰北扶風。益州統二十九郡，一曰蜀郡，二曰廣漢，三曰巴西，四曰梓潼，五曰巴郡，六曰遂寧，七曰江陽，八曰懷寧，九曰寧蜀，十曰越巂，十一曰汶山，十二曰南陰平，十三曰犍為，十四曰始康，十五曰晉熙，十六曰晉原，十七曰宋寧，胡註作永寧，十八曰南安固，志、胡註皆作安固，按志秦州安固太守下云：「又有南安固，元嘉十六年度益州。」蓋指此也，故加南以別秦州之安固，十九曰南漢中，二十曰北陰平，二十一曰武都，二十二曰新城，二十三曰南新巴，二十四曰南晉壽，二十五曰宋興，二十六曰南宕渠，二十七曰天水，二十八曰東江陽，二十九曰沈黎。寧州統十五郡，一曰建寧，二曰晉寧，三曰牂，四曰平蠻，五曰夜郎，六曰朱提，七曰南廣，八曰建都，九曰西平，十曰西河，胡註西河陽誤。志寧州西河太守下云：「晉成帝分河陽立。」又東河陽太守下云：「永初郡國又有西河陽，何、徐並無。」是西河、西河陽自是二郡，蓋宋初原有東河陽、西河陽，元嘉以後西河陽廢而東河陽獨存也。十一曰東河陽，十二曰雲南，十三曰興寧，十四曰興古，十五曰梁水。廣州領十八郡，一曰南海，二曰蒼梧，三曰晉康，四曰新寧，五曰永平，六曰鬱林，七曰桂林，八曰高涼，九曰新會，十曰東官，十一曰義安，十二曰宋康，十三曰綏建，胡註作綏康，十四曰海昌，十五曰宋熙，十六曰晉興，十七曰樂昌，十八曰臨鄣，志臨鄣郡先屬廣州，明帝泰始七年度屬越州。胡註廣州領十九郡，多寧浦郡，按志曰：「永初郡國有寧浦郡，何、徐並無此郡。」蓋宋初置，元嘉以後廢也。交州領九郡，一曰交趾，二曰武平，三曰新昌，志無新昌郡，按蔡興宗傳前廢帝嗣，興宗議論屢與太宰義恭忤，左遷新昌太守，新昌屬交州，朝廷莫不嗟駭。是大明末交州尚有新昌郡也，殆宋末廢。四曰九真，五曰九德，六曰日南，七曰合浦，志合浦郡先屬交州，明帝泰始七年度屬越州。八曰宋平，九曰宋壽，志宋壽郡先屬交州，明帝泰始七年度越州。胡註交州無宋壽郡，有義昌郡，按志，義昌郡宋末始置，大明時未有此郡也。以上凡二十一州，總二百五十九郡，《通鑑》謂州二十二，郡二百七十四，胡註合二百六十八郡，復以新立越州六郡足為二百七十四，皆非也。胡註為足通鑑所載是年州郡之數，合司、越二州而計之，復分揚州為東揚，則得二十三郡矣！按志越州泰始七年立，而司州僑立於文帝元嘉末，尋亦廢省，明帝始復僑立於義陽，蓋大明間未有司、越二州，沈志合司、越二州得二十二州，蓋未計東揚州耳！至其縣數戶口，以廢置變革無常，實難詳考。㉟東方諸郡：胡三省曰：「東方諸郡，謂三吳及浙江東五郡。」

卷一百三十　宋紀十二

司馬光編集
林瑞翰　註

旃蒙大荒落，一年。（乙巳，西元四六六年）

太宗明皇帝㊀上之上

泰始元年㊁（西元四六五年）

㈠春，正月，乙未朔，廢帝改元永光，大赦。

㈡丙申（初二日），魏大赦。

㈢二月丁丑（十四日），魏主如樓煩宮㊂。

㈣自孝建以來，民間盜鑄濫錢㊃，商貨不行。庚寅（二十七日），更鑄二銖錢，形式轉細，官錢每出，民間即模效之，而更薄小，無輪廓，不磨鑢，謂之耒子㊄。

㈤三月乙巳（十二日），魏主還平城。

㈥夏，五月癸卯（十一日），魏高宗殂㊅。

初，魏世祖經營四方，國頗虛耗，重以內難㊆，朝野楚楚㊇，高宗嗣之，與時消息㈨，靜以鎮之，懷集中外，民心復安。

甲辰（十二日），太子弘即皇帝位㈩，大赦，尊皇后曰皇太后㈪。顯祖時年十二㈫，侍中車騎大將軍乙渾專權，矯詔殺尚書楊保年、平陽公賈愛仁、南陽公張天度于禁中，侍中司徒平原王陸麗治疾於代郡溫泉㈬，乙渾使司衞監㈭穆多侯召之，多侯謂麗曰：「渾有無君之心，今宮車晏駕，王德望素重㈮，姦臣所忌，宜少淹留以觀之，朝廷安靜，然後入未晚也。」麗曰：「安有聞君父之喪，慮患而不赴者乎？」即馳赴平城。乙渾所為多不灋，麗數爭之。戊申（十六日），渾又殺麗及穆多侯。多侯，壽之弟也㈯。己酉（十七日），魏以渾為太尉，錄尚書事；東安王劉尼為司徒，尚書左僕射代人和其奴為司空。

殿中尚書順陽公郁謀誅乙渾，渾殺之。

㈦壬子（二十日），魏以淮南王它為鎮西大將軍，儀同三司，鎮涼州。

魏開酒禁㈰。

㈧壬午（六月二十一日），加柳元景南豫州刺史，加顏師伯丹陽尹(一八)。

㈨秋，七月癸巳（初二日），魏以太尉乙渾為丞相，位居諸王上，事無大小，皆決於渾。

㈩廢帝幼而狷暴，及即位，始猶難太后、大臣及戴法興等，未敢自恣。太后既殂(一九)，帝年漸長，欲有所為，灋興輒抑制之，謂帝曰：「官所為如此，欲作營陽邪(二〇)？」帝稍不能平。所幸閹人華願兒，賜與無筭，灋興常加裁減，願兒恨之。帝使願兒於外察聽風謠，願兒言於帝曰：「道路皆言宮中有二天子，灋興真天子，官為贗天子。【考異】宋書作應天子，宋略作燕天子。按字書，贗，偽物也。韓愈詩曰：「屈然見真贗。」書或作鴈，今從宋略。且官居深宮，與人物不接，灋興與太宰、顏、柳共為一體(二一)，往來門客，恒有數百，內外士庶，莫不畏服。灋興是孝武左右，久在宮闈(二二)，今與它人作一家，深恐此坐席非復官有！」帝遂發詔免灋興(二三)，遣還田里，仍徙遠郡。

八月辛酉（朔），賜灋興死，解巢尚之舍人(二四)。

員外散騎侍郎東海奚顯度，亦有寵於世祖，常典作役，課督苛虐，捶扑慘毒，人皆苦之。帝常戲曰：「顯度為百姓患，比當除之。」左右因唱諾，即宣旨殺之。

尚書右僕射領衞尉卿丹陽尹顏師伯，居權日久㉕，驕奢淫恣，為衣冠所疾。帝欲親朝政，庚午（初十日），以師伯為尚書左僕射，解卿、尹㉖，以吏部尚書王彧為右僕射，分其權任，師伯始懼。

初，世祖多猜忌，王公大臣重足屏息㉗，莫敢妄相過從。世祖殂，太宰義恭等皆相賀，曰：「今日始免橫死矣！」甫過山陵，義恭與柳元景、顏師伯等聲樂酣飲，不捨晝夜，帝內不能平。既殺戴灋興，諸大臣無不震慴，各不自安，於是元景、師伯密謀廢帝，立義恭，日夜聚謀而持疑不能決。元景以其謀告沈慶之，慶之與義恭素不厚，又師伯常專斷朝事，不與慶之參懷㉘，謂令史曰：「沈公爪牙耳，安得預政事㉙！」慶之恨之，乃發其事。

癸酉（十三日），帝自帥羽林兵討義恭，殺之，幷其四子。斷絕義恭支體，分裂腸胃，挑取眼睛，以蜜漬之，謂之鬼目粽㉚。別遣使者稱詔召柳元景，以兵隨之，左右奔告兵刃非常㉑，元景知禍至，入辭其母，整朝服，乘車應召。弟車騎司馬叔仁戎服帥左右壯士欲拒命，元景苦禁之。既出巷，軍士大至，元景下車受戮，容色恬然，并其八子六弟及諸姪。獲顏師伯於道，殺之，並其六子。又殺廷尉劉德願，改元景和，文武進位二等，遣使誅湘州刺史江夏世子伯禽㉒。自是公卿以下，皆被捶曳，如奴隸矣！初，帝在東宮，多過失，世祖欲廢之，而立新安王子鸞。侍中袁顗盛稱太子好學，有日新之美。世祖乃止，帝由是德之。既誅羣公，欲引進顗，任以朝政，遷為吏部尚書，與尚書左丞徐爰皆以誅義恭等功，賜爵縣子。徐爰便僻，善事人，頗涉書傳，自元嘉初，入侍左右，豫參顧問，既長於附會，又飾以典文，故為太祖所任遇，大明之世，委寄尤重㉓。時殿省舊人，多見誅逐，唯爰巧於將迎，始終無迕，廢帝待之益厚，羣臣莫及。帝每出，常與沈慶之及山陰公主同輦，爰亦預焉。

山陰公主，帝姊也，適駙馬都尉何戢。戢，偃之子也㉔。公主尤淫恣，嘗謂帝曰：「妾與陛下男女雖殊，俱託體先帝。陛下六宮萬數，而妾唯駙馬一人，事太不均！」帝乃為公主置面首(三五)左右三十人，進爵會稽郡長公主，秩同郡王。

吏部郎褚淵貌美，公主就帝請以自侍，帝許之。淵侍公主十餘日，備見逼迫，以死自誓，乃得免。淵，湛之之子也(三六)。

帝令太廟別畫祖考之像，帝入廟，指高祖像曰：「渠大英雄，生擒數天子(三七)。」指太祖像曰：「渠亦不惡，但末年不免兒斫去頭(三八)。」指世祖像曰：「渠大齇鼻(三九)，如何不齇？」立召畫工令齇之。

(十一)以建安王休仁為雍州刺史，湘東王彧為南豫州刺史，皆留不遣。

(十二)甲戌（十四日），以司徒揚州刺史豫章王子尚領尚書令。以始興公沈慶之為侍中，太尉，慶之固辭。徵青、冀二州刺史王玄謨為領軍將軍。

(十三)魏葬文成皇帝于金陵(四〇)，廟號高宗。

(十四)九月癸巳（初三日），帝如湖熟(四一)，戊戌（初八日），還建康。

新安王子鸞寵於世祖(四二)，帝疾之。辛丑（十一日），遣使賜子鸞死，又殺其母弟南海王子師及其母妹㊸，發殷貴妃墓，又欲掘景寧陵，太史以為不利於帝，乃止。

初，金紫光祿大夫謝莊為殷貴妃誄㊹，曰：「贊軌堯門。」帝以莊比貴妃于鉤弋夫人㊺，欲殺之。或說帝曰：「死者人之所同，一往之苦，不足為困。莊生長富貴㊻，今繫之尚方，使知天下苦劇㊼，然後殺之，未晚也！」帝從之。

(十五)徐州刺史義陽王昶，素為世祖所惡㊽，民間每訛言昶當反。是歲，訛言尤甚。廢帝常謂左右曰：「我即大位以來，遂未嘗戒嚴，使人邑邑㊾。」昶使典籤蘧灄生奉表詣建康，求入朝，帝謂灄生曰：「義陽與太宰謀反，我正欲討之，今知求還，甚善。」又屢詰問灄生：「義陽謀反，何故不啟？」灄生懼，逃還彭城，帝因此用兵。

己酉（十九日），下詔討昶，內外戒嚴。帝自將兵渡江，命沈慶之統諸軍前驅。灄生至彭城，昶即聚兵反，移檄統內諸郡㊿，皆不受命，斬昶使，將佐文武，悉懷異心。昶知事不成，棄母妻，攜愛妾，夜與數十騎開北門奔魏。祖頗涉學，能屬文，魏人重之，使尚公主，拜侍中、征南將軍、駙馬都尉，賜爵丹陽王。

(十六)吏部尚書袁顗始為帝所寵任，俄而失指，待遇頓衰，使有司糾奏其罪，白衣領職。顗懼，詭辭求出。甲寅（二十四日），以顗督雍、梁諸軍事，雍州刺史。顗舅蔡興宗謂之曰：「襄陽星惡，何可往(五一)？」顗曰：「白刃交前，不救流矢(五二)。今者之行，唯願生出虎口耳！且天道遼遠，何必皆驗？」

是時，臨海王子頊為都督荊、湘等八州諸軍事(五三)，荊州刺史，朝廷以興宗為子頊長史，南郡太守，行府州事。興宗辭不行，顗說興宗曰：「朝廷形勢，人所共見，在內大臣，朝不保夕，舅今出居陝西(五四)，為八州行事，顗在襄沔，地勝兵彊，去江陵咫尺，水陸流通(五五)，若朝廷有事，可以共立桓文之功，豈比受制兇狂，臨不測之禍乎？今得間不去(五六)，後復求出，豈可得邪？」興宗曰：「吾素門平進(五七)，與主上甚踈，未由有患。宮省內外，人不自保，會應有變。若內難得弭，外釁未必可量（五八）。汝欲在外求全，我欲居中免禍，各行其志，不亦善乎！」顗于是狼狽上路（五九），猶慮見追，行至尋陽，喜曰：「今始免矣！」鄧琬為晉安王子勛鎮軍長史，尋陽內史，行江州事（六〇），顗與之欵狎過常，每清閑，必盡日窮夜。顗與琬，人地本殊，見者知其有異志矣（六一）！

尋復以蔡興宗為吏部尚書。

（十七）戊午（二十八日），解嚴，帝因自白下濟江至瓜步（六二）。

（十八）沈慶之復啟聽民私鑄錢（六三），由是錢貨亂敗，千錢長不盈三寸，大小稱此，謂之鵝眼錢，劣於此者，謂之綖環錢（六四），貫之以縷，入水不沈，隨手破碎，市不復料數（六五），十萬錢不盈一掬（六六）。斗米一萬，商貨不行。

（十九）冬，丙寅（初七日），帝還建康。

（二十）帝舅東陽太守王藻，尚太祖女臨川長公主（六七），公主妬，譖藻於帝。己卯（二十日），藻下獄死。

會稽太守孔靈符，所至有政績，以忤犯近臣，近臣譖之，帝遣使鞭殺靈符，並誅其二子。

寧朔將軍何邁，瑀之子也，尚帝姑新蔡長公主（六八）。帝納主於後宮，謂之謝貴嬪，詐言公主薨，殺宮婢，送邁第殯葬，行喪禮。庚辰（二十一日），拜貴嬪為夫人，加鸞輅龍旂，出警入蹕。邁素豪俠，多養死士，謀因帝出遊廢之，立晉安王子勛。事泄，十一月壬辰（初三日），帝自將兵誅邁。

初，沈慶之既發顏、柳之謀，遂自昵於帝，數盡言規諫，帝浸不悅。慶之懼，杜門不接賓客。嘗遣左右范羨至吏部尚書蔡興宗所，興宗使羨謂慶之曰：「公閉門絕客，以避悠悠請託者耳（六九），如興宗非有求於公者也，何為見拒？」慶之使羨邀興宗，興宗往見慶之，因說之曰：「主上比者所行，人倫道盡，率德改行，無可復望。今所忌憚，唯在於公；百姓喁喁，所瞻賴者，亦在公一人而已（七〇）。公威名素著，天下所服。今舉朝遑遑（七一），人懷危怖，指麾之日，誰不響應？如猶豫不斷，欲坐觀成敗，豈惟旦夕及禍？四海重責，將有所歸[七二]。僕蒙眷異常，故敢盡言，願公詳思其計。」慶之曰：「僕誠知今日憂危，不復自保，但盡忠奉國，始終以之，當委任天命耳[七三]！加老退私門，兵力頓闕，雖欲為之，事亦無成。」興宗曰：「當今懷謀思奮者，非欲邀功賞富貴，正求脫朝夕之死耳[七四]！殿中將帥，唯聽外間消息，若一人唱首，則俯仰可定，況公統戎累朝[七五]，舊日部曲，布在宮省，受恩者多，沈攸之輩，皆公家子弟耳[七六]，何患不從？且公門徒義附，並三吳勇士，殿中將軍陸攸之，公之鄉人[七七]，今入東討賊，大有鎧仗，在青溪未發，公取其器仗，以配衣麾下，使陸攸之帥以前驅，僕在尚書中，自當帥百僚，案前代故事，更簡賢明，以奉社稷，天下之事立定矣！又朝廷諸所施為，民間傳言公悉豫之，公今不決，當有先公起事者，公亦不免附從之禍。聞車駕屢幸貴第[七八]，酣醉淹留，又聞屏左右，獨入閤內，此萬世一時，不可失也。」慶之曰：「感君至言，然此大事，非僕所能行，事至，固當抱忠以沒耳[七九]！」

青州刺史沈文秀，慶之弟子也。將之鎮，帥部曲出屯白下，亦說慶之曰：「主上狂暴如此，禍亂不久，而一門受其寵任，萬物皆謂與之同心（八〇）。且若人愛憎無常，猜忍特甚（八一），不測之禍，進退難免（八二）。今因此眾力圖之，易於反掌，機會難值，不可失也（八三）。」再三言之，至於流涕，慶之終不從，文秀遂行。

及帝誅何邁，量慶之必當入諫，先閉青溪諸橋以絕之，慶之聞之，果往，不得進而還。帝乃使慶之從父兄子直閤將軍攸之賜慶之藥，慶之不肯飲，攸之以被揜殺之（八四），時年八十。慶之子侍中文叔，欲亡，恐如太宰義恭被支解，謂其弟中書郎（八五）文季曰：「我能死，爾能報（八六）！」遂飲慶之之藥而死。弟祕書郎（八七）昭明，亦自經死。文季揮刀馳馬而去，追者不敢逼，遂得免。帝詐言慶之病薨，贈侍中太尉，諡曰忠武公，葬禮甚厚。

領軍將軍王玄謨數流涕諫帝，以刑殺過差，帝大怒。玄謨宿將，有威名（八八），道路訛言玄謨已見誅。蔡興宗嘗為東陽太守，玄謨典籤包灋榮家在東陽，玄謨使灋榮至興宗所，興宗謂灋榮曰：「領軍殊當憂懼。」灋榮曰：「領軍比日，殆不復食，夜亦不眠，恒言收已在門，不保俄頃㈧㈨。」興宗曰：「領軍憂懼，當為方略，那得坐待禍至？」因使瀌榮勸玄謨舉事㈨〇，玄謨使瀌榮謝曰：「此亦未易可行，期當不泄君言。」

右衛將軍劉道隆為帝所寵任，專典禁兵，興宗嘗與之俱從帝夜出，道隆過興宗車後，興宗曰：「劉君比日思一閑寫。」道隆解其意，掐興宗手曰：「蔡公勿多言㈨㈠。」

㈩壬寅（十三日），立皇后路氏，太皇太后弟道慶之女也。

㈩帝畏忌諸父，恐其在外為患，皆聚之建康，拘於殿內，毆捶陵曳，無復人理㈨㈡。湘東王彧、建安王休仁、山陽王休祐，皆肥壯，帝為竹籠盛而稱之，以彧尤肥，謂之豬王，謂休仁為殺王，休祐為賊王。以三王年長，尤惡之，常錄以自隨，不離左右。東海王禕性凡劣㈨㈢，謂之驢王，桂陽王休範、巴陵王休若年尚少，故並得從容㈨㈣。嘗以木槽盛飯，幷雜食攪之，掘地為阬，實以泥水，裸彧內阬中，使以口就槽食之，用為歡笑。前後欲殺三王以十數，休仁多智數，每以談笑佞諛說之，故得推遷㈨㈤。少府劉曚妾孕臨月(九六)，【考異】宋書帝紀作少府劉勝，始安王休仁傳作廷尉劉曚，宋略及南史帝紀皆作少府劉曚，休仁傳作廷尉劉蒙，今從其多者。帝迎入後宮，俟其生男，欲立為太子。或嘗忤旨，帝裸之，縛其手足，貫之以仗，使人擔付太官，曰：「今日屠豬。」休仁笑曰：「豬未應死。」帝問其故，休仁曰：「待皇子生，殺豬取其肝肺。」帝怒乃解，曰：「且付廷尉。」一宿釋之。

丁未（十八日），曚妾生子，名曰皇子，為之大赦，賜為父後者爵一級。

帝又以太祖、世祖在兄弟數皆第三(九七)，江州刺史晉安王子勛亦第三，故惡之，因何邁之謀，使左右朱景雲送藥賜子勛死。景雲至湓口，停不進，子勛典籤謝道邁、主帥潘欣之、侍書(九八)褚靈嗣聞之，馳以告長史鄧琬，泣涕請計。【考異】子勛傳云：「景雲遣信使告琬。」宋略曰：「帝使道遇賚敕至潯陽，琬謂道遇云云。」今從琬傳。琬曰：「身，南土寒士(九九)，蒙先帝殊恩，以愛子見託，豈得惜門戶百口，期當以死報効。幼主昏暴，社稷危殆，雖曰天子，事猶獨夫。今便指帥文武，直造京邑，與羣公卿士，廢昏立明耳！」

戊申（十九日），琬稱子勛教，令所部戒嚴。子勛戎服出聽事，集僚佐，使潘欣之口宣旨諭之。四座未對，錄事參軍陶亮首請效死前驅，眾皆奉旨，乃以亮為諮議參軍，領中兵，總統軍事；功曹張沈為諮議參軍，統作舟艦；南陽太守沈懷寶、岷山太守薛常寶〔一〇〇〕、彭澤令陳紹宗等，並為將帥。

初，帝使荊州錄送前軍長史荊州行事張悅至湓口，琬稱子勛命，釋其桎梏，迎以所乘車，以為司馬。悅，暢之弟也〔一〇一〕。

琬、悅二人共掌內外眾事，遣將軍俞伯奇帥五百人斷大雷，禁絕商旅及公私使命，遣使上諸郡民丁〔一〇二〕，收斂器械，旬日之內，得甲士五千人，出頓大雷，於兩岸築壘。又以巴東、建平二郡太守孫沖之為諮議參軍，領中兵，與陶亮並統前軍，移檄遠近。

(廿三)戊午（二十九日），帝召諸妃、主列於前，彊左右使辱之。南平王鑠妃江氏〔一〇三〕不從，帝怒，殺妃三子。南平王敬猷、廬陵王敬先、安南侯敬淵鞭江妃一百。

先是民間訛言湘中出天子，帝將南巡荊、湘二州以厭之。明旦，欲先誅湘東王彧然後發。初，帝既殺諸公，恐羣下謀已，以直閤將軍[24]宗越、譚金、童太一、沈攸之等有勇力，引為爪牙，賞賜美人金帛充牣[25]其家。越等久在殿省，眾所畏服，皆為帝盡力。帝恃之，益無所顧憚，恣為不道，中外騷然，左右宿衞之士，皆有異志，而畏越等，不敢發。

時三王[26]久幽，不知所為。湘東王彧主衣會稽阮佃夫、內監[27]始興王道隆、學官令[28]臨淮李道兒，與直閤將軍柳光世及帝左右琅邪淳于文祖等謀弑帝，帝以立后，故假諸王閹人，或左右錢藍生亦在中，或密使候帝動止。

先是帝遊華林園竹林堂，使宮人倮相逐，一人不從，命斬之。夜夢在竹林堂，有女子罵曰：「帝悖虐不道，明年不及熟矣。」帝於宮中求得一人似所夢者斬之，又夢所殺者罵曰：「我已訴上帝矣！」於是巫覡言竹林堂有鬼。是日，晡時，帝出華林園，建安王休仁、山陽王休祐、會稽公主並從，湘東王彧獨在祕書省[29]，不被召，益憂懼。帝素惡主衣吳興壽寂之⑳，見輒切齒，阮佃夫以其謀告寂之及外監典事㉑東陽朱幼、細鎧主南彭城㉒姜產之、【考異】產或作彥，宋書、宋略、南史皆作產，今從之。細鎧將晉陵㉓王敬則，中書舍人戴明寶，寂之等聞之，皆響應。幼豫約勒內外，使錢藍生密報休仁、休祐。

時帝欲南巡，腹心宗越等並聽出外裝束，唯隊主樊僧整防華林閤㉔。柳光世與僧整鄉人㉕，因密邀之，僧整即受命。凡同謀十餘人，阮佃夫慮力少不濟，更欲招合，壽寂之曰：「謀廣或泄，不煩多人。」其夕，帝悉屏侍衛，與羣巫及綵女㉖數百人射鬼於竹林堂，事畢，將奏樂，壽寂之抽刀前入，姜產之次之，淳于文祖等皆隨其後。休仁聞行聲甚疾，謂休祐曰：「事作矣！」相隨奔景陽山㉗。帝見寂之至，引弓射之，不中，綵女皆迸走，帝亦走，大呼寂寂者三，寂之追而弒之㉘，宣令宿衛曰：「湘東王受太皇太后令，除狂主，今已平定。」殿省惶惑，未知所為。休仁就祕書省見湘東王，即稱臣，引升西堂，登御座，召見諸大臣。于時事起倉猝，王失履，跣至西堂，猶著烏帽。坐定，休仁呼主衣以白帽代之(二九)，令備羽儀，雖未即位，凡事悉稱令書施行。宣太皇太后令，數廢帝罪惡，命湘東王纂承皇極。及明，宗越等始入，湘東王撫接甚厚。廢帝母弟司徒揚州刺史豫章王子尚，頑悖有兄風，己未（三十日），湘東王以太皇太后令賜子尚及會稽公主死，建安王休仁等始得出居外舍(三〇)，釋謝莊之囚(三一)。

廢帝猶橫尸太醫閤口，蔡興宗謂尚書右僕射王彧曰：「此雖凶悖，要是天下之主，宜使喪禮粗足。若直如此，四海必將乘人(三二)。」乃葬之秣陵縣南。

初，湘東王母沈婕妤，早卒，路太后養之。王事太后甚謹，太后愛王亦篤。王既弒廢帝，欲慰太后心，下令以太后弟子休之為黃門侍郎，茂之為中書侍郎。論功行賞，壽寂之等十四人皆封縣侯、縣子(三三)。

十二月，庚申朔，以東海王禕(三四)為中書監，太尉；進鎮軍將軍江州刺史晉安王子勛為車騎將軍，開府儀同三司。癸亥（初四日），以建安王休仁為司徒、尚書令，揚州刺史，以山陽王休祐為荊州刺史，桂陽王休範為南徐州刺史。

㈣乙丑（初六日），徙安陸王子綏為江夏王。

㈤丙寅（初七日），湘東王即皇帝位，大赦，改元㉟。其廢帝時昏制謬封，並皆刊削。

庚午（十一日），以右衞將軍劉道隆為中護軍。道隆暱於廢帝，嘗無禮於建安太妃㊱，至是建安王休仁求解職，明帝乃賜道隆死㊲。

宗越、譚金、童太一等雖為上所撫接，內不自安。上亦不欲使居中，從容謂之曰：「卿等遭罹暴朝，勤勞日久，應得自養之地。兵馬大郡，隨卿等所擇。」越等素已自疑，聞之皆相顧失色，因謀作亂，以告沈攸之，攸之以聞。上收越等下獄死，攸之復入直閤㊳。

㈥辛未（十二日），徙臨賀王子產為南平王，晉熙王子輿為廬陵王。

㈦壬申（十三日），以尚書右僕射王景文為尚書僕射。景文，即彧也，避上名，以字行。

㈦乙亥（十六日），追尊沈太妃曰宣太后㊈，陵曰崇寧。

㈧初，豫州刺史山陽王休祐入朝，以長史南梁郡㊉太守殷琰行府州事。及休祐徙荊州，即以琰為督豫、司二州諸軍事，豫州刺史。

㈨有司奏路太后宜即前號，移居外宮，上不許。戊寅（十九日），尊路太后為崇憲皇太后，居崇憲宮，供奉禮儀，不異舊日。立妃王氏為皇后，后，景文之妹也。

㈩罷二銖錢，禁鵝眼、綖環錢㊀，餘皆通用。

㈪江州佐史得上所下令書，皆喜，共造鄧琬，曰：「暴亂既除，殿下又開黃閤㊁，實為公私大慶。」琬以晉安王子勛次第居三，又以尋陽起事，與世祖同符㊂，謂事必有成，取令書投地曰：「殿下當開端門㊃，黃閤是吾徒事耳！」眾皆駭愕。

琬更與陶亮等繕治器甲，徵兵四方。

袁顗既至襄陽，即與諮議參軍劉胡繕修兵械，簡集士卒，詐稱被太皇太后令，使其起兵。即建牙，馳檄，奉表勸子勛即大位。

辛巳（二十二日），更以山陽王休祐為江州刺史，荊州刺史臨海王子頊即留本任㉟。先是廢帝以邵陵王子元為湘州刺史，中兵參軍沈仲玉為道路行事㊱，至鵲頭，聞尋陽兵起，不敢進，琬遣數百人刼迎之，令子勛建牙於桑尾㊲，傳檄建康，稱孤志遵前典，黜幽陟明㊳，又謂上：「矯害明茂㊴，篡竊大寶，干我昭穆，寡我兄弟㊵，藐孤同氣，猶有十三㊶，聖靈何辜，而當乏饗㊷？」

郢州刺史安陸王子綏，承子勛初檄，欲攻廢帝㊸，聞廢帝已隕，即解甲下標㊹，既而聞江、雍猶治兵㊺，郢府行事荀卞之大懼㊻，即遣諮議領中兵參軍鄭景玄帥眾馳下，并送軍糧。

荊州行事孔道存奉刺史臨海王子頊，會稽將佐奉太守尋陽王子房，皆舉兵以應子勛。

【今註】㊀太宗明皇帝：帝諱彧，字休炳，小字榮期，文帝第十一子也。㊁泰始元年：是年正月，廢帝改元永光，八月，殺江夏王義恭、柳元景、顏師伯，改元景和，十二月，既弒廢帝，改元泰始，一歲之中凡三改元。是歲魏獻文天安元年。㊂魏主如樓煩宮：樓煩宮，魏於樓煩所築行宮也。漢置樓煩縣，屬雁門郡，魏、晉縣廢。《魏書・地形志》雁門郡原平縣有樓煩城，蓋漢之故城也，在今山西省崞縣東。㈣自孝建以來，民間盜鑄濫錢：事始卷一百二十八孝武帝孝建二年。㈤無輪郭，不磨鑢，謂之耒子：錢外圓曰輪，內孔方曰郭，錢質劣而薄小，又不經磨錯，故輪郭不顯。鑢，錯也。耒子杜佑通典作來子。㈥魏高宗殂：年二十六，諡文成皇帝，廟號高宗。㈦魏世祖經營四方，國頗虛耗，重以內難：魏世祖北伐柔然，南侵宋，東滅燕，西滅赫連、沮渠，用兵既廣，國用虛耗。既而宗愛弒世祖，復弒南安王餘，是重以內難也。㈧楚楚：胡三省曰：「楚楚，酸痛之貌。」㈨與時消息：李善注《文選》曰：「消，滅也；息，生也。」天地有陰陽，萬物有消息。與時消息，謂無為而治也。㈩太子弘即皇帝位：弘，魏文成帝之長子也，是為獻文帝。《南齊書・魏虜傳》云：「弘字萬民。」㈡尊皇后曰皇太后：太后即文成文明皇后馮氏也。㈢顯祖時年十二：魏獻文帝廟號顯祖。㈢侍中司徒平原王陸麗治疾於代郡溫泉：《水經注》引《魏土地記》曰：「代城北九十里有桑乾城，城西渡桑乾水，去城十里，有溫湯，療疾有驗。」㈣司衞監：《魏書・官氏志》有司衞監，秩第三品上。胡三省曰：「司衞監，典宿衞。」㈤王德望素重：魏文成帝之立，陸麗首建大義，而性至孝忠篤，故高宗之朝，德望重於一時。㈥多侯，壽之弟也：穆壽事魏太武帝，封宜都王。㈦魏開酒禁：魏設酒禁，釀、酤、飲者皆斬之，見卷一百二十八孝武帝大明二年。㈧壬午，加柳元景南豫州刺史，加顏師伯丹陽尹：五月癸巳朔，無壬午，按帝紀蓋在六月，六月壬戌朔，壬午二十一日。㈨太后既殂：后殂見上卷上年。㈩官所為如此，欲作營陽邪：言帝所為狷暴自恣，將見廢也。徐羨之等廢營陽王見卷一百二十文帝元嘉元年。㈡法興與太宰、顏、柳共為一體：太宰義恭錄尚書事，柳元景領尚書令，顏師伯為尚書僕射，而尚書事無大小，皆法興專決，故云共為一體。㉒法興是孝武左右，久在宮闈：孝武為藩王，法興為典籤，孝武即位，法興為南臺侍御史兼中書通事舍人，專管內務，尋轉太子旅賁中郎將，時孝武親覽朝政，不任大臣，法興以舊恩特見親待，雖出侍東宮而意任隆密也。㉓帝遂詔免法興：詔免法興官爵也。㉔解巢尚之舍人：尚之自孝建初為中書通事舍人，為孝武所知，凡選授、遷轉、誅賞之事，皆與法興、尚之參懷。㉕尚書右僕射領衞尉卿、丹陽尹顏師伯，居權日久：大明四年，顏師伯以青、冀二州刺史為孝武帝所徵，以諂佞被親任，自侍中遷尚書僕射，久居權要。㉖以師伯為尚書左僕射，解卿、尹：《晉書・職官志》尚書僕射分置左右，令闕則左為省主，帝遷師伯為左僕射，解其衞尉卿及丹陽尹職，另以王或為右僕射以分其任，蓋陽示尊崇而陰奪其權也。㉗重足屏息：疊足而立，屏藏其氣，畏懼之甚也。㉘師伯常專斷朝事，不與慶之參懷：孝武遺詔，令慶之參決大事，見上卷上年。顏師伯輕慶之，故不與參懷。㉙謂令史曰，沈公爪牙耳，安得預政事：令史，尚書令史也。爪牙，言其才但可供驅使耳！《宋書・沈慶之傳》慶之手不知書，眼不識字，但以勇略武幹事上，故顏師伯譏之。㉚挑取眼睛，以蜜漬之，謂之鬼目粽：胡三省曰：「宋人以蜜漬物曰粽，盧循以益智粽遺文帝，即蜜漬益智也。」按《宋書・武三王傳》眼睛作眼精，鬼目粽作鬼目精。精與睛同。㉛左右奔告兵刃非常：言使者所隨軍人持兵，其勢異於常時也。㉜遣使誅湘州刺史江夏世子伯禽：胡三省曰：「義恭命其世子曰伯禽，是周公自處矣！」據《宋書・武三王傳》，伯禽蓋孝武帝所名，義恭諸子十二人既為太子劭所殺，孝武哀之，故名之曰伯禽以擬魯公也，胡注非。㉝徐爰便僻，善事人，頗涉書傳，自元嘉初入侍左右，豫參顧問，既長於附會，又飾以典文，故為太祖所任遇，大明之世，委寄尤重：胡三省曰：「徐爰得志於大明、景和之間，宜也，而啟寵實在於元嘉，便僻之足以惑人，雖明主不能免也。漢宣用恭顯而遺禍於元帝，事正如此。」王鳴盛曰：「徐爰本儒者，長於禮學，又修宋書，仕至顯位，考其生平，歇歷內外，無大過惡，沈約乃入之恩倖傳，與阮佃夫、壽寂之、李道兒輩同列，此必沈約一人之私見。約譔宋書，忌爰在前，有意汚貶，曲成其罪，正以魏收強以酈道元入酷吏相似。」㉞戢，偃之子也：何偃，尚之之子。㉟面首：胡三省曰：「面取其貌美，首取其髮美。」㊱淵，湛之之子也：褚湛之顯於元嘉、孝建之間。㊲生擒數天子：謂武帝破擒桓玄、慕容超、姚泓也。㊳但末年不免兒斫去頭：謂文帝晚年為太子劭所弒。㊴齇鼻：齇，鼻上皰也，嗜酒則鼻生皰，俗謂酒齇鼻。㊵魏葬文成帝于金陵：《魏書・文成帝紀》葬雲中之金陵。㊶湖熟：胡熟，屬丹陽郡，漢志作湖孰，為侯國，晉、宋為縣，故城在今江蘇省江寧縣東南。㊷新安王子鸞寵於世祖：事見上卷孝武帝大明五年。㊸殺其母弟南海王子師及母妹：母弟、母妹，謂同母弟妹也，子師及其一妹與子鸞蓋皆殷貴妃所出。㊹誄：《文選・陸機文賦》：「碑披文以相質，誄纏緜而悽愴。」誄，列述死者生前德行之文也。胡三省曰：「誄丈夫者述其功德，誄婦人者述其容德也。」㊺帝以莊比貴妃於鉤弋夫人：鉤弋夫人，漢昭帝之母，武帝立昭帝為太子，賜鉤弋夫人死，事見卷二十二漢武帝太始三年。㊻莊生長富貴：謝莊，弘微之子，萬之玄孫，萬，謝安之弟也。謝氏自江左以來，累世貴盛，言南朝之門閥者，首推王謝，故云然。㊼今繫之尚方，使知天下苦劇：尚方掌營造雜作。此言莊生長富貴，不知艱辛，今繫之尚方令操作，使知天於有勞苦事也。㊽徐州刺史義陽王昶，素為世祖所惡：昶，文帝之子，世祖之諸弟也，於帝為叔父。㊾邑邑：不樂也，邑與悒同。㊿昶即聚兵反，移檄統內諸郡：《宋書・州郡志》孝武末，徐州統內有彭城、沛郡、下邳、蘭陵、東海、東莞、東安、琅邪、淮陽、陽平、濟陰、北濟陰、鍾離、馬頭等郡。(51)襄陽星惡，何可往：胡三省曰：「興宗蓋以天道言之。」(52)白刃交前，不救流矢：白刃交乎前，則流矢之來不暇救。喻事有緩急，必先解眉睫之危，後患非所計也。(53)是時，臨海王子頊為都督荊、湘等八州諸軍事：《宋書・孝武十四王傳》子頊時都督荊、湘、雍、益、梁、寧、南秦、北秦八州諸軍事。(54)舅今出居陝西：《南齊書・州郡志》曰：「江左大鎮，莫過荊、揚。周世二伯總諸侯，周公主陝東，召公主陝西，故稱荊州為陝西也。」江南諸朝蓋以荊、揚二州此周之陝西、陝東。(55)顗在襄沔，地勝兵彊，去江陵咫尺，水陸流通：顗刺雍州，鎮襄陽，控沔水上游，地勢雄勝，重兵所駐。自襄陽至江陵，水行則由漢沔，陸行則由長林、當陽。(56)今得閒不去：閒，隙也，言今得可行之隙而興宗不肯去也。(57)興宗曰，吾素門平進：胡三省曰：「蔡興宗，蔡廓之子，蔡謨之玄孫，以方嚴自處，官以序遷，謂之平進可也，謂之素門可乎？蓋江左以王謝為高門，其餘有才望者，或以姻戚擢用，或以舊恩，興宗此言，蓋亦感切其甥，指其在世祖之世，調護昏狂階此以見寵任，寵衰則求出以避禍，進退皆無所據也。」蔡謨仕晉為司徒，則興宗亦世閥之後，故梅磵謂其不可謂之素門也。(58)若內難得弭，外釁未必可量：興宗謂若有內難，猶可消弭以求全，若釁起於外則其禍未可量也。㊄顗於是狼狽上路：胡三省曰：「狼狽者，倉皇而行，如恐不及之意。」㊅鄧琬為晉安王子勛鎮軍長史、尋陽內史，行江州事：晉安王子勛以鎮軍將軍刺江州，鎮尋陽，以琬為長史領尋陽內史行州事也。㊅顗與琬人地本殊，見者知其有異志矣：江左袁氏門第，僅次王、謝，袁顗復有清望，而鄧琬寒族，性又貪鄙，故云人地本殊。顗與琬人地既殊，宜無情款，而顗與狎適恆，蓋欲引琬為起兵之助，故見者知顗有異志也。㊅帝因自白下濟江至瓜步：胡三省曰：「晉，宋都建康，新亭，白下，皆江津要地，新亭在西，白下在東。」白下在今江蘇省江寧縣西北，晉咸和三年，陶侃討蘇峻至石頭，於白石築壘，即此。唐武德中，移江寧縣治於白下故城，名白下縣。㊅沈慶之復啟聽民私鑄錢：慶之始議聽民鑄錢見卷一百二十八孝武帝孝建二年。㊅綖環錢：綖與線同，綖環者，喻其小且薄也。㊅料數：胡三省曰：「料，料量也，料數者，料其多少之數也。」㊅掬：以兩手承物曰一掬。㊅帝舅東陽太守藻，尚太祖女臨川長公主：藻，孝武文穆王皇后之弟也，臨川長公主諱英媛，文帝第六女。㊅寧朔將軍何邁，瑀之子也，尚帝姑新蔡長公主：何瑀見卷一百二十八孝武帝孝建二年。瑀尚武帝少女豫章康長公主。新蔡長公主，文帝第十女也，諱英媚，於廢帝為姑。㊅公閉門絕客，以避悠悠請託者耳：悠悠，眾多貌，謂請託者多也。《後漢書》朱穆崇厚論曰：「風化不敦而尚相誹謗，記短則兼折其長，貶惡則並伐其善，悠悠者皆是，其可稱乎？」章懷曰：「悠悠，多也。」㊆百姓喁喁，所瞻賴者，亦在公一人而已：喁喁，魚口向上也，瞻，仰望也，賴，倚恃也。言百姓瞻賴慶之，喁喁然如羣魚。㊆遑遑：窘急貌。㊆豈惟旦夕及禍，四海重責，將有所歸：言慶之今忤帝意，不但行將及禍，若他人舉事，則天下之人，皆將責慶之自昵於帝，興宗所謂終不免附從之禍也。(七三)當委任天命耳：言生死榮辱，但當委之於天，任命所至。(七四)當今懷謀思奮者，非欲邀功賞富貴，正求脫朝夕之死耳：言舉朝之臣，朝不保夕，今謀廢立，但以求自全，非欲希功賞，邀富貴。(七五)公統戎累朝：慶之自元嘉以來統兵，歷事三朝。(七六)舊日部曲，布在宮省，受恩者多，沈攸之輩，皆公家子弟耳：言宮省宿衛，多為慶之舊日部曲。《宋書・蔡興宗傳》興宗說慶之曰：「宋越、譚金之徒，出公宇下，並受生成。」越、金時皆掌宿衛，所謂受恩者多蓋指此。宋越當作宗越，宇下猶曰門下。沈攸之，慶之之從父兄子也。(七七)殿中將軍陸攸之，公之鄉人：陸攸之蓋亦吳興人，與慶之為同郡。(七八)聞車駕屢幸貴第：胡三省曰：「貴第，謂時貴之宅第也。」(七九)事至，固當抱忠以沒耳：言果有廢立之事，自當抱忠以殉國耳！(八〇)萬物皆謂與之同心：胡三省曰：「盈天地之間者萬物，人亦物也，此萬物謂人。」言人皆將謂沈氏一門與廢帝同心。(八一)且若人愛憎無常，猜忌特甚：謂帝愛憎猜忍，異於常人。若人猶曰斯人，謂廢帝。《論語》孔子譽南宮適曰：「君子哉若人，尚德哉若人。」若人，謂南宮適。(八二)不測之禍，進退難免：言或進或退，皆難免殺身之禍。(八三)機會難得，不可失也：《越語》范蠡曰：「臣聞之，時至不怠，時不再來。」時即所謂機會也。《史記》蒯通說韓信曰：「夫功者難成而易敗，時者難得而易失也。」(八四)帝乃使慶之從父兄子直閤將軍攸之賜慶之藥，慶之不肯飲，攸之以被揜殺之：以被揜殺者，以被覆蔽之令絕氣也。《宋書・沈攸之傳》攸之隨慶之征廣陵，屢有功，被箭破骨，事平，當加厚賞，為慶之所抑，攸之甚恨之。(八五)中書郎：即中書侍郎也。《晉書・職官志》，魏黃初初，於中書置通事郎，及晉，改曰中書侍郎。杜佑《通典》曰：「中書侍郎職副掌王言，更入直省五日，從駕則正直從，次直守。」(八六)我能死，爾能報：此《左傳》記伍奢子棠君尚之言也。《左傳》楚平王信費無極之譖執伍奢，並召其子，曰：「來，吾免而父。」棠君尚謂其弟員曰：「爾適吳，我將歸死。吾智不若，我能死，爾能報。」伍尚至楚，楚並奢殺之。員奔吳，藉吳兵入郢以報楚。(八七)秘書郎：《晉書・職官志》秘書監有丞有郎。《北堂書鈔》引《晉官品令》曰：「秘書郎掌中外五閣經書，覆核閣書，正定脫誤。」五閣《御覽》引《晉官品令》作三閣。杜佑《通典》曰：「後漢馬融為秘書郎，詣東觀典校書。晉掌中外三閣經書，校閱脫誤，亦謂之郎中。武帝分秘閣書籍為甲、乙、丙、丁四部，使秘書郎中四人各掌其一。宋齊尤為美職，皆為甲族起家之選，居職例十日便遷，齊梁末，多以貴遊子弟為之，無其才實。」(八八)玄謨宿將，有威名：玄謨自元嘉之世為將，孝建初，復攻臧質，平義宣，威名甚震。(八九)恆言收已在門，不保俄頃：恆言帝已遣吏兵將收之，生命頃刻不保。(九〇)興宗因使濮榮勸玄謨舉事：《宋書・蔡興宗傳》云：「初，玄謨舊部曲猶有三千人，廢帝頗疑之，徹配監者，玄謨太息深怨，啟留五百人巖山營墓事，猶未畢，帝欲獵，又悉喚還城。興宗因使法榮勸玄謨以此眾舉事，曰：『當今以領軍威名，率此為朝廷唱始，事便立剋。』」(九一)道隆過興宗車後，興宗曰：「劉君比日思一閑寫。」道隆解其意，掐興宗手曰，蔡公勿多言：胡三省曰：「閑寫者，謂欲清閑，寫其所懷也。掐，以爪掐之也。夫廢昏立明，非常之謀也，蔡興宗建非常之謀，既以告沈慶之，又以告王玄謨，又以摘發劉道隆，而人不敢泄其言，何也？

昏暴之朝，人不自保，時日害喪，予及汝皆亡，蓋人心之所同然也。」(九二)無復人理：言所作為皆乖悖人道。(九三)凡劣：庸凡鄙劣。(九四)故並得從容：以不為帝所忌，並得從容自處。(九五)休仁多智數，每以談笑佞諛說之，故得推遷：胡三省曰：「推，移也，遷，轉也。言以談笑佞諛轉移帝意也。或曰，推遷，延緩之意。」余按或說是，言休仁每以談笑佞諛悅帝，故得推延時日，未為帝所殺也。(九六)臨月：婦人將產之月謂之臨月。(九七)帝又以太祖、世祖在兄弟數皆第三，江州刺史晉安王子勛亦第三：太祖，高祖第三子；世祖，太祖第三子；而子勛，世祖之第三子也。(九八)侍書：胡三省曰：「諸王有侍讀，掌授王經，有侍書，掌教王書。」(九九)琬曰，身南土寒士：鄧琬，豫章南昌人，出身寒素，故云。(一〇〇)南陽太守沈懷寶，岷山太守薛常寶：胡三省曰：「沈懷寶、薛常寶先嘗為郡守，因各以其官稱之。」余按《宋書·鄧琬傳》：「南陽太守沈懷寶、岷山太守薛常寶之郡，始至尋陽與新蔡太守韋希直並為諮議參軍。」蓋新除太守，非前官，胡註誤也。岷山郡即汶山郡，岷山一名汶山。汶山郡，漢武帝置，宣帝地節三年罷入蜀郡，蜀漢復立，晉因，治汶江縣，在今四川省茂縣北，東晉郡廢，宋復立，徙治都安，在今四川省灌縣東。(一〇一)悅，暢之弟也：張暢在卷一百二十五、一百二十六文帝元嘉二十六年、二十七年。(一〇二)遣使上諸郡民丁：遣使詣江州統內諸郡籍民丁上之以為兵。(一〇三)南平王鑠妃江氏：江氏，江湛之妹也。(一〇四)直閤將軍：胡三省曰：「江左以直閤將軍出入省閤，總領宿衞。」(一〇五)充牣：充滿也。段玉裁《說文注箋》曰：「戴氏侗曰：『牣，牛充腯也。』引申為牣滿之義。」(一〇六)三王：湘東王彧，建安王休仁及山陽王休祐。(一〇七)內監：胡三省曰：「江左之制，天子及諸王皆有內監。」

內監，齋監也，監內自主帥以下，皆得監察之。」⑱學官令：《晉書・職官志》諸王國置學官令一人。⑲湘東王彧獨在秘書省：秘書省在禁中，收藏秘書圖籍之所。⑳壽寂之：《風俗通》曰：「壽姓，吳王壽夢之後。」㉑外監典事：李延壽〈恩倖傳〉論曰：「若徵兵動眾，大興人役，優劇遠近，斷於外監之心，譴辱詆訶，恣於典事之口。」南朝自宋中世以來，內監、外監，皆以恩倖任之，其權至重，機密之事皆關之，八座九卿，形同虛設。㉒南彭城：南彭城郡，東晉僑立。㉓晉陵：晉陵本曰毗陵，漢會稽郡之屬縣也，後漢屬吳郡，吳分吳郡無錫以西為屯田，置典農校尉，晉太康二年省校尉為毗陵郡。晉東海王越世子名毗，而東海國故食毗陵，永嘉五年，避毗諱改曰晉陵。《水經注》引〈地理志〉曰：「丹徒縣北二百步有故城，本毗陵郡治。」㉔唯隊主樊僧整防華林閤：以僧整領宿衞防守華林園閤門。㉕柳光世與僧整鄉人：胡三省曰：「柳氏本河東人，僑居襄陽，樊僧整蓋亦河東人也。」㉖綵女：胡三省曰：「綵女，倣後漢采女之制。」《後漢書・后妃紀》曰：「六宮稱號，唯皇后、貴人。貴人金印紫綬，奉不過粟數十斛。又置美人、宮人、采女三等，並無爵秩，歲時賞賜，充給而已。」㉗相隨奔景陽山：文帝築景陽山於華林園，見卷一百二十四元嘉二十三年。㉘寂之追而弒之：帝崩時年十七。㉙於時事起倉猝，王失履，跣至西堂，猶著烏帽，坐定，休仁呼主衣以白帽代之：胡三省曰：「江南天子宴居，著白紗帽。」王鳴盛曰：「南齊書柳世隆傳：『沈攸之反，初發江陵，已有叛者，後稍多，攸之日夕乘馬歷營撫慰而去者不息，攸之大怒，召諸軍曰：我被太后令，建義下都，大事若剋，白紗帽共著耳！』此云共著，則非必為帝，似是親近貴臣之服。然南史宋明帝紀：『壽寂之等弒廢帝於後堂，建安王休仁便稱臣，奉引升西堂，登御坐，事出倉猝，上失履，跣，猶著烏紗帽，休仁呼主衣以白紗代之。』又齊高帝紀：『蒼梧死，召袁粲等計議，王敬則乃拔刀在牀側，躍麾眾曰：天下事皆應關蕭公，敢有開一言者血染敬則刀。仍呼虎賁劒戟羽儀，手自取白紗帽加帝首，令帝即位，曰：今日誰敢復動？事須及熱。』南齊書倖臣茹法亮傳：『延昌殿為世祖陰室，藏諸御服，二少帝並居西殿。高宗即位，住東齋，開陰室，出世祖白紗帽、防身刀。』梁書侯景傳：『景逼簡文帝幸西州，帝著下屋白紗帽。』又景自篡立後，時著白紗帽。然則白紗帽為帝服甚明，蓋便服也。」趙翼曰：「古來人君即位，例著白紗帽，蓋本太子由喪次即位之制，故事相沿，遂以白紗帽為登極之服也。」㈢建安王休仁等始得出居外舍：廢帝以建安王休仁等年長，恐其為亂，常錄以自隨，居之禁中，至是始得出居外第。㈢釋謝莊之囚：莊以誄殷貴妃被囚，輸作尚方，事見上。㈢乘此：胡三省曰：「言乘此以奉辭伐罪。」㈢壽寂之等十四人皆封縣侯、縣子：《宋書・恩倖傳》，壽寂之封應城縣侯，姜產之汝南縣侯，阮佃夫建城縣侯，王道隆吳平縣侯，淳于文祖陽城縣侯，李道兒新塗縣侯，繆方盛劉陽縣侯，周登之曲陵縣侯，富靈符惠懷縣子，聶慶建陽縣子，田嗣將樂縣子，王敬則重安縣子，俞道隆茶陵縣子，宋逵之零陵縣子。凡十四人，皆以與弒廢帝有功受封。㈣東海王禕：禕，文帝之子，於明帝為兄。㈤湘東王即皇帝位，大赦，改元：帝即位是為太宗明皇帝，至是始改元泰始。㈥道隆暱於廢帝，嘗無禮於建安太妃：《宋書・文九王傳》：「廢帝常於休仁前使左右淫逼休仁所生楊太妃，左右並不得已順命，以至右衞將軍劉道隆，道隆歡以奉旨，盡諸醜狀。」㉗明帝乃賜道隆死：帝時未殂，不宜書其謚號，書明帝者，蓋因前成文。㉘攸之復入直閤：沈攸之以擿發宗越等謀反之功，復為帝所親任也。㉙追尊沈太妃曰宣太后：沈太妃即文帝沈婕妤，諱容，明帝之母，元嘉三十年卒，葬建康之莫府山，世祖即位，追贈湘東國太妃。㉚南梁郡：《宋書．州郡志》晉孝武帝太元中僑立南梁郡於淮南，安帝義熙中土斷，始有淮南故地，屬徐州，宋武帝永初二年，還屬南豫，治睢陽，即二漢、晉之壽春縣也。㉛罷二銖錢，禁鵝眼，綖環錢：二銖、鵝眼、綖環等錢皆見卷首。二銖錢，廢帝所制，鵝眼、綖環，民之所私鑄者。㉜殿下又開黃閤：殿下謂晉安王子勛。漢制丞相聽事門曰黃閤，蓋不敢洞開朱門以示有別於人主也，見漢舊儀。魏晉以來，凡開府者皆黃閤。時以子勛為車騎將軍開府儀同三司，故云開黃閤。㉝琬以晉安王子勛次第居三，又以尋陽起事，與世祖同符：世祖，文帝之第三子，而子勛，亦世祖之第三子，於兄弟之次皆第三。世祖以江州刺史鎮尋陽，既平太子劭之亂，遂即大位，見卷一百二十七文帝元嘉三十年，今子勛亦似尋陽起事，故云與世祖同符。㉞殿下當開端門：謂子勛當為天子。天子宮門之正南門曰端門。㉟更以山陽王休祐為江州刺史，荊州刺史臨海王子頊即留本任：帝初以山陽王休祐刺荊州以代臨海王子頊，至是晉安王子勛反，故更以休祐刺江州以代子勛，留子頊本任以安之。㊱道路行事：胡三省曰：「未至州，使為道路行事，沿塗之事，一以委之。」㊲桑尾：胡三省曰：「桑落洲在湓城東北大江中，桑尾，即桑落洲尾。」晉安帝元興三年，劉裕遣何無忌敗桓玄將何澹之於桑落洲。在今江西省九江縣東北過江五十里。㊳孤志遵前典，黜幽陟明：子勛專制一方，故自稱曰孤。《書．舜典》黜陟幽明，謂黜退臣僚之幽者，升進其明者，此黜幽陟明，謂欲廢昏君以立明主。㊴矯害明茂：胡三省曰：「明茂，謂明德茂親。謂上矯太皇太后令賜豫章王子尚死也。」㊵干我昭穆：干，犯也。禮父為昭，子為穆，父死子繼，今帝以世祖之弟繼統，是干其昭穆也。㊶寡我兄弟：帝既弒廢帝，復殺豫章王子尚，皆子勛之兄弟。㊷藐孤同氣，猶有十三：藐孤，謂幼小之孤兒也，取《左傳》晉獻公「是以藐諸孤」語。孝武帝二十八子，時尚存者子勛、子綏、子房、子頊、子仁、子真、子元、子輿、子孟、子嗣、子趨、子期、子悅，凡十三人。㊸聖靈何辜，而當乏饗：聖靈，謂世祖之靈，乏饗，謂不祀也。㊹郢州刺史安陸王子綏，承子勛初檄，欲攻廢帝：初檄，謂廢帝未殂時子勛討廢帝之檄，以別此傳建康討明帝之檄。㊺聞廢帝已隕，即解甲下標：解甲猶曰解嚴也。胡三省曰：「初起兵，立標以募兵，罷兵，故下標。」㊻既而聞江、雍猶治兵，郢州行府事荀卞之大懼：江謂鄧琬，琬行江州事，雍謂雍州刺史袁顗。郢州居江、雍二州之間，懼其夾攻問解甲罷兵之由。

卷一百三十一　宋紀十三

柔兆敦牂，一年。（丙午，西元四六六年）

司馬光編集
林瑞翰　註

太宗明皇帝上之下

泰始二年㈠（西元四六六年）

㈠春，正月，己丑朔，魏大赦，改元天安。

㈡癸巳（初五日），徵會稽太守尋陽王子房為撫軍將軍，以巴陵王休若代之㈡。

甲午（初六日），中外戒嚴。以司徒建安王休仁都督征討諸軍事，車騎將軍江州刺史王玄謨副之㈢。休仁軍於南州，以沈攸之為尋陽太守，將兵屯虎檻㈣。時玄謨未發，前鋒凡十軍，絡繹繼至。每夜，各立姓號，不相稟受。攸之謂諸將曰：「今眾軍姓號不同，若有耕夫漁父，夜相呵叱，便致駭亂，取敗之道也，請就一軍取號。」眾咸從之。

㈢鄧琬稱說符瑞，詐稱受路太后璽書，帥將佐上尊號於晉安王子勛。乙未（初七日），子勛即皇帝位於尋陽，改元義嘉。以安陸王子綏為司徒，揚州刺史，尋陽王子房、臨海王子頊並加開府儀同三司。以鄧琬為尚書右僕射，張悅為吏部尚書，袁顗加尚書左僕射，自餘將佐及諸州郡除官進爵號各有差。

㈣丙申（初八日），以征虜司馬申令孫為徐州刺史。令孫，坦之子也㈤。

置司州於義陽㈥，以義陽內史龐孟虯為司州刺史。

徐州刺史薛安都、冀州刺史清河崔道固皆舉兵應尋陽。

上徵兵於青州刺史沈文秀，文秀遣其將劉彌之等將兵赴建康。

會薛安都遣使邀文秀，文秀更令彌之等應安都。

濟陰太守申闡據睢陵應建康㈦，安都遣其從子直閤將軍索兒、太原太守㈧清河傅靈越等攻之。闡，令孫之弟也。

安都壻裴祖隆守下邳，劉彌之至下邳，更以所領應建康，襲擊祖隆。祖隆兵敗，與征北參軍垣崇祖奔彭城。崇祖，護之之從子也⑨。彌之族人北海太守懷恭、從子善明皆舉兵以應彌之。薛索兒聞之，釋睢陵，引兵擊彌之。彌之戰敗，走保北海。申令孫進據淮陽⑩，請降於索兒，龐孟虯亦不受命，舉兵應尋陽。帝召尋陽王長史行會稽郡事孔覬為太子詹事，以平西司馬庾業代之，又遣都水使者⑪孔璪入東慰勞。璪說覬以建康虛弱，不如擁五郡以應袁、鄧⑫，覬遂發兵馳檄奉尋陽，吳郡太守顧琛、吳興太守王曇生、義興太守劉延熙、晉陵太守袁標皆據郡應之。上又以庾業代延熙為義興，業至長塘湖，即與延熙合。

益州刺史蕭惠開聞晉安王子勛舉兵，集將佐謂之曰：「湘東，太祖之昭；晉安，世祖之穆，其於當璧，並無不可⑬。但景和雖昏，本是世祖之嗣，不任社稷，其次猶多⑭。吾荷世祖之眷，當推奉九江。」乃遣巴郡太守費欣壽將五千人東下，於是湘州行事何慧文、黃州刺史袁曇遠、梁州刺史柳元怙、山陽太守程天祚皆附於子勛。元怙，元景之從兄也。

是歲，四方貢計㈤，皆歸尋陽。朝廷所保，唯丹陽、淮南等數郡，其閒諸縣，或應子勛。東兵已至永世㈥，宮省危懼，上集羣臣以謀成敗。蔡興宗曰：「今普天同叛，宜鎮之以靜，至信待人。叛者親戚，布在宮省，若繩之以瀍，則土崩立至㈦。宜明罪不相及之義㈧，物情既定，人有戰心，六軍精勇，器甲犀利，以待不習之兵，其勢相萬耳！願陛下勿憂。」上善之。

㈤建武司馬劉順說豫州刺史殷琰使應尋陽，琰以家在建康，未許。右衛將軍柳光世自省內出奔彭城，過壽陽，言建康必不能守，琰信之，且素無部曲，為土豪前右軍參軍杜叔寶等所制，不得已而從之。琰以叔寶為長史，內外軍事，皆叔寶專之。

上謂蔡興宗曰：「諸處未平，殷琰已復同逆，頃日人情云何？事當濟不？」興宗曰：「逆之與順，臣無以辨㈨。今商旅斷絕，米甚豐賤，四方雲合，而人情更安㈩，以此卜之，清蕩可必。但臣之所憂，更在事後，猶羊公言，既平之後，方當勞聖慮耳㈪！」上曰：「誠如卿言。」上知琰附尋陽非本意，乃厚撫其家以招之。

㈥汝南、新蔡二郡太守周矜起兵於懸瓠㉒以應建康，袁顗誘矜司馬汝南常珍奇，執矜斬之，以珍奇代為太守。

㈦上使冗從僕射垣榮祖還徐州說薛安都㉓，安都曰：「今京都無百里地㉔，不論攻圍取勝，自可拍手笑殺，且我不欲負孝武。」榮祖曰：「孝武之行，足致餘殃㉕。今雖天下雷同㉖，正是速死，無能為也。」安都不從，因留榮祖使為將。榮祖，崇祖之從父兄也。

㈧兗州刺史殷孝祖之甥司法參軍葛僧韶㉗請徵孝祖入朝，上遣之。時薛索兒屯據津徑，僧韶閒行得至，說孝祖曰：「景和凶狂，開闢未有，朝野危極，假命漏刻㉘。主上夷凶翦暴，更造天地。國亂朝危，宜立長君，而羣迷相煽，搆造無端，貪利幼弱㉙，競懷希望。使天道助逆，羣凶事申，則主幼時艱，權柄不一，兵難互起，豈有自容之地？舅少有立功之志，若能控濟義勇㉚，還奉朝廷，非唯匡主靜亂，乃可以垂名竹帛。」孝祖具問朝廷消息，僧韶隨方訓譬，并陳兵甲精彊，主上欲委以前驅之任。孝祖即日委妻子於瑕丘㉑，帥文武二千人隨僧韶還建康。

時四方皆附尋陽，朝廷唯保丹陽一郡，而永世令孔景宣復叛，義興兵垂至延陵㉒，內外憂危，咸欲奔散。孝祖忽至，眾力不少，並傖楚㉓壯士，人情大安。

甲辰（十六日），進孝祖號撫軍將軍，假節，都督前鋒諸軍事，遣向虎檻，寵賚甚厚。初，上遣東平畢眾敬詣兗州募人，至彭城，薛安都以利害說之，矯上命以眾敬行兗州事，眾敬從之。殷孝祖使司馬劉文石守瑕丘，眾敬引兵擊殺之。安都素與孝祖有隙，使眾敬盡殺孝祖諸子，州境皆附之，唯東平太守申纂，據無鹽不從㉔。纂，鍾之曾孫也㉕。

(九)丙午（十九日），上親總兵，出頓中堂。

辛亥（二十四日），以山陽王休祐為豫州刺史，督輔國將軍彭城劉勔、寧朔將軍廣陵呂安國等諸軍西討殷琰。【考異】宋略：「二月庚申，以休佑都督西討。」今從宋書。巴陵王休若督建威將軍吳興沈懷明、尚書張永、輔國將軍蕭道成等諸軍東討孔覬。時將士多東方人，父兄子弟皆已附覬，上因送軍，普加宣示，曰：「朕方務德簡刑，使父子兄弟罪不相及，助順向逆者，一以所從為斷。卿等當深達此懷，勿以親戚為慮也。」眾於是大悅，凡叛者親黨在建康者，皆使居職如故。

(十)壬子（二十五日），路太后殂。【考異】宋略、南史皆曰：「義嘉之為，太后心幸之，延上飲酒，置毒以進，侍者引上衣，上寤起，以其卮上壽，是日，太后崩，喪事如禮。」宋書無之，今不取。

(土)孔覬遣其將孫曇瓘等軍於晉陵九里(三六)，部陳甚盛。沈懷明至奔牛，所領寡弱，乃築壘自固。張永至曲阿，未知懷明安否，百姓驚擾，永退還延陵，就巴陵王休若。諸將帥咸勸休若退保破岡，其日大寒，風雪甚猛，塘埭(三七)壞，眾無固心，休若宣令敢有言退者斬，眾小定，乃築壘息甲。尋得懷明書，賊定未進，軍主劉亮又至，兵力轉盛，人情乃安。亮，懷慎之從孫也。

殿中御史吳喜以主書事世祖，稍遷河東太守(三八)，至是請得精兵三百，致死於東。上假喜建武將軍，簡羽林勇士配之。議者以喜刀筆主者，未嘗為將，不可遣。中書舍人巢尚之曰：「喜昔隨沈慶之，屢經軍旅，性既勇決，又習戰陳，若能任之，必有成績。諸人紛紜(三九)，皆是不別才耳！」乃遣之。

喜先時數奉使東吳，性寬厚，所至人並懷之。百姓聞吳河東來，皆望風降散，故喜所至克捷。永世人徐崇之攻孔景宣，斬之，喜板崇之領縣事。喜至國山(四〇)，遇東軍，進擊，大破之，自國山進屯吳城(四一)。劉延熙遣其將楊玄等拒戰，喜兵力甚弱，玄等眾盛，喜奮擊，斬之，進逼義興，延熙柵斷長橋，保郡自守(四二)，喜築壘與之相持。庾業於長塘湖口夾岸築城，有眾七千人，與延熙遙相應接(四三)。沈懷明、張永與晉陵軍相持，久不決。

外監朱幼舉司徒參軍督護任農夫驍勇有膽力，上以四百人配之，使助東討。農夫自延陵出長塘，庾業築城猶未合，農夫馳往攻之，力戰，大破之，庾業棄城走義興。農夫收其船仗，進向義興，助吳喜。

二月，己未朔，喜渡水攻郡城(四四)，分兵擊諸壘，登高指麾，若令四面俱進者。義興人大懼，諸壘皆潰，延熙赴水死，遂克義興。

(十二)魏丞相太原王乙渾專制朝權，多所誅殺。安遠將軍賈秀掌吏曹事㊺，渾屢言於秀，為其妻求稱公主。秀曰：「公主豈庶姓所宜稱㊻？秀寧取死今日，不可取笑後世。」渾怒罵曰：「老奴官慳。」會侍中拓跋丕告渾謀反，庚申（初二日），馮太后收渾誅之。秀，彜之子㊼；丕，烈帝之玄孫也㊽。

太后臨朝稱制，引中書令高允、中書侍郎高閭及賈秀共參大政。

㈢沈懷明、張永、蕭道成等軍於九里西，與東軍相持。東軍聞義興敗，皆震恐。上遣積射將軍濟陽江方興、御史王道隆至晉陵，視東軍形勢，孔覬將孫曇瓘、程扞宗列五城，互相連帶。扞宗城猶未固，王道隆與諸將謀曰：「扞宗城猶未立，可以藉手，上副聖旨，下成眾氣。」辛酉（初三日），道隆帥所領急攻，拔之，斬扞宗首。永等因乘勝進擊曇瓘等，壬戌（初四日），曇瓘等兵敗，與袁標俱棄城走，遂克晉陵。

吳喜軍至義鄉㊾，孔璪屯吳興。南亭太守王曇生詣璪計事，聞臺軍已近，璪大懼，墮牀曰：「懸賞所購，唯我而已，今不遽走，將為人擒。」遂與曇生奔錢唐㊿。

喜入吳興，任農夫引兵向吳郡，顧琛棄郡奔會稽。

上以四郡既平[五二]，乃留吳喜使統沈懷明等諸將東擊會稽，召張永等北擊彭城，江方興等南擊尋陽。

(十四)以吏部尚書蔡興宗為左僕射，侍中褚淵為吏部尚書。

(十五)丁卯（初九日），吳喜軍至錢唐，孔璪、王曇生奔浙東，喜遣彊弩將軍任農夫等引兵向黃山浦[五三]。東軍據岸結寨，農夫等擊破之。喜自柳浦渡取西陵[五三]，擊斬庾業。會稽人大懼，將士多奔亡，孔覬不能制。

戊寅（二十日），上虞令王晏起兵攻郡，覬逃奔嶀山[五四]，車騎從事中郎張綏封府庫以待吳喜。己卯（二十一日），王晏入城殺綏，執尋陽王子房於別署[五五]，縱兵大掠，府庫皆空。獲孔璪，殺之。

庚辰（二十二日），嶀山民縛孔覬送晏，晏謂之曰：「此事孔璪所為，無預卿事，可作首辭[五六]，當相為申上。」覬曰：「江東處分，莫不由身[五七]，委罪求活，便是君輩行意耳！」晏乃斬之。

顧琛、王曇生、袁標等詣吳喜歸罪[五八]，喜皆宥之。東軍主凡七十六人，臨陳斬十七人，其餘皆原宥。

(十六)薛索兒攻申闡，久不下，使申令孫入睢陵說闡，闡出降，索兒幷令孫殺之(五九)。

(十七)山陽王休祐在歷陽，輔國將軍劉勔進軍小峴，殷琰所署南汝陰太守(六〇)裴季之以合肥來降。

(十八)鄧琬性鄙闇貪吝，既執大權，父子賣官鬻爵，使婢僕出市道販賣，酣歌博弈，日夜不休，大自矜遇，賓客到門者，歷旬不得前，內事悉委褚靈嗣等三人，羣小橫恣，競為威福，於是士民忿怨，內外離心。

琬遣孫冲之帥龍驤將軍薛常寶、陳紹宗、焦度等兵一萬為前鋒，據赭圻(六一)，冲之於道，與晉安王子勛書曰：「舟檝已辦，糧仗亦整，三軍踴躍，人爭効命。便欲沿流挂帆，直取白下(六二)，願速遣陶亮眾軍兼行相接，分據新亭、南洲，則一麾定矣。」子勛加冲之左衛將軍，以陶亮為右衛將軍，統郢、荊、湘、梁、雍五州兵合二萬人，一時俱下。陶亮本無幹略，聞建安王休仁自上，殷孝祖又至，不敢進，屯軍鵲洲〔六三〕。

殷孝祖負其誠節〔六四〕，陵轢〔六五〕諸將，臺軍有父子兄弟在南者〔六六〕，孝祖悉欲推治，由是人情乖離，莫樂為用。

寧朔將軍沈攸之內撫將士，外諧羣帥，眾並賴之。

孝祖每戰，常以鼓蓋自隨，軍中人相謂：「殷統軍可謂死將矣，今與賊交鋒，而以羽儀自標顯，若善射者十人共射之，欲不斃得乎？」

三月，庚寅（初三日），眾軍水陸並進，攻赭圻，陶亮等引兵救之。孝祖於陳，為流矢所中，死。軍主范潛帥五百人降於亮，人情震駭，並謂沈攸之宜代孝祖為統。時建安王休仁屯虎檻，遣寧朔將軍江方興、龍驤將軍襄陽劉靈遺各將三千人赴赭圻。攸之以為孝祖既死，亮等有乘勝之心，明日若不更攻，則示之以弱，方興名位相亞〔六七〕，必不為己下，軍政不壹，致敗之由也。乃帥諸軍主詣方興曰：「今西方並反，國家所保，無復百里之地，唯有殷孝祖為朝廷所委賴，鋒鏑裁交，輿尸而反，文武喪氣，朝野危心。事之濟否，唯在明旦一戰，戰或不捷，大事去矣！詰朝之事，諸人或謂吾應統之，自卜懦薄，幹略不如卿，今輒相推為統，但當相與戮力耳！」方興甚悅，許諾。攸之既出，諸軍主並尤之，攸之曰：「吾本濟國活家，豈計此之升降？且我能下彼，彼必不能下我，豈可自措同異也？」

孫沖之謂陶亮曰：「孝祖梟將，一戰便死，天下事定矣，不須復戰，便當直取京都。」亮不從。

辛卯（初四日），方興帥諸將進戰，建安王休仁又遣軍主郭季之、步兵校尉杜幼文、屯騎校尉垣恭祖、龍驤將軍濟地頓生㊅、京兆段佛榮等三萬人往會戰，自寅及午，大破之，追北至姥山㊆而還。幼文，驥之子也㊆。

孫沖之於湖白口㊆築二城，軍主竟陵張興世攻拔之。壬辰（初五日），詔以沈攸之為輔國將軍，假節，代殷孝祖督前鋒諸軍事。

陶亮聞湖、白二城不守，大懼，急召孫沖之還鵲尾，留薛常寶等守赭圻，先於姥山及諸岡分立營寨，亦各散還，共保濃湖㊆。

時軍旅大起，國用不足，募民上錢穀者賜以荒縣、荒郡㊆，或五品至三品散官有差。軍中食少，建安王休仁撫循將士，均其豐儉，弔死問傷，身自隱卹㈦㈣，故十萬之眾，莫有離心。

鄧琬遣其豫州刺史劉胡帥眾三萬、鐵騎二千，東屯鵲尾，幷舊兵凡十餘萬㈦㈤。胡宿將，勇健多權略，屢有戰功，將士畏之。司徒中兵參軍冠軍蔡那㈦㈥，子弟在襄陽，胡每戰，懸之城外，那進戰不顧。

吳喜既定三吳，帥所領五千人，幷運資實至于赭圻。

㈩㈨薛索兒將馬步萬餘人，自睢陵渡淮，進逼青、冀二州刺史張永營。丙申（初九日），詔南徐州刺史桂楊王休範統北討諸軍事，進據廣陵，又詔蕭道成將兵救永。

㈠戊戌（十一日），尋陽王子房至建康，上宥之，貶爵為松滋侯。

㈡庚子（十三日），魏以隴西王源賀為太尉。

㈢上遣寧朔將軍劉懷珍帥龍驤將軍王敬則等步騎五千，助劉勔討壽陽，斬廬江太守劉道蔚。懷珍，善明之從子也㈦㈦。

㈣中書舍人載明寶啟上遣軍主竟陵黃回募兵，擊斬尋陽所署馬頭太守(七八)王廣元。

(七四)前奉朝請壽陽鄭黑起兵於淮上以應建康，東扞殷琰，西拒常珍奇(七九)。乙巳（十八日），以黑為司州刺史。【考異】宋殷琰傳作鄭墨，今從宋本紀、宋略。

(七五)殷琰將劉順、柳倫、皇甫道烈、龐天生等馬步八千人東據宛唐(八〇)。

劉勔帥眾軍並進，去順數里立營。時琰所遣諸軍，並受順節度，而以皇甫道烈，土豪；柳倫，臺之所遣，順本卑微，唯不使統督二軍。

勔始至，塹壘未立，順欲擊之，道烈、倫不同，順不能獨進，乃止。勔營既立，不可復攻，因相持守。

(七六)壬子（二十五日），斷新錢，專用古錢(八一)。

(七七)沈攸之帥諸軍圍赭圻，薛常寶等糧盡，告劉胡求救。胡以囊盛米，繫流查及船腹(八二)，陽覆船，順風流下以餉之。沈攸之疑其有異，遣人取船及流查，大得囊米。丙辰（二十九日），劉胡帥步卒一萬，夜斫山開道，以布囊運米餉赭圻。平旦，至城下，猶隔小塹，未能入，沈攸之帥諸軍邀之，殊死戰，胡眾大敗，捨糧棄甲，緣山走，斬獲甚眾。胡被創，僅得還營。常寶等惶懼，夏，四月辛酉（初四日），開城突圍，走還胡軍。攸之拔赭圻城，斬其寧朔將軍沈懷寶等，納降數千人，陳紹宗單舸奔鵲尾。

建安王休仁自虎檻進屯赭圻，劉胡等兵猶盛。上欲綏慰人情，遣吏部尚書褚淵至虎檻，選用將士，時以軍功除官者眾，板不能供㈧㈢，始用黃紙。

鄧琬以晉安王子勛之命，徵袁顗下尋陽，顗悉雍州之眾馳下，琬以黃門侍郎劉道憲行荊州事，侍中孔道存行雍州事。上庸太守柳世隆乘虛襲襄陽，不克。世隆，元景之弟子也。

㈧㈥散騎侍郎明僧暠起兵攻沈文秀以應建康。壬午（二十五日），以僧暠為青州刺史。

平原、樂安二郡太守王玄默據琅邪㈧㈣，清河、廣川二郡太守王玄邈據盤陽城㈧㈤，高陽、勃海二郡太守劉乘民據臨濟城㈧㈥，並起兵以應建康。玄邈，玄謨之從弟；乘民，彌之之從子也。

沈文秀遣軍主解彥士攻北海(八七)，拔之，殺劉彌之。乘民從弟伯宗合帥鄉黨復取北海，因引兵向青州所治東陽城(八八)。文秀拒之，伯宗戰死。僧暠、玄默、玄邈、乘民合兵攻東陽城，每戰，輒為文秀所破，離而復合，如此者十餘，卒不能克(八九)。

(九十)杜叔寶謂臺軍住歷陽，不能遽進，及劉勔等至，上下震恐。劉順等始行，唯齎一月糧，既與勔相持，糧盡，叔寶發車千五百乘載米餉順，自將五千精兵送之。呂安國聞之，言於劉勔曰：「劉順精甲八千，我眾不能居半，相持既久，彊弱勢殊，更復推遷，則無以自立，所賴者彼糧行竭，我食有餘耳！若使叔寶米至，非唯難可復圖，我亦不能持久。今唯有間道襲其米車，出彼不意，若能制之，當不戰走矣！」勔以為然。以疲弱守營，簡精兵千人配安國及龍驤將軍黃回，使從間道出順後，於橫塘(九〇)抄之。安國始行，齎二日熟食，食盡，叔寶不至。將士欲還，安國曰：「卿等旦已一食，今晚米車不容不至，若其不至，夜去不晚。」叔寶果至，以米車為函箱陳，叔寶於外為遊軍，幢主楊仲懷將五百人居前。安國、回等擊斬之，及其士卒皆盡。叔寶至，回欲乘勝擊之，安國曰：「彼將自走，不假復擊。」退三十里止宿。夜，遣騎參候，叔寶果棄米車走。安國復夜往燒米車，驅牛二千餘頭而還。五月，丁亥朔，夜，劉順眾潰走淮西，就常珍奇(九一)。於是劉勔鼓行，進向壽陽。叔寶斂居民及散卒，嬰城自守。勔與諸軍分營城外，山陽王休祐與殷琰書，為陳利害，上又遣御史王道隆齎詔宥琰罪，勔與琰書，并以琰兄瑗子邈書與之，琰與叔寶等皆有降意，而眾心不壹，復嬰城固守。弋陽西山蠻田益之起兵應建康，詔以益之為輔國將軍，督弋陽西山蠻事。壬辰（初六日），以輔國將軍沈攸之為雍州刺史(九二)。丁未（二十一日），以尚書左僕射王景文為中軍將軍。庚戌（二十四日），以寧朔將軍劉乘民為冀州刺史(九三)。

(卅)甲寅（二十八日），葬昭太后於脩寧陵(九四)。

(卅一)張永、蕭道成等與薛索兒戰，大破之，索兒退保石梁，食盡而潰，走向樂平，為申令孫子孝叔所斬(九五)。薛安都子道智走向合肥，詣裴降。傅靈越走至淮西，武衛將軍沛郡王廣之生獲之，送詣劉勔，勔詰其叛逆，靈越曰：「九州唱義，豈獨在我？薛公不能專任智勇，委付子姪，此其所以敗也。人生歸於一死，實無面求活。」勔送詣建康，上欲赦之，靈越辭終不改，乃殺之。

㊸鄧琬以劉胡與沈攸之等相持，久不決，乃加袁顗督征討諸軍事。六月，甲戌（十八日），顗帥樓船千艘，戰士二萬，來入鵲尾。顗本無將略，性又怯撓，在軍中未嘗戎服，語不及戰陳，唯賦詩談義而已，不復撫接諸將。劉胡每論事，酬對甚簡，由此大失人情，胡常切齒恚恨。

胡以南運米未至，軍士匱乏，就顗借襄陽之資，顗不許，曰：「都下兩宅未成，方應經理㊈。」又信往來之言，云建康米貴，斗至數百，以為將不攻自潰，擁甲㊉以待之。

㊹田益之帥蠻眾萬餘人圍義陽㊇，鄧琬使司州刺史龐孟虯帥精兵五千救之，益之不戰，潰去。

㊺安成太守劉襲、始安內史王識之，【考異】宋書作王職之，今從宋略。建安內史

趙道生並舉郡來降。襲，道憐之孫也[九九]。

蕭道成世子賾為南康贛令[一〇〇]，鄧琬遣使收繫之。門客蘭陵桓康，擔賾妻裴氏及其子長懋、子良逃於山中，與賾族人蕭欣祖等結客得百餘人，攻郡，破獄，出賾。南康相沈肅之帥將吏追賾，賾與戰，擒之。賾自號寧朔將軍，據郡起兵[一〇一]，【考異】宋書鄧琬傳云：「世子與南康相沈用之等據郡起義。」宋略亦云：「沈肅之以郡招起義。」按賾始自獄中劫出，琬所署南康相不容便與之同，今從蕭子顯南齊書紀。與劉襲等相應。琬以中護軍殷孚為豫章太守，督上流五郡以防襲等[一〇二]。

(四五)衡陽內史王應之起兵應建康，襲擊湘州行事何慧文於長沙。應之與慧文捨軍身戰，斫慧文八創，慧文斫應之斷足，殺之。

(四六)始興人劉嗣祖等據郡起兵應建康，廣州刺史袁曇遠遣其將李萬周等討之。嗣祖詐萬周云：「尋陽已平。」萬周還襲番禺，擒曇遠，斬之，上以萬周行廣州事。

(四七)初，武都王楊元和治白水[一〇三]，微弱不能自立，棄國奔魏，元和從弟僧嗣復自立，屯葭蘆。

費欣壽至巴東[一〇四]，巴東人任叔兒據白帝，自號輔國將軍，擊欣壽，斬之，叔兒遂阻守三峽㉟。蕭惠開復遣治中程法度將兵三千出梁州，楊僧嗣帥羣氏斷其道，閒使以聞。秋，七月丁酉（十二日），以僧嗣為北秦州刺史，武都王。

(卅八)諸軍與袁顗相拒於濃湖，久未決，龍驤將軍張興世建議曰：「賊據上流，兵彊地勝，我雖持之有餘，而制之不足。若以奇兵數千潛出其上，因險而壁，見利而動，使其首尾周遑，進退疑阻，中流既梗，糧運自艱，此制賊之奇也！錢溪㊱江岸最狹，去大軍不遠，下臨洄洑㊲，船下必來泊岸，又有橫浦，可以藏船，千人守險，萬夫不能過，衝要之地，莫出於此。」沈攸之、吳喜並贊其策。會龐孟虯引丘來助殷琰㊳，劉勔遣使求援甚急，建安王休仁欲遣興世救之，沈攸之曰：「孟虯蟻聚，必無能為，遣別將馬步數千，足以相制，興世之行，是安危大機，必不可輟。」乃遣段佛榮將兵救勔，而選戰士七千，輕舸二百配興世。興世帥其眾泝流稍上，尋復退歸，如是者累日。劉胡聞之，笑曰：「我尚不敢越彼下取揚州㊴，張興世何物人，欲輕據我上？」不為之備。一夕四更，值便風，興世舉帆直前，渡湖白，過鵲尾。胡既覺，乃遣其將胡靈秀將兵於東岸，翼之而進。戊戌（十三日），夕，興世宿景洪浦，靈秀亦留。興世潛遣其將黃道標帥七十舸徑趣錢溪，立營寨；己亥（十四日），興世引兵進據之，靈秀不能禁。

庚子（十五日），劉胡自將水步二十六軍來攻錢溪，【考異】宋略曰：「胡進軍鵲頭，遣其將陳慶以三百舸逼錢溪。」今從宋書。將士欲迎擊之，興世禁之曰：「賊來尚遠，氣盛而矢驟，驟既易盡⑳，盛亦易衰，不如待之。」令將士治城如故。俄而胡來轉近，船入洄洑，興世命壽寂之、任農夫帥壯士數百擊之，眾軍相繼並進，胡敗走，斬首數百，胡收兵而下㉑。

時興世城寨未固，建安王休仁慮袁顗幷力更攻錢溪，欲分其勢。辛丑（十六日），命沈攸之、吳喜等以皮艦㉒進攻濃湖，斬獲千數。是日，劉胡帥步卒二萬，鐵馬一千，欲更攻興世，未至錢溪數十里，袁顗以濃湖之急，遽追之㉓，錢溪城由此得立。

胡遣人傳唱錢溪已平，眾並懼，沈攸之曰：「不然，若錢溪實敗，萬人中應有一人逃亡得還者，必是彼戰失利，唱空聲以惑眾耳！」勒軍中不得妄動，錢溪捷報尋至。攸之以錢溪所送胡軍耳鼻示濃湖，袁顗駭懼，攸之日暮引歸。

㊴龍驤將軍劉道符攻山陽，程天祚請降㊃。

㊵龐孟虯進至弋陽，劉勔遣呂安國等迎擊於蓼潭㊄，大破之，孟虯走向義陽。王玄謨之子曇善起兵據義陽以應建康，孟虯走死蠻中。

㊶劉胡遣輔國將軍薛道標襲合肥，殺汝陰太守裴季之㊅。劉勔遣輔國將軍垣閎擊之。閎，閬之弟㊆；道標，安都之子也。

㊷淮西人鄭叔舉起兵擊常珍奇以應鄭黑。辛亥（二十六日），以叔舉為北豫州刺史。

㊸崔道固為土人所攻，閉門自守㊇，上遣使宣慰，道固請降。甲寅（二十九日），復以道固為徐州刺史㊈。

㊹八月，皇甫道烈等聞龐孟虯敗，並開門出降㊉。

㊺張興世既據錢溪，濃湖軍乏食㊀，鄧琬大送資糧，畏興世不敢進。劉胡帥輕舸四百，由鵲頭內路欲攻錢溪㊁。既而謂長史王念叔曰：「吾少習步戰，未閑水鬭。若步戰，恒在數萬人中，水戰在

一舸之上，舸舸各進，不復相關，正在三十人中㉝，此非萬全之計，吾不為也！」乃託瘧疾，住鵲頭不進，遣龍驤將軍陳慶將三百舸向錢溪，戒慶不須戰，張興世吾之所悉，自當走耳！

陳慶至錢溪，軍於梅根。胡遣別將王起將百舸攻興世，興世擊起，大破之。胡帥其餘舸馳還，謂顗曰：「興世營寨已立，不可猝攻。昨日小戰，未足為損，陳慶已與南陵、大雷諸軍共遏其上，大軍在此，鵲頭諸將又斷其下流，已墮圍中，不足復慮。」顗怒胡不戰，謂曰：「糧運鯁塞㉞，當如此何？」胡曰：「彼尚得泝流越我而上，此運何以不得沿流越彼而下邪？」乃遣安北府司馬沈仲玉將千人步趣南陵迎糧。仲玉至南陵，載米三十萬斛，錢布數十舫，竪榜為城㉟，規欲突過，行至貴口㊱，不敢進，遣間信報胡，令遣重軍援接。張興世遣壽寂之、任農夫等將三千人至貴口，擊之，仲玉走還顗營，悉虜其資實，胡眾駭懼。

胡將張喜來降，鎮東中兵參軍劉亮進兵逼胡營，胡不能制。袁顗懼，曰：「賊入人肝脾裏，何由得活？」胡陰謀遁去，己卯（二十四日），誑顗云：「欲更帥步騎二萬，上取錢溪，兼下大雷餘運。」令顗悉選馬配之。其日，胡委顗去，徑趣梅根，先令薛常寶辦船，悉發南陵諸軍，燒大雷諸城而走。至夜，顗方知之，大怒，罵曰：「今年為小子所誤。」呼取常所乘善馬飛鷰，謂其眾曰：「我當自追之。」因亦走。庚辰（二十五日），建安王休仁勒兵入顗營，納降卒十萬，遣沈攸之等追顗。

顗走至鵲頭，與戍主薛伯珍并所領數千人偕去，欲向尋陽。夜止山間㉗，殺馬以勞將士，顧謂伯珍曰：「我非不能死，且欲一至尋陽，謝罪主上，然後自刎耳！」因慷慨叱左右索節，無復應者。及旦，伯珍請屏人言事，遂斬顗首詣錢溪軍主襄陽俞湛之，湛之因斬伯珍，并送首以為己功。

劉胡帥二萬人向尋陽，詐晉安王子勛云：「袁顗已降，軍皆散，唯己帥所領獨返，宜速處分，為一戰之資。當停據溢城，誓死不二。」乃於江外夜趣沔口㉘。鄧琬聞胡去，憂惶無計，呼中書舍人褚靈嗣等謀之，并不知所出。張悅詐稱疾，呼琬計事，令左右伏甲帳後，戒之：「若聞索酒，便出。」

琬既至，悅曰：「卿首唱此謀，今事已急，計將安出？」琬曰：「正當斬晉安王，封府庫以謝罪耳！」悅曰：「今日寧可賣殿下求活邪？」因呼酒，子洵提刀出斬琬㉙。

中書舍人潘欣之聞琬死，勒兵而至。悅使人語之曰：「鄧琬謀反，今已梟戮。」欣之乃還，取琬子並殺之。悅因單舸齎琬首馳下詣建安王休仁降。

尋陽亂㉚，蔡那之子道淵在尋陽，被繫作部，脫鎖入城㉛，執子勛囚之。沈攸之諸軍至尋陽，斬晉安王子勛，傳首建康，時年十一㉜。

初，鄧琬遣臨川內史張淹自鄱陽嶠道入三吳，軍于上饒㉝，聞劉胡敗，軍副鄱陽太守費畔斬淹以降。淹，暢之子也㉞。

廢帝之世，衣冠懼禍，咸欲遠出，至是流離外難，百不一存，眾乃服蔡興宗之先見㉟。

九月，壬辰（初八日），以山陽王休祐為荊州刺史。

癸巳（初九日），解嚴，大赦。

庚子（十六日），司徒休仁至尋陽，遣吳喜、張興世向荊州，沈懷明向郢州，劉亮及寧朔將軍南陽張敬兒向雍州，孫超之向湘州，沈思仁、任農夫向豫章，平定餘寇。

劉胡逃至石城㊱，捕得，斬之。

郢州行事張沈變形為沙門，潛走，追獲，殺之。

荊州行事劉道憲，聞濃湖平，散兵，遣使歸罪，荊州治中宗景等勒兵入城，殺道憲，執臨海王子頊以降。

孔道存知尋陽已平，遣使請降㊲，尋聞柳世隆、劉亮當至，道存及三子皆自殺。

上以何慧文才兼將吏㊳，使吳喜宣旨赦之。慧文曰：「既陷逆節，手害忠義㊴，何面見天下之士？」遂自殺。

安陸王子綏、臨海王子頊、邵陵王子元並賜死，劉順及餘黨在荊州者皆伏誅㊵。詔追贈諸死節之臣及封賞有功者各有差。

㊻己酉（二十五日），魏初立郡學，置博士、助教、生員，從

中書令高允、相州刺史李訢之請也〔四一〕。訢，崇之子也〔四二〕。

(四七)上既誅晉安王子勛等，待世祖諸子猶如平日。司徒休仁還自尋陽，言於上曰：「松滋侯兄弟尚在，將來非社稷計，宜早為之所。」冬，十月，乙卯朔，松滋侯子房、永嘉王子仁、始安王子真、淮南王子孟、南平王子產、廬陵王子輿、子趨、子期、東平王子嗣、子悅並賜死，及鎮北諮議參軍路休之、司徒從事中郎路茂之〔四三〕、兗州刺史劉祗、中書舍人嚴龍皆坐誅。世祖二十八子，於此盡矣〔四四〕！祗，義欣之子也〔四五〕。

(四八)劉勔圍壽陽，垣閎攻合肥，俱未下。勔患之，召諸將會議。馬隊主王廣之曰：「得將軍所乘馬，判能平合肥〔四六〕。」幢主皇甫肅怒曰：「廣之敢奪節下馬，可斬。」勔笑曰：「觀其意，必能立功。」即推鞍下馬與之。廣之往攻合肥，三日克之，薛道標突圍奔淮西，歸常珍奇。勔擢廣之為軍主。廣之謂肅曰：「節下若從卿言，何以平賊？卿不賞才，乃至於此。」肅有學術，及勔卒，更依廣之，廣之薦於齊世祖，為東海太守。

(四九)沈靈寶自廬江引兵攻晉熙㊼，晉熙太守閻湛之棄城走。

(五十)徐州刺史薛安都、益州刺史蕭惠開、梁州刺史柳元怙、【考異】宋略作元哲，今從宋書。兗州刺史畢眾敬、【考異】宋略作畢榛，後魏書小名榛，今從本傳。豫章太守殷孚、汝南太守常珍奇並遣使乞降㊽。上以南方已平，欲示威淮北，乙亥（二十一日），命鎮軍將軍張永、中領軍沈攸之將甲士五萬迎薛安都，【考異】後魏紀安都與常珍奇降皆在九月，而宋本紀、宋略遣張永等北出皆在十月，今從之。蔡興宗曰：「安都歸順，此誠非虛，正須單使尺書，今以重兵迎之，勢必疑懼，或能招引北虜，為患方深。若以叛臣罪重，不可不誅，則曏之所宥，亦已多矣，況安都外據大鎮，密邇邊陲，地險兵彊，攻圍難克？考之國計，尤宜馴養。如其外叛，將為朝廷旰食之憂。」上不從。謂征北司馬行南徐州事蕭道成曰：「吾今因此北討，卿意以為何如？」對曰：「安都狡猾有餘，今以兵逼之，恐非國之利。」上曰：「諸軍猛銳，何往不克？卿勿多言。」

安都聞大兵北上㊾，懼，遣使乞降於魏，常珍奇亦以懸瓠降魏，【考異】宋略：「十二月甲寅，珍奇復以郡叛。」蓋於時宋朝始聞之耳。皆請兵自救。

（五一）戊寅（二十四日），立皇子昱為太子。

（五二）薛安都以其子為質於魏，魏遣鎮東大將軍代人尉元、鎮東將軍魏郡孔伯恭等帥騎一萬出東道救彭城，鎮西大將軍西河公石、都督荊、豫、南雍州諸軍事張窮奇〔五〇〕出西道救懸瓠，以安都為都督徐、雍等五州諸軍事，鎮南大將軍，徐州刺史，河東公；常珍奇為平南將軍，豫州刺史，河內公。

兗州刺史申纂詐降於魏，尉元受之，而陰為之備〔五一〕。魏師至無鹽，纂閉門拒守。

薛安都之召魏兵也，畢眾敬不與之同〔五二〕，遣使來請降，上以眾敬為兗州刺史。眾敬子元賓在建康，先坐它罪誅，【考異】後魏書眾敬傳云：「元賓有他罪，彧獨不捨之。」宋略云：「榛息在都，已誅矣。」今從之。眾敬聞之，怒，拔刀斫柱曰：「吾皓首唯一子，不能全，安用獨生？」十一月壬子（二十九日），魏師至瑕丘，眾敬請降於魏。尉元遣部將先據其城，眾敬悔恨，數日不食。元長驅而進，十二月己未（初六日），軍于秺〔五三〕。

西河公石至上蔡，常珍奇帥文武出迎，石欲頓軍汝北，未即入城[五四]，中書博士鄭羲曰：「今珍奇雖來，意未可量，不如直入其城，奪其管籥[五五]，據有府庫，制其腹心，策之全者也。」石遂策馬入城，因置酒嬉戲。羲曰：「觀珍奇之色甚不平，不可不為之備。」乃嚴兵設備。其夕，珍奇使人燒府屋，欲為變，以石有備而止。羲，豁之曾孫也。淮西七郡[五六]民多不願屬魏，連營南奔。魏遣建安王陸馛宣慰新附，民有陷軍為奴婢者，馛悉免之，新民乃悅。

(五三)乙丑（十二日），詔坐依附尋陽削官爵禁錮者，皆從原蕩[五七]，隨才銓用。

(五四)劉勔圍壽陽，自首春至於末冬，內攻外禦，戰無不捷，以寬厚得將士心。

尋陽既平，上使中書為詔諭殷琰。蔡興宗曰：「天下既定，是琰思過之日，陛下宜賜手詔數行以相慰引[五八]。今直中書為詔，彼必疑謂非真，非所以速清方難[五九]也。」不從。琰得詔，謂劉勔詐為之，不敢降。杜叔寶閉絕尋陽敗問，有傳者即殺之，守衛益固。凡有降者，上輒送壽陽城下，使與城中人語，由是眾情離沮。

琰欲請降於魏，主簿譙郡夏侯詳說琰曰：「今日之舉，本効忠節，若社稷有奉，便當歸身朝廷，何可北面左衽乎？且今魏軍近在淮次(六〇)，官軍未測吾之去就，若建使歸款(六一)，必厚相慰納，豈止免罪而已？」琰乃使詳出見劉勔，詳說勔曰：「今城中士民知困而猶固守者，畏將軍之誅，皆欲自歸於魏。願將軍緩而赦之，則莫不相帥而至矣！」勔許諾，使詳至城下呼城中人，諭以勔意。丙寅（十三日），琰帥將佐面縛出降，勔悉加慰撫，不戮一人。入城約勒將士，士民貲財，秋毫無所失，壽陽人大悅。魏兵至師水(六二)，將救壽陽，聞琰已降，乃掠義陽數千人而去。久之，琰復仕至少府而卒。

(三五)蕭惠開在益州，多任刑誅，蜀人猜怨，聞費欣壽敗沒，程法度不得前(六三)，於是晉原(六四)一郡反，諸郡皆應之，合兵圍成都。城中東兵不滿二千(六五)，惠開悉遣蜀人出，獨與東兵拒守。蜀人聞尋陽已平，爭欲屠城，眾至十餘萬人，惠開每遣兵出戰，未嘗不捷。上遣其弟惠基自陸道使成都，赦惠開罪。惠基至涪，蜀人遏留惠基，不聽進，惠基帥部曲擊之，斬其渠帥，然後得前。惠開奉旨歸降，城圍得解。上遣惠開宗人寶首自水道慰勞益州，寶首欲以平蜀為己功，更獎說〔六六〕蜀人使攻惠開，於是處處蜂起，凡諸離散者，一時還合，與寶首進逼成都，眾號二十萬。惠開欲擊之，將佐皆曰：「今慰勞使至而拒之，何以自明？」惠開曰：「今表啟路絕，不戰則何以得通使京師？」乃遣宋寧太守〔六七〕蕭惠訓等將萬兵與戰，大破之，生擒寶首，囚於成都，遣使言狀。上使執送寶首，召惠開還建康〔六八〕。上問以舉兵狀，惠開曰：「臣唯知逆順，不識天命。且非臣不亂，非臣不平。」上釋之。

(五五)是歲，僑立兗州，治淮陰，徐州治鍾離，青、冀二州共一刺史，治郁洲〔六九〕。郁洲在海中，周數百里，累石為城，高八九尺，虛置郡縣，荒民無幾。

(五六)張永、沈攸之進兵逼彭城，軍于下礚，分遣羽林監王穆之將卒五千，守輜重於武原〔七〇〕。

魏尉元至彭城，薛安都出迎，元遣李璨與安都先入城，收其管篇，別遣孔伯恭以精甲二千安撫內外然後入。其夜，張永攻南門，不克而退。元不禮於薛安都，安都悔降，復謀叛魏，元和之，不果發⑫。安都重賂元等，委罪於女壻裴祖隆而殺之。元使李珠與安都守彭城，自將兵擊張永，絕其糧道，又破王穆之於武原，穆之帥餘眾就永，元進攻之。

【今註】㊀泰始二年：是年魏獻文帝天安元年。㊁徵會稽太守尋陽王子房為撫軍將軍，以巴陵王休若代之：去年子房舉兵應尋陽，故以休若代之。㊂以司徒建安王休仁都督征討諸軍事，車騎將軍江州刺史王玄謨副之：去年徙豫州刺史山陽王休祐刺荊州，復移刺江州以代晉安王子勛，至是以王玄謨拒尋陽之兵，即以為江州刺史，不復用休祐刺江州。㊃虎檻：胡三省曰：「虎檻，洲名，在赭圻東北江中，蕪湖之西南也。」按其地在今安徽省繁昌東北五十里。㊄令孫，坦之子也：申坦，申恬從父兄永之子也，為將於元嘉、孝建之間。㊅置司州於義陽：又帝元嘉末，僑立司州於汝南，孝武大明中省廢，至是復於義陽置司州。《宋書．州郡志》後廢帝元徽間，司州領義陽、隨陽、安陸、南汝南四郡。㊆濟陰太守申闡據睢陵應建康：睢陵縣漢屬臨淮郡，後漢屬下邳國，晉因。孝武帝大明元年，度屬濟陰郡。沈約曰：「濟陰郡本屬兗州，其民流寓徐土，因割地為境。」宋濟陰郡治睢陵，故城在今安徽省盱眙縣西，非漢之睢陵縣也。㊇太原太守：沈約曰：「宋文帝元嘉十年割濟南、太山立太原郡。」宋太原郡治太原縣，故城在今山東省長清縣東北。太原郡，《水經注》、《隋志》俱作東太原郡，以故太原郡為西，故加東也。㊈崇祖，護之之從子也：垣護之為將，著功名於元嘉、孝建之間。㊉中令孫進據淮陽：《宋書・州郡志》晉安帝義熙中土斷，立淮陽郡，治甬城縣，甬城一作角城，故治在今江蘇省淮陰縣南。《晉書・地理志》曰：「元帝渡江之後，徐州所得惟半，乃僑置淮陽、陽平、濟陰、北濟陰四郡。」則淮陽於晉元帝時已立，非始置於義熙中也。㊁都水使者：《晉書・職官志》晉置都水使者，漢水衡都尉之職也，掌河津漕渠、水軍舟船器械之事。㊂璪說覬以建康虛弱，不如擁五郡以應袁、鄧：五郡謂東揚州五郡也。東揚州治會稽。㊂湘東，太祖之昭，晉安，世祖之穆，其於當璧，並無不可：昭穆所以別父子之序，父曰昭，子曰穆。太祖，高祖之穆，世祖、湘東皆太祖之昭，晉安則世祖之穆也。《左傳》楚共王無冢適，有寵子五人，無適立焉！乃大有事於羣望，徧以璧見於羣望曰：「當璧而拜者，示所立也。」既乃埋璧於太室之庭，使五人齊而入拜，康王跨之，靈王肘加焉，子干、子晳皆遠之，平王弱，抱而立，再拜皆壓紐。此云湘東、晉安二王皆高祖之胤，以宗統言之，任擇其一而立，皆無不可。㊃但景和雖昏，本是世祖之嗣，不任社稷，其次猶多：景和，廢帝年號。此言廢帝雖昏庸不足以任社稷重寄，然廢帝本是世祖之後，兄弟眾多，當依序援立其次也。㊄吾荷世祖之眷，當推奉九江：蕭惠開自謂荷世祖眷寵，當推奉晉安王而立之。九江謂江州也，晉安王子勛時刺江州。程大昌〈禹貢〉論曰：「江本無九，九江即尋陽之大江，古人命物以數，不必數數相應也。」晁公武《郡齋讀書志》曰：「太湖一湖而曰五湖，九江一水而曰九江。」

義與程同。胡三省曰：「書禹貢曰：『荊及衡陽為荊州，江漢朝宗於海，九江孔殷。』孔安國注曰：『江於此州界分為九道，甚得地勢之中。』漢書地理志：『廬江郡尋陽縣，禹貢九江在南，皆東合於大江。』應劭曰：『江自廬江尋陽分為九。』尋陽地記曰：『九江一曰烏江，二曰蜯江，三曰烏白江，四曰嘉靡江，五曰畎江，六曰源江，七曰廩江，八曰提江，九曰菌江。』張須元九江圖云：『一曰三里江，二曰五州江，三曰嘉靡江，四曰烏土江，五曰白蚌江，六曰白烏江，七曰菌江，八曰沙提江。九曰廩江。參差隨水長短，或百里，或五十里，始於鄂陵，終于江口，會于桑落洲。』太康地記曰：『九江，劉歆漢九水入彭蠡澤也。』夏撰曰：『據此數說，皆謂江水至是分為九道，獨曾氏謂為不然。曾氏謂下文導江過九江，至於東陵，東迤北會於匯，說者謂東陵巴陵也，蓋今巴陵與夷陵相為東西，夷陵一曰西陵，則巴陵為東陵可知。許慎曰：迤，邪行也。今江水過洞庭至巴陵而後東北邪行，合於彭蠡，即經所謂過九江，至於東陵，東迤北會於匯者也。由是觀之，九江不在尋陽明矣！所謂九江者，蓋今洞庭也。考之前志，沅水、漸水、潕水、辰水、敍水、酉水、醴水、湘水、資水皆合洞庭中，東入於江，所謂九江者，豈非此乎？』宋白曰：『江州潯陽郡，禹貢九江孔殷，彭蠡既瀦。彭蠡在州東南五十三里，九江在州西北二十五里是也。然則彭蠡以東為揚州之域，九江以西即荊州之域。』周景式廬山記云：『柴桑彭蠡之郊，古三苗國，舊屬廬江地。』又按尋陽記云：『春秋時為吳之西境，楚之東境，本在大江之北，今蘄州界，古蘭城是也。秦並天下，以此屬廬江郡，漢屬淮南國，後漢為豫章、廬江二郡之境，三國之時，此地雖為督護要津，而未立郡，吳但分尋陽隸武昌。晉初，尋陽猶理江北，溫嶠移治於此，始置尋陽郡，隋為九江郡。』余按秦並天下，置九江郡，項羽封黥布為九江王，都六，漢地理志所謂九江在潯陽縣南。沈約宋志：『尋陽，本縣名，因水名縣，水南注江，二漢屬廬江，吳立蘄春郡，尋陽縣屬焉！』此時尋陽之地在江北，晉亂，立尋陽郡，後郡治於柴桑，而尋陽之名遂移於江南。晉惠帝置江州，治豫章，成帝移江州治尋陽，時人蓋因漢志所謂九江在尋陽縣南，而尋陽又為江州治所，遂謂尋陽為九江。若禹貢之九江，其地實難考見；若必以夷陵為西陵，遂以巴陵為禹貢之東陵，摭取會洞庭之水為九江，考之前志，會洞庭者不止九水，而酈道元水經注謂廬江郡有東陵鄉，江夏有西陵縣，故是言東，尚書云：『江水過九江，至於東陵』者也。西南流，水積為湖，湖西有青林山。又考水經注，自沔口以下，有湖口水，加湖江水、烏石水、舉水、巴水，希水、蘄水、利水，皆南流，注於江，而後至青林水口，亦可傅合九水之說，但未敢以為是。蓋九河之迹，至漢已不可悉考，而欲彊為九江之說，難矣！」曾氏，謂曾彥和。(一六)四方貢計：謂四方州郡所上貢物及計帳也。(一六)東兵已至永世：東兵，謂東揚州五郡之兵。水世縣，屬丹陽郡。沈約曰：「吳分溧陽為永平縣，晉武帝太康元年，更名永世縣。」其地在今江蘇省溧陽縣南。(一七)則土崩立至：謂覆亡可立待也。(一八)宜明罪不相及之義：古者父子兄弟，罪不相及。(一九)逆之與順，臣無以辨：胡三省曰：「湘東篡位，非其本心，尋陽起兵，名正言順，故曰逆之與順，臣無以辨。」余按興宗本有廢立之謀，且立明帝之朝，不能謂帝之立為篡逆也，此言逆之與順，但指晉安王子勛而言耳！晉安以世祖之子起兵，蕭惠開所謂景和雖不任社稷，其次猶多者也，謂之逆既不可，謂之順亦不可，故曰逆之與順，臣無以辨。⑳今商旅斷絕，米甚豐賤，四方雲合，而人情更安：言今雖內外阻斷，商旅不通，而米糧未乏也，天下同叛，州鎮之兵，雲集建康，而人情安定，無驚擾之象也。胡三省曰：「商旅斷絕，米甚豐賤者，前朝之積也；四方雲合，人情更安者，積苦於狂暴，而默樂寬政也。」㉑但臣之所憂，更在事後，猶羊公言，既平之後，方當勞聖慮耳：晉羊祜以病自襄陽歸，為武帝陳伐吳之計，帝欲使祜臥護諸將，祜曰：「取吳不必臣行，但既平之後，當勞聖慮耳！」見卷八十晉武帝咸寧四年。謂其事必克，但當詳籌善後之計耳！余按當時天下雲擾，建康安危，雖智者不敢預卜，興宗此言，蓋亦聊以安慰明帝危懼之情耳，實則興宗亦自不知事之濟否，觀其逆之與順，臣無以辨一語可知也。㉒汝南、新蔡二郡太守周矜起兵於懸瓠：胡三省曰：「汝南郡時治懸瓠。宋以新蔡郡帖治汝南，故周矜領二郡太守。自是二郡太守多矣！」㉓上使冗從僕射垣榮祖還徐州說薛安都：胡三省曰：「諸垣自略陽歸南，世在青徐立效，為土人所信重，故使還說薛安都。」諸垣，謂垣護之之宗族。榮祖，護之之姪也。㉔今京都無百里地：京都謂建康，時四方皆奉尋陽，故言無百里之地。㉕孝武之行，足致餘殃：積善之家，必有餘慶，不善之積，必有餘殃。餘殃，謂遺禍於其子孫也。孝武貪淫，乖亂倫常，濟之以奢虐，故榮祖云然。㉖雷同：謂響應也。如雷之發聲，百物無不同時而應，故以為喻。㉗司法參軍葛僧韶：按《宋書・殷孝祖傳》當作司徒參軍。㉘假命漏刻：苟延生命於頃刻之間。假，借也，生死之權操於他人之手，故曰假命。漏刻猶曰頃刻，古以漏計時，總晝夜為百刻，故以喻短暫。㉙貪利幼弱：貪利幼主無知，得以專權柄也。㉚控濟義勇：控，控御也，濟，濟水也，兗州時治瑕丘，地當河濟之域。㉛瑕丘：瑕丘，春秋魯之瑕邑，漢置瑕丘縣，屬山陽郡，晉廢縣而城存，宋為兗州治所，故城在今山東省滋陽縣西。㉜延陵：沈約曰：「晉武帝太康二年，分曲阿之延陵鄉立延陵縣。」屬晉陵郡，故城在今江蘇省丹陽縣南。㉝傖楚：江南謂中原人曰傖，謂荊州人曰楚。㉞唯東平太守申纂，據無鹽不從：無鹽縣，自漢以來屬東平郡，宋為東平郡治，城臨濟水東岸，在今山東省東平縣東。㉟纂，鍾之曾孫也：申鍾見卷九十五晉成帝咸和九年。㊱晉陵九里：胡三省曰：「其地在晉陵西北九里，因以為名。」㊲塘埭：壅水為堰曰埭，塘亦堰也。㊳河東太守：《宋書・州郡志》之南河東郡也。晉成帝咸康三年征西將軍庾亮以河東僑戶南寓者立河東郡於漢武陵郡孱陵縣界，故治在今湖北省松滋縣西。㊴諸人紛紜：言諸人議論不一。㊵國山：晉惠帝永興元年立義興郡，分陽羨立國山縣屬焉！故城在今江蘇省宜興縣西南。㊶吳城：胡三省曰：「吳城當在義興西南，九域志所謂泰伯城是也。」㊷喜進逼義興，延熙柵斷長橋，保郡自守：宋義興郡治陽羨縣，在今江蘇省宜興縣南五里。胡三省曰：「義興，今常州之宜興也，宋太平興國元年，避太宗諱改。此長橋蓋在荊溪之上，今宜興縣南二十步有荊溪，上承百瀆，兼受數郡之水。劉延興蓋柵斷荊溪之橋以自保。」《輿地志》曰：「今常州宜興縣南三十步有長橋，即周處斬蛟之所。」㊸庾業於長塘湖口夾岸築城，有眾七千人，與延熙遙相應接：帝以庾業代劉延熙為義興太守，業至長塘湖而叛，與延熙合，事見上。㊹喜渡水，攻郡城：渡荊溪之水攻義興郡城也。㊺安遠將軍賈秀掌吏曹事：北魏稱選曹曰吏曹，掌吏曹事，即掌選曹事，吏部尚書之職也。㊻公主豈庶姓所宜稱：魏書賈秀傳乙渾妻庶姓而求公主之號，故秀以此語對之。庶姓，即庶族也，凡非國姓，皆謂之庶姓。㊼秀，彝之子：賈彝見卷一百八晉孝武帝太元二十年。㊽丕，烈帝之玄孫也：烈帝翳槐，平文帝鬱律之長子，昭成帝什翼犍之兄也，追謚烈皇帝。㊾義鄉：晉惠帝永興元年，立義興郡，分吳興之陽羨、長城立義鄉縣屬焉，故城在今浙江省長興縣西北義山下，接江蘇宜興縣界。㊿琛大懼，墮牀曰，懸賞所購，唯我而已，今不遽走，將為人擒，遂與曇生奔錢唐：琛初將命入東慰勞，遂說孔覬舉兵以應尋陽，故懼罪而走。(51)上以四郡既平：四郡謂吳郡、吳興、義興、晉陵也。(52)黃山浦：胡三省曰：「黃山浦，今漁浦是也，漁浦東南即後黃山。」漁浦在今浙江省蕭山縣西南，當西陵之上游，舊為戍守處。(53)喜自柳浦渡取西陵：胡三省曰：「柳浦即今浙江亭東跨浦橋之浦也。」按柳浦在今浙江省杭縣鳳凰山下，六朝時謂之柳浦埭，西陵即固陵也。《水經注》曰：「浙江逕餘杭縣左，又東逕靈隱山，又東合臨平湖，又逕固陵城北。昔范蠡築城於浙江之濱，言可以固守，謂之固陵，今之西陵也。昔太守王朗拒孫策，策破朗於固陵，有西陵湖，亦謂之西城湖。」西陵故城在今浙江省蕭山縣西十二里，為浙東兵戍重鎮。(54)覬逃奔嵴山：《宋書．孔覬傳》，覬門生載覬以小船，竄于嵴山村。(55)王晏入城殺綏。執尋陽王子房於別署：胡三省曰：「張綏蓋遷子房於別署，故王晏就執之。」(56)首辭：首罪之表奏也。(57)江東處分，莫不由身：謂江東五郡舉兵，令由己出。(58)歸罪：自歸而請罪。(59)闡降，索兒幷令孫殺之：索兒殺申闡，並殺申令孫。(60)南汝陰太守：《宋書．州郡志》南汝陰郡，江左立，所治二漢、晉合肥縣也。(61)赭圻：赭圻嶺在今安徽省繁昌縣西三十里，嶺下有城，曰赭圻城，晉桓溫所築，晉書桓溫傳城赭圻而居之，即此城也。(六二)白下：白下城在今江蘇省江寧縣西北，為江左要津，參見卷上年註(六二)。(六三)鵲洲：在今安徽省繁江縣東北大江中。世以銅陵縣西北十里之鵲頭山為鵲頭，繁昌縣東北三十五里之三山為鵲尾，江中大洲曰鵲洲，亦曰鵲尾渚，《左傳》之鵲岸也，參見卷一百二十七元嘉三十年鵲頭註。(六四)殷孝祖負其誠節：孝祖委鎮勤王，棄妻子於不顧，故以誠節自負。(六五)陵轢：陵，躪也；轢，車輾也，申為欺蔑之義。《後漢書・朱浮傳》：「帝以浮陵轢同列，每銜之。」章懷注：「陵轢，猶欺蔑也。」(六六)臺軍有父子兄弟在南者：南謂尋陽之軍也，尋陽在臺城之南。(六七)方興名位相亞：相亞，相次也，不相上下也。沈攸之、江方興俱帶寧朔將軍號，故曰名位相亞。(六八)龍驤將軍濟地頓生：《宋書・鄧琬傳》作龍驤將軍頓生，濟地殆為濟北之誤。(六九)姥山：姥山在今安徽省繁昌縣東北三十里，三峯並秀，一名慈姥山，又名老山。(七〇)幼文，驥之子也：杜驥，晉征南將軍杜預之玄孫也，元嘉中，仕至青、冀二州刺史，任當方面。(七一)湖白口：胡三省曰：「巢湖口及白水口也。」(七二)濃湖：《宋書・鄧琬傳》云：「濃湖即在鵲尾。」胡三省曰：「濃湖在鵲尾下。」按在今安徽省繁昌縣，今湮。(七三)募民上錢穀者賜以荒縣、荒郡：荒縣、荒郡，謂被邊或被兵荒殘郡縣也，凡民上錢穀者，則以此類郡縣守令或佐貳之職賜之。(七四)隱卹：胡三省曰：「隱，度也，痛也；恤，憂也，潛也。」余謂隱，憫也，有所不忍於衷，所謂惻隱之心也。孟子見齊宣王曰：「王無異於百姓之以王為愛也，以小易大，彼惡知之？王若隱其無罪而就死地，則牛羊何擇焉！」愛，吝也；隱，憫也。(七五)幷舊兵凡十餘萬：謂劉胡所將幷先尋陽所遣陶亮、孫冲之等之兵凡十餘萬。(七六)司徒中兵參軍蔡那：胡三省曰：「蔡那，南陽冠軍人。」冠軍縣，漢武帝分穰立，以封霍去病，自漢以來屬南陽郡，故城在今河南省鄧縣西北。⑰懷珍，善明之從子也：劉善明，彌之之從子。⑱馬頭太守：杜佑曰：「馬頭城在壽州盛唐縣北。」唐盛唐縣，今安徽省六安縣。⑲前奉朝請壽陽鄭黑起兵淮上以應建康，東扞殷琰，西拒常珍奇：胡三省曰：「以鄭黑之東扞西拒觀之，則起兵淮上，蓋在東西正陽之間。」⑳殷琰將劉順、柳倫、皇甫道烈、龐天生等馬步八千人東據宛唐：《宋書‧殷琰傳》順等據宛唐，去壽陽三百里。《水經注》曰：「肥水自荻丘北逕成德縣故城西，又北逕芍陂東，又北逕死虎塘東。肥水又北，右合閻澗水，上承施水於合肥縣北，流逕浚遒縣西，水積為陽湖。陽湖水自塘西北逕死虎亭南，夾橫塘西注。宋泰始初，豫州司馬劉順率眾八千，據其城池以拒劉勔。」則《水經注》之死虎即《宋書‧殷琰傳》之宛唐也。杜佑《通典》曰：「宛唐，死虎之訛也，在壽州壽春縣東四十餘里。」壽陽即壽春也，晉孝武帝時避諱改曰壽陽，即今安徽省壽縣。《宋書‧殷琰傳》謂宛唐去壽陽三百里，恐誤。㉑斷新錢，專用古錢：胡三省曰：「幷元嘉四銖、孝建四銖皆斷不用也。」㉒胡以囊盛米，繫流查及船腹：查與楂同，水中浮木也。劉胡以囊米繫於流木及船腹之下，順流以餉赭圻之軍。㉓時以軍功除官者眾，板不能供：謂版授有軍功者以官職，板授者，權宜授職，以別於詔敕也。程大昌《演繁露》曰：「魏晉至梁陳，授官有板，長一尺二寸，厚一寸，闊七寸，授官之辭，在於板上，為鵠頭書。」㉔平原、樂安二郡太守王玄默據琅琊：胡三省曰：「武帝平齊，置平原郡於梁鄒，樂安郡於千乘。玄默據琅琊起兵，非就郡起兵也。」梁鄒今山東省鄒平縣。㉕清河、廣川二郡太守王玄邈據盤陽城：宋清河郡治盤陽城，後魏改曰東清河郡，今山東省淄川縣也，廣川郡亦宋僑置，北齊曰東平原郡，治武強，故城在今山東省長山縣東南。玄邈蓋守清河，廣川二郡，鎮盤陽，因據以起兵也。盤陽，漢濟南郡之般陽縣也，應劭曰：「在般水之陽，故名。」晉省縣而城存。《水經注》般陽縣西南即梁鄒縣也。(八六)高陽、勃海二郡太守劉乘民據臨濟城：宋僑立冀州於青州境，平原、清河、廣川、高陽、勃海俱冀州統下僑郡也，高陽郡治高陽縣，亦僑置，故城今山東省臨淄縣西北，勃海郡治臨濟城，在今山東省高苑縣西北，接臨淄縣界。劉乘民時鎮臨濟，因據城起兵也。水經注臨濟城在梁鄒東北。(八七)北海：漢北海郡治營陵，在今山東省昌樂縣東南，後漢徙治劇縣，今山東省壽光縣東南。《宋書・州郡志》北海郡寄治州下，青州時治東陽城。(八八)東陽城：杜佑曰：「東陽城，青州所治，益都縣東城是也。」今山東省益郡縣，本漢廣縣地，晉之東陽地也。《晉書・地理志》宋武平廣固，留長史史穆之為青州刺史，築東陽城而居之，蓋青州自晉末以來治東陽也。《水經注》曰：「以在陽水之陽，即謂之東陽城，世以濁水為西陽水故也。」(八九)卒不能克：言不能克東陽城。(九〇)橫塘：《水經注》曰：「閭澗水逕浚遒縣西，積為陽湖。陽湖水自塘西北逕死虎亭南，夾橫塘西注，宋泰始初，豫州司馬劉順率眾八千據其城池以拒劉勔，趙叔寶以精兵五千送糧死虎，劉勔破於此。」死虎即《通鑑》之宛唐，橫塘蓋在其南。參見註(八〇)。(九一)劉順眾潰走淮西，就常珍奇：常珍奇據懸瓠，在淮水之西。(九二)以輔國將軍沈攸之為雍州刺史：欲以代袁顗。(九三)以寧朔將軍劉乘民為冀州刺史：欲以代崔道固。時乘民在臨濟，故就以冀州授之。(九四)葬昭太后於脩寧陵：文帝路淑媛，諡曰昭。《宋書・后妃傳》脩寧陵在孝武陵東南。(九五)索兒退保石梁，食盡而潰，走向樂平，為申令孫子孝叔所斬：令孫及弟闡俱為薛索兒斬於睢陵，事見上。石梁，東晉之石梁戍也，北周置石梁於此，故城在今安徽省天長縣西北。《南齊書・高帝紀》帝破薛索兒軍，進屯石梁澗北，議築壘其地是也，今安徽、江蘇二省之交有石梁河。樂平縣，漢曰清縣，屬東郡，後漢更名樂平，為侯國，故城在今山東省堂邑縣東南，江左以樂平縣民之流寓者僑立樂平縣於鍾離郡，故治在今安徽省鳳陽縣東。(九六)都下兩宅未成，方應經理：袁顗蓋欲留襄陽之資以經理其私宅也。(九七)擁甲：擁兵也。(九八)田益之帥蠻眾萬餘人圍義陽：義陽，漢平氏縣之義陽鄉也，三國魏黃初中置義陽郡及縣於此，故城在今河南省桐柏縣東。晉時移徙不一，晉末及宋治平陽縣。平陽，故曰平春，治仁順城，在今河南省信陽縣南，宋僑置司州於此。(九九)賾，道憐之孫也：道憐，宋武帝之弟。(一〇〇)蕭道成世子賾為南康贛令：道成為齊公，以賾為世子，時道成未為齊公，此稱世子，因史之成文。贛縣，漢置，屬豫章郡，故城在今江西省贛縣西南，章、貢二水於此合流，故曰贛。吳屬廬陵郡，晉分屬南康郡，徙贛縣於葛姥城，宋復徙縣於贛水之東，在今江西省贛縣西南。(一〇一)據郡起兵：據南康郡也。(一〇二)琬以中護軍殷孚為豫章太守，督上流五郡以防襲等：胡三省曰：「豫章、廬陵、臨川、安城、南康皆在南江上流。」(一〇三)初，武都王楊元和治白水：胡三省曰：「據北史，此武都之白水也。按五代志，武昌建威縣，舊立白水郡。建威，唐省入階州。」此白水郡，蓋後魏所置，後省郡為縣，西魏復立郡，改為綏戎，北周廢郡，改縣曰建威，唐省。故治在今甘肅省武都縣北。(一〇四)費欣壽至巴東：蕭惠開遣費欣壽東下，見上正月。(一〇五)三峽：謂廣溪峽、巫峽、西陵峽。《水經注》曰：「江水自魚腹縣故城南，東逕廣溪峽，斯乃三峽之首也。其間三十里，頹巖倚木，厥勢殆交，夏水迴復，沿泝所忌，郭景純所謂巴東之峽，夏后疏鑿者。江水又東逕巫峽，杜宇所鑿以通江水也。江水歷峽，東逕新崩灘，此山漢和帝永元十二年崩，晉太元二年又崩，當崩之日，水逆流百餘里，湧起數十丈，今灘上有石，或圓如箄，或方似屋，若此者甚眾，皆崩崖所隕，致怒湍流，故謂之新崩灘，其頹巖所餘，比之諸嶺，尚為竦桀，其下十餘里，有大巫山，非惟三峽所無，乃當抗峯岷、峨，偕嶺衡、疑，其翼附羣山，並概青雲，其首尾間百六十里，謂之巫峽，蓋因山為名也。自三峽七百里中，兩岸連山，略無闕處，重巖疊嶂，隱天蔽日，自非停午夜分，不見曦月。至於夏水，襄陵沿訴阻絕，或王命急宣，有時朝發白帝，暮到江陵，其間千二百里，雖乘奔御風。不以疾也。春冬之時，則素湍綠潭，迴清倒影，絕巘多生怪栢，懸泉瀑布，飛漱其間，清榮峻茂，良多趣味，每至晴初霜旦，林寒澗肅，常有高猿長嘯，屬引淒異，空谷傳響，哀轉久絕，故漁者歌曰：『巴東三峽巫峽長，猿鳴三聲淚沾裳。』江水又東逕石門灘，又東至東界峽，盛弘之謂之空泠峽，峽甚高峻，江水歷峽東逕宜昌縣之插竈下，江之左岸，絕岸壁立數百丈，飛鳥所不能棲，江水又東逕流頭灘，其水並峻激奔暴，魚鼈所不能行，行者常苦之，其歌曰：『灘頭白勃堅相持，倏忽淪沒別無期，』江水又東逕宜昌縣北，又東逕狼尾灘而歷人灘，又東逕黃牛山下，有灘名曰黃牛灘，南岸重嶺疊起，最外高崖間，有石色如人負刀牽牛，人黑牛黃，成就分明，既人跡所絕，莫得究焉！此巖既高，加以江湍紆迴，雖途經信宿，猶望見此物，故行者謠曰：『朝發黃牛，暮宿黃牛，三朝三暮，黃牛如故。』言水路紆深，迴望如一矣！江水又東逕西陵峽，宜都記曰：『自黃牛灘東入西陵界，至峽口百許里，山水紆曲，而兩岸高山重嶂，非日中夜半，不見日月，絕壁或千許丈，其石彩色形容，多所像類，林木高茂，略盡冬春，猿鳴至清，山谷傳響，泠泠不絕。』所謂三峽，此其一也。」㉖錢溪：《新唐書・地理志》宣州南陵縣有梅根監錢官，下云：「陳慶至錢溪，軍於梅根。」《宋書・鄧琬傳》劉胡住鵲頭，遣龍驤將軍陳慶領三百舸向錢溪，戒慶不須戰，慶至錢溪，不敢越錢溪，於梅根立砦。是梅根即錢溪也。錢溪本曰梅根河，在今安徽省貴池縣東，即唐宣州之南陵縣地，河源出太樸山，與青陽縣五溪河合交於雙河，又北達大江，據鵲頭之上游，河之東岸五里即梅根錢監，自六朝以來，皆鼓鑄於此，故梅根河亦曰錢溪。㉗洄洑：洄，旋流也；洑，伏流也，水下急漩也。㉘會龐孟虯引兵來助殷琰：鄧琬使司州刺史孟虯自義陽將兵援壽陽也。㉙我尚不敢越彼下取揚州：揚州謂建康，以揚州治建康也。劉胡言不敢越赭圻下取建康。㉚驟既易盡：言發矢驟則矢易盡。㉛胡收兵而下：收兵還鵲頭，鵲頭在錢溪下游。㉜皮艦：胡三省曰：「以牛皮冒艦，以禦矢石，因謂之皮艦。」㉝遽追之：追劉胡之兵使還救濃湖也。㉞龍驤將軍劉道符攻山陽，程天祚請降：山陽太守程天祚附尋陽見上正月。㉟蓼潭：胡三省曰：「漢志六安國有蓼縣，晉屬安豐郡，水經注決水逕蓼縣故城東，灌水會焉，所謂蓼潭，當在此處。」蓼縣，漢為侯邑，後為縣，宋省，梁復置，東魏改曰固始，故縣遂廢，今河南省固始縣東北七十里有蓼城岡，或謂即漢故城遺址也。㊱劉胡遣輔國將軍薛道標襲合肥，殺汝陰太守裴季之：裴季之以合肥降劉勔見上三月。㊲閎，閔之弟：

桓閬見卷一百二十九孝武帝大明三年。㉘崔道固為土人所攻，閉門自守：崔道固以歷城應尋陽，見上正月。㉙復以崔道固為徐州刺史：崔道固先刺冀州，至是請降，復以刺徐州，以代薛安都。㉚皇甫道烈等聞龐孟蚪敗，並開門出降：死虎之役，劉順、皇甫道烈等師潰，順奔淮西，道烈還壽陽，至是以勢孤出降。㉛張興世既據錢溪，濃湖軍乏食：濃湖本承尋陽資糧，興世既據錢溪，江路阻絕，故軍乏食。㉜劉胡帥輕舸四百，由鵲頭內路欲攻錢溪：輕舸，謂快舟也，裝載輕簡而行速、內路，謂鵲洲與長江南岸之水路。鵲頭江中有鵲洲，江水分流，故有內路、外路。㉝舸舸各進，不復相關，正在三十人中：一舸載戰士三十人，水戰時舸舸各進，是但處三十人之中。㉞糧運鯁塞：謂錢溪阻絕江路，資糧不通，若魚刺之鯁塞咽喉也。㉟豎榜為城：榜，木片也；豎，立也。言立木於船上為城以避兵矢。㊱貴口：《水經注》曰：「江水自石城東入為貴口。」張舜民曰：「自銅陵舟行六十許里至梅根港，又五十許里至貴池口。」貴池口，即所謂貴口也，在今安徽省貴池縣西北五里黃龍磯上，金於此置池口驛，今曰池口鎮。㊲夜止山間：《宋史・袁顗傳》顗夜止青林山也。㊳乃於江外夜趣沔口：沔口，沔水入江處也，今湖北省漢口鎮。江外，謂江流外路，胡三省曰：「江中洲嶼，節節有之，舟行附南岸者謂之內路，附北岸者謂之外路。」㊴子洵提刀出斬琬：洵，張悅之子也。㊵尋陽亂：鄧琬死，尋陽無主，故亂。㊶蔡那之子道淵在尋陽，被繫作部，脫鎖入城：作部，主作器仗，蓋在尋陽城外。㊷沈攸之至尋陽，斬晉安王子勛，傳首建康，時年十一：胡三省曰：「晉安舉兵，實義舉也，鄧琬不足道，若袁顗、孔顗，豈可謂不得其死哉？世無以成敗論之。」㊸初，鄧琬遺臨川內史張淹自鄱陽嶠道入三吳，軍於上饒：《宋書・州郡志》鄱陽郡有上饒男邑，沈約曰：「吳立，太康地志有，王隱地道無。」《晉書・地理志》鄱陽郡無上饒縣，蓋吳立而晉省，宋復置也，故城在江西省上饒縣西北天津橋之原，明徙今治。嶠道，山道也，六朝之世，率以吳興、吳郡、會稽為三吳，見《水經・漸江水注》。㉞淹，暢之子也：元嘉之季，孝武刺徐州，張暢為長史。㉟眾乃服蔡興宗之先見：蔡興宗謂其甥袁顗曰：「若內難得弭，外釁未必可量，汝欲在外求全，我欲居中免禍。」事見上卷泰始元年。㊱劉胡逃至石城：《宋書・鄧琬傳》劉胡走入沔，眾稍散，比至石城，裁餘數騎，為竟陵郡丞陳懷真所邀。《水經注》曰：「沔水自宜城縣東南逕石城西，城因山為固，晉羊祜鎮荊州立。晉惠帝元康九年分江夏西部置竟陵郡，治此。」蓋竟陵之石城也，北周於此置石城郡，今為湖北省鍾祥縣。㊲孔道存知尋陽已平，遣使請降：袁顗將兵下尋陽，以孔道存為雍州行事。㊳上以何慧文才兼將吏：以慧文有將略，兼有吏才也。慧文時為湘州行事。㊴既陷逆節，手害忠義：陷逆節，謂輸誠尋陽；害忠義，謂殺衡陽內史王應文。㊵劉順及餘黨在荊州者皆伏誅：順自死虎之敗奔淮西，蓋又自淮西奔荊州。㊶魏初立郡學，置博士、助教、生員，從中書令高允、相州刺史李訢之請也：胡三省曰：「古者家有塾，黨有庠，術有序，國有學。秦雖焚書坑儒，齊、魯學者，未嘗廢棄。漢文翁守蜀，起立學官，學者比齊、魯，武帝令天下郡國皆立學校官，則學言之立尚矣！此書魏初立郡學，置官及生員者，蓋悲五胡兵爭，不暇立學，魏起北荒，數世之後始及此，既悲之，猶幸斯文之墜地而復振也。」㊷訢，崇之子也：胡三省曰：「此別一李崇，非頓丘之李崇也。」《魏書・

李訢傳》訢字元盛，小名真奴，范陽人，父崇，馮跋吏部尚書，石城太守，魏太武帝伐燕，崇率十餘郡歸降，太武帝以崇為平西將軍，北幽州刺史，封固安侯。若頓丘李崇，則文成元皇后第二兄誕之子也。㊸鎮北諮議參軍路休之，司徒從事中郎路茂之：休之、茂之俱路太后之姪。㊹世祖二十八子，於此盡矣：按《宋書・孝武十四王傳》及〈前廢帝紀〉、〈明帝紀〉，孝武帝二十八子，新安王子鸞、南海王子師為前廢帝子業所殺，前廢帝子業、豫章王子尚、晉安王子勛、安陸王子綏、臨海王子頊、邵陵子元、永嘉王子仁、始安王子真、淮安王子孟、南平王子彥、廬陵王子輿、松滋侯子房、東平王子嗣、子趨、子期、子悅未封，皆為明帝所殺，而晉陵王子雲、淮陽王子霄、齊王子羽及未封之子深、子鳳、子元、子衡、子況、子文、子雍皆早夭，孝武二十八子於是盡矣！㊺祗，義欣之子也：義欣，武帝弟長沙景王道憐之子。㊻判能平合肥：胡三省曰：「判，斷也，決也。」言必能克合肥也。㊼晉熙：《宋書・州郡志》曰：「晉安帝分廬江立晉熙郡。」治懷寧縣，今安徽省潛山縣。㊽徐州刺史薛安都、益州刺史蕭惠開、梁州刺史柳元怙、兗州刺史畢眾敬、豫章太守殷孚、汝南太守常珍奇並遣使乞降：時尋陽已平，既無所推奉，故並乞降。㊾安都聞大兵北上：聞臺軍北向彭城也。胡三省曰：「地勢西北高，東南下，濟、泗、沂之水皆南流，逕彭城而注於淮，故謂南兵北向為北上。」㊿都督荊、豫、南雍州諸軍事張窮奇：胡三省曰：「魏無南雍州，下又書安都都督徐、雍五州諸軍事，蓋一時創置，尋省併也。」(51)尉元受之而陰為之備：尉元受申纂之降而知其詐，故陰為之備。(52)薛安都之召魏兵也，畢眾敬不與之同：安都奉尋陽，眾敬附之，今安都降魏，乃不與之同也。(53)秺：

秺縣，前漢為侯邑，屬濟陰郡，漢昭帝以封金日磾也。後漢省縣而城存，在今山東省城武縣西北。〔五四〕石欲頓軍汝北，未即入城：汝南郡治懸瓠，懸瓠在汝水之南。〔五五〕管籥：鎖匙也，以其形似樂器之管籥，故名。籥今通作鑰，以鐵為之，故從金。〔五六〕淮西七郡：胡三省曰：「淮西七郡：汝南、新蔡、汝陽、汝陰、陳郡、南頓、潁川。」〔五七〕原蕩：原宥之而蕩滌其罪也。〔五八〕慰引：慰安其心而引之歸順。〔五九〕方難：一方之難也。〔六〇〕且今魏軍近在淮次：謂魏西河公石在懸瓠之軍。〔六一〕建使歸款：建當作遣，款，誠款也。謂遣使歸誠建康。〔六二〕師水：《水經注》曰：「師水源出大潰山，北逕賢首山西，又北出東南屈逕仁順城南，又東逕義陽故城北，又東逕石城山北，又東逕七井岡南，又東北注於淮，謂之澌口。」澌水即師水。〔六三〕聞費欣壽敗沒，程法度不得前：蕭惠開遣費欣壽領兵東下，敗沒於巴東，復遣程法度將兵出梁州，又為氐帥楊僧嗣所斷，事並見六月。〔六四〕晉原：《宋書・州郡志》曰：「李雄分蜀郡為漢原郡，晉穆帝更名晉原。」蓋漢蜀郡之江原縣也，故治在今四川省崇慶縣東。〔六五〕城中東兵不滿二千：東兵，惠開隨行入蜀部曲也。〔六六〕獎說：獎，以利勸之；說，以言誘之也。〔六七〕宋寧太守：《宋書・州郡志》曰：「文帝元嘉十年，免吳營，僑立宋寧郡。」吳營，吳人之為軍戶者也，蓋僑治於成都。〔六八〕上使執送寶首，召惠開還建康：《宋書・蕭惠開傳》云：「上使執送寶首，除惠開晉平王休祐驃騎長史、南郡太守，不拜。泰始四年，還至京師。」此蓋終其事而言之。〔六九〕是歲，僑立兗州，治淮陰；徐州治鍾離，青、冀二州共一刺史，治郁洲：時徐、兗、青、冀皆降於魏，故重立僑州於淮南。郁洲即《水經注》之郁洲也，註已見前。〔七〇〕武原：武原縣，自漢以來屬彭城郡，故城在今江蘇省邳縣西北，胡三省曰：「宋志南彭城有武原縣而徐州之彭城無之。蓋自晉氏永嘉之亂，其民南徙，而故縣丘墟也。」宋蓋省彭城郡之武原故縣而另立僑縣於南彭城郡，此武原，謂漢之武原故城也，蓋縣廢而城猶存。㊆安都悔降，復謀叛魏，元和之，不果發：謂安都叛魏之謀不果發也。胡三省曰：「和之者，諧輯之也，或曰，和之當作知之。」

卷一百三十二　宋紀十四

司馬光編集
林瑞翰註

起強圉協洽，盡上章閹茂，凡四年。（丁未至庚戌，西元四六七年至四七〇年）

太宗明皇帝中

泰始三年㈠（西元四六七年）

㈠春，正月，張永等弃城夜遁。【考異】宋本紀，去年冬，永、攸之大敗，遂失淮北四州及豫州淮西地。宋略，今年正月，永、攸之師次彭城，虜掩其輜重，敗王穆之於武原，薛安都開彭城以納虜，永等引退，虜追之，王師敗績，畢棕亦舉兗州歸虜，遂失淮北之地。魏帝紀，去年九月，常珍奇、薛安都內屬，張永、沈攸之擊安都，詔尉元救彭城，西河公石救懸瓠，十一月，畢衆敬內屬，十二月己未，次于秺，周凱、張永、沈攸之相繼退走，今年正月癸巳，尉元破永、攸之於呂梁東，閏月，沈文秀、崔道固舉州內屬。按青、冀今歲始叛宋，去年豈得已失淮北？安都為永、攸之所逼，故降魏，豈得今年永、攸之始次彭城，安都始納魏兵乎？蓋去年穆之等已敗退，今春永大敗耳！今從後魏帝紀。會天大雪，泗水冰合，永等棄船步走，士卒凍死者太半，手足斷者什七八。尉元邀其前，薛安都乘其後，大破永等於呂梁之東㈡，死者以萬數，枕尸六十餘里，委棄軍資器械不可勝計。永足指亦墮，與沈攸之僅以身免，梁、南秦二州刺史垣恭祖等為魏所虜。上聞之，召蔡興宗，以敗書示之曰：「我愧卿甚。」永降號左將軍，攸之免官，以貞陽公㈢領職，還屯淮陰，由是失淮北四州及豫州淮西之地㈣。【考異】後魏帝紀，閏月，沈文秀、崔道固舉州內屬。宋索虜傳曰：「永、攸之敗退，虜攻青、冀二州，執文秀、道固，又下書曰：『淮北三州民，自天安二年正月三十日壬寅昧爽已前罪，一切原免。』按青州破在五年，淮北三州蓋謂徐、司、豫，壬寅二十日，壬子三十日也。

裴子野論曰：「昔齊桓矜於葵丘而九國叛㈤，曹公不禮張松而天下分㈥。一失毫釐，其差遠矣！太宗之初，威令所被，不滿百里，卒有離心，士無固色，而能開誠心，布款實，莫不感恩報德，致命效死，故西摧北蕩，宇內褰開。既而六軍獻捷，方隅束手，天子欲賈其餘威，師出無名，長淮以北，倏忽為戎，惜乎！若以嚮之虛懷，不驕不伐，則三叛奚為而起哉㈦？高祖蟣虱生介冑㈧，經啟疆場，後之子孫，日蹙百里㈨，播穫堂構，豈云易哉㈩？」

㈡魏尉元以彭城兵荒之後，公私困竭，請發冀、相、濟、兗四州粟，取張永所棄船九百艘，沿清運載，以賑新民㈡，魏朝從之。

㈢魏東平王道符反於長安，殺副將㈢駙馬都尉萬古真等，丙午（二十四日），司空和其奴等將殿中兵討之，丁未（二十五日），道符司馬段太陽攻道符，斬之，以安西將軍陸真為長安鎮將以撫之。道符，翰之子也㈢。

(四)閏月，魏以頓丘王李峻為太宰。

(五)沈文秀、崔道固為土人所攻(一四)，遣使乞降於魏，且請兵自救。

(六)二月，魏西河公石自懸瓠引兵攻汝陰太守張超，不克，【考異】宋帝紀云：「索虜寇汝陰，太守張景遠擊破之。」景遠即超也。宋略：「七月，張景遠先卒，汝陰城又陷。」亦誤也。今從後魏書。退屯陳項(一五)，議還長社，待秋擊之。鄭羲曰：「張超蟻聚窮命，糧食已盡，不降當走，可翹足而待也。今弃之遠去，超修城浚隍，積薪儲穀，更來，恐難圖矣！」石不從，遂還長社。

(七)初，尋陽既平，帝遣沈文秀弟文炳以詔書諭文秀，又遣輔國將軍劉懷珍將馬步三千人與文炳偕行，未至，值張永等敗退，懷珍還鎮山陽。文秀攻青州刺史明僧暠(一六)，帝使懷珍帥龍驤將軍王廣之將五百騎、步卒二千人浮海救之。至東海，僧暠已退保東萊，懷珍進據朐城，眾心兇懼，欲且保郁洲(一七)。懷珍曰：「文秀欲以青州歸索虜，計齊之士民，安肯甘心左衽邪？今揚兵直前，宣佈威德，諸城可飛書而下，柰何守此不進，自為沮撓(一八)乎？」遂進至黔陬(一九)，文秀所署高密、平昌二郡太守弃城走(二〇)。懷珍送致文炳，達朝廷意，文秀猶不降。百姓聞懷珍至，皆喜。文秀所署長廣太守劉桃根將數千人戍不其城(二一)，懷珍軍於洋水(二二)，眾謂且宜堅壁伺隙。懷珍曰：「今眾少糧竭，懸軍深入，正當以精兵速進，掩其不備耳！」乃遣王廣之將百騎襲不其城，拔之。文秀聞諸城皆敗，乃遣使請降，帝復以為青州刺史；崔道固亦請降，復以為冀州刺史，懷珍引還。

(八)魏濟陰王小新成卒。

(九)沈攸之之自彭城還也，留長水校尉王玄載守下邳，積射將軍沈韶守宿豫，睢陵、淮陽，皆留兵戍之，玄載，玄謨之從弟也(二三)。時東平太守申纂守無鹽，幽州刺史劉休賓守梁鄒(二四)，幷州刺史清河房崇吉守升城(二五)，輔國將軍清河張讜守團城(二六)，及兗州刺史王整、蘭陵太守(二七)桓忻、肥城、麋溝、垣苗等戍(二八)，皆不附於魏。休賓，乘民之兄子也(二九)。

魏遣平東將軍長孫陵等將兵赴青州，征南大將軍慕容白曜將騎五萬為之繼援。白曜，燕太祖之玄孫也(三〇)。

白曜至無鹽，欲攻之，將佐皆以為攻具未備，不宜遽進。左司馬范陽酈範曰：「今輕軍遠襲，深入敵境，豈宜淹緩？且申纂必謂我軍來速，不暇攻圍，將不為備㉛。今若出其不意，可一鼓而克。」白曜曰：「司馬策是也。」乃引兵偽退，申纂不復設備。白曜夜中部分，三月，甲寅（初三日），旦，攻城，食時克之，纂走，追擒殺之㉜。【考異】宋略云：「七月，纂戰死。」蓋贈官之月，今從魏帝紀。

白曜欲盡以無鹽人為軍賞，酈範曰：「齊，形勝之地，宜遠為經略。今王師始入其境，人心未洽，連城相望，咸有拒守之志，苟非以德信懷之，未易平也。」白曜曰：「善。」皆免之。

白曜將攻肥城，酈範曰：「肥城雖小，攻之引日。勝之不能益軍勢，不勝足以挫軍威。彼見無鹽之破，死傷塗地，不敢不懼，若飛書告諭，縱使不降，亦當逃散㉝。」白曜從之，肥城果潰，獲粟三十萬斛。白曜謂範曰：「此行得卿，三齊不足定也。」遂取垣苗、麋溝二戍，一旬中連拔四城，威震齊土。

㈩丙子（二十五日），以尚書左僕射蔡興宗為郢州刺史。

(十)房崇吉守升城，勝兵(二四)者不過七百人，慕容白曜築長圍以攻之，自二月至於夏四月，乃克之。白曜忿其不降，欲盡阬城中人，參軍事昌黎韓麒麟諫曰：「今勍敵在前，而阬其民，自此以東，諸城人自為守，不可克也。師老糧盡，外寇乘之，此危道也。」白曜乃慰撫其民，各使復業，崇吉脫身走。

崇吉母傅氏、申纂妻賈氏與濟州刺史盧度世有中表親，然已疎遠。及為魏所虜，度世奉事甚恭，贍給優厚。度世閨門之內，和而有禮，雖世有屯夷(二五)，家有貧富，百口怡怡，豐儉同之。

崔道固閉門拒魏(二六)，沈文秀遣使迎降於魏，請兵援接。白曜欲遣兵赴之，酈範曰：「文秀室家墳墓，皆在江南(二七)，擁兵數萬，城固甲堅，彊則拒戰，屈則遁去。我師未逼其城，無朝夕之急，何所畏忌；而遽求援軍？且觀其使者，視下而色愧，語煩而志怯，此必挾詐以誘我，不可從也(二八)。不若先取歷城，克盤陽(二九)，下梁鄒，平樂陵(四〇)，然後案兵徐進，不患其不服也。」白曜曰：「崔道固等兵力單弱，不敢出戰，吾通行無礙，直抵東陽，彼自知必亡，故望風求服，夫又何疑？」範曰：「歷城兵多糧足，非朝夕可拔。文秀坐據東陽，為諸城根本。今多遣兵則無以攻歷城，少遣兵則不足以制東陽，若進為文秀所拒，退為諸城所邀，腹背受敵，必無全理，願更審計，無墮賊彀中㊶。」白曜乃止，文秀果不降。

魏尉元上表，稱：「彭城，賊之要藩，不有重兵積粟，則不可固守，若資儲既廣，雖劉彧師徒悉起，不敢窺淮北之地。」又言：「若賊向彭城，必由清泗過宿豫，歷下邳；趨青州，亦由下邳、沂水經東安㊷，此數者，皆為賊用師之要。今若先定下邳，平宿豫，鎮淮陽，戍東安，則青、冀諸鎮，可不攻而克。若四城㊸不服，青、冀雖拔，百姓狼顧㊹，猶懷僥倖之心。臣愚以為宜釋青、冀之師，先定東南之地，斷劉彧北顧之意，絕愚民南望之心，夏水雖盛，無津途可由，冬路雖通，無高城可固。如此，則淮北自舉，暫勞永逸。兵貴神速，久則生變，若天雨既降，彼或因水通運糧益眾，規為進取，恐近淮之民，翻然改圖，青、冀二州，猝未可拔也。」【考異】尉元傳先上表論取四城利害，後乃云沈攸之欲援下邳，遣孔道恭擊破之。按元以泰始二年九月受詔救薛安都，此表云受命出疆，再離寒暑，又云今雖向熱，猶可行師，則似上表時在四年春末夏初也。又按沈攸之以三年八月出師，尋即敗退，則上表當在攸之敗後。今此表但言陳顯達循宿豫，不言攸之救下邳。又慕容白曜以四年二月十七日拔歷城，而此表欲釋青、冀之師，先定東南之地，則此表不在其年春末夏初決矣。蓋再當作載，是語助之辭，非謂兩經寒暑也，故置於此。

(十二)五月壬戌（初二日），以太子詹事袁粲為尚書右僕射。

(十三)沈攸之自送運米至下邳㊺，魏人遣清泗間人詐攸之云：「薛安都欲降，求軍迎接。」軍副吳喜請遣千人赴之，攸之不許。既而來者益多，喜固請不已，攸之乃集來者告之曰：「君諸人既有誠心，若能與薛徐州子弟俱來者，皆即假君以本鄉縣，唯意所欲，如其不爾，無為空勞往還。」自是一去不返。

攸之使軍主彭城陳顯達將千人助戍下邳而還。

薛安都子令伯亡命梁、雍之閒，聚黨數千人，攻陷郡縣。秋，七月，雍州刺史巴陵王休若遣南陽太守張敬兒等擊斬之。

(十四)上復遣中領軍沈攸之等擊彭城。攸之以為清泗方涸，糧運不繼，固執以為不可。使者七返，上怒，強遣之。【考異】宋沈攸之傳、宋略皆云帝怒攸之云：「卿若不行，便可使吳喜獨去。」按喜傳乃無與攸之討彭城事。後魏書作吳僖公，不知即吳喜，為別一人也。八月，壬寅（二十三日），以攸之行南兗州刺史，將兵北出，使行徐州事蕭道成將千人鎮淮陰[46]。道成收養豪俊，賓客始盛。

魏之入彭城也[47]，垣崇祖將部曲奔朐山[48]，據之，遣使來降，蕭道成以為朐山戍主。朐山瀕海孤絕，人情未安，崇祖浮舟水側，欲有急則逃入海。魏東徐州刺史成固公戍圂城[49]，崇祖部將有罪，亡降魏，成固公遣步騎二萬襲朐山，去城二十里，崇祖方出送客，城中人驚懼，皆下船欲去。崇祖還，謂腹心曰：「虜非有宿謀，承叛者之言而來耳，易誑也！今得百餘人還，事必濟矣！但人情一駭，不可斂集。卿等可亟去此一里外，大呼而來，云艾塘義人[50]已得破虜，須戍軍速往相助逐之。」舟中人果喜，爭上岸，崇祖引入據城，遣羸弱入島，人持兩炬火，登山鼓譟，魏參騎[51]以為軍備甚盛，乃退。上以崇祖為北琅邪、蘭陵二郡太守。垣榮祖亦自彭城奔朐山，以奉使不效，畏罪不敢出[52]，往依蕭道成于淮陰。

榮祖少學騎射，或謂之曰：「武事可畏[53]，何不學書？」榮祖曰：「昔曹公父子上馬橫槊，下馬談詠[54]，此於天下可不負飲食矣

(五五)！君輩無自全之伎，何異犬羊乎(五六)？」

劉善明從弟僧副將部曲二千人避魏，居海島，道成亦召而撫之。

㈤魏於天宮寺作大像，高四十三尺，用銅十萬斤，黃金六百斤。

㈥魏尉元遣孔伯恭帥步騎一萬拒沈攸之，又以攸之前敗所喪士卒瘃墮膝行(五七)者，悉還攸之，以沮其氣。上尋悔遣攸之等，復召使還。

攸之至焦墟，去下邳五十餘里，陳顯達引兵迎攸之，至睢清口，伯恭擊破之(五八)。攸之引兵退，伯恭追擊之，攸之大敗，龍驤將軍姜彥之等戰沒。攸之創重，入保顯達營，丁酉（十八日），夜，眾潰，攸之輕騎南走，委弃軍資器械以萬計，還屯淮陰。

尉元以書諭徐州刺史王玄載，玄載弃下邳走(五九)。

魏以隴西辛紹先為下邳太守。紹先不尚苛察，務舉大綱，教民治生禦寇而已，由是下邳安之。

孔伯恭進攻宿豫，宿豫戍將魯僧遵亦弃城走。魏將孔大桓等將千騎南攻淮陽，淮陽太守崔武仲焚城走(六〇)。

慕容白曜進屯瑕丘。

崔道固之未降也，綏邊將軍房法壽為王玄邈司馬，屢破道固軍，歷城人畏之㈥一。及道固降，皆罷兵。道固畏法壽扇動百姓，迫遣法壽使還建康，會從弟崇吉自升城來，以母妻為魏所獲，謀於法壽，法壽雅不欲南行，怨道固迫之，時道固遣兼治中房靈賓督清河、廣川二郡事戍磐陽，法壽乃與崇吉謀襲磐陽，據之，降於慕容白曜以贖崇吉母、妻。道固遣兵攻之，白曜自瑕丘遣將軍長孫觀救磐陽㈥二，道固兵退。白曜表冠軍將軍韓麒麟與法壽對為冀州刺史，以法壽從弟靈民、思順、靈悅、伯憐、伯玉、叔玉、思安、幼安等八人皆為郡守㈥三。

白曜自瑕丘引兵攻崔道固於歷城，遣平東將軍長孫陵等攻沈文秀於東陽。道固拒守不降，白曜築長圍守之。陵等至東陽，文秀請降，陵等入其西郭，縱士卒暴掠，文秀悔怒，閉城拒守，擊陵等破之。【考異】文秀傳云：「八月，虜蜀郡公拔式入西郭。」今從慕容白曜傳。陵等退屯清西，屢進攻城，不克。

㈦癸卯（二十四日），大赦。

㈧戊申（二十九日），魏主李夫人生子宏。夫人，惠之女也㊃。

馮太后自撫養宏，頃之，還政於魏主。

魏主始親國事，勤於為治，賞罰嚴明，拔清節，黜貪汙，於是魏之牧守始有以廉潔著聞者。

㈨太中大夫徐爰自太祖時用事㊄，素不禮於上，上銜之，詔數其姦佞之罪，徙交州。

㈩冬，十月辛巳（初三日），詔徙義陽王昶為晉熙王，【考異】宋帝紀在十一月，今從宋略。使員外郎李豐以金千兩贖昶於魏㊅，魏人弗許，使昶與上書，為兄弟之儀，上責其不稱臣，不答。魏主復使昶與上書，昶辭曰：「臣本實彧兄㊆，未經為臣，若改前書，事為二敬㊇，苟或不改，彼所不納，臣不敢奉詔。」乃止。魏人愛重昶，凡三尚公主。

(二一)十一月，乙卯（初八日），分徐州置東徐州，以輔國將軍張讜為刺史㊈。十二月，庚辰（初三日），以幽州刺史劉休賓為兗州刺史㊉。休賓之妻，崔邪利之女也，生子文曄，與邪利皆沒於魏㊀。

慕容白曜將其妻子至梁鄒城下示之，休賓密遣主簿尹文達至歷城見白曜，且視其妻子。休賓欲降，而兒子聞慰不可，白曜使人至城下呼曰：「劉休賓數遣人來見僕射㊆約降，何故違期不至？」由是城中皆知之，共禁制休賓不得降，魏兵圍之。

(廿二)魏西河公石復攻汝陰(七三)，汝陰有備，無功而還。常珍奇雖降於魏，實懷貳心，劉勔復以書招之。會西河公石攻汝陰，珍奇乘虛燒劫懸瓠，驅掠上蔡、安成、平輿三縣民，屯於灌水(七四)。

【今註】㊀泰始三年：是年，魏獻文帝改元皇興。㊁大破永等於呂梁之東：呂梁在今江蘇省銅山縣東南五十里，其下即呂梁洪，有上下二洪，相去七里，巨石齒列，波流洶湧。銅山，古之彭城也。《水經注》曰：「泗水南逕彭城縣故城東，又東南過呂縣南，縣對泗水，泗水之上有石梁焉，故曰呂梁也。昔宋景公以弓工之弓，彎弧東射，矢集彭城之東，飲羽於石梁，即斯梁也。懸濤崩渀，實為泗險。」㊂貞陽公：《宋書・州郡志》湘州廣興公國下有貞陽侯邑，沈約曰：「漢舊縣，名湞陽，屬桂陽，宋明帝泰始三年，改湞為貞。」縣本漢置，以在湞水之陽，故曰湞陽也。宋改湞曰貞，齊復曰湞陽，隋又改為貞陽，唐復曰湞陽，故城在今廣東省英德縣東。㊃由是失淮北四州及豫州淮西之地：

淮北四州謂青、冀、徐、兗也。豫州淮西謂汝南、新蔡、譙郡、梁郡、陳郡、南潁、潁川、汝陽、汝陰諸郡。㊄昔齊桓矜於葵丘而九國叛：《春秋公羊傳》曰：「貫澤之會，桓公有憂中國之心，不召而至者江人、黃人也；葵丘之會，桓公震而矜之，叛者九國。」㊅曹公不禮張松而天下分：松見曹操於荊州，操不為禮，松遂勸劉璋絕操而自結於先主，事見卷六十五漢獻帝建安十三年。㊆則三叛奚為而起哉：三叛謂徐州刺史薛安都，兗州刺史畢眾敬，汝南太守常珍奇也。㊇高祖蟣虱生介冑：高祖謂宋武帝。帝久在行陳，戎旅倥傯，無暇梳洗，故蟣虱生介冑。㊈後之子孫，日蹙百里：〈大雅・召旻〉之詩曰：「昔先王受命，有如召公，日辟國百里，今也日蹙國百里。」先王，謂文王、武王之世也；今謂幽王之時；蹙國，謂犬戎內侵，諸侯外畔也。裴子蓋引此喻宋明帝之不能守成。⑩播穫堂構，豈云易哉：《書・大誥》曰：「若考作室，既底法，厥子乃弗肯堂，矧肯構？厥父菑，厥子乃弗肯播，矧肯穫？」喻守成之不易也。⑪沿清運載，以賑新民：謂沿清水運載四州之粟以賑徐州新附之民也。⑫副將：胡三省曰：「副將，副鎮將也。」⑬道符，翰之子也：秦王翰死於正平宗愛之禍。⑭沈文秀、崔道固為土人所攻：土人謂青、冀二州之人。時文秀仍據青州，道固仍據冀州。⑮退屯陳項：胡三省曰：「陳、項本二邑，時陳郡治項，因曰陳項。」項縣今河南省項城縣東北。⑯文秀攻青州刺史明僧暠：沈文秀奉尋陽時，明僧暠起兵攻之，宋因以僧暠為青州刺史，見上卷上年四月。⑰懷珍進據朐城，眾心兇懼，欲且保郁州：兇，擾恐也。朐城，漢東海郡之朐縣也，宋省，故城在今江蘇省東海縣南，朐山之側，郁洲在其東北海中。郁洲即郁洲也，一曰鬱山。⑱自為沮撓：

撓，屈也，言自沮屈士氣也。⑲黔陬：黔陬縣，漢屬琅琊郡，後漢屬東萊郡，晉屬城陽郡，宋屬高密郡，故城在今山東省膠縣西南，諸城縣東北。⑳文秀所署高密、平昌二郡太守棄城定：《晉書．地理志》晉武帝太康十年，分城陽郡之黔陬等十一縣為高密國。宋高密郡，治黔陬。平昌縣，漢屬琅琊郡，後漢屬北海國，晉屬城陽郡。沈約曰：「魏文帝分城陽立平昌郡，後省，晉惠帝又立。」宋平昌郡，治安丘，故城在今山東省安丘縣西南。文秀所署高密、平昌郡太守蓋鎮黔陬，臺軍至黔陬，乃棄城走。㉑不其城：不其縣，漢屬琅琊郡，後漢屬東萊郡，晉、宋屬長廣郡，故城在今山東省即墨縣西南，縣境有不其山，因以名縣也。㉒洋水：《水經》曰：「巨洋水出朱虛縣泰山北，過其縣西，又北過臨朐縣東，又北過劇縣西，又東北過劇縣西，又東北過壽光縣西，又東北入海。」今俗曰瀰河，入海處曰瀰河口，懷珍軍於洋水，蓋巨洋水也。㉓玄載，玄謨之從弟也：王玄謨著功名於文帝、孝武帝二朝。㉔梁鄒：梁鄒，漢侯國，後為縣，屬濟南郡，晉省，此漢梁鄒故城也，即今山東省鄒平縣。㉕升城：《魏書．地形志》東太原郡太原縣治升城，按魏之東太原，即《宋書．州郡志》青州之太原郡也，治太原縣，泰始間既失淮北，魏因宋太原郡置東太原郡，以在故太原郡之西，故加東也，故城在今山東省長清縣東北。㉖團城：《水經注》團城在鄆亭西南四十里，鄆亭，故鄆邑，即漢東莞縣故城也。㉗蘭陵太守：《宋書．州郡志》蘭陵，漢舊縣也，晉惠帝元康元年，分東海立蘭陵郡，治昌慮縣，故城在今山東省滕縣東南。㉘肥城、糜溝、垣苗等戍：肥城縣即今山東省肥城縣，漢屬泰山郡，後漢省，宋蓋置戍於此，北魏為東濟北郡治。魏書地形志東太原郡太原縣有靡溝，其地當在太原縣界。垣苗城故洛當城也，宋武帝西征長安，令垣苗置戍於此，地當平陰之東北，據濟水東岸，見《水經・濟水注》。㉙休賓，乘民之兄也：劉乘民見上卷上年。㉚白曜，太祖之玄孫也：慕容皝，燕太祖。㉛且申纂必謂我軍來速，將不為備：胡三省曰：「師速而疾者略也，略謂略地也，無暇於攻城圍邑。白曜以形不申纂，故料其不為備也。」㉜纂走，追擒殺之：申纂詐降於魏，魏師至，閉門拒守，見上卷上年十月，至是為魏軍所攻殺。㉝彼見無鹽之破，死傷塗地，不敢不懼，若飛書告諭，縱使不降，亦當逃散：胡三省曰：「此即李左車教韓信以破趙之勢而喻燕故智也。」《史記》廣武君李左車說韓信曰：「夫善用兵者不以短擊長而以長擊短，方今之計，莫如案甲休兵，鎮趙，撫其孤，百里之內，牛酒日至以饗士醳兵，而後遣辯士奉咫尺之書，暴其所長於燕，燕必不敢不聽從，如是則天下事可圖也。」信從其策發使使燕，燕從風而靡。㉞勝兵：勝，任也，言力能操兵而戰者。㉟屯夷：屯，多難也；夷，平易也。㊱崔道固閉門拒魏：道固既為土人所攻，乞降於魏，至是復為宋守。㊲文秀室家墳墓，皆在江南：沈文秀吳興郡武康縣人，吳興在江南。㊳且觀其使者，視下而色愧，語煩而志怯，此必挾詐以誘我，不可從也：心懷黠詐，懼為人所窺，故視下而色愧，急於自辯以取信於人，故語煩而志怯。視下，不敢正視也；語煩，語雜而寡要也。胡三省曰：「春秋之時，諸侯交兵，謀人之軍師者多能以此覘，酈範亦祖其故智耳！」㊴不若先取歷城，克盤陽：冀州治歷城，清河郡治盤陽，盤陽，今山東省淄川縣，詳上卷上年註(65)。㊵下梁鄒，平樂陵：平原郡時治梁鄒，樂陵郡，晉武帝分平原郡立，治厭次，今山東省惠民縣。此樂陵宋所僑立者也，即今山東省博興縣，蓋故千乘郡地，後魏移郡治於故樂陵縣，在今山東省樂陵縣西南。㊶無墮賊彀中：《釋文》曰：「彀，張弓也。」彀中，弓矢所及也。墮賊彀中者，言處敵彀中之地而不知避，必被殘傷。㊷東安：東安縣，漢屬城陽國，後漢屬琅邪郡，三國魏嘗置東安郡，尋廢，晉屬東莞郡，故城在今山東省沂水縣南，晉惠帝元康七年，析置東安郡。㊸四城：謂宿豫、下邳、沂水、東安。宿豫即宿遷也。㊹狼顧：言有後顧之憂也。狼性疑怯，行時常顧望以虞患，故以為喻。㊺沈攸之自送運米至下邳：《宋書·沈攸之傳》，彭城之敗，攸之復歸淮陰，留長水校尉王玄載守下邳，至是自淮陰運米以濟之。㊻以攸之行南兗州刺史，將兵北出，使行徐州事蕭道成將千人鎮淮陰：去歲僑立兗州於淮陰，徐州於鍾離，道成以行徐州事屯淮陰，蓋以為沈攸之後鎮也。㊼魏之入彭城也：魏軍入彭城見上卷上年十二月。㊽朐山：朐山在今江蘇省東海縣南四里，山側有秦漢朐縣故城，其東北海中即郁洲也。山有雙峯如削，俗曰馬耳山。秦始皇三十五年東巡，立石東海朐界中以為秦之東門，蓋此。㊾圂城：胡三省曰：「魏收地形志魏置南青州於圂城，則國城當在唐沂州沂水縣界。」按武英殿本《魏書·地形志》圂作國，未知孰是。㊿艾塘義人：南朝謂中原漢人起兵拒北人者為義人。艾塘當在朐縣界，宋蓋置戍於此。(51)參騎：胡三省曰：「參騎，候騎也。」(52)垣榮祖亦自彭城奔朐山，以奉使不效，畏罪不敢出：垣榮祖奉使說薛安都應建康，安都不從，留以為將，見上卷上年正月。(53)武事可畏：胡三省曰：「謂矢刃交乎前，生死在於須臾也。」(54)昔曹公父子上馬橫槊，下馬談詠：謂魏武帝操及文帝兄弟才兼又武。(55)此於天下可不負飲食矣：言曹氏父子，文武兼資，可謂不虛度此生者矣。(五六)君輩無自全之伎，何異犬羊乎：胡三省曰：「犬羊，直謂其無防身之術耳！」余謂此言人無武略，則亂世不能定亂，直如犬羊，無益於國家也。(五七)瘃墮膝行：瘃，凍瘡也，肢體過凍則敗壞而脫落，謂之瘃墮，斷足者以膝匐行曰膝行。(五八)攸之至焦墟，去下邳五十餘里，陳顯達引兵迎攸之，伯恭擊破之：按《宋書・沈攸之傳》，攸之還至下邳，而陳顯達於睢口為虜所破。此睢清口蓋即睢口也。《水經注》睢水自睢陵縣故城北，東南流，逕下相縣故城南，又東南入於泗，謂之睢口。(五九)丁酉，夜，眾潰，攸之輕騎南走，委棄軍資器械以萬計，還屯淮陰：八月丙辰朔，丁酉十八日，壬寅二十三日，上云八月壬寅攸之將兵北出，而敗於丁酉，顯有一誤也。《宋書・明帝紀》攸之北討在八月壬寅，〈沈攸之傳〉攸之軍潰於八月十八日，未知孰是。(六〇)尉元以書諭徐州刺史王玄載，玄載棄下邳走：玄載以沈攸之軍敗，勢孤而走。攸之留玄載戍下邳，因領徐州刺史也。(六一)魏將孔大桓等將千騎南攻淮陽，淮陽太守崔武仲焚城走：淮陽郡治甬城，甬城亦作角城，北齊改曰文城，北周又改曰臨清，隋省，故城在今江蘇省淮陰縣南。(六二)綏邊將軍房法壽為王玄邈司馬，屢破道固軍，歷城人畏之：胡三省曰：「崔道固鎮歷城，其軍皆歷城人。」余按歷城人但謂歷城百姓耳，道固軍不必皆歷城人也。(六三)磐陽：磐陽即盤陽，盤或作磐。(六四)白曜表冠軍將軍韓麒麟與法壽對為冀州刺史，以法壽從弟靈民、思順、靈悅、伯憐、伯玉、叔玉、思安、幼安等八人皆為郡守：此冀州即宋僑置之冀州也，宋冀州時領廣川、平原、清河、魏郡、河間、頓丘、高陽、勃海八郡，皆僑置，以命靈民等八人。言對者，二刺史並置也。(六五)魏主李夫人生子宏，夫人，惠之女也：宏即其後之魏孝文帝。李惠，李貴人之兄弟，貴人，魏獻文帝之母也，魏文成帝立獻文為太子，賜死，見卷一百二十八宋孝武帝孝建三年，李夫人則李惠之女。《魏書·獻文帝紀》以魏興光元年七月生，至是年方十三而生孝文。又〈文明馮后傳〉高祖生，后躬親撫養，是後罷令，不聽政事，後行不正，內寵李奕，顯祖因事誅之，後不得意，顯祖暴崩，時言太后為之也。後之史家頗以孝文係李奕與馮后所生，非獻文之子也。顯祖，獻文廟號，高祖，孝文廟號。(65)太中大夫徐爰自太祖時用事：徐爰事始見卷一百二十六文帝元嘉二十八年。(66)使員外郎李豐以金千兩贖昶於魏：昶奔魏見卷一百三十泰始元年。(67)臣本實彧兄：昶，文帝第九子，帝，文帝第十一子，於文帝為兄。(68)若改前書，事為二敬：胡三省曰：「即稱臣於魏，復稱臣於宋，是為二敬也。」余按二敬者，謂前與帝敘兄弟之禮，今若改具君臣之儀，是前書有虧臣節，於事為二敬也。(69)分徐州置東徐州，以輔國將軍張讜為刺史：張讜時守團城，蓋就團城置東徐州，以讜以刺史也，讜守團城見上二月。(70)以幽州刺史劉休賓為兗州刺史：時兗州已沒於魏，劉休賓守梁鄒，蓋就以刺史命之。劉休賓守梁鄒亦見上二月。(71)休賓之妻，崔邪利之女也，生子文曄，與邪利皆沒於魏：崔邪利沒於魏見卷一百二十五文帝元嘉二十七年。(72)僕射：謂慕容白曜，白曜時為魏尚書右僕射。(73)魏河西公石復攻汝陰：今年春，石攻汝陰，不克，今復攻之。(74)灌水：《水經注》曰：「灌水導源廬江金蘭縣西北東陵鄉大蘇山，東北逕蓼縣故城西而北注決水。」許慎曰：「灌水出雩婁縣，俗謂之澮水。」大蘇山在今河南省商城縣東南五十里，蓼縣故城在今河南省固始縣東，決水，今曰史河，雩婁故城在今河南省商城縣東北。

四年（西元四六八年）

㈠春，正月己未（十三日），上祀南郊，大赦。

㈡魏汝陽司馬趙懷仁帥眾寇武津㊀，豫州刺史劉勔遣龍驤將軍申元德擊破之，又斬魏于都公閼于拔於汝陽臺東㊁，獲運車千三百乘。魏復寇義陽，勔使司徒參軍孫臺瓘擊破之。

淮西民賈元友上書陳伐魏取陳蔡之策㊂，上以其書示劉勔，勔上言：「元友稱虜主幼弱，內外多難，天亡有期。臣以為虜自去冬蹈藉王土，盤據數郡，百姓殘亡，今春以來，連城圍逼，國家未能復境，何暇滅虜？元友所陳，率多誇誕狂謀，皆無實，言之甚易，行之甚難。臣竊尋元嘉以來，傖荒遠人，多干國議，負擔歸闕，皆勸討虜，從來信納，皆貽後悔。境上之人，唯視強弱㊃，王師至彼，必壺漿候塗，裁見退軍，便抄截蜂起，此前後所見，明驗非一也！」上乃止。

㈢魏尉元遣使說東徐州刺史張讜，讜以團城降魏。魏以中書侍郎高閭與讜對為東徐州刺史㊄，【考異】尉元傳：「沈攸之既定，元以書諭王玄載，玄載與魯僧遵、崔武仲、楊繼皆走，遂以高閭與張讜對為東徐州刺史。」按三年十一月乙卯，始以讜為東徐州刺史，則於時未降魏也，故置於此。李璨與畢眾敬對為東兗州刺史㊅、元又說兗州刺史王整㊆，蘭陵太守桓忻，整、忻皆降於魏，魏以元為開府儀同三司，都督徐、南、北兗三州諸軍事㊇，徐州刺史，鎮彭城。召薛安都、畢眾敬入朝，至平城，魏以上客待之，羣從皆封侯，賜第宅，資給甚厚。

㈣慕容白曜圍歷城經年，二月庚寅（十四日），拔其東郭，癸巳（十七日），崔道固面縛出降。【考異】宋略云：「丙申，索虜陷歷城，執崔道固。」按後魏列傳道固表云：「以今月十四日，臣東郭失守，以十七日，面縛請罪。」長曆四月丁丑朔，今從之。白曜遣道固之子景業與劉文曄同至梁鄒，劉休賓亦出降。白曜送道固、休賓及其僚屬於平城。

㈤辛丑（二十五日），以前龍驤將軍常珍奇為都督司、北豫二州諸軍事，司州刺史，魏西河公石攻之，珍奇單騎奔壽陽㊈。

㈥乙巳（二十九日），車騎大將軍曲江莊公王玄謨㊉卒。

㈦三月，魏慕容白曜進圍東陽㊁。

上以崔道固兄子僧祐為輔國將軍，將兵數千從海道救歷城，至不其，聞歷城已沒，遂降於魏。

㈧交州刺史劉牧卒，州人李長仁殺牧北來部曲，據州反，自稱刺史。

㈩廣州刺史羊希使晉康太守沛郡劉思道伐俚㈢，思道違節度，失利，希遣收之，思道帥所領攻州，希兵敗而死。龍驤將軍陳伯紹將兵伐俚，還擊思道，擒斬之。希，玄保之兄子也㈢。

㈫夏，四月，己卯（初四日），復減郡縣田租之半。

㈬徙東海王禕為廬江王，山陽王休祐為晉平王。上以廢帝謂禕為驢王㈣，故以廬江封之。

㈭劉勔敗魏兵於許昌。

㈮魏以南郡公李惠為征南大將軍，儀同三司，都督關右諸軍事，雍州刺史，進爵為王。

㈯五月乙卯（十一日），魏主畋于崞山，遂如繁畤㈤。辛酉（十七日），還宮。

㈰六月，魏以昌黎王馮熙為太傅。熙，太后之兄也。

(十九)秋，七月庚申（十六日），以驍騎將軍蕭道成為南兗州刺史[一六]。

(廿)八月，戊子（十五日），以南康相劉勃為交州刺史。

(廿一)上以沈文秀之弟征北中兵參軍文靜為輔國將軍，統高密等五郡軍事[一七]，自海道救東陽，至不其城，為魏所斷，因保城自固。魏人攻之，不克。辛卯（十八日），分青州置東青州，以文靜為刺史。

(廿二)九月辛亥（初八日），魏立皇叔楨為南安王，長壽為城陽王，太洛為章武王，休為安定王。

(廿三)冬，十月，癸酉朔，日有食之，發諸州兵北伐。

(廿四)十一月，李長仁遣使請降，自貶行州事，許之。

(廿五)十二月，魏人拔不其城，殺沈文靜，入東陽西郭。

(廿六)義嘉之亂，巫師請發脩寧陵，戮玄宮為厭勝。是歲，改葬昭太后[一八]。

(廿七)先是中書侍郎、舍人皆以各流為之，太祖始用寒士秋當[一九]，世祖猶雜選士庶，巢尚之、戴法興皆用事[二〇]。及上即位，盡用左右細人[二一]，游擊將軍阮佃夫、中書通事舍人王道隆、員外散騎侍郎楊運長等並參預政事，權亞人主，巢、戴所不及也。佃夫尤恣橫，人有順迕，禍福立至㉒，大納貨賂，所餉減二百匹絹，則不報書，園宅飲饌，過於諸王，妓樂服飾，宮掖不如也。朝士貴賤，莫不自結㉓。僕隸皆不次除官，捉車人至虎賁中郎將，馬士至員外郎㉔。

【今註】㊀魏汝陽司馬趙懷仁帥眾寇武津：汝陽司馬，汝陽郡司馬也。《宋書・州郡志》武津縣屬汝陽郡，故城在今河南省上蔡縣東。㊁汝陽臺：《魏書・地形志》汝陽郡汝陽縣有章華臺，即汝陽臺也，謂之汝陽者，以別南郡之章華也。㊂淮西民賈元友上書陳伐魏取陳蔡之策：胡三省曰：「宋豫州淮西之地，春秋陳蔡之地也。」㊃境上之人，唯視強弱：謂宋、魏邊境之人，唯視南北強弱以為向背，強則附之，弱則抄截之。㊄魏以中書侍郎高閭與讜對為東徐州刺史：張讜守團城，宋就置為東徐州，讜降魏，魏因就宋所置東徐州以命讜也。㊅李璨與畢眾敬對為東兗州刺史：宋兗州治瑕丘，泰始三年，畢眾敬以兗州降魏，魏蓋先有兗州，故就置為東兗州，以刺史授之。㊆元又說兗州刺史王整：宋既失淮北，僑立兗州於淮陰，見上卷三年十二月。胡三省曰：「時蕭道成鎮淮陰，王整蓋屯徐州界，領兗州刺史耳！時宋魏交兵，疆吏能自守者即以刺史命之，無常處也。」㊇都督徐、南、北兗三州諸軍事：胡三省曰：「兗州治瑕丘，以王整新降，故分南、北兗。」按此蓋就東兗州分為南、北二兗也。㊈珍奇單騎奔壽陽：去年十二月常珍奇屯於灌水，此蓋自灌水奔壽陽也。㊉曲江莊公王玄謨：玄謨謚曰莊。曲江縣，漢屬桂陽郡，宋屬廣興公相，故城在今廣東省曲江縣西。《水經注》曰：「曲江縣昔號曲紅。」然《漢書・地理志》、《續漢書・郡國志》皆作曲江，蓋紅、江字古通也，見曾鞏《南豐集》及洪適《隸釋》。㈡魏慕容白曜進圍東陽：胡三省曰：「白曜既得歷城，始進圍東陽，用酈範之計也。」酈範計見上年三月。㈢廣州刺史羊希使晉康太守沛郡劉思道伐俚：俚，南蠻之種也。《宋書・夷蠻傳》云：「廣州諸山，並俚獠，種類繁熾。」今海南島五指山及廣西之黎人，其遺種也。晉康郡，晉穆帝永和七年分蒼梧郡立，宋志治端溪，今廣東省德慶縣東。㈢希，玄保之兄也：羊玄保見卷一百二十三文帝元嘉十七年。㈣上以廢帝謂褘為驢王：見卷一百三十泰始元年。㈤魏主畋于崞山，遂如繁畤：崞山在今山西省渾源縣西北，漢置崞縣於此，蓋因山為名也，屬雁門郡，魏改崞縣曰崞山縣，天平二年，分屬繁畤郡。繁畤縣，漢、晉皆屬雁門郡，故城在今山西省渾源縣西，後魏徙繁畤縣於漢葰人縣故地，在今山西省繁畤縣東，天平二年，析置繁畤郡。㈥以驍騎將軍蕭道成為南兗州刺史：以代沈攸之也。南兗州，治廣陵。㈦上以沈文秀之弟征北中兵參軍文靜為輔國將軍，統高密等五郡軍事：五郡，高密、北海、平昌、長廣、東萊也，見《宋書・沈文秀傳》。㈧義嘉之亂，巫師請發脩寧陵，戮玄宮為厭勝，是歲，改葬昭太后：昭太后即文帝路淑媛也，孝武帝之母，謚曰昭，陵曰脩寧，在孝武陵之東南。晉安王子勛起兵尋陽，改元義嘉。玄宮，陵中靜室也，子勛於昭后為孫，故帝毀其陵以為厭勝。按《宋書・后妃傳》，帝性忌，慮將來致災，詔議改葬，有司以戎事未緝，但請修治玄宮，補其損壞，詔可，則是終未改葬也。㈨先是中書侍郎、舍人皆以名流為之，太祖始用寒士秋當：秋當，姓名；寒士，出身寒門。先是，謂元嘉以前；名流，世族之胤也。㊁世祖猶雜選士庶，巢尚之，戴法與用事：巢尚之，士族也，戴法興，庶族也，皆預其選。㊂及上即位，盡用左右細人：細人，猶曰小人也，六朝之世，非士族被目為小人。㊂人有順迕，禍福立至：迕，逆也。謂順之則有福，迕之則致禍。㊂朝士貴賤，莫不自結：謂朝臣無貴賤，皆自結於阮佃夫。㊃捉車人至虎賁中郎將，馬士至員外郎：言佃夫僕隸，皆不次除官也。捉車人即車夫，馬士即馬夫，員外郎，員外散騎郎也。

五年（西元四六九年）

㈠春，正月癸亥（二十二日），上耕籍田，大赦。

㈡沈文秀守東陽，魏入圍之三年㈠，外無救援，士卒晝夜拒戰，甲冑生蟣蝨，無離叛之志。乙丑（二十四日），魏人拔東陽。文秀解戎服，正衣冠，取所持節坐齋內。魏兵交至，問沈文秀何在？文秀厲聲曰：「身是㈡。」魏人執之，去其衣，縛送慕容白曜，使之拜，文秀曰：「各兩國大臣，何拜之有？」白曜還其衣，為之設饌，鎖送平城，魏主數其罪而宥之㈢，待為下客，給惡衣疏食㈣，既而重其不屈，稍嘉禮之，拜外都下大夫㊄，於是青冀之地，盡入於魏矣。

㈢戊辰（二十七日），魏平昌宣王和其奴卒。

㈣二月，己卯（初九日），魏以慕容白曜為都督青、齊、東徐三州諸軍事㊅，征南大將軍，開府儀同三司，青州刺史，進爵濟南王。白曜撫御有方，東人安之㊆。

魏自天安以來，比歲旱饑㊇，重以青、徐用兵，山東之民，疲於賦役，顯祖命因民貧富為三等，輸租之法等為三品，上三品輸平城，中輸它州，下輸本州。又魏舊制，常賦之外，有雜調十五，至是悉罷之，由是民稍贍給㊈。

㈤河東柳欣慰等謀反，欲立太尉廬江王禕。禕自以於帝為兄㊉，而帝及諸兄弟皆輕之，遂與欣慰等通謀，相酬和，征北諮議參軍杜幼文告之。丙申（二十六日），詔降禕為車騎將軍、開府儀同三司、南豫州刺史，出鎮宣城，帝遣腹心楊運長領兵防衛，欣慰等並伏誅。

㈥三月，魏人寇汝陰，太守楊文萇擊却之。

㈦夏，四月，丙申（二十七日），魏大赦。

㈧五月，魏徙青、齊民於平城，置升城、歷城民望於桑乾，立平齊郡㈡以居之，自餘悉為奴婢，分賜百官。魏沙門統曇曜奏：「平齊戶及諸民有能歲輸穀六十斛入僧曹者，即為僧祇戶，粟為僧祇粟，遇凶歲賑給饑民；又請民犯重罪及官奴以為佛圖戶，以供諸寺灑掃。」魏主並許之，於是僧祇戶、粟及寺戶徧於州鎮矣㈢。

㈨六月，魏立皇子宏為太子。

㈩癸酉（初五日），以左衞將軍沈攸之為郢州刺史。

㈪上又令有司奏廬江王禕忿懟有怨言，請窮治，不許。丁丑（初九日），免禕官爵，遣大鴻臚持節奉詔責禕，因逼令自殺，子輔國將軍充明，廢徙新安。

㈫冬，十月，丁卯朔，日有食之。

㈬魏頓丘王李峻卒㈣。

㈭十一月，丁未（十一日），魏復遣使來脩和親，自是信使歲通⑭。

(十四)閏月，戊子（二十二日），以輔師將軍孟陽為兗州刺史，始治淮陰⑮。

(十五)十二月，戊戌（初三日），司徒建安王休仁解揚州。休仁年與上鄰亞，素相友愛，景和之世，上賴其力以脫禍⑯。及泰始初，四方兵起，休仁親當矢石，克成大功⑰，任總百揆，親寄甚隆。由是朝野輻輳，上漸不悅，休仁悟其旨，故表解揚州。己未（二十四日），以桂陽王休範為揚州刺史。

(十六)分荊州之巴東、建平、益州之巴西、梓潼郡，置三巴校尉，治白帝。先是三峽蠻獠，歲為抄暴，故立府以鎮之⑱。上以司徒參軍東莞孫謙為巴東、建平二郡太守。謙將之官，敕募千人自隨。謙曰：「蠻夷不賓，蓋待之失節耳！何煩兵役，以為國費？」固辭不受。至郡，開布恩信，蠻獠翕然懷之，競餉金寶，謙皆慰諭，不受。

(十七)臨海賊帥田流自稱東海王，剽掠海鹽，殺鄞令，東土大震⑲。

【今註】㊀沈文秀守東陽，魏人圍之三年：東陽，宋青州刺史治。魏以泰始三年攻文秀，至是首尾凡三年。㊁身是：身猶今曰我也。㊂魏主數其罪而宥之：胡三省曰：「數其罪者，以文秀既迎降，復拒守也。」文秀請降於魏見上泰始三年。㊃惡衣蔬食：惡衣，粗布之衣也，蔬食，粗飯也，糲米之飯也。㊄外都下大夫：胡三省曰：「外都下大夫，外都大官之屬僚也，拓拔氏所置。」㊅魏以慕容白曜為都督青、齊、東徐三州諸軍事：《魏書・地形志》青州治東陽，齊州治歷城，東徐州治下邳，齊州即宋之冀州也，是年，魏改名曰齊州。魏青州領齊郡、北海、樂安、渤、高陽、河間、樂陵八郡，齊州領東魏、東平原、東清河、濟南、太原、廣川六郡，東徐州領下邳、武原、郯、臨清四郡。㊆白曜撫御有方，東人安之：胡三省曰：「荀卿有言：『兼併易也，堅凝之難。』魏幷青徐，淮北四州之民，未忘宋也，惟其撫御有方，民安其生，不復引領南望矣！」㊇魏自天安以來，比歲旱饑：胡三省曰：「師之所聚，荊棘生焉，大兵之後，必有凶年也。」宋泰始二年，魏獻文帝改元天安。㊈贍給：富足也。《後漢書・李王鄧來傳》贊：「李鄧豪贍。」章懷注：「家富為贍。」㊉褘自以於帝為兄：帝，文帝十一子，褘，文帝第八子，於帝為兄。⑪平齊郡：《魏書・崔道固傳》魏徙青、齊士望共道固守城者數百家於桑乾，立平齊郡於平城西北新城，以道固為太守，尋徙治京城西南二百餘里，舊陰觀之西也。⑫於是僧祇戶、粟及寺戶徧於州鎮矣：州謂諸州，鎮謂邊疆兵鎮也，州有刺史，鎮有鎮將。⑬魏頓丘王李峻卒：《魏書・帝紀》在十月，是年魏閏九月，魏十月蓋當宋之十一月也。⑭魏復遣使來脩和親，自是信使歲通：胡三省曰：「自元嘉之末，南北不復通，帝即位之三年、四年，再遣聘使，是歲魏復來通好。」余按孝武帝大明五、六、七年，魏三遣游明根聘宋，蓋自義嘉兵爭，南北信使始復中斷耳，胡註誤也。㊄以輔師將軍孟陽為兗州刺史，始治淮陰：《宋書・百官志》是年改輔國將軍為輔師將軍，後廢帝元徽二年復故。宋兗州刺史本治瑕丘，泰始二年，既入於魏，復僑立兗州於淮陰，而刺史實未治淮陰也，至是孟陽刺兗州，始治淮陰。淮陰縣，漢屬臨淮郡，後漢屬下邳國，晉屬廣陵郡，宋屬臨淮郡。蕭子顯曰：「晉穆帝永和中，北中郎將荀羨北討鮮卑，云淮陰舊鎮，地形都要，水陸交通，易以觀釁，沃野有開殖之利，方舟運漕，無他屯阻，乃營立城池。」是時既失淮北，淮陰遂為重鎮，故僑立兗州於此也，南齊為北兗州治。故城在今江蘇省淮陰縣東南。㊅景和之世，上賴其力以脫禍：廢帝謂帝為豬王，常欲殺之，賴休仁佞諛悅之得脫，事見卷一百三十泰始元年。㊆及泰始初，四方兵起，休仁親當矢石，克成大功：尋陽起兵，帝以休仁都督征討諸軍事，總統戎旅以討之，卒平尋陽，事見上卷泰始二年。㊇先是三峽蠻獠歲為抄暴，故立府以鎮之：立府，謂立三巴校尉府也。三峽見上卷泰始二年㊸。㊈鄞令：鄞縣自漢以來屬會稽郡，故城在今浙江省奉化縣東。

六年（西元四七〇年）

㈠春，正月乙亥（初十日），初制間二年一祭南郊，間一年一祭明堂㈠。二月，壬寅（初八日），以司徒休仁為太尉，領司徒，固辭㈡。

㈡癸丑（十九日），納江智淵孫女為太子妃。

甲寅（二十日），大赦，令百官皆獻物。始興太守孫奉伯止獻琴書，上大怒，封藥賜死，既而原之。

㈢魏以東郡王陸定國為司空。定國，麗之子也㈢。

㈣魏主遣征西大將軍上黨王長孫觀擊吐谷渾。

㈤夏，四月辛丑（初八日），魏大赦。

㈥戊申（十五日），魏長孫觀與吐谷渾王拾寅戰於曼頭山㈣，拾寅敗走，遣別駕康盤龍入貢，魏主囚之。

【考異】宋本紀作拾虔，今從後魏書。

㈦癸亥（三十日），立皇子燮為晉熙王，奉晉熙王昶後㈤。

㈧五月，魏立皇弟長樂為建昌王。

㈨六月，癸卯（十一日），以江州刺史王景文為尚書左僕射、揚州刺史，以尚書僕射袁粲為右僕射。

上宮中大宴，裸婦人而觀之，王后以扇障面，上怒曰：「外舍寒乞⑥，今共為樂，何獨不視？」后曰：「為樂之事，其方自多，豈有姑姊妹集而裸婦人以為笑？外舍之樂，雅異於此。」上大怒，遣后起。后兄景文聞之曰：「后在家劣弱，今段遂能剛正如此！」

㈩南兗州刺史蕭道成在軍中久⑦，民間或言道成有異相，當為天子⑧，上疑之，徵為黃門侍郎，越騎校尉。道成懼，不欲內遷，而無計得留。冠軍參軍廣陵荀伯玉⑨勸道成遣數十騎入魏境，安置標榜，魏果遣遊騎數百履行境上，道成以聞，上使道成復本任。

秋，九月，命道成遷鎮淮陰⑩，以侍中中領軍劉勔為都督南徐、兗等五州諸軍事，鎮廣陵⑪。

(十一)戊寅（十七日），立總明觀，置祭酒一人，儒、玄、文、史學士各十人⑫。

(十二)柔然部真可汗侵魏，魏主引羣臣議之。尚書右僕射南平公目辰曰：「若車駕親征，京師危懼，不如持重固守。虜懸軍深入，糧運無繼，不久自退，遣將追擊，破之必矣！」給事中張白澤曰：「蠢爾荒愚，輕犯王略⑬，若鑾輿親行，必望麾崩散，豈可坐而縱敵？以萬乘之尊，嬰城自守，非所以威服四夷也！」魏主從之。白澤，袞之孫也(一四)。

魏主使京兆王子推等督諸軍出西道，任城王雲等督諸軍出東道，汝陰王天賜等督諸軍為前鋒，隴西王源賀等督諸軍為後繼，鎮西將軍呂羅漢等掌留臺事。

諸將會魏主於女水之濱，與柔然戰，柔然大敗，乘勝逐北，斬首五萬級，降者萬餘人，獲戎馬器械不可勝計。旬有九日，往返六千餘里。改女水曰武川(一五)。司徒東安王劉尼坐昏醉，軍陳不整，免官。

壬申，還至平城(一六)。

是時魏百官不給祿，少能以廉白自立者(一七)。魏主詔吏受所監臨羊一口，酒一斛者死，與者以從坐論，有能糾告尚書已下罪狀者，隨所糾官輕重授之。張白澤諫曰：「昔周之下士，尚有代耕之祿(一八)，今皇朝貴臣，服勤無報。若使受禮者刑身(一九)，糾之者代職，臣恐姦人闚望，忠臣懈節，如此而求事簡民安，不亦難乎？請依律令舊法，仍班祿以酬廉吏。」魏主乃為之罷新法⑳。

（十二）冬，十月，辛卯（朔），詔以世祖繼體，陷憲無遺㉑，以皇子智隨為世祖子，立為武陵王。【考異】宋本紀作智贊，宋略作贊，列傳作智隨。按太宗生子皆筮之，以卦為其字，今從列傳。

（十三）初，魏乙渾專政㉒，慕容白曜頗附之，魏主追以為憾，遂稱白曜諸反，誅之，及其弟如意。

（十四）初，魏南部尚書李敷、儀曹尚書李訢㉓，少相親善，與中書侍郎盧度世皆以才能為世祖、顯祖所寵任，參豫機密，出納詔命。其後訢出為相州刺史，受納貨賂，為人所告，敷掩蔽之。顯祖聞之，檻車徵訢案驗，服罪當死。是時敷弟弈得幸於馮太后，帝意已疎之，有司以中旨諷訢告敷兄弟陰事，可以得免。訢謂其壻裴攸曰：「吾與敷族世雖遠，恩踰同生。今在事㉔勸吾為此，吾情所不忍。每引簪自刺，解帶自絞，終不得死。且吾安能知其陰事，將若之何？」攸曰：「何為為人死也？有馮闡者，先為敷所敗，其家深怨之，今詢其弟，敷之陰事可得也。」訢從之。又趙郡范㯉條列敷兄弟事狀凡三十餘條，有司以聞，帝大怒，誅敷兄弟，訢得減死，鞭髡配役。未幾，復為太倉尚書㊄攝南部事。敷，順之子也㊅。

㈤魏陽平王新成卒。

㈥是歲，命龍驤將軍義興周山圖將兵屯浹口討田流，平之。

㈦柔然攻于闐，于闐遣使者素目伽奉表詣魏求救。魏主命公卿議之，皆曰：「于闐去京師幾萬里㊆，蠕蠕唯習野掠，不能攻城。若其可攻，尋已亡矣，雖欲遣師，勢無所及。」魏主以議示使者，使者亦以為然，乃詔之曰：「朕應急敕諸軍，以拯汝難，但去汝遐阻，必不能救當時之急，汝宜知之。朕今練甲養士，一二歲間，當躬帥猛將，為汝除患，汝其謹修警候，以待大舉。」

【今註】㊀初制間二年一祭南郊，間一年一祭明堂：胡三省曰：「昔周公郊祀后稷以配天，宗祀文王於明堂以配上帝。三歲一郊，始於漢武帝；平帝元始中，始行祫祭、明堂之禮；明帝永平初，始盛其儀，亦曰宗祀。公羊傳曰：『古者五年而再殷祭』，謂祫祭也。然古之所謂祫者，合祭於太祖之廟，而明堂宗祀，則嚴父以配帝，此先儒之說所以異也，蔡邕謂明堂即太廟，蓋有見於此歟！然明堂九室而太廟七室，則又不得而合也。間年一祭，非古也，故曰初制。」㊁以司徒休仁為太尉，領司徒，固辭；休仁知帝之忌已，故固辭其職也。㊂定國，麗之子也：魏宗愛之亂，陸麗首建立文成帝之謀而死於乙渾之亂。㊃曼頭山：在今青海省東北境。胡三省曰：「隋伐吐谷渾，置河源郡，有曼頭城，蓋因山得名也。」㊄立皇子燮為晉熙王，奉晉熙王昶後：昶時在魏，故立燮以奉其祀。㊅外舍寒乞：外舍，謂后家也；寒乞，猶言窮陋也。㊆南兗州刺史蕭道成在軍中久：據《南齊書・高帝紀》，文帝元嘉十九年，遣道成討竟陵蠻，二十一年，將兵伐魏，二十三年，戍沔，北討樊、鄧諸山蠻，二十七年，魏太武帝南侵，道成禦之於莞山，二十九年，隨征仇池，明帝即位，東平會稽，南討尋陽，道成皆預其役焉，則在軍中久矣！㊇民間或言道成有異相，當為天子：《南齊書・高帝紀》謂道成姿表英異，龍顙鍾聲，鱗文遍體，蓋所謂異相也。㊈冠軍參軍廣陵荀伯玉：按《南齊書・高帝紀》，道成時假冠軍將軍，以伯玉為參軍。㊉命道成還鎮淮陰：泰始三年八月，沈攸之北伐，以道成鎮淮陰為後鎮，四年七月，代攸之為南兗州刺史，移鎮廣陵，今復命還鎮淮陰也。㊁以侍中中領軍劉勔為都督南徐、兗等五州諸軍事，鎮廣陵：《宋書・劉勔傳》假勔平北將軍，都督南徐、兗、青、冀等五州，出鎮廣陵也。另一州史闕。㊂立總明觀，置祭酒一人，儒、玄、文、史學士各十人：胡三省曰：「文帝元嘉十五年，立儒、玄、文、史四學，今置總明觀祭酒以總之。」按《宋書・明帝紀》立總明觀，徵學士以充之，置東觀祭酒，是總明觀一名東觀也。㊂王略：猶曰王土。杜預曰：「略，界也。」毛晃曰：「略，封界也。」㊃白澤，袞之孫也：張袞輔道武帝，魏之建國，袞有功焉！㊄改女水曰武川：胡三省曰：「按魏紀，女水當在長川之西，赤城之西北，後魏置武川鎮。隋書宇文述代郡武川人。代郡，指代都平城也，魏都平城，謂之代都，代都以北，列置鎮將，其後罷鎮置州，則武川屬代郡。」魏武川鎮，今綏遠省武川縣也。㈥壬申，還至平城：按《魏書・獻文帝紀》，九月丙寅，北伐柔然，壬申還至平城；〈蠕蠕傳〉魏主伐柔然，旬有九日，往返六千里。九月壬戌朔，丙寅初五日，壬申十一日，自丙寅至壬申但六日耳，不及十九日之數，疑壬申有誤也。㈦時魏百官不給祿，少能以廉白自立者：胡三省曰：「前言魏主拔清節，黜貪汙，魏之牧守始有以廉潔著聞者，此言魏之百官少能以廉白自立，蓋法行於州郡，未行於朝廷也。」趙翼論後魏百官無祿云：「後魏未有官祿之制，其廉者貧苦異常，如高允草屋數間，布被縕袍，府中惟鹽菜，常令諸子採樵自給是也，否則必取給於富豪，如崔寬鎮陝，與豪宗盜魁相交結，莫不感其意氣，時官無祿，惟取給於人，寬以善於結納，大有受取，而與之者無恨。文成詔諸刺史，每因調發，逼人假貸，大商富賈，要時射利，上下通同，分以潤屋，自今一切禁絕，犯者十疋以上皆死。明元又詔使者巡行諸州，校閱守宰貲財，非自家所齎，悉簿為贓。是懲貪之法，未嘗不嚴，然朝廷不制祿以養廉，而徒責以不許受贓，是不清其源而徒遏其流，安可得也？至孝文帝太和八年，始詔曰：『置官班祿，行之尚矣！自中原喪亂，茲制久絕，先朝因循，未遑釐改。今宜班祿，罷諸商人以簡人事。戶增調絹二疋，穀二斛九升，以為官司之祿，均預調為二疋之賦，即兼商用。祿行之後，贓滿一疋者死。俸以十月為首，每季一請。』後以軍興，國用不足，又詔百官祿四分減一，以充軍用。至明帝時，于忠當國，欲結人心，乃悉復所減之數，此魏制官俸之大概也。按文成詔中所謂商賈邀利，刺史分潤，孝文詔中所謂罷諸商人以簡人事，蓋是時官未有祿，惟藉商賈取利而抽分之，至見於詔書，則陋例已習為常矣！崔寬並交結盜魁，為受納之地，既取利於商賈，自幷及於盜賊，亦事之所必至也。」⑱昔周之下士，尚有代耕之祿：《禮・王制》曰：「諸侯之下士視上農夫，祿足以代其耕也。」《孟子》亦曰：「周室之班爵祿也，下士與庶人在官者同祿，祿足以代其耕。」⑲若使受禮者刑身：謂吏但受羊、酒之禮而即加刑其身也。⑳魏主乃為之罷新法：新法，謂吏受所監臨羊一口，酒一斛者死，今罷之也。㉑世祖繼體，陷憲無遺：世祖，孝武帝廟號；繼體，謂子嗣也。言世祖諸子皆謀叛坐誅，無有孑遺，見上卷泰始二年。㉒初，魏乙渾專政：事見卷一百三十泰始元年及上卷二年。㉓魏南部尚書李敷、儀曹尚書李訢：《南齊書・魏虜傳》佛狸在位，置殿中、樂部、駕部、南部、北部五尚書，南部尚書，知南邊州郡，北部尚書，知北邊州郡。佛狸，魏太武帝小字也。胡三省曰：「儀曹尚書蓋知禮儀，中世所置。」㉔在事：胡三省曰：「在事謂有司也，言在官而主案敷之事。」㉕太倉尚書：《南齊書・魏虜傳》魏殿中尚書知殿內、兵馬、倉庫，太倉尚書蓋分殿中尚書所掌而置，專掌倉粟事也。㉖敷，順之子也：李順以才能事魏太武，以言涼事為太武所親任，以受涼賄為崔浩所告而誅。㉗于闐去京師幾萬里：《魏書・西域傳》云：「于闐在且末西北，蔥嶺之北二百餘里，去代九千八百里。」故云幾萬里也。

卷一百三十三　宋紀十五

司馬光編集
林瑞翰註

起重光大淵獻，盡旃蒙單閼，凡五年。（辛亥至乙卯，西元四七一年至四七五年）

太宗明皇帝下

泰始七年㊀（西元四七一年）

㈠春，二月戊戌（初十日），分交、廣置越州，治臨漳㊁。

㈡初，上為諸王，寬和有令譽，獨為世祖所親。即位之初，義嘉之黨㊂，多蒙全宥，隨才引用，有如舊臣。及晚年，更猜忌忍虐，好鬼神，多忌諱，言語文書有禍敗凶喪及疑似之言，應回避者，數百千品，有犯必加罪戮。改騧字為䯄，以其似禍字故。左右忤意，往往有刳斲㊃者。時淮、泗用兵，府藏空竭，內外百官，並斷俸祿㊄，【考異】宋本紀云：「日給料祿俸。」今從南史。而奢費過度，每所造器用，必為正御、副御、次副各三十枚，嬖倖用事，貨賂公行。上素無子，密取諸王姬有孕者內宮中，生男，則殺其母，【考異】宋書云：「閉其母於幽房。」今從宋略。

使寵姬子之。至是寢疾，以太子幼弱，深忌諸弟。南徐州刺史晉平剌王休祐前鎮江陵㈥，貪虐無度，上不使之鎮，留之建康，遣上佐㈦行府州事。休祐性剛很，前後忤上非一，上積不能平，且慮將來難制，欲方便除之㈧。甲寅（二十六日），休祐從上於巖山㈨射雉，左右從者，並在仗後，日欲闇，上遣左右壽寂之等數人逼休祐，令墜馬，因共毆拉殺之。傳呼驃騎落馬，上陽驚，遣御醫絡驛⑩就視，比其左右至，休祐已絕，去車輪，輿還第，追贈司空，葬之如禮。

建康民間訛言荊州刺史巴陵王休若有至貴之相，上以此言報之，休若憂懼。戊午（三十日），以休若代休祐為南徐州刺史。休若腹心將佐皆謂休若還朝，必不免禍，中兵參軍京兆王敬先說休若曰：「今主上彌留㈡，政成省閤，羣豎恟恟，欲悉去宗支，以便其私。殿下聲著海內，受詔入朝，必往而不返。荊州帶甲十餘萬，地方數千里，上可以匡天子，除姦臣，下可以保境土，全一身，孰與賜劍邸第，使臣妾飲泣㈢而不敢葬乎？」休若素謹畏，偽許之，敬先出，使人執之以白於上而誅之。

㈢三月，辛酉（初三日），魏假員外散騎常侍邢祐來聘。

㈣魏主使殿中尚書胡莫寒簡西部敕勒為殿中武士⑬，莫寒大納貨賂，眾怒，殺莫寒及高平假鎮將奚陵⑭。

夏，四月，諸部敕勒皆叛。魏主使汝陰王天賜將兵討之，以給事中羅雲為前鋒。敕勒詐降，襲雲殺之，天賜僅以身免。

㈤晉平刺王既死，建安王休仁益不自安。上與嬖臣楊運長等為身後之計，運長等亦慮上晏駕後，休仁秉政，己輩不得專權，彌贊成之。上疾嘗暴甚⑮，內外莫不屬意於休仁，主書以下，皆往東府，訪休仁所親信，豫自結納，其或在直不得出者，皆恐懼。上聞，愈惡之。

五月戊午（朔），召休仁入見，既而謂曰：「今夕停尚書下省宿，明可早來。」其夜，遣人齎藥賜死⑯。休仁罵曰：「上得天下，誰之力邪⑰？孝武以誅鉏兄弟，子孫滅絕，今復為爾，宋祚其能久乎⑱？」上慮有變，力疾乘輿出端門。休仁死，乃入。下詔稱：「休仁規結禁兵，謀為亂逆，朕未忍明法，申詔詰厲，休仁慙恩(一九)懼罪，遽自引決，可宥其二子，降為始安縣王，聽其子伯融襲封。」

上慮人情不悅，乃與諸大臣及方鎮詔，稱：「休仁與休祐深相親結，語休祐云：『汝但作佞，此法自足安身，我從來頗得此力。』休祐之隕，本欲為民除患，而休仁從此日生嬈懼(二〇)，吾每呼令入省，便入辭楊太妃(二一)，吾春中多與之射雉，或陰雨不出，休仁輒語左右云：『我已復得今一日。』休仁既經南討(二二)，與宿衛將帥經習狎共事，吾前者積日失適(二三)，休仁出入殿省，無不和顏，厚相撫勞。如其意趣，人莫能測，事不獲已，反覆思惟，不得不有近日處分，恐當不必即解，故相報知(二四)。」

上與休仁素厚，雖殺之，每謂人曰：「我與建安年時相鄰(二五)，少便款狎，景和、泰始之間，勳誠實重，事計交切，不得不相除，痛念之至，不能自已。」因流涕不自勝(二六)。初，上在藩，與褚淵以風素相善(二七)。及即位，深相委仗，上寢疾，淵為吳郡太守(二八)，急召之，既至，入見，上流涕曰：「吾近危篤，故召卿，欲使著黃纙耳㊄！」黃纙者，乳母服也。上與淵謀誅建安王休仁，淵以為不可，上怒曰：「卿癡人，不足與計事。」淵懼而從命，復以淵為吏部尚書㊂。庚午（十三日），以尚書右僕射袁粲為尚書令，褚淵為左僕射。

㈥上惡太子屯騎校尉壽寂之勇健㊁，會有司奏寂之擅殺邏尉，徙越州，於道殺之。

㈦丙戌（二十九日），追廢晉平王休祐為庶人。

㈧巴陵王休若至京口㊂，聞建安王死，益懼。上以休若和厚，能諧緝物情，恐將來傾奪幼主，欲遣使殺之，慮不奉詔，欲徵入朝，又恐猜駭。六月丁酉（初十日），以江州刺史桂陽王休範為南徐州刺史，以休若為江州刺史，手書殷勤，召休若使赴七月七日宴。

㈨丁未（二十日），魏主如河西。

㈩秋，七月，巴陵哀王休若至建康，乙丑（初九日），賜死於第，贈侍中司空，復以桂陽王休範為江州刺史。

時上諸弟俱盡，唯休範以人才凡劣，不為上所忌，故得全。

沈約論曰：「聖人立法垂制，所以必稱先王，蓋由遺訓餘風，足以貽之來世也。太祖經國之義雖弘，隆家之道不足，彭城王照不窺古㉝，徒見昆弟之義，未識君臣之禮，冀以家情，行之國道，主猜而猶犯，恩薄而未悟，致以呵訓之微行，遂成滅親之大禍㉞，開端樹隙，垂之後人㉟。太宗因易隙之情，據已行之典，翦落洪枝，不待顧慮㊱。既而本根無庇，幼主孤立，神器以勢弱傾移，靈命隨樂推回改，斯蓋履霜有漸，堅冰自至，所由來遠矣！」

裴子野論曰：「夫噬虎之獸，知愛己子；搏狸之鳥，非護異巢。太宗保字螟蛉，剿拉同氣㊲，既迷在原之天屬㊳，未識父子之自然，宋德告終，非天廢也㊴。夫危亡之君，未嘗不先棄本枝，嫗煦旁孽㊵，推誠嬖狎，疾惡父兄。前乘覆車，後來并轡㊶。借使叔仲有國，猶不失配天，而他人入室，將七廟絕祀，曾是莫懷，甘心揃落㊷。晉武背文明之託，而覆中州者賈后㊸；太祖棄初寧之誓，而登合殿者元兇㊹。禍福無門，奚其豫擇㊺？友于兄弟，不亦安乎？」

(十一)丙寅（初十日），魏主至陰山。

(十二)初，吳喜之討會稽也，言於上曰：「得尋陽王子房及諸賊帥，皆即於東戮之。」既而生送子房，釋顧琛等(四六)，上以其新立大功，不問，而心銜之。及克荊州，剽掠贓以萬計(四七)。壽寂之死，喜為淮陵太守(四八)，督豫州諸軍事，聞之，內懼，啟乞中散大夫(四九)，上尤疑駭。或譖蕭道成在淮陰，有貳心於魏，【考異】南齊書太祖紀云：「帝常嫌太祖非人臣相，而民間流言蕭諱當為天子，帝愈以為疑。」今從宋略。上封銀壺酒使喜自持賜道成，道成懼，欲逃，喜以情告道成，且先為之飲，道成即飲之。【考異】南齊紀云：「太祖戎服出門迎，即酌飲之，喜還，帝意乃解。」宋略云：「道成懼，弗肯飲，將出奔，喜語以情，先為之酌，于是喜得罪而道成被徵。」蓋南齊書欲成太祖之美，故云爾，今從宋略。喜還朝，保證道成。或密以啟上，上以喜多計數，素得人情，恐其不能事幼主，乃召喜入內殿，與共言謔，甚款，既出，賜以名饌，尋賜死，然猶發詔賻賜。又與劉勔等詔曰：「吳喜輕狡萬端，苟取物情(五〇)，昔大明中，黟歙有亡命數千人攻縣邑，殺官長，劉子尚(五一)遣三千精甲討之，再往失利，孝武以喜將數十人至縣，說誘羣賊，賊即歸降，詭數幻惑，乃能如此。及泰始初，東討止有三百人，直造三吳，凡再經薄戰，而自破岡以東至海十郡[52]，無不清蕩。百姓聞吳河東來，便望風自退，若非積取三吳人情，何以得弭伏如此？尋喜心迹，豈可奉守文之主，遭國家可乘之會邪？譬如餌藥，當人羸冷，資散石以全身，及熱勢發動，去堅積以止患[53]。非忘其功，勢不獲已耳！」

（十三）戊寅（二十二日），以淮陰為北兗州[54]，徵蕭道成入朝。道成所親，以朝廷方誅大臣，勸勿就徵。道成曰：「諸卿殊不見事，主上自以太子稚弱，翦除諸弟，何預它人？今唯應速發，淹留顧望，必將見疑。且骨肉相殘，自非靈長之祚，禍難將興，方與卿等戮力耳[55]！」既至，拜散騎常侍、太子左衛率。

（十四）八月，丁亥（朔），魏主還平城[56]。

（十五）戊子（初二日），以皇子躋繼江夏文獻王義恭。

（十六）庚寅（初四日），上疾有閒[57]，大赦。

（十七）戊戌（十二日），立皇子準為安成王，實桂陽王休範之子也。

（十八）魏顯祖聰睿夙成，剛毅有斷，而好黃老浮屠之學，每引朝士及沙門共談玄理，雅薄富貴，常有遺世之心。以叔父中都大官京兆王子推沈雅仁厚，素有時譽，欲禪以帝位。時太尉源賀督諸軍屯漠南，馳傳召之。既至，會公卿大議，皆莫敢先言。

任城王雲，子推之弟也，對曰：「陛下方隆太平，臨覆四海，豈得上違宗廟，下棄兆民？且父子相傳，其來久矣！陛下必欲委棄塵務，則皇太子宜承正統。夫天下者，祖宗之天下，陛下若更授旁支，恐非先聖之意。啟姦亂之心，斯乃禍福之源，不可不慎也。」源賀曰：「陛下今欲禪位皇叔，臣恐紊亂昭穆，後世必有逆祀之譏(五六)，願深思任城之言。」

東陽公丕等曰：「皇太子雖聖德早彰，然實冲幼，陛下富於春秋，始覽萬機，柰何欲隆獨善，不以天下為心，其若宗廟何？其若億兆何？」

尚書陸馛曰：「陛下若捨太子，更議諸王，臣請刎頸殿庭，不敢奉詔。」

帝怒，變色，以問宦者選部尚書酒泉趙黑。黑曰：「臣以死奉戴皇太子，不知其它。」帝默然[五九]。

時太子宏生五年矣，帝以其幼，故欲傳位子推。中書令高允曰：「臣不敢多言，願陛下上思宗廟託付之重，追念周公抱成王之事。」帝乃曰：「然則立太子，羣公輔之，有何不可？」又曰：「陸馛，直臣也，必能保吾子。」乃以馛為太保，與源賀持節奉皇帝璽紱傳位於太子。【考異】後魏天象志云：「上迫於太后，傳位太子。」按馮太后若迫顯祖傳位，當奪其大政，安得猶總萬機？今從帝紀。

丙午（二十日），高祖即皇帝位[六〇]，大赦，改元延興。

高祖幼有至性，前年顯祖病癰，高祖親吮。及受禪，悲泣不自勝。顯祖問其故？對曰：「代親之感，內切於心。」

丁未（二十一日），顯祖下詔曰：「朕希心玄古，志存澹泊，爰命儲宮，踐升大位，朕得優遊恭己，棲心浩然。」羣臣奏曰：「昔漢高祖稱皇帝，尊其父為太上皇，明不統天下也[六一]。今皇幼沖，萬機大政，猶宜陛下總之，謹上尊號曰太上皇帝[六二]。」顯祖從之。

己酉（二十三日），上皇徙居崇光宮，采椽不斲[六三]，土階而已，國之大事咸以聞。崇光宮在北苑中，又建鹿野浮圖於苑中之西山㉔，與禪僧居之。

㈨冬，十月，魏沃野、統萬二鎮敕勒叛㉕，遣太尉源賀帥眾討之，降二千餘落，追擊餘黨至枹罕、金城，大破之，斬首八千餘級，虜男女萬餘口，雜畜三萬餘頭，詔賀都督三道諸軍屯于漠南。先是魏每歲秋、冬發軍三道並出以備柔然，春中乃還。賀以為往來疲勞，不可支久，請募諸州鎮武健者三萬餘人築三城以處之，使冬則講武，春則耕種，不從。

㈩庚寅（初五日），魏以南安王楨為都督涼州及西戎諸軍事，領護西域校尉，鎮涼州。

㈪上命北琅邪、蘭陵二郡太守垣崇祖經略淮北，崇祖自郁洲將數百人入魏境七百里，據蒙山㉖。十一月，魏東兗州刺史于洛侯擊之，崇祖引還。

㈫上以故第為湘宮寺㉗，備極壯麗，欲造十級浮圖而不能，乃分為二。

新安太守巢尚之罷郡入見，上謂曰：「卿至湘宮寺未？此是我大功德，用錢不少。」通直散騎侍郎(六八)會稽虞愿侍側，曰：「此皆百姓賣兒、貼婦錢(六九)所為，佛若有知，當慈悲嗟愍。罪高浮圖，何功德之有？」侍坐者失色。上怒，使人驅下殿，愿徐去無異容。上好圍棊，棊甚拙，與第一品彭城丞王抗(七〇)圍棊，抗每假借之，曰：「皇帝飛棊，臣抗不能斷(七一)。」上終不悟，好之愈篤。愿又曰：「堯以此教丹朱，非人主所宜好也(七二)。」上雖怒甚，以愿王國舊臣(七三)，每優容之。

(廿三)王景文常以盛滿為憂，屢辭位任，上不許，然中心以景文外戚貴盛，張永累經軍旅，疑其將來難信，乃自為謠言曰：「一士不可親，弓長射殺人(七四)。」景文彌懼，自表解揚州，情甚切至。詔報曰：「人居貴要，但問心若為耳(七五)！大明之世，巢、徐、二戴，位不過執戟，權亢人主(七六)；今袁粲作僕射領選，而人往往不知有粲。粲遷為令，居之不疑，人情向粲，淡然亦復不改常日。以此居貴位要任，當有致憂競不(七六)？夫貴高有危殆之懼，卑賤有填壑之憂，有心於避禍，不如無心於任運，存亡之要，巨細一揆耳！」

【今註】㈠泰始七年：魏孝文帝延興元年。㈡分交、廣置越州，治臨漳：《宋書・州郡志》明帝泰始七年分廣州之臨漳郡、交州之合浦郡、宋壽郡，合新立之百梁、㰍蘇、永寧、安昌、富昌、南流等六郡凡九郡置越州。《南齊書・州郡志》曰：「越州鎮臨漳郡，本合浦北界也，夷獠叢居，隱伏巖障，寇盜不賓，略無編戶。宋泰始中，西江督護陳伯紹啟立為越州，七年，始置百梁、隴蘇、永寧、安昌、富昌、南流六郡，割交、廣三郡屬之。元徽二年，以伯紹為刺史，始立州鎮，穿山為城門，威服俚獠。」劉昫曰：「合浦縣，秦象郡地，吳改為珠官郡，宋分立臨漳郡及越州。」臨漳故治在今廣東省合浦縣東北八十里。㈢義嘉之黨：謂尊奉晉安王子勛羣臣也。子勛起兵於尋陽，改元義嘉。㈣刳斮：刳，剖也，剖其體而取其臟腑。斮與斬同。㈤時淮泗用兵，府藏空竭，內外百官，並斷俸祿：宋自失青、徐之地，與魏交兵於淮泗之間。斷俸祿，俸祿不繼也。㈥南徐州刺史晉平剌王休祐前鎮江陵：休祐鎮江陵見卷一百三十一泰始二年。休祐既卒，謚曰剌。㈦上佐：長史、司馬、參軍、治中、別駕，皆府州之上佐。㈧方便除之：胡三省曰：「施方略，乘便利而殺之也。」㈨巖山：《宋書・文九王傳》帝與休若書曰：「吾與驃騎南山射雉。」則巖山當在建康城南，〈孝武帝紀〉葬丹陽秣陵縣巖山，陵曰景寧，又〈符瑞志〉元嘉二十五年，甘露降秣陵巖山，又大明四年，甘露降秣陵龍山，《寰宇記》巖山，宋孝武改曰龍山，去城北可二十里，兀峙江濱，則巖山在秣陵縣界。按晉武帝分秣陵為建業，建業即建康也，以秦淮為界，建康在水北，秣陵在水南，巖山蓋在建康城南，秣陵之北界也。⑩絡驛：絡驛猶絡繹，往來不絕也。⑪彌留：《書·顧命》曰：「病日臻，既彌留。」孔傳曰：「病日至，言困甚；已久留，言無瘳。」彌，久也，言病久留於體而不愈，將終死也，後遂以疾劇臨終曰彌留。⑫飲泣：泣，淚也，淚流入口曰飲泣。⑬魏主使殿中尚書胡莫寒簡西部勅勒為殿中武士：胡三省曰：「自魏世祖破柔然，高車、敕勒皆來降，其部落附塞下而居。自武周塞外以西謂之西部，以東謂之東部，依漠南而居者謂之北部。」《魏書·官氏志》獻帝以兄為紇骨氏，後改為胡氏。⑭假鎮將奚陵：奚陵，姓名。凡官稱上冠假者，謂假號攝職，示未真除也。⑮上疾嘗暴甚：疾暴猶言疾劇也。⑯召休仁入見，令停宿尚書下省，其夜，遣人齎藥賜死：胡三省曰：「休仁尚書下省之禍，自取之也，導上使去其兄子，上手滑矣，其視諸弟何有哉！」⑰上得天下，誰之力邪：休仁謂帝之能得天下，由己之力也，事見卷一百三十、三十一泰始元年、二年。⑱孝武以誅鉏兄弟，子孫滅絕，今復為爾，宋祚其能久乎：孝武誅鉏兄弟，謂殺南平王鑠、竟陵王誕及海陵王休茂也，子孫滅絕於泰始之世，今帝復殺廬江王禕、晉平王休祐，復欲殺休仁，是蹈孝武覆轍也。⑲慙恩：負恩而自慙也。⑳嬈懼：嬈，煩擾也，心煩擾而憂懼。㉑楊太妃：楊太妃，文帝楊脩儀也，建安王休仁之生母。㉒休仁既經南討：謂南拒尋陽之兵也。㉓失適：身體違和。㉔恐當不必即解，故相報知：《宋書·文九王傳》帝與諸方鎮及諸大臣詔曰：「夫於兄弟之情，不能無厚薄。休祐之亡，雖復悼念，猶可以理割遣，及休仁之殞，悲愍特深，千念不能已已，舉言傷心。事之細碎，既不可曲載詔文，恐物不必即解，為詔之辭，不得不云有兵謀，非事實也，故相報卿知。」恐物不必即解者，謂物情未必即能曉悉休仁致死之實也。㉕我與建安年時相鄰：帝，文帝第十一子，建安王休仁，文帝第十二子，休仁死年二十九，時帝年三十三，年齒相去不遠，故曰年時相鄰。㉖因流涕不自勝：蓋天性之傷，不能自揜，帝之殺休仁，亦事不獲已也。㉗以風素相善：胡三省曰：「以風素相善者，以其風標雅素而與之善也。」風標猶言風采，謂其風致文采也。《魏書．彭城王傳》：「風標才器，實足師範。」㉘上寢疾，淵為吳郡太守：《南齊書．褚淵傳》宋明帝即位，以淵為吏部尚書，遷散騎常侍、丹陽尹，出為吳興太守，明帝疾甚，馳使召淵，付以後事。㉙吾近危篤，故召卿，欲使著黃纙耳：黃纙，乳母服也，帝自言疾篤，若有不諱，欲託孤於褚淵也。㉚復以淵為吏部尚書：泰始初，褚淵為吏部尚書，今去郡還朝，復為之。㉛上惡太子屯騎校尉壽寂之勇健：壽寂之，弒前廢帝而立明帝者也，有勇力，故帝忌而惡之。㉜巴陵王休若至京口：休若自荊州徵刺南徐，治京口。㉝彭城王照不窺古：彭城王謂武帝子義康也，言其學不稽古，略於先王之遺訓也。㉞致以呵訓之微行，遂成滅親之大禍：言義康學不窺古，昧於大體，冀以私情干公義，遂致本當呵訓之微罪，而罹殺身之大禍。㉟開端樹隙，垂之後人：謂世祖、太宗之殘戮骨肉，文帝實開其端。㊱太宗因易隙之情，據已行之典，翦落洪枝，不待顧慮：易隙之情，謂太宗性情猜忍，易生釁隙；洪枝，謂支庶兄弟也。言太宗據文帝已行之典而翦除兄弟，無所顧慮也。㊲太宗保字螟蛉，剿拉同氣：字，養也，言太宗保養螟蛉之子而滅絕同胞兄弟也。〈小雅．小宛〉之詩云：「螟蛉之子，螺蠃負之，教誨爾子，式穀似之。」故世以抱養之子曰螟蛉。㊳既迷在原之天屬：〈小雅・常棣〉之詩曰：「脊令在原，兄弟急難。」天屬猶曰自然，謂兄弟急難，無關乎利害，蓋出自天性也。迷者，謂帝不悟同氣相濟之義，而忍於翦伐也。㊴宋德告終，非天廢也：言宋之滅亡，咎由自取。㊵嫗煦：《禮・樂記》曰：「天地訢合，陰陽相得，煦嫗覆育萬物。」故云養育為嫗煦。旁孽，旁出庶子也。㊶前乘覆車，後來幷轡：《韓詩外傳》曰：「前車覆，後車戒。」後來幷轡，言不知鑑戒也。㊷借使叔仲有國，猶不失配天，而他人入室，將七廟絕祀，曾是莫懷，甘心揃落：言借使兄弟得國，卒後猶不失廟享，若使異姓得國，則祖宗絕祀，明帝曾不以此為念，而甘心揃滅其兄弟也。㊸晉武背文明之託，而覆中州者賈后：文明，晉武帝母文明王皇后也，后臨終，託齊王攸於帝，帝遣攸之國，卒成賈后之亂，事具《晉武帝紀》。㊹太祖棄初寧之誓，而登合殿者元兇：文帝當會稽長公主指初寧陵誓不殺彭城王義康而終殺之，事見〈文帝紀，元兇，謂太子劭。㊺禍福無門，奚其豫擇：言禍福本由自取，當豫為抉擇，友于兄弟則有福，殘戮骨肉，取禍之道也。㊻吳喜之討會稽也，生送子房，釋顧琛等：事見卷一百三十一泰始二年。㊼及克荊州，剽掠贓以萬計：尋陽既平，建安王休仁遣吳喜進克荊州，見卷一百三十一泰始二年。㊽淮陵太守：淮陵縣，漢屬臨淮郡，後漢屬下邳國，晉復屬臨淮郡，惠帝永寧元年析置淮陵國，宋為郡，屬南徐州。故城在今安徽省盱眙縣西北。㊾中散大夫：《宋書・百官志》曰：「中散大夫，王莽所置，後漢因之。前漢大夫皆無員，後漢光祿大夫三人，中大夫二十人，中散大夫三十人，魏以來復無員。自左光祿大夫以下養老疾，無職事。」蓋冗散之職也。㊿苟取物情：謂使輿論歸美於己也。義不當取而取之曰苟取。(五一)劉子尚：孝武帝第二子豫章王子尚，廢帝子業之同母弟也。(五二)自破岡以東至海十郡：胡三省曰：「十郡，謂晉陵、義興、吳郡、吳興、南東海、會稽、東陽、臨海、永嘉、新安等郡也。」(五三)譬如餌藥，當人羸冷，資散石以全身，及熱勢發動，去堅積以止患：伍子胥之誅也，謂文種曰：「狡兔死，良犬烹，敵國滅，謀臣亡。」此蓋師其意而以寒食散為喻也。寒食散一曰五色石，六朝士族多服之，故以為喻。服後熱勢發動，須袒裸以發散，謂之行散。(五四)以淮陰為北兗州：泰始失淮北，僑立兗州於淮陰，見上卷，至是以為北兗州，以別於廣陵之南兗州也。(五五)禍難將興，方與卿等戮力耳：蕭道成蓋欲乘宋室骨肉相殘之難以取富貴也。(五六)以皇子躋繼江夏文獻王義恭：義恭父子皆死於景和之初，事見卷一百三十一，今以躋奉其祀。(五七)上疾有間：疾間，謂疾少瘳也。(五八)臣恐紊亂昭穆，後世必有逆祀之譏：春秋魯人弒閔公，立僖公，僖公，閔公之庶兄也，及僖公薨，魯人以先大後小為順，躋僖公之祀於閔公之上，孔子譏臧文仲不知者有三，縱逆祀其一也。源賀謂魏主若禪位其叔，則宗廟之祀，姪為昭，叔為穆，是紊亂昭穆也，後世必以逆祀貽譏。(五九)黑曰，臣以死奉戴皇太子，不知其它，帝默然：胡三省曰：「陸馥之言則怒而變色，趙黑之言則默然心服者，以眾屬於正嫡也。」(六〇)高祖即皇帝位：魏孝文帝諱宏，廟號高祖，獻文皇帝之長子也。(六一)昔漢高祖稱皇帝，尊其父為太上皇，明不統天下也：事見卷十一漢高祖六年。(六二)今皇帝幼冲，萬機大政，猶宜陛下總之，謹上尊號曰太上皇帝：太上皇帝之號始此，加帝者，以別於太上皇、示猶統理國政也。(六三)采椽不斲：《史記正義》曰：「採木為椽，不刮削也。」《漢書・司馬遷傳》堯舜採椽不斲，示儉樸也。《史記》史公自序作采椽不刮，採與采同，斲即刮也，謂施斧斤刮削之也。〔六四〕又建鹿野浮圖於苑中之西山：胡三省曰：「釋子相傳以為尸迦國波羅柰城東北十里許有鹿野苑，本辟支佛住此，常有野鹿，故以名苑，今倣西國而建浮屠也。又據魏書，道武帝天興二年，破高車，以其眾起鹿苑於南臺陰，北距長城，東苞白登，屬之西山，廣輪數百里。蓋因代都鹿苑之舊名，附合西國鹿野之事而建此浮圖也。」魏築鹿苑見《魏書・道武帝紀》，又見〈高車傳〉。〔六五〕魏沃野、統萬二鎮敕勒叛：漢朔方郡有沃野縣，在河套之外，魏以為沃野鎮，故城在今綏遠省境內蒙古鄂爾多斯右翼，黃河西岸白塔之東，騰格里泊之南，陸恭之《風土記》曰：「朔方故城，後魏改為沃野鎮，去統萬八百餘里。」統萬即赫連夏之故都也，魏以為鎮。〔六六〕上命北琅邪、蘭陵二郡太守垣崇祖經略淮北，崇祖自郁洲將數百人入魏境七百里，據蒙山：垣崇祖為北琅邪、蘭陵二郡太守見上卷泰始三年。胡三省曰：「此指言舊琅邪、蘭陵郡也，本屬徐州，彭城既沒，崇祖率部曲據郁洲，使領二郡太守，未能有其地也。」按上卷泰始三年崇祖據朐山，郁洲在其東北海中，崇祖蓋自朐山移駐郁洲，自郁洲將兵入魏耳！《魏書・地形志》蒙山在東安郡新泰縣東南，蓋今山東省蒙陰縣南，接費縣界也，延袤百餘里，俗以在東者曰東蒙，中者曰雲蒙，西者曰龜蒙，其實一山，連亙未嘗中斷也。

〔六七〕上以故第為湘宮寺：胡三省曰：「上始封湘東王，故以故第為湘宮寺。」〔六八〕通直散騎侍郎：《晉書・職官志》散騎侍郎，魏初與散騎常侍同置，與侍中、黃門侍郎共平尚書奏事，晉武帝復置員外散騎侍郎，元帝太興二年，使員外二人與散騎侍郎二人通員直，故謂之通直散騎侍郎，後增為四人。

(六九)貼婦錢：貼亦賣也，《通典》北齊武平以後，聽人帖賣田園。帖、貼同。貼婦錢者，令婦外出求淫，貼取其資以自贍給也。(七〇)第一品彭城丞王抗：言當時圍棊之品，以抗為第一。(七一)皇帝飛棊，臣抗不能斷：胡三省曰：「圍棊之勢，聯屬不斷，然後可以勝人，若為人所斷，則為所勝。」圍棊之目，有飛、黏、刼諸稱。(七二)愿又曰，堯以此教丹朱，非人主所宜好也：世傳堯造圍棊以教其子丹朱，見《博物志》。丹朱不肖而堯教之棊，故虞愿謂非人主所宜好也。胡旦曰：「以棊為易則聰明者而或不能，以為難則愚下小人往往精絕。」(七三)以願王國舊臣：《南齊書・虞愿傳》，帝為湘東王，願為王國常侍。(七四)一士不可親，弓長射殺人：一士為王，弓長為張，蓋以影射王景文、張永也。(七五)但問心若何耳：言但問其存心如何耳。(七六)大明之世，巢、徐、二戴，位不過執戟，權亢人主：巢謂巢尚之，徐謂徐爰，二戴謂戴法興，戴明寶也，俱以才能為孝武帝所親任。執戟，郎官之屬也，主更直執戟宿衞諸殿門，故以為稱。幾，敵也，侔也，言其權盛，侔於人主。(七七)以此居貴位要任，當有致憂競不：言若如袁粲之簡淡雅素，不尚權勢，雖居貴要之任，亦不致生憂懼之心也。《宋書・袁粲傳》作憂兢，兢，戒懼也，此作競誤。

泰豫元年（西元四七二年）

(一)春，正月，甲寅朔，上以疾久不平，改元。

戊午（初五日），皇太子會四方朝賀者於東宮，并受貢計。

㈡大陽蠻酋桓誕擁沔水以北、滍、葉以南八萬餘落，降於魏㈠，自云桓玄之子，亡匿蠻中，以智略為羣蠻所宗。魏以誕為征南將軍，東荊州刺史㈡，襄陽王，聽自選郡縣吏。使起部郎㈢京兆韋珍與誕安集新民，區置諸事，皆得其所。

㈢二月，柔然侵魏，上皇遣將擊之，柔然走。東部敕勒叛奔柔然，上皇自將追之，至石磧㈣，不及而還。

㈣上疾篤，慮晏駕之後，皇后臨朝，江安懿侯王景文以元舅之勢，必為宰相㈤，門族彊盛，或有異圖。己未（三月初七日），遣使齎藥賜景文死㈥。手敕曰：「與卿周旋，欲全卿門戶，故有此處分。」敕至，景文正與客棊，叩函看已㈦，復置局下，神色不變，方與客思行爭劫。局竟，斂子內奩畢㈧，徐曰：「奉敕見賜以死。」方以敕示客。中直兵㈨焦度、趙智略憤怒，曰：「大丈夫安能坐受死？州中文武數百，足以一奮㈩。」景文曰：「知卿至心，若見念者，為我百口計㈡。」乃作墨啟答敕致謝，飲藥而卒。【考異】南史云：「帝使謂景文曰：『朕不謂卿有罪，然吾不能獨死，請子先之。』」若使者有此語，則坐客不容不知，更終棊局。又曰：「景文酌酒，謂客曰：『此酒不可相勸。』自仰而飲之。」按焦度勸拒命，必不對坐客言之，何得死時客猶在坐也？今從宋書。贈開府儀同三司。

上夢有人告曰：「豫章太守劉愔反。」既寤，遣人就郡殺之。

(五)魏顯祖還平城⑫。

(六)庚午（十八日），魏主耕籍田。

(七)夏，四月，以垣崇祖行徐州事，徙戍龍沮⑬。

(八)己亥（十七日），上大漸⑭，以江州刺史桂陽王休範為司空，又以尚書右僕射褚淵為護軍將軍，加中領軍劉勔右僕射，詔淵、勔與尚書令袁粲、荊州刺史蔡興宗、郢州刺史沈攸之並受顧命。褚淵素與蕭道成善，引薦於上，詔又以道成為右衞將軍，領衞尉⑮，與袁粲等共掌機事。

是夕，上殂⑯。庚子（十八日），太子即皇帝位，大赦。時蒼梧王方十歲⑰，袁粲、褚淵秉政，承太宗奢侈之後，務弘節儉，欲救其弊，而阮佃夫、王道隆等用事，貨賂公行，不能禁也。

(九)乙巳（二十三日），以安成王準為揚州刺史。

(十)五月戊寅（二十七日），葬明皇帝於高寧陵㉘，廟號太宗。六月，乙巳（二十四日），尊皇后曰皇太后，【考異】宋略本紀作癸未，今從宋本紀。立妃江氏為皇后。

(十一)秋，七月，柔然部帥無盧真將三萬騎寇魏敦煌，鎮將尉多侯擊走之。多侯，眷之子也㉙。又寇晉昌，守將薛奴㉚擊走之。

(十二)戊午（初七日），魏主如陰山。

(十三)戊辰（十七日），尊帝母陳貴妃為皇太妃，更以諸國太妃為太姬。

(十四)右軍將軍王道隆以蔡興宗彊直，不欲使居上流，閏月甲辰（二十四日），以興宗為中書監，更以沈攸之為都督荊、湘等八州諸軍事㉛，荊州刺史。興宗辭中書監，不拜。王道隆每詣興宗，躡履到前，不敢就席，良久去，竟不呼坐。

沈攸之自以材略過人，自至夏口以來，陰蓄異志㉜，及徙荊州，擇郢州士馬器仗精者，多以自隨。到官，以討蠻為名，大發兵力，招聚才勇，部勒嚴整，常如敵至。重賦斂以繕器甲，舊應供臺者，皆割留之。養馬至二千餘匹，治戰艦近千艘，倉廩府庫，莫不充積。士子商旅，過荊州者，多為所羈留，四方亡命歸之者，皆蔽匿擁護。所部或有逃亡，無遠近，窮追必得而止。舉錯專恣，不復承用符敕㉓，朝廷疑而憚之。為政刻暴，或鞭撻士大夫，上佐以下，面加詈辱。然吏事精明，人不敢欺。境內盜賊屏息，夜戶不閉。攸之賧罰羣蠻㉔太甚，又禁五溪㉕魚鹽，蠻怨叛。西溪蠻㉖王田頭擬死，弟婁侯篡立，其子田都走入獠中，於是羣蠻大亂，掠抄至武陵城下。武陵內史蕭嶷遣隊主張英兒擊破之，誅婁侯，立田都，羣蠻乃定。嶷，賾之弟也㉗。

(十五)八月，戊午（初八日），樂安宣穆公蔡興宗卒。

(十六)九月，辛巳（初二日），魏主還平城。

(十七)冬，十月，柔然侵魏及五原。十一月，上皇自將討之。將度漠，柔然北走四千里，上皇乃還。

(十八)丁亥（初九日），魏封上皇之弟略為廣川王。

(十九)己亥（二十一日），以郢州刺史劉秉為尚書左僕射㉖。秉，道憐之孫也，和弱無幹能，以宗室清令㉙，故袁、褚引之。㉚中書通事舍人㉛阮佃夫加給事中，輔國將軍，權任轉重，欲用其所親吳郡張澹為武陵郡，袁粲等皆不同，佃夫稱敕施行，粲等不敢執。

㉜魏有司奏諸祠祀合一千七十五所，歲用牲七萬五千五百，上皇惡其多殺，詔自今非天地、宗廟、社稷，皆勿用牲，薦以酒脯而已。

【今註】㈠大陽蠻酋桓誕擁沔水以北、滍葉以南八萬餘落降於魏：胡三省曰：「此即五水蠻也。宋置大陽戍於蘄陽縣西，此縣即漢江夏郡蘄春縣也。沔水以北，滍、葉以南，皆羣蠻所居，誕擁以降魏，而誕，實大陽蠻酋也。」大陽戍在今湖北省蘄春縣西北二百里，宋置戍於此以鎮羣蠻，滍，滍水；葉，葉縣也。滍水，今名沙河，源出河南省魯山縣西吳大嶺，東流經魯山縣南，又東經葉縣、舞陽等縣合於北沙河，即古之泜水也。葉縣，春秋楚邑，漢置葉縣，屬南陽郡，宋省，故城在今河南省葉縣南。㈡東荊州刺史：魏東荊州，治沘陽縣，今河南省沘源縣也。㈢起部郎：《晉書・職官志》晉武帝置列曹尚書郎，起部其一也，江左後省。杜佑《通典》曰：「晉宋有起部而不常置，起部，工部也，取虞書百工起哉為義。」㈣石磧：即石漠也。㈤江安懿侯王景文以元舅之勢，必為宰相：景文，明恭王皇后之兄也。西漢舊制，幼主即位，皇后臨朝，則委政於元舅也。㊅己未，遣使齎藥賜景文死：《宋書・明帝紀》在三月己未，三月癸丑朔，己未初七日，此脫三月。㊆叩函看已：叩函，發函也；已，畢也。㊇斂子內奩：弃畢，斂某子納諸奩中。奩，盛物小器。㊈中直兵：洪適曰：「宋有中直兵、外兵、騎兵參軍。」胡三省曰：「中直兵，典親兵將官也。」㊉州中文武數百，足以一奮：時王景文為揚州刺史，焦度等欲令景文藉州中文武以抗命也。⑪為我百口計：景文受死欲以全其族也。⑫魏顯祖還平城：自擊柔然還。魏獻文廟號顯祖。⑬龍沮：《魏書・地形志》東彭城郡有龍沮縣，後魏所置，故城在今江蘇省東海縣南。⑭大漸：《書・顧命》云：「疾大漸惟幾。」呂祖謙注曰：「疾大進而瀕於死也。」⑮詔以道成右衛將軍，領衛尉：右衛將軍，晉官也，掌宿衛營兵；衛尉，漢官也，掌宮門屯兵，自是禁衛兵柄皆歸蕭道成。⑯是夕，上殂：帝殂年三十四。⑰時蒼梧王方十歲：太子即位，是為後廢帝，元徽五年，廢為蒼梧王。⑱葬明皇帝於高寧陵：《宋書・明帝紀》高寧陵在臨沂縣幕府山，按幕府山在今江蘇省江寧縣北，長江之南岸，晉元帝初渡江，王導建幕府其上，因名。《宋書・州郡志》臨沂縣，屬南琅琊郡，晉成帝咸康元年，割江乘縣地僑立，故城在今江蘇省江寧縣東北三十里，幕府山在其境。⑲多侯，眷之子也：尉眷事魏太武帝，有平赫連夏之功。⑳薛奴：《魏書・官氏志》西方諸姓有叱于氏，後改為薛氏。㉑更以沈攸之為都督荊、湘等八州諸軍事：八州謂荊、湘、雍、益、梁、寧、南秦、北秦也，見《宋書・沈攸之傳》。㉒沈攸之自以材略過人，自至夏口以來，陰蓄異志：夏口，郢州治所也。攸之自明帝泰始五年刺郢州，鎮夏口，見上卷，至是徙荊州，鎮江陵。㉓符敕：胡三省曰：「臺省所下為符，出命經中書、門下者為敕。」㉔賧罰羣蠻：何承天纂文曰：「賧，蠻夷贖罪貨也。」㉕五溪：《水經注》曰：「武陵有五溪，謂雄溪、樠溪、無溪、酉溪、辰溪，夾溪悉是蠻左所居，故謂此蠻五溪蠻也。」㉖酉溪蠻：夾酉水而居羣蠻也。《水經注》曰：「酉水導源益州巴郡臨江縣，故武陵之充縣酉山，東南流逕無陽故縣南，又東逕遷陵故縣界，又東逕酉陽故縣南，又東逕沅陵縣北，又東南逕潘承明壘西，又南注沅水。」㉗嶷，賾之弟也：蕭賾，道成之子也，即齊武帝。㉘以郢州刺史劉秉為尚書左僕射：沈攸之自郢州轉荊州，劉秉自南徐州轉郢州以代攸之，至是內徵。㉙以宗室清令：言劉秉為宗室清望，有令名。㉚中書通事舍人：《晉書・職官志》晉初置中書舍人及通事各一人，江左合舍人、通事謂之中書通事舍人，掌呈奏案。

蒼梧王㈠上

元徽元年（西元四七三年）

㈠春，正月，戊寅朔，改元，大赦。

㈡庚辰（初三日），魏員外散騎常侍崔演來聘。

㈢戊戌（二十一日），魏上皇還至雲中㈡。

㈣癸丑㊂（二月初六日），魏詔守令勸課農事，同部之內，貧富相通，家有兼牛，通借無者，若不從詔，一門終身不仕。

㈤戊午（十一日），魏上皇至平城㊃。

㈥甲戌（二十七日），魏詔縣令能靜一縣刼盜者，兼治二縣，即食其祿，能靜二縣者，兼治三縣，三年遷為郡守；二千石能靜二郡上至三郡亦如之，三年遷為刺史。

㈦桂陽王休範素凡訥，少知解㊄，不為諸兄所齒遇㊅，物情亦不向之，故太宗之末，得免於禍。及帝即位，年在冲幼，素族秉政，近習用權㊆，休範自謂尊親莫二㊇，應入為宰輔，既不如志，怨憤頗甚。典籤新蔡許公輿為之謀主，令休範折節下士，厚相資給，於是遠近赴之，歲中萬計。收養勇士，繕治器械。朝廷知其有異志，亦陰為之備。會夏口闕鎮㊈，朝廷以其地居尋陽上流，欲使腹心居之。二月，乙亥（二十八日），以晉熙王燮為郢州刺史。燮始四歲，以黃門郎㊉王奐為長史，行府州事，配以資力，使鎮夏口，復恐其過尋陽，為休範所刼留，使自太洑徑去⑪。休範聞之，大怒，密與許公輿謀襲建康，表治城隍，多解材板而蓄之。奐，景文之兄子也。

(八)吐谷渾王拾寅寇魏澆河。夏，四月，戊申（初二日），魏以司空長孫觀為大都督，發兵討之。

(九)魏以孔子二十八世孫乘為崇聖大夫㈢，給十戶以供洒掃。

(十)秋，七月，魏詔河南六州㈢之民戶收絹一匹，綿一斤，租三十石。

(土)乙亥（朔），魏主如陰山。

(土)八月，庚申（十六日），魏上皇如河西。長孫觀入吐谷渾境，芻其秋稼，吐谷渾王拾寅窘急請降，遣子斤入侍，自是歲脩職貢。

九月，辛巳（初八日），上皇還平城。

(圭)遣使如魏。

(击)冬，十月癸酉（三十日），割南兗、豫州之境置徐州，治鍾離㈣。

(十五)魏上皇將入寇，詔州郡之民十丁取一以充行㉕，戶收租五十石以備軍糧。

(十六)魏武都氐反，攻仇池。詔長孫觀回師討之。

(十七)武都王楊僧嗣卒於葭蘆，從弟文度自立為武興王，遣使降魏，魏以文度為武興鎮將。

(十八)十一月，丁丑（初四日），尚書令袁粲以母憂去職。

(十九)癸巳（二十日），魏上皇南巡至懷州㉖，枋頭鎮將代人薛虎子先為馮太后所黜為門士㉗，時山東饑，盜賊競起，相州民孫誨等五百人稱虎子在鎮，境內清晏，乞還虎子。上皇復以虎子為枋頭鎮將，即日之官，數州盜賊皆息㉘。

(廿)十二月，癸卯朔，日有食之。

(廿一)乙巳（初三日），江州刺史桂陽王休範進位太尉。

(廿二)詔起袁粲以衞軍將軍攝職，粲固辭。

(廿三)壬子（初十日），柔然侵魏柔玄鎮㉙，二部敕勒應之。

(廿四)魏州鎮十一水旱，相州民餓死者二千八百餘人。

(廿五)是歲，魏妖人劉舉聚眾，自稱天子，齊州刺史武昌王平原討斬之。平原，提之子也⑮。

【今註】㊀蒼梧王：王諱昱，字德融，小字慧震，明帝長子也。㊁魏上皇還至雲中：自討柔然還。㊂癸丑：二月戊申朔，癸丑初六日，此癸丑上脫二月二字。㊃魏上皇至平城：自雲中還至平城。㊄桂陽王休範素凡訥，少知解：凡，庸常也；訥，拙於言辭也；少知解者，愚鈍不曉事也。㊅不為諸兄所齒遇：齒，列也，言休範諸兄不以諸弟之列待之也。㊆素族秉政，近習用權：時袁粲、褚淵秉政，粲，太尉淑之兄子也，母琅琊王氏，僑姓之首望也，淵祖秀之，宋太常，父湛之，驃騎將軍，母劉氏，宋武帝女始安公主也，皆不得謂為素族，此之謂素族，言其非宋朝宗室也。近習謂阮佃夫、王道隆、楊運長等。㊇休範自謂尊親莫二：帝諸父皆誅死，惟休範在，既尊且親，一時無比。㊈會夏口闕鎮：郢州刺史鎮夏口。時刺史劉秉徵為尚書左僕射，未有代者。㊉黃門郎：即黃門侍郎。⑪復恐其過尋陽，為休範所刼留，使自太洑徑去：太洑《宋書．文五王傳》作太子洑，在今湖北省梅縣南，胡三省曰：「此蓋即劉胡自江外趣沔口之路。」時休範為江州刺史，鎮尋陽，帝恐燮、奐等為休範所刼留，故不令其過尋陽也。⑫魏以孔子二十八世孫乘為崇聖大夫：崇聖大夫，以尊崇先聖名官也。⑬河南六州：胡三省曰：「河南六州，青、徐、兗、豫、齊、東徐也。」⑭割南兗、豫州之境置徐州：《宋書．後廢帝紀》割南兗州之鍾離、豫州之馬頭，又分秦郡、梁郡、歷陽置新昌郡，立徐州。

州郡志馬頭、歷陽皆屬南豫，秦郡屬南兗，梁郡屬豫州，此以馬頭屬豫州者，蓋自泰始甫失淮西，復於淮東分立豫州，而以馬頭度屬之也。鍾離，禹塗山氏之國，春秋時為鍾離子國，漢置鍾離縣，屬九江郡，晉屬淮南郡，晉安帝分立鍾離郡。明帝泰始二年，宋失青、徐之地，僑立徐州於鍾離，至是割南兗、豫州之境屬之，始有實土。㊄魏上皇將入寇，詔州郡之民十丁取一以充行：取民丁以充行伍備南征也。㊅懷州：魏獻文帝天安二年，立懷州，治河內郡野王縣，統河內、武德二郡。野王縣，今河南省沁陽縣也。㊆門士：胡三省曰：「魏有宰士、門士，宰士掌酒食，門士守門戶。」㊇數州盜賊皆息：胡三省曰：「數州，謂冀、相、懷等州。」㊈柔玄鎮：《水經注》柔立鎮在長川故城東，《魏書・帝紀》始祖率所部北居長川，即此，在今綏遠省興和縣北與察哈爾接界處，柔玄鎮在其東，蓋亦在今興和縣界，為魏北疆六鎮之一。㊉平原，提之子也：武昌王提見卷一百二十五宋文帝元嘉二十四年。

二年（西元四七四年）

㈠春，正月，丁丑（初五日），魏太尉源賀以疾罷。

㈡二月，甲辰（初三日），魏上皇還平城㈠。

㈢三月，丁亥（初四日），魏員外散騎常侍許赤虎來聘。

(四)夏，五月，壬午（十二日），桂陽王休範反。【考異】宋書作壬子，按長曆此月辛未朔，無壬子，今從宋略。掠民船，使軍隊稱力請受㈡，付以材板，合手裝治，數日即辦。丙戌（十六日），休範率眾二萬，騎五百，發尋陽，晝夜取道。以書與諸執政，稱楊運長、王道隆蠱惑先帝，使建安、巴陵二王無罪被戮㈢，望執錄二豎以謝冤魂。庚寅（二十日），大雷戍主杜道欣馳下告變，朝廷惶駭。護軍褚淵、征北將軍張永、領軍劉勔、僕射劉秉、右衛將軍蕭道成、游擊將軍戴明寶、驍騎將軍阮佃夫、右軍將軍王道隆、中書舍人孫千齡、員外郎㈣楊運長集中書省計事，莫有言者。道成曰：「昔上流謀逆，皆因淹緩致敗㈤，休範必遠懲前失，輕兵急下，乘我無備。今應變之術，不宜遠出。若偏師失律，則大沮眾心㈥，宜頓新亭、白下，堅守宮城、東府、石頭以待賊至。千里孤軍，後無委積㈦，求戰不得，自然瓦解。我請頓新亭以當其鋒，征北守白下，領軍屯宣陽門，為諸軍節度，諸貴安坐殿中，不須競出，我自破賊必矣！」因索筆下議，眾並注同㈧。

孫千齡陰與休範通謀，獨曰：「宜依舊遣軍據梁山。」道成正色曰：「賊今已近梁山，豈可得至？新亭既是兵衝，所欲以死報國耳！常時乃可屈曲相從，今不得也！」坐起㊈，道成顧謂劉勔曰：「領軍已同鄙議，不可改易。」

袁粲聞難，扶曳入殿⑩，即日內外戒嚴。道成將前鋒兵，出屯新亭，張永屯白下，前南兗州刺史沈懷明戍石頭，袁粲、褚淵入衛殿省。時蒼猝不暇授甲，開南北二武庫，隨將士意所取。

蕭道成至新亭，治城壘未畢，辛卯（二十一日），休範前軍已至新林㊁，道成方解衣高臥，以安眾心，徐索白虎幡，登西垣，使寧朔將軍高道慶、羽林監陳顯達、員外郎王敬則帥舟師與休範戰，頗有殺獲。壬辰（二十二日），休範自新林捨舟步上，其將丁文豪請休範直攻臺城，休範遣文豪別將兵趣臺城，自以大眾攻新亭壘。道成率將士悉力拒戰，自巳至午，外勢愈盛，眾皆失色。道成曰：「賊雖多而亂，尋當破矣。」休範白服乘肩輿，自登城南臨滄觀㊂，以數十人自衛，【考異】張敬兒傳云：「左右數百人，皆散走。」按休範左右若有數百人，黃回、敬兒雖勇，何敢徑往取之？今從休範傳。屯騎校尉黃回與越騎校尉張敬兒謀詐降以取之。回謂敬兒曰：「卿可取之，我誓不殺諸王。」敬兒以白道成，道成曰：「卿能辦事，當以本州相賞㊂。」乃與回出城南，放仗走，大呼稱降。休範喜，召至輿側，回陽致道成密意，休範信之，以二子德宣、德嗣付道成為質，二子至，道成即斬之。

休範置回、敬兒於左右，所親李桓、鍾爽諫，不聽。時休範日飲醇酒，回見休範無備，目敬兒，敬兒奪休範防身刀，斬休範首，左右皆散走。敬兒馳馬持首歸新亭，道成遣隊主陳靈寶送休範首還臺，靈寶道逢休範兵，弃首於水，【考異】南齊書云：「埋首道側。」宋略云：「棄諸泊中。」今從宋書。挺身得達，唱云：「已平。」而無以為驗，眾莫之信。休範將士亦不之知。其將杜黑騾攻新亭甚急，【考異】宋書、南齊書作黑蠡，今從宋略。蕭道成在射堂，司空主簿蕭惠朗㊃帥敢死士數十人突入東門，至射堂下，道成上馬，帥麾下搏戰，惠朗乃退，道成復得保城。朗，惠開之弟也㊄，其姊為休範妃。惠朗兄黃門郎惠明時為道成軍副，在城內，了不自疑。

道成與黑騾拒戰，自晡達旦，矢石不息。其夜大雨，鼓𠮦不復相聞，將士積日不得寢食，軍中馬夜驚，城內亂走。道成秉燭正坐，厲聲呵之，如是者數四。

丁文豪破臺軍於皂莢橋㈡六，直至朱雀桁南㈡七，杜黑騾亦捨新亭，北趣朱雀桁。右軍將軍王道隆將羽林精兵，在朱雀門內，急召鄱陽忠昭公劉勔於石頭。勔至，命撤桁以折南軍之勢，道隆怒曰：「賊至但當急擊，寧可開桁自弱邪？」勔不復敢言。道隆趣勔進戰，勔度桁南，戰敗而死。黑騾等乘勝度淮，道隆弃眾走還臺，黑騾兵追殺之。黃門侍郎王蘊重傷，踣於御溝之側，或扶之以免。蘊，景文之兄子也。

於是中外大震，道路皆云臺城已陷，白下、石頭之眾皆潰，張永、沈懷明逃還宮中，傳新亭亦陷，太后執帝手泣曰：「天下敗矣。」

先是月犯右執法，太白犯上將，或勸劉勔解職㈡八，勔曰：「吾執心行已，無愧幽明，若災眚必至，避豈得免？」勔晚年頗慕高尚，立園宅，名為東山，遺落世務，罷遣部曲。

蕭道成謂勔曰：「將軍受顧命，輔幼主，當此艱難之日，而深尚從容，廢省羽翼，一朝事至，悔可追乎？」勔不從而敗。

甲午（二十四日），撫軍長史褚澄開東府門納南軍，【考異】宋書作撫軍典籤茅恬開東府納賊，南齊書作車騎典籤茅恬，蓋皆為褚澄諱耳！今從宋略。擁安成王準據東府，稱桂陽王教曰：「安成王，吾子也，勿得侵犯。」澄，淵之弟也。杜黑騾徑進至杜姥宅⑲，中書舍人孫千齡開承明門⑳出降，宮省恇擾。時府藏已竭，皇太后、太妃剔取宮中金銀器物以充賞，眾莫有鬬志。俄而丁文豪之眾知休範已死，稍欲退散，文豪厲聲曰：「我獨不能定天下邪？」

許公輿詐稱桂陽王在新亭，士民惶惑，詣蕭道成壘投刺者以千數㉑，道成得，皆焚之，登北城謂曰：「劉休範父子，昨已就戮，尸在南岡下㉒。身是蕭平南㉓，諸君諦視之㉔。名刺皆已焚，勿憂懼也。」

道成遣陳顯達、張敬兒及輔師將軍任農夫、馬軍主東平周盤龍等將兵自石頭濟淮，從承明門入衛宮省。

袁粲慷慨謂諸將曰：「今寇賊已逼，而眾情離沮，孤子受先帝付託㉕，不能綏靜國家，請與諸君同死社稷。」被甲上馬，將驅之。於是陳顯達等引兵出戰，大破杜黑騾於杜姥宅，飛矢貫顯達目。丙申（二十六日），張敬兒等又破黑騾等於宣陽門，斬黑騾及丁文豪，進克東府，餘黨悉平。

蕭道成振旅還建康，百姓緣道聚觀曰：「全國家者，此公也。」

道成與袁粲、褚淵、劉秉皆上表，引咎解職，不許。

丁酉（二十七日），解嚴，大赦。

㈤柔然遣使來聘。

㈥六月，庚子（朔），以平南將軍蕭道成為中領軍，南兗州刺史，留衛建康，與袁粲、褚淵、劉秉更日入直決事，號為四貴。

㈦桂陽王休範之反也，使道士陳公昭作天公書，題云「沈丞相」，付荊州刺史沈攸之門者，攸之不開視，推得公昭，送之朝廷，【考異】宋略云，桂陽遺攸之書，署曰沈丞相，攸之斬其使，今從宋書。及休範反，攸之謂僚佐曰：「桂陽必聲言我與之同，若不顛沛勤王㉖，必增朝野之惑。」乃與南徐州刺史建平王景素、郢州刺史晉熙王爕、湘州刺史王僧虔、雍州刺史張興世同舉兵討休範。休範留中兵參軍毛惠連等守尋陽，爕遣中兵參軍馮景祖襲之。癸卯（初四日），惠連等開門請降，【考異】宋略作癸亥，按下有戊申，今從宋書。殺休範二子，諸鎮皆罷兵。景素，宏之子也㉗。

(八)乙卯（十六日），魏詔曰：「下民兇戾，不顧親戚，一人為惡，殃及闔門。朕為民父母，深所愍悼。自今非謀反大逆，外叛㉘罪止其身。」於是始罷門房之誅㉙。魏顯祖勤於為治，賞罰嚴明，慎擇牧守，進廉退貪。諸曹疑事，舊多奏決，又口傳詔敕，或致矯擅，上皇命事無大小，皆據律正名，不得為疑奏，合則制可，違則彈詰㉚，盡用墨詔，由是事皆精審。尤重刑罰，大刑㉛多令覆鞫，或囚繫積年，羣臣頗以為言。上皇曰：「滯獄誠非善治，不猶愈於倉猝而濫乎？夫人幽苦則思善，故智者以囹圄為福堂。朕特苦之，欲其改悔而加矜恕爾！」由是囚繫雖滯，而所刑多得其宜。又以赦令長姦，故自延興以後，不復有赦㉜。

(九)秋，七月庚辰（十一日），立皇弟友為邵陵王。

(十)乙酉（十六日），加荊州刺史沈攸之開府儀同三司，攸之固辭。執政欲徵攸之而憚於發命，乃以太后令遣中使謂曰：「公久勞于外，宜還京師，任寄實重，未欲輕之，進退可否，在公所擇。」攸之曰：「臣無廊廟之資㉝，居中實非其才，至於撲討蠻蜑㉞，克清江漢，不敢有辭。雖自上如此，去留伏聽朝旨㉟。」乃止。

(十一)癸巳（二十四日），柔然寇魏敦煌，尉多侯擊破之。尚書奏敦煌僻遠，介居西北強寇之間㊱，恐不能自固，請內徙就涼州。羣臣集議，皆以為然。給事中昌黎韓秀獨以為：「敦煌之置，為日已久，雖逼強寇，人習戰鬭，縱有草竊，不為大害，循常置戍，足以自全，而能隔閡西北二虜，使不得相通㊲。今徙就涼州，不唯有蹙國之名，且姑臧去敦煌千有餘里，防邏甚難，二虜必有交通闚閫之志，若騷動涼州，則關中不得安枕。又士民或安土重遷，招引外寇，為國深患，不可不慮也。」乃止。

(十二)九月，【考異】後魏帝紀使將軍元蘭五將三萬騎及假東陽王丕為後繼伐蜀漢，不言勝負，列傳及宋書皆無之，今不取。丁酉（二十九日），以尚書令袁粲為中書監，領司徒，加褚淵尚書令，劉秉丹陽尹。粲固辭，求反居墓所㊳，不許。

淵以褚澄為吳郡太守，司徒左長史蕭惠明言於朝【考異】宋略作惠朗，按惠朗不為司徒長史，今從南史。曰：「褚澄開門納賊，更為股肱大郡，王蘊力戰幾死，棄而不收，賞罰如此，何憂不亂？」淵甚慙。冬，十月庚申（二十三日），以侍中王蘊為湘州刺史。

⑬十一月，丙戌（十九日），帝加元服，大赦。

⑭十二月，癸亥（二十七日），立皇弟躋為江夏王，贊為武陵王。

⑮是歲，魏建安貞王陸馛卒。

【今註】㊀魏上皇還平城：自懷州還。㊁掠民船，使軍隊稱力請受：胡三省曰：「軍有軍主、副，隊有隊主、副。稱力請受者，稱其眾力之多少而請船也。」㊂使建安、巴陵二王無罪被戮：建安王休仁、巴陵王休若也。二王被戮見明帝泰始七年。㊃員外郎：即員外散騎侍郎也。㊄昔上流謀逆，皆因淹緩致敗：謂南郡王義宣、晉安王子勛等也，皆以淹留不速進而致敗績。㊅若偏師失律，則大沮眾心：言若出戰而敗，則眾心沮喪。㊆千里孤軍，後無委積：輕兵急不，因敵之資，不帶輜重，故後無委積，蓋以輜重自隨，則師行淹緩也。《周禮》遺人掌邦之委積。注曰：「少曰委，多曰積。」又宰夫掌牢禮委積。注曰：「委積，謂牢米薪芻。」㊇眾並注同：胡三省曰：「並注名同道成議也。」㈨坐起：自坐中起立。㈩袁粲聞難，扶曳入殿：胡三省曰：「袁粲居喪毀瘠，故扶曳而入。」㈡新林：即新林浦也。《建康志》新林浦在建康縣西南三十里，源出牛頭山，西流七里入大江。齊永明五年起新林苑於此，梁侯景之叛，韋粲、柳仲禮等赴援，屯於新林，即新林浦也。㈢休範白服，乘肩輿，自登城南臨滄觀：《太平寰宇記》臨滄觀在建康縣南勞山上，有亭七間，即新亭也，亦名勞亭。《宋書・文五王傳》休範自新林步上，及新亭壘，自臨城南臨滄觀，城南者，新亭壘城之南也，蓋築壘於新亭，故曰新亭壘。㈢卿能辦事，當以本州相賞：《南齊書・張敬兒傳》敬兒南陽冠軍人也，南陽郡屬雍州。蕭道成蓋謂敬兒若能殺桂陽王休範，即以為雍州刺史也。㈣司空主簿蕭惠朗：休範先為司空，以惠朗為主簿。㈤惠朗，惠開之弟也：惠開，蕭思話之子也，孝武帝大明末，出刺益州，明帝泰始初，尋陽起兵，惠開應之，見卷一百三十一泰始二年。㈥丁文豪破臺軍於皁莢橋：胡三省曰：「皁莢橋當在新亭北。」㈦朱雀桁南：朱雀桁，即都城朱雀門外之大航也，在秦淮水上。桁與航同，綴舟為浮橋也，朱雀桁南即秦淮水之南岸。㈧先是月犯右執法，太白犯上將，或勸劉勔解職：《晉書・天文志》太微南蕃中二星曰端門，東曰左執法，西曰右執法；東蕃四星北第四星曰上將，西蕃四星南第一星亦曰上將。劉勔時為右僕射，右執法之位也，中領軍，上將之任也，故或勸勔解職以避禍。㈨杜姥宅：《晉書・成恭杜皇后傳》，后母裴氏立第南掖門外，世謂之杜姥宅。㈩承明門：文帝元嘉二十五年，新作閶闔、廣莫二門，改故廣莫門曰承明門。㈢許公輿詐稱桂陽王在新亭，士民惶惑，詣蕭道成壘投刺者以千數：許公輿即江州典籤，教休範養士以謀反者，蕭道成壘，即道成所守新亭壘也，詣壘投刺者，欲自結於桂陽王休範也。凡求見之禮，先投刺以自達。毛晃曰：「書姓名以自白，故曰刺。」今通謂之名片。㉒南岡：南岡即勞山之岡也，以其在新亭壘城之南，故曰南岡。㉓蕭平南：《宋書・後廢帝紀》道成之出屯新亭也，加平南將軍。㉔諦視：審視也，熟視也。㉕孤子受先帝付託：袁粲自謂受明帝託孤之重。胡三省曰：「粲時居喪，故自稱孤子。」㉖顛沛勤王：胡三省曰：「危難之際，奔走顛仆以從王事也。」余按章懷注《後漢書》：「顛沛，狼狽也。」危難之際，倉卒起義，未能從容部署，故曰顛沛。㉗景素，宏之子也：建平王宏，文帝之子也。㉘外叛：叛奔入敵國。㉙罷門房之誅：胡三省曰：「門誅者，誅其一門，房誅者，誅其一房。時河北大族如崔、如李，子孫分派，各自為房。」㉚上皇命事無大小，皆據律正名，不得為疑奏，合則制可，違則彈詰：言據律正其罪名，不得為疑奏也。疑奏者，罪有疑似，未經精審，遽奏斷而陷之刑戮也。所讞合乎律，則手詔可其所奏；與律相悖，則詔有司劾問之。㉛大刑：死罪。㉜又以赦令長姦，故自延興以後，不復有赦：言赦令足以助長姦人之惡也。明帝泰始七年，魏孝文帝改元延興。陳壽曰：「諸葛亮達於為政，雖軍旅屢興而赦不妄下。」《華陽國志》諸葛亮治蜀，或有言亮惜赦者，亮答曰：「治世以大德，不以小惠，故匡衡、吳漢不願為赦。先帝亦言：『吾周旋陳元方、鄭康成間，每見啟告治亂之道悉矣，曾不語赦也。若劉景升、季玉父子，歲歲赦宥，何益於治？』」蓋賢者治國，固不輕易言赦也。㉝臣無廊廟之資：文中子曰：「在山澤而有廊廟之志，非太公之都磻溪，則仲尼之宅泗濱也。」廊廟，謂朝廷也。無廊廟之資者，言其資質才器不足以居朝臣之任也。㉞蠻蜑：蠻，南夷也；蜑，南蠻種名。范成大《桂海虞衡志》曰：「蜑，海上水居蠻也，以舟為家。沿海蜑有三種，漁蜑取魚，蠔蜑取蠔，木蜑伐山取材，大率皆取海物為糧，生食之。」按今閩粵沿海尚有其餘種，多以舟為家，故俗亦謂之龍戶。㉟雖自上如此，去留伏聽朝旨：沈攸之自謂雖願居外任，為國疆臣，然若朝廷必欲內徵，亦非敢固辭也。㊱敦煌僻遠，介居西、北強寇之間：胡三省曰：「西謂吐谷渾，北謂柔然也。」僻遠，謂僻處邊鄙，距京都遠也。㊲敦煌之置，為日已久，雖逼強寇，人習戰鬭，縱有草竊，不為大害，而能隔閡西北二虜，使不得通：胡三省曰：「漢武帝開河西四郡以隔絕西羌，月氏不得與匈奴通，其規畫正如此也。」逼，近也；草竊，喻其不足為患也。㊳粲固辭，求反居墓所：粲居喪未終，值國有難，故釋衰以勤王事，今難既平，故求歸以終喪禮也。

三年（西元四七五年）

㈠春，正月，辛巳（十五日），帝祀南郊、明堂㈠。

㈡蕭道成以襄陽重鎮，張敬兒人位俱輕，不欲使居之，而敬兒求之不已㈡，謂道成曰：「沈攸之在荊州，公知其欲何所作？不出敬兒以表裏制之㈢，恐非公之利。」道成笑而無言。

三月，己巳（初四日），以驍騎將軍張敬兒為都督雍、梁二州諸軍事，雍州刺史。

沈攸之聞敬兒上，恐其見襲，陰為之備。敬兒既至，奉事攸之，親敬甚至，動輒咨禀㈣，信饋不絕。攸之以為誠然，酬報款厚，累書欲因遊獵會境上，敬兒報以為心期有在，影迹不宜過敦㈤，攸之益信之。敬兒得其事迹，皆密白道成。道成與攸之書，問張雍州遷代之日，將欲誰擬？攸之即以示敬兒，欲以間之。

㈢夏，五月丙午（十二日），魏主使員外散騎常侍許赤虎來聘。

㈣丁未（十三日），魏主如武州山。辛酉（二十七日），如車輪山㈥。

六月，庚午（初七日），魏初禁殺牛馬㈦。

㈤袁粲、褚淵皆固讓新官。秋，七月，庚戌（十七日），復以粲為尚書令。八月，庚子（八月癸亥朔，無庚子日）加護軍將軍褚淵中書監。

㈥冬，十二月，丙寅（初六日），魏徙建昌王長樂為安樂王。

⑺己丑（二十九日），魏城陽王長壽卒。

⑻南徐州刺史建平王景素孝友清令，服用儉素，又好文學，禮接士大夫，由是有美譽，太宗特愛之，異其禮秩。時太祖諸子俱盡，諸孫唯景素為長㈧，帝兇狂失德，朝野皆屬意於景素，帝外家陳氏深惡之。楊運長、阮佃夫等欲專權勢，不利立長君，亦欲除之。其腹心將佐多勸景素舉兵，鎮軍參軍濟陽江淹㈨獨諫之，景素不悅。是歲，防閤將軍⑩王季符得罪於景素，單騎亡奔建康，告景素謀反。運長等即欲發兵討之，袁粲、蕭道成以為不可，景素亦遣世子延齡詣闕自陳，乃徙季符於梁州，奪景素征北將軍㈡、開府儀同三司。

【今註】㈠帝祀南郊、明堂：既祀南郊，復祀明堂也。㈡蕭道成以襄陽重鎮，張敬兒人位俱輕，不欲使居之，而敬兒求之不已：蓋去年張敬兒以計取桂陽王休範，道成許以為雍州刺史也。敬兒既非世伐，位望復輕，故道成未許。㈢表裏制之：蕭道成居中而張敬兒居外以共制沈攸之，故曰表裏制之也。㈣敬兒既至，奉事攸之，親敬備至，動輒咨稟：時沈攸之都督荊、湘、雍、益、梁、寧、南秦、北秦八州，張敬兒在其督中。敬兒至襄陽，奉事攸之甚謹者，蓋所以去其疑忌也。㈤敬兒報以為心期有在，影迹不宜過敦：心期有在，謂心志相同，若期會然也。敦，厚也，言過從甚密，將留影迹，為人所窺測也。㈥車輪山：《魏書．地形志》秀容郡敷城縣有車輪泉，車輪山當在其地。㈦魏初禁殺牛馬：胡三省曰：「牛者農之所資，馬者兵之所資，禁殺當也。魏興於北荒，畜牧繁庶，殺之者不禁，今始禁之。」㈧時太祖諸子俱盡，諸孫惟景素為長：文帝十九子，太子劭、始興王濬以弒逆誅，海陵王休茂以謀反誅，南平王鑠、竟陵王誕、武昌王渾為孝武所殺，廬江王褘、建安王休仁、晉平王休祐、巴陵王休若皆為明帝所殺，桂陽王休範舉兵討蕭道成，為張敬兒所殺，孝武帝、明帝、廬陵王紹、建平王宏、鄱陽王休業、臨慶王休倩、新野王夷父皆已卒，晉熙王昶奔魏，至是諸子俱盡矣！景素，建平王宏之子，於時文帝諸孫為最長也。㈨鎮軍參軍濟陽江淹：胡三省曰：「景素時以鎮北將軍鎮京口，以淹為主簿，鎮軍當作鎮北。」《宋書．文九王傳》，桂陽王休範反，景素以鎮軍將軍南徐州刺史舉兵勤王，事平，進號鎮北將軍。余按後廢帝紀，元徽二年七月，鎮北將軍徐州刺史建平王景素進號征北將軍，開府儀同三司。休範以五月反，是月即平，景素蓋自鎮軍進號鎮北，復進號征北，傳無進號征北，蓋脫略也。鎮軍當作征北。㈩防閤將軍：胡三省曰：「江左之制，禁衞有直閤將軍，王國有防閤將軍。」㈡奪景素征北將軍：胡三省曰：「征北亦當作鎮北。」按征北不誤，辨見註㈨。

卷一百三十四　宋紀十六

起柔兆執徐，盡著雍敦牂，凡三年。（丙辰至戊午，西元四七六年至四七八年）

司馬光編集
林瑞翰註

蒼梧王下

元徽四年㈠（西元四七六年）

㈠春，正月，己亥（初九日），帝耕藉田，大赦。

㈡二月，魏司空東郡王陸定國坐恃恩不法，免官爵為兵。

㈢魏馮太后內行不正，以李弈之死怨顯祖㈡，密行鴆毒。夏，六月，辛未（十三日），顯祖殂㈢。【考異】元行冲後魏國典云：「太后伏壯士於禁中，太上入謁，遂崩。」按事若如此，安得不彰？而中外恬然，不以為怪，又孝文終不之知。按後魏書及北史皆無殺事，而天象志云：「顯文暴崩，蓋實有鴆毒之禍。」今從之。壬申（十四日），大赦，改元承明。葬顯祖于金陵㈣，謚曰獻文皇帝。

㈣魏大司馬大將軍代人萬安國坐矯詔殺神部㈤長奚買奴，賜死。

㈤戊寅（二十日），魏以征西大將軍安樂王長樂為太尉，尚書左僕射宜都王目辰為司徒，南部尚書李訢為司空。

尊皇太后曰太皇太后，復臨朝稱制㊅。以馮熙為侍中、太師、中書監。熙自以外戚，固辭內任，乃除都督洛州刺史㊆，侍中、太師如故。

顯祖神主祔太廟，有司奏廟中執事之官，請依故事，皆賜爵。祕書令廣平程駿上言：「建侯裂地，帝王所重，或以親賢，或因功伐㊇，未聞神主祔廟而百司受封者也。皇家故事，蓋一時之恩，豈可為長世之法乎？」太后善而從之，謂羣臣曰：「凡議事當依古典正言，豈得但脩故事？」賜駿衣一襲，帛二百匹。

太后性聰察，知書計㊈，曉政事，被服儉素，膳羞減於故事什七八，而猜忍多權數。高祖性至孝，能承顏順志，事無大小，皆仰成於太后，太后往往專決，不復關白於帝。所幸宦者高平王琚、安定張祐、杞嶷㊉，馮翊王遇、略陽苻承祖、高陽王質，皆依勢用事。祐官至尚書左僕射，爵新平王，琚官至征南將軍，爵高平王，嶷等官亦至侍中、吏部尚書、刺史，爵為公、侯，賞賜巨萬，賜鐵券，許以不死㈡。又太卜令姑臧王叡得幸於太后，超遷至侍中、吏部尚書，爵太原公；祕書令李冲，雖以才進，亦由私寵，賞賜皆不可勝紀。又外禮人望，東陽王丕、游明根等，皆極其優厚，每褒賞叡等，輒以丕等參之，以示不私。丕，烈帝之玄孫；冲，寶之子也㈢。

太后自以失行，畏人議己，羣下語言，小涉疑忌，輒殺之。然所寵幸左右，苟有小過，必加笞箠，或至百餘，而無宿憾㈢，尋復待之如初，或因此更富貴，故左右雖被罰，終無離心。

㈥乙亥（十七日），加蕭道成尚書左僕射，劉秉中書令㈣。

㈦楊運長、阮佃夫等忌建平王景素益甚㈤，景素乃與錄事參軍陳郡殷瀰、中兵參軍略陽垣慶延、參軍沈顒、左暄等謀為自全之計，遣人往來建康，要結才力之士，冠軍將軍黃回、游擊將軍高道慶、輔國將軍曹欣之、前將軍韓道清、長水校尉郭蘭之、羽林監㈥垣祗祖皆陰與通謀，武人不得志者無不歸之。

時帝好獨出遊走郊野，欣之謀據石頭城，伺帝出作亂，道清、蘭之欲說蕭道成因帝夜出執帝，迎景素，道成不從者，即圖之，景素每禁使緩之。楊、阮微聞其事，遣傖人周天賜偽投景素，勸令舉兵。景素知之，斬天賜首送臺。

秋，七月，祗祖率數百人自建康奔京口，云京師已潰亂，勸令速入，景素信之。戊子（朔），據京口起兵，士民赴之者以千數。楊、阮聞祗祖叛走，即命纂嚴。己丑（初二日），遣驍騎將軍任農夫、領軍將軍黃回、左軍將軍蘭陵李安民將步軍，右軍將軍張保將水軍以討之。辛卯（初四日），又命南豫州刺史段佛榮為都統㈦。蕭道成知黃回有異志，故使安民、佛榮與之偕行㈧，回私戒其士卒，道逢京口兵勿得戰。道成屯玄武湖，冠軍將軍蕭賾鎮東府，始安王伯融、都鄉侯伯猷，皆建安王休仁之子也，楊、阮忌其年長，悉稱詔賜死。

景素欲斷竹里以拒臺軍㈨，垣慶延、垣祗祖、沈顒皆曰：「今天時旱熱，臺軍遠來疲困，引之使至，以逸待勞，可一戰而克。」殷瀰等固爭，不能得。農夫等既至，縱火燒市邑，慶延等各相顧望，莫有鬬志。景素本乏威略，恇擾不知所為。黃回迫於段佛榮，且見京口軍弱，遂不發。張保泊西渚⑳，景素左右勇士數十人，自相要結，進擊水軍。甲午（初七日），張保敗死，而諸將不相應赴，復為臺軍所破。臺軍既薄城下，顒先帥眾走，祇祖次之，其餘諸軍，相繼奔退，獨左暄與臺軍力戰於萬歲樓下，而所配兵力甚弱，不能敵而散。乙未（初八日），拔京口，黃回軍先入，自以有誓不殺諸王，乃以景素讓殿中將軍張倪奴，倪奴擒景素斬之，並其三子同黨垣祇祖等數十人皆伏誅。蕭道成釋黃回、高道慶不問，撫之如舊㉑。是日，解嚴。丙申（初九日），大赦。

初，巴東建平蠻反，沈攸之遣軍討之。及景素反，攸之急追峽中軍以赴建康，巴東太守劉攘兵、建平太守劉道欣疑攸之有異謀，勒兵斷峽，不聽軍下。攘兵子天賜為荊州西曹㉒，攸之遣天賜往諭之，攘兵知景素實反，乃釋甲謝愆，攸之待之如故。劉道欣堅守建平，攘兵譬說不回，乃與伐蠻軍攻斬之。

㈧甲辰（十七日），魏主追尊其母李貴人曰思皇后㈢。

㈨八月，丁卯（初十日），立皇弟翽為南陽王，嵩為新興王，禧為始建王。

㈩庚午（十三日），以給事黃門侍郎阮佃夫為南豫州刺史，留鎮京師。

㈩㈠九月，戊子（初二日），驍騎將軍高道慶死。

㈩㈡冬，十月，辛酉（初五日），以吏尚書王僧虔為尚書左僕射。

㈩㈢十一月，戊子（初三日），魏以太尉安樂王長樂為定州刺史，司空李訢為徐州刺史。

【今註】㈠元徽四年：魏孝文帝承明元年。㈡魏馮太后內行不正，以李弈之死怨顯祖：事見卷一百三十二明帝泰始六年。㈢顯祖殂：時年二十三。㈣葬顯祖于金陵：《魏書．獻文帝紀》葬雲中之金陵。㈤神部：胡三省曰：「神部，八部之一也。」㈥尊皇太后曰太皇太后，復臨朝稱制：獻文在時，馮后稱太后，獻文既殂，則稱太皇太后也。方魏文成之殂，獻文年方十二，馮后臨朝稱制，事見明帝泰始二年。翌年後歸政於獻文，今既鴆獻文而孝文尚幼，故復臨朝也。㈦洛州刺史：魏洛州，晉之司州也，魏明元取洛陽，置洛州於此，孝文帝太和十七年，改為司州，孝靜帝天平初，復曰洛州，領洛陽、河陰、新安、中川、河南、陽城六郡。⑧功伐：著勞績於國曰功，積功曰伐。⑨書計：簿書、計帳也。⑩杞嶷：姓名。姓纂周封夏禹苗裔東樓公於杞，以國為姓。⑪賜鐵券，許以不死：《說文》曰：「券，契也。」《釋名》曰：「券，綣也，相約束繾綣為券也。」漢書高帝與功臣剖符作誓，丹書鐵券，金櫃石室，藏之宗廟，蓋自古有之。券以鐵為之，取堅久之義，丹書其上以為證，遇罪得推念其功，予以赦減也。程大昌《演繁露》曰：「按唐辛齊旻玉堂新制：『鐵券半缺，形如小木甑，上有四竅，可以穿條，凸面鐫字，陷金以煥之。』從齊旻所記以想其制，是券也，鐵質金字，正圓而空虛其中，鐫勒制文於外，分其器為二，一以藏官，一以授諸得券之人，故今存者形如半甑。」凌揚《藻蠡酌編》云：「鐵券形制如瓦，外刻履歷恩數之詳以記其功，中鐫免罪減祿之數以防其過。字嵌以金，各分左右，左頒功臣，右藏內府，有故則合之以取信。」⑫丕，烈帝之玄孫，沖，寶之子也：烈帝，平文帝之長子，什翼犍之兄拔跋翳槐也。魏太武帝太平真君五年，李寶入朝，其後世遂貴顯於魏。⑬無宿憾：言不記人之前愆。⑭乙亥，加蕭道成尚書左僕射，劉秉中書令：六月己未朔，乙亥十六日，戊寅二十日，此則當繫戊寅前。⑮楊運長、阮佃夫等忌建平王景素益甚：楊、阮忌景素，《通鑑》書禍始於上卷上年。⑯羽林監：胡三省曰：「漢東都之制，羽林左右監，主羽林騎，屬光祿勳，至晉，以羽林屬二衛，而監不見於志。」按《晉書．職官志》在二衛下有諸部督，羽林督其一也，羽林監當在督下。⑰命南豫州刺史段佛榮為都統：胡三省曰：「都統之名始此。」

⑱蕭道成知黃回有異志，故使安民、佛榮與之偕行：胡三省曰：「道成知黃回不附己，既使之討景

素，又使之討沈攸之，二難既平，然後殺之，則足以知回於當時有幹略而道成智數又一時所不及者。」⑲景素欲斷竹里以拒臺軍：竹里，山名，在今江蘇省句容縣北，六朝時自京口至建康，皆取道於此，晉隆安初，王恭舉兵京口，會稽王道子遣兵戍竹里，蓋此也。《元和郡縣志》曰：「竹里塗甚傾險，行者號為翻東峴。山間有長澗，高下深阻，說者云似洛陽金谷。」⑳西渚：胡三省曰：「西渚在京口城西，今西津渡口是也。」㉑蕭道成釋黃回、高道慶不問，撫之如舊：撫，存恤也，言親待之如昔日。回、道慶皆通謀於建平王景素，道成恐其自疑，故撫存之，所以安反側也。㉒擢兵子天賜為荊州西曹：西曹，公府之西曹掾也。《晉書・職官志》諸公及開府位從公者置西、東曹。時沈攸之為征西大將軍，位從公，開府荊州，故有西曹。㉓魏主追尊其母李貴人曰思皇后：李貴人，李惠之女，魏孝文帝之生母也，薨於魏獻文帝皇興三年，宋明帝之泰始五年也，見《魏書・后妃傳》。

順皇帝㊀

昇明元年㊁（西元四七七年）

㈠春，正月，乙酉朔，魏改元太和。

㈡己酉（二十五日），略陽民王元壽聚眾五千餘家，自稱衝天王。二月辛未（十七日），魏秦、益二州刺史㊂尉洛侯擊破之。

㈢三月，庚子（十七日），魏以東陽王丕為司徒。
㈣夏，四月丁卯（十四日），魏主如白登，壬申（十九日），如崞山。
㈤初，蒼梧王在東宮，好緣漆帳竿，去地丈餘，喜怒乖節，主帥不能禁，太宗屢敕陳太妃痛捶之㊃。及即帝位，內畏太后、太妃㊄，外憚諸大臣，未敢縱逸。自加元服，內外稍無以制，數出遊行。始出宮，猶整儀衛，俄而弃車騎，帥左右數人，或出郊野，或入市廛。太妃每乘青犢車㊅，隨相檢攝。既而輕騎遠走一二十里，太妃不復能追，儀衛亦懼禍，不敢追尋，唯整部伍別在一處瞻望而已。

初，太宗嘗以陳太妃賜嬖八李道兒，已復迎還，生帝，故帝每微行，自稱劉統㊆，或稱李將軍，常著小袴衫，營署巷陌，無不貫穿；或夜宿客舍，或晝臥道傍，排突廝養㊇，與之交易，或遭慢辱，悅而受之；凡諸鄙事，裁衣作帽，過目則能；未嘗吹篪，執管便韻㊈。及京口既平，驕恣尤甚，無日不出。夕去晨返，晨出暮歸，從者並執鋌矛⑩，行人男女及犬馬牛驢，逢無免者，民間擾懼，商販皆息，門戶晝閉，行人殆絕。鐵椎鑿鋸，不離左右，小有忤意，即加屠剖，一日不殺，則慘然不樂⑪，殿省憂惶，食息不保。阮佃夫與直閤將軍申伯宗等謀因帝出江乘射雉，稱太后令喚隊仗⑫還，閉城門，遣人執帝廢之，立安成王準。事覺，甲戌（二十一日），帝收佃夫等殺之。太后數訓戒帝，帝不悅，會端午，太后賜帝毛扇⑬，【考異】宋略作太妃賜，今從宋書。帝嫌其不華，令太醫煮藥，欲鴆太后，左右止之曰：「若行此事，官便應作孝子，豈復得出入狡獪⑭？」帝曰：「汝語大有理。」乃止。

六月，甲戌（二十二日），有告散騎常侍杜幼文、司徒左長史沈勃、游擊將軍孫超之與阮佃夫同謀者，帝登帥衛士⑮，自掩三家，悉誅之。【考異】南史曰：「孝武二十八子，太宗殺其十六，餘皆帝殺之。」按宋書孝武諸子十人早卒，二人為景和所殺，餘皆太宗殺之，無及蒼梧時者，南史誤也。刳解臠割，嬰孩不免。沈勃時居喪在廬⑯，左右未至，帝揮刀獨前，勃知不免，手搏帝耳唾罵之曰：「汝罪踰桀紂，屠戮無日。」遂死。

是日，大赦。

帝嘗直入領軍府，時盛熱，蕭道成晝臥裸袒。帝立道成於室內，畫腹為的(一七)，自引滿(一八)，將射之。道成斂板曰：「老臣無罪。」左右王天恩曰：「領軍腹大是佳射堋(一九)，一箭便死，後無復射，不如以骲箭(二〇)射之。」帝乃更以骲箭射，正中其齊(二一)，投弓大笑曰：「此手何如？」

帝忌道成威名，嘗自磨鋋曰：「明日殺蕭道成。」陳太妃罵之曰：「蕭道成有功於國，若害之，誰復為汝盡力邪？」帝乃止。道成憂懼，密與袁粲、褚淵謀廢立。粲曰：「主上幼年，微過易改。伊、霍之事，非季世所行，縱使功成，亦終無全地。」淵默然。

領軍功曹丹陽紀僧真(二二)言於道成曰：「今朝廷猖狂，人不自保，天下之望，不在袁、褚(二三)，明公豈得坐受夷滅？存亡之機，仰希熟慮。」道成然之。

或勸道成奔廣陵起兵(二四)，道成世子賾時為晉熙王長史，行郢州事㉕，欲使曠將郢州兵東下會京口，道成密遣所親劉僧副告其從兄行青、冀二州刺史劉善明曰：「人多見勸北固廣陵，恐未為長筭。今秋風行起，卿若能與垣東海微共動虜，則我諸計可立。」亦告東海太守垣榮祖。善明曰：「宋氏將亡，愚智共知，北虜若動，反為公患。公神武高世，唯當靜以待之，因機奮發，功業自定，不可遠去根本，自貽猖蹷。」榮祖亦曰：「領府㉖去臺百步，公走人豈不知？若單騎輕行，廣陵人閉門不受，公欲何之？公今動足下牀，恐即有叩臺門者㉗，公事去矣！」紀僧真曰：「主上雖無道，國家累世之基，猶為安固。公百口北度，必不得俱。縱得廣陵城，天子居深宮，施號令，目公為逆，何以避之？此非萬全策也！」

道成族弟鎮軍長史順之㉘，【考異】齊高帝紀、姚思廉梁書武帝紀，自相國何至皇考一十餘世，皆有名及官位，蓋史官附會，今所不取。及次子驃騎從事中郎嶷皆以為帝好單行道路，於此立計，易以成功㉙，外州起兵，鮮有克捷㉚，徒先人受禍耳！道成乃止。

東中郎司馬行會稽郡事李安民欲奉江夏王躋起兵於東方㉛，道成止之。

越騎校尉王敬則潛自結於道成，夜著青衣，扶匐㉜道路，為道成聽察帝之往來。道成命敬則陰結帝左右楊玉夫、楊萬年、陳奉伯等一十五人，於殿中詷伺㉝機便。

秋，七月，丁亥（初六日），夜，帝微行至領軍府門，左右曰：「一府皆眠，何不緣牆入？」帝曰：「我今夕欲於一處作適㉞，宜待明夕。」員外郎桓康㉟等於道成門間聽聞之。戊子（初七日），帝乘露車與左右於臺岡賭跳㊱，【考異】南史作蠻岡，今從宋書。仍往青園尼寺，晚至新安寺㊲偷狗，就曇度道人煮之，飲酒醉，還仁壽殿寢。楊玉夫常得帝意，至是忽憎之，見輒切齒曰：「明日當殺小子，取肝肺。」是夜，令玉夫伺織女度河㊳，曰：「見當報我，不見，將殺汝。」

時帝出入無常，省內諸閤，夜皆不閉，廂下畏相逢值，無敢出者，宿衞並逃避，內外莫相禁攝。是夕，王敬則出外，玉夫伺帝熟寢，與楊萬年取帝防身刀㊴刎之，敕廂下奏伎陳奉伯袖其首，依常行法稱敕開承明門出，以首與敬則。敬則馳詣領軍府，叩門大呼。蕭道成慮蒼梧王誑之，不敢開門。敬則於牆上投其首，道成洗視，乃戎服乘馬而出，敬則、桓康等皆從入宮，至承明門，詐為行還㊵。敬則恐內人覘見，以刀環塞窐孔㊶，呼門甚急，門開而入。佗夕，蒼梧王每開門，門者震懾，不敢仰視，至是弗之疑㊷。【考異】齊高帝紀云：「衛尉丞顏靈寶窺見太祖乘馬在外，竊謂親人曰：『今若不開內領軍入，天下會是亂耳！』」按靈寶若語所親，則有知者，豈得宿衛晏然不動？今從宋後廢帝紀。須道成入殿，殿中驚怖，既而聞蒼梧王死，咸稱萬歲。

己丑（初八日），旦，道成戎服出殿庭槐樹下，以太后令召袁粲、褚淵、劉秉入會議。道成謂秉曰：「此使君家事，何以斷之？」秉未答，道成須髯盡張，目光如電。秉曰：「尚書眾事，可以見付，軍旅處分，一委領軍。」道成次讓袁粲，粲亦不敢當。王敬則拔白刃在牀側跳躍曰：「天下事皆應關蕭公，有開一言者，血染敬則刀。」仍手取白紗帽加道成首㊸，令即位曰：「今日誰敢復動？事須及熱。」道成正色呵之曰：「卿都自不解。」粲欲有言，敬則叱之，乃止。

褚淵曰：「非蕭公，無以了此。」手取事授道成㊹。道成曰：「相與不肯，我安得辭？」乃下議備法駕詣東城㊺，迎立安成王。於是長刀遮粲、秉等，各失色而去。秉出於路，逢從弟韞。韞開車迎問曰：「今日之事，當歸兄邪㊻？」秉曰：「吾等已讓領軍矣。」韞拊膺曰：「兄肉中詎有血邪？今年族矣㊼！」

是日，以太后令數蒼梧王罪惡，曰：「吾密令蕭領軍潛運明略，安成王準宜臨萬國，追封昱為蒼梧王。」儀衛至東府門，安成王令門者勿開，以待袁司徒。粲至，王乃入居朝堂。

壬辰（十一日），王即皇帝位，時年十一。改元㊽，大赦。葬蒼梧王於郊壇西㊾。

㈥魏京兆康王子推卒。

㈦甲午（十三日），蕭道成出鎮東府。丙申（十五日），以道成為司空，錄尚書事，驃騎大將軍，袁粲遷中書監，褚淵加開府儀同三司，劉秉遷尚書令，加中領軍，以晉熙王燮為揚州刺史。

劉秉始謂尚書萬機本，以宗室居之，則天下無變，既而蕭道成兼總軍國，布置心膂，與奪自專，褚淵素相憑附，秉與袁粲閣手仰成矣㊿。

辛丑（二十日），以尚書右僕射王僧虔為僕射。丙午（二十五日），以武陵王贊為郢州刺史，蕭道成改領南徐州刺史。

㈧八月壬子（朔），魏大赦。

㈨癸亥（十二日），詔袁粲鎮石頭。粲性冲靜，每有朝命，常固辭，逼切不得已，乃就職。至是知蕭道成有不臣之志，陰欲圖之，即時順命。

㈩初，太宗使陳昭華母養順帝㊿一，戊辰（十七日），尊昭華為皇太妃。

⑪丙子（二十五日），魏詔曰：「工商皂隸，各有厥分，而有司縱濫，或染流俗。自今戶內有工役者，唯止本部丞㊿二；若有勳勞者，不從此制。」

⑫蕭道成固讓司空，庚辰（二十九日），以為驃騎大將車，開

府儀同三司。

㈢九月，乙酉（初五日），魏更定律令。

㈣戊申（二十八日），封楊玉夫等二十五人為侯、伯、子、男。

㈤冬，十月，氐帥楊文度遣其弟文弘襲魏仇池，陷之。【考異】魏書本紀作楊鼠氏，傳作鼠，皆避顯祖諱也。

㈥初，魏徐州刺史李訢事顯祖為倉部尚書㊁，信用盧奴令范檦。訢弟左將軍瑛諫曰：【考異】魏典檦作摽，瑛作璞，今從魏書。「檦能降人以色㊃，假人以財，輕德義而重勢利，聽其言也甘，察其行也賊，不早絕之，後悔無及。」訢不從，腹心之事，皆以語檦。

尚書趙黑與訢皆有寵於顯祖，對掌選部。訢以其私用人為方州㊄，黑對顯祖發之，由是有隙。頃之，訢發黑前為監藏，盜用官物，黑坐黜為門士。黑恨之，寢食為之衰少。踰年，復入為侍中、尚書左僕射，領選。及顯祖殂，黑白馮太后，稱訢專恣，出為徐州㊅。范檦知太后怨訢㊆，乃告訢謀外叛。太后徵訢至平城問狀，訢對無之，太后引檦使證之。訢謂檦曰：「汝今誣我，我復何言？

然汝受我恩如此之厚，乃忍為爾乎？」擲曰：「擲受公恩，何如公受李敷恩？公忍為之於敷，擲何為不忍於公？」訢慨然嘆曰：「吾不用瑛言，悔之何及？」趙黑復於中構成其罪，丙子（二十六日），誅訢及其子令和、令度，黑然後寢食如故。

(十七)十一月，癸未（初三日），魏征西將軍皮歡喜等三將軍率眾四萬擊楊文弘。

(十八)丁亥（初七日），魏懷州民伊祁苟自稱堯後(五八)，聚眾於重山作亂(五九)，洛州刺史馮熙討滅之。馮太后欲盡誅闔城之民，雍州刺史張白澤諫曰：「凶渠(六〇)逆黨，盡已梟夷，城中豈無忠良仁信之士，柰何不問白黑，一切誅之？」乃止。

(十九)十二月，魏皮歡喜軍至建安(六一)，【考異】是年魏置閏在十一月，宋之十二月也。楊文弘棄城走。

(廿)初，沈攸之與蕭道成於大明、景和之間，同直殿省，深相親善。道成女為攸之子中書侍郎文和婦。攸之在荊州，直閤將軍高道慶家在華容(六二)，假還，過江陵，與攸之爭戲槊，馳還建康，言攸之反狀已成，請以三千人襲之。執政皆以為不可，道成仍保證其不然。楊運長等惡攸之，密與道慶謀遣刺客殺攸之，不克。會蒼梧王遇弒，主簿宗儼之、功曹臧寅勸攸之因此起兵，攸之以其長子元琰在建康，為司徒左長史，故未發。寅，凝之之子也(六三)。

時楊運長等已不在內(六四)，蕭道成遣元琰以蒼梧王刳斮之具示攸之。攸之以道成名位素出己下，一旦專制朝權，心不平，謂元琰曰：「吾寧為王淩死，不為賈充生(六五)。」然亦未暇舉兵，乃上表稱慶，因留元琰。

雍州刺史張敬兒，素與攸之司馬劉攘兵善，疑攸之將起事，密以問攘兵。攘兵無所言，寄敬兒馬蹬一隻，敬兒乃為之備。攸之有素書十數行，常韜在裲襠角(六六)，云是明帝與己約誓。攸之將舉兵，其妾崔氏諫曰：「官年已老，那不為百口計？」攸之指裲襠角示之，且稱太后使至，賜攸之燭，割之，得太后手令，云社稷之事，一以委公。於是勒兵移檄，遣使邀張敬兒及豫州刺史劉懷珍、梁州刺史梓潼范栢年、司州刺史姚道和、湘州行事庾佩玉(六七)、巴陵內史王文和同舉兵，敬兒、懷珍、文和並斬其使，馳表以聞。文和尋棄州奔夏口〔六八〕，栢年、道和、佩玉皆懷兩端。道和，後秦高祖之孫也〔六九〕。

辛酉（十二日），攸之遣輔國將軍孫同等相繼東下，攸之遣道成書，以為：「少帝昏狂，宜與諸公密議，共白太后下令廢之，柰何交結左右，親行弒逆，乃至不殯，流蟲在戶，凡在臣下，誰不惋駭？又移易朝舊〔七〇〕，佈置親黨，宮閤管籥，悉關家人。吾不知子孟、孔明遺訓固如此乎〔七一〕？足下既有賊宋之心，吾寧敢捐包胥之節邪〔七二〕？」朝廷聞之恟懼。丁卯（十八日），道成入守朝堂，命侍中蕭嶷代鎮東府，撫軍行參軍蕭映鎮京口。映，嶷之弟也。

戊辰（十九日），內外纂嚴。己巳（二十日），以郢州刺史武陵王贊為荊州刺史，庚午（二十一日），以右衛將軍黃回為郢州刺史，督前鋒諸軍以討攸之〔七三〕。

初，道成以世子賾〔七四〕為晉熙王燮長史，行郢州事，脩治器械以備攸之。及徵燮為揚州，以賾為左衛將軍，與燮俱下。劉懷珍言於道成曰：「夏口衝要，宜得其人。」道成與賾書曰：「汝既入朝，當須文武兼資與汝意合者，委以後事。」賾乃薦爕司馬柳世隆自代，道成以世隆為武陵王贊長史，行郢州事。

賾將行，謂世隆曰：「攸之一旦為變，焚夏口舟艦，沿流而東，不可制也。若得攸之留攻郢城，必未能猝拔，君為其內，我為其外，破之必矣！」及攸之起兵，賾行至尋陽，未得朝廷處分，眾欲倍道趨建康。賾曰：「尋陽地居中流，密邇畿甸，若留屯湓口，內藩朝廷，外援夏首[七五]，保據形勝，控制西南，今日會此，天所置也。」或以為湓口城小難固，左中郎將周山圖曰：「今據中流，為西方勢援，不可以小事難之。苟眾心齊一，江山皆城隍也。」

庚午（二十一日），賾奉爕鎮湓口。賾悉以事委山圖，山圖斷取行旅船板以造樓櫓，立水柵[七六]，旬日皆辦。道成聞之喜曰：「賾真我子也。」以賾為西討都督，賾啟山圖為軍副。

時江州刺史邵陵王友鎮尋陽，賾以為尋陽城不足固[七七]，表移友同鎮湓口，留江州別駕豫章胡諧之守尋陽。

湘州刺史王蘊遭母喪，罷歸，至巴陵，與沈攸之深相結〔七八〕。時攸之未舉兵，蘊過郢州，欲因蕭賾出弔作難〔七九〕，據郢城。賾知之，不出。還至東府，又欲因蕭道成出弔作難，道成又不出。蘊乃與袁粲、劉秉密謀誅道成，將帥黃回、任候伯、孫曇瓘、王宜興，卜伯興等皆與通謀。伯興，天與之子也〔八〇〕。

道成初聞攸之事起，自往詣粲，粲辭不見。通直郎〔八一〕袁達謂粲不宜示異同，粲曰：「彼若以主幼時艱，與桂陽時不異，劫我入臺，我何辭以拒之？一朝同止，欲異得乎〔八二〕？」道成乃召褚淵與之連席，每事必引淵共之。

時劉韞為領軍將軍，入直門下省，【考異】南齊書韞作韜，今從宋書、南史。卜伯興為直閤，黃回等諸將皆出屯新亭。

初，褚淵為衞將軍，遭母憂去職，朝廷敦迫不起。粲素有重名，自往譬說，淵乃從之。及粲為尚書令，遭母憂，淵譬說懇至，粲遂不起，淵由是恨之〔八三〕。及沈攸之事起，道成與淵議之，淵曰：「西夏釁難，事必無成，公當先備其內耳〔八四〕！」

粲謀既定，將以告淵，眾謂淵與道成素善，不可告。粲曰：「淵與彼雖善，豈容大作同異？今若不告，事定便應除之。」乃以謀告淵，淵即以告道成㈤。道成亦先聞其謀，遣軍主蘇烈、薛淵、太原王天生將兵助粲守石頭，薛淵固辭，道成彊之，淵不得已，涕泣拜辭。道成曰：「卿近在石頭，日夕去來，何悲如是？且又何辭？」淵曰：「不審公能保袁公共為一家否？今淵往，與之同則負公，不同則立受禍，何得不悲？」道成曰：「所以遣卿，正為能盡臨事之宜，使我無西顧之憂耳㈥！但當努力，無所多言。」淵，安都之從子也㈦。

道成又以驍騎將軍王敬則為直閤，與伯興共總禁兵。粲謀矯太后令使韞、伯興帥宿衛兵攻道成於朝堂，回等帥所領為應，劉秉、任候伯等並赴石頭。本期壬申（二十三日）夜發，秉恇擾不知所為，晡後即束裝，臨去，啜羹，寫胷上，手振不自禁㈧。未暗，載婦女盡室奔石頭，部曲數百，赫弈滿道。既至，見粲，粲驚曰：「何事遽來？今敗矣㈨！」秉曰：「得見公，萬死何恨？」孫曇瓘聞之，亦奔石頭。丹陽丞王遜等走告道成，事乃大露。遜，僧綽之子也(九〇)。

道成密使人告王敬則，時閤已閉，敬則欲開閤出，卜伯興嚴兵為備。敬則乃鋸所止屋壁，得出，至中書省收韞。韞已戒嚴(九一)，列燭自照，見敬則猝至，驚起迎之，曰：「兄何能夜顧？」敬則呵之曰：「小子那敢作賊？」韞抱敬則，敬則拳毆其頰，仆地而殺之，又殺伯興，蘇烈等據倉城拒粲(九二)，王蘊聞秉已走，歎曰：「事不成矣。」狼狽帥部曲數百向石頭，【考異】宋書云：「齊王使蘊募人，已得數百。」宋略云：「是夕，徽其私眾，倏忽之間，被甲數百，莫知所從出。」按道成素已疑蘊，必不使之募兵，宋略近是也。本期開南門，時暗夜，薛淵據門射之，蘊謂粲已敗，即散走。道成遣軍主會稽戴僧靜帥數百人向石頭助烈等，自倉門得入，與之并力攻粲。孫曇瓘驍勇善戰，臺軍死者百餘人，王天生殊死戰，故得相持。自亥至丑，戴僧靜分兵攻府西門，焚之。粲與秉在城東門，見火起，欲還赴府，秉與二子俁、陔踰城走。粲下城，列燭自照，謂其子最曰：「本知一木不能止大廈之崩，但以名義至此耳！」僧靜乘暗踰城獨進，最覺有異人，以身衞粲，僧靜直前斫之。粲謂最曰：「我不失忠臣，汝不失孝子。」遂父子俱死。【考異】南史云：「僧靜奮刀直前，欲斬之，子最叫抱父，乞先死，兵士人人莫不隕涕。粲曰：『我不失忠臣，汝不失孝子。』仍求筆作啟云：『臣義奉大宋，策名兩畢，今便歸魂墳隴，永就山丘。』僧靜乃并斬之。」按時僧靜掩粲不備，挺身直往，安肯容粲作啟，從容如此？宋書皆無此等事，今不取。百姓哀之，謠曰：「可憐石頭城，寧為袁粲死，不作褚淵生。」

劉秉父子走至額檐湖，追執斬之。任候伯等並乘舸赴石頭，既至，臺軍已集，不得入，乃馳還。黃回嚴兵，期詰旦帥所領從御道直向臺門攻道成，聞事泄，不敢發，道成撫之如舊。王蘊、孫曇瓘皆逃竄，先捕得蘊，斬之，其餘粲黨皆無所問。

粲典籤莫嗣祖為粲、秉宣通密謀，道成召詰之曰：「袁粲謀反，何不啟聞？」嗣祖曰：「小人無識，但知報恩，何敢泄其大事？今袁公已死，義不求生。」蘊嬖人張承伯藏匿蘊，道成並赦而用之。

粲簡淡平素而無經世之才，好飲酒，喜吟諷，身居劇任，不肯當事，主事每往諮決(九三)，或高詠對之。閑居高臥，門無雜賓，物情不接，故及於敗。

裴子野論曰：「袁景倩(九四)民望國華，受付託之重，智不足以除姦，權不足以處變，蕭條散落，危而不扶，及九鼎既輕，三才將換㊈㊄，區區斗城㊈㊅之裏，出萬死而不辭，蓋蹈匹夫之節而無棟梁之具矣！」

㈩甲戌（二十五日），大赦。

㈩㈠乙亥（二十六日），以尚書僕射王僧虔為左僕射，新除中書令王延之為右僕射，度支尚書張岱為吏部尚書，吏部尚書王奐為丹陽尹，延之，裕之孫也；劉秉弟遐為吳郡太守。司徒右長史張瓌，永之子也㊈㊆。遭父喪在吳，家素豪盛，蕭道成使瓌伺間取遐。會遐召瓌詣府，瓌帥部曲十餘人直入齋中，執遐斬之，郡中莫敢動。道成聞之，以告瓌從父領軍沖，沖曰：「瓌以百口一擲，出手得盧矣㊈㊅！」道成即以瓌為吳郡太守。

道成移屯閱武堂，猶以重兵付黃回，使西上而配以腹心㊈㊈。回素與王宜興不協，恐宜興反告其謀，閏月辛巳（初二日），因事收宜興斬之。諸將皆言回握彊兵必反，寧朔將軍桓康請獨往刺之。道成曰：「卿等何疑？彼無能為也！」

沈攸之遣中兵參軍孫同等五將以三萬人為前驅，司馬劉攘兵等五將以二萬人次之，又遣中兵參軍王靈秀等四將分兵出夏口，據魯山。

癸巳（十四日），攸之至夏口，【考異】沈約齊紀十一月，攸之遂謀為亂，張敬兒遣使詣攸之慶冬，攸之呼使人於密室，謂之曰：「奉皇太后令，得袁司徒、劉丹陽諸人書，呼我速下，可令雍州知此意。」答敬兒書曰：「信口一二。」而封雞毛桃耳數物置函中，敬兒賀冬使即乘驛白公。十二日壬辰，攸之遣孫同等先發，十七日丁酉，張敬兒使至，十八日戊戌，公率眾入鎮朝堂，閏月十四日癸巳，攸之至夏口。按是歲宋歷閏十二月庚辰朔，魏曆閏十一月庚戌朔，然則冬至必在十一月晦，攸之對敬兒賀冬使者猶隱祕，豈可十二日已發兵東下乎？又攸之若十二日已舉兵於江陵，豈可六十餘日始至夏口？又宋順帝紀十二月攸之反，丁卯，齊王入守朝堂，丁卯乃十二月十八日也。閏月癸巳，攸之圍郢城。攸之傳，十一月反，十二月十二日遣孫同等東下，閏月十四日，至夏口。宋略十二月沈攸之作亂，丁卯，蕭道成入屯朝堂，閏月癸巳，攸之師及郢州。南齊高帝紀，十二月，攸之舉兵，乙卯，太祖入居朝堂。諸書大抵略相符合，惟齊紀不同，蓋齊紀之誤，今不取。自恃兵彊，有驕色，以郢城弱小，不足攻，云，欲問訊安西(〇〇)，暫泊黃金浦(〇一)，遣人告柳世隆曰：「被太后令，當暫還都，卿既相與奉國，想得此意。」世隆曰：「東下之師，久承聲問，郢城小鎮，自守而已。」

宗儼之勸攸之攻郢城，臧寅以為：「郢城兵雖少而地險，攻守勢異，非旬日可拔，若不時舉(〇二)，挫銳損威。今順流長驅，計日可捷，既傾根本，郢城豈能自固？」攸之從其計，欲留偏師守郢城，自將大眾東下。乙未（十六日），將發，柳世隆遣人於西渚(〇三)挑戰，前軍中兵參軍焦度於城樓上，肆言罵攸之，且穢辱之。攸之怒，改計攻城，令諸軍登岸燒郭邑，築長圍，晝夜攻戰，世隆隨宜拒應，攸之不能克。

道成命吳興太守沈文秀督吳、錢唐軍事㉔，文秀收攸之弟新安太守登之，誅其宗族㉕。

(廿)乙未（十六日），以後軍將軍楊運長為宣城太守，於是太宗嬖臣無在禁省者矣。

沈約論曰：「夫人君南面，九重奧絕，陪奉朝夕，義隔卿士，堦闥之任，宜有司存，既而恩以狎生，信由恩固，無可憚之姿，有易親之色。孝建、泰始，主威獨運，而刑政糾雜，理難遍通，耳目所寄，事歸近習，及覘歡慍，候慘舒㉖，動中主情，舉無謬旨。人主謂其身卑位薄，以為權不得重，曾不知鼠憑社貴，狐藉虎威㉗，外無逼主之嫌，內有專用之効，勢傾天下，未之或悟。及太宗晚運，慮經盛衰，權倖之徒，慴憚宗戚，欲使幼主孤立，永竊國權，構造同異，興樹禍隙，帝弟宗王，相繼屠勦㉘，寶祚夙傾，實由於此矣！」

(二二)辛丑（二十二日），尚書左丞濟陽江謐建議假蕭道成黃鉞，從之㉙。

(二三)加北秦州刺史武都王楊文度都督北秦、雍二州諸軍事，以龍驤將軍楊文弘為略陽太守。

壬寅（二十三日），魏皮歡喜拔葭蘆，斬文度。魏以楊難當族弟廣香為陰平公、葭蘆戍主，仍詔歡喜築駱谷城。文弘奉表謝罪於魏，遣子苟奴入侍，魏以文弘為南秦州刺史、武都王。

(二四)乙巳（二十六日），蕭道成出頓新亭，謂驃騎參軍江淹㉚曰：「天下紛紛，君謂何如？」淹曰：「成敗在德不在眾寡。公雄武有奇略，一勝也；寬容而仁恕，二勝也；賢能畢力，三勝也；民望所歸，四勝也；奉天子以伐叛逆，五勝也；彼志銳而器小，一敗也；有威而無恩，二敗也；士卒解體，三敗也；搢紳不懷，四敗也；懸兵數千里而無同惡相濟，五敗也；雖豺狼十萬終為我獲。」道成笑曰：「君談過矣！」

南徐州行事劉善明言於道成曰：「攸之收眾聚騎，造舟治械，苞藏禍心，於今十年㊂。性既險躁，才非持重，而起逆累旬，遲迴不進，一則暗於兵機，二則人情離怨，三則有掣肘之患，四則天奪其魄。本慮其剽勇輕速，掩襲未備，決於一戰。今六師齊奮，諸侯同舉，此籠中之鳥耳！」

蕭賾問攸之於周山圖，山圖曰：「攸之相與鄰鄉㊂，數共征伐，頗悉其人，性度險刻，士心不附。今頓兵堅城之下，適所以為離散之漸耳！」

【今註】㊀順皇帝：《宋書》帝諱準，字仲謀，小字智觀，明帝第三子也。《南齊書・劉休傳》宋明帝素肥瘻，不能御內，諸王妓妾懷孕，使密獻入宮，生子之後，閉其母於幽房，順帝實桂陽王休範子也。胡三省曰：「謚法慈和徧服曰順，蕭氏所以謚之曰順者，以其順天命人心而禪代也。」㊁昇明元年：是年七月，帝即位，始改元昇明，時仍是元徽五年。是歲，魏孝文帝之太和元年。㊂秦、益二州刺史：胡三省曰：「秦、益二州，此魏所謂南秦、東益也。」㊃蒼梧王在東宮，好緣漆帳竿，去地丈餘，喜怒乖節，主帥不能禁，太宗屢敕陳太妃痛捶之：胡三省曰：「主帥，謂東宮齋內主帥也。」緣，攀附也；乖節猶曰無常；陳太妃，蒼梧王之母也，蒼梧即位，尊為太妃。㊄及即帝位，內畏太后、太妃：太后謂明恭王皇后，太妃謂蒼梧王生母陳氏。㈥太妃每乘青犢車：晉制諸王青蓋車，青犢車，青蓋犢車也。《晉書．輿服志》古之貴者不乘牛車，漢武帝推恩之末，諸侯寡弱，貧者至乘牛車，其後稍見貴之，自靈、獻以來，天子至士，遂以為常乘。牛車即犢車也。余按漢初承大亂之後，天子不能具鈞駟，將相或乘牛車，牛車之制，蓋始於此耳！㈦劉統：胡三省曰：「劉統，自言統天下也，猶苻堅稱苻詔，桓玄稱桓詔。」㈧排突廝養：言儕身於羣小之間而與之周旋也。韋昭曰：「析薪為廝，炊烹為養。」此泛謂執賤役之徒也。《魏書．孝文帝紀》：「詔廝養之戶，不得與士民婚。」㈨未嘗吹篪，執管便韻：篪亦作篪，音馳，管樂也，以竹為之，〈小雅．何人斯〉之詩云：「伯氏吹壎，仲氏吹篪。」韻，和諧之音也。言帝敏於小技，未嘗吹篪，初試便能和韻。㈩鋋矛：鋋音延，又音蟬，小矛也。《史記．匈奴傳》：「短兵則刀鋋。」《集解》曰：「鋋形似矛，鐵柄。」⑪小有忤意，則加屠剖，一日不殺，則慘然不樂：《宋書．後廢帝紀》云：「帝嘗以鐵椎椎人陰破，左右人見之有斂眉者，帝大怒，令此人袒胛正立，以矛刺胛洞過。」⑫隊仗：胡三省曰：「隊有隊主、副，仗有仗主、副。」⑬毛扇：羽扇也。⑭豈復得出入狡獪：胡三省曰：「江南人謂小兒戲為狡獪。」余按狡獪有不務正業之意，所謂盡臥道傍，排突廝養，皆狡獪之事也。言不得復出入巷陌市廛作閒遊也。⑮帝登帥衞士：登，登時也，猶曰即時。⑯沈勃時居喪在廬：廬，倚廬也，遭喪者所居。禮居喪者居倚廬，寢苫枕塊。孟康註曰：「倚廬，倚牆至地而為之，無楣柱。」孔穎達曰：「居倚廬者，謂於中門之外東牆下，倚木為廬。」⑰畫腹為的：畫道成之腹為鵠的，將射之也。

〔一八〕引滿：引弓至滿。〔一九〕射堋：即射垛也，築土為射臬也。〔二〇〕骲箭：《集韻》曰：「骲，骨鏃也。」骲箭者，以骨鏃為矢。胡三省曰：「余謂骨鏃亦能害人，況以之射人腹乎？蓋當時所謂骲箭者，必非骨鏃。」〔二一〕齊：同臍，肚臍也。〔二二〕領軍功曹丹陽紀僧真：僧真，丹陽人。時蕭道成為中領軍，以僧真為功曹。〔二三〕天下之望，不在袁、褚：言天下之望在蕭道成。袁、褚，袁粲、褚淵。〔二四〕或勸道成奔廣陵起兵：蕭道成以中領軍領南兗州刺史留衞建康，見上卷元徽二年，南兗州治廣陵。〔二五〕道成世子賾時為晉熙王長史，行郢州事：晉熙王燮時刺郢，以賾為長史行州事。〔二六〕領府：領軍將軍府也。〔二七〕公今動足下牀，恐即有叩臺門者：言道成一走，必將有告之者。〔二八〕道成族弟鎮軍長史順之：順之，梁武帝蕭衍之父。〔二九〕以為帝好單行道路，於此立計，易以成功：帝常屏絕衞從，微服出行，欲乘時刼而廢之也。〔三〇〕外州起兵，鮮有克捷：鮮，少也。謂南郡王義宣、晉安王子勛、桂陽王休範、建平王景素，皆以外州起兵而敗也。〔三一〕東中郎司馬行會稽郡事李安民欲奉江夏王躋起兵於東方：《宋書・武三王傳》躋字仲升，明帝第八子也。明帝泰始七年，以躋繼江夏王義恭後，後廢帝即位，以為東中郎將，會稽太守，以安民為司馬行郡事也。〔三二〕扶匐：扶與匍通，以手伏地爬行也。〔三三〕詗伺：詗音偵。服虔曰：「詗，偵侯之也。」〔三四〕作適：胡三省曰：「適意作戲，謂之作適。」〔三五〕員外郎桓康：胡三省曰：「此員外郎，蓋員外散騎郎也。」〔三六〕帝乘露車與左右於臺岡賭跳：《宋書・後廢帝紀》云：「帝乘露車，從二百許人，無復鹵簿羽儀。」胡三省曰：「露車者，上無巾蓋，四旁無帷裳，蓋民間以載物者耳！臺岡，意即臺城之來岡也。賭跳者，賭跳躑，以高者為勝也。」〔三七〕新安寺：胡三省曰：「孝武寵姬殷貴妃死，為之立寺，貴妃子子鸞封新安王，故以新安為寺名。」孝武殷淑儀卒，追拜貴妃，見卷一百二十九孝武帝大明六年。㊳今玉夫伺織女渡河：吳均《續齊諧記》曰：「桂陽成武子有仙道，謂其弟曰：『七月七日，織女當度河。』弟問曰：『織女何事度河？』答曰：『織女暫詣牽牛。』人至今謂織女嫁牽牛也。」㊴防身刀：常御左右以防身者也，即千牛刀，見《南齊書・高帝紀》，取莊子割牛數千而刀刃若新之義以為刀名。㊵詐為行還：詐為蒼梧王出行還宮。㊶窐孔：胡三省曰：「窐孔，即古之所謂圭竇也。」杜預曰：「閨竇，小戶，穿壁為戶，上銳下方，狀如圭也。」閨與圭同，《禮記》作圭窬。㊷至是弗之疑：言門者仍以為蒼梧王還，不疑有他變。㊸仍手取白紗帽加道成首：六朝君主即位則著白紗帽，詳見卷一百三十泰始元年註㉙。㊹手取事授道成：言以立君之事付蕭道成，凡大臣集議，必相與注名示無異同，褚淵蓋手取議案以授道成也。《南齊書・高帝紀》元徽二年桂陽王休範之反，道成與褚淵、劉秉等集議中書省，因索筆下議，眾並注同，蓋此類也。㊺東城：即東府城。㊻今日之事，當歸兄邪：劉韞以秉宗室近親，立君之事，殆必由秉主之。㊼兄肉中詎有血邪，今年族矣：韞怒其兄秉忍辱偷生，不敢與道成爭，則道成必篡宋而劉氏族滅矣！㊽改元：改元徽五年為昇明元年。㊾葬蒼梧王於郊壇西：郊壇，南郊壇也，原在臺城之南，孝武帝大明三年，移壇於牛頭山西，見卷一百二十九。㊿秉與袁粲閣手仰成矣：閣者，所以止扉也，故凡停輟不行皆謂之閣。閣手仰成者，言蕭道成與奪自專，劉秉與袁粲徒備位而無所為，若手之有所閣，凡事皆仰成於道成也。(51)初，太宗使陳昭華母養順帝：《宋書・后妃傳》魏明帝置昭華，晉武帝制貴嬪、夫人、貴人為三夫人，淑妃、淑媛、淑儀、脩華、脩容、脩儀、婕妤、容華、充華為九嬪，而昭華之號省，宋孝武帝孝建三年，省夫人、脩華、脩容、脩儀之號，以貴妃、貴嬪、貴人為三夫人，又置昭儀、昭容、昭華以代脩華、脩容、脩儀之位也。(五二)工商皁隸，各有厥分，而有司縱濫，或染流俗，自今戶內有工役者唯止本部丞：流俗按《魏書・孝文帝紀》當作清流，蓋謂有司縱濫，授官不分流品，遂使工商皁隸或竊染清流之職也，故詔自今而後，凡工役之戶，授官但止本部丞。(五三)初，魏徐州刺史李訢事顯祖為倉部尚書：《晉書・職官志》晉武帝置尚書三十四曹郎，倉部其一也。晉倉部郎屬度支尚書，倉部尚書，蓋後魏所置，即太倉尚書也。太倉尚書見卷一百三十二明帝泰始六年。(五四)㩉能降人以色：人有喜怒哀樂，表達於眉宇之間者謂之色。能降人以色，言能以謙和之色事人，以取媚其主。(五五)訢以其私用人為方州：言訢處其所私愛者為方州之任也。古者以天下為九洲，畿外八州八伯，謂之方伯，後世遂以州刺史為方州。(五六)黑白馮太后，稱訢專恣，出為徐州：訢出刺徐州見上年。(五七)范㩉知太后怨訢：以其告李敷兄弟也，事見卷一百三十二明帝泰始六年。(五八)魏懷州民伊祁苟自稱堯後，聚眾於重山作亂：胡三省曰：「堯，伊祁氏，故云然。重山，即河內重門之山，在共縣北。」(五九)雍州刺史：《魏書・地形志》雍州時領京兆、馮翊、扶風、咸陽、北地、平秦、武都等郡，太和十一年，置岐州，以平秦、武都二郡屬之。(六〇)凶渠：謂凶黨之渠魁也。《書・胤徵》：「殲厥渠魁。」〈孔安國傳〉：「渠，大也；魁，帥也。」(六一)建安：在今甘肅省成縣北。《水經注》建安水經建安城南，其地故西縣之歷城也，去仇池百二十里，楊定自隴右徙治於此，後改為建安城。(六二)華容：華容縣，自漢以來屬南郡，故治在今湖北省監利縣西北，雲夢之藪在其南。(六三)寅，凝之之子也：臧凝之見卷一百二十七宋文帝元嘉三十年。(六四)時楊運長等已不在內：謂運長等已出為外官，不在省內也。按元徽以來恩倖之執權者為阮佃夫、王道隆、楊運長等，阮佃夫於昇明元年，為後廢帝所誅，王道隆死於桂陽王休範之反，時獨楊運長尚在也。《宋書・恩倖傳》，順帝即位，出運長為寧朔將軍，旦城太守。(六五)吾寧為王淩死，不為賈充生：王淩起兵討司馬宣王而死，魏之忠臣也，賈充佐晉文王弒高貴鄉公，魏之逆臣也，故沈攸之以為言，其事並見魏紀。(六六)裲襠：今所謂背心也。《廣雅》曰：「裲襠謂之袙腹。」王念孫曰：「裲襠蓋本作兩當，鄭注鄉射禮云：『直心背之衣曰當。』釋名云：『裲襠，其一當胸，其一當背也。』」(六七)湘洲行事庚佩玉：《宋書・帝紀》昇明元年七月以南陽王翽為湘州刺史。明四王傳翽雖刺湘州而未之鎮，蓋以庾佩玉行州事也。(六八)文和尋棄州奔夏口：王文和時為巴陵內史，巴陵非州也，當作郡。(六九)道和，後秦高祖之孫也：後秦主姚興，廟號高祖。(七〇)朝舊：朝廷舊臣。(七一)吾不知子孟、孔明遺訓固如此乎：霍光字子孟，諸葛亮字孔明。沈攸之蓋謂蕭道成有篡宋之心，非若霍光、諸葛亮之忠悃以輔幼主也。(七二)吾寧敢捐包胥之節邪：申包胥乞秦師以存楚，沈攸之引以為喻，欲勤王以存宋。(七三)映，嶷之弟也：蕭嶷，道成之次子也。(七四)道成世子賾：《南齊書・高帝紀》，道成既平桂陽之難，進爵縣公，順帝即位，封竟陵郡公，以賾為世子。(七五)夏首：胡三省曰：「夏首即夏口。」(七六)立水柵：立柵於水中。(七七)賾以尋陽城不足固：以尋陽城不足固守。尋陽郡時治柴桑，尋陽城即柴桑也，其西南有柴桑山。(七八)湘州刺史王蘊遭母喪，罷歸，至巴陵，與沈攸之深相結：蘊，景文之侄，明恭王皇后兄揩之子也。胡三省曰：「巴陵距江陵四百餘里，蓋使命往來深相結也。」《南齊書・高帝紀》云：「蘊少有膽力，以父揩名宦不達，欲以將途自奮。既罷湘州，還至巴陵，停舟一月日，與攸之密相交構。」(七九)欲因蕭賾出弔作難：作難者，欲伺便殺之，因以舉兵也。(八〇)伯興，天與之子也：卜天與死於太子劭之難。(八一)通直郎：即通直散騎侍郎也。《晉書・職官志》晉武帝置員外散騎侍郎，及太興元年，元帝使二人與散騎侍郎通員直，故謂之通直散騎侍郎。(八二)彼若以主幼時艱，與桂陽時不異，刼我入臺，我何辭以拒之，一朝同止，欲異得乎：與桂陽時不異者，謂天下形勢艱危，與桂陽王休範反時無以異也。袁粲自謂出鎮石頭，蓋欲因石頭之固以制道成，若見道成，必為所刼，復入臺省，則反為道成所制，於時雖欲示異同，不可得也。(八三)淵由是恨之：褚淵恨袁粲奪己丁憂之志而粲志不為己所奪也。(八四)西夏釁難，事必無成，公當先備其內耳：南朝謂荊州為西夏，以其居建康之西也。此言沈攸之發難，事必無成，但當先備袁粲等耳！(八五)粲乃以謀告淵，淵即以告道成：袁粲以除道成之謀告褚淵，蓋猶以貞臣待淵也，淵以粲謀告道成，失忠臣之節矣！(八六)使我無西顧之憂：石頭在臺城之西，故云然，臺城東環平岡，西城石頭，北帶玄武湖，南阻秦淮水，據高臨下，地勢雄勝。(八七)淵，安都之子也：安都奉晉安王子勛以抗明帝，兵敗入魏，事見卷一百三十、三十一明帝泰始元年、二年。(八八)手振不自禁：心中恇怯則手顫動不能自制也。(八九)何事遽來，今敗矣：本期夜發，今日未暗而秉遽率眾奔石頭，事既洩露，故云必敗。(九〇)遜，僧綽之子也：王僧綽柄用於元嘉之末。(九一)韞已戒嚴：戒，備也；嚴，裝也，謂裝備已成，俟期而發也。(九二)蘇烈等據倉城拒粲：道成先遣烈等助粲守石頭，此倉城蓋石頭之倉城也。(九三)主事每往諮決：胡三省曰：「主事，尚書省主事也。尚書諸曹各有主事。」諮決者，事有不能決，則往諮之以取決也。(九四)袁景倩：袁粲字景倩。(九五)九鼎既輕，三才將換：言國祚將移也。《漢書・郊祀志》禹收九牧之金，鑄九鼎，象九州，三代時為傳國之寶。天道、人道、地道，是為三才，見《易・繫辭》。(九六)斗城：謂石頭城。以斗為言，喻其小也。(九七)張瓌，永之子也：張永歷事文、武、明三世，卒於元徽之朝。(九八)瓌以百口一擲，出手得盧矣：戲樗蒲者以得盧為勝。此言張瓌之殺劉遐，猶以家族百口為博，敗則族滅矣，今倖而勝也。(九九)使西上而配以心腹：蕭道成令黃回領兵西上討沈攸之，而以心腹之將配之者，防回持兩端也。(一〇〇)欲問訊安西：安西謂武陵王贊。《宋書・順帝紀》是年十二月以贊為安西將軍荊州刺史以代沈攸之。(一〇一)黃金浦：在今湖北省武昌縣西，《水經注》作黃軍浦，直鸚鵡洲之下尾，江水溠洄，昔吳將黃蓋軍師所屯，故浦得其名。(一〇二)不時舉：不能及時攻拔其城。《戰國策》白起一戰而舉鄢郢。舉，拔也。(一〇三)西渚：胡三省曰：「鸚鵡洲之西渚。」(一〇四)道成命吳興太守沈文秀督吳、錢唐軍事：《宋書・州郡志》錢唐縣屬吳郡，錢唐非郡也，至陳，始析置錢唐郡。(一〇五)文秀收攸之弟新安太守登之，誅其宗族：胡三省曰：「沈攸之殺沈慶之，文秀因事以報父仇。」余按此別一沈文秀，非沈慶之之弟子也。宋書沈慶之傳，慶之三子，長文叔，次昭明，於慶之賜死時自殺，次懷明，元徽初，桂陽王休範之反，統水軍防朱雀航，委軍奔走，以憂卒。慶之弟劭之子文秀，則慶之之從子也，泰始間，以青州刺史守東陽，為魏所攻，泰始五年，沒於魏，胡注誤矣。(一〇六)慘舒：慘，悲痛也：舒，閑適也。㉗鼠憑社貴，狐藉虎威：《漢書》中山靖王勝曰：「社鼠不熏，所託者然也。」《戰國策》楚江乙曰：「虎求百獸而食之，得狐，狐曰：『子無敢食我也，天帝使我長百獸，今子食我，是逆天帝也。子以我為不信，吾為子先行，子隨我後，觀百獸之見我而敢不走乎？』虎以為然，故遂與之行，獸見之皆走，虎不知獸畏己而走也，以為畏狐也。」言憑主上之威權以遂其私欲也。㉘帝弟宗王，相繼屠滅：言殺建安、晉平、巴陵諸王也。㉙尚書左丞濟陽江謐建議假蕭道成黃鉞，從之：假黃鉞則得征伐矣！㉚驃騎參軍江淹：時蕭道成為驃騎大將軍，以淹為參軍。㉛攸之收眾聚騎，造舟治械，苞藏禍心，於今十年：攸之以泰始五年出刺郢州，即治兵繕甲，密有異圖，至是凡十年。㉜攸之相與鄰鄉：攸之吳興人，而山圖義興人，二者為鄰郡，故曰鄰鄉。

二年（西元四七八年）

㈠春，正月，己酉朔，百官戎服入朝。

沈攸之盡銳攻郢城，柳世隆乘間屢破之。蕭賾遣軍主桓敬等八軍據西塞㈠，為世隆聲援。攸之獲郢府法曹南鄉范雲，使送書入城，餉武陵王贊犢一腔，柳世隆魚三十尾，皆去其首。城中欲殺之，雲曰：「老母弱弟懸命沈氏，若違其命，禍必及親，今日就戮，甘心如薺㈡。」乃赦之。

攸之遣其將皇甫仲賢向武昌，中兵參軍公孫方平向西陽。武昌太守臧渙降於攸之，西陽太守王毓奔湓城。方平據西陽，豫州刺史劉懷珍遣建寧太守㈢張謨等將萬人擊之，辛酉（十三日），方平敗走。

平西將軍黃回等軍至西陽，泝流而進。攸之素失人情，但刼以威力，初發江陵，已有逃者，及攻郢城三十餘日不拔，逃者稍多，攸之日夕乘馬歷營撫慰，而去者不息。攸之大怒，召諸軍主曰：「我被太后令，建義下都，大事若克，白紗帽共著耳！如其不振，朝廷自誅我百口，不關餘人。比軍人叛散，皆卿等不以為意，我亦不能問叛身，自今軍中有叛者，軍主任其罪。」於是一人叛，遣人追之，亦去不返，莫敢發覺，咸有異計。

劉攘兵射書入城請降，柳世隆開門納之，丁卯（十九日），夜，攘兵燒營而去。軍中見火起，爭棄甲走，將帥不能禁。攸之聞之，怒，銜須咀之㊃，收攘兵兄子天賜、女壻張平虜斬之。向旦，攸之帥眾過江，至魯山㊄，軍遂大散，【考異】宋略云：「甲辰，攸之眾潰。乙巳，華容民斬其首。」按是月乙酉朔，無甲辰、乙巳。諸將皆走。臧寅曰：「幸其成而弃其敗，吾不忍為也！」乃投水死。

攸之猶有數十騎自隨，宣令軍中曰：「荊州城中大有錢，可與還取，以為資糧。」郢城未有追軍，而散軍畏蠻抄㊅，更相聚結，可二萬人，隨攸之還江陵。

張敬兒既斬攸之使者，即勒兵，偵攸之下，遂襲江陵㊆。攸之使子元琰與兼長史江乂、別駕傅宣共守江陵城，敬兒至沙橋，觀望未進，城中夜聞鶴唳，謂為軍來，乂、宣開門出走，吏民崩潰，元琰奔寵洲㊇，為人所殺。敬兒至江陵，【考異】宋略云：「辛未，敬兒克江陵。」按己巳，攸之以敬兒據城，走死，不容敬兒至辛未乃入城也。誅攸之二子四孫。

攸之將至江陵百餘里，聞城已為敬兒所據，士卒隨之者皆散。攸之無所歸，與其子文和走至華容界，皆縊于櫟林。己巳（二十一日），村民斬首送江陵，敬兒擎之以楯，覆以青繖，徇諸市郭，乃送建康㊈。敬兒誅攸之親黨，收其財物數十萬，皆以入私。

初，倉曹參軍金城邊榮為府錄事所辱，攸之為榮鞭殺錄事。及敬兒將至，榮為留府司馬，或說之使詣敬兒降，榮曰：「受沈公厚恩，共如此大事，一朝緩急，便易本心，吾不能也。」城潰，軍士執以見敬兒，敬兒曰：「邊公何不早來？」榮曰：「沈公見留守城，不忍委去。本不祈生㊉，何須見問？」敬兒曰：「死何難得？」命斬之，榮歡笑而去。榮客太山程邕之抱榮曰：「與邊公周遊，不忍見邊公死，乞先見殺。」兵人不得行戮，以白敬兒，敬兒曰：「求死甚易，何為不許？」先殺邕之，然後及榮，軍人莫不垂泣。孫同、宗儼之等皆伏誅⑪。

丙子（二十八日），解嚴。

以侍中柳世隆為尚書右僕射。

蕭道成還鎮東府。

丁丑（二十九日），以右衛將軍蕭賾為江州刺史，侍中蕭嶷為中領軍。二月，庚辰（初二日），以尚書左僕射王僧虔為尚書令，右僕射王延之為左僕射。癸未（初五日），加蕭道成太尉，都督南徐等十六州諸軍事㊁。以衞將軍褚淵為中書監、司空，道成表送黃鉞㊂。

吏部郎王儉，僧綽之子也。神彩淵曠，好學博聞，少有宰相之志，時論亦推許之。道成以儉為太尉右長史㊃，待遇隆密，事無大小，專委之。

㈡丁亥（初九日），魏主如代湯泉㊄，癸卯（二十五日），還。

㈢宕昌王彌機初立。三月，丙子（二十九日），魏遣使拜彌機征南大將軍，梁、益二州牧，河南公，宕昌王。

㈣黃回不樂在郢州，固求南兗，遂帥部曲輒還。辛卯（二月），改都督南兗等五州諸軍事，南兗州刺史。

㈤初，王蘊去湘州，湘州刺史南陽王翽未之鎮㊅，長沙內史庾佩玉行府事。翽先遣中兵參軍韓幼宗將兵戍湘州，與佩玉不相能。及沈攸之反，兩人互相疑，佩玉襲殺幼宗。黃回至郢州，遣輔國將軍任候伯行湘州事，候伯輒殺佩玉，冀以自免㊆，湘州刺史呂安國之鎮，蕭道成使安國誅候伯。

㈥夏，四月，甲申（初七日），魏主如崞山。丁亥（初十日），還。

㈦蕭道成以黃回終為禍亂，回有部曲數千人，欲遣收，恐為亂，辛卯（十四日），召回入東府，至，停外齋，使桓康將數十人數回罪而殺之，幷其子竟陵相僧念。

㈧甲午（十七日），以淮南、宣城二郡太守蕭映行南兗州事，仍以其弟晃代之㊇。

㈨五月，魏禁皇族貴戚及士民之家不顧氏族下與非類昏偶，犯者以違制論。

㈩魏主與太后臨虎圈㊈，有虎逸登閣道，幾至御座，侍衛皆驚靡㊉，吏部尚書王叡執戟禦之，太后稱以為忠，親任愈重。

㈪六月，丁酉（二十一日），以輔國將軍楊文弘為北秦州刺史，武都王。

㈫庚子（二十四日），魏皇叔若卒。

(十三)蕭道成以大明以來公私奢侈，秋，八月，奏罷御府㉑，省二尚方彫飾器玩；辛卯（十六日），又奏禁民間華偽雜物凡十七條㉒。

(十四)乙未（二十日），以蕭賾為領軍將軍，蕭嶷為江州刺史。

(十五)九月，乙巳朔，日有食之。

(十六)蕭道成欲引時賢參贊大業，夜召驃騎長史謝朏，屏人與語。久之，朏無言，唯二小兒捉燭，道成慮朏難之，仍取燭遣兒，朏又無言，道成乃呼左右。朏，莊之子也㉓。太尉右長史王儉知其指，它日，請間，言於道成曰：「功高不賞㉔，古今非一。以公今日位地㉕，欲終北面，可乎？」道成正色裁之，而神采內和。儉因曰：「儉蒙公殊盼，所以吐所難吐，何賜拒之深？宋氏失德，非公豈復寧濟？但人情澆薄，不能持久㉖，公若小復推遷，則人望去矣！豈唯大業永淪，七尺亦不可得保㉗。」道成曰：「卿言不無理。」儉曰：「公今名位，故是經常宰相。宜禮絕羣后，微示變革，當先令褚公知之，儉請銜命。」道成曰：「我自當往。」經少日，道成自造褚淵，欵言移晷㉘，乃謂曰：「我夢應得官。」淵曰：「今授始爾㉙，恐一二年間，未容便移，且吉夢未必應在旦夕。」道成還，以告儉。儉曰：「褚是未達理耳！」儉乃唱議加道成太傅，假黃鉞，使中書舍人虞整作詔。道成所親任遐曰：「此大事，應報褚公。」道成曰：「褚公不從，柰何？」遐曰：「彥回㉚惜身保妻子，非有奇才異節，遐能制之。」淵果無違異。丙午（初二日），詔進道成假黃鉞、大都督中外諸軍事、太傅、領揚州牧、劍履上殿，入朝不趨，贊拜不名，使持節、太尉、驃騎大將軍、錄尚書、南徐州刺史如故。道成固辭殊禮㉛。

(十七)以揚州刺史晉熙王燮為司徒。

(十八)戊申（初四日），太傅道成以蕭映為南兗州刺史。冬，十月，丁丑（初三日）以蕭晃為豫州刺史。

(十九)己卯（初五日），獲孫曇瓘，殺之㉜。

(廿)魏員外散騎常侍鄭義來聘。

(廿一)壬寅（二十八日），立皇后謝氏。后，莊之孫也。

(廿二)十一月，癸亥（二十日），臨澧侯㉝劉晃坐謀反，與其黨皆伏誅。晃，秉之從子也。

(廿三)甲子（二十一日），徙南陽王翽為隨郡王。

(廿四)魏馮太后忌青州刺史南郡王李惠(三四)，誣云惠將南叛，十二月，癸巳（二十日），誅惠及妻幷其子弟。太后以猜嫌所夷滅者十餘家，而惠所歷，皆有善政，魏人尤冤惜之。

(廿五)尚書令王僧虔奏，以「朝廷禮樂多違正典，大明中，即以宮縣合和鞞拂(三五)，節數雖會，慮乖雅體。又今之清商，實由銅爵，三祖風流，遺音盈耳，京洛相高，江左彌貴(三六)，中庸和雅，莫近於斯，而情變聽移，稍復銷落(三七)，十數年間，亡者將半，民間競造新聲雜曲，煩淫無極，宜命有司悉加補綴。」朝廷從之。

(廿六)是歲，魏懷州刺史高允以老疾告歸鄉里，尋復以安車徵至平城，拜鎮軍大將軍、中書監，固辭，不許，乘車入殿，朝賀不拜。

【今註】(一)西塞：西塞山在今湖北省大冶縣東九十里。《水經注》曰：「江水東逕西陵縣故城南，江之右岸，有黃石山，水逕其北，即黃石磯也，縣北則三洲也，山連延江側，東山偏高，謂之西塞，東對黃公九磯，所謂九圻者也。」(二)今日就戮，甘心如薺：《詩・谷風》云：「誰謂荼苦，其甘如薺。」此言甘心就戮，如茹薺也。㊂建寧太守：《宋書・州郡志》郢州西陽郡有建寧左縣，本曰建寧左郡，孝武帝大明八年省郡為縣，屬西陽郡。南齊州郡志有建寧左郡，殆復置於此時也，故城在今湖北省麻城縣西南，蓋皆蠻左所居地也。㊃攸之聞之怒，銜須咀之：胡三省曰：「自咀其須，怒之甚也。」咀，嚼也；須與鬚同。㊄魯山：魯山在今湖北省漢陽縣東北，江水逕其南，沔水從西北來注之，即大別山也。《水經注》曰：「江水自沌口東逕歎父山，又東逕魯山南，古翼際山也，山上有吳江夏太守陸渙所治城，山左即沔水口矣！」《元和郡縣志》曰：「魯山一名大別山，在漢陽縣東北一百步，其山南枕蜀江，北帶漢水。」㊅郢城未有追軍，而散軍畏蠻抄：畏蠻抄掠也。胡三省曰：「此蠻即緣沔而居者。」余按此蠻即五水蠻也。㊆張敬兒既斬攸之使者，即勒兵，偵攸之下，遂襲江陵：偵，候也，伺也。敬兒部勒隊伍，候攸之率眾東下，遂襲江陵也。㊇寵洲：胡三省曰：「寵洲近樂鄉。」㊈村民斬攸之首送江陵，敬兒擎之以楯，覆以青繖，徇諸市郭，乃送建康：繖，傘本字，蓋也，青繖即青蓋。徇，徇之俗字，巡行以示諸眾也。王鳴盛曰：「南史沈攸之傳攸之為鎮西將軍，荊州刺史，加都督，聚斂兵力，漸懷不臣之心，愚謂此齊人曲筆，而李延壽襲之。沈約修宋書在齊武帝時，故多回護，延壽則不應爾。宋書攸之傳書以反叛，不知攸之乃反齊，非反宋也，正如魏毌丘儉等之反，反司馬氏，非反魏也。通鑑綱目書此事云：『宋荊襄都督沈攸之舉兵江陵討蕭道成』，得其實矣！」⑩祈生：猶曰求生。㊁孫同、宗儼之等皆伏誅：攸之舉兵，孫同為軍鋒，而宗儼之勸成之，故皆誅之。㊂加蕭道成太尉，都督南徐等十六州諸軍事：《南齊書・高帝紀》道成加都督南徐、南兗、徐、兗、青、冀、司、豫、荊、雍、湘、郢、梁、益、廣、越十六州。㊂道成表送黃鉞：假黃鉞所以專征伐也，荊州已定，故表還黃鉞。㊃道成以儉為右長史：《晉書・職官志》三公府獨司徒府置左、右長史，餘皆置長史一人，時道成為太尉，置左、右長史，蓋尊崇之也。㊄魏主如代湯泉：按魏代北有二湯泉，其一在代城北，其一在下洛縣之橋山。《水經注》引《魏土地記》曰：「代城北九十里有桑乾城，城西渡桑乾水，去城十里有溫湯，療疾有驗。」又曰：「下洛城東南四十里有橋山，山下有溫泉，炎涼代序，是水灼焉無改，能治百疾。」此言代湯泉，代城北之湯泉也。㊅湘州刺史南陽王翽未之鎮：翽，明帝之子也，翽刺湘州見昇明元年。㊆黃回至郢州，遣輔國將軍任候伯行湘州事，候伯輒殺佩玉，冀以自免：袁粲之謀殺蕭道成也，任候伯與之同謀，沈攸之之反，庾佩玉持兩端，今袁、沈俱敗，候伯懼誅，故殺佩玉以求免。㊇以淮南、宣城二郡太守蕭映行南兗州事，仍以其弟晃代之：胡三省曰：「淮南、宣城逼近京邑，故道成不以授他人。」映、晃皆道成之子也。㊈魏主與太后臨虎圈：虎圈在平城之北。《水經注》曰：「如渾水南逕北宮下，又南分為二水，一水西出南屈入北苑中，歷諸池沼，又南逕虎圈，魏太平真君五年，成之以牢虎也。其水又南逕平城西郭內，又南逕平城縣故城南。」⑩驚靡：驚恐而潰散也。⑪蕭道成以大明以來公私奢侈，奏罷御府：《宋書・明帝紀》大明四年改細作署令為左右御府令。按御府令，自漢以來有，典官婢作中衣服及補浣之屬，漢屬少府，晉屬光祿勳，東晉省，宋孝武復改細作署為御府也。⑫又奏禁民閒華偽雜物凡十七條：《南齊書・高帝紀》上表禁民閒華偽雜物，不得以金銀為箔，馬乘具不得金銀度，不得織成繡裙，道路不得著錦履，不得用紅色為幡蓋、衣服，不得翦綵帛為雜花，不得以綾作雜服飾，不得作鹿行錦及局腳櫸栢牀、牙箱籃雜物、綵帛作屏障、錦緣薦席，不得私作器仗，不得以七寶飾樂器，又諸雜漆物不得以金銀為花獸，不得輒鑄金銅為像，皆頒墨敕，凡十七條。㉓朏，莊之子也：謝莊見卷一百三十明帝泰始元年。㉔功高不賞：《史記》蒯通說淮陰侯曰：「臣聞勇略震主者身危而功蓋天下者不賞。」㉕位地：猶曰地位。㉖人情澆薄，不能持久：澆亦薄也。言懷人之德者，不易持久，稍經時日，輒復淡忘矣！㉗七尺亦不可保：七尺，七尺之軀也。言自身猶且不保。㉘移晷：日影移也。㉙今授始爾：言方加太尉，都督十六州。㉚彥回：褚淵字。㉛道成固辭殊禮：劍履上殿，入朝不趨，贊拜不名，皆殊禮也，道成辭而不受。㉜獲孫曇瓘，殺之：曇瓘與袁粲同謀，袁粲之死，曇瓘逃去。㉝臨澧侯：《宋書‧州郡志》天門郡有臨澧縣，晉武帝太康四年立，故城在今湖南省大庸縣西。㉞魏馮太后忌青州刺史南郡王李惠：孝文帝之母，惠之女也，故馮后忌之。㉟鞞拂：鞞舞、拂舞也，鞞亦作鼙。《晉書‧樂志》曰：「鞞舞未詳所起，然漢代已施於燕享矣！傅毅、張衡所賦，皆其事也。舊曲有五篇，一、關東有賢女，二、章和二年中，三、樂久長，四、四方皇，五、殿前生桂樹，其辭並亡，魏依前曲作新歌五篇，曰明明魏皇帝當古曲關東有賢女，曰太和有聖帝當古曲章和二年中，曰魏歷長當古曲樂長久，曰天生蒸民當古曲四方皇，曰為君既不易當古曲殿前生桂樹，泰始中，又製新歌五篇，一曰洪業當魏曲明明魏皇帝，二曰天命當魏曲太和有聖帝，三曰景皇當魏曲魏歷長，四曰大晉當魏曲天生蒸民，五曰明君當魏曲為君既不易。拂舞出自江左，舊云吳舞，檢其歌，非吳辭也，亦陳於殿庭。揚泓序云：『自到江南，見白符舞，或言白凫鳩舞，云有此來數十年矣！察其辭旨，乃是吳人患孫皓虐政，思屬晉也。』其曲有白鳩、濟濟、獨祿、碣石、淮南王五篇。」㉖又今之清商，實由銅雀，三祖風流，遺音盈耳，京洛相高，江左彌貴：胡三省曰：「魏太祖起銅雀臺於鄴，自作樂府，被於管弦，後遂置清商令以掌之，屬光祿勳。三祖謂魏太祖、高祖、烈祖也。唐會要曰：『自晉播遷，古樂遂分散不存，苻堅滅涼，始得漢魏清商之樂，傳於前後二秦。及宋武定關中，收之，入於江南。隋平陳，獲之，隋文曰，此華夏正聲也。乃置清商署，總謂之清樂。』余按魏三祖，太祖武皇帝、世祖文皇帝、烈祖明皇帝也。㉗而情變聽移，稍後銷落：言人情異於前代，不好和雅之樂而尚煩淫之音，遂使前世風流遺韻，稍稍銷落也。

卷一百三十五　齊紀一

司馬光編集
林瑞翰註

起屠維協洽，盡昭陽大淵獻，凡五年。（己未至癸亥，西元四七九年至四八三年）

太祖高皇帝 諱道成，姓蕭氏，字紹伯，小字鬬將，本居東海蘭陵縣中都鄉中都里，晉惠帝分東海為蘭陵郡，故為蘭陵郡人。高祖整過江，居晉陵武進縣之東城里，時寓居江左者，皆僑置本土，加以南名，更為南蘭陵人。整生儁，儁生樂子，樂子生承之，承之生帝。

建元元年㊀（西元四七九年）

㈠春，正月，甲辰（初二日），以江州刺史蕭嶷為都督荊湘等八州諸軍事，荊州刺史㊁，尚書左僕射王延之為江州刺史，安南長史蕭子良為督會稽等五郡諸軍事，會稽太守㊂。

初，沈攸之欲聚眾，開民相告，士民坐執役者甚眾。嶷至鎮，一日罷遣三千餘人，府州儀物，務存儉約，輕刑薄斂，所部大悅。

㈡辛亥（初九日），以竟陵世子賾㊃為尚書僕射，進號中軍大將軍，開府儀同三司。

㈢太傅道成以謝朏有重名，必欲引參佐命，以為左長史。嘗置酒，與論魏、晉故事，因曰：「石苞不早勸晉文，死方慟哭，方之馮異，非知機也㈤。」朏曰：「晉文世事魏室，必將身終北面，借使魏依唐虞故事，亦當三讓彌高㈥。」道成不悅。甲寅（十二日），以朏為侍中，更以王儉為左長史。

㈣丙辰（十四日），以給事黃門侍郎蕭長懋為雍州刺史㈦。

㈤二月，丙子（初四日），邵陵殤王友卒。

㈥辛巳（初九日），魏太皇太后及魏主如代郡溫泉。

㈦甲午（二十二日），詔申前命，命太傅贊拜不名㈧。

㈧己亥（二十七日），魏太皇太后及魏主如西宮㈨。

㈨三月，癸卯朔，日有食之。

㈩甲辰（初二日），以太傅為相國，總百揆，封十郡為齊公㈩，加九錫，其驃騎大將軍、揚州牧、南徐州刺史如故。己巳（二十七日），詔齊國官爵禮儀，並倣天朝㈡。丙午（初四日），以世子賾領南豫州刺史。

(十一)楊運長去宣城郡還家，齊公遣人殺之㉒。淩源令㉓潘智與運長厚善，臨川王綽，義慶之孫也㉔，綽遣腹心陳讚說智曰：「君，先帝舊人，身是宗室近屬，如此形勢，豈得久全？若招合內外，計多有從者㉕。臺城內人常有此心，苦無人建意耳！」智即以告齊公，庚戌（初八日），誅綽兄弟及其黨與。

(十二)甲寅（十二日），齊公受策命，赦其境內，以石頭為世子宮，一如東宮。褚淵引何曾自魏司徒為晉丞相故事，求為齊官，齊公不許。以王儉為齊尚書右僕射，領吏部，儉時年二十八。

夏，四月，壬申朔，進齊公爵為王，增封十郡㉖。

甲戌（初二日），武陵王贊卒，非疾也㉗。

丙戌（十四日），加齊王殊禮㉘，進世子為太子。辛卯（十九日），宋順帝下詔禪位於齊。壬辰（二十日），帝當臨軒，不肯出，逃于佛蓋之下㉙。王敬則勒兵殿庭，以板輿入迎帝。太后懼，自帥閹人索得之㉚，敬則啟譬令出，引令升車。帝收淚謂敬則曰：「欲見殺乎？」敬則曰：「出居別宮耳！官先取司馬家亦如此。」

帝泣而彈指曰：「願後身世世勿復生天王家。」宮中皆哭。帝拍敬則手曰：「必無過慮，當餉輔國十萬錢[21]。」是日，百僚陪位，侍中謝朏在直，當解璽綬，陽為不知，曰：「有何公事？」傳詔[22]云：「解璽綬授齊王。」朏曰：「齊自應有侍中。」乃引枕臥，傳詔懼，使朏稱疾，欲取兼人[23]，朏曰：「我無疾，何所道？」遂朝服步出東掖門，仍登車還宅。乃以王儉為侍中，解璽綬禮畢，帝乘畫輪車，出東掖門，就東邸[24]，問今日何不奏鼓吹？左右莫有應者。右光祿大夫王琨，華之從父弟也[25]，在晉世已為郎中，至是攀車獺尾[26]，慟哭曰：「人以壽為歡，老臣以壽為戚，既不能先驅螻蟻[27]，乃復頻見此事。」嗚咽不自勝，百官雨泣[28]。

司空兼太保褚淵等奉璽綬，帥百官詣齊宮勸進，王辭讓未受。淵從弟前安成太守炤謂淵子賁曰：「司空今日何在？」賁曰：「奉璽綬在齊大司馬門。」炤曰：「不知汝家司空將一家物與一家，亦復何謂？」

甲午（二十二日），王即皇帝位于南郊，還宮，大赦，改元[29]，奉宋順帝為汝陰王，優崇之禮，皆倣宋初，築宮丹陽〔三〇〕，置兵守衛之。宋神主遷汝陰廟，諸王皆降為公，自非宣力齊室，餘皆除國，獨置南康、華容、萍鄉三國以奉劉穆之、王弘、何無忌之後〔三一〕，除國者凡百二十人。二臺〔三二〕官僚依任攝職，名號不同，員限盈長者〔三三〕別更詳議。以褚淵為司徒。賓客賀者滿座，褚炤歎曰：「彥回少立名行，何意披猖至此〔三四〕？門戶不幸，乃復有今日之拜，使彥回作中書郎而死〔三五〕，不當為一名士邪？名德不昌，乃復有期頤之壽〔三六〕。」淵固辭不拜。

奉朝請河東裴顗上表數帝過惡，掛冠徑去，帝怒，殺之。太子賾請殺謝朏，帝曰：「殺之遂成其名，正應容之度外耳！」久之，因事廢于家。

帝問為政於前撫軍行參軍沛國劉瓛，對曰：「政在孝經。凡宋氏所以亡，陛下所以得者，皆是也。陛下若戒前車之失，加之以寬厚，雖危可安，若循其覆轍，雖安必危矣！」帝歎曰：「儒者之言，可寶萬世。」

㉝丙申（二十四日），魏主如崞山。

㉞丁酉（二十五日），以太子詹事張緒為中書令，齊國左衛將軍陳顯達為中護軍，右衛將軍李安民為中領軍。緒，岱之兄子也。

㉟戊戌（二十六日），以荊州刺史嶷為尚書令，驃騎大將軍，開府儀同三司，揚州刺史；南兗州刺史映為荊州刺史。

㊱帝命羣臣各言得失，淮南、宣城二郡太守劉善明㊲請除宋氏大明、泰始以來諸苛政細制，以崇簡易，又以為交州險遠，宋末政苛，遂至怨叛㊳，今大化創始，宜懷以恩德，且彼土所出，唯有珠寶，實非聖朝所須之急，討伐之事，謂宜且停。

給事黃門郎清河崔祖思亦上言，以為：「人不學則不知道㊴，此悖逆禍亂所由生也。今無員之官，空受祿力㊵，彫耗民財，宜開文武二學，課臺、府、州、國限外之人，各從所樂，依方習業㊶；若有廢惰者，遣還故郡，經藝優殊者，待以不次。又今陛下雖躬履節儉，而羣下猶安習侈靡，宜褒進朝士之約素清脩者，貶退其驕奢荒淫者，則風俗可移矣！」

宋元嘉之世，凡事皆責成郡縣，世祖徵求急速，以郡縣遲緩，始遣臺使督之。自是使者所在旁午㊷，競作威福，營私納賂，公私勞擾。會稽太守聞喜公子良上表極陳其弊，以為：「臺有求須，但明下詔敕，為之期會，則人思自竭，若有稽遲，自依糾坐之科。今雖臺使盈湊，會取正屬所辦㊸，徒相疑憒，反更淹懈㊹，宜悉停臺使。」

員外散騎郎劉思效上言：「宋自大明以來，漸見凋弊，徵賦有加，而天府㊺尤貧，小民嗷嗷㊻，殆無生意，而貴族富室以侈麗相高，乃至山澤之民，不敢采食其水草。陛下宜一新王度㊼，革正其失。」上皆加褒賞，或以表付外，使有司詳擇所宜奏行之。

己亥，詔二宮諸王㊽悉不得營立屯邸，封略山湖㊾。

㈦魏主還平城。

㈧魏秦州刺史尉洛侯、雍州刺史宜都王目辰、長安鎮將陳提等皆坐貪殘不法，洛侯、目辰伏誅，提徙邊。又詔以候官㊿千數，重罪受賕不列，輕罪吹毛發舉㊿一，宜悉罷之，更置謹直者數百人，使防邏街術(五二)，執喧鬬者而已，自是吏民始得安業。

(十九)自泰始以來，內外多虞，將帥各募部曲，屯聚建康。李安民上表以為自非淮北常備外，餘軍悉皆輸遣，若親近宜立隨身者，聽限人數，上從之。五月，辛亥（初十日），詔斷眾募(五三)。

(廿)壬子（十一日），上賞佐命之功褚淵、王儉等，進爵增戶各有差。【考異】南史崔祖思傳曰：「帝將加九錫，內外皆贊成之，祖思獨曰：『公以仁恕匡社稷，執股肱之義，君子愛人以德，不宜如此。』帝聞而之，曰：『祖思遠同荀令，豈孤所望也。』由此不復處任職而禮貌甚重。垣崇祖受密旨參訪朝臣，光祿大夫垣閎曰：『身受宋氏厚恩，復蒙明公眷接，進不敢同，退不敢異。』冠軍將軍崔文仲與崇祖意同。及帝受禪，閎存故爵，文仲、崇祖皆封侯，祖思加官而已。」按宋朝初議封帝為梁公，祖思啟高祖曰：「讖云：『金刀利刃齊刈之。』今宜稱齊，實應天命。」從之。然則祖思安得盡誠節於宋？今刪之。

處士何點謂人曰：「我作齊書已竟，贊云：『淵既世族，儉亦國華，不賴舅氏，遑恤國家？』」點，尚之孫也(五四)。淵母宋始安公主繼母吳郡公主，又尚巴西公主，儉母武康公主，又尚陽羨公主，故點云然。

(廿一)己未（十八日），或走馬過汝陰王之門，衛士恐有為亂者奔入，殺王而以疾聞，上不罪而賞之。辛酉（二十日），殺宋宗室陰安公燮等，無少長皆死。前豫州刺史劉澄之，遵考之子也〔五五〕，與褚淵善，淵為之固請，曰：「澄之兄弟不武，且於劉宗又疎。」故尊考之族獨得免。

(五三)丙寅（二十五日），追尊皇考曰宣皇帝，皇妣陳氏曰孝皇后。

(五四)丁卯（二十六日），封皇子鈞為衡陽王。

【考異】南史在四月甲午，今從齊書。

(五五)上謂兗州刺史垣崇祖曰：「吾新得天下，索虜〔五六〕必以納劉昶為辭，侵犯邊鄙。壽陽當虜之衝，非卿無以制此虜也。」乃徙崇祖為豫州刺史。

(五六)六月，丙子（初六日），誅游擊將軍姚道和，以其貳於沈攸之也〔五七〕。

(五七)甲申（十四日）立王太子賾為皇太子，皇子嶷為豫章王，映為臨川王，晃為長沙王，曅為武陵王，暠為安成王，鏘為鄱陽王，鑠為桂陽王，鑑為廣陵王，皇孫長懋為南郡王。

(五八)乙酉（十五日），葬宋順帝于遂寧陵。

(五九)帝以建康居民舛雜多姦盜，欲立符伍以相檢括，右僕射王儉諫曰：「京師之地，四方輻湊，必也持符，於事既煩，理成不曠㊆，謝安所謂不爾，何以為京師也！」乃止。

㊇初，交州刺史李長仁卒，從弟叔獻代領州事，以號令未行，遣使求刺史於宋，宋以南海太守沈煥為交州刺史，以叔獻為煥寧遠司馬，武平，新昌二郡太守㊈。叔獻既得朝命，人情服從，遂發兵守險，不納煥，煥停鬱林，病卒。秋，七月丁未（初七日），詔曰：「交阯、比景獨隔書朔㊉，斯乃前軍方季，因迷遂往，宜曲赦交州，即以叔獻為刺史，撫安南土。」

㊊魏葭蘆鎮主楊廣香請降，丙辰（初十日），以廣香為沙州刺史㊋。

㊌八月，乙亥（初六日），魏主如方山㊍。丁丑（初八日），還宮。

㊎上聞魏將入寇，九月，乙巳（初六日），以豫章王嶷為荊、湘二州刺史，都督如故㊏，以臨川王映為揚州刺史。

㊐丙午（初七日），以司空褚淵領尚書令。

(卌四)壬子（十三日），魏以侍中、司徒東陽王丕為太尉，侍中、尚書右僕射陳建為司徒，侍中、尚書代人苟頹(六四)為司空。

(卌五)己未（二十日），魏安樂厲王長樂謀反，賜死。

(卌六)庚申（二十一日），魏隴西宣王源賀卒。

(卌七)冬，十月，己巳朔，魏大赦。

(卌八)癸未（十五日），汝陰太妃王氏卒(六五)，謚曰宋恭皇后。

(卌九)初，晉壽民李烏奴與白水氐(六六)楊成等寇梁州，梁州刺史范柏年說降烏奴，擊成破之。及沈攸之事起(六七)，柏年遣兵出魏興，聲云入援，實候望形勢。事平，朝廷遣王玄邈代之，詔柏年與烏奴俱下。烏奴勸柏年不受代，柏年計未決，玄邈已至，柏年乃留烏奴於漢中，還至魏興，盤桓不進。左衛率豫章胡諧之嘗就柏年求馬，柏年曰：「馬非狗也，安能應無已之求？」待使者甚薄，使者還語諧之曰：「柏年云胡諧之何物狗，所求無厭。」諧之恨之，譖於上曰：「柏年恃險聚眾，欲專據一州。」上使雍州刺史南郡王長懋誘柏年，啟為府長史。柏年至襄陽，上欲不問，諧之曰：「見虎，格得而縱上山乎(六八)?」甲午（二十六日），賜柏年死。

李烏奴叛入氐，依楊文弘，引氐兵千餘人寇梁州，陷白馬戍(六九)。王玄邈使人詐降誘烏奴，烏奴輕兵襲州城，玄邈伏兵邀擊，大破之，烏奴挺身復走入氐。

初，玄邈為青州刺史(七〇)，上在淮陰，為宋太宗所疑(七一)，欲北附魏，遣書結玄邈。玄邈長史清河房叔安曰：「將軍居方州之重，無故舉忠孝而弃之，三齊(七二)之士，寧蹈東海而死耳，不敢隨將軍也！」玄邈乃不答上書。【考異】南史云：「仍遣叔安奉表詣闕告之，帝於路執之，幷求玄邈表。叔安曰：『王將軍表上天子，不上將軍。且僕之所言，利國家，不利將軍，無所應問。』荀伯玉勸帝殺之，帝曰：『物各為主。無所責也。』」按太祖時為邊將，若執叔安，又不殺，便應不復為宋臣，齊書無此事，今不取。及罷州，還至淮陰，嚴軍直過，至建康，啟太宗稱上有異志。及上為驃騎(七三)，引為司馬，玄邈甚懼，而上待之如初。及破烏奴，上曰：「玄邈果不負吾意遇也。」

叔安為寧蜀太守(七四)，上賞其忠正，欲用為梁州，會病，卒。

(四七)十一月辛亥（十三日），立皇太子妃裴氏。

(四八)癸丑（十五日），魏遣假梁郡王嘉督二將出淮陰，隴西公琛督三將出廣陵，河東公薛虎子督三將出壽陽，奉丹陽王劉昶入寇㊄，許昶以克復舊業，世胙江南㊅，稱藩于魏。蠻酋桓誕請為前驅㊆，以誕為南征西道大都督。

義陽民謝天蓋自稱司州刺史，欲以州附魏，魏樂陵鎮將㊇韋珍引兵渡淮應接。豫章王嶷遣中兵參軍蕭惠朗將二千人助司州刺史蕭景先討天蓋，韋珍略七千餘戶而去。【考異】齊蕭景先傳云：「天蓋與虜相搆扇，景先言於督府，豫章王遣惠朗助景先討天蓋黨與，虜尋遣偽南部尚書類跋屯汝南，洛州刺史昌黎王馮莎屯清丘。景先嚴備待敵，虜退。」魏韋珍傳云：「天蓋自署司州刺史，規以內附，事泄，為道成將崔慧景所攻圍，詔珍帥在鎮士馬渡淮援接。時道成聞珍將至，遣將荀元賓據淮，逆拒珍，珍腹背奮擊，破之，天蓋尋為左右所殺，降於慧景，珍乘勝馳進，又破慧景，擁降民七千餘戶內徙，表置城陽、剛陵、義陽三郡以處之。」按魏將無類跋、馮莎，而慧景亦非討天蓋之將，蓋時二國之史，各出傳聞，互有訛謬，今約取二史大槩而用之。景先，上之從子也。

南兗州刺史王敬則聞魏將濟淮，委鎮還建康，士民驚散，既而魏竟不至。上以其功臣，不問。

上之輔宋也，遣驍騎將軍王洪範使柔然，約與共攻魏。洪範自蜀出吐谷渾，歷西域，乃得達。【考異】齊書作王洪軌，今從齊紀。至是柔然十餘萬騎寇魏，至塞上而還。

㈣是歲，魏詔中書監高允議定律令。允雖篤老，而志識不衰，詔以允家貧養薄，令樂部絲竹十人，五日一詣允，以娛其志，朝晡給膳，朔望致牛酒，月給衣服綿絹，入見則備几杖，問以政治。㊼契丹莫賀弗勿干帥部落萬餘口入附于魏，居白狼水東㊾。

【今註】㊀建元元年：是年四月，帝受禪，始改元建元。㊁以江州刺史嶷為都督荊湘等八州諸軍事，荊州刺史：《南齊書·豫章文獻王嶷傳》都督荊、湘、雍、益、梁、寧、南秦、北秦八州，以代沈攸之也。江左之勢，莫重於荊襄，故以嶷鎮之，嶷，帝之次子也。㊂安南長史蕭子良為督會稽等五郡諸軍事，會稽太守：子良，帝之孫，武帝之次子也，五郡謂會稽、東陽、臨海、永嘉、新安，蓋宋孝武世東揚州之職也。江左資源，莫富於東土，故以子良居之。㊃竟陵世子賾：時帝進爵竟陵郡公，以賾為世子。㊄石苞不早勸晉文，死方慟哭，方之馮異，非知機也：《易·繫辭》曰：「幾者動之微，吉之先見者也。」機與幾同。石苞，晉佐命勳臣也，苞出督揚州而晉文王薨，苞自揚州奔喪，慟哭曰：「基業如此，而以人臣終乎！」馮異漢中興名臣也，勸光武即尊位。此言苞未能及時勸晉文為禪代之事，比之異之勸光武，非知機者，蓋欲以此言諷謝朏，使勸己受宋禪耳！㊅晉文世事魏室，必將身終北面，借使魏依唐虞故事，亦當三讓彌高：謝朏謂晉文本無代魏之志，借使魏必欲禪晉，亦當三讓天下而後受之，則節行彌高也。㊆以給事黃門侍郎蕭長懋為雍州刺史：長懋即文惠太子，高帝之嫡孫，武帝之長子也。雍州鎮襄陽，犄制江陵之後，上流之重地，故以長懋居之。㊇詔中前命，命太傅贊拜不名：前命帝贊拜不名，見上卷宋順帝昇明二年。⑨魏太皇太后及魏主如西宮：西宮，魏道武帝天賜元年所築，見卷一百十三晉安帝元興三年。⑩以太傅為相國，總百揆，封十郡為齊公：《南齊書・高帝紀》，十郡謂青州之齊郡、徐州之梁郡、南徐州之蘭陵、魯郡、琅琊、東海、晉陵、義興、揚州之吳郡、會稽也。又〈崔祖思傳〉宋朝初議封帝為梁公，祖思謂帝曰：「讖書云：『金刀利刄齊割之。』今宜稱齊，實應天命。」帝從之，因封為齊公。⑪己巳，詔齊國官爵禮儀，並倣天朝：按上繫甲辰，下繫丙午，此己巳蓋乙巳之誤也，乙巳初三日。⑫楊運長去宣城郡還家，齊公遣人殺之：楊運長守宣城見上卷宋順帝昇明元年。⑬淩源令：胡三省曰：「蕭子顯齊志臨淮郡有淩縣。應劭曰：『淩水出淩縣，西南入淮。』酈道元曰：『淩水出淩縣，東流經其縣故城東而東南流入淮。』」淩縣漢置，宋省，齊復置，故城在今江蘇省宿遷縣東南。《南齊書・州郡志》無淩源縣，胡氏此註蓋以淩源即淩縣也。⑭臨川王綽，義慶之孫也：義慶，長沙景王道憐次子，出嗣臨川烈武王道規後也。⑮若招合內外，多有從者：內謂臺城，外謂諸州郡。言若招合內外臣民以勤王，則景從者必眾也。⑯進齊公爵為王，增封十郡：《南齊書・高帝紀》，增封豫州之南梁、陳郡、潁川、陳留、南兗州之盱眙、山陽、秦郡、廣陵、海陵、南沛十郡。⑰武陵王贊卒，非疾也：言為齊所殺也。⑱加齊王殊禮：《南齊書・高帝紀》，加齊王冕十有二旒，建天子旌旗，出警入蹕，乘金根車，駕六馬，備五時副車，置旄頭雲罕，樂舞八佾，設鍾虡宮縣，皆天子禮儀。⑲帝當臨軒，不肯出，逃於佛蓋之下：天子御平臺而不御正殿，謂之臨軒。胡三省曰：「自晉以來，宮中有佛屋以嚴事佛像，上為寶蓋以覆之，宋帝逃於其下。」⑳王敬則勒兵殿庭，以板輿入迎帝，太后懼，自帥閹人索得之：太后，明恭王皇后也。李善注《文選》曰：「版輿，車名，一名步輿，周遷輿服雜事記曰：『步輿方四尺，素木為之，以皮為攆掆之，自天子至庶人通得乘之。』」時宋帝逃於佛蓋之下，太后懼索不得而罹罪，故自帥閹人索之。㉑必無過慮，當餉輔國十萬錢：王敬則時為輔國將軍。宋帝慮為齊所殺，謂敬則若能免禍，當餉以十萬錢。㉒傳詔：胡三省曰：「傳詔屬中書舍人，出入宣傳詔旨。又考南史，郡府謂之傳教，天臺謂之傳詔。」傳教者，宣傳教令也，釋與傳詔同而稱異耳！㉓欲取兼人：謝朏既不受命，乃欲取兼侍中者以應之。㉔帝乘畫輪車，出東掖門，就東邸：宋以永初元年受晉禪，歷八主，凡六十年而亡。畫輪車者，車輪施文畫也。《晉書・輿服志》曰：「畫輪車駕牛，以綵漆畫輪轂，故名曰畫輪車。上起四夾杖，左右開四望，綠油幢，朱絲絡，其上形制如輦，其下如犢牛。」蕭子顯曰：「漆畫輪車，金塗校飾如輦，微有減降。」㉕右光祿大夫王琨：華之從父弟也：王華早入宋公霸府，元嘉初輔政。㉖攀車獺尾：胡三省曰：「獺毛可以辟塵，故懸之於車。」㉗不能先驅螻蟻：謂己不能早死也。螻蟻，喻己之渺小且無益於世，猶螻蟻然。㉘雨泣：涕泣如雨。㉙改元：至是改元建元元年。㉚築宮丹陽：《南史・帝紀》丹陽作丹徒，《齊書・高帝紀》云：「築宮丹陽縣故治。」齊書為是。㉛獨置南康、華容、萍鄉三國以奉劉穆之、王弘、何無忌後：《南齊書・高帝紀》以南康侯國奉劉穆之後，華容侯國奉王弘後，萍鄉伯國奉何無忌後。萍即萍也，萍鄉縣，三國吳寶鼎二年析宜春置，故城在今江西省萍鄉縣東。劉穆之、王弘皆宋朝佐命，何無忌平定桓玄，中興晉室而死於盧循之難，晉室之忠臣也。胡三省曰：「王弘之後不除國，以王儉佐命耳！」㉒二臺：謂宋臺、齊臺。㉓員限盈長者：胡三省曰：「長，多而有餘也。」㉔彥回少立名行，何意披猖至此：胡三省曰：「披猖，言披靡而猖蹶也。」披靡，偃仆也；猖蹶，狂肆也，蹶亦作獗。彥回，褚淵字。淵不能立氣節而貳於宋，是披靡也，黨於齊高遂其篡奪之謀，是猖蹶也。㉕使彥回作中書郎而死：宋明帝臨終，以淵為中書令，受遺輔蒼梧，元徽之末，帝廢蒼梧，淵黨於帝而不能殉，時人輕之，為之語曰：「寧為袁粲死，不為褚淵生。」褚炤之言指此也。㉖期頤之壽：〈曲禮〉云：「人生百年曰期頤。」鄭玄曰：「期猶要也，頤，養也。」朱子曰：「期與朞字同，論語『期可已矣』，周帀之義，期謂百已周，頤謂當養而已。」㉗淮南、宣城二郡太守劉善明：胡三省曰：「江左僑立淮南郡於宣城郡界，故善明兼守二郡。」㉘交州險遠，宋末政苛，遂至怨叛：宋明帝泰始四年，交州人李長仁據交州叛，見卷一百三十二。㉙人不學則不知道：《禮・學記》曰：「玉不琢不成器，人不學不知道。」朱子曰：「道者，日用事物當行之理也。」㉚今無員之官，空受祿力：無員之官，員外之官也，上所謂員限盈長者及所謂限外之人是也。祿者，所食之祿；力者，所役之人；受祿力而無所職事，是空受也。㉛依方習業：《漢書・賈山傳》：「使皆務其方而高其節。」顏師古曰：「方，道也。」㉜使者所在旁午：《漢書・霍光傳》云：「使者旁午。」如淳曰：「旁午，分佈也。」顏師古曰：「一縱一橫為旁午，猶言交橫也。」㉝今雖臺使盈湊，會取正屬所辦：胡三省曰：「謂使者雖多，亦當取辦於所屬也。」㉞淹懈：淹謂淹滯，懈，怠也。㉟天府：天子之府藏。㊻嗷嗷：眾口愁怨之聲。㊼王度：王法。㊽二宮諸王：胡三省曰：「二宮，謂上宮及東宮。上宮，諸王皇子也；東宮，諸王皇孫也。」㊾封略山湖：略，取也，封取山湖以為己有也。南朝豪強，多憑其政治勢力封山占澤以為莊園。《宋書・孔季恭傳》季恭弟靈符於永興立墅，周回三十三里，含帶二山；〈羊玄保傳〉揚州刺史西陽王子尚上言富強者兼嶺而占，貧弱者薪蘇無託；而謝靈運莊園尤廣，其山居賦云：「其居也，左湖右江，往渚還汀，面山背阜，東阻西傾，抱含汲吐，款跨紆縈，緜聯邪亘，側直齊平。阡陌縱橫，塍埒交經，導渠引流，脈散溝并。自園之田，自由之湖，泛濫川上，緬邈水區。濬潭澗而窈窕，除菰洲之紆餘，毖溫泉於春流，馳寒波而秋徂，風生浪於蘭渚，日倒影於椒塗，飛漸榭於中沚，取水月之歡娛，旦延陰而物清，夕棲芬而氣敷。若乃南北兩居，水通陸阻，觀風瞻雲，方知厥所。南山則夾渠二田，周嶺三苑，九泉別澗，五谷異巘，羣峯參差出其間，連岫複陸成其坂，眾流灌溉以環近，諸堤擁抑以接遠。遠堤兼陌，近流開湍，淩阜泛波，水往步還。北山則棧道傾虧，蹬閣連卷，復有水逕，繚繞回圓。瀰瀰平湖，泓泓澄淵，孤岸竦秀，長洲芊綿，既瞻既眺，曠矣悠然。及其二川合流，異源同口，赴隘入險，俱會山首。瀨排沙以積丘，峯倚渚以起阜，石傾瀾而稍巖，木映波而結藪。逕南漘以橫前，轉北崖而掩後。向陽則在寒而納煦，面陰則當暑而含虛，連岡則積嶺以隱嶙，舉峯則羣竦以巀嶭。北山二園，南山三苑，百果備列，乍近乍遠，羅行布株，迎早候晚，猗蔚溪澗，森疎崖巘，杏壇㮈園，橘林栗圃，桃李多品，梨棗殊所，枇杷林檎，帶谷映渚，椹梅流芬於回巒，椑柹被實於長浦。」可為當時南朝莊園之代表，又《梁書・顧憲之傳》司徒竟陵王於宣城、臨城、定陵三縣界立屯，封山澤數百里，禁民樵採，皆其例也。(五〇)候官：《魏書・官氏志》魏道武取雲鳥之義以名官，始置候官以伺察內外，謂之白鷺，取其延頸遠望也。(五一)吹毛舉發：吹毛求疵以發舉其罪也。(五二)街術：《說文》曰：「街，四通道也；術，邑中道也。」(五三)五月辛亥，詔斷眾募：詔斷諸將所募部曲之數。按《南齊書・高帝紀》，其事在五月丁未。(五四)點，尚之孫也：何尚之仕宋，貴顯於文帝、孝武帝之朝。(五五)前豫州刺史劉澄之，遵考之子也：劉遵考見卷一百二十八宋孝武帝孝建二年，宋武帝之族弟也。(五六)索虜：南人謂北人為索虜，以其先本索頭之後也。(五七)誅游擊將軍姚道和，以其貳於沈攸之也：攸之舉兵，道和懷兩端，事見上卷宋順帝昇明元年。(五八)理成不曠：曠，久也，言符伍之理雖成而難於持久也。(五九)以叔獻為煥寧遠司馬，武平、新昌二郡太守：《宋書・州郡志》曰：「吳孫皓建衡三年討扶嚴夷，以其地立武平郡，」《御覽》引《方輿志》云：「吳置新興郡，晉改為新昌。」《元和郡縣志》曰：「吳歸命侯建衡三年，分交趾立新昌郡。」與《方輿志》異，杜佑《通典》與《方輿志》同，未知孰是。此二郡俱在今安南北境。沈煥蓋帶寧遠將軍號，以叔獻為司馬領二郡太守也。(六〇)交阯、比景獨隔書朔：胡三省曰：「言其拒命不受正朔也。古者天子常以季冬頒來年十二月之朔于諸侯，諸侯受而藏之祖廟，至月朔則以特羊告廟，請而行之。」比景縣，自漢以來屬日南郡。如淳曰：「日中於頭上，景在己下，與是為比，故以名縣也。」闞駰曰：「比讀蔭庇之庇，景在己下，言為身所庇也。」《漢書・地理志》、《續漢書・郡國志》、《晉書・地理志》、《南齊書・州郡志》並作比景，《宋書・州郡志》、《舊唐書・地理志》、《御覽》

引《吳錄》作北景，《南齊書・高帝紀》詔亦作北景，蓋吳以來或改比為北也。吳仁傑曰：「所謂開北戶以向日者。考古編云：『舊唐志景州北景縣，晉將灌邃破林邑，五月五日即其地立表，表在北而日影在表南，郡名日南而縣為北景，固相應。』案唐命太史往安南測候日影，夏至影在表南，與灌邃同，郡得名，固以此。然王充書謂日南郡有徙民還者，問之云：『日中之時，所居之地未能在日南也。』蓋日南郡唯五月日影在南，常時影不在南，亦不在北，故水經云：『北讀為蔭芘之芘，言影為身所芘。』此爾雅所謂岠齊州以南戴日者也，漢民徙者但以常時所見言之，北景音芘影，水經言是也。」顧祖禹曰：「比景故城在占城北境。」按古日南郡位於北回歸線之南，北緯十五度以北，日影未能在南也，曰日南曰比景者，亦猶前史謂日沒於條支之西百里之類，皆臆測之言也。〔六一〕以廣香為沙州刺史：胡三省曰：「以輿地記參考，此沙州當置於唐利州景谷縣界。」今四川省昭化縣西北。〔六二〕魏主如方山：方山在平城北，如渾水上。《水經注》曰：「羊水出平城縣之西苑外武州塞，北出東轉，逕燕昌城南，又東注於如渾水，亂流逕方山南，嶺上有文明太皇太后陵，陵之東北，有高祖陵。」魏主與太后時將營壽陵於方山，故數幸其地也。〔六三〕以豫章王嶷為荊、湘二州刺史，都督如故：是年正月，以嶷刺荊州，都督八州，今復兼刺湘州也。〔六四〕代人苟頹：《魏書・官氏志》神元帝時餘部內入諸姓有若干氏，後改為苟氏。〔六五〕汝陰太妃王氏卒：汝陰太妃王氏即明恭王皇后也，順帝禪位，封汝陰王，後降為汝陰太妃。〔六六〕白水氐：《水經注》白水出臨洮縣東南西傾山，水色白濁，東南流入陰平界，氐居水上者號白水氐。〔六七〕及沈攸之事起：沈攸之起兵見上卷宋順帝昇明元年。〔六八〕見虎，格得而縱上山乎：格，擊也。虎猛而能傷人，今擊得而復縱之，所謂養虎自遺患也。(六九)白馬戍即白馬城，或曰即漢之陽平關也，西帶濜水，南面沔州，沔水逕其南，故城在今陝西省沔縣西北。(七〇)初，玄邈為青州刺史：宋泰始二年，王玄邈據盤陽以拒魏，因用為青州刺史，見卷一百三十一。(七一)上在淮陰，為宋太宗所疑：時民間或言帝有異相，當為天子，宋明帝疑之，事見卷一百三十二宋明帝泰始六年。(七二)三齊：項羽既滅秦，分齊地為三，後遂稱齊地曰三齊，猶稱秦中為三秦也。(七三)及上為驃騎：帝既弒蒼梧王，進位驃騎大將軍。(七四)寧蜀太守：《晉書・地理志》桓溫滅蜀，分廣漢立寧蜀郡，故治在今四川省華陽縣東南。(七五)奉丹陽王劉昶入寇：宋前廢帝景和初，昶奔魏，魏封為丹陽王，見卷一百三十宋明帝泰始元年。(七六)世祚江南：祚者，廟祭之肉也，國亡則廟墜，故人君即位謂之踐祚，傳國於子孫謂之傳祚。世祚江南，謂立國於江南而世守其業也。(七七)蠻酋柏誕，請為前驅：柏誕降魏見卷一百二十三宋明帝泰豫元年。(七八)樂陵鎮將：胡三省曰：「魏置樂陵鎮於比陽。」今河南省泌陽縣地。(七九)契丹莫賀弗勿干帥部落萬餘口入附于魏，居白狼水東：《隋書・契丹傳》云：「契丹與庫莫奚皆東胡種，為慕容氏所破，竄於松漠之間。」莫賀弗勿干當作莫弗賀勿干，《魏書・契丹傳》契丹酋帥曰莫弗，賀勿干其名也，時高句麗、蠕蠕謀欲侵軼其地，賀勿干因率其部眾求內附於魏。《水經注》曰：「白狼水出右北平白狼縣東南，北流，西北屈逕廣成縣故城南，又北逕白狼縣故城東，又東北逕龍山西，又北逕黃龍城東，又東北出塞，又東南流至房縣，注於遼水。」

二年（西元四八〇年）

㈠春，正月，戊戌朔，大赦。

㈡以司空褚淵為司徒，尚書右僕射王儉為左僕射，淵不受。【考異】齊書建元二年正月以淵為司徒，十二月戊戌以淵為司徒，四年六月癸卯以司徒褚淵為司空，八月癸卯司徒褚淵薨。淵傳三年為司徒，又固讓，四年寢疾，遜位，改授司空。及薨，詔曰：「司徒奄至薨逝。」蓋二年正月辭，十二月受耳！紀傳前後各不相顧。

㈢辛丑（初四日），上祀南郊。

㈣魏隴西公琛等攻拔馬頭戍，殺太守劉從。乙卯（二十八日），詔內外纂嚴，發兵拒魏。徵南郡王長懋為中軍將軍，鎮石頭。

㈤魏廣川莊王略卒。

㈦魏師攻鍾離，徐州刺史崔文仲擊破之。文仲遣軍主崔孝伯渡淮，攻魏茌眉戍主龍得侯等，殺之。【考異】齊紀作龍渴侯，今從齊書。文仲，祖思之族人也。

羣蠻依阻山谷，連帶荊、湘、雍、郢、司五州之境，聞魏師入寇，官盡發民丁，南襄城蠻秦遠乘虛寇潼陽㈠，殺縣令；司州蠻引魏兵寇平昌，平昌戍主苟元賓擊破之；北上黃蠻文勉德寇汶陽㊁，【考異】齊紀作文施德，今從齊書。汶陽太守戴元賓弃城奔江陵。豫章王嶷遣中兵參軍劉伾緒將千人討之，至當陽㊂，勉德請降，秦遠遁去。魏將薛道標引兵趣壽陽，上使齊郡太守劉懷慰作冠軍將軍薛淵書以招道標，魏人聞之，召道標還，使梁郡王嘉代之。懷慰，乘民之子也㊃。

二月，丁卯朔，嘉與劉昶寇壽陽，將戰，昶四向拜將士，流涕縱橫，曰：「願同戮力以雪讎恥。」魏步騎號二十萬，豫州刺史垣崇祖集文武議之，欲治外城，堰肥水以自固。皆曰：「昔佛狸入寇㊄，南平王㊅士卒完盛，數倍於今，猶以郭大難守，退保內城。且自有肥水，未嘗堰也，恐勞而無益。」崇祖曰：「若弃外城，虜必據之，外修樓櫓，內築長圍，則坐成擒矣，守郭築堰，是吾不諫之策也㊆！」乃於城西北堰肥水㊇，堰北築小城，周為深塹，使數千人守之，曰：「虜見城小，以為一舉可取，必悉力攻之，以謀破堰，吾縱水衝之，皆為流尸矣！」魏人果蟻附攻小城，崇祖著白紗帽，肩輿上城㈨。晡時，決堰下水，魏攻城之眾，漂墜塹中，人馬溺死以千數，魏師退走。

㈦謝天蓋部曲殺天蓋以降。

㈧宋自孝建以來，政綱弛紊，簿籍訛謬，上詔黃門郎會稽虞玩之等更加檢定，曰：「黃籍㈩民之大紀，國之治端，自頃巧偽日甚，何以釐革？」玩之上表，以為：「元嘉中，故光祿大夫傅隆年出七十，猶手自書籍，躬加隱校㈡。今欲求治取正，必在勤明令長。愚謂宜以元嘉二十七年籍為正，更立明科，一聽首悔㈢，迷而不返，依制必戮，若有虛昧，州縣同科。」上從之。

㈨上以羣蠻數為叛亂，分荊、益置巴州以鎮之。壬申（十六日），以三巴校尉明慧昭為巴州刺史，領巴東太守㈢。是時，齊之境內有州二十三，郡三百九十，縣千四百八十五㈣。

乙酉（十九日），崔文仲遣軍主陳靖拔魏竹邑，殺戍主白仲都㈤；崔叔延破魏睢陵，殺淮陽太守梁惡㈥。

㈩三月，丁酉朔，以侍中西昌侯鸞為郢州刺史。鸞，帝兄始安貞王道生之子也，早孤，為帝所養，恩過諸子。

(十)魏劉昶以雨水方降，表請還師，魏人許之。丙午（初十日），遣車騎大將軍馮熙將兵迎之。

(十一)夏，四月，辛巳（十六日），魏主如白登山㊉，五月，丙申朔，如火山㊇，壬寅（初七日），還平城。

(十二)自晉以來，建康宮之外城，唯設竹籬而有六門，會有發白虎樽者㊈，言白門⑳三重關，竹籬穿不完。上感其言，命改立都牆。

(十三)李烏奴數乘閒出寇梁州，豫章王嶷遣中兵參軍王圖南將益州兵從劍閣掩擊之，梁、南秦二州刺史崔慧景發梁州兵屯白馬，與圖南腹背擊烏奴㉑，大破之，烏奴走保武興。【考異】魏書帝紀：「八月，慧景寇武興。」今從慧景傳。慧景，祖思之族人也。

(十四)秋，七月辛亥（十七日），魏主如火山。

(十五)戊午（二十四日），皇太子穆妃裴氏卒㉒。詔南郡王長懋移鎮西州。

(十六)角城戍主舉城降魏㉓。秋，八月，丁酉（魏八月，齊之九月也，九月甲午朔，丁酉初四日），魏遣徐州刺史梁郡王喜迎之，又遣平南將軍郎大檀等三將出朐城㉔，將軍白吐頭等二將出海西㉕；將軍元泰等二將出連口㉖，將軍封延等三將出角城，鎮南將軍賀羅出下蔡㉗，同入寇。

(十八)甲辰（九月十一日），魏主如方山，戊申（九月廿五日），遊武州山石窟寺，庚戌（九月廿七日），還平城㉘。

(十九)崔慧景遣長史裴叔保攻李烏奴於武興，為氐王楊文弘所敗。

(廿)九月，甲午朔，日有食之。

(廿一)丙午（十三日），柔然遣使來聘。

(廿二)汝南太守常元真、龍驤將軍胡青苟降於魏㉙。

(廿三)閏月辛巳（十八日），遣領軍李安民循行清、泗諸戍以備魏。

(廿四)魏梁郡王嘉帥眾十萬圍朐山，朐山戍主玄元度㉚嬰城固守，青、冀二州刺史范陽盧紹之遣子奐將兵助之。

庚寅（二十七日），元度大破魏師。臺遣軍主崔靈建等將萬餘人自淮入海，夜至，各舉兩炬，魏師望見遁去。

（七五）冬，十月，王儉固請解選職㉑，許之，加儉侍中，以太子詹事何戢領選。上以戢資重㉒，欲加常侍，褚淵曰：「聖旨每以蟬冕不宜過多㉓，臣與王儉既已左珥，若復加戢，則八座㉔遂有三貂；若帖以驍游，亦為不少㉕。」乃以戢為吏部尚書，加驍騎將軍。

（七六）甲辰（十二日），以沙州刺史楊廣香為西秦州刺史，又以其子炅為武都太守。

（七七）丁未（十五日），魏以昌黎王馮熙為西道都督，與征南將軍桓誕出義陽，鎮南將軍賀羅出鍾離，同入寇。

淮北四州民不樂屬魏㉖，常思歸江南，上多遣間諜誘之。於是徐州民桓標之、【考異】[魏書蘭陵民桓富，蓋即標之也，今從齊書。]兗州民徐猛子等，所在蠭起為寇盜，聚眾保伍固，推司馬朗之為主。魏遣淮陽王尉元、平南將軍薛虎子等討之。

（七八）十一月，戊寅（十六日），丹陽尹王僧虔上言：「郡縣獄相承，有上湯殺囚，名為救疾，實行冤暴㉗。豈有死生大命，而潛制下邑？愚謂囚病，必先刺郡㉘，求職司㉙與醫對共診驗，遠縣家人省視，然後處治㊵。」上從之。

(卅九)戊子（二十六日），以楊難當之孫後起為北秦州刺史，武都王，鎮武興。

(卌)十二月戊戌（初七日），以司空褚淵為司徒。淵入朝，以腰扇㊶障日，征虜功曹劉祥從側過，曰：「作如此舉止，羞面見人，扇障何益？」淵曰：「寒士不遜㊷。」祥曰：「不能殺袁、劉，安得免寒士㊸？」祥，穆之之孫也。祥好文學而性韻剛疎，撰宋書，譏斥禪代，王儉密以聞，坐徙廣州而卒。

太子宴朝臣於玄圃㊹，右衛率沈文季與褚淵語相失，文季怒曰：「淵自謂忠臣，不知死之日，何面目見宋明帝？」太子笑曰：「沈率醉矣。」

(卌一)壬子（二十一日），以豫章王嶷為中書監，司空，揚州刺史；以臨川王映為都督荊、雍等九州諸軍事，荊州刺史㊺。

(卌二)是歲，魏尚書令王叡進爵中山王，加鎮東大將軍，置王官二十二人，以中書侍郎鄭羲為傅，郎中令以下，皆當時名士，又拜叡妻丁氏為妃。

【今註】㈠南襄城蠻秦遠乘虛寇潼陽：胡三省曰：「蕭子顯齊志寧蠻府領郡有南襄城、東襄城、北襄城、中襄城郡，蓋因羣蠻部落，分署為郡也。」按《南齊書・州郡志》寧蠻府凡領二十四郡，南襄城、東襄城、北襄城等十二郡其後俱沒於魏，南襄城郡故治今闕，當在湖北境。《宋書・州郡志》僮陽縣屬汶陽郡，蓋宋初所置也，潼當作僮，其地今闕。㈡北上黃蠻文勉德寇汶陽：《水經注》曰：「晉武帝平吳，割臨沮之北鄉、中盧之南鄉立上黃縣，治軨鄉。」《晉書・地理志》襄陽郡有中盧、臨沮縣而無上黃縣，蓋志失載也。故治在今湖北省南漳縣東南五十里，西魏改曰重陽縣。《宋書・州郡志》永寧郡有上黃縣，晉無，蓋宋初所立，《五代志》竟陵郡章山縣西境置上黃郡，故治在今湖北省荊門縣東南一百四十里，其境有章山，《九域志》曰：「山即禹貢所謂內方也。」在今湖北省鍾祥縣西南，與荊門縣接界，然則西魏之上黃郡蓋宋之上黃縣地，晉所立上黃縣在其北，故曰北上黃。蕭子顯曰：「桓溫平蜀，以臨沮西界水陸紆險，行逕裁通，南通巴巫，東南出州治，道帶蠻蜑，田土肥美，立為汶陽郡以處流民。」則郡治當在沮陽縣之西。㈢當陽：當陽縣自漢以來屬南郡，章懷太子曰：「當陽縣西北，即臨沮故城也。」㈣懷慰，乘民之子也：劉乘民見卷一百三十一宋明帝泰始二年。㈤昔佛狸入寇：南朝稱魏太武帝曰佛狸。魏太武帝伐宋見卷一百二十五宋文帝元嘉二十七年。㈥南平王：宋文帝之子南平穆王鑠也。㈦守郭築堰，是吾不諫之策也：言是策必行，不為人所諫止。

郭，外城也。⑧乃於城西北堰肥水：胡三省曰：「據水經，肥水自黎漿亭北流，過壽春城東。此立堰於西北者，西北虜衝也，又因上流之勢可決以灌虜。今安豐軍有小史埭，即崇祖決堰處。」《南齊書・垣崇祖傳》：「虜眾由西道集堰南，分軍東路肉薄攻小城，崇祖著白紗帽，肩輿上城，手自轉式，至日晡時，決小史埭，水勢奔下，虜攻城之眾漂墜塹中，人馬溺死數千人。」小史埭，一名小峴埭，在今安徽省壽縣東南肥水北屈處也。⑨崇祖著白紗帽，肩輿上城：《齊書・柳世隆傳》沈攸之起兵，謂諸將曰：「我被太后令，建義下都，大事若剋，白紗帽當共著耳！」而垣崇祖亦著白紗帽以指揮眾軍，然則白紗帽不必專為帝者所著也，蓋白紗帽雖為人君登極之服，然大臣之親貴者亦得著之。⑩黃籍：杜佑曰：「黃籍者，戶口版籍也。」⑪隱校：胡三省曰：「隱者，痛覈其實也。」⑫更立明科，一聽首悔：更明其科罰，聽民自首改過。⑬以三巴校尉明慧昭為巴州刺史，領巴東太守：《南齊書・州郡志》宋明帝泰始三年，以三峽險隘，山蠻寇賊，議立三巴校尉以鎮之，尋省，順帝昇明二年復置，至是立為巴州焉，領巴東、建平、巴、涪陵四郡。⑭是時，齊之境內有州二十三，郡三百九十，縣千四百八十五：《南齊書・州郡志》二十三州曰揚、南徐、豫、南豫、南兗、北兗、北徐、青、冀、江、廣、交、越、荊、巴、郢、司、雍、湘、梁、秦、益、寧也。胡三省曰：「郡三百九十，有寄治者，有新置者，有俚郡、獠郡、荒郡、左郡無屬縣者，有或荒無民戶者，郡縣之建置雖多，而名存實亡，境土蹙於宋大明之時矣！」余按《南齊書・州郡志》，此二十三州中，合寄治、新置、俚、獠、荒、蠻諸郡凡得三百八十五，未足三百九十之數也，未知《通鑑》所據。⑮崔文仲遣軍主陳靖拔竹邑，殺戍主白仲都：漢沛郡有竹縣，後漢改曰竹邑，晉曰笁邑，後省，魏蓋於其故地置戍也，故城在今安徽省宿縣北。㈥崔叔延破魏睢陵，殺淮陽太守梁惡：睢陵縣，漢屬臨淮郡，後漢、晉屬下邳國，宋孝武大明元年度屬濟陰郡，時入魏，魏蓋置淮陽郡治此，非《魏書・地形志》之淮陽也。故治即今江蘇省睢寧縣。㈦白登山：白登山在今山西省大同縣東，昔漢高帝自將兵擊匈奴，冒頓縱兵圍高帝於白登，即此，如渾水逕其西。服虔曰：「白登，臺名也，去平城七里。」如淳曰：「今平城東十七里有臺，即白登臺也，臺南對岡阜，即白登山也。」㈧火山：《水經注》曰：「如渾水自白登山西南逕平城縣故城東，又南與武州川水會，武州水出武州縣西南山下，東北流逕武州縣故城西，又東北歷故亭北，右合火山西溪水，西溪水導源火山，西北流，山上有火井，南北六七十步，廣減尺許，源深不見底，炎勢上升，常若微雷發響，以草爨之，則煙騰火發，以火從地中出，故亦名熒臺。」按其地望，當在武州川口之南。㈨會有發白虎樽者：《晉書・禮志》曰：「正旦元會，設白獸樽於殿庭，樽蓋上施白獸，若有能獻直言者，則發此樽飲酒，為白獸，示忌憚也。」《宋書・禮志》作白虎樽，《晉書》避唐諱改虎為獸。㈩白門：宣陽門之別名也。《宋書・明帝紀》云：「上末年好鬼神，多忌諱，言語文書有禍敗凶喪及疑似之言應回避者數百千品，有犯必加辠戮。宣陽門，民間謂之白門，上以白門之名不祥，甚諱之，尚書左丞江謐嘗誤犯，上變色曰：『白汝家門。』謐稽顙謝，久之方釋。」又《建康實錄》引《輿地志》曰：「建康城周二十里一十九步，本吳舊址，晉江左所築，但有宣陽門，至成帝作新宮，始修城，開陵陽等五門，與宣陽為六。南面三門最西曰陵陽門，後改名為廣陽門，次正中曰宣陽門，對苑城門，世謂之白門，又次最東曰開陽門。」白門，蓋康城之正南門也。㉑與圖南覆背擊烏奴：《南齊書・崔慧景傳》作腹背，覆字誤。㉒皇太子穆妃裴建氏卒：裴妃卒，謚曰穆。㉓角城戍主舉城降魏：《魏書・孝文帝紀》太和四年閏月壬辰，齊角城戍主請舉城內屬，魏太和四年，齊之建元二年也。是歲魏置閏在七月，齊之八月也。角城《宋書・州郡志》作甬城，晉安帝義熙中立，屬淮陽郡，北齊改曰文城，北周曰臨清，隋省。《水經注》角城當濟、泗二水入淮之口，南臨淮水，故城在今江蘇省淮陰縣南。㉔八月丁酉，魏遣徐州刺史梁郡王嘉迎之，又遣平南將軍郎大檀等三將出朐城：魏遣嘉迎角城之降及遣大檀等分道伐齊，《魏書・帝紀》在八月，於齊曆則九月也。《魏書・地形志》琅邪郡朐縣有朐城，在今江蘇省東海縣南。㉕海西：《續漢書・郡國志》廣陵郡海西縣，故屬東海郡，按《漢書・地理志》蓋即東海郡之海曲縣也，晉省，宋復立海西縣，屬臨淮郡。宋明帝泰始七年，割東海郡之贛榆縣置鬱縣，立海西郡，故治在今江蘇省漣水縣北，《齊書・州郡志》無海西郡，蓋復廢也。㉖連口：漣水入淮之口也。杜佑曰：「楚州漣水縣有連口渡。」宋東海郡襄賁縣，隋改為漣水，則連口蓋在襄賁縣界。襄賁縣，漢置，屬東海郡，故城在今山東省臨沂縣西南，宋廢，徙置今江蘇省漣水縣北，即隋之漣水縣也。㉗下蔡：《漢書・地理志》下蔡，春秋時之州來國也，為楚所滅，後吳取之，至夫差遷蔡昭侯於此，後四世侯齊，為楚所滅，故曰下蔡。漢置為縣，屬沛郡，後漢屬九江郡，晉屬淮南郡，宋省，故城在今安徽省鳳臺縣西北，宋蓋置戍於此。胡三省曰：「以下垣崇祖徙下蔡戍考之，則此戍置於淮水之西，五代時周世宗徙壽春，治下蔡，即其地。」㉘甲辰，魏主如方山，戊申，遊武州山石窟寺，庚戌，還平城：《魏書・帝紀》在八月，蓋齊之九月也，是月甲午朔，甲辰十一日，戊申二十五日，庚戌二十七日，若齊之八月則無甲辰、戊申、庚戌也。《水經注》曰：「武州川水合火山西溪水，又東南流，水側有石祇洹舍幷諸窟室，比丘尼所居也。其水又東轉逕靈巖南，鑿石開山，因巖結構，真容巨壯，世法所希。」㉙汝南太守常元真、龍驤將軍胡青苟降魏：《魏書・帝紀》在九月，蓋當齊曆之閏月也。㉚玄元度：孫愐曰：「玄，姓也。」㉛王儉固請解選職：《宋書・王儉傳》齊臺建，以儉為尚書右僕射，領吏部，建元二年，遷左僕射，領選如故，至是請解吏部尚書職也。㉜上以戢資重：《南齊書・何戢傳》，帝為領軍，戢為左長史，相與往來，數為歡譙，其後帝為相國，戢為相國左長史，蓋潛龍之舊也。㉝聖旨每以蟬冕不宜過多：自漢以來，侍中、常侍皆蟬冠貂飾。《後漢書・輿服志》：「侍中、中常侍冠武弁大冠，加黃金璫，附蟬為文，貂尾為飾。」徐廣曰：「蟬取其清高飲露而不食，貂紫蔚柔縟而毛采不彰灼。」㉞八座：齊以一令、二僕射，吏部、度支、左民、都官、五兵五曹尚書為八座，祠部與右僕射為通職，不俱置。㉟若帖以驍、游，亦為不少：言若以驍騎或游擊將軍之號加之，於爵位已不為輕也。晉志曰：「驍騎將軍、游擊將軍並漢雜號將軍也，魏置為中軍，及晉，以領、護、左、右衞、驍騎、游擊為六軍。」㊱淮北四州民不樂屬魏：淮北四州即徐、兗、青、冀也。四州入魏事見卷一百二十三宋明帝泰始二年。㊲郡縣獄相承，有上湯殺囚，名為救疾，實行冤暴：藉救疾之名以殺囚，是縱暴虐為致囚於冤死也。胡三省曰：「因囚有時行瘟疫，宜汗，遂上湯以蒸殺之。」㊳刺郡：胡三省曰：「刺謂州刺史，郡謂郡守也。或曰，書病囚之姓名而白之於郡也。」余謂或說是。㊴職司：謂郡曹之掌獄事者也。㊵處治：處謂處方，治謂治病。㊶腰扇：胡三省曰：「腰扇，佩之於腰，今謂之摺疊扇。」㊷寒士不遜：劉祥祖穆之，宋武帝之佐命功臣也。劉氏出身寒，故褚淵斥之為寒士。㊸不能殺袁、劉，安得免寒士：袁、劉，袁粲、劉秉也。劉祥譏褚淵殺粲、秉以取富貴耳！㊹太子宴朝臣於玄圃：玄圃蓋在東宮。㊺以臨川王映為都督荊、雍等九州諸軍事，荊州刺史：《南齊書‧高祖十二王傳》，映時蓋都督荊、湘、雍、益、梁、寧、南秦、北秦八州，以代豫章王嶷，此作都督九州，誤也。

三年（西元四八一年）

㈠春，正月，封皇子鋒為江夏王。

㈡魏人寇淮陽，圍軍主成買於甬城㈠，上遣領軍將軍李安民為都督，與軍主周盤龍等救之。魏人緣淮大掠，江北民皆驚走渡江，成買力戰而死。盤龍之子奉叔以二百人陷陳深入，魏以萬餘騎張左右翼圍之。或告盤龍云：「奉叔已沒。」盤龍馳馬奮矟，直突魏陳，所向披靡。奉叔已出，復入求盤龍，父子兩騎，縈擾魏數萬之眾，莫敢當者，魏師遂敗，殺傷萬計。魏師退，李安民等引兵追之，戰於孫溪渚㈡，又破之。

㈢己卯（十八日），魏主南巡，司空苟頹留守。丁亥（二十六日），魏主至中山。

㈣二月，辛卯朔，魏大赦。

㈤丁酉（初七日），游擊將軍桓康復敗魏師於淮陽，進攻樊諧城，拔之。【考異】齊紀作樊階城，今從齊書。

㈥魏主自中山如信都，癸卯（十三日），復如中山，庚戌（二十日），還至肆州㈢。沙門法秀以妖術惑眾，謀作亂於平城，苟頹帥禁兵收掩，悉擒之。魏主還平城，有司囚法秀，加以籠頭鐵鎖，無故自解，魏人穿其頸骨，祝之曰：「若果有神，當令穿肉不入。」遂穿以徇，三日乃死。議者或欲盡殺道人，【考異】齊書魏虜傳：「咸陽王欲盡殺道人。」案咸陽王禧時尚幼，太和九年始封，恐非也。馮太后不可，乃止。

㈦垣崇祖之敗魏師也，恐魏復寇淮北，乃徙下蔡戍於淮東，既而魏師果至，欲攻下蔡，聞其內徙，欲夷其故城。己酉（十九日），崇祖引兵渡淮擊魏，大破之，殺獲千計。【考異】齊書作丁卯，按是月。辛卯朔，無丁卯，今從齊紀。

㈧晉、宋之際，荊州刺史多不領南蠻校尉，別以重人居之。豫章王嶷為荊、湘二州刺史，領南蠻，嶷罷，更以侍中王奐為之㊃，奐固辭曰：「西土戎燼之後，痍毀難復，今復割撤太府㊄，制置偏校，崇望不足助彊，語實交能相弊㊅，且資力既分，職司增廣，眾勞務倍，文案滋煩，竊以為國計非允。」癸丑（二十三日），罷南蠻校尉官㊆。

㈨三月，辛酉朔，魏主如肆州，己巳（初九日），還平城。

㈩魏法秀之亂，事連蘭臺御史張求等百餘人，皆以反法當族，尚書令王叡請誅首惡，宥其餘黨，乃詔應誅五族者降為三族，三族者門誅，門誅止其身，所免千餘人。

㈪夏，四月，己亥（初十日），魏主如方山。馮太后樂其山川，曰：「它日必葬我於是，不必祔山陵也。」乃為太后作壽陵，又建永固石室於山上，欲以為廟㊇。

(十二)桓標之等有眾數萬，寨險求援⑨。庚子（十一日），詔李安民督諸將往迎之，又使兗州刺史周山圖自淮入清，倍道應接。淮北民桓磊魂破魏師於抱犢固⑩，李安民赴救遲留，標之等皆為魏所滅，餘眾得南歸者尚數千家，魏人亦掠三萬餘口歸平城。【考異】魏書云：「南征諸將軍擊破蕭道成游擊將軍桓康於淮陽，道成豫州刺史垣崇祖寇下蔡，昌黎王馮熙擊破之，假梁郡王嘉大破道成將，俘獲三萬餘口送平城。」今從齊書齊紀，亦以魏書參之。

(十三)魏任城康王雲卒。

(十四)五月，壬戌（初三日），鄧至王像舒遣使入貢于魏。鄧至者，羌之別種，國於宕昌之南⑪。

(十五)六月，壬子（二十四日），大赦⑫。

(十六)甲辰（十六日），魏中山宣王王叡卒。叡疾病，太皇太后、魏主屢至其家視疾，及卒，贈太宰，立廟於平城南。文士為叡作哀詩及誄⑬者百餘人。及葬，自稱親姻、義舊，縗絰哭送者千餘人。魏主以叡子中散大夫襲代叡為尚書令，領吏部曹。

(十七)戊午（三十日），魏封皇叔簡為齊郡王，猛為安豐王。

(十八)秋，七月，己未朔，日有食之。

(十九)上使後軍參軍車僧朗使於魏。甲子（初六日），僧朗至平城(一四)，魏主問曰：「齊輔宋日淺，何故遽登大位？」對曰：「虞、夏登庸，身陟元后(一五)；魏、晉匡輔，貽厥子孫(一六)，時宜各異耳！」

(廿)辛酉（初三日），柔然別帥他稽帥眾降魏。

(廿一)楊文弘遣使請降，詔復以為北秦州刺史(一七)。先是楊廣香卒，其眾半奔文弘，半奔梁州。文弘遣楊後起進據白水，上雖授以官爵，而陰敕晉壽太守楊公則使伺便圖之。

(廿二)宋昇明中，遣使者殷靈誕、苟昭先如魏。聞上受禪，靈誕謂魏典客(一八)曰：「宋魏通好，憂患是同。宋今滅亡，魏不相救，何用和親？」及劉昶入寇，靈誕請為昶司馬，不許。九月庚午（十三日），魏閱武於南郊，因宴羣臣，置車僧朗於靈誕下。僧朗不肯就席，曰：「靈誕昔為宋使，今為齊民，乞魏主以禮見處。」靈誕遂與相忿詈，劉昶賂宋降人解奉君，於會刺殺僧朗，魏人收奉君誅之，厚送僧朗之喪，放靈誕等南歸。及世祖即位，昭先具以靈誕之語啟聞，靈誕坐下獄死。

㈦辛未（十四日），柔然主遣使來聘，與上書，謂上為足下，自稱曰吾，遺上師子皮袴褶㈨，約共伐魏。

㈧魏尉元、薛虎子克伍固，斬司馬朗之，東南諸州皆平㈩。尉元入為侍中都曹尚書，薛虎子為彭城鎮將，遷徐州刺史。時州鎮戍兵，資絹自隨，不入公庫，虎子上表，以為：「國家欲取江東，先須積穀彭城。切惟在鎮之兵，不減數萬，資糧之絹，人十二匹，用度無準，未及代下㈡，不免飢寒，公私損費。今徐州良田十萬餘頃，水陸肥沃，清汴通流，足以溉灌。若以兵絹市牛，可得萬頭，興置屯田，一歲之中，且給官食，半兵芸殖，餘兵屯戍，且耕且守，不妨捍邊。一年之收，過於十倍之絹，蹔時之耕，足充數載之食，於後兵資，皆貯公庫，五稔之後，穀帛俱溢，非直戍卒豐飽，亦有吞敵之勢。」魏人從之。

虎子為政有惠愛，兵民懷之。會沛郡太守邵安、下邳太守張攀以贓汙為虎子所案㈢，各遣子上書告虎子與江南通，魏主曰：「虎子必不然。」推案果虛。詔安、攀皆賜死，二子各鞭一百。㊄吐谷渾王拾寅卒，世子度易侯立。冬，十月，戊子朔，以度易侯為西秦、河二州刺史，河南王。㊅魏中書令高閭等更定新律成，凡八百三十二章，門房之誅十有六，大辟二百三十五，雜刑三百七十七。

㊆初，高昌王闞伯周卒㊂，子義成立。是歲，其從兄首歸殺義成自立，高車王可至羅殺首歸兄弟㊃，以敦煌張明為高昌王，國人殺明，立馬儒為王。

【今註】㊀甬城：即角城，見上年角城注。㊁孫溪渚：胡三省曰：「孫溪渚在淮陽之北，清水之濱。」㊂肆州：《魏書．地形志》肆州治九原，魏道武帝天賜二年為鎮，太武帝太平真君七年置為肆州，領永安、秀容、雁門三郡。㊃嶷罷，更以王奐為之：《南齊書．王奐傳》奐時自侍中、驍騎將軍遷征虜將軍、臨川王鎮西長史，領南蠻校尉、南郡內史。此言臨川王映代豫章王嶷刺荊州，不復兼領南蠻校尉，別以南蠻校尉授奐也。㊄太府：胡三省曰：「自晉永嘉之亂，張氏擅命河西，以都府為太府。」都府謂都督府也，太府《南齊書．王奐傳》作大府，大與太同。㊅語實交能相弊：事權既分，則相牽制，是交相弊也。㊆罷南蠻校尉官：南蠻校尉始置於晉武帝之世，至是罷。㊇乃為太后作壽陵，又建永固石室於山上，欲以為廟：《水經注》曰：「方山嶺上有文明太皇太后陵，陵之東北，有高祖陵，二陵之南有永固堂，堂之四隅，雉列榭階欄檻及扉戶梁壁椽瓦，悉文石也。簷前四柱，採洛陽之八風谷黑石為之，雕鏤隱起，以金銀間雲矩，有若錦焉！堂之內外四側結兩石趺，張青石屏風，以文石為緣，並隱起忠孝之容，題刻貞順之名。廟前鐫石為碑獸，碑石至佳。左右列柏，四周迷禽闇日，院外西側，有思遠靈圖，圖之西有齋堂，南門表二石闕，闕下斬累結，御路下望，靈泉宮池，皎若圓鏡矣！」㈨桓標之等有眾數萬，寨險求援：桓標之叛魏見上年十月。寨險，立寨於險阻處以自守也，《南齊書・李安民傳》作砦險，砦，營壘也，義同。㈩抱犢固：《魏書・地形志》蘭陵郡承縣有抱犢山，即君山也。齊乘曰：「君山，一名抱犢山。」《元和郡縣志》曰：「抱犢山壁立千仞，頂寬而有水。山去海三百餘里，昔有遯隱者抱一犢於其上墾種，故以為名。」山在今山東省嶧縣北六十里，山勢甚險。㈡鄧至者，羌之別種，國於宕昌之南：《魏書・鄧至傳》云：「鄧至者，白水羌也，世為羌豪，因地名號，自稱鄧至。其地自街亭以東，平武以西，汶嶺以北，宕昌以南。」《隋書・地理志》曰：「鄧至者，鄧艾所至，故名。」《水經注》鄧至城白水逕其南。白水即今四川松潘縣白水河，入文縣為東川水，其故址當在今甘肅文縣西徼外，四川松潘縣之東境，有鄧至山。㈢六月壬子，大赦：六月己丑朔，壬子二十四日，按下有甲辰，甲辰十六日，壬子當繫甲辰後。㈢誄：孔穎達曰：「誄，累也。累列生時行迹，誄之以作諡。」㈣甲子，僧朗至平城：七月己未朔，甲子初六日，下辛酉初三日，蓋因《魏書・帝紀》之誤。㈤虞夏登庸，身陟元后：《書・堯典》曰：「疇咨若時登庸。」登庸一辭出此，庸，用也，言登用之也。陟，升也。虞舜、夏禹皆以人臣登用為君也。事見《尚書》。⑯魏晉匡輔，貽厥子孫：魏武輔漢，其子丕遂代漢建國，晉宣事魏，歷景、文至武帝，遂代魏而有天下，事見漢、魏、晉紀。⑰楊文弘遣使請降，詔復以為北秦州刺史：宋順帝昇明元年，文弘降魏，至是復降齊。⑱典客：秦官也，漢景帝更名大行令，武帝改曰大鴻臚，掌朝賀慶弔贊導禮儀，至晉，大鴻臚屬官復有典客令，蓋專掌四方歸化朝貢送迎之事。⑲袴褶：胡三省曰：「袴褶，騎服也。」袴，脛衣也，今所謂褲；褶，夾衣也。《通雅・衣服》云：「古袴上連衣，故戎衣謂之袴褶。」⑳魏尉元、薛虎子克伍固，斬司馬朗之：東南諸州皆平：司馬朗之據伍固叛魏見去年十一月。東南諸州即淮北諸州也，於魏境為東南。㉑代下：胡三省曰：「代，更也；下，替也。」㉒會沛郡太守邵安、下邳太守張攀以贓汙為虎子所案：薛虎子為徐州刺史，沛、下邳皆其屬郡。㉓初，高昌王闞伯周卒：《魏書・高昌傳》，高昌建國稱王自伯周始也。魏孝文帝太和初，伯周卒，子義成立。㉔高車王可至羅殺首歸兄弟：胡三省曰：「可至羅蓋即阿伏至羅，可當作阿。」按《魏書・高昌傳》魏太和五年，高車王可至羅殺首歸兄弟，而高車傳阿伏至羅自立為高車王在太和十一年，是時高車王豆崘在位。

四年（西元四八二年）

㈠春，正月，壬戌（初七日），詔置學生二百人，以中書令張緒為國子祭酒㈠。

㈡甲戌（十九日），魏大赦。

㈢三月，庚申（初六日），上召司徒褚淵、尚書左僕射王儉受遺詔輔太子，壬戌（初八日），于臨光殿㈡。太子即位，大赦。高帝沉深有大量，博學能文㈢，性清儉，主衣中有玉導㈣，上敕中書曰：「留此正是興長病源。」即命擊碎，仍檢按有何異物，皆隨此例。每曰：「使我治天下十年，當使黃金與土同價。」

㈢乙丑（十一日），以褚淵錄尚書事，王儉為侍中、尚書令，車騎將軍張敬兒開府儀同三司。丁卯（十三日），以前將軍王奐為尚書左僕射。庚午（十六日），以豫章王嶷為太尉。

㈣庚辰（二十六日），魏主臨虎圈，詔曰：「虎狼猛暴，取捕之日，每多傷害，既無所益，損費良多，從今勿復捕貢。」

㈤夏，四月庚寅（初六日），上大行謚曰高皇帝，廟號太祖。丙午（二十二日），葬泰安陵㈤。

㈥辛卯（初七日），追尊穆妃為皇后㈥。六月，甲申朔，立南郡王長懋為皇太子。

丙申（十三日），立太子妃王氏。妃，琅邪人也㈦。封皇子聞喜公子良為竟陵王，臨汝公子卿為廬陵王，應城公子敬為安陸王㈧，江陵公子懋為晉安王，枝江公子隆為隨郡王，子真為建安王，皇孫昭業為南郡王㈨。

㈦司徒褚淵寢疾，自表遜位，世祖不許。淵固請懇切，癸卯（十九日），以淵為司空，領驃騎將軍，侍中、錄尚書如故。

㈧秋，七月，魏發州郡五萬人治靈丘道㈩。

㈨吏部尚書濟陽江謐，性諂躁，太祖殂，謐恨不豫顧命，上即位，謐又不遷官，以此怨望誹謗㈡。會上不豫，謐詣豫章王嶷，請間曰：「至尊非起疾，東宮又非才，公今欲作何計？」上知之，使御史中丞沈冲奏謐前後罪惡，庚寅（七月癸丑朔，無庚寅），賜謐死。

㈩癸卯（八月二十一日），南康文簡公褚淵卒㈢，世子侍中賁恥其父失節，服除，遂不仕，以爵讓其弟纂，屏居墓下終身。

(十一)九月，丁巳（初六日），以國哀，罷國子學。

(十二)氐王楊文弘卒，諸子皆幼，乃以兄子後起為嗣。辛酉（初十日），魏以後起為武都王，文弘子集始為白水太守㈢，既而集始自立為王，後起擊破之。

(十三)魏以荊州巴氐擾亂㈣，以鎮西大將軍李崇為荊州刺史。崇，顯祖之舅子也，將之鎮，敕發陝、秦二州㈤兵送之。崇辭曰：「邊人失和，本怨刺史，今奉詔代之，自然安靖，但須一詔而已，不煩發兵自防，使之懷懼也。」魏朝從之。崇遂輕將數十騎，馳至上洛，宣詔慰諭，民夷帖然。崇命邊戍掠得齊人者，悉還之，由是齊人亦還其生口二百許人，二境交和，無復烽燧之警。久之，徙兗州刺史。兗土舊多刼盜，崇命村置一樓，樓皆懸鼓，盜發之處，亂擊之，旁村始聞者，以一擊為節，次二，次三，俄頃之間，聲布百里，皆發人守險要，由是盜發無不擒獲，其後諸州皆效之，自崇始也。

(十三)辛未（二十日），以征南將軍王僧虔為左光祿大夫，開府儀同三司，以尚書右僕射王奐為湘州刺史。

(十四)宋故建平王景素主簿何昌寓、記室王摛及所舉秀才劉璡前後上書陳景素德美，為之訟冤(十六)，冬，十月，辛丑（二十日），詔聽以士禮還葬舊塋，璡，瓛之弟也(十七)。

(十五)十一月，魏高祖將親祠七廟，命有司具儀法，依古制備牲牢、器服及樂章，自是四時常祀皆舉之。

【今註】㊀國子祭酒：《晉書・職官志》晉初承魏制置博士十九人，及咸寧四年，武帝初立國子學，定置國子祭酒、國子博士各一人。《御覽》引《齊職儀》曰：「晉令博士祭酒掌國子學，而國子生師事祭酒，執經葛巾單衣，終身致敬。」㊁帝殂於臨光殿：時年五十六。㊂高帝深沈有大量，博學能文：《南齊書・高帝紀》曰：「上少沈深有大量，寬嚴清儉，喜怒無色，博涉經史，善屬文，工草隸書，奕棊第二品，雖經綸夷險，不廢素業。」㊃主衣中有玉導：《南齊書・高帝紀》作玉介導，簡稱玉導，蓋冠簪之屬，以玉為之。按《南齊書・高帝紀》玉導之制始自宋孝武帝大明之末，宋明帝泰始以後其制尤麗。主衣主供御衣服，禁中有主衣庫。㊄泰安陵：《南齊書・高帝紀》泰安陵在晉陵郡武進縣，所謂武進陵也。㊅追尊穆妃為皇后：建元二年，太子妃裴氏卒，謚曰穆。㊆立太子妃王氏，妃，琅琊人也：《南齊書・皇后傳》妃即文安王皇后也，諱寶明，琅琊臨沂人，宋吳興太守王韶之之孫也。㈧臨汝公子卿為廬陵王，應城公子敬為安陸王：臨汝縣《宋書・州郡志》屬汝南郡，齊志屬西汝陰，蓋僑置也。《齊書・州郡志》應城縣屬安陸郡。應城，隋曰應陽，唐復曰應城，今湖北省應城縣即其舊治。㈨皇孫昭業為南郡王：昭業字元尚，即鬱林王，文惠太子長子也。㈩靈丘道：胡三省曰：「靈丘道，自代郡靈丘南越大山至中山，即古之飛狐道也。」㈡吏部尚書濟陽江謐，性諂躁，太祖殂，謐恨不豫顧命，上即位，謐又不遷官，以此怨望誹謗：沈攸之舉兵於江陵，謐建議假高帝黃鉞，見上卷宋順帝昇明元年。謐自以為齊之信臣，宜被親待，今既不豫顧命，又不遷官，故懷怨望也。㈢癸卯，南康文簡公褚淵卒：淵封南康郡公，卒謚文簡。按《南齊書・高帝紀》淵卒在八月癸卯，八月癸未朔，癸卯二十一日，此繫七月，七月無癸卯。㈢白水太守：胡三省曰：「五代史志武都郡建威縣，魏置白水郡，唐貞觀初省建威入將利縣。」按北周廢故綏戎郡立建威縣，綏戎郡即白水郡也，後魏置白水郡，後廢為白水縣，西魏復為郡，改曰綏戎。故治在今甘肅省武都縣北。㈣魏以荊州巴氐擾亂：《魏書・地形志》魏太武帝太延五年，置荊州於上洛，孝文帝太和十一年，改曰洛州，時領上洛、上庸、魏興等郡。胡三省曰：「巴與氐各是一種。」㈤陝、秦二州：《魏書・地形志》魏太武帝神䴥元年置雍州，延和元年改曰秦州，領河東、北鄉二郡；又陝州，孝文帝太和十一年置，時太和七年，疑未有陝州也。㈥宋故建平王景素主簿何昌寓、記室王摛及所舉秀才劉璡前後上書陳景素德美，為之訟冤：景素死見卷一百三十四宋蒼梧王元徽四年。㈦璡，瓛之弟也：劉瓛見上建元元年。

世祖武皇帝㈠上之上

永明元年（西元四八三年）

㈠春，正月，辛亥（初二日），上祀南郊，大赦，改元。

㈡詔以邊境寧晏，治民之官，普復田秩㈡。

㈢以太尉豫章王嶷領太子太傅。嶷不參朝務，而常密獻謀畫，上多從之。

㈣壬戌，立嶷弟銳為南平王，鏗為宜都王，皇子子明為武昌王，子罕為南海王。

㈤二月，辛巳（初二日），以征虜將軍楊炅為沙州刺史，陰平王㈢。

㈥辛丑（二十二日），以宕昌王梁彌機為河、梁二州刺史，鄧至王像舒為西涼州刺史。

㈦宋末，以治民之官六年過久，乃以三年為斷，謂之小滿，而遷換去來，又不能依三年之制，二月，癸丑（初四日），詔自今一以小滿為限。

有司以天文失度，請禳之。上曰：「應天以實不以文，我克己求治，思隆惠政，若災眚㊃在我，禳之何益？」

㈧夏，四月壬午（初四日），詔袁粲、劉秉、沈攸之雖末節不終，而始誠可錄，皆命以禮改葬㊄。

㈨上之為太子也，自以年長，與太祖同創大業㊅，朝事大小，率皆專斷，多違制度，信任左右張景真。景真驕侈，被服什物，僭擬乘輿，內外畏之，莫敢言者。司空諮議㊆荀伯玉素為太祖所親厚，歎曰：「太子所為，官終不知，豈得畏死，蔽官耳目？我不啟聞，誰當啟者？」因太子拜陵㊇，密以啟太祖，太祖怒，命檢校東宮。太子拜陵還，至方山，晚將泊舟㊈，豫章王嶷自東府乘飛鷰㊉東迎太子，告以上怒之意。太子夜歸入宮，太祖亦停門籥待之，明日，太祖使南郡王長懋、聞喜公子良宣敕詰責，幷示以景真罪狀，使以太子令收景真殺之。太子憂懼稱疾，月餘，太祖怒不解，晝臥太陽殿，王敬則直入，叩頭啟太祖曰：「官有天下日淺，太子無事被責，人情恐懼，願官往東宮解釋之。」太祖無言，敬則因大聲宣旨裝束往東宮，又敕太官設饌，呼左右索輿。太祖了無動意，敬則索衣被太祖，仍牽強登輿，太祖不得已，至東宮，召諸王宴於玄圃，長沙王晃捉華蓋㈡，臨川王映執雉尾扇㈢，聞喜公子良持酒鎗㈢，南郡王長懋行酒，太子及豫章王嶷、王敬則自捧酒饌。至暮，盡醉乃還。

太祖嘉伯玉忠盡，愈見親信，軍國密事，多委使之，權動朝右。遭母憂，去宅二里許，冠蓋已塞路。左率㈣蕭景先、侍中王晏共弔之，自旦至暮，始得前。比出，飢乏，氣息惙然，憤悒形於聲貌。明日，言於太祖曰：「臣等所見二宮門庭，比荀伯玉宅，可張雀羅矣㈤！」晏，敬弘之從子也㈥。

驍騎將軍陳胤叔先亦白景真及太子得失，而語太子，皆云伯玉以聞，太子由是深怨伯玉。太祖陰有以豫章王嶷代太子之意，而嶷事太子愈謹，故太子友愛不衰。豫州刺史垣崇祖不親附太子，會崇祖破魏兵㈦，太祖召還朝，與之密謀。太子疑之，曲加禮待，謂曰：「世間流言，我已豁懷㈧，自今以富貴相付。」崇祖拜謝。會太祖復遣荀伯玉，敕以邊事，受旨夜發，不得辭東宮，太子以為不盡誠㈨，益銜之。

太祖臨終，指伯玉以屬太子㈩，上即位，崇祖累遷五兵尚書，伯玉累遷散騎常侍。伯玉內懷憂懼，上以伯玉與崇祖善，恐其為變，加意撫之。丁亥（初九日），下詔誣崇祖招結江北荒人，欲與伯玉作亂，皆收殺之。

㈩庚子（二十二日），魏主如㟃山，壬寅（二十四日），還宮。

㈩㈠閏月，癸丑（五月初五日），魏主後宮平涼林氏生子恂㈢，大赦。文明太后以恂當為太子，賜林氏死，自撫養恂。

㈩㈡五月，戊寅朔㈢（閏月朔），魏主如武州山石窟佛寺。

㈩㈢車騎將軍張敬兒好信夢，初為南陽太守，其妻尚氏夢一手熱如火，及為雍州，夢一胛熱，為開府，夢半身熱。敬兒意欲無限，常謂所親曰：「吾妻復夢舉體熱矣！」又自言夢舊村社樹高至天，上聞而惡之。垣崇祖死，敬兒內自疑，會有人告敬兒遣人至蠻中貨易㉓，上疑其有異志，會上於華林園設八關齋，朝臣皆預，於坐收敬兒。敬兒脫冠貂投地曰：「此物誤我。」丁酉（閏月二十日），殺敬兒幷其四子㉔。敬兒弟恭兒，常慮為兄禍所及，居於冠軍㉕，未常出襄陽，村落深阻，牆垣重複。敬兒每遣信，輒上馬屬鞬㉖，然後見之。敬兒敗問至，席卷入蠻，後自出，上恕之，敬兒女為征北諮議參軍謝超宗子婦，超宗謂丹陽尹李安民曰：「往年殺韓信，今年殺彭越，尹欲何計㉗？」安民具啟之，上素惡超宗輕慢，使兼御史中丞袁彖奏彈超宗，丁巳（六月初十日），收付廷尉㉘，徙越嶲，於道賜死。以彖語不刻切，又使左丞王逡之奏彈彖輕文略奏，撓法容非，彖坐免官，禁錮十年。超宗，靈運之孫；彖，顗之弟子也㉙。

㈣秋，七月丁丑（朔），魏主及太后如神淵池㉚。甲申（初八日），如方山。

㈤魏使假員外散騎常侍頓丘李彪來聘。

㈩侍中左光祿大夫開府儀同三司王僧虔固辭開府㈡，謂兄子儉曰：「汝任重於朝，行登三事，我若復有此授，乃是一門有二臺司，吾實懼焉！」累年不拜，上乃許之。戊戌（二十二日），加僧虔特進。儉作長梁齋，制度小過，僧虔視之不悅，竟不入戶，儉即日毀之。

初，王弘與兄弟集會，任子孫戲適，僧達跳下地作虎子，僧綽正坐采蠟燭珠為鳳皇，僧達奪取打壞，亦復不惜，僧虔累十二博棊，既不墜落，亦不重作。弘歎曰：「僧達俊爽，當不減人，然恐終危吾家㈢，僧綽當以名義見美，僧虔必為長者，位至公臺。」已而皆如其言。

㈥八月，庚申（十四日），驍騎將軍王洪範自柔然還，經塗三萬餘里㈢。

㈦冬，十月，丙寅（二十一日），遣驍騎將軍劉纘聘於魏，魏主客令㈣李安世主之。魏人出內藏之寶使賈人鬻之於市，纘曰：「魏金玉大賤，當由山川所出。」安世曰：「聖朝不貴金玉，故賤同瓦礫。』」纘初欲多市，聞其言，內慙而止。纘屢奉使至魏，馮太后遂私幸之。

㈧十二月，乙巳朔，日有食之。

㈨癸丑（初九日），魏始禁同姓為婚。

㈩王儉進號衛將軍，參掌選事。

㈪是歲，省巴州㊟。

㈫魏秦州刺史于洛侯性殘酷，刑人必斷腕拔舌，分懸四體，合州驚駭，州民王元壽等一時俱反。有司劾奏之，魏主遣使至州，于洛侯常刑人處，宣告吏民，然後斬之。齊州刺史韓麒麟為政尚寬，從事劉普慶說麒麟曰：「公杖節方夏，而無所誅斬，何以示威？」麒麟曰：「刑罰所以止惡，仁者不得已而用之。今民不犯法，又何誅乎？若必斷斬然後可以立威，當以卿應之。」普慶慚懼而起。

【今註】㈠世祖武皇帝：帝諱賾，字宣遠，高帝長子也。㈡詔以邊境寧晏，治民之官，普復田秩：《宋書・帝紀》宋文帝元嘉二十七年，魏人入寇，以軍興減百官俸祿三分之一，淮南太守諸葛闡求減俸祿比內百官，於是州及郡、縣丞、尉並悉同減，至明帝時，禍亂不息，軍旅頻起，府藏虛竭，內外百官並斷俸祿。㊂以征虜將軍楊炅為沙州刺史，陰平王：炅，楊廣香之子也。㊃災眚：《書・舜典》：「眚災肆赦。」鄭康成曰：「眚災，為人作患害者也。」㊄詔袁粲、劉秉，沈攸之雖末節不終而始誠可錄，皆命以禮改葬：三人之死俱見卷一百三十四宋順帝昇明二年。王鳴盛《十七史商榷》嘗論沈攸之非不臣非反，其舉兵乃反齊非反宋也，猶魏毌丘儉等之反，反司馬氏，非反魏也。覩此詔以攸之與袁、劉並列，信然。㊅上之為太子也，自以年長，與太祖同創大業：宋晉安王子勛之亂，帝為贛令，舉兵於南康，沈攸之之亂，帝據湓城以遏攸之，為眾軍節度，是與太祖同創基業也。㊆司空諮議：司空府諮議參軍也。㊇拜陵：拜武進陵也，高帝皇考承之葬於此。㊈太子拜陵還至方山，晚將泊舟：方山在今江蘇省江寧縣東南，秦淮水流經其麓，昔秦始皇以金陵有天子氣，鑿金陵以斷其勢，即是山也，三國吳使陳勳於方山立埭，號方山埭。杜佑曰：「東晉至陳，西有石頭津，東有方山津，各置津主一人，賊曹一人，直水五人，以檢察禁物。」㊉飛鷰：名馬也。⑪捉華蓋：華蓋，天子蓋也；捉，持也，執也。⑫雉尾扇：編雉尾為扇翣也。《宋史・儀衞志》曰：「古者扇翣皆編次雉羽或尾為之，故於文從羽，唐開元改為孔雀。」崔豹《古今注》曰：「雉尾扇起於殷高宗時有雊雉之祥，服章多用翟羽。周制以為王后夫人之車服，輿車有翣，即緝雉羽為扇翣，以障翳風塵也。」⑬酒鎗：胡三省曰：「鎗，盛酒之器。按《太平御覽》鎗即鐺字，但鐺非可持者。」按《梁書・何點傳》：「遺點、嵇叔夜酒杯，徐景酒鐺。」南史鐺作鎗。高似孫《緯略》引《通俗文》曰：「鬴有足曰鐺。」又引《述異記》：「卿無溫鐺，安得飲酒？」六書故曰：「鎗，三足鬴也，俗作鐺。」蓋三足溫酒器也。⑭左率：太子左衞率也。⑮臣等所見二宮門庭，比荀伯玉宅，可能雀羅矣：二宮謂高帝及太子宮也。《漢書・汲鄭列傳》翟公為廷尉，賓客填門，及廢，門外可設雀羅，雀羅之喻本比。顏師古曰：「言其寂靜無人行也。」⑯晏，敬弘之從子也：王敬弘見用於宋元嘉中。⑰會崇祖破魏兵：事見上高帝建元三年。⑱世間流言，我已豁懷：流言，謂垣崇祖不親附太子及與高帝密謀廢太子事也；豁，達也，言中心豁然無所記恨也。⑲太子以為不盡誠：以為垣崇祖不盡誠於己。⑳太祖臨終，指伯玉以屬太子：《南齊書・荀伯玉傳》高帝臨崩，指伯玉謂武帝曰：「此人事我忠，我身後人必為其作口過，汝勿信也。」㉑閏月癸丑，魏主後宮平涼林氏生子恂：《魏書・帝紀》閏四月，皇子恂生，蓋當齊之五月也，若齊則閏五月。《魏書・地形志》平涼郡屬涇州，治鶉陰，在今甘肅省平涼縣西南九十里，北周廢。㉒五月戊寅朔：魏五月，蓋當齊之閏月也。㉓貨易：猶曰貿易，以財貨易物以通有無。㉔八關齋：即八戒也。釋氏之戒，一不殺生，二不偷盜，三不邪淫，四不妄語，五不飲酒食肉，六不塗飾香鬘歌舞及觀聽，七不眠坐高廣大牀，八不食非時食，以上八戒，故謂之八關，此第八戒不食非時食是齋法，故亦總稱八齋戒也。《雜錄・名義》云：「八戒者，俗眾所受一日一夜戒也，謂八戒一齋，通謂八關齋，明以禁防為義也。」㉔丁酉，殺敬兒，幷其四子：《南齊書・武帝紀》在五月丁酉，按五月己酉朔，無丁酉，齊是歲閏五月戊寅朔，丁酉二十日，殺敬兒蓋在閏月。㉕冠軍：冠軍縣，自漢以來屬南陽郡，故城在今河南省鄧縣西北。㉖韃：馬上盛弓矢器也。

㉗往年殺韓信，今年殺彭越，尹欲何計：蓋用《漢書》薛公說英布語，欲以激李安民使作亂也。㉘丁巳，收超宗付廷尉：按閏月戊寅朔，無丁巳，蓋在六月，六月戊申朔，丁巳初十日。㉙超宗，靈運之孫；彖，顗之弟子也：謝靈運以文章名世，超宗，靈運子鳳之子也，亦以文章為世所稱。袁顗，宋太尉袁淑之兄子也，死於晉安王子勛之難。㉚神淵池：《魏書・孝文帝紀》太和元年起永樂遊觀殿於北苑，穿神淵池。㉛侍中左光祿大夫開府儀同三司王僧虔固辭開府：王僧虔開府見上年。㉜僧達俊爽，當不減人，然恐終危吾家：王僧達賜死事見卷一百二十八卷宋孝武帝孝建三年。㉝驍騎將軍王洪範自柔然還，經塗三萬餘里：經塗，謂所經由之路也。洪範出使見高帝建元三年。㉞主客令：主客令即典客令也。㉟是歲，省巴州：置巴州見高帝建元二年。

卷一百三十六　齊紀二

起閼逢困敦，盡屠維大荒落，凡六年。（甲子至己巳，西元四八四年至四八九年）

司馬光編集
林瑞翰註

世祖武皇帝上之下

永明二年（西元四八四年）

㈠春，正月，乙亥（初二日），以後將軍柳世隆為尚書右僕射，竟陵王子良為護軍將軍，兼司徒，領兵置佐，鎮西州。子良少有清尚，傾意賓客，才儁之士，皆遊集其門，開西邸㊀，多聚古人器服以充之。記室參軍范雲、蕭琛、樂安任昉、法曹參軍王融㊁、衞軍東閤祭酒蕭衍㊂、鎮西功曹謝朓、步兵校尉沈約、揚州秀才吳郡陸倕，竝以文學，尤見親待，號曰八友。法曹參軍柳惲、太學博士㊃王僧孺、南徐州秀才濟陽江革㊄、尚書殿中郎㊅范縝、會稽孔休源亦預焉。琛，惠開之從子㊆；惲，元景之從孫㊇；融，僧達之孫㊈，衍，順之之子㊉；朓，述之孫㊀；約，璞之子㊂；

僧孺，雅之曾孫㊂；縝，雲之從兄也。

子良篤好釋氏，招致名僧，講論佛法，道俗之盛，江左未有。或親為眾僧賦食行水㊃，世頗以為失宰相體。

范縝盛稱無佛，子良曰：「君不信因果㊄，何得有富貴貧賤？」縝曰：「人生如樹花同發，隨風而散，或拂簾幌，墜茵席之上，或關籬牆，落糞溷之中。墜茵席者，殿下是也；落糞溷者，下官是也。貴賤雖復殊途，因果竟在何處？」子良無以難。

縝又著神滅論，以為形者神之質，神者形之用也；神之於形，猶利之於刀，未聞刀沒而利存，豈容形亡而神在哉？此論出，朝野諠譁難之，終不能屈。

太原王琰著論譏縝曰：「嗚呼！范子曾不知其先祖神靈所在。」欲以杜縝後對。縝對曰：「嗚呼！王子知其先祖神靈所在，而不能殺身以從之。」

子良使王融謂之曰：「以卿才美，何患不至中書郎㊅？而故乖刺㊆為此論，甚可惜也！宜急毀弃之。」縝大笑曰：「使范縝賣論取官，已至令僕㈧矣！何但中書郎邪！」

蕭衍好籌略，有文武才幹，王儉深器異之，曰：「蕭郎出三十，貴不可言。」

㈡壬寅（二十九日），以柳世隆為尚書左僕射，丹陽尹李安民為右僕射，王儉領丹陽尹。

㈢夏，四月，甲寅（十二日），魏主如方山，戊午（十六日），還宮。庚申（十七日），如鴻池㈨，丁卯（二十四日），還宮。

㈣五月，甲申（十二日），魏遣員外散騎常侍李彪等來聘。

㈤六月，壬寅朔，中書舍人吳興茹法亮封望蔡㈩男。時中書舍人四人，各住一省，謂之四戶，以法亮及臨海呂文顯等為之㈡。既總重權，勢傾朝廷㈢，守宰數遷換去來，四方餉遺，歲數百萬。法亮嘗於眾中語人曰：「何須求外祿，此一戶中，年辦百萬。」蓋約言之也。後因天文有變，王儉極言文顯等專權徇私，上天見異，禍由四戶，上手詔酬答，而不能改也。

㈥魏舊制，戶調帛二匹，絮二斤，絲一斤，穀二十斛，又入帛一匹二丈，委之州庫以供調外之費，所調各隨土之所出。丁卯（二十六日），詔曰：「置官班祿，行之尚矣！自中原喪亂，茲制中絕。朕憲章舊典，始班俸祿，戶增調帛三匹，穀二斛九斗，以為官司之祿，增調外帛二匹。祿行之後，贓滿一匹者死。變法改度，宜為更始，其大赦天下。」

(七)秋，七月，甲申（十三日），立皇子子倫為巴陵王。

(八)乙未（二十四日），魏主如武州山石窟寺。

(九)九月，魏詔班祿，以十月為始，季別受之㉓。舊律，枉法㉔十匹，義贓二十匹，罪死；至是義贓㉕一匹，枉法無多少，皆死，仍分命使者糾按守宰之貪者。秦、益二州刺史恒農李洪之以外戚貴顯㉖，為治貪暴，班祿之後，洪之首以贓敗，魏主命鎖赴平城，集百官親臨數之，猶以其大臣聽在家自裁，自餘守宰坐贓死者四十餘人，受祿者無不跼蹐㉗，賕賂殆絕，然吏民犯它罪者，魏主率寬之，疑罪奏讞，多減死徙邊，歲以千計，都下決大辟，歲不過五六人，州鎮亦簡。

久之，淮南王佗奏請依舊斷祿，文明太后召羣臣議之。中書監高閭以為飢寒切身，慈母不能保其子，今給祿則廉者足以無濫，貪者足以勸慕，不給則貪者得肆其姦，廉者不能自保，淮南之議，不亦謬乎？詔從閭議。閭又上表，以為：「北狄㉘悍愚，同於禽獸，所長者野戰，所短者攻城，若以狄之所短，奪其所長，則雖眾不能成患，雖來不能深入。又狄散居野澤，隨逐水草，戰則與家業並至，奔則與畜牧俱逃，不齎資糧而飲食自足，是以歷代能為邊患。六鎮勢分，倍眾不鬬㉙，互相圍逼，難以制之。請依秦漢故事，於六鎮之北築長城，擇要害之地，往往開門，造小城於其側，置兵扞守，狄既不攻城，野掠無獲，草盡則走，終必懲艾。計六鎮東西不過千里，一夫一月之功，可城三步之地，彊弱相兼㉚，不過用十萬人，一月可就，雖有暫勞，可以永逸，凡長城有五利，罷遊防之苦，一也；北部放牧，無抄掠之患，二也；登城觀敵，以逸待勞，三也；息無時之備，四也；歲常遊運㉛，永得不匱，五也。」魏主優詔答之。

㈩冬，十月丁巳（十八日），以南徐州刺史長沙王晃為中書監。初，太祖臨終，以晃屬帝，使處於輦下或近藩，勿令遠出，且曰：「宋氏若非骨肉相殘，它族豈得乘其弊？汝深誡之。」舊制諸王在都，唯得置捉刀左右㉛四十人，晃好武節，及罷南徐州，私載數百人仗還建康，為禁司㉜所覺，投之江水。帝聞之，大怒，將糾以法，豫章王嶷叩頭流涕曰：「晃罪誠不足宥，陛下當憶先朝念晃。」帝亦垂泣，由是終無異意，然亦不被親寵。論者謂帝優於魏文，減於漢明㉞。

武陵王曄多材藝而疏悻㉟，亦無寵於帝。嘗侍宴，醉伏地，貂抄肉柈，帝笑曰：「肉汙貂。」對曰：「陛下愛羽毛而疏骨肉。」帝不悅。曄輕財好施，故無蓄積，名後堂山曰首陽，蓋怨貧薄也。

㈩一高麗王璉遣使入貢於魏，亦入貢於齊。時高麗方彊，魏置諸國使邸，齊使第一，高麗次之。

㈩二益州大度獠㊱恃險驕恣，前後刺史不能制。及陳顯達為刺史，遣使責其租賧㊲，獠帥曰：「兩眼刺史尚不敢調我，況一眼乎㊳？」

遂殺其使。顯達分部將吏，聲言出獵，夜往襲之，男女無少長皆斬之。

晉氏以來益州刺史皆以名將為之，十一月，丁亥（十八日），帝始以始興王鑑為督益、寧諸軍事，益州刺史，徵顯達為中護軍。先是劫帥韓武方聚黨千餘人，斷流為暴，郡縣不能禁。鑑行至上明，武方出降。長史虞悰等咸請殺之，曰：「殺之失信，且無以勸善。」乃啟臺而宥之。於是巴西蠻夷為寇暴者，皆望風降附。鑑時年十四，行至新城，道路籍籍，云陳顯達大選士馬，不肯就徵，乃停新城，遣典籤張曇晳往觀形勢。俄而顯達遣使詣鑑，咸勸鑑執之。鑑曰：「顯達立節本朝，必自無此。」居二日，曇晳還，具言顯達已遷家出城，日夕望殿下至，於是乃前。鑑喜文學，器服如素士，蜀人悅之。

(十三)乙未（二十六日），魏員外散騎常侍李彪等來聘。【考異】齊紀十二月庚申，虜使李道固至，今從魏帝紀。

(十四)是歲，詔增豫章王嶷封邑為四千戶。

宋元嘉之世，諸王入齋閤，得白服帬帽㊴見人主，唯出太極四廂㊵，乃備朝服，自後此制遂絕。上於嶷友愛，宮中曲宴，聽依元嘉故事，嶷固辭不敢，唯車駕至其第，乃白服烏紗帽以侍宴，至於衣服、器用、制度，動皆陳啟，事無專制，務從減省，上竝不許。嶷常慮盛滿，求解揚州以授竟陵王子良，上終不許，曰：「畢汝一世，無所多言。」嶷長七尺八寸，善修容範，文物衞從，禮冠百僚，每出入殿省，瞻望者無不肅然。

（十五）交州刺史李叔獻既受命㊶，而斷割外國貢獻，上欲討之。

【今註】㈠西邸：胡三省曰：「據子良傳，西邸在雞籠山。」㈡記室參軍范雲、蕭琛、樂安任昉、法曹參軍王融：《齊書・百官志》凡公督府置錄事、記室、戶曹、倉曹、中直兵、外兵、騎兵、長流、賊曹、城、局、法曹、田曹、水曹、鎧曹、集曹、右戶十八曹參軍，局曹以上署正參軍，法曹以下署行參軍各一人。《宋書・百官志》江左以來置中兵曹，其後又置直兵曹，宋武帝輔晉，合中兵、直兵置一參軍，曹則猶二也。記室參軍掌書記，法曹參軍掌刑法科程，雲、琛、昉、融等皆子良府屬也。㈢衞軍東閤祭酒蕭衍：時王儉為衞將軍，以蕭衍為東閤祭酒。《晉書・職官志》諸公及開府位從公者府屬長史之下有東西閤祭酒各一人，自江左以來不改。㈣太學博士：《晉書・職官志》晉初承魏制置博士十九人，江左初，減為九人，元帝末，增儀禮、春秋公羊博士各一人，合為十一人，後又增為十六人，不復分掌五經，而總謂之太學博士也。⑤南徐州秀才濟陽江革：革，濟陽人，時屬南徐州，州舉以為秀才。⑥尚書殿中郎：魏晉以來，有諸曹尚書郎，殿中郎為其首。⑦琛，惠開之從子：蕭惠開見卷一百三十一宋明帝泰始元年、二年。⑧惲，元景之從孫：柳元景，宋之名將，以武功顯于宋文帝、孝武二朝。⑨融，僧達之孫：僧達，王弘之子，以世資才俊進用於宋孝武之世。⑩衍，順之之子：蕭順之，高帝之族弟也。⑪朓，述之孫：謝述見卷一百二十三宋文帝元嘉十七年。⑫約，璞之子：宋文帝元嘉二十七年，魏師南牧，璞守盱眙有功，孝武帝起兵討太子劭，璞不以時迎義師，受戮於孝建之初。⑬僧孺，雅之曾孫：王雅見卷一百七晉孝武帝太初十五年。⑭為眾僧賦食行水：賦，給也；行，巡也，以水徧給眾僧，故曰行水。⑮因果：釋氏有因緣果報之說，為善必得善報，為惡則得惡報，猶種瓜得瓜，種豆則得豆也。⑯中書郎：即中書侍郎。⑰乖剌：違異也。《楚辭》：「吾獨乖剌而無當號，心悼怵而耄思。」⑱令僕：謂尚書令及僕射，宰相之職也。《南齊書・王僧虔傳》虔兄子儉為朝宰，起長梁齋，制度小過，僧虔視之不悅，竟不入戶。儉時為尚書左僕射也。⑲鴻池：《魏書・道武帝紀》天興二年穿鴻雁池於平城，蓋此。⑳望蔡：沈約曰：「漢靈帝中平中，汝南上蔡民分徙此地立縣，名曰上蔡，晉武帝太康元年，更名望蔡。」宋白曰：「望蔡縣本漢建成縣，靈帝分置上蔡縣，晉武帝以上蔡人思本土，改為望蔡。」望蔡縣，屬豫郡，故治在今江西省上高縣西。㉑時中書舍人四人，各住一省，謂之四戶，以法亮及臨海呂文顯等為之：《南齊書

・倖臣傳》中書舍人四人分直四省，蓋自茹法亮等始也。㉒既總重權，勢傾朝廷：《南齊書・倖臣傳》云：「中書之職，舊掌機務，漢元以令、僕用事，魏明以監令專權，及在中朝，猶為重寄。宋孝武以來。士庶雜選，及明帝世，專為佞倖矣！齊初亦用久勞及以親信關讞表啟，發署詔敕，頗涉辭翰者亦為詔文，侍郎之局，復見侵矣！明帝建武世，詔命殆不關中書，專出舍人。」同傳紀僧真為中書舍人，齊武帝嘗目送之，笑曰：「人何必計門戶，紀僧真常貴，人所不及。」其權重如此。㉓季別受之：三月為一季。言每季一請祿也。㉔枉法：受人賂遺，不依律文以出入人於罪也。㉕義贓：胡三省曰：「謂人私情相饋遺，雖非乞取，亦計所受論贓。」㉖恒農李洪之以外戚貴顯：恒農即弘農，魏避獻文帝諱改。魏獻文、孝文皆李氏所出，故貴顯當世。㉗跼蹐：恐懼貌。㉘北狄：謂柔然也。㉙六鎮勢分，倍眾不鬬：胡三省曰：「謂敵人眾力加倍，則鎮人不敢鬬也。魏世祖破蠕蠕，列置降人於漢南，東至濡源，西暨五原、陰山二千餘里，分為六鎮，今武川、撫冥、懷朔、懷荒、柔玄、禦夷也。下云六鎮東西不過千里，則當自代都北塞而東至濡源耳！」杜佑曰：「後魏六鎮並在馬邑、雲中單于府界。」按六鎮皆在今綏遠及察哈爾二省境。㉚彊弱相兼：夫役之力有彊有弱，以彊抵弱，計其約數也。㉛遊運：胡三省曰：「遊，行也；行運芻糧以實塞下。」㉜捉刀左右：捉，執也，執刀以衞左右者也。㉝禁司：有司之主防禁諸王者。㉞論者謂帝優於魏文，減於漢明：魏文帝忮忍寡恩而漢明帝篤於友愛，謂帝於兄弟之情不若漢明而勝於魏文也。㉟疏悻：性放達而很直也。㊱大度獠：《水經注》江水東南逕南安縣西，縣南有濛水，即大渡水也，東入于江。大度獠蓋緣大渡水而居。㊲睒：蠻夷以財贖罪也。㊳兩眼刺史尚不敢調我，況一眼乎：宋桂陽王休範之亂，顯達為流矢所中，盲其左目。㊴帬帽：胡三省曰：「宋齊之間，制高屋帽，下帬蓋。」㊵太極四廂：胡三省曰：「太極殿，前殿也，有四廂。」㊶交州刺史李叔獻既受命：命叔獻為交州刺史見上卷高帝建元元年。

三年（西元四八五年）

㈠春，正月，丙辰（正月己巳朔，無丙辰，南齊書武帝紀下有甲申，當為丙子之誤），以大司農劉楷為交州刺史，發南康、廬陵、始興兵以討叔獻。叔獻聞之，遣使乞更申數年，獻十二隊純銀兜鍪及孔雀毦㊀，上不許。叔獻懼為楷所襲，間道自湘州還朝㊁。

㈡戊寅（初十日），魏詔曰：「圖讖之興，出於三季㊂，既非經國之典，徒為妖邪所憑。自今圖讖祕緯㊃，一皆焚之，留者以大辟論。」又嚴禁諸巫覡及委巷㊄卜筮非經典所載者。

㈢魏馮太后作皇誥十八篇。癸未（十五日），大饗羣臣于太華殿㊅，班皇誥。

㈣辛卯（二十三日），上祀南郊，大赦。

㈤詔復立國學㊆，釋奠先師用上公禮。

㈥二月，己亥（初二日），魏制皇子、皇孫有封爵者歲祿各有差。

㈦辛丑（初四日），上祭北郊。

㈧三月，丙申（二十九日），魏封皇弟禧為咸陽王，幹為河南王，羽為廣陵王，雍為潁川王，勰為始平王，詳為北海王。文明太后令置學館，選師傅以教諸王。勰於兄弟最賢敏而好學，善屬文，魏主尤奇愛之。

㈨夏，四月癸丑（十七日），魏主如方山，甲寅（十八日），還宮。

㈩初，宋太宗置總明觀，以集學士，亦謂之東觀㊇。上以國學既立，五月，乙未（二十九日），省總明觀。時王儉領國子祭酒，詔於儉宅開學士館，以總明四部書充之㊈，又詔儉以家為府。

自宋世祖好文章，士大夫悉以文章相尚，無以專經為業者。儉少好禮學及春秋，言論造次，必於儒者，由是衣冠翕然，更尚儒術。儉撰次朝儀國典，自晉宋以來故事，無不諳憶㈩，故當朝理事，斷決如流，每博議引證，八坐丞郎㈡無能異者。令史諮事，常數十人，賓客滿席，儉應接辨析，傍無留滯，發言下筆，皆有音彩。十日一還學，監試諸生，巾卷㈢在庭，劒衞令史，儀容甚盛。作解散髻，斜插簪㈢，朝野慕之，相與倣効。儉常謂人曰：「江左風流宰相，唯有謝安。」意以自比也。上深委仗之，士流選用，奏無不可。

㈩六月，庚戌（十五日），進河南王度易侯為車騎將軍，遣給事中吳興丘冠先使河南，幷送柔然使。

㈩辛亥（十六日），魏主如方山，丁巳（二十二日），還宮。

㈢秋，七月，癸未（初六日），魏遣使拜宕昌王梁彌機兄子彌承為宕昌王。【考異】齊書是歲八月丁巳，以行宕昌王梁彌頡為河、梁二州刺史，六年五月，甲午，以彌承為河涼二州刺史，今從魏書。

初，彌機死，子彌博立，為吐谷渾所逼，奔仇池。仇池鎮將穆亮以彌機事魏素厚，矜其滅亡，彌博凶悖，所部惡之，彌承為眾所附，表請納之，詔許之。亮帥騎三萬軍于龍鵠㈣，擊走吐谷渾，立彌承而還。亮，崇之曾孫也㊄。

㊉戊子（十一日），魏主如魚池㊅，登青原岡，甲午（十七日），還宮。八月，己亥（初五日），如彌澤，甲寅（二十日），登牛頭山，甲子（三十日），還宮。

㊊魏初民多蔭附㊆，蔭附者皆無官役，而豪彊徵斂，倍於公賦。給事中李安世上言：「歲飢民流，田業多為豪右所占奪，雖桑井㊇難復，宜更均量，使力業相稱。又所爭之田，宜限年斷，事久難明，悉歸今主，以絕詐妄。」魏主善之，由是始議均田。

冬，十月，丁未（十三日），詔遣使者循行州郡，與牧守均給天下之田。諸男夫十五以上，受露田㊈四十畝，婦人二十畝，奴婢依良丁㊉，牛一頭受田三十畝，限止四牛。所授之田率倍之，三易之田再倍之㊀，以供耕作及還受之盈縮。人年及課，則受田，老免及身沒則還田，奴婢牛隨有無以還受。

初，受田者男夫給二十畝，課種桑五十株，桑田皆為世業，身終不還，恒計見口，有盈者無受無還，不足者受種如法，盈者得賣其盈。諸宰民之官，各隨近給公田有差，更代相付，賣者坐如律。

(十六)辛酉（二十七日），魏魏郡王陳建卒。

(十七)魏員外散騎常侍李彪等來聘。

(十八)十二月，乙卯（二十二日），魏以侍中淮南王佗為司徒。

(十九)柔然犯魏塞，魏任城王澄帥眾拒之，柔然遁去。澄，雲之子也㉒。氐羌反，詔以澄為都督梁、益、荊三州諸軍事，梁州刺史㉓，澄至州討叛柔服，氐羌皆平。

(廿)初，太祖命黃門郎虞玩之等檢定黃籍㉔，上即位，別立校籍官，置令史，限人一日得數巧㉕，既連年不已，民愁怨不安。外監㉖會稽呂文度啟上籍被却者悉充遠戍，民多逃亡避罪。富陽民唐寓之因以妖術惑眾作亂，攻陷富陽㉗，三吳却籍者奔之，眾至三萬。

文度與茹法亮、呂文顯皆以姦諂有寵於上，文度為外監，專制兵權，領軍守虛位而已。法亮為中書通事舍人，權勢尤盛，王儉常曰：「我雖有大位，權寄豈及茹公邪？」

（二十一日）是歲，柔然部真可汗卒，子豆崙立，號伏名敦可汗㉖，改元太平。

【今註】㈠孔雀旄：以孔雀毛為飾也。㈡間道自湘州還朝：間道，僻徑也；不敢取道南康、始興，避劉楷之兵也。㈢圖讖之興，出於三季：三季，三代之季世也。章懷太子曰：「圖，河圖也，讖，符命之書。讖，驗也，言為王者受命之徵驗也。」㈣祕緯：即緯書。諱書起於西漢之末，假託經義以言符籙瑞應之書也，六經及孝經皆有緯，謂之七經緯。㈤委巷：委，曲也，屈曲小巷也。㈥太華殿：《魏書・文成帝紀》太安四年，起太華殿於平城。㈦詔復立國學：齊罷國學見上卷高帝建元四年。李延壽曰：「江左草創，日不暇給，以迄宋齊，國學時或開置，而勸課未博，建之不能十年，蓋取文具而已。」㈧初，宋太宗置總明觀以集學士，亦謂之東觀：宋置總明觀見卷一百三十二宋明帝泰始六年。㈨詔於儉宅開學士館，以總明四部書充之：《隋書・經籍志》魏祕書監荀勖因鄭默中經更著新簿，分為四部。總括羣書：一曰甲部，紀六藝小學等書，二曰乙部，有古諸子家、近世子家、兵書、兵家、術數等書，三曰丙部，有史記舊事皇覽簿雜事，四曰丁部，有詩賦圖讚及汲冢書。胡三省曰：「據宋紀明帝泰始六年立總明觀，徵學士以充之，舉士二十人，分為儒、道、文、史、陰陽五部，學言陰陽者遂無其人，然則四部書者，其儒、道、文、史之書歟！」余按《宋書・隱逸傳》宋文帝元嘉十五年，徵處士雷次宗立儒學於雞籠山，丹陽尹何尚之立玄學，太子率更令承天立史學，司徒參軍謝元立文學，凡四學並建，以儒、道、文、史為四學當始此。⑩諳憶：熟記也。⑪八坐丞郎：

自八坐至尚書左右丞及諸曹尚書郎也。⑫巾卷：謂諸生也。何焯曰：「宋書：『國子太學生冠葛巾，服單衣，以為朝服，執一卷經以代手板。』所謂巾卷也。」⑬作解散書，斜插簪：《南史・王儉傳》作解散幘，《南齊書》作解散髻。簪，幘簪也。⑭龍鵠：胡三省曰：「龍鵠，即龍涸也，在甘松界，宇文氏於此置龍涸防，隋為扶州嘉誠縣，唐為松州。」杜佑曰：「龍涸城，吐谷渾南界也，去成都千餘里，周武帝天和初，其王率眾降，以為扶州。」今四川省松潘縣，即唐之松州。⑮亮，崇之曾孫也：穆崇見卷一百十一晉安帝隆安三年。《魏書・穆崇傳》崇子觀，觀子壽，亮，壽之子也。⑯魏主如魚池：《魏書・明元帝紀》永興五年穿魚池於平城北苑。⑰魏初民多蔭附：蔭附者，自託附於豪強之家以求庇蔭也。⑱桑井：胡三省曰：「桑井，謂古者井田之制，五畝之宅，樹牆下以桑也。」⑲露田：杜佑《通典》注曰：「不栽樹者謂之露田。」露田計口而授，老歿還官，即唐所謂口分田也。⑳奴婢依良丁：奴婢受田之數，與良人成丁者同。㉑所授之田率倍之，三易之田再倍之：胡三省曰：「倍之者，合受四十畝，授以八十畝，此一易之田也，三易之田，三年耕然後復故，故再倍以授之。」再倍之數，則授一百六十畝，以三易故，每耕仍為四十畝。㉒澄，雲之子也：任城王雲見卷一百三十三宋明帝泰始七年。㉓詔以澄為都督梁、益、荊、三州諸軍事，梁州刺史：胡三省曰：「魏高祖置梁益二州於仇池。」㉔初，太祖命黃門郎虞玩之等檢定黃籍：見上卷高帝建元二年。㉕巧：姦偽也。㉖外監：胡三省曰：「外監屬中領軍，而親任過於領軍。」㉗富陽：富陽縣本漢之富春縣也，屬會稽郡，後漢屬吳郡。沈約曰：「孫權黃武四年，以富春縣為東安郡，七年，省，晉簡文鄭太后諱春，孝武改曰富陽。」即今浙江省富陽縣。㈥柔然部真可汗卒，子豆崙立，號伏名敦可汗：魏收曰：「伏名敦，魏言恒也。」

四年（西元四八六年）

㈠春，正月，癸亥朔，魏高祖朝會，始服袞冕㈠。

㈡壬午（二十日），柔然寇魏邊。

㈢唐寓之攻陷錢唐，吳郡諸縣令多弃城走。寓之稱帝於錢唐，立太子，置百官，遣其將高道度等攻陷東陽，殺東陽太守蕭崇之。崇之，太祖族弟也。又遣其將孫泓寇山陰，至浦陽江㈡，浹口戍主湯休武擊破之。

上發禁兵數千人，馬數百匹，東擊寓之。臺軍至錢唐，寓之之眾烏合，畏騎兵，一戰而潰。擒斬寓之，進平諸郡縣。臺軍乘勝，頗縱抄掠。軍還，上聞之，收軍主前軍將軍陳天福弃市，左軍將軍劉明徹免官，削爵付東冶㈢。天福，上寵將也，既伏誅，內外莫不震肅。使通事舍人丹陽劉係宗隨軍慰勞，遍至遭賊郡縣，百姓被驅逼者，悉無所問。

㈣閏月，癸巳（朔），立皇子子貞為邵陵王，皇孫昭文為臨汝公。

㈤氐王楊後起卒。丁未（十五日），詔以白水太守楊集始為北秦州刺史，武都王。集始，文弘之子也，後起弟後明為白水太守。魏亦以集始為武都王，集始入朝于魏，魏以為南秦州刺史。

㈥辛亥（十九日），帝耕籍田。

㈦二月，己未（二月壬戌朔，無己未）立皇弟銶為晉熙王，鉉為河東王。

㈧魏無鄉黨之法，唯立宗主督護，民多隱冒，三五十家，始為一戶。內祕書令㊃李冲上言：「宜準古法，五家立鄰長，五鄰立里長，五里立黨長，取鄉人彊謹者為之。鄰長復一夫，里長二夫，黨長三夫，三載無過，則升一等。其民調：一夫一婦帛一匹，粟二石，大率十匹為公調，二匹為調外費，三匹為百官俸。此外，復有雜調。民年八十已上，聽一子不從役，孤獨癃老，篤疾貧窮，不能自存者，三長內迭養食之。」書奏，詔百官通議。中書令鄭義等皆以為不可，太尉丕曰：「臣謂此法若行，於公私有益，但方有事之月，校比戶口，民必勞怨，請過今秋，至冬，乃遣使者，於事為宜。」冲曰：「民可使由之，不可使知之㈤。若不因調時㈥，民徒知立長校戶之勤，未見均傜省賦之益，心必生怨，宜及調課之月，令知賦稅之均。既識其事，又得其利，行之差易。」羣臣多言九品差調，為日已久㈦，一旦改法，恐成擾亂。文明太后曰：「立三長則課調有常準，苞蔭之戶可出，僥倖之人可止，何為不可？」甲戌（十三日），初立黨、里、鄰三長，定民戶籍。民始皆愁苦，豪彊者尤不願，既而課調省費十餘倍，上下安之㈧。

㈨三月，丙申（初五日），柔然遣使者牟提如魏。時敕勒叛柔然，柔然伏名敦可汗自將討之，追奔至西漠㈨，魏左僕射穆亮等請乘虛擊之。中書監高閭曰：「秦漢之世，海內一統，故可遠征匈奴。今南有吳冠，何可捨之深入虜庭？」魏主曰：「兵者，兇器，聖人不得已而用之㈩。先帝屢出征伐者，以有未賓之虜故也。今朕承太平之業，柰何無故動兵革乎？」厚禮其使者而歸之。

(十)夏，四月，辛酉朔，魏始制五等公服(二)。甲子（初四日），初以法服(三)御輦，祀南郊。

(十一)癸酉（十三日），魏主如靈泉池(三)。戊寅（十八日），還宮。

(十二)湘州蠻反，刺史呂安國有疾不能討。丁亥（二十七日），以尚書左僕射柳世隆為湘州刺史，討平之。

(十三)六月辛酉（初二日），魏主如方山。【考異】魏帝紀是日幸方山，六月戊戌又云幸方山，皆不言還宮，蓋闕文耳。

(十四)己卯（二十日），魏文明太后賜皇子恂名，大赦。

(十五)秋，七月，戊戌（初九日），魏主如方山。

(十六)八月，乙亥（十七日），魏給尚書、五等爵已上朱衣玉佩，大小組綬(四)。

(十六)九月，辛卯（初三日），魏作明堂、辟雍。

(十七)冬，十一月，魏議定民官，依戶給俸(五)。

(十八)十二月，柔然冠魏邊。

(十九)是歲，魏改中書學曰國子學(六)。分置州郡，凡三十八州，二十五在河南，十三在河北⑰。

【今註】㈠魏高祖朝會，始服袞冕：袞冕，中國天子冠服也。㈡浦陽江：《水經注》曰：「浙江自永興縣北東合浦陽江。江水導源烏傷縣，東逕諸暨縣，又東流南屈，又東迴北轉逕剡縣東，又東逕石橋，又東北逕始寧縣嶀山之成功嶠，又東北逕永興縣東，與浙江合。」㈢東冶：胡三省曰：「建康有東西二冶，今冶城即其地，亦曰東冶亭。」㈣內秘書令：胡三省曰：「祕書省在禁中，故謂之內祕書令，亦謂之中祕。」㈤民可使由之，不可使知之：此《論語》孔子之言。㈥調時：下所謂調課之月也。㈦羣臣多言九品差調，為日已久：九品，上、中、下各分為三品也。事見卷一百三十二宋明帝泰始二年。㈧既而課調省費十餘倍，上下安之：蓋前此民多蔭附，豪強徵斂倍於公賦也。㈨西漠：大漠之西陲。㈩兵者，兇器，聖人不得已而用之：用老子之言。⑪魏始制五等公服：胡三省曰：「朝廷之服五等，朱、紫、緋、綠、青。」按公服即朝服也，以別上下，分貴賤。⑫法服：胡三省曰：「袞冕以見郊廟之服。」⑬靈泉池：魏於方山之南，平城之北，起靈泉宮，又引如渾水為靈泉池。《水經注》曰：「如渾水自方山南至靈泉池，枝津東南注池，池東西百步，南北二百步。池渚舊名白楊泉，泉上有白楊樹，因以名焉！南面舊京，北背方嶺，左右山原，亭觀繡峙。」⑭組綬：織絲有文以為帶綬也。鄭玄曰：「綬所以貫佩玉，相承受者也。」⑮魏議定民官依戶給俸：依所領民戶之多少以定俸給也。⑯是歲，魏改中書學曰國子學：胡三省曰：「魏先置中書博士及中書學生，今改曰國子學，從晉制也。」㊆分置州郡，凡三十八州，二十五在河南，十三在河北：《南齊書・魏虜傳》云：「齊武帝永明四年，魏造戶籍，分置州郡，雍州、涼州、秦州、沙州、涇州、華州、岐州、河州、西華州、寧州、陝州、洛州、荊州、郢州、北豫州、東荊州、南豫州、西兗州、東兗州、南徐州、東徐州、青州、齊州、濟州二十五州在河南，湘州、懷州、秦州、東雍州、肆州、定州、瀛州、朔州、幷州、冀州、幽州、平州、司州十三州在河北。凡分魏晉舊司、豫、青、兗、冀、幷、幽、秦、雍、涼十州地及宋所失淮北為三十八州矣！」

五年（西元四八七年）

㈠春，正月，丁亥朔，魏主詔定樂章，非雅者除之。

㈡戊子（初二日），以豫章王嶷為大司馬，竟陵王子良為司徒，臨川王映、衞將軍王儉、中軍將軍王敬則竝加開府儀同三司。子良啟記室范雲為郡，上曰：「聞其常相賣弄，朕不復窮法，當宥之以遠。」子良曰：「不然，雲動相規誨，諫書具存。」遂取以奏，凡百餘紙，辭皆切直。上歎息謂子良曰：「不謂雲能爾！方使弼汝，何宜出守？」

文惠太子嘗出東田㊀觀穫，顧謂眾賓曰：「刈此亦殊可觀。」眾皆曰：「唯唯。」雲獨曰：「三時之務㊁，實為長勤。伏願殿下知稼穡之艱難，無徇一朝之宴逸。」

㈢荒人桓天生，自稱桓玄宗族，與雍、司二州蠻相扇動，據南陽故城，請兵於魏，將入寇。丁酉（十一日），詔假丹陽尹蕭景先節，總帥步騎，直指義陽，司州諸軍皆受節度，又假護軍將軍陳顯達節，帥征虜將軍戴僧靜等水軍向宛、葉，雍、司諸軍皆受顯達節度以討之。

㈣魏光祿大夫咸陽文公高允歷事五帝，出入三省㊂，五十餘年，未嘗有譴。馮太后及魏主甚重之，常命中黃門蘇興壽扶侍。允仁恕簡靜，雖處貴重，情同寒素，執書吟覽，晝夜不去手。誨人以善，恂恂㊃不倦，篤親念故，無所遺棄。顯祖平青、徐，悉徙其望族於代㊄，其人多允之婚媾，流離飢寒，允傾家賑施，咸得其所；又隨其才行，薦之於朝。議者多以初附間之，允曰：「任賢使能，何有新舊？必若有用，豈可以此抑之？」允體素無疾，至是微有不適，猶起居如常，數日而卒，年九十八，贈侍中、司空，賻襚㊅甚厚，魏初以來，存亡蒙賚，皆莫及也。

㈤桓天生引魏兵萬餘人至沘陽㊆，陳顯達遣戴僧靜等與戰於深橋㊇。大破之，殺獲萬計，天生退保沘陽。僧靜圍之，不克而還。荒人胡丘生起兵懸瓠以應齊，魏人擊破之，丘生來奔。天生又引魏兵寇舞陰，舞陰戍主殷公愍拒擊，破之，殺其副張麒麟，天生被創退去。三月，丁未（二十二日），以陳顯達為雍州刺史，顯達進據舞陽城。

㈥夏，五月壬辰（初八日），魏主如靈泉池。

㈦癸巳（初九日），魏南平王渾卒。

㈧甲午（初十日），魏主還平城。詔復七廟子孫及外戚緦麻服已上㊈，賦役無所與。

㈨魏南部尚書公孫邃，上谷公張倏帥眾與桓天生復寇舞陰，殷公愍擊破之，【考異】齊書魏虜傳云：「偽安南將軍遼東公、平南將軍上谷公又攻舞陰」。魏書帝紀云：「詔南部尚書公孫文慶、上谷公張伏千南討舞陰。」按公孫邃傳：

「邃字文慶，與內都幢將上谷公張儵討蕭賾舞陰戍。」蓋伏干亦儵字也。天生還竄荒中。邃，表之孫也⑽。

魏春、夏大旱，代地尤甚，加以牛疫，民餒死者多。六月，癸未（二十九日），詔內外之臣極言無隱。齊州刺史韓麒麟上表曰：「古先哲王，儲積九稔⑾，逮於中代⑿，亦崇斯業，入粟者與斬敵同爵，力田者與孝悌均賞⒀。今京師民庶，不田者多，遊食之口，參分居二。自承平日久，豐穰積年，競相矜誇，遂成侈俗。貴富之家，童妾袨服⒁，工商之族，僕隸玉食⒂，而農夫闕糟糠，蠶婦乏短褐。故令耕者日少，田有荒蕪；穀帛罄於府庫，寶貨盈於市里；衣食匱於室，麗服溢於路；飢寒之本，寔在於斯。愚謂凡珍異之物，皆宜禁斷，吉凶之禮，備為格式，勸課農桑，嚴加賞罰，數年之中，必有盈贍。往年校比戶貫⒃，租賦輕少，臣所統齊州，租粟纔可給俸，略無入倉，雖於民為利，而不可長久，脫有戎役，或遭天災，恐供給之方，無所取濟。可減絹布，增益穀租，年豐多積，歲儉⒄出賑，所謂私民之穀，寄積於官，官有宿積則民無荒年矣！」

秋，七月，己丑（初六日），詔有司開倉賑貸，聽民出關就食㈧，遣使者造籍，分遣去留，所過給糧廩，所至三長贍養之。

㈩柔然伏名敦可汗殘暴，其臣侯醫垔石洛候數諫止之，且勸其與魏和親，伏名敦怒，族誅之，由是部眾離心。八月，柔然寇魏邊，魏以尚書陸叡為都督，擊柔然，大破之。叡，麗之子也㈨。

初，高車阿伏至羅有部落十餘萬，役屬柔然。伏名敦之侵魏也，阿伏至羅諫不聽，阿伏至羅怒，與從弟窮奇帥部落西走，至前部㈩西北，自立為王，【考異】魏書高車傳云，在太和十一年，蠕蠕傳在十六年，今從高車傳。國人號曰候婁匐勒，夏言㈡天子也；號窮奇曰候倍，夏言太子也。二人甚親睦，分部而立，阿伏至羅居北，窮奇居南。伏名敦追擊之，屢為阿伏至羅所敗，乃引眾東徙㈢。

㈪九月，辛未，魏詔罷起部無益之作㈢，出宮人不執機杼者。冬。十月，丁未，又詔罷尚方錦繡綾羅之工㈣，四民㈤欲造，任之無禁。

是時，魏久無事，府藏盈積，詔盡出御府衣服、珍寶、太官雜器、太僕乘具、內庫弓矢、刀鈴㉖十分之八，外府衣物、繒布、絲纊㉗非供國用者，以其大半班賚百司，下至工商皁隸，逮于六鎮邊戍、畿內鰥寡、孤獨、貧癃㉘，皆有差。

(十一)魏祕書令高祐、丞李彪奏請改國書編年為紀傳表志，魏主從之。祐，允之從祖弟也。

十二月，詔彪與著作郎崔光改修國書。光，道固之從孫也㉙。

魏主問高祐曰：「何以止盜？」對曰：「宋均立德，猛虎渡河；卓茂行化，蝗不入境㉚。況盜賊，人也，苟守宰得人，治化有方，止之易矣！」祐又上疏，言：「今之選舉，不採識治之優劣，專簡年勞之多少，斯非盡才之謂。宜停此薄藝，弃彼朽勞，唯才是舉，則官方斯穆㉛。又勳舊之臣，雖年勤可錄，而才非撫民者，可加之以爵賞，不宜委之以方任。所謂王者可私人以財，不私人以官者也㉜。」帝善之。祐出為西兗州刺史，鎮滑臺，以郡國雖有學，縣、黨亦宜有之，乃命縣立講學，黨立小學。

【今註】㈠東田：《南齊書・文惠太子傳》太子作東田於東宮，彌亘華遠，壯麗極目。㈡三時之務：謂春耕、夏耘、秋穫也。㈢魏光祿大夫咸陽文公高允歷事五帝，出入三省：允卒諡曰文。允歷事太武、景穆、文成、獻文，及高祖五帝，周歷尚書、中書、祕書三省。㈣恂恂：信實貌。㈤顯祖平青、徐，悉徙其望族於代：事見卷一百三十二宋明帝泰始五年。㈥賻襚：喪儀也，以財曰賻，以衣衾曰襚。㈦泚陽：漢泚陽縣，屬南陽郡，應劭曰：「泚水所出。」魏孝文帝太和中，置東荊州於漢泚陽故城，在今河南省泚陽縣西。㈧深橋：《南齊書・戴僧靜傳》深橋去泚陽四十里。㈨詔復七廟子孫及外戚緦麻服已上：七廟子孫，自太祖以下子孫也。緦麻，三月服也，古時喪制以斬衰、齊衰、大功、小功、緦麻為五服，至緦麻而服盡，凡本宗為高祖父母及五服內之在小功以下者，又異姓為中表兄弟、妻父母、壻、外孫均服之。㈩邃，表之孫也：公孫表事魏明元帝為將。⑪古先哲王，儲積九稔：《禮・王制》國無九年之蓄曰不足，無六年之蓄曰急，無三年之蓄曰國非其國也。⑫中代：謂兩漢。⑬入粟者與斬敵同爵，力田者與孝悌均賞：漢令民入粟者拜爵，力田孝悌者復其身。⑭童妾袨服：童，僕婢也；妾，側室也。袨服，美服也。⑮玉食：孔安國曰：「美食也。」⑯往年校比戶貫：事見上永明三年。毛晃曰：「貫，鄉籍也。」⑰歲儉：歲穫視常歲為少曰儉。⑱聽民出關就食：胡三省曰：「魏都平城，郊畿之外，置關於要路以譏征。」譏，察也。⑲叡，麗之子也：陸麗，陸俟之子，死於乙渾之難。⑳前部：胡三省曰：「前部，漢車師前王地也。」㉑夏言：胡三省曰：「夏言，謂中華之言。」㉒伏名敦追擊之，屢為阿伏至羅所敗，乃引眾東徙：史言高車叛柔然，柔然之勢浸衰。㉓九月辛未，魏詔罷起部無益之作：晉以來諸曹尚書有起部郎，掌百工起作之事。九月癸未朔，無辛未，按《魏書・孝文帝》紀在十月，十月癸丑朔，辛未十九日。㉔冬十月丁未，又詔罷尚方錦繡綾羅之工：尚方屬少府，掌製作。十月無丁未，《魏書・孝文帝紀》在十一月，十一月壬午朔，丁未二十六日。㉕四民：謂士、農、工、商。㉖鈐：胡三省曰：「鈐與鉗同，刀也；唐有玉鈐衞。」㉗繒布絲纊：繒，帛之總名。纊，絲絮也。㉘鰥寡、孤獨、貧癃：《釋名》曰：「無妻曰鰥，憂悒不能寐，月常鰥鰥然，其字從魚，魚目常不閉。無夫曰寡，寡，倮也，倮然單獨也，無父曰孤，孤，顧也，顧望無所瞻見也。無子曰獨，獨，鹿也，鹿鹿無所依也。無財曰貧，疲病曰癃。」㉙光，道固之從孫也：崔道固仕宋，明帝泰始五年降魏。㉚昔宋均立德，猛虎渡河，卓茂行化，蝗不入境：宋均事見卷四十五漢明帝永平七年，卓茂為密令，漢平帝時，天下大蝗，獨不入密。㉛官方斯穆：胡三省曰：「方，道也；穆，和也，清也。」㉜所謂王者可私人以財，不私人以官者也：王者不私人以官，蓋用《漢書・佞幸傳》贊之辭。

六年（西元四八八年）

㈠春，正月，乙未（十五日），魏詔犯死刑者父母祖父母年老更無成人子孫，旁無朞親㊀者，具狀以聞。

㈡初，皇子右衞將軍子響出繼豫章王嶷，嶷後有子，表留為世子。子響每入朝，以車服異於諸王，每拳擊車壁。上聞之，詔車服與皇子同。於是有司奏子響宜還本，三月，己亥（二十日），立子響為巴東王。

㈢角城戍將張蒲因大霧乘船入清中㈡採樵，潛納魏兵，戍主皇甫仲賢覺之，帥衆拒戰於門中，僅能却之。魏步騎三千餘人已至塹外，淮陰軍主王僧慶等引兵救之，魏人乃退。

㈣夏，四月，桓天生復引魏兵出據隔城，詔游擊將軍下邳曹虎督諸軍討之。輔國將軍朱公恩將兵蹋伏㈢，遇天生遊軍，與戰，破之，遂進圍隔城。天生引魏兵步騎萬餘人來戰，虎奮擊，大破之，俘斬二千餘人。明日，攻拔隔城，斬其襄城太守帛烏祝，復俘斬二千餘人，天生弃平氏城走㈣。

㈤陳顯達侵魏。甲寅（初五日），魏遣豫州刺史拓跋斤將兵拒之。

㈥甲子（十五日），魏大赦。

㈦乙丑（十六日），魏主如靈泉池，丁卯（十八日），如方山，己巳（二十日），還宮。

㈧魏築城於醴陽㊄，陳顯達攻拔之，進攻沘陽。城中將士皆欲出戰，鎮將韋珍㊅曰：「彼初至，氣銳未可與爭，且共堅守，待其力攻，疲弊然後擊之。」乃憑城拒戰，旬有二日，珍夜開門掩擊，顯達還。

㈨五月甲午（十五日），以宕昌王梁彌承為河、涼二州刺史。

㈩秋，七月，己丑（十一日），魏主如靈泉池，遂如方山。己亥（二十一日），還宮。

(十一)九月壬寅（二十五日），上如琅邪城㊆講武。

(十二)癸卯（二十六日），魏淮南靖王佗卒。魏主方享宗廟，始薦，聞之為廢祭，臨視哀慟。

(十三)冬，十月，庚申（十四日），立冬，初臨太極殿讀時令㊇。

(十四)閏月辛酉，以尚書僕射王奐為領軍將車㊈。

(十五)辛未，魏主如靈泉池，癸酉，還宮㊉。

(十六)十二月，柔然伊吾戍主高羔子帥眾三千以城附魏。

㈦上以中外穀帛至賤，用尚書右丞江夏李珪之議，出上庫錢五千萬及出諸州錢，皆令糴買。

㈧西陵戍主杜元懿建言：「吳興無秋，會稽豐登，商旅往來，倍多常歲。西陵、牛埭(一一)稅，官格日三千五百，如臣所見，日可增倍，幷浦陽南、北津、柳浦四埭(一二)，乞為官領攝一年，格外可長四百許萬。西陵戍前檢稅，無妨戍事，餘三埭自舉腹心。」上以其事下會稽，會稽行事吳郡顧憲之議，以為：「始立牛埭之意，非苟逼蹴以取稅也，乃以風濤迅險，濟急利物耳！後之監領者，不達其本，各務己功，或禁遏佗道，或空稅江行(一三)。案吳興頻歲失稔，今茲尤甚，去乏從豐，良由飢棘(一四)，埭司責稅，依格弗降。舊格新減，尚未議登，格外加倍，將以何術？皇慈恤隱，振廩蠲調(一五)，而元懿幸災推利，重增困瘼(一六)。人而不仁，古今共疾，若事不副言(一七)，懼貽譴詰，必百方侵苦，為公賈怨。元懿稟性苛刻，已彰往効，任以物土，譬以狼將羊，其所欲舉腹心，亦當虎而冠耳(一八)！書云：『與其有聚斂之臣，寧有盜臣(一九)。』此言盜公為損蓋微，斂民所害乃大也！愚又以便宜者，蓋謂便於公，宜於民也。竊見頃之言便宜者，非能於民力之外，用天分地(二〇)，率皆即日不宜於民，方來不便於公，名與實反，有乖政體，凡如此等，誠宜深察。」上納之而止。

(九)魏主訪羣臣以安民之術，祕書丞李彪上封事，以為：「豪貴之家，奢僭過度，第宅車服，宜為之等制；又國之興亡，在冢嗣(二一)之善惡，在教諭之得失。高宗文成皇帝嘗謂羣臣曰：『朕始學之日，年尚幼沖，情未能專，既臨萬機，不遑溫習。今日思之，豈唯予咎？抑亦師、傅之不勤。』尚書李訢免冠謝，此近事之可鑒者也。臣謂宜準古立師傅之官以訓導太子。又漢置常平倉以救匱乏(二二)，去歲京師不稔，移民就豐，既廢營生，困而後達，又於國體，實有虛損，曷若豫儲倉粟，安而給之，豈不愈於驅督老弱餬口(二三)千里之外哉？宜析州郡常調九分之二，京師度支歲用之餘，各立官司，年豐糴粟，積之於倉，儉則加私之二，糶之於人。如此，民必力田以取官絹，積財以取官粟，年登則常積，歲凶則直給，數年之中，轂積而人足，雖災不為害矣！又宜於河表七州㉔人中，擢其門才，引令赴闕，依中州官比隨能序之㉕，一可以廣聖朝均新舊之義，二可以懷江漢有道之情。又父子兄弟，異體同氣，罪不相及，乃君上之厚恩，至於憂懼相連，固自然之恒理也。無情之人，父兄繫獄，子弟無慘惕之容，子弟逃刑，父兄無愧恧之色，宴安榮位，遊從自若，車馬衣冠，不變華飾，骨肉之恩，豈當然也？臣愚以為父兄有犯，宜令子弟素服肉袒，詣闕請罪；子弟有坐，宜令父兄露板引咎，乞解所司，若職任必要，不宜許者，慰勉留之。如此足以敦厲凡薄㉖，使人知所恥矣！又朝臣遭親喪者，假滿赴職㉗，衣錦乘軒，從郊廟之祀，鳴玉垂緌㉘，同慶賜之燕，傷人子之道，虧天地之經。愚謂凡遭大父母、父母喪者，皆聽終服，若無其人，職業有曠者，則優旨慰諭，起令視事，但綜司出納，敷奏而已，國之吉慶，一令無預；其軍旅之警，墨縗從役㉙，雖愆於禮，事所宜行也！」魏主皆從之。由是公私豐贍，雖時有水旱而民不困窮。

(廿)魏遣兵擊百濟㉚，為百濟所敗。

【今註】㊀朞親：為之服齊衰朞年之服者。㊁清中：胡三省曰：「清中，清水中也。」余按清中者，清水之所經也，猶曰秦中、川中。㊂蹹伏：蹹，踏也；偵察敵之伏兵謂之蹹伏。㊃平氏城：平氏城，漢屬南陽郡，晉屬義陽郡，宋省，其南有桐柏山，淮源所出也，故城在今河南省桐柏縣西北。宋復於南義陽置平氏縣，故城在今湖南安鄉縣西南，非漢時故城也。㊄醴陽：醴水之陽也。《水經注》醴水出桐柏山，與淮同源而別流，西流為醴，東流為淮。醴水西逕平氏縣東北，又西流注於泚水。㊅鎮將韋珍：《魏書・韋珍傳》珍時為樂陵鎮將，鎮泚陽。㊆琅琊城：沈約《州郡志》曰：「晉亂，琅琊國人隨元帝過江千餘戶，太興三年，立懷德縣。丹陽雖有琅琊郡而無其地，成帝咸康元年，桓溫領郡，鎮江乘之蒲洲金城上，求割丹陽之江乘境立郡。」蕭子顯《州郡志》曰：「南琅琊郡本治金城，永明徙治白下。」白下即白石也，晉成帝咸和三年，陶侃築壘於此，故城在今江蘇省江寧縣西北。㊇讀時令：時令，歲時節令也。胡三省曰：「漢儀，太史每載上其年歷，先立春、立夏、大暑、立秋、立冬，常讀五時令，皇帝所服，各隨五時之色。帝升御座，尚書令以下就席位，尚書三公郎以令置桉上奏以入就席，伏讀訖，賜酒一巵。」㊈閏月辛酉，以尚書僕射王奐為領軍：按《南齊書・武帝紀》在閏月辛卯，閏月丁丑朔，辛卯十五日，無辛酉。㊉辛未，魏主如靈泉池，癸酉，還宮：是歲魏閏九月丁未朔，齊之十月也，辛未二十五日，癸酉二十七日，此系於齊之閏月，齊閏十月丁丑朔，無辛未、癸酉日也。㊀西陵牛埭：《水經注》曰：「浙江自錢塘縣東逕固陵城北，昔范蠡築城於浙江之濱，言可以固守，謂之固陵，今之西陵也。」六朝時謂之西陵牛埭。五代吳越王錢鏐以陵非吉語，改曰西興，在今浙江省蕭山縣西二十里，濱臨運河。⑪并浦陽南北津、柳浦四埭：西陵牛埭、浦陽南津、浦陽北津及柳浦為四埭也。胡三省曰：「浦陽江南津埭，則今之梁湖堰是也，北津埭則今之曹娥堰是也，柳浦埭則今杭州浙江亭北跨浦橋埭是也。」梁湖堰在今浙江省上虞縣西，曹娥堰在今浙江省紹興縣東。⑫或禁遏他道，或空稅江行：禁遏他道者，令行旅必經牛埭以稅之也；空稅江行者，凡江行總埭，雖無貨物亦稅之。⑬去乏從豐，良由饑棘：棘，急也。言民之輕去其鄉而流徙者，實由饑棘，欲去歉乏以就豐積耳。⑭振廩蠲調：杜預曰：「振，發也；廩，倉也。」蠲，除也。言發倉與民而蠲免其賦調。⑮困瘼：瘼，病也。⑯事不副言：所稅之數不及所期，是不副言也。⑰任以物土，譬以狼將羊，其所欲舉腹心，亦當虎而冠耳：任以物土，謂寄以方面之任，使統治一方土地及人物。《漢書·酷吏列傳》曰：「如狼牧羊，虎而冠。」言以酷吏臨民，如狼牧羊，則羊必為所噬，虎而冠者，言其殘暴之甚，如虎著冠，非有人情。⑱與其有聚斂之臣，寧有盜臣：此《禮記·大學》記孟獻子之言。⑳用天分地：用天之道，分地之利也，此孝經第六章之言。㉑冢嗣，即冢子也。《左傳》里克曰：「太子奉冢祀社稷之粢盛以朝夕視君膳者也，故曰冢子。」㉒漢置常平倉以救匱乏：見卷二十七漢宣帝五鳳四年。㉓餬口：寄食也。《左傳》鄭莊公曰：「寡人有弟，不能和協，而使餬其口於四方，其況能久有許乎？」弟謂共叔段。㉔河表七州：胡三省曰：「七州，秦、雍、岐、華、陝、河、涼也。以下文懷江漢歸有道之情證之，則七州當謂荊、兗、豫、洛、青、徐、齊也，河表，直謂大河之外耳！」㉕擢其門才，引令赴闕，依中州官比隨能序之：比，例也，言因其門第，敍其才用，依中州序官之例，隨其所能而擢任以官職也。胡三省曰：「中州，謂代都東至海，南距大河諸州也。」㊅凡薄：凡俗澆薄。㊆又朝臣遭親喪者，假滿赴職：據《魏書・李彪傳》，時北魏蓋未建終喪之制，朝臣丁父憂者，給假而已。㊇垂緌：緌，繫冠之纓也，結纓以固冠，結之餘而下垂者謂之緌。㊈墨縗從役：謂居喪以從戎事也。春秋時晉襄公居文公之喪，墨縗絰以敗秦師於殽。㊉百濟：《三國魏志・東夷傳》韓有三種，馬韓、辰韓、弁韓而馬韓在西，其民土著種植，知蠶桑，作綿布，分為五十餘國，各有渠帥，百濟其一也。《魏書・百濟傳》其國北去高句麗千餘里，處小海之南，其民土著，地多下濕，皆山居，有五穀，其衣服飲食與高句麗同。蓋百濟本馬韓之一部，晉以後遂略有馬韓之地，據《宋書・百濟傳》其地蓋在遼西。李延壽謂其先以百家濟海，後浸強盛以立國，故曰百濟也。

七年（西元四八九年）

㈠春，正月，辛亥（初七日），上祀南郊，大赦。

㈡魏主祀南郊，始備大駕㊀。

㈢壬戌（十八日），臨川獻王映卒。

㈣初，上為鎮西長史，主簿王晏以傾諂為上所親㊁，自是常在上府。上為太子，晏為中庶子。上之得罪於太祖也㈢，晏稱疾自跦，及即位，為丹陽尹，意任如舊，朝夕一見，議論朝事，自豫章王嶷及王儉皆降意接之。二月壬寅（二十八日），出為江州刺史。晏不願外出，復留為吏部尚書。

㈤三月，甲寅（十一日），立皇子子岳為臨賀王，子峻為廣漢王，子琳為宣城王，子珉為義安王。

㈥夏，四月，丁丑（初四日），魏主詔曰：「升樓散物以賚百姓，至使人馬騰踐，多有傷毀，今可斷之，以本所費之物賜老疾貧獨者。」

㈦丁亥（十四日），魏主如靈泉池，遂如方山，己丑（十六日），還宮。

㈧上優禮南昌憲公王儉，詔三日一還朝，尚書令史出外諮事，上猶以往來煩數，復詔儉還尚書下省，月聽十日出外。儉固求解選，詔改中書監，參掌選事。五月，乙巳（初三日），儉卒。王晏既領選，權行臺閣，與儉頗不平。禮官欲依王導謚儉為文獻，晏啟上曰：「導乃得此謚，但宋氏以來，不加異姓。」出謂親人曰：「平頭憲事已行矣㊃！」

徐湛之之死也㊄，其孫孝嗣在孕得免，八歲襲爵枝江縣公，尚宋康樂公主，及上即位，孝嗣為御史中丞，風儀端簡。王儉謂人曰：「徐子孝嗣將來必為宰相。」上嘗問儉：「誰可繼卿者？」儉曰：「臣東都之日㊅，其在徐孝嗣乎！」儉卒，孝嗣時為吳興太守，徵為五兵尚書。

㈨庚戌（初八日），魏主祭方澤㊆。

㈩上欲用領軍王奐為尚書令，以問王晏。晏與奐不相能，對曰：「柳世隆有勳望，恐不宜在奐後。」甲子（二十二日），以尚書左僕射柳世隆為尚書令，王奐為左僕射。

㈩一六月，丁亥（十五日），上如琅邪城。

㈩二魏懷朔鎮㊇將汝陰靈王天賜、長安鎮都大將雍州刺史南安惠王楨皆坐贓當死，馮太后及魏主臨皇信堂㊈，引見王公，太后令曰：「卿等以為當存親以毀令邪，當滅親以明法邪？」羣臣皆言二王景穆皇帝之子⑩，宜蒙矜恕，太后不應。魏主乃下詔稱二王所犯難恕，而太皇太后追惟高宗孔懷之恩⑪，且南安王事母孝謹，聞於中外，竝特免死，削奪官爵，禁錮終身。

初，魏朝聞楨貪暴，遣中散⑫閭文祖詣長安察之，文祖受楨賂，為之隱，事覺，文祖亦抵罪。馮太后謂羣臣曰：「文祖前自謂廉，今竟犯法，以此言之，人心信不可知！」魏主曰：「古有待放之臣⑬，卿等自審不勝貪心者，聽辭位歸第。」宰官中散慕容契⑭進曰：「小人之心無常而帝王之法有常，以無常之心奉有常之法，非所克堪，乞從退黜。」魏主曰：「契知心不可常，則知貪之可惡矣！何必求退？」遷宰官令。契，白曜之弟子也⑮。

(十三)秋，七月，丙寅（二十五日），魏主如靈泉池。

(十四)魏主使羣臣議久與齊絕，今欲通使，何如？尚書游明根曰：「朝廷不遣使者，又築醴陽⑯，深入彼境，皆直在蕭賾，今復遣使，不亦可乎！」魏主從之。八月，乙亥（初四日），遣兼員外散騎常侍邢產等來聘。

(十五)九月，魏出宮人以賜北鎮人貧無妻者㉗。

(十六)冬，十一月，己未（十九日），魏安豐匡王猛卒。

(十七)十二月，丙子（初七日），魏河東王苟頹卒。

(十八)平南參軍顏幼明等聘於魏。

(十九)魏以尚書令尉元為司徒左僕射，穆亮為司空。

(廿)豫章王嶷自以地位隆重，深懷退素。是歲，啟求還第，上令其世子子廉代鎮東府。

(廿一)太子詹事張緒，領揚州中正，長沙王晃屬用吳興聞人邕為州議曹㉘，緒不許。晃使書佐固請，緒正色曰：「此是身家州鄉，殿下何得見逼㉙？」

(廿二)侍中江斆為都官尚書，中書舍人紀僧真得幸於上，容表有士風㉚，請於上曰：「臣出自本縣武吏，邀逢聖時㉛，階榮至此，為兒昏得荀昭光女，即時無復所須，唯就陛下乞作士大夫！」上曰：「此由江斆、謝瀹，我不得措意，可自詣之。」僧真承旨詣斆，登榻坐定，斆顧命左右曰：「移吾牀遠客。」僧真喪氣而退，告上曰：「士大夫故非天子所命！」斆，湛之孫，瀹，朏之弟也。

㊂柔然別帥叱呂勤帥眾降魏。

【今註】㊀魏主祀南郊，始備大駕：魏收曰：「輿服之制，秦漢已降，損益可知矣！魏氏居百王之末，接分崩之後，典禮之用，故有闕焉！太祖世所制車輦雖參采古式，多違舊章。」據《魏書・輿服志》，道武帝天興二年，命禮官捃採古事，制三駕鹵簿，一曰大駕，二曰法駕，三曰小駕。其大駕之制，設五輅，建太常，屬車八十一乘，平城令、代尹、司隸校尉、丞相奉引，太尉陪乘，太僕御，從輕車介士，千乘萬騎，魚麗雁行。天賜二年初，改大駕魚麗雁行更為方陣鹵簿，列步騎，內外為四重，列𣪠建旌，通門四達，五色車旗各處其方，諸王導從在鉀騎內，公在幢內，侯在步矟內，子在刀楯內，五品朝臣，使列乘輿前，兩廂官卑者先引，王、公、侯、子車旒麾蓋信幡及散官構服，一皆純黑。蓋魏大駕雖制於道武之世，實至是始備以祀南郊也。胡三省曰：「魏之大駕蓋參取漢晉之制而官名鹵簿則微有不同。」㊁初，上為鎮西長史，主簿王晏以傾諂為上所親：宋蒼梧王元徽四年，帝為鎮西長史，行郢州事，板晏為主簿。㊂上之得罪於太祖也：事見上卷永明元年。㊃平頭憲事已行矣：平頭，謂王字也，言王儉諡文憲事已行也。㊄徐湛之之死也：湛之死于宋文帝太子劭之難，見卷一百二十七宋文帝元嘉三十年。㊅臣東都之曰：胡三省曰：「謂周公既定洛，請明農也。」按周公既定洛而反政於成王，故王儉引以為言。周都鎬京，以洛為東都。㊆魏主祭方澤：方澤者，為方丘於澤中以祭地也。《周禮》疏曰：「土之高者曰丘；方者，象地方也。」㈧懷朔鎮：魏太武帝破蠕蠕，東自濡源，西至五原陰山，分設六鎮以撫北狄而懷朔最西，孝明帝孝昌中，改為朔州，後廢，蓋漢五原郡之地，即今綏遠省五原縣也。㈨皇信堂：《水經注》曰：「太極殿東堂東接太和殿，太和殿之東北接紫宮寺，南對承賢門，門南即皇信堂也。」《魏書・帝紀》皇信堂成於太和七年十月，十六年，以安昌殿為內寢，皇信堂為中寢。㈩二王，景穆皇帝之子：景穆皇帝，太武帝之子，文成帝之父也，未即位而殂，諡曰景穆，廟號恭宗。二王，景穆之子，於孝文帝為叔祖。⑪太皇太后追惟高宗孔懷之恩：文成帝廟號高宗，二王於文成帝為兄弟。〈小雅・常棣〉之詩曰：「死喪之威，兄弟孔懷。」孔懷，懷念之甚也，後人引為兄弟之代辭。⑫中散：中散大夫。⑬古有待放之臣：春秋晉放其大夫胥甲父于衞，《公羊傳》曰：「放之者何？猶曰無去是云爾！然則何言爾？近正也！此其為近正奈何？古者大夫已去三年待放，君放之，非也，大夫待放，正也。」⑭宰官中散慕容契：契蓋以宰官帶中散大夫。⑮契，白曜之弟子也：慕容白曜有平齊之功，著勞績於文成、獻文二朝。⑯朝廷不遣使者，又築醴陽：魏築城於醴陽見永明六年。⑰魏出宮人以賜北鎮人貧無妻者：胡三省曰：「北鎮，六鎮也。」⑱州議曹：州有議曹從事史。胡三省曰：「州議曹，自漢以來率儒士為之。」⑲此是身家州鄉，殿下何得見逼：張緒吳郡人，吳郡屬揚州，故曰州鄉。蓋自魏立中正官以來，率以本州人望之仕宦京都者為之。⑳容表有士風：言紀僧真雖非士族，而其容貌儀表雅有士風也。㉑邀逢聖時：《南史・江斅傳》邀作儌，《說文》曰：「儌，幸也。」言幸逢聖主之世也。㉒斅，湛之孫；瀹，朏之弟也：江湛死於宋文帝太子劭之難，見卷一百二十七宋文帝元嘉三十年；謝朏有重名於當世，高帝建臺，嘗欲引參佐命，朏以語折之，見上卷高帝建元元年。此二族者皆江南之清望也，故紀僧真雖傲逢時寵而為之氣折。

卷一百三十七 齊紀三

起上章敦牂，盡玄默涒灘，凡三年。（庚午至壬申，西元四九〇年至四九二年）

司馬光編集
林瑞翰註

世祖武皇帝中

永明八年（西元四九〇年）

㈠春，正月，詔放隔城俘二千餘人還魏㊀。

㈡乙丑（二十六日），魏主如方山，二月辛未（初三日），如靈泉㊁。壬申（初四日），還宮。

㈢地豆干㊂頻寇魏邊，夏，四月，甲戌（初七日），魏征西大將軍陽平王頤擊走之。頤，新城之子也㊃。【考異】陽平王頤，帝紀作熙，又作頣，今從本傳。

㈣甲午（二十七日），魏遣兼員外散騎常侍邢產等來聘。

㈤五月，己酉（十二日），庫莫奚㊄寇魏邊，安州㊅都將樓龍兒擊走之。

㈥秋，七月，辛丑（初五日），以會稽太守安陸侯緬為雍州刺史。緬，鸞之弟也。緬留心獄訟，得劫⑦皆赦遣許以自新，再犯乃加誅，民畏而愛之。

(七)癸卯（初七日），大赦。

(八)丙午（初十日），魏主如方山，丙辰（二十日），遂如靈泉池，八月，丙寅朔，還宮。

(九)河南王度易侯卒。乙酉（二十日），以其世子伏連籌為秦、河二州刺史。【考異】齊書作世子休留城，今從魏書。遣振武將軍丘冠先拜授，且弔之。伏連籌逼冠先使拜，冠先不從，伏連籌推冠先墜崖而死，上厚賜其子雄，敕以喪委絕域，不可復尋，仕進無嫌⑧。

(十)荊州刺史巴東王子響有勇力，善騎射，好武事，自選帶仗左右⑨六十人，皆有膽幹⑩，至鎮，數於內齋以牛酒犒之，又私作錦袍絳襖，欲以餉蠻，交易器仗。長史高平劉寅、司馬安定席恭穆連名密啟，上敕精檢⑪。子響聞臺使至，不見敕，召寅、恭穆及諮議參軍江悆、典籤吳修之、魏景淵等詰之，寅等祕而不言，脩之曰：「既已降敕，政應方便答塞⑫。」景淵曰：「應先檢校。」子響大怒，執寅等八人於後堂殺之，具以啟聞。上欲赦江悆，聞皆已死，怒，壬辰（二十七日），以隨王子隆為荊州刺史。上欲遣淮南太守戴僧靜將兵討子響，僧靜面啟曰：「巴東王年少，長史執之太急，忿不思難故耳！天子兒過誤殺人，有何大罪？官忽遣軍西上，人情惶懼，無所不至，僧靜不敢奉敕。」上不答而心善之⑬，乃遣衞尉胡諧之、游擊將軍尹略、中書舍人茹法亮帥齋仗⑭數百人詣江陵，檢捕羣小，敕之曰：「子響若束手自歸，可全其命。」以平南內史張欣泰⑮為諧之副，欣泰謂諧之曰：「今段之行，勝既無名，負成奇恥。彼凶狡相聚，所以為其用者，或利賞逼威，無由自潰，若頓軍夏口，宣示禍福，可不戰而擒也。」諧之不從。欣泰，興世之子也⑯。

諧之等至江津，築城燕尾洲⑰，子響白服登城，頻遣使與相聞，曰：「天下豈有兒反？身不作賊，直是麤疎，今便單舸還闕，受殺人之罪，何築城見捉邪？」尹略獨答曰：「誰將汝反父人共語⑱？」子響唯灑泣⑲，乃殺牛具酒饌餉臺軍，略棄之江流。子響呼茹法亮，法亮疑畏不肯往，又求見傳詔，法亮亦不遣，且執錄其使。子響怒，遣所養勇士收集州府兵二千人，從靈溪西渡，子響自與百餘人操萬鈞弩宿江隄上。明日，府州兵與臺軍戰，子響於隄上發弩射之，臺軍大敗，尹略死，諧之等單艇逃去。上又遣丹陽尹蕭順之將兵繼至，子響即日將白衣左右三十人，乘舴艋⑳沿流赴建康。太子長懋素忌子響，順之之發建康也，太子密諭順之使早為之所，勿令得還。子響見順之，欲自申明，順之不許，於射堂縊殺之㉑。【考異】齊書曰：「子響部下恐懼各逃散，子響乃白服出降，詔賜死。」蓋蕭子顯為順之諱耳，今從南史。

子響臨死，啟上曰：「臣罪踰山海，分甘斧鉞。敕遣諧之等至，竟無宣旨，便建旗入津，對城南岸，築城守臣，累遣書信呼法亮，乞白服相見，法亮終不肯，羣小怖懼，遂致攻戰，此臣之罪也。臣此月二十五日束身投軍，希還天闕，停宅一月㉒，臣自取盡，可使齊代無殺子之譏，臣免逆父之謗。既不遂心，今便命盡，臨啟哽塞，知復何陳！」

有司奏絕子響屬籍㉓，削爵土，易姓蛸氏㉔，諸所連坐，別下考論㉕。久之，上遊華林園，見一猨透擲悲鳴，問左右，曰：「猨子前日墜崖死。」上思子響，因嗚咽流涕。茹法亮頗為上所責怒，蕭順之慙懼，發疾而卒。豫章王嶷表請收葬子響，不許，貶為魚復侯㉖。

子響之亂，方鎮皆啟子響為逆，兗州刺史垣榮祖曰：「此非所宜言，正應云：『劉寅等孤負恩獎，逼迫巴東，使至於此。』」上省之，以榮祖為知言。

臺軍焚燒江陵府舍，官曹、文書一時蕩盡。上以大司馬記室南陽樂藹屢為本州僚佐，引見，問以西事，藹應對詳敏，上悅，用為荊州治中，敕付以脩復府州事。藹繕脩廨舍數百區，頃之咸畢而役不及民，荊部稱之。

㈩九月，癸丑（十八日），魏太皇太后馮氏殂，高祖勺飲不入口㉗者五日，哀毀過禮。中部曹華陰楊椿㉘諫曰：「陛下荷祖宗之業，臨萬國之重，豈可同匹夫之節以取僵仆？羣下惶灼㉙，莫知所言。且聖人之禮，毀不滅性㉚，縱陛下欲自賢於萬代，其若宗廟何？」帝感其言，為之一進粥。於是諸王公皆詣闕上表，請時定兆域㉑，及依漢魏故事幷太皇太后終制，既葬，公除㉒。詔曰：「自遭禍罰，慌惚如昨㉓，奉侍梓宮，猶希髣髴㉔，山陵遷厝，所未忍聞。」

冬，十月，王公復上表固請。詔曰：「山陵可依典冊，哀服之宜，情所未忍㉕。」

帝欲親至陵所，戊辰（初四日），詔諸常從之具悉可停之，其武衞之官，防侍如法㉖。癸酉（初九日），葬文明太皇太后于永固陵㉗。甲戌（初十日），帝謁陵，王公固請公除。詔曰：「此當別敍在心㉘。」己卯（十五日），又謁陵。

庚辰（十六日），帝出至思賢門㉙右，與羣臣相慰勞，太尉丕等進言曰：「臣等以老朽之年，歷奉累聖，國家舊事，頗所知聞。伏惟遠祖有大諱之日，唯侍從梓宮者凶服，左右盡皆從吉，四祖三宗㊵，因而無改。陛下以至孝之性，哀毀過禮，伏聞所御三食，不蒲半溢㊶，晝夜不釋經帶㊷，臣等叩心絕氣，坐不安席。願少抑至慕之情，奉行先朝舊典。」帝曰：「哀毀常事，豈足關言㊸？朝夕食粥，粗可支任㊹，諸公何足憂怖？祖宗情專武略，未修文教，朕今仰稟聖訓，庶習古道，論時比事，又與先世不同。太尉等國老，政之所寄，典記舊式㊺，或所未悉，且可知朕大意，其餘古今喪禮，朕且以所懷別問尚書游明根、高閭等㊻，公可聽之。」帝因謂明根等曰：「聖人制卒哭之禮，授服之變，皆奪情以漸㊼，今則旬日之間，言及即吉，特成傷理。」對曰：「臣等伏尋金冊遺旨㊽，踰月而葬，葬而即吉。故於下葬之初，奏練除之事。」帝曰：「朕惟中代所以不遂三年之喪，蓋由君上違世，繼主初立，君德未流，臣義不洽，故身襲袞冕，行即位之禮。朕誠不德，在位過紀㊾，足令億兆知有君矣！於此之時，而不遂哀慕之心，使情禮俱失，深可痛恨。」高閭曰：「杜預，晉之碩學，論自古天子，無有行三年之喪者，以為漢文之制，闇與古合，雖叔世㊿所行，事可承踵。是以臣等慺慺(51)干請。」帝曰：「竊尋金冊之旨，所以奪臣子之心，令早即吉者，慮廢絕政事故也。羣公所請，其志亦然。朕今仰奉冊令，俯順羣心，不敢闇默不言[52]，以荒庶政，唯欲哀麻廢吉禮，朔望盡哀誠，情在可許，故專欲行之，如杜預之論於孺慕[53]之君，諒闇之主，蓋亦誣矣！」祕書丞[54]李彪曰：「漢明德馬后，保養章帝，母子之道，無可閒然[55]。及后之崩，葬不淹旬，尋已從吉[56]。然漢章不受譏，明德不損名。願陛下遵金冊遺令，割哀從議。」帝曰：「朕所以眷戀衰絰，不從所議者，實情不能忍，豈徒苟免嗤嫌而已哉？今奉終儉素，一已仰遵遺冊，但痛慕之心，事繫於予，庶聖靈不奪至願耳！」高閭曰：「陛下既不除服於上，臣等猶除服於下，則為臣之道不足。又親御衰麻，復聽朝政，吉凶事雜，臣竊為疑。」帝曰：「先后撫念羣下，卿等哀慕猶不忍除，柰何令朕獨忍之於至親乎？今朕逼於遺冊，唯望至朞，雖不盡禮，蘊結[57]差申。羣臣各以親踈貴賤遠近，為除服之差，庶幾稍近於古，易行於今。」高閭曰：「昔王孫裸葬，士安去棺，其子皆從而不違[58]。今親奉遺令，而有所不從，臣等所以頻煩干奏[59]。」李彪曰：「三年不改其父之道，可謂大孝[60]。今不遵冊令，恐涉改道之嫌。」帝曰：「王孫、士安，皆誨子以儉，及其遵也，豈異今日？改父之道，殆與此殊。縱有所涉，甘受後代之譏，未忍今日之請！」羣臣又言春秋烝嘗，事難廢闕(六一)，帝曰：「自先朝以來，恒有司行事，朕賴蒙慈訓，常親致敬。今昊天降罰，人神喪恃(六二)，賴宗廟之靈，亦輟歆祀(六三)，脫行饗薦，恐乖冥旨。」羣臣又言：「古者葬而即吉，不必終禮，此乃二漢所以經綸治道，魏、晉所以綱理庶政也。」帝曰：「既葬即吉，蓋季俗多亂，權宜救世耳！二漢之盛，魏、晉之興，豈由簡略喪禮，遺忘仁孝哉？平日之時，公卿每稱當今四海晏然，禮樂日新，可以參美唐、虞，比盛夏、商，及至今日，即欲苦奪朕志，使不踰於魏、晉，如此之意，未解所由。」李彪曰：「今雖治化清晏，然江南有未賓之吳，漠北有不臣之虜，是以臣等猶懷不虞之慮(六四)。」帝曰：「魯公帶絰從戎(六五)，晉侯墨衰敗敵(六六)，固聖賢所許。如有不虞，雖越紼(六七)無嫌，而況衰麻乎？豈可於晏安之辰，豫念軍旅之事，以廢喪紀哉？古人亦有稱王者除衰而諒闇終喪者，若不許朕衰服，則當除哀拱默，委政冢宰，二事之中，唯公卿所擇。」游明根曰：「淵默不言，則大政將曠，仰順聖心，請從哀服！」太尉丕曰：「臣與尉元，歷師五帝㊅㊇，魏家故事，尤諱之後三月，必迎神於西，禳惡於北，具行吉禮㊅㊈，自皇始㊆〇以來，未之或改。」帝曰：「若能以道事神，不迎自至，苟失仁義，雖迎不來，此乃平日所不當行㊆㊀，況居喪乎？朕在不言之地㊆㊁，不應如此喋喋㊆㊂，但公卿執奪朕情，遂成往復㊆㊃，追用悲絕。」遂號慟，羣臣亦哭而辭出。

初，太后忌帝英敏，恐不利於己，欲廢之，盛寒閉於空室，絕其食三日，召咸陽王禧，將立之，太尉東陽王丕、尚書右僕射穆泰、尚書李冲固諫，乃止，帝初無憾意，唯深德丕等。泰，崇之玄孫也㊆㊄。又有宦者譖帝於太后，太后杖帝數十，帝默然受之，不自申理，及太后殂，亦不復追問㊆㊅。

甲申（三十日），魏主謁永固陵。

辛卯（二十七日），詔曰：「羣官以萬機事重，屢求聽政，但哀慕纏綿，未堪自力。近侍先掌機衡者，皆謀猷所寄，且可委之，如有疑事，當時與論決。」

㈦交州刺史清河房法乘專好讀書，常屬疾㈦，不治事，由是長史伏登之得擅權，改易將吏，不令法乘知。錄事房季文白之，法乘大怒，繫登之於獄十餘日。登之厚賂法乘妹夫崔景叔，得出，因將部曲襲州㈧，執法乘，謂之曰：「使君既有疾，不宜煩勞。」囚之別室。法乘無事，復就登之求書讀之，登之曰：「使君靜處，猶恐動疾，豈可看書？」遂不與。乃啟法乘心疾動，不任視事，十一月，乙卯（二十一日），以登之為交州刺史，法乘還至嶺而卒。

㈧十二月，己卯（十六日），立皇子子建為湘東王。

㈨初，太祖以南方錢少，更欲鑄錢，建元末，奉朝請孔顗上言鑄錢之弊，在輕重屢變。重錢患難用，而難用為累輕；輕錢弊盜鑄，而盜鑄為禍深。民所以盜鑄，嚴法不能禁者，由上鑄錢惜銅

【考異】齊紀作孔覬，今從齊書、南史。以為：「食貨相通，理勢自然，李悝云：『糴甚貴傷民，甚賤傷農㈨。』甚賤甚貴，其傷一也。三吳，國之關奧㈩，比歲時被水潦，而糴不貴，是天下錢少，非穀賤，此不可不察也。

愛工也。惜銅愛工者，意謂錢為無用之器，以通交易，務欲令質輕而數多，使省工而易成，不詳慮其為患也。夫民之趨利，如水走下[八一]。今開其利端，從以重刑，是導其為非而陷之於死，豈為政歟？漢興，鑄輕錢，民巧偽者多，至元狩中，始懲其弊，乃鑄五銖錢，周郭其上下，令不可磨取鋊[八二]，而計其費，不能相償，私鑄益少，此不惜銅，不愛工之效也。王者不患無銅乏工，每令民不能競，則盜鑄絕矣！宋文帝鑄四銖，至景和，錢益輕，雖有周郭而鎔冶不精，於是盜鑄紛紜而起，不可復禁，此惜銅愛工之驗也。凡鑄錢，與其不衷[八三]，寧重無輕。自漢鑄五銖，至宋文帝，歷五百餘年，制度世有廢興，而不變五銖者，明其輕重可法，得貨之宜故也。案今錢文率皆五銖，異錢[八四]時有耳！自文帝鑄四銖，又不禁民翦鑿，為禍既博，鍾弊[八五]于今，豈不悲哉！晉氏不鑄錢，後經寇戎水火，耗散沈鑠，所失歲多，譬猶磨礱砥礪；不見其損，有時而盡[八六]，天下錢何得不竭？錢竭，則士農工商皆喪其業，民何以自存？愚以為宜如舊制，大興鎔鑄，錢重五銖，一依漢法。若官鑄者已布於民，便嚴斷翦鑿，輕小破缺，無周郭者，悉不得行，官錢細小者，稱合銖兩(八七)，銷以為大。利貧良之民，塞姦巧之路，錢貨既均，遠近若一，百姓樂業，市道無爭，衣食滋殖矣！」太祖然之，使諸州郡大市銅炭，會晏駕，事寢。是歲，益州行事劉悛上言，蒙山下有嚴道銅山，舊鑄錢處(八八)，可以經略，上從之，遣使入蜀鑄錢，頃之，以功費多而止。

(十五)自太祖治黃籍，至上謫巧者戍緣淮各十年，百姓怨望(八九)，乃下詔自宋昇明以前，皆聽復注(九〇)，其有謫役邊疆，各許還本，此後有犯，嚴加翦治。

(十六)長沙威王晃卒。

(十七)吏部尚書王晏陳疾自解，上欲以西昌侯鸞代晏領選，手敕問之，晏啟曰：「鸞清幹有餘，然不諳百氏(九一)，恐不可居此職。」上乃止。

(十八)以百濟王牟大為鎮東大將軍，百濟王。

(十九)高車阿伏至羅及窮奇遣使如魏，請為天子討除蠕蠕，魏主賜以繡袴褶及雜綵百匹。

【今註】㊀詔放隔城俘二千餘人還魏：齊拔魏隔城見上卷上年。㊁靈泉：當作靈泉池。㊂地豆干：《魏書‧地豆干傳》其國在室韋西千餘里，多牛羊，出名馬。㊃頤，新城之子也：新城當作新成，見卷一百二十八宋孝武帝大明元年。㊄庫莫奚：《魏書‧庫莫奚傳》其先東部宇文之別種也，初為慕容氏所破，遺落者竄居松漠之間，其民不潔淨而善射獵，好為寇鈔，道武帝開遼海，置戍和龍以鎮之。㊅安州：魏收《地形志》孝文帝皇興二年置安州，治方城，領密雲、廣陽二郡。㊆刼：謂刼盜也。㊇敕以喪委絕域，不可復尋，仕進無嫌：敕丘雄無以其父喪委絕域而妨仕進之途。㊈帶仗左右：令帶器仗侍衞左右，因以為名。㊉膽幹：膽識幹略。⑪精檢：精加檢校。⑫脩之曰，既已降敕，政應方便答塞，景淵曰，應先檢校：胡三省曰：「脩之言方便答塞，欲為子響道地也，景淵言應先檢校，欲依敕行之也。」⑬上不答而心善之：心善之，心善其言，不答者，不敢因父子之恩而撓亂國法也。⑭齋仗：胡三省曰：「天子齋內精仗手也。」⑮平南內史張欣泰：據《南齊書‧張欣泰傳》時為南平內史，平南當作南平。⑯欣泰，興世之子也：張興世見卷一百三十一宋明帝泰始二年。⑰燕尾洲：《水經注》曰：「江水自江陵縣南東逕燕尾洲北，合靈溪水，江溪之會，有靈溪戍，背阿面江，西帶靈溪，故戍得其名矣！」⑱誰將汝反父人共語：胡三省曰：「將，引也。」謂不引反父之人與共語也。⑲灑泣：淚漣漣下。⑳舴艋：《玉篇》曰：「舴艋，小舟也。」王念孫曰：「小舟謂之舴艋，小蝗謂之蚱蜢，義相近也。」㉑蓋蕭子顯為順之諱，今從南史：順之，梁武帝之父也，蕭子顯仕梁而作《齊書》，故溫公言其為順之諱也。㉒束身投軍，希還天闕，停宅一月：投軍，謂投順之軍，欲自申明也；希，望也，冀也，冀得還建康，建康天子所都，故曰天闕；宅，謂建康諸王宅也。㉓屬籍：宗屬之籍也，亦謂之玉牒。㉔易姓蛸氏：既削其屬籍，則須易姓，蛸、蕭音相近，故易為蛸氏。㉕諸所連坐，別下考論：謂諸與子響同謀當連坐者，則別下有司考覈，以論定其罪。㉖豫章王嶷表請收葬子響，不許，貶為魚復侯：子響先嘗出繼嶷後，故嶷以舊恩表請收葬之。魚復縣，漢屬巴郡，古之庸國也，西漢末公孫述更名白帝，蜀漢章武二年改曰永安，魏咸熙初復曰魚復，晉以來改屬巴東郡，故城在今四川省奉節縣東。㉗勺飲不入口：勺，飲器也。㉘中部曹華陰楊椿：《北史・楊椿傳》椿時為中部法曹。㉙惶灼：惶恐焦灼也。㉚且聖人之體，毀不滅性：《孝經》曰：「三日而食，教民無以死傷生。毀不滅性，此聖人之政也。」言不以哀毀而滅性。㉛兆域：《周禮》掌公墓之地，辨其兆域而為之圖。兆域，墓塋之界域也。㉜公除：胡三省曰：「公除者，以天下為公而除服也。」㉝自遭禍罰，慌惚如昨：言太皇太后之喪，慌惚猶在昨日。鄭玄曰：「慌惚，思念益深之時也。」㉞奉侍梓宮，獨希髣髴：胡三省曰：「事死如事生，獨冀髣髴見之也。」㉟衰服之宜，情所未忍：言權宜公除，於情有所未忍也。㊱其武衛之官，防侍如法：法謂常法也。不撤武衛，備不虞也。㊲永固陵：《水經注》永固陵在方山嶺上，其東北即孝文帝陵也。二陵之南有永固堂。㊳比當別敍在心：胡三省曰：「比，並也，並當別敍在心之所欲言。」余按敍，次第之也。

時王公固請公除，孝文蓋云公除之事，並當別紱於心，留俟後議耳！㊴思賢門：《魏書・孝文帝紀》太和元年起朱明思賢門。胡三省曰：「蓋平城宮之南門也。」㊵四祖三宗：四祖者，高祖昭成帝、太祖道武帝、世祖太武帝、顯祖獻文帝，三宗者，太宗明元帝、恭宗景穆帝、高宗文成帝也。㊶伏聞所御三食，不滿半溢：《禮・喪大記》曰：「君之喪，子食粥，朝一溢米，莫一溢米，食之無算。」鄭注曰：「一溢，二十四分升之一也，食之無算者，謂居喪不能頓食，隨意欲食則食，但朝暮不過此二溢之米也。」莫與暮同。今孝文帝一日所食，不滿半溢，故羣臣以為言。㊷絰帶：喪服也，以麻葛為之，在首曰絰，在腰曰帶。㊸闕言：闕注而以為言也。㊹朝夕食粥，粗可支任：任，堪也。言朝夕食粥，體力尚堪支持。㊺典記舊式：經典傳記所載喪禮舊儀。㊻其餘古今喪禮，朕且以所懷別問尚書游明根、高閭等：游明根、高閭皆以儒術顯於時，故孝文帝別以喪禮詢之。㊼聖人制卒哭之禮，授服之變，皆奪情以漸：奪情以漸，言居喪哀毀之情，由重而漸輕，不遽奪之也。禮親始死，哭無時，言哀至則哭也，既葬而虞，虞謂還祭於殯宮也，既虞而卒哭，卒哭者謂朝夕哭，朝夕之間，哀至不哭也；三年之喪服斬衰，朞而小祥，既祥而練，再朞而大祥，中月而禫，既禫而除服。祥、禫皆祭名，練，練冠也，小祥之祭，孝子得除首服，服練冠，加小善之飾也，大祥，加大善之飾也，中月，間月也，禫，除服祭也，自大祥間月而禫，禫而除服也。㊽金冊遺旨：文明太后蓋書遺旨於金冊也。㊾朕誠不德，在位過紀：十二年為一紀。胡三省曰：「宋明帝泰始七年，魏孝文受禪，至是十九年，此言在位過紀，蓋以蒼梧王元徽四年，顯祖方殂，踰年改元太和，至是十四年，故云在位過紀。」㊿叔世：猶曰近世。(51)慺慺：李善曰：「慺慺，謹慎也。」(52)闇默不言：取書高宗諒闇，三年不言之意。(53)孺慕：如孺子之慕父母也。(54)祕書丞：《晉書・職官志》魏武為魏王，始置秘書令、丞。(55)母子之道，無可間然：言母慈子孝，無嫌隙也。(56)及后之崩，葬不淹旬，尋已從吉：胡三省曰：「漢章帝建初四年六月癸丑，明德皇后崩，七月壬戌葬，史不書公除之日，此言葬不淹旬，尋已從吉，以漢文三十六日釋服之制推之也。」(57)蘊結：言痛慕之懷，蘊結於懷也。(58)昔王孫裸葬，士安去棺，其子皆從而不違：《漢書・楊王孫傳》武帝時，王孫家累千金，厚自奉養，生無所不致，及病且終，謂其子曰：「吾欲贏葬，以反吾真，必無易吾志，則為布囊盛尸，入地七尺，既下，從足引脫其囊，以身親土。」及卒，其子為之贏葬。《晉書・皇甫謐傳》謐字士安，有高尚之志，嘗著篤終論曰：「今生不能保七尺之軀，死何故隔一棺之土？然則衣衾所以穢尸，棺椁所以隔真，吾氣絕之後，便即時服幅巾故衣，以籧篨裹尸，擇不毛之地，穿坑下尸，生平之物，皆無自隨，唯齎孝經一卷，示不忘孝道，籧篨之外，便以親土，若不從此，是戮尸地下，死而重傷，魂而有靈，則冤悲沒世，長為恨鬼。」其子從之。(59)今親奉遺令，而有所不從，臣等所以頻煩干奏：言孝文帝不從文明太后遺旨，則視王孫、士安，有虧孝道矣，故羣臣頻以為言。(60)三年不改其父之道，可謂大孝：此《論語》孔子之言。(61)羣臣又言春秋烝嘗，事難廢闕：春祭曰烝，秋祭曰嘗。禮喪三年不祭，言孝文若行三年之喪，則宗廟之祭，勢將廢闕也。(62)喪恃：言喪母也。《詩》曰：「無母何恃。」(63)賴宗廟之靈，亦輟歆祀：《魏書・禮志》作想宗廟之靈，此作賴誤也。歆，饗也，謂神靈先享其氣也，

〈大雅·生民〉之詩：「其香始升，上帝居歆。」（六四）不虞之慮：虞，防也。不勝防備之慮。（六五）魯公帶經從戎：魯公謂伯禽也。《史記》周武王崩，成王年幼，武庚、三監、淮夷、徐戎並反，魯公伯禽東征，時有武王之喪，故帶經從戎也。（六六）晉侯墨衰敗敵：春秋時晉文公薨，未葬，襄公墨衰以敗秦師於殽。（六七）越紼：鄭玄曰：「越猶躐也，紼，輴車索。」孔穎達曰：「未葬之前，屬紼於輴以備火災，今既祭天地社稷，須越躐此紼而往祭，故云越紼。」（六八）臣與尉元，歷事五帝：五帝，明元、太武、文成、獻文暨孝文也。（六九）魏家故事，尤諱之後三月，必迎神於西，禳惡於北，具行吉禮：故事者，謂魏初以來所用夷禮也，尤諱，《魏書》志作大諱。尤，甚也，謂死也，死者人之所甚諱也。（七〇）皇始：道武帝年號。（七一）此乃平日所不當行：言國初以來所用夷禮，非盛世之所當行。（七二）朕在不言之地：取居喪諒陰三年不言之義。（七三）喋喋：多言貌。（七四）但公卿執奪朕情，遂成往復：言公卿執奪孝文守制思親之情，遂致與羣臣往復辯論也。（七五）泰，崇之玄孫也：穆崇，魏開國功臣。（七六）及太后殂，亦不復追問：不復追問譖者為誰。（七七）屬疾：胡三省曰：「屬，託也，屬疾猶言託疾也。」（七八）襄州：襄交州州治。（七九）李悝云，糴甚貴傷民，甚賤傷農：李悝，魏文侯之師。韋昭曰：「民，謂士、工、商。」（八〇）三吳，國之關奧：三吳，謂吳郡、吳興、會稽也。南朝都建康，故云三吳，國之關奧。（八一）夫民之趨利，如水走下：用《漢書》鼂錯之言。（八二）漢興，鑄輕錢，民巧偽者多，至元狩中，始懲其弊，乃鑄五銖錢，周郭其上下，令不可磨取鋊：許慎曰：「鋊，銅屑也。」漢興，以秦錢重難行，鑄莢錢，形如榆莢，重三銖，孝文更造半兩錢，其重四銖，一面有文，一面漫，民或盜磨其漫面，取其鋊更以鑄錢，錢益輕薄而物貴，武帝元狩中，始更鑄五銖錢，文漫兩面皆周匝為郭，令不可得磨取鋊。(八三)凡鑄錢，與其不衷：不衷，言不得輕重之中也。(八四)異錢：言錢文非五銖者。(八五)鍾弊：胡三省曰：「鍾，聚也。」鍾弊猶曰積弊。(八六)譬猶磨礱砥礪，不見其損，有時而盡：此引乘之言，喻其消磨損毀於無形也。(八七)官錢細小者，稱合銖兩：胡三省曰：「言合小為多也。」(八八)蒙山下有嚴道銅山，舊鑄錢處：嚴道銅山，漢文帝以賜鄧通鑄錢舊處也。嚴道故縣在今四川省雅安縣西，其境有蒙山，產銅，即所謂嚴道銅山也。(八九)自太祖治黃籍，至上擿巧者戍緣淮各十年，百姓怨望：至上，謂至武帝時也。事見上卷永明四年。(九〇)皆聽復注：聽蔭附之民復注籍也。(九一)鸞清幹有餘，然不諳百氏：清幹，謂清望幹略也；百氏，謂百家氏族也。自魏晉以來，用人率以門第之高卑為準，鸞不諳百氏，故難以領選事也。

九年（西元四九一年）

(一)春，正月，辛丑（初八日），上祀南郊。

(二)丁卯（正月，甲午朔，無丁卯），魏主始聽政於皇信東室㈠。

(三)詔太廟四時之祭，薦宣皇帝起麪餅㈡鴨臛㈢，孝皇后筍鴨卵，高皇帝肉膾菹羹㈣，昭皇帝茗、粣㈤、炙魚，皆所嗜也。

上夢太祖謂己宋氏諸帝常在太廟從我求食，可別為吾致祠，乃命豫章王妃庾氏四時祠二帝、二后於清溪故宅㈥，牲牢服章，皆用家人禮。

臣光曰：「昔屈到嗜芰，屈建去之，以為不可以私欲干國之典㈦；況子為天子而以庶人之禮祭其父，違禮甚矣！衞成公欲祀相，寗武子猶非之㈧，而況降祀祖考於私室，使庶婦尸之乎㈨？」

㈣初，魏主召吐谷渾王伏連籌入朝，伏連籌辭疾不至，輒修洮陽、泥和二城㈩，置戍兵焉。二月，乙亥（十二日），魏枹罕鎮將㈡長孫百年請擊二戍，魏主許之。

㈤散騎常侍裴昭明、散騎侍郎謝竣如魏弔㈢，欲以朝服行事，魏主客曰：「弔有常禮，何得以朱衣入凶庭？」昭明等曰：「受命本朝，不敢輒易。」往返數四，昭明等固執不可。魏主命尚書李沖選學識之士與之言，沖奏遣著作郎上谷成淹。昭明等曰：「魏朝不聽使者朝服，出何典禮？」淹曰：「吉凶不相厭，羔裘玄冠不以弔㈢，此童稚所知也。昔季孫如晉，求遭喪之禮以行㈣，今卿自江南遠來弔魏，方問出何典禮？行人得失，何其遠哉？」昭明曰：「二國之禮，應相準望(二五)，齊高皇帝之喪，魏遣李彪來弔，初不素服，齊朝亦不以為疑(二六)，何在今日獨見要逼？」淹曰：「齊不能行亮陰之禮，踰月即吉。彪奉使之日，齊之君臣，鳴玉盈庭，貂璫曜目(二七)，彪不得主人之命，敢獨以素服廁其間乎？皇帝仁孝，侔於有虞，執親之喪，居廬食粥，豈得以此方彼乎？」昭明曰：「三王不同禮，孰能知其得失？」淹曰：「然則虞舜、高宗皆非邪(二八)？」昭明、竣相顧而笑曰：「非孝者無親(二九)，何可當也？」乃曰：「使人之來，唯賫袴褶，此既戎服，不可以弔(三〇)，唯主人裁其弔服。然違本朝之命，返必獲罪。」淹曰：「使彼有君子，卿將命得宜，且有厚賞，若無君子，卿出而光國，得罪何傷？自當有良史書之。」乃以衣幍(三一)給昭明等，使服以致命。己丑（二十六日），引昭明等入見，文武皆哭，盡哀。魏主嘉淹之敏，遷侍郎，賜絹百匹。昭明，騆之子也(三二)。

【考異】楊松玠談藪作朱淹，又云自著作郎遷著佐郎，今從魏書。

(六)始興簡王鑑卒。

㈦三月，甲辰（十二日），魏主謁永固陵。夏，四月，癸亥朔，設薦於太和廟㉓，魏主始進蔬食，追感哀哭，終日不飯。侍中馮誕等諫，經宿乃飯。甲子（初二日），罷朝夕哭㉔。乙丑（初三日），復謁永固陵。

魏自正月不雨，至于癸酉（十一日），有司請祈百神，帝曰：「成湯遭旱，以至誠致雨㉕，固不在曲禱山川。今普天喪恃，幽顯同哀㉖，何宜四氣未周㉗，遽行祀事？唯當責躬以待天譴。」

㈧甲戌（十二日），魏員外散騎常侍李彪等來聘，為之置燕設樂，彪辭樂，且曰：「主上孝思罔極，興墜正失㉘，去三月晦，朝臣始除衰絰，猶以素服從事，是以使臣不敢承奏樂之賜。」朝廷從之。彪凡六奉使㉙，上甚重之。將還，上親送至琅邪城，命羣臣賦詩以寵之㉚。

㈨己卯（十七日），魏作明堂，改營太廟。

㈩五月，己亥（初八日），魏主更定律令於東明觀㉛，親決疑獄，命李冲議定輕重，潤色辭旨，帝執筆書之。李冲忠勤明斷，加以慎密，為帝所委，情義無間，舊臣貴戚，莫不心服，中外推之。

(十一)乙卯（二十四日），魏長孫百年攻洮陽、泥和二戍，克之，俘三千餘人。

(十二)丙辰（二十五日），魏初造五輅㉒。

(十三)六月，甲戌（十三日），以尚書左僕射王奐為雍州刺史。

(十四)丁未（七月十七日），魏濟陰王鬱以貪殘賜死㉓。

(十五)秋，閏七月，乙丑（初五日），魏主謁永固陵。

(十六)己卯（十九日），魏主詔曰：「烈祖有創業之功，世祖有開拓之德，宜為祖宗，百世不遷。平文之功，少於昭成而廟號太祖㉔，道武之功高於平文而廟號烈祖㉕于義未允。朕今奉尊烈祖為太祖，以世祖、顯祖為二祧㉖，餘皆以次而遷。」

八月，壬辰（初三日），又詔議養老及禋于六宗之禮㉗。

先是魏常以正月吉日於朝廷設幕，中置松柏樹，設五帝座而祠之，又有探策之祭，帝皆以為非禮，罷之。戊戌（初九日），移道壇於桑乾之陰，改曰崇虛寺㉘。乙巳（十六日），帝引見羣臣，問以禘祫王、鄭之義是非安在。【考異】禮志作太和十三年五月壬戌，今從本紀。尚書游明根等從鄭，中書監高閭等從王。詔圜丘宗廟皆有禘名從鄭，禘祫並為一祭從王，著之於令㊴。

戊午㊵（二十九日），又詔國家饗祀諸神，凡一千二百餘處，今欲減省羣祀，務從簡約；又詔明堂太廟配享，於斯備矣，白登、崞山、鳴雞山廟唯遣有司行事㊶，馮宣王廟在長安㊷，宜敕雍州以時供祭；又詔先有水火之神四十餘名及城北星神，今圜丘之下，既祭風伯、雨師、司中、司命㊸，明堂祭門戶、井竈、中霤㊹，四十神悉可罷之。

甲寅（二十五日），詔曰：「近論朝日夕月㊺，皆欲以二分之日於東西郊行禮，然月有餘閏，行無常準，若一依分日或值月於東而行禮於西，序情即理，不可施行。昔祕書監薛謂等以為朝日以朔，夕月以朏㊻，卿等意謂朔、朏二分，何者為是？」尚書游明根等請用朔、朏，從之。

丙辰（二十七日），魏有司上言求卜祥日㊼，詔曰：「筮日求吉，既乖敬事之志，又違永慕之心，今直用晦日。」

九月，丁丑（十八日），夜，帝宿於廟，帥羣臣哭已，帝易服，縞冠革帶黑屨，侍臣易服，黑介幘㊽，白絹單衣，革帶烏履，遂哭盡乙夜。

戊子（二十九日）晦，帝易祭服，縞冠素紕㊾，白布深衣㊿，麻繩履，侍臣去幘易帢，既祭，出廟，帝立哭，久之乃還。

㈦冬，十月，魏明堂太廟成。

㈧庚寅（初二日），魏主謁永固陵，毀瘠猶甚。穆亮諫曰：「陛下祥練已闋，號慕如始〔五一〕。王者為天地所子，為萬民父母，未有子過哀而父母不戚，父母憂而子獨悅豫者也。今和氣不應，風旱為災，願陛下襲輕服，御常膳，鑾輿時動，咸秩百神〔五二〕，庶使天人交慶。」詔曰：「孝悌之至，無所不通。今飄風旱氣，皆誠慕未濃，幽顯無感也。所言過哀之咎，諒為未衷〔五三〕。」

十一月己未朔，魏主禫於太和廟〔五四〕，衮冕以祭，既而服黑介幘，素紗深衣，拜陵而還。

癸亥（初五日），冬至，魏主祀圜丘，遂祀明堂，還至太和廟，乃入。

甲子（初六日），臨太華殿，服通天冠[55]，絳紗袍，以饗羣臣，樂縣而不作。丁卯（初九日），服衮冕，辭太和廟，帥百官奉神主，遷于新廟[56]。

(十九)乙亥（十七日），魏大定官品。戊寅，考諸牧守[57]。

(廿)魏假通直散騎常侍李彪等來聘。

(廿一)魏舊制，羣臣季冬朝賀，服袴褶行事，謂之小歲，丙戌（二十八日），詔罷之。

(廿二)十二月，壬辰（初五日），魏遷社於內城之西。

(廿三)魏以安定王休為太傅，齊郡王簡為太保。

(廿四)高麗王璉卒，壽百餘歲，魏主為之制素委貌[58]，布深衣，舉哀於東郊，遣謁者僕射李安上策，贈太傅，謚曰康，孫雲嗣立。

(廿五)己酉（二十二日），魏主始迎春於東郊，自是四時迎氣皆親之。

(廿六)初，魏世祖克統萬及姑臧，獲雅樂器服工人[59]，並存之，其後累朝無留意者，樂工浸盡，音制多亡。高祖始命有司訪民間曉音律者，議定雅樂，當時無能知者，然金石羽旄之飾，稍壯麗於往時矣。辛亥（二十四日），詔簡置樂官，使修其職，又命中書監高閭參定。

㈦初，晉張裴、杜預共注律三十卷，自泰始以來用之(六〇)，律文簡約，或一章之中，兩家所處，生殺頓異，臨時斟酌，吏得為姦。上留心法令，詔獄官詳正舊注，七年，尚書刪定郎王植(六一)集定二注表奏之，詔公卿八座參議考正，竟陵王子良總其事，眾議異同不能壹者，制旨平決。

是歲，書成，廷尉山陰孔稚珪上表，以為：「律文雖定，苟用失其平，則法書徒明於袠裏(六二)，冤魂猶結於獄中。竊尋古之名流，多有法學，今之士子，莫肯為業，縱有習者，世議所輕，將恐此書永淪走吏之手矣！今若置律助教，依五經例，國子生有欲讀者，策試高第，即加擢用，以補內外之官，庶幾士流有所勸慕。」詔從其請，事竟不行。

（廿八）初，林邑王范陽邁世相承襲（六三），夷人范當根純攻奪其國，遣使獻金簟等物。詔以當根純為都督緣海諸軍事，林邑王。

（廿九）魏冀州刺史咸陽王禧入朝。有司奏冀州民三千人稱禧清明有惠政，請世胙冀州。魏主詔曰：「利建（六四）雖古，未必今宜，經野（六五）由君，理非下請。」以禧為司州牧，都督司、豫等六州諸軍事（六六）。

（卅）初，魏文明太后寵任宦者略陽苻承祖，官至侍中，知都曹事（六七），賜以不死之詔。太后殂，承祖坐贓應死，魏主原之，削職禁錮於家，仍除悖義將軍，封佞濁子，月餘而卒。

承祖方用事，親姻爭趨附以求利，其從母楊氏為姚氏婦，獨否，常謂承祖之母曰：「姊雖有一時之榮，不若妹有無憂之樂。」姊與之衣服，多不受，彊與之，則曰：「我夫家世貧，美衣服使人不安。」不得已或受而埋之，與之奴婢，則曰：「我家無食，不能飼也。」常著弊衣，自執勞苦，承祖遣車迎之，不肯起，彊使人抱置車上，則大哭曰：「爾欲殺我。」由是苻氏內外，號為癡姨。及承祖敗，有司執其二姨至殿廷，其一姨伏法，帝見姚氏姨貧弊，特赦之。

㈣李惠之誅也，思皇后之昆弟皆死㈥，惠從弟鳳為安樂王長樂主簿，長樂坐不軌誅㈦，鳳亦坐死，鳳子安祖等四人，逃匿獲免，遇赦乃出，既而魏主訪舅氏存者，得安祖等，皆封侯，加將軍。既而引見，謂曰：「卿之先世，再獲罪於時㈧，王者設官以待賢才，由外戚而舉者㈨，季世之法也。卿等既無異能，且可還家，自今外戚無能者視此。」後又例降爵為伯，去其軍號㈩，時人皆以為帝待馮氏太厚，待李氏太薄，太常高閭嘗以為言，帝不聽。及世宗⑾尊寵外家，乃以安祖弟興祖為中山太守，追贈李惠開府儀同三司，中山公，諡曰莊。

【今註】㈠魏主聽政於皇信東室：皇信東室，皇信堂之東室也。魏孝文帝自文明太后之喪，至是始聽政。㈡起麪餅：程大昌曰：「起麪餅，入酵麪中，令鬆鬆然也。」胡三省曰：「起麪餅，今北人能為之，其餅浮軟，以卷肉噉之，亦謂之卷餅。」㈢鴨臛：臛音郝，亦作臛，肉羹也。王逸曰：「有菜曰羹，無菜曰臛。」㈣肉膾菹羹：膾，細切肉也；菹，酢菜也。㈤茗䊀：《玉篇》云：「茗，茶芽也。」《本草》曰：「茗，苦茶。」郭璞曰：「早採者為茶，晚採者為茗。」陸羽《茶經》亦以茶採取之早晚而異其名，曰茶，曰檟，曰蔎，曰茗，曰荈。然世亦以茗為茶之概稱。糆即饊也，俗曰饊子，亦云饊子，以米麥研粉和油煎成之食物，可以供茶，即茶食也。㈥清溪故宅：《建康志》吳大帝鑿通城北塹以洩玄武湖之水，源於鍾山，接於秦淮，謂之清溪。杜佑曰：「蕭齊之世，有清溪宮，後改為華林苑。」清溪宮，蓋蕭氏之故居也。㈦昔屈到嗜芰，屈建去之，以為不可以私欲干國之典：《國語》屈到嗜芰，有疾，召宗老而屬之曰：「祭我必以芰。」及祥，宗老將薦芰，屈建命去之，曰：「祭典有之，國君有牛享，大夫有羊饋，士有豚、犬之奠，庶人有魚炙之薦，籩豆脯醢，則上下共之，不羞珍異，不陳庶侈，夫子不以其私欲干國之典。」遂不用。屈建，屈到之子也。祥，祭名也。㈧衞成公欲祀相，寧武子猶非之：《左傳》僖公三十一年冬，狄圍衞，衞遷于帝邱，衞成公夢康叔曰：「相奪予享。」公命祀相，寧武子不可，曰：「鬼神非其族類不歆其祀，杞、鄫何事？相之不享，於此久矣，非衞之罪也，不可以間成王、周公之命祀。」請改祀命。歆，享也。相，夏后相也；杞、鄫，夏之後也。㈨而況降祀祖考於私室，使庶婦尸之乎：尸，主也。不祠之於太廟而祠之於故宅，是祀祖考於私室也；使豫章王妃主其祭，豫章王嶷於帝為庶，是使庶婦尸之也。㈩輒修洮陽、泥和二城：《水經注》曰：「洮水出沙州強臺山，東北流逕洮陽曾城北，漢建初二年，羌攻前部都尉於臨洮上，遣行車騎馬防與長水校尉耿恭救之，諸羌退聚洮陽，即此城也。洮水又東逕洪和山南，又東逕迷和城北。」胡三省曰：「泥和，即水經注所謂迷和城，洮水逕其南，又在洮陽城東。」宋白曰：「洮州臨洮郡城，本名洮陽，在洮水之北，乃吐谷渾所築，南臨洮水，極險峻，今謂之洪和城。」按此洮陽城，即《水經注》之洮陽曾城也，北周武帝逐吐谷渾，置為洮陽郡，並立洮州，唐置臨潭縣於此，為洮州治所，故城在今甘肅省臨潭縣西南，泥和城在其東。㈡枹罕鎮將：胡三省曰：「魏枹罕鎮將，帶河州刺史。」魏河州，治枹罕。㈢散騎常侍裴昭明、散騎侍郎謝竣如魏弔：弔文明太后之喪。㈢羔裘玄冠不以弔：《論語》記孔子容止有是言。羔裘玄冠，吉服也，弔喪必素服，所以哀死也。㈣昔季孫如晉，求遭喪之禮以行：《左傳》文公六年秋，季文子將聘於晉，使求遭喪之禮以行，其人曰：「將焉用之？」文子曰：「備豫不虞，古之善教也。求而無之，實難，過求何害？」㈤二國之禮，應相準望：胡三省曰：「準，揆平之物，又其義擬也，倣也。對看為望。」此言二國交聘之禮，應相參照擬倣，求其劃一。下云魏遣李彪弔齊高之喪，未嘗素服，今昭明等欲擬之為例以吉服入弔文明太后也。㈥齊高帝之喪，魏遣李彪來弔，初不素服，齊朝亦不以為疑：胡三省曰：「帝即位之初，魏李彪來聘，非弔也，昭明欲以是抗止淹耳！」㈦鳴玉盈庭，貂璫曜目：禮君子無故玉不去衣，天子佩白玉，公侯佩山玄玉，大夫佩水蒼玉，世子佩瑜玉，士佩瓀玟，唯喪則否，佩玉於身，進退俯仰則鏘然而鳴也。漢制侍中、常侍之冠，加黃金璫，貂尾以為飾，故謂之貂璫。㈧然則虞舜、高宗皆非邪：堯殂，舜服三年之喪，高宗梁闇，三年不言，皆以孝聞。㈨非孝者無親：此《孝經》之言。非，非議之也。㈩使人之來，唯齎袴褶，此既戎服，不可以弔：《晉書・輿服志》曰：「袴褶之制，未詳所起，近世凡車駕親戎，中外戒嚴服之，服無定色。」⑪幍：韜髮之巾也。《晉書・輿服志》曰：「漢末王公名士，多委王服，以幅巾為雅，是以袁紹、崔鈞之徒，雖為將帥皆著縑巾，魏武以天下凶荒，資財乏匱，擬古皮弁，裁縑帛以為帢，合乎簡易隨時之義，以色別其貴賤，本施軍飾，非為國容也。」徐爰曰：「俗說帢本未有岐，荀文若巾之，行觸樹枝成岐，謂之為善，因而弗改，今通以為慶弔服。」㉒昭明，駰之子也：裴駰，松之之子也，作《史記集解》，行於世。㉓太和廟：即太和殿也。《魏書・孝文帝紀》太和元年起太和、安昌二殿，《水經注》太和殿在太極殿東堂之東。㉔罷朝夕哭：胡三省曰：「蓋亦不能及朞矣！」文明太后以去歲九月癸巳殂，至是未朞年也。㉕成湯遭旱，以至誠致雨：《呂氏春秋》湯克夏，天大旱，五年不收，湯乃以身禱于桑林，雨乃大至。㉖幽顯同哀：幽顯猶曰神人也。㉗四氣未周：春、夏、秋、冬是為四氣，四時之氣也。太后之喪未朞，故曰四氣未周。㉘興墜正失：胡三省曰：「言行喪禮，興百王之墜典而正其失也。」㉙彪凡六奉使：按《魏書・帝紀》，孝文帝七年至九年，彪凡四次使齊，合此為五使，是年十一月，復使齊，通前凡六使也。㉚將還，上親至琅琊城，命羣臣賦詩以寵之：《魏書・李彪傳》彪將還，武帝親謂曰：「卿前使還日，賦阮詩云：『但願長閑暇，後歲復來遊。』果如今日。卿此還也，復有來理否？」彪答曰：「使臣請重賦阮詩曰：『宴衍清都中，一去永矣哉！』」武帝惘然曰：「清都可耳，一去何事？觀卿此言，似成長濶，朕當以殊禮相送。」武帝遂親至琅琊城，登山臨水，命羣臣賦詩以送別。」胡三省曰：「左傳晉武自宋還過鄭，鄭伯享之于垂隴，七子皆從，趙孟曰：『七子從君以寵武也，請皆賦詩以卒君貺。』」㉛東明觀：《魏書・孝文帝紀》太和四年起東明觀于平城。㉜魏初造五輅：輅，路車也，玉、金、象、革、木輅也，並天子之法車，註已見前。

㉝丁未，魏濟陰王鬱以貪殘賜死：《魏書・帝紀》在六月，齊曆六月壬戌朔，無丁未，魏是年閏五月，魏六月蓋齊之七月也，七月辛卯朔，丁未十七日。㉞平文之功少於昭成而廟號太祖：平文帝鬱律，昭成帝什翼犍也。道武帝天興初，追尊平文帝為太祖。㉟道武之功高於平文而廟號烈祖：明元帝追尊道武帝為烈祖。先是代滅於前秦，魏，道武帝之所建也，故其功高。㊱以世祖、顯祖為二祧：禮天子七廟，自祖考以下至考廟凡五，合二祧則為七廟也。周以文、武不遷之廟為二祧。祧，遠祖之廟也。鄭玄曰：「廟之為言貌也，宗廟者，先祖之尊貌也。祧之言超也，言其超然上去也。」㊲禋于六宗之禮：《書・舜典》：「禋于六宗。」孔安國曰：「宗，尊也。所尊祭者，其祖有六：謂四時也，寒暑也，日也，月也，星也，水旱也。」《禮・祭法》云：「埋少牢於泰昭，祭時也，相近於坎壇，祭寒暑也，王宮，祭日也，夜明，祭月也，幽宗，祭星也，雩宗，祭水旱也。」孔傳殆取義於此。虞喜曰：「地有五色，太社象之，總五為一則成六，六為地數，推校經傳，別無他祭也。」則以六宗為地祇。張髦曰：「父祖之廟六宗，即三昭三穆也。」則以六宗為六廟耳！㊳移道壇於桑乾之陰，改曰崇虛寺：胡三省曰：「此即寇謙之道壇也。」㊴帝引見羣臣，問以禘祫王鄭之義是非安在，尚書游明根等從鄭，中書監高閭等從王，詔圜丘、宗廟皆有禘名，從鄭，禘祫並為一祭，從王，著之於令：杜佑《通典》：「孝文帝太和十三年詔：『鄭玄云，天子祭員丘曰禘，宗廟大祭亦曰禘，三年一祫，五年一禘，祫則合羣毀廟之主於太祖廟而祭之，禘則增及百官配食者審諦而祭之，魯禮三年喪畢而祫，明年而諦，員丘、宗廟大祭俱稱禘，祭有兩禘明也。王肅又云，天子、諸侯皆諦於宗廟，非

祭天之祭，郊祀后稷不稱禘，禘、祫一名也，合祭故曰祫，禘而審禘之故稱禘，非兩祭之名，三年一祫，五年一禘，總而互舉，故稱五年再殷祭，不言一諦一祫，斷可知矣！諸儒之說，大略如是，公卿可議其是非。』尚書游明根言曰：『鄭氏之義，禘者，大祭之名，大祭員丘謂之禘者，審諦五精星辰也，大祭宗廟謂之禘者，審諦其昭穆百官也。員丘常合不言祫，宗廟時合故言祫，斯則宗廟禘、祫並行，員丘一禘而已。宜於宗廟俱行禘、祫之禮，二禮異，故名殊。依禮春祭特礿，於嘗於烝，則祫嘗祫烝不於三時皆行禘、祫之禮。』中書監高閭又言禘祫員丘與鄭義同者，以為有虞氏禘黃帝，黃帝非虞在廟之帝，不在廟，非員丘而何？又大傳云祖其所自出之祖，又非在廟之文，論語稱禘自既灌以往，據爾雅，禘，大祭也，諸侯無禘禮，惟夏祭稱禘，又非宗廟之諦，魯行天子之儀，不敢專行員丘之諦，改殷之諦，取其諦名於宗廟，因先有祫，遂生兩名，其宗廟禘祫之祭，據王氏之義，祫而禘，禘止於一時，一時者，祭不欲數，一歲三禘，為過數。詔曰：『明根、閭等據二家之義，論禘祫詳矣！至於事取折衷，猶有未允。閭以禘祫為名，義同王氏，禘祭員丘，事與鄭同，無所閒然；明根以鄭氏等兩名兩祭，並存並用，理有未稱，俱據二義一時禘祫而闕二時之禘，事有難從。先王制禮，內緣人子之情，外協尊卑之序，故天子七廟，數盡則毀，以示有終之義，三年而祫，以申追遠之情，禘祫既是一祭，分而兩之，事無所據。毀廟三年一祫，又有不盡四時，於禮為闕，七廟四時常祭，祫則三年一祭，而又不究四時，於情為簡，王以祫為一祭，於義為長，鄭以員丘為諦，與宗廟大祭同名，義亦為當。今互取鄭、王二義，禘祫幷為一祭，從王；禘是祭員丘大祭之名，上下同用，從鄭，以稱今情，使即施行，著之於令，永為世法。』」㊵戊午：八月庚寅朔，戊午二十九日，按下系甲寅、丙辰，戊午當置丙辰後。㊶白登、崞山、鳴雞山廟唯遣有司行事：《水經注》白登山在平城東十許里，昔冒頓單于圍漢高帝於白登，即是山也，崞山在崞縣故城西，崞川水所出，鳴雞山在廣寧郡下洛城于延水北，一曰磨笄山，註並見前。魏明元帝永興四年，立宣武帝廟於白登山，歲一祭，無常月，宣武帝即道武帝也，泰常五年改謚道武。太武帝保母竇氏卒，謚曰惠太后，葬崞山，別立寢廟於此，文成帝乳母常氏卒，謚曰昭太后，葬于鳴雞山，依惠太后故事別立寢廟於是山也。㊷馮宣王廟在長安：馮宣王，文明馮后父朗也，為秦、雍二州刺史，生后於長安，後謚文宣王，因立廟於長安。㊸今圜丘之下，既祭風伯、雨師、司中、司命：鄭眾曰：「風師，箕也；雨師，畢也；司中，三臺三階也；司命，文昌宮星也。」鄭玄曰：「司中、司命，文昌第五、第四星。」箕、畢，箕宿、畢宿。㊹中霤：《釋名》曰：「中央曰中霤。古者𥨍穴，後室之霤，當今之棟下，直室之中，古者霤下之處也。」《禮．月令》疏引庾蔚云：「複謂地上累土，謂之穴，則穿地也，複穴皆開其上取明，故而霤之，是以後因名室為中霤也。」復與𥨍同。㊺朝日夕月：《漢書．賈誼傳》曰：「三代之禮，春朝朝日，秋暮夕月，所以明有敬也。」顏師古曰：「朝日以朝，夕月以暮，皆迎其初出也。」㊻朝日以朔，夕月以朏：月旦為朔；朏，明也，月之三日也。㊼魏有司上言求卜祥日：禮三年之喪服新衰，朞而小祥，此祥謂小祥也。㊽黑介幘：《晉書．輿服志》曰：「其拜陵，黑介幘。」《隋志》曰：「幘，尊卑貴賤皆用之，文者長耳，謂之介幘，武者短耳，謂之平上幘，各稱其冠而制之。」㊾縞冠素紕：《玉篇》云：「紕，冠緣邊飾也。」(五〇)白衣深衣：《禮・深衣》云：「古者深衣，蓋有制度，以應規矩繩權衡。短毋見膚，長毋被土，續衽鉤邊，要縫半下，袼之高下可以運肘，袂之長短反詘之及肘，帶下毋厭髀，上毋厭脇，當無骨者。制十有二幅以應十有二月，袂圜以應規，曲袷如矩以應方，負繩及踝以應直，下齊如權衡以應平，故聖人服之，先王貴之。」鄭玄曰：「深衣，謂連衣裳而純之以文采也。」(五一)陛下祥練已闋，號慕如始：禮既祥而練。練，加練冠也。《說文》曰：「闋，事已也。」言孝文雖經祥練，而哀號追慕有如初喪時也。(五二)咸秩百神：胡三省曰：「秩者，序而祭之。」(五三)未衷：衷，善也。謂其論未安也。(五四)魏主禫於太和廟：禫，除服之祭。禮既禫而除服。(五五)通天冠：《續漢書・輿服志》曰：「通天冠，高九寸，正豎，頂少邪却，乃直下為鐵卷，梁前有山，展筩為述，乘輿所常服。」蔡邕獨斷曰：「天子冠通天，漢制之，秦禮無文。」《晉書・輿服志》謂冠本秦制，恐誤也。梁，冠上橫脊也。杜佑曰：「述即鷸也，鷸知天雨，故冠像焉！前有展筩，宋因之，又加黑介幘，東昏侯改肘玉簪導，梁武帝因之，復加冕於其上，謂之平天冕。」《續漢志》法冠以纚為展筩，盧植《禮記》注云：「纚，所以裹髻承冠，以全幅疊而用之。」展筩之制未傳。惠棟曰：「徐廣輿服雜注：『通天冠，高九寸，黑介幘，金博山。』徐爰釋問：『通天冠金博山，蟬為之，謂之金顏。是山即金博山，飾於冠前，如幘前之有顏題也。』」(五六)帥百宮奉神主遷於新廟：上月新作太廟成，故遷神主於新廟也。(五七)戊戌，考諸牧守：《魏書・孝文帝紀》當作戊寅，十一月己未朔，戊寅二十日，無戊戌。(五八)魏主為之制素委貌：《續漢書・輿服志》曰：「委貌冠以皁絹為之，長七寸，高四寸，制如覆杯，前高廣，後卑銳，所謂夏之毋追，殷之章甫也。」魏主蓋為之制素者以舉哀。㊄初，魏世祖克統萬及姑臧，獲雅樂器服工人：宋文帝元嘉四年，魏克統萬，十六年，克姑臧，事具見前。胡三省曰：「晉永嘉之亂，太常樂工多避地河西，夏克長安，獲秦雅樂，故二國有其器服工人。」㊅自泰始以來用之：此晉武帝泰始也。㊅尚書刪定郎王植：胡三省曰：「魏晉以來，尚書諸曹無刪定郎，此蓋刪定律注而置官。」㊅衺裏：衺與帙同，裏書之函也，故曰衺裏。㊅初，林邑王范陽邁世相承襲：范陽邁見一百二十四宋文帝元嘉二十三年。㊅利建：封建也。易曰：「利建侯。」㊅經野：《周禮》：「惟王建國，辨方正位，體國經野。」鄭玄注：「經，謂為之里數也。」按即經度之義。㊅以禧為司州牧，都督司、豫等六州諸軍事：《魏書・獻文六王傳》加禧都督司、豫、荊、郢、洛、東荊六州諸軍事。禧，獻文帝之子，孝文帝之弟也。㊅知都曹事：胡三省曰：「知尚書都曹事也。」㊅李惠之誅也，思皇后之昆弟皆死：魏孝文帝諡其母李貴人曰思皇后，后，李惠之女也。惠誅見卷一百三十四宋順帝昇明二年。㊅長樂坐不軌誅：安樂王長樂之誅見卷一百三十五高帝建元元年。㊆卿之先世，再獲罪於時：先世，謂李惠及李鳳也，皆以罪誅。㊆由外戚而舉者：言以恩澤而非以賢才進用也。㊆去其軍號：軍號，將軍之號也。㊆世宗：宣武帝廟號世宗，孝文帝之次子也。

十年（西元四九二年）

㈠春，正月，戊午朔，魏主朝饗羣臣於太華殿，懸而不樂。

㈡己未（初二日），魏主宗祀顯祖於明堂以配上帝，遂登靈臺以觀雲物，降居青陽左个㊀，布政事，自是每朔依以為常。

㈢散騎常侍庾華等聘於魏，魏主使侍郎成淹引華等於館南，瞻望行禮㊁。

辛酉（初四日），魏始以太祖配南郊。

魏主命羣臣議行次㊂，中書監高閭議，以為：「帝王莫不以中原為正統，不以世數為與奪，善惡為是非。故桀、紂至虐，不廢夏、商之歷，厲、惠至昏，無害周、晉之錄。晉承魏為金，趙承晉為水，燕承趙為木，秦承燕為火。秦之既亡，魏乃稱制玄朔，且魏之得姓，出於軒轅㊃，臣愚以為宜為土德㊄。」祕書丞李彪、著作郎崔光等議，以為：「神元與晉武往來通好，至于桓、穆，志輔晉室㊅，是則司馬祚終於郲鄏，而拓跋受命於雲代㊆。昔秦幷天下，漢猶比之共工，卒繼周為火德㊇，況劉、石、苻氏，地褊世促，魏承其弊，豈可捨晉而為土邪？」司空穆亮等皆請從彪等議，壬戌（初五日），詔承晉為水德，祖申臘辰。【考異】禮志：「太和十五年正月，穆亮等言」云云。按帝紀，十六年正月壬戌，詔定行次，以水承金，蓋志誤以六為五耳。

㈣甲子，魏罷租課⑨。

㈤魏宗室及功臣子孫封王者眾，乙丑（初八日），詔自非烈祖之胄，餘王皆降為公，公降為侯，而品如舊。蠻王桓誕亦降為公，唯上黨王長孫觀以其祖有大功，特不降⑩，丹陽王劉昶封齊郡公，加號宋王。

㈥魏舊制四時祭廟，皆用中節，丙子（十九日），詔始用孟月，擇日而祭⑪。

㈦以竟陵王子良領尚書令。

㈧魏主毀太華殿為太極殿，戊子（二月初二日），徙居永樂宮⑫，以尚書李冲領將作大匠，與司空穆亮共營之。

㈨辛卯（初五日），魏罷寒食饗⑬。甲午（初八日），魏主始朝日于東郊，自是朝日夕月皆親之。丁酉（十一日），詔祀堯於平陽，舜於廣寧，禹於安邑，周公於洛陽⑭，皆令牧守執事，其宣尼之廟㉕祀於中書省。丁未（二十一日），改諡宣尼曰文聖尼父，帝親行拜祭。

魏舊制，每歲祀天於西郊，魏主與公卿從二千餘騎，戎服遶壇，謂之蹋壇，明日，復戎服祭壇致祀，已又遶壇，謂之遶天㉖。三月癸酉（十七日），詔盡省之。

㈩辛巳（二十五日），魏以高麗王雲為督遼海諸軍事，遼東公，高句麗王。詔雲遣其世子入朝，雲辭以疾，遣其從叔升千隨使者詣平城。

(十一)夏，四月，丁亥朔，魏班新律令，大赦。

(十二)辛丑（十五日），豫章文獻王嶷卒，贈假黃鉞，都督中外諸軍事，丞相，喪禮皆如漢東平獻王故事。

嶷性仁謹廉儉，不以財賄為事，齋庫㉗失火，燒荊州還資㉘，評直㉙三千餘萬，主局各杖數十而已。疾篤，遺令諸子曰：「才有優劣，位有通塞，運有貧富，此自然之理，無足以相陵侮也㉚。」上哀痛特甚，久之，語及嶷，猶欷歔流涕。嶷卒之日，第庫無見錢，上敕月給嶷第錢百萬，終上之世乃省。

(十三)五月，己巳（十四日），以竟陵王子良為揚州刺史。

(十四)魏文明太后之喪，使人告于吐谷渾，吐谷渾王伏連籌拜命不恭，羣臣請討之，魏主不許，又請還其貢物，帝曰：「貢物乃人臣之禮，今而不受，是棄絕之，彼雖欲自新，其路無由矣！」因命歸洮陽、泥和之俘㊁。

秋，七月，庚申（初六日），吐谷渾遣其世子賀虜頭入朝于魏，【考異】魏吐谷渾傳作賀魯頭，今從帝紀。詔以伏連籌為都督西垂諸軍事，西海公，吐谷渾王。遣兼員外散騎常侍張禮使於吐谷渾，伏連籌謂禮曰：「曩者宕昌常自稱名而見，謂為大王，今忽稱僕，又拘執使人，欲使偏師往問何如？」禮曰：「君與宕昌皆為魏藩，比輒興兵攻之，殊違臣節。離京師之日，宰輔有言，以為君能自知其過，則藩業可保㊂，若其不悛，禍難將至矣㊂！」伏連籌默然。

(十五)甲戌（二十日），魏遣兼員外散騎常侍廣平宋弁等來聘。及還，魏主問弁江南何如？弁曰：「蕭氏父子，無大功於天下，既以逆取，不能順守㉔，政令苛碎，賦役繁重，朝無股肱之臣，野有愁怨之民，其得沒身，幸矣，非貽厥孫謀之道也㉕！」

⒃八月，乙未（十一日），魏以懷朔鎮將陽平王頤、鎮北大將軍陸叡皆為都督，督十二將，步騎十萬，分為三道以擊柔然。【考異】魏帝紀太和十一年八月壬申，蠕蠕犯塞，遣平原王陸叡討之，事具蠕蠕傳；十六年八月乙未，詔陽平王頤、左僕射陸叡討蠕蠕。按蠕蠕傳無十一年犯塞及征討事，唯有十六年八月頤、叡出征事，與紀合，蓋十一年紀誤也。中道出黑山，東道趣士盧河，西道趣侯延河，軍過大磧，大破柔然而還。

⒄初，柔然伏名敦可汗與其叔父那蓋分道擊高車阿伏至羅，伏名敦屢敗，那蓋屢勝，國人以那蓋為得天助，乃殺伏名敦而立那蓋，號候其伏代庫者可汗㉖，改元太安。

⒅魏司徒尉元、大鴻臚卿游明根累表請老，魏主許之，引見，賜元玄冠、素衣，明根委貌、青紗單衣及被服雜物等而遣之。魏主親養三老、五更於明堂㉗，己酉（二十五日），詔以元為三老，明根為五更。帝再拜三老，親袒割牲，執爵而饋，肅拜㉘五更，且乞言焉。元、明根勸以孝友化民，又養庶老於階下，禮畢，

各賜元、明根以步挽車㉙及衣服。祿三老以上公，五更以元卿㉚。

（十九）九月，甲寅（朔），魏主序昭穆於明堂，祀文明太后於玄室㉛。辛未（十八日），魏主以文明太后再朞，哭於永固陵左，終日不輟聲，凡二日不食。甲戌（二十一日），辭陵，還永樂宮。

（廿）武興氐王楊集始寇漢中，至白馬，梁州刺史陰智伯遣軍主桓盧奴、陰冲昌等擊破之，俘斬數千人，集始走還武興，請降于魏。辛巳（二十八日），入朝于魏，魏以集始為南秦州刺史，漢中郡侯，武興王。

（廿一）冬，十月，甲午（十一日），上殷祭太廟㉜。

（廿二）庚戌（二十七日），魏以安定王休為大司馬，特進馮誕為司徒。誕，熙之子也㉝。

（廿三）魏太極殿成。

（廿四）十二月，司徒參軍蕭琛、范雲聘於魏，魏主甚重齊人，親與談論，顧謂羣臣曰：「江南多好臣。」侍臣李元凱對曰：「江南多好臣，歲一易主，江北無好臣，百年一易主。」魏主甚慚。

(廿五)上使太子家令沈約撰宋書，擬立袁粲傳，審之於上，上曰：「袁粲自是宋室忠臣。」約又多載宋世祖、太宗諸鄙瀆事，上曰：「孝武事蹟不容頓爾，我昔經事明帝，卿可思諱惡之義㉞。」於是多所刪除。

(廿六)是歲，林邑王范陽邁之孫諸農帥種人攻范當根純，復得其國㉟。詔以諸農為都督緣海諸軍事，林邑王。

(廿七)魏南陽公鄭羲與李沖昏姻，沖引為中書令，出為西兗州刺史㊱，在州貪鄙，文明太后為魏主納其女為嬪，徵為祕書監。及卒，尚書奏謚曰宣，詔曰：「蓋棺定謚，激揚清濁，故何曾雖孝，良史載其繆醜㊲，賈充有勞，直士謂之荒公㊴。羲雖宿有文業，而治闕廉清，尚書何乃情違至公，愆違明典？依謚法，博聞多見曰文，不勤成名曰靈，可贈以本官，加謚文靈。」

【今註】㈠青陽左个：《禮．月令》曰：「天子居青陽左个。」鄭注曰：「太寢東堂北偏也。」疏云：「是明堂北偏而雲太寢者，明堂與太廟、太寢制同。北偏者，近北也，四面旁室謂之個。」㈡瞻望行禮：瞻望魏主祀明堂、登靈臺之禮。㈢魏主命羣臣議行次：議魏於五行繼統之次也。㈣且魏之得姓，出於軒轅：《魏書・帝紀》曰：「昔黃帝有子二十五人，或內列諸華，或外分荒服。昌意少子，受封北土，國有大鮮卑山，因以為號，其後世為君長，統幽都之北，廣漠之野。黃帝以土德王，北俗謂土為托，謂後為跋，故以為氏。」㊄臣愚以為宜為土德：蓋欲遠溯黃帝，且於五行之次承秦為土德也。胡三省曰：「按魏書帝紀道武天興元年，羣臣奏國家承黃帝之後，宜為土德，高閭蓋承前議耳！」㊅神元與晉武往來通好，至於桓、穆，志輔晉室：神元帝力微，桓帝猗㐌，穆帝猗盧也。力微等輔晉事並見晉紀。㊆是則司馬祚終於郟鄏，而拓跋受命於雲代：晉都洛陽，即周之王城郟鄏也。此言洛陽既陷，懷帝蒙塵，晉祚於時已亡，而拓跋氏起於雲代，當繼晉為正統。㊇昔秦幷天下，漢猶比之共工，卒繼周為火德：《漢書・律曆志》曰：「祭典曰：『共工氏伯九域。』」言雖有水德在火木之間，非其序也。任知刑以強，故伯而不王，秦以水德在周漢木火之間，周人遷其行序，故易不載。」祭典，謂禮經祭法也。志言秦為閏位，亦猶共工不當五德之序，漢於五德之次不計秦，猶周之不計共工也。㊈魏罷租課：租課魏孝文帝紀作祖禖。㊉唯上黨王孫觀以其祖有大功，特不降：長孫觀之祖即長孫道生也。道生北逐柔然，西平赫連，南禦宋，以功封上黨王。⑪詔始用孟月，擇日而祭：胡三省曰：「自漢以來，宗廟歲五祀，四孟及臘月是也。魏初用中節，夷禮也。」⑫戊子，徙居永樂宮：《魏書・孝文帝紀》在二月，二月丁亥朔，戊子初二日。太和元年，魏孝文帝起永樂遊觀於平城之北苑，永樂宮即永樂遊觀也。⑬魏罷寒食饗：胡三省曰：「魏先以寒食饗祖宗，今以其非禮，罷之。」《荊楚歲時記》曰：「冬至後一百五日，謂之寒食，禁火三日。」《初學記》曰：「周舉移書、魏武明罰令，陸翽鄴中記並云寒食斷火起於介子推，然周禮司烜氏：『仲春，以木鐸徇火，禁於國中。』註云：『為仲春將出火。』今寒食準節氣是仲春之末，清明是三月之初，然則禁火並周制也。」㉔詔祀堯於平陽，舜於廣甯，禹於安邑，周公於洛陽：胡三省曰：「皆因其故都而祀之。皇甫謐曰：『舜所都，或言蒲阪，或言潘。』潘，今上谷也，廣甯縣本屬上谷。又據水經，潘當作瀵。」㉕宣尼之廟：宣尼謂孔子也。《漢書・平帝紀》封孔子後孔均為褒成侯，奉其祀，追謚孔子曰褒成宣尼公。宣尼之號始見於此。㉖魏舊制，每歲祀天於西郊，魏主與公卿從二千餘騎戎服遶壇，謂之踰壇，明日復戎服登壇致祀，已又遶壇，謂之遶天：《南齊書・魏虜傳》云：「戎服遶壇，魏主一周，公卿七匝，謂之蹋壇，明日復戎服登壇祀天，魏主遶三匝，公卿七匝，謂之遶天。以繩相交絡，紐木枝棖，覆以青繒，形制平圓，下容百人坐，謂之為繖，一云百子帳也。」蹋與踰同，踏也。㉗齋庫：齋內之庫也。㉘荊州還資：高帝建元二年，嶷自荊州還為揚州。還資，還時所攜資儲也。㉙評直：估量其所值也。㉚遺令諸子曰：才有優劣，位有通塞，運有貧富，此自然之理，無足以相陵侮也：嶷蓋飭其諸子無以才品位勢陵侮於人。㉛因命歸洮陽、泥和之俘：去年魏枹罕鎮將孫百年拔洮陽、泥和二戍所俘。㉜則藩業可保：謂可保其藩臣之基業。㉝若其不悛，禍難將至矣：言魏將伐之也。㉞既以逆取，不能順守：《漢書》陸賈曰：「且湯武逆取而以順守之，文武並用，長久之術也。」此逆取，言以篡得國也，順守謂偃武修文與民休息以守其成業也。㉟非貽厥孫謀之道也：《書・五子之歌》曰：「有典有則，貽厥孫謀。」言為後世子孫慮也。㊱號候其伏代庫者可汗：《魏書・蠕蠕傳》云：「候其伏代庫者，魏言悅樂也。」㉗魏王親養三老、五更於明堂：鄭玄曰：「三老五更各一人，皆年老更事致仕者也，天子以父兄養之，示天下之孝悌也。」又曰：「三老五更，互言之耳，皆老人更知三德五事也。」孔穎達曰：「三德謂正直、剛、柔，五事謂貌、言、視、聽、思也。」㉘肅拜：周禮九拜，九曰肅拜。鄭司農曰：「肅拜，但俯下手，今時撎是也。」陸德明曰：「撎，即今之揖。」惲敬釋拜云：「鄭司農曰如今之撎，鄭說非也。說文：『撎，舉手下手也。』不跪而舉手下手曰撎，曰肅，跪而舉手下手曰肅拜，謂肅如撎可也，謂肅拜如撎不可也。」㉙步挽車：步挽車者，使人步挽之，不用牛馬挽，示尊崇也。㉚元卿：即上卿。㉛玄室：《魏書・孝文帝紀》作玄室，《北史》作玄堂。鄭玄曰：「玄堂，北堂也。」㉜殷祭太廟：殷祭，大祭也，謂禘祫也。㉝誕，熙之子也：馮熙見卷一百三十二宋順帝昇明元年。熙，文明馮后之兄也。㉞卿可思諱惡之義：春秋之義為尊者諱也。㉟是歲，林邑王范陽邁之孫諸農帥種人攻范當根純，復得其國：范當根純奪林邑國事見上年。㊱出為西兗州刺史：魏西兗州時治滑臺。㊲故何曾雖孝，良史載其繆醜：曾驕奢過度，及薨，廷議欲謚以醜繆，晉武帝策謚曰孝，事見卷八十晉武帝咸寧四年。㊳賈充有勞，直士謂之荒公：事見卷八十一晉武帝太康三年。

卷一百三十八　齊紀四

司馬光編集
林瑞翰註

昭陽作噩，一年。（癸酉，西元四九三年）

世祖武皇帝下

永明十一年（西元四九三年）

㈠春，正月，以驃騎大將軍王敬則為司空，鎮軍大將軍陳顯達為江州刺史。顯達自以門寒位重㊀，每遷官，常有愧懼之色，戒其子勿以富貴陵人，而諸子多事豪侈，顯達聞之不悅。子休尚為郢府主簿，過九江㊁，顯達曰：「麈尾蠅拂，是王謝家物，汝不須捉此㊂。」即取於前燒之。

㈡初，上於石頭造露車三千乘，欲步道取彭城，魏人知之。劉昶數泣訴於魏主，乞處邊戍，招集遺民，以雪私恥㊃。魏主大會公卿於經武殿㊄，以議南伐，於淮泗間大積馬芻。上聞之，以右衞將軍崔慧景為豫州刺史以備之。

㊂魏遣員外散騎侍郎邢巒等來聘。巒，頴之孫也㊅。

㊃丙子（二十五日），文惠太子長懋卒。太子風韻甚和，上晚年好遊宴，尚書曹事，分送太子省之，由是威加內外。太子性奢靡，治堂殿園囿，過於上宮，費以千萬計，恐上望見之，乃傍門列脩竹，凡諸服玩，率多僭侈，啟於東田起小苑，使東宮將吏，更番築役，營城包巷，彌亘華遠㊆。上性雖嚴，多布耳目，太子所為，人莫敢以聞。上嘗過太子東田，見其壯麗，大怒，收監作主帥，太子皆藏之，由是大被誚責。又使嬖人徐文景造輦及乘輿御物，上嘗幸東宮，怱怱不暇藏輦，文景乃以佛像內輦中，故上不疑。文景父陶仁謂文景曰：「我正當掃墓待喪耳㊇！」仍移家避之。後文景竟賜死，陶仁遂不哭。及太子卒，上履行東宮，見其服玩，大怒，敕有司隨事毀除，以竟陵王子良與太子善而不啟聞，並責之。

太子素惡西昌侯鸞，嘗謂子良曰：「我意中殊不喜此人，不解其故，當由其福薄故也！」子良為之救解。及鸞得政，太子子孫無遺焉㊈。

㈤二月，魏主始耕藉田於平城南㊉。

㈥雍州刺史王奐惡寧蠻長史劉興祖，收繫獄⑪，誣其搆扇山蠻，欲為亂。敕送興祖下建康⑫，奐於獄中殺之，詐云自經。上大怒，遣中書舍人呂文顯、直閤將軍曹道剛將齋仗⑬五百人收奐，敕鎮西司馬曹虎從江陵步道會襄陽。奐子彪，素凶險，奐不能制，長史殷叡，奐之壻也，謂奐曰：「曹、呂來，既不見真敕，恐為姦變，正宜錄取，馳啟聞耳⑭！」奐納之。【考異】南史奐子彪議閉門拒命，叡諫曰：「今開門白服接臺使，不過隳官免爵耳！」彪堅執不同，叡又請遣典籤閒道送啟，奐從之，典籤出城，為文顯所執，叡曰：「忠不背國，勇不逃死」，勸奐仰藥，叡與彪同誅。今從齊書。彪輒發州兵千餘人開庫配甲仗，出南堂陳兵，閉門拒守。奐門生鄭羽叩頭啟奐，乞出城迎臺使，奐曰：「我不作賊，欲先遣啟自申，正恐曹、呂等小人相陵藉⑮，故且閉門自守耳！」彪遂出與虎軍戰，兵敗走歸。

三月，乙亥（二十五日），司馬黃瑤起、寧蠻長史河東裴叔業於城內起兵攻奐，斬之，執彪及弟爽、弼、殷叡，皆伏誅，彪兄融、琛，死於建康，琛弟祕書丞肅獨得脫，奔魏。【考異】南史奐弟份自拘請罪，帝宥之。肅屢引魏入至邊，帝謂份曰：「北有北信不？」份曰：「肅近忘墳柏，寧遠憶有臣？」按奐以三月死，帝以七月殂，是冬，肅始見魏主於鄴，南史誤也。齊書無此語。

(七)夏，四月，甲午（十四日），立南郡王昭業為皇太孫，東宮文武，悉改為太孫官屬〔一六〕。以太子妃琅邪王氏為皇太孫太妃，南郡王妃何氏為皇太孫妃。妃，戢之女也〔一七〕。

(八)魏太尉丕等請建中宮，戊戌（十八日），立皇后馮氏。后，熙之女也〔一八〕。魏主以白虎通〔一九〕云：「王者不臣妻之父母，」下詔令太師上書不稱臣〔二〇〕，入朝不拜，熙固辭。

(九)光城蠻〔二一〕帥征虜將軍田益宗帥部落四千餘戶叛降于魏。

(十)五月，壬戌（十三日），魏主宴四廟子孫於宣文堂，親與之齒，用家人禮〔二二〕。

(十一)甲子（十五日），魏主臨朝堂，引公卿以下決疑政，錄囚徒，帝謂司空穆亮曰：「自今朝廷政事，日中以前，卿等先自論議，日中以後，朕與卿等共決之。」

(十二)丙子（二十七日），以宜都王鏗為南豫州刺史。

先是廬陵王子卿為南豫州刺史，之鎮，道中戲部伍為水軍，上聞之，大怒，殺其典籤，以鏗代之。子卿還第，上終身不與相見㉓。

(十三)襄陽蠻酋雷婆思等帥戶千餘求內徙於魏，魏人處之沔北㉔。

(十四)魏主以平城地寒，六月雨雪㉕，風沙常起㉖，將遷都洛陽，恐羣臣不從，乃議大舉伐齊，欲以脅眾，齋於明堂左个㉗，使太常卿王諶筮之，遇革，帝曰：「湯武革命，應乎天而順乎人㉘，吉孰大焉！」羣臣莫敢言。尚書任城王澄曰：「陛下奕葉㉙重光，帝有中土。今出師以征未服，而得湯武革命之象，未為全吉也！」帝厲聲曰：「繇云：『大人虎變』，何言不吉㉚？」澄曰：「陛下龍興已久，何得今乃虎變！」帝作色曰：「社稷，我之社稷，任城欲沮眾邪！」澄曰：「社稷雖為陛下之有，臣為社稷之臣，安可知危而不言？」帝久之乃解，曰：「各言其志，夫亦何傷。」

既還宮㉛，召澄入見，逆㉜謂之曰：「嚮者革卦，今當更與卿論之。明堂之忿，恐人人競言，沮我大計，故以聲色怖文武耳！想識朕意。」因屏人謂澄曰：「今日之舉，誠為不易，但國家興自朔土，徙居平城，此乃用武之地，非可文治。今將移風易俗㉝，其道誠難，朕欲因此遷宅中原，卿以為何如？」澄曰：「陛下欲卜宅中土，以經略四海，此周漢所以興隆也㉞。」帝曰：「北人習常戀故，必將驚擾，柰何？」澄曰：「非常之事，故非常人之所及，陛下斷自聖心，彼亦何所能為？」帝曰：「任城，吾之子房也㉟！」

六月，丙戌（初七日），命作河橋，欲以濟師。祕書監盧淵上表，以為：「前代承平之主，未嘗親御六軍，決勝行陳之間，豈非勝之不足為武，不勝有虧威望乎？昔魏武以弊卒一萬破袁紹㊱，謝玄以步兵三千摧苻秦㊲，勝負之變，決於須臾，不在眾寡也！」詔報曰：「承平之主，所以不親戎事，或以同軌無敵㊳，或以懦劣偷安。今謂之同軌則未然，比之懦劣則可恥，必若王者不當親戎，則先王制革輅，何所施也㊴？魏武之勝，蓋由仗順，苻氏之敗，亦由失政；豈寡必能勝眾，弱必能制彊邪？」

丁未（二十八日），魏主講武，命尚書李冲典武選㊵。

(十五)建康僧法智與徐州民周盤龍等作亂(四一)，夜攻徐州城(四二)，入之，刺史王玄邈討誅之。

(十六)秋，七月，癸丑（初五日），魏立皇子恂為太子(四三)。

(十七)戊午（初七日），魏中外戒嚴，發露布及移書，稱當南伐(四四)，詔發揚、徐州民丁，廣設召募以備之。

中書郎王融，自恃人地(四五)，三十內望為公輔，嘗夜直省中，撫案歎曰：「為爾寂寂，鄧禹笑人(四六)。」行逢朱雀桁開，喧湫不得進(四七)，搥車壁歎曰：「車前無八騶，何得稱丈夫(四八)？」竟陵王子良愛其文學，特親厚之。融見上有北伐之志，數上書獎勸(四九)，因大習騎射。及魏將入寇，子良於東府募兵，板融寧朔將軍(五〇)，使典其事。融傾意招納，得江西傖楚數百人，並有幹用，會上不豫，詔子良甲仗入延昌殿侍醫藥，子良以蕭衍、范雲等皆為帳內軍主。

戊辰（二十日），遣江州刺史陳顯達鎮樊城。

上慮朝野憂遑(五一)，力疾召樂府奏正聲伎(五二)，子良日夜在內，太孫間日參承(五三)。戊寅（三十日），上疾亟，蹔絕(五四)，太孫未入，內外惶懼，百僚皆已變服。王融欲矯詔立子良，詔草已立，蕭衍謂范云曰：「道路藉藉，皆云將有非常之舉，王元長㊄非濟世才，視其敗也。」雲曰：「憂國家者惟有王中書耳！」衍曰：「憂國欲為周召邪？欲為豎刁邪㊅？」雲不敢答。及太孫來，王融戎服絳衫，於中書省閤口斷東宮仗，不得進。頃之，上復蘇，問太孫所在？因召東宮器甲皆入，以朝事委尚書左僕射西昌侯鸞，俄而上殂㊆。融處分以子良兵禁諸門，鸞聞之，急馳至雲龍門，不得進。鸞曰：「有敕召我。」排之而入，奉太孫登殿，命左右扶出子良，指麾部署，音響如鍾，殿中無不從命。融知不遂，釋服還省㊇，歎曰：「公誤我㊈。」由是鬱林王㊉深怨之。遺詔曰：「太孫進德日茂，社稷有寄，子良善相毗輔，思弘治道，內外眾事，無大小，悉與鸞參懷，共下意㊀。尚書中事，職務根本，悉委右僕射王晏、吏部尚書徐孝嗣，軍旅之略，委王敬則、陳顯達、王廣之、王玄邈、沈文季、張瓌、薛淵等。」

世祖留心政事，務總大體，嚴明有斷，郡縣久於其職，長吏犯法，封刃行誅，故永明之世，百姓豐樂，賊盜屏息，然頗好遊宴華靡之事，常言恨之，未能頓遣[六二]。鬱林王之未立也，眾皆疑立子良，口語喧騰。武陵王曄於眾中大言曰：「若立長，則應在我[六三]，立嫡，則應在太孫。」由是帝深憑賴之[六四]。

直閤周奉叔、曹道剛素為帝心膂，並使監殿中直衛。少日，復以道剛為黃門郎。

初，西昌侯鸞為太祖所愛[六五]，鸞性儉素，車服儀從同於素士，所居官名為嚴能[六六]，故世祖亦重之。世祖遺詔使竟陵王子良輔政，鸞知尚書事。子良素仁厚，不樂世務，乃更推鸞，故遺詔云：「事無大小，悉與鸞參懷。」子良之志也。

帝少養於子良妃袁氏，慈愛甚著，及王融有謀[六七]，遂深忌子良。大行出太極殿，子良居中書省，帝使虎賁中郎將潘敞領二百人仗屯太極殿西階以防之[六八]。既成服，諸王皆出，子良乞停至山陵[六九]，不許。壬午（八月初四日）[七〇]，稱遺詔[七一]以武陵王曄為衛將軍，與征南大將軍陳顯達並開府儀同三司，尚書左僕射西昌侯鸞為尚書令，太孫詹事沈文季為護軍。癸未（初五日），以竟陵王子良為太傅。蠲除三調及眾逋(七二)，省御府及無用池田邸治(七三)，減關市征稅。先是蠲原之詔，多無事實，督責如故(七四)。是時西昌侯鸞知政，恩信兩行，眾皆悅之。

(十八)魏山陽景桓公尉元卒。

(十九)魏主使錄尚書事廣陵王羽持節安撫六鎮，發其突騎。丁亥（初九日），魏主辭永固陵，己丑（十一日），發平城南伐，步騎三十餘萬，使太尉丕與廣陵王羽留守平城，並加使持節(七五)。羽曰：「太尉宜專節度，臣正可為副。」魏主曰：「老者之智，少者之決(七六)。汝無辭也。」以河南王幹為車騎大將軍，都督關右諸軍事，又以司空穆亮、安南將軍盧淵、平南將軍薛胤皆為幹副，眾合七萬，出子午谷(七七)。胤，辯之曾孫也(七八)。

(廿)鬱林王性辨慧，美容止，善應對，哀樂過人，世祖由是愛之，而矯情飾詐，陰懷鄙慝(七九)，與左右羣小共衣食，同臥起。始為南郡王，從竟陵王子良在西州[八〇]，文惠太子每禁其起居，節其用度，王密就富人求錢，無敢不與。別作鑰鉤[八一]，夜開西州後閤，與左右至諸營署中淫宴。師史仁祖、侍書胡天翼[八二]相謂曰：「若言之二宮[八三]，則其事未易；若於營署為異人所毆，及犬物所傷，豈直罪止一身？亦當盡室及禍。年各七十餘，生豈足吝邪？」數日間，二人相繼自殺，二宮不知也。所愛左右皆逆加官爵，疏於黃紙，使囊盛之，許南面之日，依此施行。侍太子疾及居喪，憂容號毀，見者嗚咽，裁還私室，即歡笑酣飲。常令女巫楊氏禱祀，速求天位。及太子卒[八四]，謂由楊氏之力，倍加敬信；既為太孫[八五]，世祖有疾，又令楊氏禱祀。時何妃猶在西州[八六]，世祖疾稍危，太孫與何妃書，紙中央作一大喜字，而作三十六小喜字繞之。侍世祖疾，言發淚下，世祖以為必能負荷大業，謂曰：「五年中一委宰相，汝勿措意；五年外勿復委人。若自作無成，無所多恨。」臨終，執其手曰：「若憶翁，當好作[八七]。」遂殂。大斂始畢，悉呼世祖諸伎，備奏眾樂。即位十餘日，即收王融下廷尉，使中丞孔稚珪奏融險躁輕狡，招納不逞，誹謗朝政。融求援於竟陵王子良，子良憂懼不敢救，遂於獄賜死，時年二十七。

初，融欲與東海徐勉相識，每託人召之。勉謂人曰：「王君名高望促㊇，難可輕褻衣裾㊈。」俄而融及禍，勉由是知名。

太學生會稽魏準以才學為融所賞，融欲立子良，準鼓成其事㊉。太學生虞羲、丘國賓竊相謂曰：「竟陵才弱，王中書無斷，敗在眼中矣！」及融誅，召準入舍人省詰問，惶懼而死，舉體皆青，時人以為膽破。

㈩壬寅（二十四日），魏主至肆州㊀。見道路民有跛眇者，停駕慰勞，給衣食終身。

大司馬安定王休執軍士為盜者三人以徇於軍，將斬之，魏主行軍㊁遇之，命赦之。休不可，曰：「陛下親御六師，將遠清江表，今始行至此，而小人已為攘盜，不斬之，何以禁姦？」帝曰：「誠如卿言，然王者之體，時有非常之澤。三人罪雖應死，而因緣遇朕，雖違軍法，可特赦之。」既而謂司徒馮誕曰：「大司馬執法嚴，諸君不可不慎㊈㊂。」於是軍中肅然。

臣光曰：「人主之於其國，譬猶一身，視遠如視邇，在境如在庭，舉賢才以任百官，修政事以利百姓，則封域之內無不得其所矣！是以先王黈纊塞耳，前旒蔽明㊈㊃，欲其廢耳目之近用，推聰明於四遠也。彼廢疾者宜養，當命有司均之於境內，今獨施於道路之所遇，則所遺者多矣，其為仁也不亦微乎！況赦罪人以橈有司之法，尤非人君之體也。惜也孝文魏之賢君而猶有是乎！」

㈦戊申（三十日），魏主至幷州。幷州刺史王襲治有聲跡，境內安靜，帝嘉之。襲教民多立銘置道側，虛稱其美，帝聞而問之，襲對不以實，帝怒，降襲號二等㊈㊄。

㈧九月，壬子（初四日），魏遣兼員外散騎常侍勃海高聰等來聘。

㈨丁巳（初九日），魏主詔車駕所經傷民秋稼者，畝給穀五斛。

㈩辛酉（十三日），追尊文惠太子為文皇帝，廟號世宗。

⑪世祖梓宮下渚㊈㊅，帝於端門內奉辭，輼輬車未出端門，亟稱疾還內㊈㊆。裁入閤，於內奏胡伎、鞞鐸之聲㊈㊇，響震內外。

丙寅（十七日），葬武皇帝於景安陵（九九），廟號世祖。

（廿六）戊辰（十九日），魏主濟河，庚午（二十一日），至洛陽，壬申（二十三日），詣故太學觀石經（一〇〇）。

（廿七）乙亥（二十六日），鄧至王像舒彭遣其子舊朝于魏，且請傳位於舊，魏主許之。

（廿八）魏主自發平城，至洛陽，霖雨不止。丙子（二十七日），詔諸軍前發。丁丑（二十八日），帝戎服執鞭，乘馬而出，羣臣稽顙於馬前（一〇一）。帝曰：「廟筭已定，大軍將進，諸公更欲何云？」尚書李冲等曰：「今者之舉，天下所不願，唯陛下欲之，臣不知陛下獨行竟何之也（一〇二）？臣等有其意而無其辭，敢以死請。」帝大怒曰：「吾方經營天下，期於混壹，而卿等儒生，屢疑大計，斧鉞有常（一〇三），卿勿復言！」策馬將出，於是安定王休等並慇勤泣諫，帝乃諭羣臣曰：「今者興發不小，動而無成，何以示後？朕世居幽朔，欲南遷中土，苟不南伐，當遷都於此，王公以為何如？欲遷者左，不欲者右。」南安王楨進曰：「成大功者不謀於眾（一〇四）。今陛下苟輟南伐之謀，遷都洛邑，此臣等之願，蒼生之幸也！」羣臣皆呼萬歲。時舊人雖不願內徙㉕，而憚於南伐，無敢言者，遂定遷都之計。李沖言於上曰：「陛下將定鼎洛邑，宗廟宮室，非可馬上遊行以待之，願陛下暫還代都，俟羣臣經營畢功，然後備文物，鳴和鸞而臨之。」帝曰：「朕將巡省州郡，至鄴小停，春首即還，未宜歸北㉖。」乃遣任城王澄還平城，諭留司百官以遷都之事，曰：「今日真所謂革也㉗，王其勉之。」

帝以羣臣意多異同，謂衞尉卿鎮南將軍于烈曰：「卿意如何？」烈曰：「陛下聖略淵遠，非愚淺所測。若隱心而言㉘，樂遷之與戀舊，適中半耳！」帝曰：「卿既不唱異㉙，即是肯同，深感不言之益。」使還鎮平城，曰：「留臺庶政，一以相委。」烈，栗磾之孫也㉚。

先是北地㉛民支酉聚眾數千，起兵於長安城北石山㉜，遣使告梁州刺史陰智伯㉝，秦州民王廣亦起兵應之，攻執魏刺史劉藻，秦、雍間七州民皆響震㉞，眾至十萬，各守堡壁以待齊救。魏河南王幹引兵擊之，幹兵大敗，支酉進至咸陽北濁谷，穆亮與戰，又敗。【考異】齊書穆亮作繆老生，今從魏書。陰智伯遣軍主席德仁等將兵數千與相應接，酉等進向長安，盧淵、薛胤等拒擊，大破之，降者數萬口。淵唯誅首惡，餘悉不問，獲酉、廣，並斬之。

(廿九)冬，十月，戊寅朔，魏主如金墉城，徵穆亮，使與尚書李沖、將作大匠董爾㉕經營洛都。己卯（初二日），如河南城，乙酉（初八日），如豫州㉖，癸巳（十六日），舍于石濟。乙未（十八日），魏解嚴。設壇于滑臺城東，告行廟以遷都之意㉗。大赦，起滑臺宮。

任城王澄至平城，眾聞遷都，莫不驚駭。澄援引古今，徐以曉之，眾乃開伏㉘。澄還報於滑臺，魏主喜曰：「非任城，朕事不成。」

(卅)壬寅（二十五日），尊皇太孫太妃為皇太后㉙，立妃為皇后㉚。

(卅一)癸卯（二十六日），魏主如鄴城。

王肅見魏主於鄴㉛，陳伐齊之策，魏主與之言，不覺促席移晷㉜，自是器遇日隆，親舊貴臣，莫能間也。

魏主或屏左右與肅語，至夜分不罷，自謂君臣相得之晚，尋除輔國將軍大將軍長史。時魏主方議興禮樂，變華風，凡威儀文物，多肅所定。

(卅二)乙巳（二十八日），魏主遣安定王休帥從官迎家平城。

(卅三)辛亥（十一月初四日），封皇弟昭文為新安王，昭秀為臨海王，昭粲為永嘉王。

(卅四)魏主築宮於鄴西，十一月，癸亥（十六日），徙居之。

(卅五)御史中丞江淹劾奏前益州刺史劉悛、梁州刺史陰智伯贓貨巨萬，皆抵罪。

初，悛罷廣、司二州(三三)，傾貲以獻世祖，家無留儲。在益州，作金浴盆，餘物稱是，及鬱林王即位，悛所獻減少(三四)，帝怒，收悛付廷尉，欲殺之，西昌侯鸞救之得免，猶禁錮終身。悛，勔之子也(三五)。

【今註】㈠顯達自以門寒位重：陳顯達南彭城人，起於卒伍，以積勞致高位。㈡子休尚為郢府生簿，過九江：自建康至郢府，溯流而上，先過九江，江州治也。㈢顯達曰，麈尾蠅拂是王、謝家物，汝不須捉此：顯達自以門寒，飭其子不須以風流自標置也。麈尾蠅拂，以麈尾為蠅拂也。陸佃《埤雅》曰：「麈似鹿而大，重尾辟麈，以置舊帛中，能令歲久紅色不黝，又以拂氈，令氈不蠹。」《名苑》曰：「鹿之大者曰麈，羣鹿隨之，皆視麈所往，麈尾所轉為準，於文主鹿為麈，古之談者揮焉！」按麈談始自王衍，《晉書・王衍傳》衍既有盛才美貌，明悟若神，妙善玄言，唯讀老莊為事，每捉玉柄麈尾，與手同色，遂為風流所尚。㈣劉昶數泣訴於魏主，乞處邊戍，招集遺民以雪私恥：以蕭氏篡宋，夷滅劉氏子孫，故欲自處邊戍，伺機以雪恨。㈤魏主大會公卿於經武殿：《魏書・孝文帝紀》太和十二年起經武殿於平城。㈥巒，顥之孫也：邢顥見卷一百二十二宋文帝元嘉八年。㈦彌亙華遠：胡三省曰：「言其彌極華麗而延亙，又遼遠也。」㈧我正當掃墓待喪耳：掃墓，謂掃除墓地。言文景所為，適足以自取禍敗。㈨及鸞得政，太子子孫無遺焉：西昌侯鸞夷滅文惠子孫事見後。胡三省曰：「按鸞翦除高武諸子及太子子孫以成篡事，文惠雖不惡之，其子孫亦不能免也。觀隆昌、建武時事，君子謂文惠知所惡矣！」隆昌，鬱林王年號，建武，齊明帝年號，明帝即西昌侯鸞也。㈩魏主始耕藉田於平城南：胡三省曰：「魏起於北荒，未嘗講古者天子親耕之禮，今孝文始行之。」㈡雍州刺史王奐惡寧蠻長史劉興祖，收繫獄：《南齊書・州郡志》寧蠻府屬雍州。雍州領襄陽、新野等二十二郡及寧蠻府，而寧蠻府別領西新安、義寧、南襄、北建武、蔡陽、永安、安定、懷化、武寧、新陽、義安、高安、左義陽、南襄城、廣昌、東襄城、北襄城、懷安、北弘農、西弘農、析陽、北義陽、漢廣、中襄城等郡，皆蠻郡也。㈢敕送興祖下建康：自襄陽順流東至建康，故曰下。㈢齋仗，胡三省曰：「齋庫精仗也，以給禁衞勇力之士。」㈣正宜錄取，馳啟聞耳：言正宜及時收取曹道剛、呂文顯等，然後申啟馳聞建康耳。㈤陵藉：陵者，侮之而陵越其上也；藉者，蹈之使薦於己下也。

陵越其上必使之薦於己下，故陵藉二字，字異而義實同。⑯東宮文武，悉改為太孫宮屬：《南齊書・百官志》東宮官屬，文有太傅、少傅、詹事、率更令、家令、僕、門大夫、中庶子、中舍人、洗馬、舍人、倉官令等，武有左衛率、右衛率、翊軍、步兵、屯騎三校尉、旅賁中郎將、左積弩將軍、右積弩將軍、殿中將軍、員外殿中將軍、常從虎賁督。⑰妃，戢之女也：何戢見卷一百三十五高帝建元二年。⑱后，熙之女也：馮熙，文明太后之兄。⑲白虎通：漢章帝集羣儒於白虎觀議五經同異，作《白虎通》。⑳令太師上書不稱臣：馮熙仕魏為太師。㉑光城蠻：蠻之居光城左郡者，時屬豫州。沈約《宋志》曰：「光城郡，疑大明中分弋陽所立。」故治即今河南省光城縣。㉒魏主宴四廟子孫於宣文堂，親與之齒，用家人禮：《魏書・孝文帝紀》太和十二年起宣文堂於平城。四廟者，考廟顯宗、王考高宗、皇考恭宗、顯考世祖廟也。孝文帝聚世祖以下子孫於宣文堂，略君臣之儀，親與之序家人長幼之禮也。㉓子卿還第，上終身不與相見：廬陵王子卿，武帝之子也。㉔襄陽蠻酋雷婆思等帥戶千余求內徙於魏，魏人處之沔北：胡三省曰：「是時沔北之地猶為齊境，雷婆思等蓋居沔南，徙處沔北則稍近魏境耳！」㉕魏主以平城地寒，六月雨雪：胡三省曰：「極陰之地，盛夏雨雪。」余按代都雖寒，六月未能雨雪也，此蓋過喻之辭。㉖風沙常起：言大風揚沙也。㉗明堂左个：鄭玄曰：「明堂左个，大寢南堂東偏也。」㉘湯武革命，應乎天而順乎人：此革卦彖辭。㉙奕葉：章懷太子曰：「奕猶重也。」猶曰累也。㉚繇云，大人虎變，何言不吉：胡三省曰：「大人虎變，革九五爻辭。九五，君位也，故引以難澄。」繇，卦兆之占辭也。《左傳》閔二年成風聞成季之繇。服虔曰：「繇，抽也，抽出吉凶也。」㉛既還宮：自明堂左个還。㉜逆：迎也，孝文帝召澄入見，起身迎之。㉝今將移風易俗：欲變夷為夏也。㉞陛下欲卜宅中土，以經略四海，此周漢所以興隆也：周公營洛邑為東都，號曰成周，漢光武都洛以成中興之業，以洛陽居天下之中，得形勢之勝也，澄蓋以孝文與周成、漢光武為比。㉟任城，吾之子房也：胡三省曰：「張良贊漢高遷都長安，故以為比。」㊱昔魏武以弊卒一萬破袁紹：謂官渡之戰也，事見卷六十二漢獻帝建安五年。㊲謝玄以步兵三千摧苻秦：謂肥水之戰也，事見卷一百五晉孝武帝太元八年。㊳同軌無敵：言天下混一，無敵國也。軌，車轍也，王者御天下，必令車同軌，書同文。㊴必若王者不當親戎，則先王制革輅，何所施也：周制天子五輅，革輅其一也，以即戎。鄭玄曰：「革輅輓之以革而漆之，無他飾。」㊵魏主講武，命尚書李冲典武選：典武選者，銓擇材勇之士以備征伐也。㊶建康僧法智與徐州民周盤龍等作亂：此別一周盤龍，非周奉叔之父。㊷徐州城：鍾離城也，徐州時治鍾離。㊸秋，七月癸丑，魏立皇子恂為太子：《魏書・孝文帝紀》恂立為太子在六月乙巳，《通鑑》誤也。㊹魏中外戒嚴，發露布及移書，稱當南伐：戒，備也，戒嚴猶曰治嚴，言備裝待發也。露布者，詔露南伐之事以佈告四方也。移書者，移書敵國，言將伐之也。㊺中書郎王融，自恃人地：《南齊書・王融傳》，融，僧達之孫，弘之曾孫也，少而神明，警惠博涉，有文才，故以才華門地自高。㊻為爾寂寂，鄧禹笑人：為爾，何為如此也，寂寂，冷寞貌，言其未達也。融謂何為寂寂如此，將為鄧禹所笑。禹年二十四為漢司徒，而融時年過之但為中書郎，故云然。㊼行逢朱雀桁開，喧湫不得進：湫，隘小也，朱雀桁，建康朱雀門外之大航，跨秦淮南北岸，行路之所由，桁開路斷，則行者填咽。㊽搥東壁歎曰，車前無八騶，何得稱丈夫：晉以來諸從公以上出行，給騶八人為車前導，融望為公輔，故歎車前無八騶。㊾獎勸：獎，助也；獎助以勸成其成也。㊿子良於東府募兵，板融寧朔將軍：胡三省曰：「宋泰始初，南攻義嘉，軍功者眾，板不能攻，始用黃紙，今板授融，蓋重於黃紙也。或曰：未經敕用者謂之板授。」余按或說是，《文選・陸機謝平原內史表》李善注：「凡王封拜，謂之板官。」板授猶板官也，板授、黃紙皆所以別於詔敕。(51)憂遑：憂迫也。(52)召樂府奏正聲伎：《晉書・樂志》江左以清商為正聲。(53)間日參承：參承，參謁承奉也；間日，隔日也。(54)暫絕：氣暫絕而不息也。蹔與暫同。(55)王元長：王融字元長。(56)憂國欲為周、召邪？欲為豎刁邪：周、召夾輔周室，周室以安，豎刁逐齊桓公世子昭而立公子無虧，卒以亂齊。時王融謀廢太孫而立子良，故衍以豎刁為比。(57)俄而上殂：帝殂，年五十四。(58)釋服還省：釋戎服還中書省。(59)歎曰，公誤我：王融圖為公輔，謀廢立，至是敗，故曰公誤我。(60)鬱林王：太孫即位，旋見廢弒，史以追廢之號書之。(61)內外眾事，無大小，悉與鸞參懷，共下意：胡三省曰：「參，豫也；懷，思也。命鸞參豫其事而詳思其可否也。共下意者，令降心相從以濟國事也。」(62)然頗好遊宴華靡之事，常言恨之，未能頓遣：頓，遽也；遣，祛除也。言帝常自恨未能遽除其遊宴之失也。(63)若立長，則應在我：武帝諸弟存者，以武陵王曄為長，故曄以為言。(64)由是帝深憑賴之：言帝深憑賴武陵王曄以自輔。帝謂太孫，時已即位。帝諱昭業，字元尚，文惠太子長子也，小字法身，以世嫡立為皇太孫，武帝崩，即位，尋為西昌侯鸞廢為鬱林王。(六五)初，西昌侯鸞為太祖所愛：事見卷一百三十五高帝建元二年。(六六)鸞性儉素，車服儀從同於素士，所居官名為嚴能：《南齊書．明帝紀》舊制王子侯乘纏帷車，鸞獨乘下帷，儀從如素士，又鸞初為安吉令，有嚴能之名也。(六七)及王融有謀：融謀廢鬱林而立子良。(六八)子良居中書省，帝使虎賁中郎將潘敞領二百人仗屯太極殿西階以防之：胡三省曰：「中書省蓋在太極殿西，故使屯於西階以防子良。」(六九)子良乞停至山陵：乞停居中書省俟山陵之事畢而後出也。(七〇)壬午：按《南齊書．鬱林王紀》在八月，八月己卯朔，壬午初四日，七月無壬午。(七一)稱遺詔：言所處分非遺詔意，當時稱遺詔行之耳！(七二)蠲除三調及眾逋：胡三省曰：「三調，謂調粟、調帛及雜調也。」逋，欠賦也。(七三)池田邸治：《南齊書．鬱林王紀》作冶，冶鑄之所也。治字誤。(七四)先是蠲原之詔，多無事實，督責如故：言雖有蠲調原逋之詔而長吏之督責催收如故。(七五)使太尉丕與廣陵王羽留守平城，並加使持節：杜佑曰：「留守，周之君陳，似其任也，此後無聞。漢和帝南巡，祠園廟，張禹以太尉兼衞留守，晉惠帝幸長安，僕射荀藩等與遺官在洛者稱留臺，承制行事，其後安帝播遷，劉裕亦置留臺，後魏孝文帝南伐，以太尉丕、廣陵王羽留守京師，留守之制因此。」《晉書．職官志》晉制將軍加使持節為上，持節次之，假節為下，使持節得殺二千石以下，持節殺無官位人，若軍事得與使持節同，假節得殺犯軍令者。(七六)老者之智，少者之決：以老者更事而慮深，少者氣盛而有斷也。(七七)眾合七萬，出子午谷：欲以攻梁、益也。(七八)胤，辯之曾孫也：薛辯見卷一百十八晉安帝義熙十三年。(七九)鄙慝：邪惡也。(八〇)從竟陵王子良在西州：帝少養於子良妃袁氏，子良刺揚州，居西州，故帝從在西州。(八一)鑰鉤：啟鍵之器，今所謂鑰匙。(八二)師史仁祖、侍書胡天翼：胡三省曰：「王國有師，掌導之教訓，侍書掌教之書翰。」(八三)二宮：謂上宮及東宮。(八四)及太子卒：是年正月，文惠太子卒。(八五)既為太孫：是年四月，鬱林王自南郡王為太孫。(八六)時何妃猶在西州：妃，何戢之女，太孫之妃也，妃初從太孫在西州，及太孫居東宮，何妃尚留西州。(八七)若憶翁，當好作：武帝，鬱林王之祖父也，故自稱翁。言若思念乃翁，當好自作為，勿使基業墜他人之手。(八八)王君名高望促：胡三省曰：「言融名雖高而輕躁，人知其必及禍，故望促。」(八九)難可輕襒衣裾：言未可與為深交也。胡三省曰：「弊或從衣，此云襒者，義與弊同。」(九〇)皷成其事：言皷作融氣使成廢立之事也。(九一)肆州：《魏書．地形志》肆州治九原，天賜二年為鎮，真君七年置州，領永安、秀容、鴈門三郡，又永安郡定縣注云：「真君七年，併雲中九原、晉昌屬焉！」則肆州所治蓋定襄縣之九原城也。胡三省曰：「此定襄非漢之定襄縣地，蓋曹魏所置新昌郡之定襄縣，其地在陘嶺之南，古定襄在陘嶺之北。隋志雁門郡後周置肆州，隋改曰代州，又有定襄郡，開皇五年置雲州總管府，此蓋因古定襄以名郡，參考可知矣！」宋白曰：「後魏治肆州於九原，漢末曹公所置定襄郡之九原縣也，唐為秀容縣，忻州定襄郡治焉！」故城在今山西省忻縣西，若漢九原古城則今之綏遠省五原縣也。(九二)行軍：循行軍伍。(九三)既而謂司徒馮誕曰，大司馬執法嚴，諸君不可不慎：胡三省曰：「馮誕，后戚，既親且貴，故語之以儆百司。」(九四)先王黈纊塞耳，前旒蔽明：《漢書》東方朔曰：「冕而前旒，所以蔽明；黈纊充耳，所以塞聰。」顏師古曰：「黈，黃色也，纊，緜也；以黃緜為丸，用組懸之於冕，垂兩耳旁，示不外聽也。」又晏子曰：「冕前有旒，惡多所見也，纊結琉耳，惡多所聞也。」(九五)降襲號二等：降其所領將軍號也。(九六)世祖梓宮下渚：胡三省曰：「渚在東府前，秦淮之渚也。」(九七)帝於端門內奉辭，轀輬車未出端門，亟稱疾入內：內謂大內也，天子之宮，總曰大內。端門，宮殿之正南門。轀輬車，喪車也。《史記・李斯傳》始皇崩，斯載之轀輬車中，又《漢書・霍光傳》載光屍柩以轀輬車。文穎曰：「轀輬車，如今喪轜車也。」孟康曰：「如衣車，有牕牖，閉之則溫，開之則涼，故名之轀輬車也。」顏師古曰：「轀輬，本安車，可以臥息，後因載喪，飾以柳翣，故遂為喪車耳！」(九八)鞞鐸之聲：鞞，鼙也；鐸，鈴也，皆樂器。(九九)葬武皇帝於景安陵：景安陵在武進祖陵之側，帝遺命所命陵也。《南齊書・武帝紀》遺詔葬於休安陵東所卜三處地最東邊，名陵曰景安。休安陵，帝祖宋太常樂子所葬，高帝受禪，尊為休安陵。(一〇〇)詣故太學觀石經：漢熹平、魏正始間，立石經於洛陽太學門外。(一〇一)帝戎服執鞭，乘馬而出，羣臣稽顙於馬前：羣臣稽顙馬前，蓋欲諫止帝之南伐也。(一〇二)臣不知陛下獨行竟何之也：言南伐之舉，眾所不願，是無異獨行也。(一〇三)斧鉞有常：言國有常典，若屢沮大計，將受斧鉞之誅。(一〇四)成大功者不謀於眾：此引秦商鞅之言，言當出於獨斷。(一〇五)時舊人雖不願內徙：舊人，謂鮮卑族人與拓跋氏同起於北荒者。洛陽居天下之中，故曰內徙。(一〇六)朕將巡省州郡，至鄴小停，春首即還，未宜歸北：省，察也。胡三省曰：「不肯歸北，蓋慮北人歸代，復戀土重遷也。」(一〇七)今日真所謂革也：謂前筮之遇革，實應今之遷都以革北俗也。(一〇八)隱心而言：隱，度也，度其心中所欲言。(一〇九)唱異：唱為異論也。(一一〇)烈，栗磾之孫也：于栗磾事魏道武帝，為魏之驍將。(一一一)北地：《魏書・地形志》北地郡魏獻文帝皇興二年置華州於此，孝文帝太和十一年改曰班州，十四年改曰邠州。㉒長安城北石城：按《水經注》石山有敷谷，敷水所出，北流入渭，蓋在長安之東北，華陰之西。㉓遣使告梁州刺史陰智伯：欲邀齊師以為援也。㉔秦雍間七州民皆響震：胡三省曰：「七州，雍、岐、秦、南秦、涇、邠、華也。」㉕將作大匠董爾：《魏書・孝文帝紀》作董爵。㉖己卯，如河南城，乙酉，如豫州：胡三省曰：「自金墉西如河南，又自河南東如豫州，此豫州謂虎牢城也。魏明元取虎牢，置豫州，獻文帝取懸瓠，又置豫州，以虎牢為北豫州。」㉗告行廟以遷都之意：孝文帝南伐，蓋奉神主以行，故有行廟。㉘開伏：胡三省曰：「開，發也；伏，厭也。言北人蔽於安土重遷，不肯降心以相從，澄援引曉喻，以發其蒙，莫不厭伏也。」㉙尊皇太孫太妃為皇太后：太妃王氏，文惠太子之妃也。㉚立妃為皇后：何妃也。㉛王肅見魏主於鄴：肅奔魏見是年三月，至是始得見魏主。㉜魏主與之言，不覺促席移晷：言而投契，不自覺促席以近之，日移晷而不倦也。㉝初，悛罷廣、司二州：《南齊書・劉悛傳》悛出為廣州刺史，世祖自尋陽還，遇悛於舟渚間，時齊猶未受禪也，及太祖受禪，遷太子中庶子，領越騎校尉，時世祖在東宮，每幸悛坊，悛罷廣州，蓋在是時也；世祖即位，以悛為征北長史、廣陵太守，轉督司州、司州刺史，徵入為長兼侍中。㉞在益州，作金浴盆，餘物稱是，及鬱林王即位，悛所獻減少：按悛傳武帝永明八年，出刺益州，作金浴盆等欲以獻武帝都而武帝崩，時鬱林王新立，悛遂減其所獻。㉟悛，勔之子也：劉勔死於宋桂陽之難。

資治通鑑今註十五冊出版進度表

冊　次	紀　年	出版時間
1	周紀　秦紀　漢紀	100 年 11 月
2	漢紀	100 年 11 月
3	漢紀	101 年 1 月
4	漢紀　魏紀	101 年 2 月
5	晉紀	101 年 3 月
6	晉紀	101 年 4 月
7	宋紀　齊紀	101 年 4 月
8	齊紀　梁紀	101 年 5 月
9	梁紀　陳紀	101 年 5 月
10	隋紀　唐紀	101 年 6 月
11	唐紀	101 年 7 月
12	唐紀	101 年 8 月
13	唐紀	101 年 9 月
14	後梁紀　後唐紀	101 年 10 月
15	後唐紀　後晉紀 後漢紀　後周紀	101 年 10 月

資治通鑑今註　第七冊
宋紀　齊紀

主編◆國立編譯館中華叢書編審委員會
校註者◆李宗侗 夏德儀等
發行人◆施嘉明
總編輯◆方鵬程
執行編輯◆葉幗英 徐平 王窈姿
校對◆林郁潔 陳圓
美術設計◆吳郁婷

出版發行：臺灣商務印書館股份有限公司
臺北市重慶南路一段三十七號
電話：（02）2371-3712
讀者服務專線：0800056196
郵撥：0000165-1
網路書店：www.cptw.com.tw
E-mail：ecptw@cptw.com.tw

局版北市業字第 993 號
初版一刷：1975 年 12 月
二版一刷：2012 年 4 月
定價：新台幣 1300 元

ISBN 978-957-05-2694-3（精裝）

資治通鑑今註. 第七冊. 宋紀齊紀／李宗侗, 夏德儀等註譯；國立編譯館中華叢書編審委員會主編. --二版. -- 臺北市：臺灣商務, 2012. 04
面 ； 公分.

ISBN 978-957-05-2694-3(精裝)

1. 資治通鑑 2.注釋

610.23 101002025

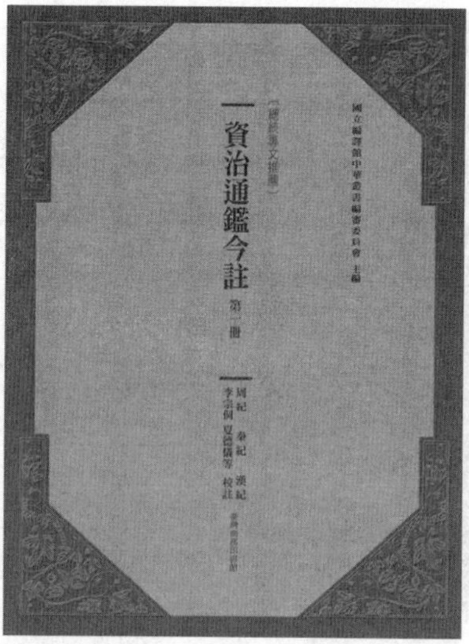

《資治通鑑今註》一～十五冊

李宗侗 夏德儀等　校註

《資治通鑑》，簡稱《通鑑》，是北宋司馬光所主編的一本長篇編年體史書，共 294 卷，三百萬字，耗時 19 年。記載的歷史由周威烈王二十三年（西元前 403 年）寫起，一直到五代的後周世宗顯德六年（西元 959 年），計跨十六個朝代，包括秦、漢、晉、隋、唐統一王朝和戰國七雄、魏蜀吳三國、五胡十六國、南北朝、五代十國等其他政權，共 1362 年的逐年記載詳細歷史。它是中國的一部編年體通史，在中國史書中有極重要的地位。

《春秋穀梁傳今註今譯》

賴炎元　註譯

定價　550 元

《春秋繁露》乃漢董仲舒所撰，計 17 卷 82 篇，現在流傳的實為 79 篇。其中 17 篇發揮春秋微言大義，20 篇論治國原則方法，30 篇闡揚天人相應之道，12 篇發揚尊天敬祖之理。總言之，《春秋繁露》主要是以天道及陰陽五行之說來闡發春秋公羊之大義。

讀者回函卡

感謝您對本館的支持，為加強對您的服務，請填妥此卡，免付郵資寄回，可隨時收到本館最新出版訊息，及享受各種優惠。

■ 姓名：________________ 性別：□ 男 □ 女

■ 出生日期：________年________月________日

■ 職業：□學生 □公務(含軍警) □家管 □服務 □金融 □製造 □資訊 □大眾傳播 □自由業 □農漁牧 □退休 □其他

■ 學歷：□高中以下（含高中）□大專 □研究所（含以上）

■ 地址：________________________________

____

■ 電話：(H) ________________ (O) ________________

■ E-mail：________________________________

■ 購買書名：________________________________

■ 您從何處得知本書？

□網路 □DM廣告 □報紙廣告 □報紙專欄 □傳單

□書店 □親友介紹 □電視廣播 □雜誌廣告 □其他

■ 您喜歡閱讀哪一類別的書籍？

□哲學．宗教 □藝術．心靈 □人文．科普 □商業．投資

□社會．文化 □親子．學習 □生活．休閒 □醫學．養生

□文學．小說 □歷史．傳記

■ 您對本書的意見？（A/滿意 B/尚可 C/須改進）

內容________編輯________校對________翻譯________

封面設計________價格________其他________

■ 您的建議：________________________________

____

※ 歡迎您隨時至本館網路書店發表書評及留下任何意見

臺灣商務印書館 The Commercial Press, Ltd.

台北市100重慶南路一段三十七號 電話：(02)23115538

讀者服務專線：0800056196 傳真：(02)23710274

郵撥：0000165-1號 E-mail：ecptw@cptw.com.tw

網路書店網址：http://www.cptw.com.tw 部落格：http://blog.yam.com/ecptw

臉書：http://facebook.com/ecptw

廣　告　回　信
臺灣北區郵政管理局登記證
台北廣字第6450號
免　貼　郵　票

100台北市重慶南路一段37號

臺灣商務印書館　收

對摺寄回，謝謝！